3rd Edition

HSK 3급
남미숙 저
한권으로 끝내기

다락원

다락원 홈페이지에서
▶ MP3 파일 다운로드 및 실시간 재생
▶ 받아쓰기 PDF 다운로드

3rd Edition
HSK 3급 본서
한권으로 끝내기

지은이 남미숙
펴낸이 정규도
펴낸곳 (주)다락원

제1판 1쇄 발행 2010년 8월 19일
제3판 1쇄 발행 2025년 11월 28일

편집장 이상윤
편집 김보경, 김혜민
디자인 김나경, 김예지, 정규옥
사진 Shutterstock
성우 曹红梅, 于海峰, 王乐, 朴龙君, 허강원

፩ 다락원 경기도 파주시 문발로 211
전화 (02)736-2031(내선 250~252/내선 430, 560)
팩스 (02)732-2037
출판등록 1977년 9월 16일 제406-2008-000007호

Copyright ⓒ 2025, 남미숙

저자 및 출판사의 허락 없이 이 책의 일부 또는 전부를 무단 복제·전재·발췌할 수 없습니다. 구입 후 철회는 회사 내규에 부합하는 경우에 가능하므로 구입처에 문의하시기 바랍니다. 분실·파손 등에 따른 소비자 피해에 대해서는 공정거래위원회에서 고시한 소비자 분쟁 해결 기준에 따라 보상 가능합니다. 잘못된 책은 바꿔 드립니다.

ISBN 978-89-277-2352-3 14720
     978-89-277-2341-7 (set)

www.darakwon.co.kr
다락원 홈페이지를 방문하시면 상세한 출판 정보와 함께 동영상 강좌, MP3 자료 등 다양한 어학 정보를 얻으실 수 있습니다.

저자의 말

경제 규모 세계 1위(영국 싱크탱크 CEBR 2038년 전망)이자 세계 GDP 기여도 1위(국제통화기금 IMF), 그리고 현재 기준 세계 경제 규모 2위 나라인 중국. 글로벌 시장에서 경쟁해야 하는 우리에게 중국어는 선택이 아닌 필수입니다. 이제 HSK는 중국 관련 직무 뿐만 아니라 일반 취업을 준비하는 분, 진학, 유학을 준비하는 분, 기업이나 공공 기관에 근무하는 분, 개인 사업을 하는 분, 자기 계발을 위해 중국어를 공부하는 분 모두가 갖추고자 하는 필수 항목이 되었습니다.

『(3rd edition) HSK 3급 한권으로 끝내기』는 HSK 분야 최장기 베스트셀러 1위(101개월간, YES24 기준)를 기록하며 HSK 교재 중 유일하게 20만부 이상 판매된 『HSK 한권으로 끝내기』 시리즈의 최신개정판으로서, 국내 최고 기본 종합서로서의 명성과 책임감을 이어갈 것입니다. 또한 수험생들이 올바른 방향으로 시험을 준비할 수 있도록 안내하는 지침서 역할을 이어갈 것입니다.

믿고 공부하는 1타강사 남미숙의 완벽한 HSK 솔루션 1타강사 남미숙의 22년 강의 노하우 & <남미숙 중국어연구소)의 철저한 분석을 바탕으로 시험 합격을 위한 최적의 내용으로 구성했습니다. 15년간 출제된 모든 HSK 문제 분석과 한국·중국 베타테스트를 바탕으로 HSK를 정복할 수 있는 완벽한 솔루션을 체계화했습니다.

HSK 3.0 진화를 준비하는 최신 출제 경향 완벽 반영 HSK 기출문제 국내 최다 보유 기관이자 국내 최고 HSK 전문가 그룹인 <남미숙 중국어연구소)가 빅데이터 분석과 HSK 문제 출제 구성 원칙을 기반으로, 최근 변화·발전하고 있는 최신 출제 경향에 맞추어 출제 비중이 높은 주제·어휘·고정격식·짝꿍표현들을 완벽하게 정리했습니다.

동영상특강, 받아쓰기 PDF, 필수단어장 제공 출제 경향, 실전 문제 풀이 비법을 마스터할 수 있는 동영상특강, 듣기 영역 녹음을 듣고 빈출 핵심 키워드를 받아써 보는 받아쓰기 PDF, HSK 1~3급 단어를 총정리한 필수단어장을 제공합니다.

마지막으로, 이 책의 완성도를 높일 수 있게 도와 주신 민순미 선생님, 모정 선생님, 시인혜 선생님, 김호정 선생님 그리고 그 외 남미숙 중국어 연구소 선생님들, 베타테스트에 성실히 참여해 주신 한국과 중국의 대학(원)생 및 연구원 여러분, 그리고 김동준 님께 감사의 말씀을 드립니다.

본 시리즈를 통해 수험생 여러분 모두 원하시는 목표를 꼭 달성하시길 기원합니다.

남미숙

이 책의 구성 및 활용법

종합적이고 체계적으로 HSK 3급 수험에 대비할 수 있는 완벽한 구성

- **본서&해설서**로 유형 파악→핵심 표현 및 어법 학습→실전 문제 풀이
- **필수단어장**으로 어휘력 기반 다지기
- **핵심요약집**으로 효율적으로 빈출 & 필수 내용 복습
- 핵심 표현, 듣기 문제, 독해 지문 **음원 반복 청취** & **받아쓰기 연습**으로 듣기 능력 훈련
- **동영상강의**로 어렵고 헷갈리는 어법까지 마스터

- 특별구성 : MP3 파일 + 받아쓰기 PDF + 동영상강의

40일 완성 프로그램

이 책에서 제시하는 4단계 커리큘럼에 따라 착실하게 공부한다면, HSK 3급, 한번에 한 권으로 합격할 수 있습니다.

본서

본서는 〈듣기〉〈독해〉〈쓰기〉 총 세 영역으로 구분하여 정리하였습니다. 〈듣기〉〈독해〉〈쓰기 제2부분〉은 문제 유형별로 단원을 구성하였고, 〈쓰기 제1부분〉에는 중국어 어법을 정리하였습니다.

각 단원은 '유형 파악하기→내공 쌓기→실력 다지기'라는 3 STEP으로 설계하였습니다.

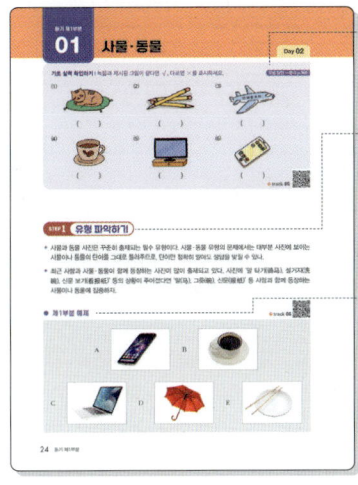

기초 실력 확인하기
HSK 2급 레벨 문제로, 본인의 실력을 스스로 가늠해 볼 수 있습니다.

STEP 1 유형 파악하기
최신 출제 경향 대공개! 문제 풀이 요령 및 학습 요령까지 챙겨갈 수 있습니다.
각 부분의 예제를 통해 어떤 유형의 문제가 어떻게 출제되는지 파악해 봅시다.

STEP 2 내공 쌓기
핵심 어휘 및 표현부터 어법 지식, 문제 풀이 스킬까지 알차게 정리하였습니다.

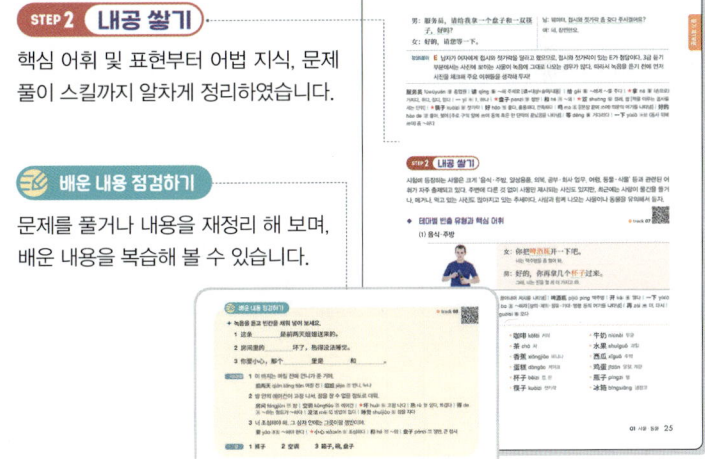

배운 내용 점검하기
문제를 풀거나 내용을 재정리 해 보며, 배운 내용을 복습해 볼 수 있습니다.

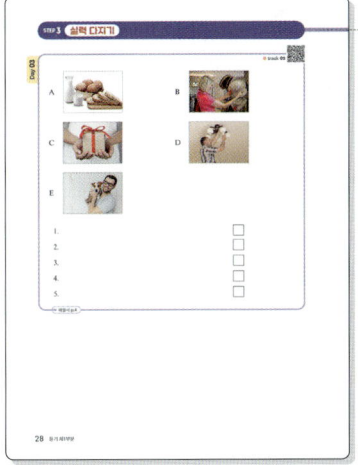

STEP 3 실력 다지기
유형별 실전 문제로 실제 시험 적응력을 높여 봅시다.

실전 모의고사
실전 모의고사 1회분을 절반 분량씩 '중간 점검용(Mini 모의고사 1)' '최종 점검용(Mini 모의고사 2)'으로 풀어 보며 스스로의 실력을 점검하세요.

★ IBT 응시 요령 및 PBT 답안 작성법이 핵심요약집 p.28~31에 정리되어 있습니다.

해설서

학습자 편의를 고려하여 친절하고 상세하게 해설하였습니다. 실전에서 유용한 문제 풀이법이 잔뜩 녹아들어 있습니다.

- 영역별, 부분별 문제 유형에 최적화된 방식으로 풀이
- 사전이 필요 없도록, 지문 속 2~3급 어휘는 모두 정리

별책부록

필수단어장
HSK 3급 공식 필수어휘 600개를 40일로 나누어 학습할 수 있도록 정리했습니다. [본서 뒤]

핵심요약집
시험 1주 전에 효율적으로 빈출 & 필수 내용들을 정리할 수 있도록 〈빈출 어휘 및 표현〉〈어법 마스터〉〈틀리기 쉬운 한자〉로 내용을 구성했습니다. [해설서 뒤]

필수단어장

핵심요약집

부가 자료

받아쓰기 PDF

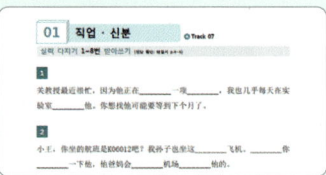

받아쓰는 훈련을 통하여 듣기 실력을 높일 수 있습니다.

MP3 파일
- 본서 듣기 예제, 듣기·독해 내공 쌓기
- 본서 듣기 실력 다지기
- 본서 독해 실력 다지기
- 본서 실전 모의고사
- 필수단어장
- 핵심요약집

다락원 홈페이지에서
▶ MP3 파일 다운로드 및 실시간 재생
▶ 받아쓰기 PDF 다운로드

무료 동영상 강의

강의 1 유형 파악하기 예제 풀이

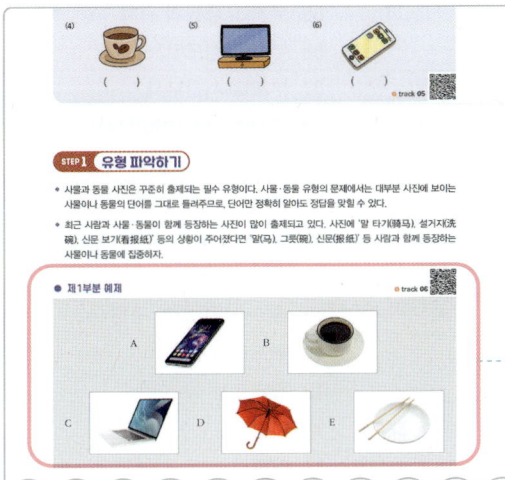

각 단원 step 1 유형 파악하기의 예제를 풀이한 강의로, 최신 경향을 파악하고 유형별 문제 풀이 공략법을 확인할 수 있습니다.

강의 2 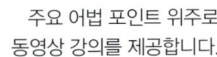 HSK 어법 강의

주요 어법 포인트 위주로 동영상 강의를 제공합니다.

차시	단원 및 페이지	차시	단원 및 페이지
01	첫걸음 품사와 문장 성분 본서 p.166	18	17 어순 본서 p.250
02	01 동사 본서 p.174	19	19 보어 (2) 정도보어 본서 p.260
03	02 형용사 본서 p.180	20	20 보어 (3) 결과보어 본서 p.264
04	03 조동사 본서 p.184	21	21 보어 (4) 방향보어 본서 p.269
05	04 명사·대사 본서 p.190	22	22 보어 (5) 수량보어·가능보어 본서 p.275
06	06 부사 (2) 정도부사 본서 p.201	23	22 보어 (5) 수량보어·가능보어 본서 p.275
07	07 부사 (3) 시간부사 본서 p.205	24	23 개사 (1) 역할·위치 본서 p.281
08	08 부사 (4) 부정·빈도부사 본서 p.209	25	24 개사 (2) 시간·장소 본서 p.285
09	08 부사 (4) 부정·빈도부사 본서 p.209	26	25 개사 (3) 대상 본서 p.289
10	09 부사 (5) 범위·상태·어기부사 본서 p.214	27	26 개사 (4) 그 외 개사 본서 p.294
11	10 접속사 본서 p.218	28	27 존현문 본서 p.298
12	11 수사·양사 본서 p.223	29	28 연동문 본서 p.302
13	12 是자문·有자문 본서 p.230	30	29 겸어문 본서 p.306
14	13 '是……的' 강조 구문 본서 p.235	31	30 비교문 본서 p.310
15	14 구조조사 본서 p.238	32	31 把자문 본서 p.315
16	15 동태조사 본서 p.242	33	32 被자문 본서 p.320
17	16 어기조사 본서 p.246		

차례

듣기

제1·2·3부분
첫걸음 발음 및 성조 구분 · 18

제1부분
01 사물·동물 · 24
02 행동·상태 · 30
03 상황 · 37

제2부분
01 정보 획득 · 45
02 유추 판단 · 51

제3·4부분
01 인물·장소 · 58
02 행동·원인 · 65
03 상태·상황 · 72
04 평가·의미 · 77
05 대상·숫자 · 82

독해

제1부분
첫걸음 문장 구조와 문장부호 · 90
01 의문·제안 파악 · 95
02 핵심 어휘 파악 · 101
03 의미 관계 파악 · 108

제2부분
01 동사 어휘 선택 · 115
02 형용사 어휘 선택 · 122
03 명사·대사 어휘 선택 · 128
04 부사·접속사 어휘 선택 · 135
05 양사·개사 어휘 선택 · 142

제3부분
01 세부 내용 파악 · 148
02 주제 파악 · 158

쓰기

제1부분
첫걸음 품사와 문장 성분 · 166
01 동사 · 174
02 형용사 · 180
03 조동사 · 184
04 명사·대사 · 190
05 부사(1) 종류와 위치 · 197
06 부사(2) 정도부사 · 201
07 부사(3) 시간부사 · 205
08 부사(4) 부정·빈도부사 · 209
09 부사(5) 범위·상태·어기부사 · 214
10 접속사 · 218
11 수사·양사 · 223
12 是자문·有자문 · 230
13 '是……的' 강조 구문 · 235
14 구조조사 · 238
15 동태조사 · 242
16 어기조사 · 246
17 어순 · 250
18 보어(1) 위치와 종류 · 256
19 보어(2) 정도보어 · 260
20 보어(3) 결과보어 · 264
21 보어(4) 방향보어 · 269
22 보어(5) 수량보어·가능보어 · 275
23 개사(1) 역할·위치 · 281
24 개사(2) 시간·장소 · 285
25 개사(3) 대상 · 289
26 개사(4) 그 외 개사 · 294
27 존현문 · 298
28 연동문 · 302
29 겸어문 · 306
30 비교문 · 310
31 把자문 · 315
32 被자문 · 320

제2부분
첫걸음 한자 생성의 원리와 한자 쓰기 · 324
01 모양 구분에 주의해야 하는 한자 · 329
02 발음 구분에 주의해야 하는 한자 · 336
03 단어나 어구로 구분하는 한자 · 342

실전 모의고사
Mini 모의고사 1 · 346
Mini 모의고사 2 · 353

40일 완성! 학습진도표

	Day 01 ○	Day 02 ○	Day 03 ○	Day 04 ○	Day 05 ○
듣기	p.18 첫걸음 발음 및 …	p.24 제1부분 01 사물·동물	p.28 실력 다지기	p.29 실력 다지기	p.30 02 행동·상태
독해	p.90 첫걸음 문장 구조…	p.95 01 의문·제안 파악	p.100 실력 다지기	p.100 실력 다지기	p.101 02 핵심 어휘 파악
쓰기1	p.166 첫걸음 품사와 …	p.174 01 동사	p.180 02 형용사	p.184 03 조동사	p.190 04 명사·대사
쓰기2	p.324 첫걸음 한자 생성…				

	Day 06 ○	Day 07 ○	Day 08 ○	Day 09 ○	Day 10 ○
듣기	p.35 실력 다지기	p.36 실력 다지기	p.45 제2부분 01 정보 획득	p.50 실력 다지기	p.50 실력 다지기
독해	p.106 실력 다지기	p.115 제2부분 01 동사…	p.121 실력 다지기	p.121 실력 다지기	p.122 02 형용사 어휘 선택
쓰기1	p.197 05 부사(1)	p.201 06 부사(2)	p.205 07 부사(3)	p.209 08 부사(4)	p.214 09 부사(5)
쓰기2					

	Day 11 ○	Day 12 ○	Day 13 ○	Day 14 ○	Day 15 ○
듣기	p.58 제3·4부분 01 인물·장소	p.63 실력 다지기	p.63 실력 다지기	p.64 실력 다지기	p.64 실력 다지기
독해	p.127 실력 다지기	p.127 실력 다지기	p.128 03 명사·대사 어휘…	p.134 실력 다지기	p.134 실력 다지기
쓰기1	p.218 10 접속사	p.223 11 수사·양사	p.230 12 是자문·有자문	p.235 13 '是……的' …	p.238 14 구조조사
쓰기2					

	Day 16 ○	Day 17 ○	Day 18 ○	Day 19 ○	Day 20 ○
듣기	p.65 02 행동·원인	p.70 실력 다지기	p.70 실력 다지기		
독해	p.148 제3부분 01 세부…	p.154 실력 다지기	p.155 실력 다지기	| 실전 모의고사 |	
쓰기1	p.242 15 동태조사			p.346 Mini 모의고사 1 (총점)	
쓰기2		p.329 01 모양 구분에 …	p.336 02 발음 구분에 …		

	Day 21 ○	Day 22 ○	Day 23 ○	Day 24 ○	Day 25 ○
듣기	p.37 제1부분 03 상황	p.43 실력 다지기	p.44 실력 다지기	p.51 제2부분 02 유추 판단	p.57 실력 다지기
독해	p.106 실력 다지기	p.107 실력 다지기	p.108 제1부분 03 의미 …	p.113 실력 다지기	p.113 실력 다지기
쓰기1	p.246 16 어기조사	p.250 17 어순	p.256 18 보어(1) 위치와 …	p.260 19 보어(2) 정도보어	p.264 20 보어(3) 결과보어
쓰기2					

	Day 26 ○	Day 27 ○	Day 28 ○	Day 29 ○	Day 30 ○
듣기	p.57 실력 다지기	p.71 실력 다지기	p.71 실력 다지기	p.72 제3·4부분 03 상태…	p.76 실력 다지기
독해	p.114 실력 다지기	p.114 실력 다지기	p.135 제2부분 04 부사…	p.141 실력 다지기	p.141 실력 다지기
쓰기1	p.269 21 보어(4) 방향보어	p.275 22 보어(5) 수량보어…	p.281 23 개사(1) 역할·위치	p.285 24 개사(2) 시간·장소	p.289 25 개사(3) 대상
쓰기2					

	Day 31 ○	Day 32 ○	Day 33 ○	Day 34 ○	Day 35 ○
듣기	p.76 실력 다지기	p.76 실력 다지기	p.77 제3,4부분 04 평가…	p.81 실력 다지기	p.81 실력 다지기
독해	p.142 05 양사·개사 어휘…	p.147 실력 다지기	p.147 실력 다지기	p.156 실력 다지기	p.157 실력 다지기
쓰기1	p.294 26 개사(4) 그 외 개사	p.298 27 존현문	p.302 28 연동문	p.306 29 겸어문	p.310 30 비교문
쓰기2					

	Day 36 ○	Day 37 ○	Day 38 ○	Day 39 ○	Day 40 ○
듣기	p.82 05 대상·숫자	p.87 실력 다지기	p.87 실력 다지기		
독해	p.158 제3부분 02 주제 파악	p.162 실력 다지기	p.163 실력 다지기	| 실전 모의고사 |	
쓰기1	p.315 31 把자문	p.320 32 被자문		p.353 Mini 모의고사 2 (총점)	
쓰기2			p.342 03 단어나 어구로…		

* 필수단어장에 정리된 필수어휘는 매일매일 15개씩 암기하세요!

HSK 시험 소개

HSK(中文水平考试, Chinese Proficiency Test)는 국제 중국어 능력 표준화 시험으로, 중국어를 제2외국어로 사용하는 응시자의 생활·학습·업무 등 실생활에서 운용할 수 있는 중국어 능력을 평가하는 데 중점을 두고 있습니다. 듣기·독해·쓰기 능력 평가 시험으로 1급~6급으로 나뉘며, 급수별로 각각 실시됩니다.

❶ 시험 방식 및 종류

▶ PBT (Paper-Based Test): 기존 방식의 시험지와 OMR답안지로 진행하는 지필 시험
▶ IBT (Internet-Based Test): 컴퓨터로 진행하는 시험

※ PBT와 IBT는 시험 효력 등이 동일 / HSK성적은 시험일로부터 2년간 유효

등급	어휘량
HSK 6급	5,000단어 이상 (6급 2,500개+1~5급 2,500개)
HSK 5급	2,500단어 이상 (5급 1,300개+4급 1,200개)
HSK 4급	1,200단어 이상 (4급 600개+1~3급 600개)
HSK 3급	600단어 이상 (3급 300개+1~2급 300개)
HSK 2급	300단어 이상 (1급 150개+2급 150개)
HSK 1급	150단어 이상

★ IBT 응시 요령 및 PBT 답안 작성법이 핵심요약집 pp.28~31에 정리되어 있습니다.

❷ 용도

▶ 국내외 대학(원) 및 특목고 입학·졸업 시 평가 기준
▶ 중국정부장학생 선발 기준
▶ 각급 업체 및 기관의 채용·승진을 위한 평가 기준

❸ 시험 접수

HSK는 평균 1개월에 1~2회 시험이 주최되나, 정확한 일정은 HSK 한국사무국 홈페이지(www.hsk.or.kr)에 게시된 일정을 참고하세요. 접수 완료 후에는 '응시등급, 시험일자, 시험장소, 시험방법 (예: HSK PBT→HSK IBT)' 변경이 불가합니다.

인터넷 접수	HSK 한국사무국 홈페이지에 접속하여 접수 (사진 파일 必) 홈페이지 주소: www.hsk.or.kr
방문 접수	구비 서류를 지참하여 접수처를 방문하여 접수 **구비 서류** 응시원서, 사진 3장, 응시비 **접수처** HSK 한국사무국

★ PBT 준비물: 수험표 / 신분증 / 2B 연필 / 지우개

❹ 성적 조회 및 수령 방법

▶ **성적 조회**: PBT 성적은 시험일로부터 1개월, IBT 성적은 시험일로부터
　　　　　　2주 후 중국고시센터 (바로가기)에서 성적 조회를 할 수 있습니다.

▶ **성적표 수령**: HSK 성적표는 '시험일로부터 45일 후' 접수 시 선택한 방법
　　　　　　(우편 또는 방문)으로 수령 가능합니다.

▶ **성적 유효기간**: HSK성적은 시험일로부터 2년간 유효합니다.

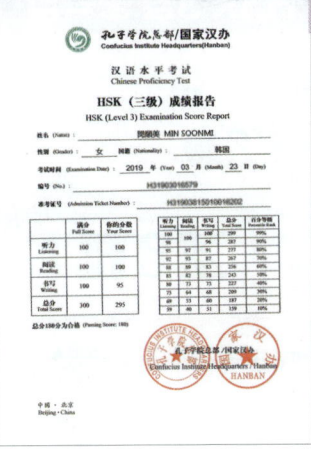

HSK 3급 소개

❶ 시험 대상

HSK 3급은 매주 2~3시간씩 3학기 (120~180시간)정도의 중국어를 학습하고, 600개의 상용어휘와 관련 어법지식을 마스터한 학습자를 대상으로 합니다.

❷ 시험 구성 및 시간 배분

▶ HSK 3급은 듣기, 독해, 쓰기 영역으로 총 세 과목입니다.
▶ 각 영역별 만점은 100점으로 총점이 180점 이상이면 합격입니다.
▶ 합계 80문항을 풀게 되며, 총 소요 시간은 85분 가량입니다.
▶ 듣기 영역에 대한 답안은 **듣기 시험 시간 종료 후 주어지는 시간 (5분) 안에 답안지에 마킹하고, 독해와 쓰기 영역은 별도의 답안지 작성 시간이 주어지지 않으므로, 해당 영역 시간에 바로 답안지에 작성해야 합니다.**

시험 과목		문제 형식	문항 수		시험 시간	점수
듣기 (听力)	제1부분	대화 듣고 일치하는 사진 고르기	10	40	약 35분	100점
	제2부분	단문 듣고 제시문과 일치 여부 판단하기	10			
	제3·4부분	대화 듣고 질문에 답하기	20			
듣기 영역 답안 마킹					5분	
독해 (阅读)	제1부분	제시된 문장에 상응하는 문장 고르기	10	30	30분	100점
	제2부분	문장, 대화 속 빈칸에 알맞은 보기 고르기	10			
	제3부분	단문 읽고 관련 질문에 답하기	10			
쓰기 (书写)	제1부분	제시된 단어 배열해 문장 완성하기	5	10	15분	100점
	제2부분	빈칸 위에 한어병음을 보고 알맞은 한자 쓰기	5			
합계			80문항		약85분	300점 만점

★ 총점이 180점 이상이면 합격

HSK 3급 공략법

듣기

	제1부분	제2부분	제3·4부분
미리 보기			
문제 형식	대화 듣고 일치하는 사진 고르기	단문 듣고 제시문과 일치 여부 판단하기	대화 듣고 질문에 답하기
시험 목적	대화 상황과 관련된 사진을 연결할 수 있는지 테스트	문장의 의미를 신속하고 정확하게 파악하는 능력을 테스트	대화의 장소, 시간, 상황 등을 파악하는 능력을 테스트
문항 수	10문항	10문항	20문항
시험 시간	약 35분		

❶ 풀이 비법

제1부분 제시된 사진과 관련된 어휘를 떠올리며 녹음을 듣자.
사진과 관련된 핵심 어휘가 녹음에 그대로 출제되므로, 바로 정답을 고르는 것이 좋다.

제2부분 녹음을 듣기 전 제시문의 핵심 어휘를 파악하자.
제시문의 핵심 어휘가 무엇인지 파악한 후 녹음을 들으면 도움이 된다.

제3·4부분 녹음을 듣기 전 보기를 미리 보고 어떤 문제인지 파악하자.
보기를 미리 보고 장소 관련 문제인지 상황 관련 문제인지를 파악한 후 녹음을 듣는 것이 좋다.

❷ 듣기 영역 출제 비율

제1부분	
사물·동물	31%
행동·상태	32%
상황	37%

제2부분	
정보 획득	59%
유추 판단	41%

제3·4부분	
인물·장소	21%
행동·원인	27%
상태·상황	18%
의미·평가	15%
대상·숫자	19%

독해

	제1부분	제2부분	제3부분
미리 보기	二、阅读 第一部分 第41~45题：请选出对应关系。 A 我知道了，妈。 B 喂，它那么胖，是多久前上去的？ C 请给我一杯咖啡和一块蛋糕，谢谢！ D 我忘记了，我再去问问班长。 E 当然，他们现在已经有了一个聪明漂亮的女儿。 F 我想把这本词典还了，我都看了快两个月了。	第二部分 第51~55题：选词填空。 A 明白 B 难过 C 笔记本 D 奇怪 E 熊猫 F 以前 例如：这张（ E ）的照片是我很久以前去动物园的时候照的吧？ 51. 这天气真（ ），刚才还出太阳，现在突然就下起雨来了。 52. 爷离开这个住了十几年的地方，我心里非常（ ）。	第三部分 第61~70题：请选出正确答案。 例如：您是来参加这次唱歌比赛的吧，现在才十点，还不限道去，您先到旁边休息室未来准备吧。 ★ 比赛最可能几点开始？ A 9点半 B 10点 C 11点 ✓ 61. 我的妻子越英，是我大学同学，第一次看见她时，她正在唱歌，那时我觉得她的声音是这个世界上最好听的。 ★ 说话人的妻子？ A 爱跳舞 B 声音好听 C 鱼眼是同事 62. 我跟友爬山回来以后，我的腿就一直疼，过了好几个段时，最后我去看了医生，医生不同吃药，让我去休息。
문제 형식	제시된 문장에 상응하는 문장 고르기	문장, 대화 속 빈칸에 알맞은 보기 고르기	단문 읽고 관련 질문에 답하기
시험 목적	문장과 문장 간의 호응관계를 잘 파악하고 연결시킬 수 있는지 테스트	전체 문장의 의미와 구조를 정확히 파악해 빈칸에 적합한 단어를 골라낼 수 있는지 테스트	단문을 읽고 글의 주제, 내용 전개, 세부적인 정보를 신속하고 정확하 게 파악할 수 있는지 테스트
문항 수	10문항	10문항	10문항
시험 시간		30분	

❶ 풀이 비법

제1부분 문장에서 핵심 키워드를 찾자.
제시문과 보기를 읽고, 핵심 키워드를 찾은 후에 핵심 키워드를 중심으로 연결되는 내용을 찾자.

제2부분 단어를 외울 때 꼭 품사까지 체크하자.
단어를 외울 때 꼭 품사까지 체크하자. 자주 쓰이는 짝꿍 표현을 외워 둔다면 호응 어휘를 빨리 찾을 수 있다.

제3부분 지문을 보기 전에 질문과 보기를 먼저 파악하자!
지문과 비슷한 표현 또는 반대되는 표현을 활용한 문제가 출제되므로 자주 출제되는 유의어와 반의어를 외워 두자.

❷ 독해 영역 출제 비율

제1부분	
의문·제안 파악	28%
핵심 어휘 파악	27%
의미 관계 파악	45%

제2부분	
동사	30%
형용사	21%
명사·대사	26%
부사·접속사	11%
양사·개사	12%

제3부분	
세부 내용 파악	91%
주제 파악	9%

쓰기

	제1부분	제2부분
미리 보기	三、书写 第一部分 第71～75题: 完成句子。 例如: 桌子上　一个　有　杯子 　　　　桌子上有一只杯子。 71. 喜欢　我的选择　对　不太满意 72. 这只鸟　飞了　一天　在树上	第二部分 第76～80题: 请写出正确的汉字。 例如: 服务员, 请给我拿一下菜(单)。 76. 这个苹果很甜, 你要不要吃一( )? 77. 商店在东边的( )边, 哪里应该能买得到帽子。 78. 他买这辆车花了三十多( )元, 比我的便宜了三千九百多。
문제 형식	제시된 단어 배열해 문장 완성하기	빈칸 위에 한어병음을 보고 알맞은 한자 쓰기
시험 목적	중국어의 어순과 기본적인 어법을 이해하고 있는지, 올바른 문장을 쓸 수 있는지 테스트	단어의 발음과 성조, 의미를 알고 글자를 정확히 쓸 수 있는지 테스트
문항 수	5문항	5문항
시험 시간	15분	

❶ 풀이 비법

제1부분 중국어의 기본 어순과 특수 구문 어순을 파악하자.
　　　　제시된 단어 중 먼저 술어를 고른 후, 어울리는 주어와 목적어를 배열하면 좀 더 쉽게 문장을 만들 수 있다.

제2부분 단어의 한어병음과 성조를 정확하게 외우자.
　　　　비슷한 한자나 발음을 가지고 있는 단어들은 확실하게 익혀서 혼동하지 않는 것이 중요하다.

❷ 쓰기 영역 출제 비율

제1부분	
개사 (把자문, 被자문, 비교문 포함)	30%
동사술어문 (연동문, 겸어문 포함)	27%
형용사술어문	20%
존현문	15%
보어	7%
접속사	1%

제2부분	
모양 구분	29%
발음 구분	17%
단어나 어구	53%

★ 쓰기 제1부분의 출제 비율은 풀이 포인트를 기준으로 산정하였습니다.

일러두기

01 이 책에 나오는 인명, 지명은 중국어 발음을 한국어로 표기했습니다.
 예 小明 샤오밍   上海 상하이

02 품사는 다음과 같은 약어로 표기했습니다.

품사	약자	품사	약자	품사	약자
명사/고유명사	명/고유	부사	부	접속사	접
대사	대	수사	수	감탄사	감
동사	동	양사	양	조사	조
조동사	조동	수량사	수량	의성사	의성
형용사	형	개사	개	성어	성

03 본서·해설서의 문제 해설 아래에는 HSK 2급 이상 단어들만 정리했습니다. (일부 HSK 1급 단어도 포함) 그중에서도 HSK 3급 단어에는 ★을 표기했습니다.

04 본서 내공 쌓기에 정리된 내용 중에서도, 특히 중요한 부분에는 ✦을 표기했습니다.

05 독해 영역 실력 다지기 지문 음원 트랙명은 해설서 해당 페이지에서 확인하실 수 있습니다.

06 필수단어장에 정리된 급수 단어 중 빈출 단어에는 ★을 표기했습니다.

듣기

- **제1부분** 대화 듣고 일치하는 사진 고르기
- **제2부분** 단문 듣고 제시문과 일치 여부 판단하기
- **제3·4부분** 대화 듣고 질문에 답하기

저자 특강

• 출제 경향 •

제1부분
행동 관련 문제가 많이 출제되고 있으며, 사물, 동물과 관련된 사진도 빠지지 않고 출제되고 있다.

제2부분
녹음과 제시문의 내용이 일치하지 않는 문제일 경우, 주로 부정부사 또는 반의어를 활용하여 출제되는 경우가 많다.

제3·4부분
일반적으로 대화 속 남녀의 상황이나 직업, 대화 장소 등과 관련된 질문이 많이 출제된다. 녹음에 들리는 표현이 그대로 답인 문제가 많이 출제되고 있지만, 변별력을 높이기 위해 녹음을 듣고 유추해서 풀어야 하는 문제도 2~3문제씩 출제되고 있다.

• 문제 풀이 비법 •

제1부분 | 제시된 사진과 관련된 어휘를 떠올리며 녹음을 듣자.
제시된 사진 속 행동, 사물, 동물 등의 관련 어휘를 떠올리며 녹음을 듣자. 사진 내용과 관련된 핵심 어휘가 녹음에 그대로 출제되므로, 들리는 것을 바로 정답으로 고르는 것이 좋다.

제2부분 | 녹음을 듣기 전 제시문의 핵심 어휘를 파악하자.
녹음을 듣기 전 제시문을 먼저 확인하고, 제시된 문장의 핵심 어휘가 무엇인지 파악한 후에 녹음을 들으면 도움이 된다. 제시문이나 녹음에 부정부사(不/没/别) 표현이 나온다면 해당 문구를 놓치지 말고 들어야 한다.

제3·4부분 | 녹음을 듣기 전 보기를 미리 보고 어떤 문제인지 파악하자.
제3·4부분은 제1, 2부분에 비해 듣기의 난이도가 높은 편이다. 보기를 미리 보고 장소 관련 문제인지 상황 관련 문제인지를 파악한 후 녹음을 듣는 것이 좋다. 또한 보기를 읽을 때는 무조건 중국어 발음으로 읽는 습관을 키워야 한다. 만약 녹음 내용을 이해하지 못했다면, 보기 중 녹음에서 들린 어휘를 답으로 선택하는 것이 좋다.

듣기 공부 비법 녹음의 80% 이상 정확히 들릴 때까지 반복해서 듣자!

첫걸음 발음 및 성조 구분

듣기 제1·2·3부분

Day 01

기초 실력 확인하기 | 녹음과 제시된 발음이 같다면 √, 다르면 ×를 표시하세요.   모범 답안 → 본서 p.360

(1) bái (　　)　(2) dēng (　　)　(3) huàn (　　)　(4) hēi (　　)
(5) gǒu (　　)　(6) jiào (　　)　(7) shǎo (　　)　(8) wǔ (　　)
(9) xiē (　　)　(10) xìn (　　)

● track 01

STEP 1 출제 경향 및 비법

◆ 녹음만 듣고 단어의 정확한 발음을 알기는 쉽지 않다. 중국어 단어를 잘 알아듣기 위해서는 어떻게 발음하는지 정확히 알고, 자주 듣고, 입으로 직접 말해 봐야 한다.

◆ 듣기의 실력을 높이는 방법 중 하나는 받아쓰기이다. 처음에는 적은 양으로 시작하면서 점차 늘려나가면 좋은 효과를 볼 수 있다. 내가 잘 알아듣거나, 못 알아듣는 발음이 무엇인지 파악해 보자.

STEP 2 내공 쌓기

중국어 학습자들이 가장 어려워하는 부분 중 하나가 바로 발음이다. 발음은 듣기 점수와 직결될 뿐만 아니라 회화에서도 중요하다. 이 단원에서 정확한 발음과 성조를 파악하고 알아듣는지 스스로 점검하고 개선하여 실력을 다지자.

1 성조 구분

● track 02

(1) **矮** ǎi 형 (키가) 작다　　　　　　　**爱** ài 동 ~하는 것을 좋아하다

☑ 我的儿子又_____又瘦，特别_____打篮球。
　　내 아들은 키가 작으면서 말랐고, 특히 농구하는 것을 좋아한다.

儿子 érzi 명 아들 | ★ 又 yòu 부 (~하면서) 또한 동시에 (~하다) | ★ 瘦 shòu 형 여위다, 마르다 | ★ 特別 tèbié 부 특히, 아주 | 打篮球 dǎ lánqiú 농구를 하다

정답 矮, 爱

(2) **白 bái** 형 희다　　　　　　　　　**百 bǎi** 수 100, 백

☑ 那条＿＿色的裙子，才两＿＿多块钱。
　저 흰색 치마는 겨우 2백 위안 정도이다.

★ **条** tiáo 양 벌 [바지·치마를 세는 단위] | **色** sè 명 색, 색깔 | ★ **裙子** qúnzi 명 치마 | ★ **才** cái 부 겨우, 고작 | **两** liǎng 수 2, 둘 | **多** duō 수 (수량사 뒤에 쓰여) 정도, 남짓 | **块** kuài 양 위안 [중국의 화폐 단위] | **钱** qián 명 돈

정답　白，百

(3) **灯 dēng** 명 등, (등)불　　　　　　**等 děng** 동 기다리다

☑ 你＿＿我一会儿，我把洗手间的＿＿关一下。
　너는 잠시 나를 기다려. 나는 화장실 등을 좀 끌게.

★ **一会儿** yíhuìr 수량 잠시 | ★ **把** bǎ 개 [목적어를 술어 앞으로 끌어내어 처치를 나타냄] | ★ **洗手间** xǐshǒujiān 명 화장실 | ★ **关** guān 동 끄다, 닫다 | **一下** yíxià 수량 (동사 뒤에 쓰여) 좀 ~하다

정답　等，灯

(4) **喝 hē** 동 마시다　　　　　　　　**和 hé** 접 ~와

☑ 我＿＿他都喜欢＿＿咖啡，不喜欢喝绿茶。
　나와 그는 모두 커피 마시는 것을 좋아하고, 녹차 마시는 것은 좋아하지 않는다.

都 dōu 부 모두 | **喜欢** xǐhuan 동 좋아하다 | **咖啡** kāfēi 명 커피 | **绿茶** lǜchá 명 녹차

정답　和，喝

(5) **还 huán** 동 반납하다, 갚다　　　　**换 huàn** 동 바꾸다

☑ 我的照相机用了很久了，想＿＿个新的。
　내 카메라는 사용한지 오래되어서, 새것으로 바꾸고 싶다.

★ **照相机** zhàoxiàngjī 명 카메라 | ★ **用** yòng 동 쓰다, 사용하다 | ★ **久** jiǔ 형 오래다 | **想** xiǎng 조동 ~하고 싶다 | **新的** xīn de 새것

정답　换

(6) **教 jiāo** 동 가르치다　　　　　　**叫 jiào** 동 부르다

☑ 我是一个中学老师，＿＿学生历史。
　나는 중학교 선생님이고, 학생들에게 역사를 가르친다.

中学 zhōngxué 명 중학교 | **老师** lǎoshī 명 선생님 | **学生** xuésheng 명 학생 | ★ **历史** lìshǐ 명 역사

정답　教

첫걸음 발음 및 성조 구분

(7) **元** yuán 양 위안 [중국의 화폐 단위]   **远** yuǎn 형 (거리가) 멀다

☑ 图书馆离这儿比较＿＿＿，坐出租车去要80＿＿＿。
도서관은 여기에서 비교적 멀어서, 택시 타고 가면 80위안이 든다.

★**图书馆** túshūguǎn 명 도서관 | **离** lí 개 ~에서 | ★**比较** bǐjiào 부 비교적, 상대적으로 | **坐** zuò 동 (교통수단을) 타다 | **出租车** chūzūchē 명 택시 | **去** qù 동 가다 | **要** yào 동 들다, 걸리다

정답 远, 元

2 발음 구분   ● track 03

(1) **四** sì 수 4, 넷   **十** shí 수 10, 열

☑ 这辆车两年前买的时候花了＿＿＿十多万元，现在才＿＿＿多万元。
이 차는 2년 전에 살 때 40만 위안 정도를 썼지만, 지금은 겨우 10만 위안 정도이다.

★**辆** liàng 양 대, 량 [차량을 세는 단위] | **车** chē 명 자동차 | **前** qián 명 전, 이전 | **买** mǎi 동 사다, 구매하다 | **……的时候** …… de shíhou ~할 때 | ★**花** huā 동 (돈·시간을) 쓰다 | ★**万** wàn 수 10000, 만 | **现在** xiànzài 명 지금

정답 四, 十

(2) **小** xiǎo 형 (크기가) 작다   **少** shǎo 형 (수량이) 적다

☑ 我家附近有个公园，那里很＿＿＿，所以人也很＿＿＿。
우리 집 근처에는 공원이 하나 있는데, 그곳은 작아서 사람도 적다.

★**附近** fùjìn 명 근처 | ★**公园** gōngyuán 명 공원 | **所以** suǒyǐ 접 그래서 | **也** yě 부 ~도

정답 小, 少

(3) **床** chuáng 명 침대   **穿** chuān 동 (옷 등을) 입다

☑ 她很喜欢红色，每天都＿＿＿红色的衣服。
그녀는 빨간색을 매우 좋아해서, 매일 빨간색 옷을 입는다.

红色 hóngsè 명 빨간색 | **每天** měi tiān 명 매일 | **衣服** yīfu 명 옷

정답 穿

(4) **黑** hēi 형 어둡다   **回** huí 동 돌아가다

☑ 我八点前必须＿＿＿到办公室。 나는 8시 전에 반드시 사무실로 돌아가야 한다.

点 diǎn 양 시 | ★**必须** bìxū 부 반드시 (~해야 한다) | **到** dào 개 ~로, ~까지 | ★**办公室** bàngōngshì 명 사무실

정답 回

(5) 学 xué 图 배우다   **写** xiě 图 쓰다

☑ 没想到他的汉字＿＿＿得这么好。
그가 한자를 이렇게 잘 쓸 줄은 생각지 못했다.

没想到 méi xiǎngdào 생각지 못하다 | 汉字 Hànzì 고유 한자 | 得 de 조 ~하는 정도가 ~하다 | 这么 zhème 대 이렇게

정답 写

---

(6) 姓 xìng 명 성, 성씨   **信** xìn 명 편지

☑ 他去国外后，经常给我写＿＿＿。
그는 외국으로 간 뒤로, 자주 나에게 편지를 쓴다.

国外 guówài 명 외국 | 后 hòu 명 뒤, 후 | ★经常 jīngcháng 부 자주 | 给 gěi 개 ~에게

정답 信

---

(7) 狗 gǒu 명 개   **国** guó 명 국가

☑ 弟弟经常带小＿＿＿去公园玩儿。
남동생은 자주 강아지를 데리고 공원에 놀러 간다.

弟弟 dìdi 명 남동생 | ★带 dài 동 데리다, 지니다 | 玩儿 wánr 동 놀다

정답 狗

---

(8) 下午 xiàwǔ 명 오후   **下雨** xiàyǔ 동 비가 오다

☑ 天突然阴了，＿＿＿可能会＿＿＿。
날이 갑자기 흐려져서, 오후에 아마도 비가 올 것이다.

天 tiān 명 날 | ★突然 tūrán 부 갑자기 | 阴 yīn 형 흐리다 | 可能 kěnéng 부 아마도 | 会 huì 조동 ~할 것이다

정답 下午, 下雨

---

(9) 知道 zhīdào 동 알다   **迟到** chídào 동 지각하다

☑ 只有经理一个人不＿＿＿，她上班总是＿＿＿。
그녀가 출근할 때 항상 지각한다는 것을 오직 사장 혼자만 알지 못한다.

只 zhǐ 부 오직, 오로지 | ★经理 jīnglǐ 명 사장 | 上班 shàngbān 동 출근하다 | ★总是 zǒngshì 부 늘, 항상

정답 知道, 迟到

(10) **眼镜** yǎnjìng 명 안경　　　　　　　**眼睛** yǎnjing 명 눈

☑ 这两天我的_____有点儿不舒服，打算下午去商店买_____。
　　요 며칠 눈이 좀 불편해서, 오후에 상점에 가서 안경을 살 예정이다.

这两天 zhè liǎng tiān 요 며칠 | **有点儿** yǒudiǎnr 부 조금, 약간 | **不舒服** bù shūfu (몸이) 아프다, 불편하다 | ★**打算** dǎsuàn 동 ~할 예정이다 | **商店** shāngdiàn 명 상점

정답　眼睛，眼镜

(11) **觉** jiào 명 잠　　　　　　　　　　**见** jiàn 동 만나다

☑ 明天要____男朋友，所以今天晚上会早点儿睡____。
　　내일 남자 친구를 만날 거라서, 오늘 저녁에 일찍 잘 것이다.

明天 míngtiān 명 내일 | **要** yào 조동 ~하려고 하다 | **男朋友** nánpéngyou 명 남자 친구 | **今天** jīntiān 명 오늘 | **晚上** wǎnshang 명 저녁, 밤 | **早** zǎo 형 이르다 | **点儿** diǎnr 수량 좀, 약간 | **睡觉** shuìjiào 동 잠을 자다

정답　见，觉

3　성조 변화 구분

(1) 제3성의 성조 변화
제3성이 연달아 나오면, 앞에 나오는 제3성은 '제2성'으로 발음한다. 병음 표기는 변하지 않는다는 것에 주의하자.

| 很好 hěn hǎo → hén hǎo 좋다 | 水果 shuǐguǒ → shuíguǒ 과일 |
| 可以 kěyǐ → kéyǐ ~해도 된다 | |

(2) '不'의 성조 변화
'不'는 원래 제4성(bù)이지만, 뒤에 제4성이 올 경우, 발음의 편리를 위해 제2성(bú)으로 바뀐다. 공식으로 외우기보다는 많이 듣고, 많이 읽어 봐야 빨리 익힐 수 있다. 이 경우 병음 표기도 제2성으로 한다.

① 不 + 제1·2·3성 → 不 bù(제4성) + 제1·2·3성

不听 bù tīng 듣지 않다　　不来 bù lái 오지 않다　　不买 bù mǎi 사지 않다

② 不 + 제4성 → 不 bú(제2성) + 제4성

不要 bú yào 필요 없다　　不在 bú zài (자리에) 없다　　不做 bú zuò 하지 않다

(3) '一'의 성조 변화

'一'는 단독으로 읽거나 서수를 나타낼 때는 제1성(yī)으로 발음하지만, 그 밖의 경우에는 뒤에 오는 단어의 성조에 따라 '一'의 성조가 변한다.

① '一'가 서수로 쓰일 때: 제1성 (yī)

第一 dì yī 첫 번째   一点 yī diǎn 1시   一号 yī hào 1일

② '一' 뒤에 제1·2·3성이 올 때: 제4성 (yì)

一张 yì zhāng 1장   一元 yì yuán 1위안   一本 yì běn 1권

③ '一' 뒤에 제4성이 올 때: 제2성 (yí)

一次 yí cì 한 번   一样 yíyàng 같다

(4) '儿'화

'儿'화는 단어 끝에 '儿' 발음이 추가되어 발음이 변화하는 현상이다. 중국의 중부, 북방 등의 방언에서 자주 '儿'화 현상이 나타나는데, 이 중 '베이징 방언'의 많은 단어에 이 현상이 나타난다. 표준어의 발음이 '베이징 방언'을 바탕으로 하고 있어, 일부 단어에도 '儿' 발음이 남아 있다.

面条儿 miàntiáor 국수   饭馆儿 fànguǎnr 식당
玩儿 wánr 놀다   聊天儿 liáotiānr 이야기하다

📋 배운 내용 점검하기

○ track 04

✦ 녹음을 듣고 빈칸을 채워 넣어 보세요.

1 这个_____是什么时候买的?

2 今天买的_____特别大, 你坐一坐吧。

3 门口旁边的那只_____是谁的, 你知道吗?

석&어휘

1 이 등은 언제 산 거야?
　什么时候 shénme shíhou 언제

2 오늘 산 침대는 정말 커. 너 좀 앉아 봐.
　床 chuáng 몡 침대 | 坐 zuò 동 앉다 | 吧 ba 조 ~하자 [상의·제의·청유·기대·명령 등의 어기를 나타냄]

3 입구 옆의 저 개는 누구 것인지 너는 아니?
　门口 ménkǒu 몡 입구 | 旁边 pángbiān 몡 옆 | ★只 zhī 양 마리 [동물을 세는 단위]

답 1 灯   2 床   3 狗

01 사물·동물

듣기 제1부분

Day 02

기초 실력 확인하기 | 녹음과 제시된 그림이 같다면 √, 다르면 ×를 표시하세요.

모범 답안 → 본서 p.360

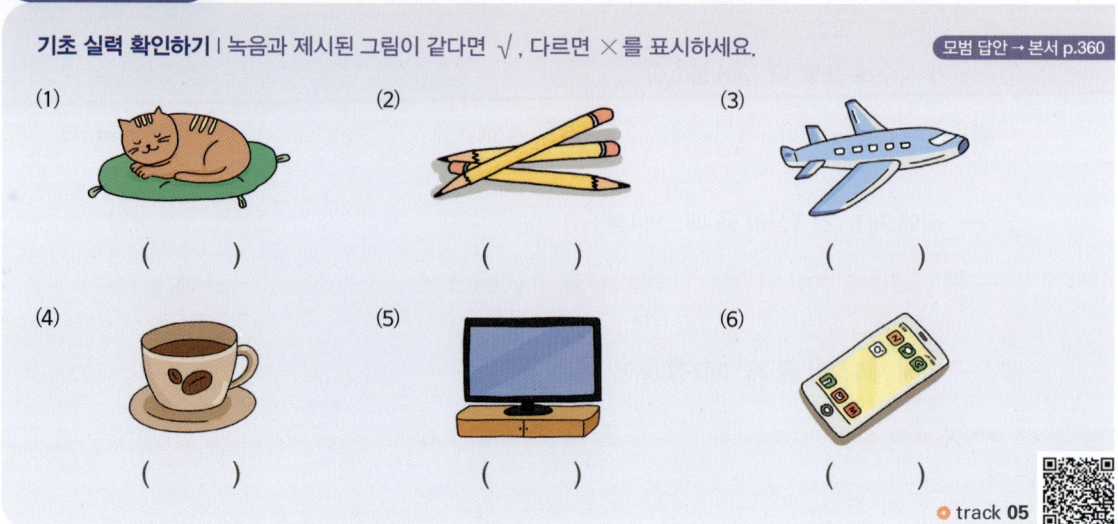

● track 05

STEP 1 유형 파악하기

◆ 사물과 동물 사진은 꾸준히 출제되는 필수 유형이다. 사물·동물 유형의 문제에서는 대부분 사진에 보이는 사물이나 동물의 단어를 그대로 들려주므로, 단어만 정확히 알아도 정답을 맞힐 수 있다.

◆ 최근 사람과 사물·동물이 함께 등장하는 사진이 많이 출제되고 있다. 사진에 '말 타기(骑马), 설거지(洗碗), 신문 보기(看报纸)' 등의 상황이 주어졌다면 '말(马), 그릇(碗), 신문(报纸)' 등 사람과 함께 등장하는 사물이나 농물에 집중하자.

● 제1부분 예제

● track 06

男：服务员，请给我拿一个盘子和一双筷子，好吗？ 女：好的，请您等一下。	남: 웨이터, 접시와 젓가락 좀 갖다 주시겠어요? 여: 네, 잠깐만요.

정답&풀이 **E** 남자가 여자에게 접시와 젓가락을 달라고 했으므로, 접시와 젓가락이 있는 E가 정답이다. 3급 듣기 부분에서는 사진에 보이는 사물이 녹음에 그대로 나오는 경우가 많다. 따라서 녹음을 듣기 전에 먼저 사진을 체크해 주요 어휘들을 생각해 두자!

服务员 fúwùyuán 명 종업원 | **请** qǐng 동 ~해 주세요 [请+대상+술어/내용] | **给** gěi 동 ~에게 ~를 주다 | ★**拿** ná 동 (손으로) 가지다, 쥐다, 잡다, 얻다 | **一** yī 주 1, 하나 | ★**盘子** pánzi 명 쟁반 | **和** hé 개 ~와 | ★**双** shuāng 양 켤레, 쌍 [짝을 이루는 명사를 세는 단위] | ★**筷子** kuàizi 명 젓가락 | **好** hǎo 형 좋다, 훌륭하다, 만족하다 | **吗** ma 조 [(문장 끝에 쓰여) 의문의 어기를 나타냄] | **好的** hǎo de 감 좋아, 됐어 [주로 구의 앞에 쓰여 동의 혹은 한 단락이 끝났음을 나타냄] | **等** děng 동 기다리다 | **一下** yíxià 수량 (동사 뒤에 쓰여) 좀 ~하다

STEP 2 내공 쌓기

시험에 등장하는 사물은 크게 '음식·주방, 일상용품, 의복, 공부·회사 업무, 여행, 동물·식물' 등과 관련된 어휘가 자주 출제되고 있다. 주변에 다른 것 없이 사물만 제시되는 사진도 있지만, 최근에는 사람이 물건을 들거나, 메거나, 먹고 있는 사진도 많아지고 있는 추세이다. 사람과 함께 나오는 사물이나 동물을 유의해서 듣자.

◆ **테마별 빈출 유형과 핵심 어휘**

track 07

(1) 음식·주방

女: 你把啤酒瓶开一下吧。
너는 맥주병을 좀 열어 봐.

男: 好的，你再拿几个杯子过来。
그래. 너는 잔을 몇 개 더 가지고 와.

★**把** bǎ 개 [목적어를 술어 앞으로 끌어내어 처치를 나타냄] | **啤酒瓶** píjiǔ píng 맥주병 | **开** kāi 동 열다 | **一下** yíxià 수량 (동사 뒤에 쓰여) 좀 ~하다 | **吧** ba 조 ~하자 [상의·제의·청유·기대·명령 등의 어기를 나타냄] | **再** zài 부 더, 다시 | ★**拿** ná 동 (손으로) 가지다 | **过来** guòlai 동 오다

핵심 어휘

• 啤酒 píjiǔ 맥주	• 咖啡 kāfēi 커피	• 牛奶 niúnǎi 우유
• 果汁 guǒzhī 과일주스	• 茶 chá 차	• 水果 shuǐguǒ 과일
• 苹果 píngguǒ 사과	• 香蕉 xiāngjiāo 바나나	• 西瓜 xīguā 수박
• 面包 miànbāo 빵	• 蛋糕 dàngāo 케이크	• 鸡蛋 jīdàn 달걀, 계란
• 羊肉 yángròu 양고기	• 杯子 bēizi 컵, 잔	• 瓶子 píngzi 병
• 碗 wǎn 그릇, 사발	• 筷子 kuàizi 젓가락	• 冰箱 bīngxiāng 냉장고

(2) 일상용품

男: 把电视关了, 我们先吃饭吧。
TV 꺼. 우리 밥부터 먹자.

女: 好的, 马上就关。
그래. 곧 끌 거야.

★ 关 guān 동 끄다, 닫다 | ★ 先 xiān 부 먼저, 우선 | ★ 马上 mǎshàng 부 곧 | 就 jiù 부 바로

핵심 어휘

- 电视 diànshì TV, 텔레비전
- 雨伞 yǔsǎn 우산
- 桌子 zhuōzi 탁자, 테이블
- 箱子 xiāngzi 상자
- 空调 kōngtiáo 에어컨
- 礼物 lǐwù 선물
- 椅子 yǐzi 의자
- 灯 dēng 등
- 手机 shǒujī 핸드폰
- 东西 dōngxi 물건
- 报纸 bàozhǐ 신문

(3) 의복

男: 这条裙子你花了多少钱?
이 치마에 너 얼마 썼어?

女: 不知道, 不是我买的, 是别人送的。
모르겠어. 내가 산 게 아니고 다른 사람이 준 거야.

★ 条 tiáo 양 벌 [바지·치마를 세는 단위] | ★ 花 huā 동 (돈·시간을) 쓰다 | 多少 duōshao 대 얼마, 몇 | 钱 qián 명 돈 | 知道 zhīdào 동 알다, 이해하다 | 买 mǎi 동 사다 | ★ 别人 biérén 대 다른 사람, 남 | 送 sòng 동 주다

핵심 어휘

- 裙子 qúnzi 치마
- 衣服 yīfu 옷
- 包 bāo 가방
- 裤子 kùzi 바지
- 帽子 màozi 모자
- 手表 shǒubiǎo 손목시계
- 衬衫 chènshān 셔츠, 블라우스
- 鞋(子) xié(zi) 신발

(4) 공부·회사 업무

女: 这个词典用着方便吗?
이 사전은 사용하기에 편리한가요?

男: 很方便, 特别是做题的时候, 对我很有帮助。
편리해요. 특히 문제를 풀 때 저에게 도움이 많이 돼요.

★ 用 yòng 동 사용하다, 쓰다 | 着 zhe 조 ~하고 보니 | ★ 方便 fāngbiàn 형 편리하다 | 做题 zuò tí 동 문제를 풀다 | ……的时候 …… de shíhou ~할 때 | 对 duì 개 ~에 대해, ~에게 | 帮助 bāngzhù 동 돕다

핵심 어휘

- 笔记本 bǐjìběn 노트, 공책
- 电脑 diànnǎo 컴퓨터
- 词典 cídiǎn 사전
- 书 shū 책
- 铅笔 qiānbǐ 연필

(5) 여행

女: 请问，世界公园在哪儿?
말씀 좀 여쭙겠습니다. 세계공원은 어디 있나요?

男: 我帮你看看地图。
제가 당신을 도와서 지도를 좀 봐 드릴게요.

请问 qǐngwèn 동 말씀 좀 여쭙겠습니다 | **世界公园** Shìjiè Gōngyuán 고유 세계공원 | **在** zài 동 ~에 있다 | **哪儿** nǎr 대 어디 | **帮** bāng 동 돕다 | **看** kàn 동 보다

핵심 어휘
- **地图** dìtú 지도
- **(照)相机** (zhào)xiàngjī 카메라
- **护照** hùzhào 여권
- **行李箱** xínglixiāng 여행용 가방

(6) 동물·식물

男: 这是什么声音?
이게 무슨 소리야?

女: 是鸟叫声，儿子昨天买了一只小鸟，很可爱。
새가 우는 소리야. 아들이 어제 작은 새 한 마리를 사 왔는데 귀여워.

★ **声音** shēngyīn 명 소리 | **叫声** jiàoshēng 우는 소리 | **儿子** érzi 명 아들 | **昨天** zuótiān 명 어제 | ★ **只** zhī 양 마리[동물을 세는 단위] | ★ **可爱** kě'ài 형 귀엽다

핵심 어휘
- **鸟** niǎo 새
- **马** mǎ 말
- **熊猫** xióngmāo 판다
- **动物** dòngwù 동물
- **猫** māo 고양이
- **狗** gǒu 개

배운 내용 점검하기

○ track 08

◆ 녹음을 듣고 빈칸을 채워 넣어 보세요.

1 这条_____是前两天姐姐送来的。

2 房间里的_____坏了，热得没法睡觉。

3 你要小心，那个_____里是_____和_____。

석&어휘
1 이 바지는 며칠 전에 언니가 준 거야.
   前两天 qián liǎng tiān 며칠 전 | **姐姐** jiějie 명 언니, 누나

2 방 안의 에어컨이 고장 나서, 잠을 잘 수 없을 정도로 더워.
   房间 fángjiān 명 방 | **空调** kōngtiáo 명 에어컨 | ★ **坏** huài 동 고장 나다 | **热** rè 형 덥다, 뜨겁다 | **得** de 조 ~하는 정도가 ~하다 | **没法** méi fǎ 방법이 없다 | **睡觉** shuìjiào 동 잠을 자다

3 너 조심해야 해. 그 상자 안에는 그릇이랑 쟁반이야.
   要 yào 조동 ~해야 한다 | ★ **小心** xiǎoxīn 동 조심하다 | **和** hé 접 ~와 | **盘子** pánzi 명 쟁반, 큰 접시

답 1 裤子   2 空调   3 箱子, 碗, 盘子

STEP 3 실력 다지기

● track 09

A

B

C

D

E

1. ☐
2. ☐
3. ☐
4. ☐
5. ☐

해설서 p.4

Day 04

track 10

A

B

C

D

E

6. ☐
7. ☐
8. ☐
9. ☐
10. ☐

해설서 p.5

01 사물·동물   29

02 행동·상태

듣기 제1부분

Day 05

기초 실력 확인하기 | 녹음과 제시된 그림이 같다면 √, 다르면 ×를 표시하세요.

모범 답안 → 본서 p.360

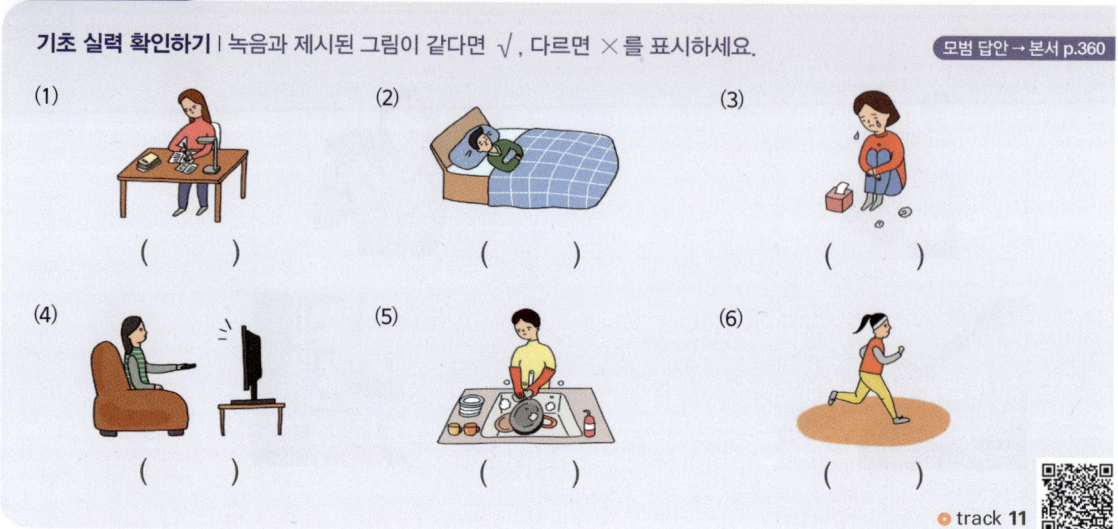

track 11

STEP 1 유형 파악하기

◆ 사물 유형 다음으로 자주 출제되는 것은 바로 '행동' 유형이다. 사진의 인물이 무슨 동작을 하고 있는지 주의하자. 일상 생활과 관련된 빈출 동사를 외우면 쉽게 풀 수 있다.

◆ 특별한 행동을 하고 있지 않다면 사람의 '표정'에 집중해 보자. 표정과 연관지어 '감정 상태' '건강 상태' 등이 출제될 수 있다. 그중에서도 건강과 관련된 유형이 자주 출제되는 추세이므로 관련 어휘를 반드시 익혀 두자.

● 제1부분 예제

track 12

男: 你怎么了？哪儿不舒服吗？
女: 这几天一直晚下班，我突然觉得头有点儿疼。

남: 왜 그래? 어디 아파?
여: 요 며칠 계속 늦게 퇴근했더니 갑자기 머리가 조금 아파요.

정답&풀이 **D** 어디가 아프냐는 남자의 말에 여자는 '头有点儿疼(머리가 조금 아파요)'라고 했다. 이 말을 통해 머리를 잡고 인상을 찡그리고 있는 D가 정답이다. 핵심 단어를 통해 정답을 찾을 수 있으므로, 사진 속 인물의 행동의 핵심 어휘를 미리 체크하자.

怎么了 zěnme le 무슨 일이야? 어떻게 된 거야? | 哪儿 nǎr 데 어디 | ★不舒服 bù shūfu 불쾌하다, (몸이) 아프다 | 吗 ma 조 [문장 끝에 쓰여] 의문의 어기를 나타냄 | 这 zhè 데 이것 | 几 jǐ 주 몇 | 天 tiān 명 하루, 날, 일(日) | ★一直 yìzhí 부 계속, 줄곧 | 晚 wǎn 형 늦다 | 下班 xiàbān 동 퇴근하다 | ★突然 tūrán 부 갑자기, 문득, 느닷없이, 난데없이 | 觉得 juéde 동 ~라고 느끼다 | ★头疼 tóu téng 머리가 아프다 | 有点儿 yǒudiǎnr 부 조금, 약간 [有点儿+형용사: 부정이나 불만의 뉘앙스를 나타냄]

STEP 2 내공 쌓기

행동·상태 유형에서는 테마별로 자주 나오는 어휘를 익히면 쉽게 정답을 찾을 수 있다. 관련된 어휘를 예문으로 익히자. 시험에 등장하는 행동은 크게 '일상, 취미, 운동, 학습, 교통수단, 건강, 감정' 등의 테마로 구성되어 있다. '일상'에서 일어나는 행동과 '건강 상태' 등이 많이 출제되고 있는 추세이다.

◆ **테마별 빈출 유형과 핵심 어휘**

track 13

(1) 일상

女: 爸爸已经到楼下了，快点儿。
아빠께서 이미 아래층에 도착하셨어. 빨리 좀 해.

男: 好的，我把房间的灯关了就走。
알았어. 나는 방의 전등을 끄고 바로 갈게.

已经……了 yǐjīng …… le 이미 ~했다 | 到 dào 동 도착하다 | 楼下 lóu xià 명 아래층 | 快 kuài 형 빠르다 | 点儿 diǎnr 수량 좀, 약간 | 把 bǎ 개 [목적어를 술어 앞으로 끌어내어 처치를 나타냄] | 走 zǒu 동 가다

핵심 어휘

- 睡觉 shuìjiào 잠을 자다
- 刷牙 shuāyá 양치질하다
- 洗碗 xǐ wǎn 설거지하다
- 房间 fángjiān 방
- 拿 ná 잡다, 가지다
- 坏 huài 고장 나다
- 电视 diànshì TV, 텔레비전
- 走路 zǒulù 걷다
- 想 xiǎng 생각하다

- 起床 qǐchuáng 일어나다
- 洗澡 xǐzǎo 목욕하다
- 洗衣服 xǐ yīfu 옷을 빨다
- 搬家 bānjiā 이사하다
- 关 guān 끄다, 닫다
- 灯 dēng 전등
- 电脑 diànnǎo 컴퓨터
- 看报纸 kàn bàozhǐ 신문을 보다
- 上网 shàngwǎng 인터넷을 하다

- 做饭 zuò fàn 밥을 하다
- 做菜 zuò cài 음식을 하다
- 打扫 dǎsǎo 청소하다
- 搬 bān 옮기다
- 开 kāi 켜다, 열다
- 空调 kōngtiáo 에어컨
- 走楼梯 zǒu lóutī 계단을 걷다
- 看手表 kàn shǒubiǎo 시계를 보다
- 坐电梯 zuò diàntī 엘리베이터를 타다

(2) 취미

男: 你好，能帮我照张相吗?
안녕하세요. 저를 도와 사진 좀 찍어 줄 수 있나요?

女: 好，看这儿，一、二、三。
네, 이쪽을 보세요. 하나, 둘, 셋.

能 néng 조동 ~할 수 있다 | **帮** bāng 동 돕다 | ★**张** zhāng 양 장 [종이나 가죽 등을 세는 단위] | **看** kàn 동 보다

핵심 어휘

- 照相 zhàoxiàng 사진을 찍다
- 画画儿 huà huàr 그림을 그리다
- 玩游戏 wán yóuxì 게임을 하다
- 听音乐 tīng yīnyuè 음악을 듣다
- 读书 dúshū 책을 읽다
- 看电影 kàn diànyǐng 영화를 보다
- 看节目 kàn jiémù 프로그램을 보다
- 看新闻 kàn xīnwén 뉴스를 보다
- 唱歌 chàng gē 노래를 부르다
- 跳舞 tiàowǔ 춤을 추다

(3) 운동

女: 你每天早上都跑步吗?
너 매일 아침마다 조깅하니?

男: 不是，早上没课的时候，才出来跑步。
아니. 아침 수업이 없을 때만 비로소 나와서 조깅해.

每天 měi tiān 명 매일 | **早上** zǎoshang 명 아침 | **都** dōu 부 모두, 다 | **课** kè 명 수업, 강의 | **……的时候** …… de shíhou ~할 때 | ★**才** cái 부 비로소 | **出来** chūlái 동 나오다

핵심 어휘

- 跑步 pǎobù 달리다
- 运动 yùndòng 운동하다
- 锻炼 duànliàn 단련하다
- 游泳 yóuyǒng 수영하다
- 踢足球 tī zúqiú 축구를 하다
- 打篮球 dǎ lánqiú 농구를 하다
- 散步 sànbù 산책하다

(4) 학습

女: 他还在写作业? 我以为他写完了呢。
그는 아직 숙제를 하고 있나요? 나는 그가 다 한 줄 알았는걸.

男: 看来，他可能需要你的帮忙。
보아하니 그는 아마도 당신의 도움이 필요해요.

在 zài 부 ~하고 있는 중(이다) | **以为** yǐwéi 동 여기다 | **呢** ne 조 [사실 확인 및 과장된 어투를 나타냄] | **看来** kànlái 보아하니 | **可能** kěnéng 부 아마도 | ★**需要** xūyào 동 필요하다 | ★**帮忙** bāngmáng 명 도움

> **핵심 어휘**
> - 学习 xuéxí 배우다, 공부하다
> - 准备考试 zhǔnbèi kǎoshì 시험을 준비하다
> - 做作业 zuò zuòyè 숙제를 하다
> - 复习 fùxí 복습하다
> - 写作业 xiě zuòyè 숙제를 하다
> - 做题 zuò tí 문제를 풀다

(5) 교통수단

女: 你早上**坐**什么去上班?
너 아침에 뭐 타고 출근하니?

男: 我每天早上都**骑自行车**去上班。
나는 매일 아침마다 자전거를 타고 출근해.

上班 shàngbān 동 출근하다

> **핵심 어휘**
> - 坐 zuò (교통수단을) 타다
> - 飞机 fēijī 비행기
> - 公共汽车 gōnggòng qìchē 버스
> - 自行车 zìxíngchē 자전거
> - 出租车 chūzūchē 택시
> - 船 chuán 배
> - 公交车 gōngjiāochē 버스
> - 地铁 dìtiě 지하철
> - 火车 huǒchē 기차
> - 骑 qí (동물이나 자전거 등에) 타다

(6) 건강

男: 你的**牙**还**疼**吗?
너의 이는 아직도 아파?

女: 刚才**吃药**了, 已经不**疼**了, 谢谢。
방금 약 먹었어. 이미 안 아파. 고마워.

★ 刚才 gāngcái 명 방금 | 谢谢 xièxie 동 고맙습니다

> **핵심 어휘**
> - 生病 shēngbìng 병이 나다
> - 头疼 tóuténg 머리가 아프다
> - 吃药 chī yào 약을 먹다
> - 脸 liǎn 얼굴
> - 胖 pàng 뚱뚱하다, 살찌다
> - 感冒 gǎnmào 감기에 걸리다
> - 牙疼 yá téng 이가 아프다
> - 腿 tuǐ 다리
> - 鼻子 bízi 코
> - 发烧 fāshāo 열이 나다
> - 不舒服 bù shūfu (몸이) 아프다, 불편하다
> - 脚 jiǎo 발
> - 瘦 shòu 여위다, 마르다

(7) 감정

男: 孩子一直在哭，怎么办好呢?
아이가 계속 울고 있어. 어떡하면 좋지?

女: 他喜欢糖，给他一块儿糖吧。
아이는 사탕을 좋아해. 아이에게 사탕 하나를 줘 봐.

孩子 háizi 몡 아이 | ★一直 yìzhí 뷔 계속, 줄곧 | 怎么办 zěnme bàn 어쩌나, 어쩌지 | 喜欢 xǐhuan 동 좋아하다 | 糖 táng 명 사탕 | 给 gěi 동 ~를 주다 | 块儿 kuàir 양 덩어리

핵심 어휘

- 哭 kū (소리 내어) 울다
- 快乐 kuàilè 즐겁다
- 害怕 hàipà 두려워하다
- 生气 shēngqì 화내다
- 笑 xiào 웃다, 웃음 짓다
- 满意 mǎnyì 만족하다
- 放心 fàngxīn 안심하다
- 高兴 gāoxìng 기쁘다
- 难过 nánguò 슬프다, 고통스럽다
- 担心 dānxīn 걱정하다

배운 내용 점검하기

○ track 14

◆ 녹음을 듣고 빈칸을 채워 넣어 보세요.

1 孩子总是一边走路一边听音乐，我很_____。

2 你别走，我是第一次_____，很_____。

3 这双鞋真_____，还没走一百米，_____就_____了。

석&어휘

1 아이가 항상 걸으면서 노래를 들어요. 나는 걱정돼요.
★总是 zǒngshì 뷔 항상 | ★一边A一边B yìbiān A yìbiān B A하면서 B하다

2 가지 마. 나는 처음 자전거를 타는 거라 두려워.
别 bié 뷔 ~하지 마라 | 第一次 dì yī cì 처음

3 이 신발은 정말 불편해. 아직 100m도 안 걸었는데, 발이 너무 아파.
★双 shuāng 양 짝, 켤레 | 鞋 xié 명 신발 | 真 zhēn 정말, 진짜 | 百 bǎi 수 100, 백 | ★米 mǐ 양 미터(m) | 就 jiù 뷔 [사실을 강조함]

답 1 担心   2 骑自行车, 害怕   3 不舒服, 脚, 疼

STEP 3 실력 다지기

track 15

A

B

C

D

E

1. ☐
2. ☐
3. ☐
4. ☐
5. ☐

해설서 p.7

02 행동·상태   35

Day 07

track 16

A

B

C

D

E

6. ☐
7. ☐
8. ☐
9. ☐
10. ☐

해설서 p.9

03 상황

듣기 제1부분 — Day 21

기초 실력 확인하기 | 녹음과 제시된 그림이 같다면 √, 다르면 ✕를 표시하세요.

모범 답안 → 본서 p.360

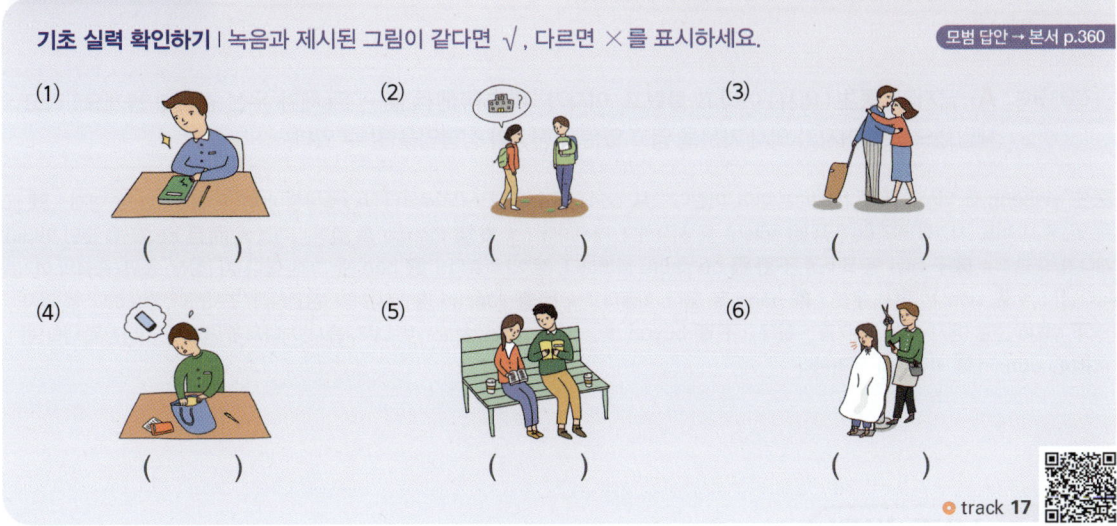

track 17

STEP 1 유형 파악하기

◆ 상황 유형은 대화에 드러난 상황과 맥락을 통해 관련된 사진을 찾아야 한다. 일반적으로 사진에서 직접적인 힌트를 얻기 어려우므로, 대화에서 언급된 정보에 근거해 상황을 유추하면서 사진과 연관된 스토리를 생각하는 연습이 필요하다.

◆ 대화가 이루어지고 있는 상황이나 장소를 유추할 수 있으면 보다 쉽게 정답을 찾을 수 있다. 장소 또는 상황과 관련된 단어를 익혀 보자.

● 제1부분 예제 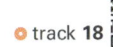 track 18

男: 医生, 孩子从昨天就开始发烧, 而且鼻子不舒服。 女: 好, 我先帮他检查一下, 你们不要太担心。	남: 의사 선생님, 아이가 어제부터 열이 나고 코가 아프기 시작했어요. 여: 네, 제가 우선 검사해 볼게요, 너무 걱정하지 마세요.

정답&풀이 **A** 남자가 '医生(의사)'이라고 불렀고, 여자가 '我先帮他检查一下(제가 우선 검사해 볼게요)'라고 대답했으므로, 여자가 의사 가운을 입고 있는 사진 A가 정답임을 알 수 있다.

医生 yīshēng 몡 의사 | **孩子** háizi 몡 아이, 어린이 | **从** cóng 깨 ~에서, ~(으)로부터 [从+출발점] | **昨天** zuótiān 몡 어제 | **就** jiù 틘 곧, 즉시, 바로 [사실을 강조함] | **开始** kāishǐ 통 시작하다, 개시하다 | ★**发烧** fāshāo 통 열이 나다 | ★**而且** érqiě 젭 뿐만 아니라, 게다가, 또한 | ★**鼻子** bízi 몡 코 | **不舒服** bù shūfu 불쾌하다, (몸이) 아프다 | **好** hǎo 혱 그래, 좋아, 자 [칭찬·동의·종결의 어기를 나타냄] | ★**先** xiān 틘 먼저, 우선 | **帮** bāng 통 돕다, 거들다 | ★**检查** jiǎnchá 통 검사하다, 점검하다, 조사하다, 검토하다 몡 검사 | **一下** yíxià 수량 (동사 뒤에 쓰여) 좀 ~하다 | **不要** búyào 틘 ~하지 마라 | **太** tài 틘 너무, 몹시, 지나치게 [정도가 지나침을 나타냄] | ★**担心** dānxīn 통 걱정하다, 염려하다

STEP 2 내공 쌓기

상황 유형은 사진에서 직접적인 힌트를 찾기 어려운 경우가 많기 때문에 난이도가 가장 높은 유형이다. 듣기 제1부분에서는 일반적으로 사물·동물 유형과 행동·상태 유형이 주로 출제되고, 상황 유형은 1~3문제 정도 출제된다. 그러나 고득점을 위해서는 상황 유형 역시 충실히 대비해야 한다. 최근에는 대화 상황의 주제가 점점 다양해지는 추세이다. 아래의 자주 출제되는 상황별로 어휘를 익혀 보자.

◆ 테마별 빈출 유형과 핵심 어휘 track 19

(1) 학교 · 도서관

男: 这些题都做完了? 可以告诉我怎么做吗?
이 문제들 다 풀었니? 어떻게 푸는지 나에게 알려 줄 수 있어?

女: 没问题, 哪道题?
문제없지. 어느 문제?

些 xiē 양 조금, 약간 | **做** zuò 통 문제를 풀다 | **完** wán 통 (동사 뒤에 보어로 쓰여) 다하다, 끝내다 | **可以** kěyǐ 조동 ~할 수 있다 | **告诉** gàosu 통 알려 주다 | **怎么** zěnme 대 어떻게 | **没问题** méi wèntí 문제없다 | **哪** nǎ 대 어느, 어떤 | **道** dào 양 [문제나 명령 등을 세는 단위]

핵심 어휘

- **学校** xuéxiào 학교
- **校长** xiàozhǎng 교장
- **借书** jiè shū 책을 빌리다
- **教** jiāo 가르치다
- **考试** kǎoshì 시험(을 보다)

- **教室** jiàoshì 교실
- **老师** lǎoshī 선생님
- **做题** zuò tí 문제를 풀다
- **上课** shàngkè 수업하다
- **成绩** chéngjì 성적

- **黑板** hēibǎn 칠판
- **学生** xuésheng 학생
- **问** wèn 질문하다
- **下课** xiàkè 수업이 끝나다
- **还书** huán shū 책을 반납하다

(2) 회사

男: 现在你还有哪儿不明白?
지금 당신은 어디가 아직 이해 안 되세요?

女: 这个地方还是不太懂，你再给我讲讲吧。
이 부분이 아직 그다지 이해가 안 돼요. 제게 다시 설명을 좀 해 주세요.

还 hái 图 또, 더 | 哪儿 nǎr 데 어디 | 还是 háishi 图 아직도, 여전히 | 不太 bú tài 그다지 ~하지 않다 | 懂 dǒng 동 이해하다 | 再 zài 图 다시 | 给 gěi 개 ~에게 | 吧 ba 조 ~하자 [상의·제의·청유·기대·명령 등의 어기를 나타냄]

핵심 어휘

- 公司 gōngsī 회사
- 工作 gōngzuò 일하다, 근무하다
- 上班 shàngbān 출근하다
- 下班 xiàbān 퇴근하다
- 欢迎 huānyíng 환영하다
- 给机会 gěi jīhuì 기회를 주다
- 开会 kāihuì 회의를 하다
- 会议 huìyì 회의
- 请假 qǐngjià 휴가를 신청하다
- 发 fā 보내다
- 电子邮件 diànzǐ yóujiàn 이메일
- 写错 xiěcuò 잘못 쓰다
- 检查 jiǎnchá 검사하다
- 解决 jiějué 해결하다
- 讲 jiǎng 설명하다, 말하다
- 明白 míngbai 이해하다

(3) 병원

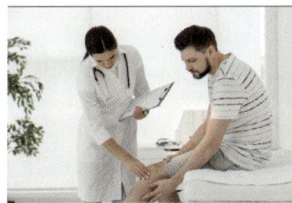

男: 医生，我的左腿最近一直很疼。
의사 선생님, 제 왼쪽 다리가 요즘 계속 아파요.

女: 我先帮你检查一下吧。
제가 먼저 검사하는 것을 좀 도와 드릴게요.

左 zuǒ 명 왼쪽 | ★腿 tuǐ 명 다리 | ★最近 zuìjìn 명 요즘, 최근 | ★一直 yìzhí 图 계속, 줄곧 | ★先 xiān 图 먼저, 우선 | 帮 bāng 동 돕다 | 一下 yíxià 수량 (동사 뒤에 쓰여) 좀 ~하다

핵심 어휘

- 医院 yīyuàn 병원
- 医生 yīshēng 의사
- 病人 bìngrén 환자
- 出院 chūyuàn 퇴원하다
- 住院 zhùyuàn 입원하다
- 疼 téng 아프다
- 看病 kànbìng 진료하다, 진찰하다
- 看医生 kàn yīshēng 진료를 받다
- 开药 kāi yào 약을 처방하다
- 吃药 chī yào 약을 먹다
- 休息 xiūxi 쉬다, 휴식하다
- 检查 jiǎnchá 검사하다
- 发烧 fāshāo 열이 나다

(4) 식당

女: 这些都是我们店很有名的菜。
이것들은 모두 저희 가게에서 유명한 요리입니다.

男: 好的，我先看一下。
네. 제가 우선 좀 볼게요.

★ 有名 yǒumíng 혱 유명하다

핵심 어휘

- 饭馆(儿) fànguǎn(r) 식당
- 饭店 fàndiàn 식당
- 服务员 fúwùyuán 종업원
- 客人 kèrén 손님
- 菜 cài 요리, 음식
- 菜单 càidān 메뉴판
- 点菜 diǎn cài 요리를 주문하다
- 店 diàn 가게, 상점
- 有名 yǒumíng 유명하다

(5) 미용실

男: 怎么样，需要再短一点儿吗?
어때요? 좀 더 짧아야 할까요?

女: 这边的头发再短点儿就更好了。
이쪽의 머리가 좀 더 짧으면 더 좋을 것 같아요.

★ 需要 xūyào 동 필요하다 | 再 zài 부 더 | (一)点儿 (yì)diǎnr 수량 좀, 약간 | 这边 zhèbiān 대 이쪽, 이곳 | 就 jiù 부 [사실을 강조함] | ★ 更 gèng 부 더, 더욱, 훨씬

핵심 어휘

- 头发 tóufa 머리카락
- 长 cháng 길다
- 短 duǎn 짧다
- 怎么样 zěnmeyàng 어떻다

(6) 공항·이별·만남

男: 我该上飞机了。
나 비행기 탈 때가 되었어.

女: 好，你到以后，给我打电话。
그래. 너는 도착한 이후에 나에게 전화해 줘.

该……了 gāi…… le ~할 때가 되었다 | 到 dào 동 도착하다 | 以后 yǐhòu 명 이후 | 打电话 dǎ diànhuà 전화하다

핵심 어휘

- 机场 jīchǎng 공항
- 上飞机 shàng fēijī 비행기에 타다
- 下飞机 xià fēijī 비행기에서 내리다
- 起飞 qǐfēi 이륙하다
- 行李 xíngli 짐
- 回家 huí jiā 집으로 돌아가다
- 礼物 lǐwù 선물
- 再见 zàijiàn 안녕
- 见面 jiànmiàn 만나다

(7) 시간·이동·길 안내

男: 都八点一刻了, 司机已经到楼下了。
벌써 8시 15분이야. 기사님이 이미 아래층에 도착했어.

女: 好的, 我马上就好, 你先下楼吧。
그래. 나 곧 바로 다 되니까, 너 먼저 내려가.

都……了 dōu …… le 벌써 ~했다 | **点** diǎn 양 시 | **刻** kè 양 15분 | **已经……了** yǐjīng …… le 이미 ~했다 | **楼下** lóuxià 명 아래층 | **下楼** xià lóu (위층·계단에서) 내려가다

핵심 어휘

- 司机 sījī 기사
- 车站 chēzhàn 정류장
- 等 děng 기다리다
- 多长时间 duō cháng shíjiān 얼마 동안
- 七点一刻 qī diǎn yí kè 7시 15분
- 这边走 zhèbiān zǒu 이쪽으로 가다
- 旁边 pángbiān 옆, 곁
- 多远 duō yuǎn (거리가) 얼마나 멀어요?
- 开始 kāishǐ 시작하다

- 出租车 chūzūchē 택시
- 到 dào 도착하다
- 迟到 chídào 지각하다
- 要20分钟 yào èrshí fēnzhōng 20분이 걸린다
- 看手表 kàn shǒubiǎo 시계를 보다
- 往前走 wǎng qián zǒu 앞으로 가다
- 路 lù 길, 도로
- 怎么走 zěnme zǒu 어떻게 가나요
- 结束 jiéshù 끝나다

(8) 가족관계

男: 爸爸年轻的时候, 真的经常送妈妈花吗?
아빠는 젊으셨을 때, 정말로 자주 엄마에게 꽃을 보내셨어요?

女: 对, 你爸那时候特别喜欢送我花。
맞아. 네 아빠가 그때 나에게 꽃을 보내는 것을 아주 좋아했지.

★ **年轻** niánqīng 형 젊다 | **……的时候** …… de shíhou ~할 때 | **真的** zhēn de 정말로 | ★ **经常** jīngcháng 부 자주 | **对** duì 형 맞다 | **爸** bà 명 아빠 | ★ **特别** tèbié 부 아주, 특히 | **喜欢** xǐhuan 동 좋아하다

핵심 어휘

- 爸爸 bàba 아빠
- 妹妹 mèimei 여동생
- 朋友 péngyou 친구
- 照顾 zhàogù 돌보다
- 讲故事 jiǎng gùshi 이야기하다

- 妈妈 māma 엄마
- 哥哥 gēge 오빠, 형
- 照片 zhàopiàn 사진
- 送花 sòng huā 꽃을 선물하다

- 姐姐 jiějie 언니, 누나
- 弟弟 dìdi 남동생
- 打电话 dǎ diànhuà 전화하다
- 结婚 jiéhūn 결혼하다

(9) 날씨

男: 雪下得很大，我们回家吧。
눈이 많이 내려. 우리 집으로 돌아가자.

女: 好，快点儿回去吧。雪越下越大了。
그래, 좀 빨리 돌아가자. 눈이 갈수록 많이 내리네.

得 de 조 ~하는 정도가 ~하다 | 快 kuài 형 빠르다 | 回去 huíqù 동 돌아가다 | ★越A越B yuè A yuè B A할수록 B하다

핵심 어휘

- 下雪 xiàxuě 눈이 내리다
- 下雨 xiàyǔ 비가 내리다
- 刮风 guāfēng 바람이 불다
- 晴天 qíngtiān 맑은 날
- 阴天 yīntiān 흐린 날
- 热 rè 덥다
- 冷 lěng 춥다
- 带 dài (몸에) 지니다, 휴대하다
- 伞 sǎn 우산
- 季节 jìjié 계절
- 春天 chūntiān 봄
- 夏天 xiàtiān 여름
- 秋天 qiūtiān 가을
- 冬天 dōngtiān 겨울

배운 내용 점검하기

track 20

♦ 녹음을 듣고 빈칸을 채워 넣어 보세요.

1 好的。你_____青岛以后，自己_____好自己。

2 谢谢_____！有您的帮助，我才有今天的_____。

3 _____你来我们_____ _____，这位是我们的经理。

석&어휘

1 그래. 칭다오에 도착한 후, 스스로 자신을 잘 챙겨.
  青岛 Qīngdǎo 고유 칭다오 | ★自己 zìjǐ 대 자신, 자기, 스스로 | 好 hǎo 형 다 잘 ~하다

2 감사합니다, 선생님! 선생님의 도움이 있기에 비로소 세가 오늘의 성적을 낼 수 있었어요.
  谢谢 xièxie 동 고맙습니다 | 帮助 bāngzhù 동 돕다 | 才 cái 부 비로소

3 당신이 우리 회사에 와서 일하게 된 것을 환영합니다. 이 분은 우리 사장님이십니다.
  ★欢迎 huānyíng 동 환영하다 | ★位 wèi 양 분, 명 [공경의 뜻을 내포함]

답 1 到, 照顾   2 老师, 成绩   3 欢迎, 公司, 工作

STEP 3 실력 다지기

track 21

A
B
C
D
E

1. ☐
2. ☐
3. ☐
4. ☐
5. ☐

해설서 p.11

track 22

Day 23

A

B

C

D

E

6. ☐
7. ☐
8. ☐
9. ☐
10. ☐

해설서 p.13

01 정보 획득

듣기 제2부분

Day 08

기초 실력 확인하기 | 관련 어휘를 얼마나 알고 있는지, 들리는 단어에 체크해 보세요!

발음 및 뜻 → 본서 p.360

- □ 喜欢
- □ 开始
- □ 开
- □ 有意思
- □ 笑
- □ 旁边
- □ 读书
- □ 贵
- □ 晴
- □ 爱
- □ 阴
- □ 高兴
- □ 长
- □ 好看
- □ 近

track 23

STEP 1 유형 파악하기

◆ 핵심이 되는 단어의 유의어나 반의어가 풀이 포인트인 문제가 많이 출제된다. 제시된 문장을 미리 읽고, 녹음에 집중하면 비교적 쉽게 풀 수 있다.

● 제2부분 예제

track 24

1 ★ 用那个手机能做很多事。( )

这个手机不但可以打电话、上网, 还可以发邮件、玩游戏, 有了它学习和工作都变容易了。

이 휴대폰은 전화와 인터넷이 가능할 뿐만 아니라 이메일도 보내고 게임도 할 수 있다. 이를 통해 학습과 일이 모두 쉬워졌다.

★ 用那个手机能做很多事。(√)

★ 그 휴대폰으로 많은 일을 할 수 있다. (√)

정답&풀이 ✓ 녹음에서 휴대폰은 전화와 인터넷이 가능할 뿐만 아니라 이메일도 보내고 게임도 할 수 있다고 했으므로, 제시문에서 말한 휴대폰으로 다양한 일을 할 수 있다고 이야기할 수 있다.

这个 zhège 때 이, 이것 | 手机 shǒujī 명 휴대폰 | ★ 不但 búdàn 접 ~뿐만 아니라 [不但A, 还B: A뿐만 아니라 게다가 B하다] | 可以 kěyǐ 조동 ~할 수 있다, ~해도 된다 | 打电话 dǎ diànhuà 전화하다 | 和 hé 개 ~와 | ★ 上网 shàngwǎng 동 인터넷을 하다, 인터넷을 연결하다 | 还 hái 부 또, 더, 게다가 | ★ 发 fā 동 보내다 | 邮件 yóujiàn 명 이메일, 전자 우편 | 玩(儿) wán(r) 동 놀다 | ★ 游戏 yóuxì 명 게임 [玩游戏: 게임을 하다] | 学习 xuéxí 동 배우다, 공부하다, 학습하다 | 工作 gōngzuò 명 일, 업무, 직업 | 都 dōu 부 모두, 다, ~조차도, 심지어 | ★ 变 biàn 동 변화하다 | 容易 róngyì 형 쉽다, 용이하다 | ★ 用 yòng 동 사용하다, 쓰다 | 那个 nàge 때 그, 그것 | 能 néng 조동 ~할 수 있다, ~해도 된다 | 做 zuò 동 하다, 만들다 | 很 hěn 부 매우, 대단히, 아주 | 多 duō 형 많다 | 事 shì 명 일

01 정보 획득 **45**

STEP 2 내공 쌓기

1 필수 유의어 및 표현

● track 25

듣기 제2부분에서는 제시문을 보고, 녹음 내용과 의미가 같은지 파악해야 한다. 제시문과 녹음 내용에 같은 표현이나 어휘가 쓰이는 경우도 있지만, 유의어로 출제되는 경우도 많다. 시험에 나왔던 주요 유의어를 익혀 두자.

经常看书 jīngcháng kàn shū 자주 책을 보다
经常读书 jīngcháng dúshū 자주 책을 읽다

很有名 hěn yǒumíng 유명하다
非常有名 fēicháng yǒumíng 매우 유명하다

说得很好 shuō de hěn hǎo 말을 잘한다
说得不错 shuō de búcuò 말을 잘한다

只吃一个 zhǐ chī yí ge 하나만 먹다
就吃一个 jiù chī yí ge 하나만 먹다

他迟到了 tā chídào le 그는 지각했다
他来晚了 tā láiwǎn le 그는 늦게 왔다

经常去 jīngcháng qù 자주 가다
常常去 chángcháng qù 자주 가다

还要买一个 hái yào mǎi yí ge 그래도 하나 더 사야 한다
要再买一个 yào zài mǎi yí ge 하나 더 사야 한다

问题简单 wèntí jiǎndān 문제가 간단하다
问题不难 wèntí bù nán 문제가 어렵지 않다

打算旅游 dǎsuàn lǚyóu 여행 갈 계획이다
准备旅游 zhǔnbèi lǚyóu 여행 가려고 한다

医生认为…… yīshēng rènwéi…… 의사는 ~라고 생각한다
医生说…… yīshēng shuō…… 의사가 ~라고 말했다

有钱就好了 yǒu qián jiù hǎo le 돈이 있으면 좋다
现在没有钱 xiànzài méiyǒu qián 지금은 돈이 없다

爱学习 ài xuéxí 공부(하기)를 매우 좋아하다
喜欢学习 xǐhuan xuéxí 공부(하기)를 좋아하다

非常漂亮 fēicháng piàoliang 매우 예쁘다
非常好看 fēicháng hǎokàn 매우 예쁘다

吃了很多 chī le hěn duō 많이 먹었다
吃了不少 chī le bù shǎo 적지 않게 먹었다

照顾小狗 zhàogù xiǎogǒu 강아지를 돌보다
看小狗 kān xiǎogǒu 강아지를 돌보다

努力工作 nǔlì gōngzuò 열심히 일하다
认真工作 rènzhēn gōngzuò 성실하게 일하다

出现问题 chūxiàn wèntí 문제가 생기다
遇到问题 yùdào wèntí 문제에 맞닥뜨리다

运动是我的爱好。 Yùndòng shì wǒ de àihào. 운동은 내 취미다.
我对运动很有兴趣。 Wǒ duì yùndòng hěn yǒu xìngqù. 나는 운동에 대해 흥미를 느낀다.
我很喜欢运动。 Wǒ hěn xǐhuan yùndòng. 나는 운동을 매우 좋아한다.

地铁站离这儿很近。 Dìtiězhàn lí zhèr hěn jìn. 지하철역은 여기에서 가깝다.
地铁站离这儿不远。 Dìtiězhàn lí zhèr bù yuǎn. 지하철역은 여기에서 멀지 않다.

旁边有银行。 Pángbiān yǒu yínháng. 옆에 은행이 있다.
附近有银行。 Fùjìn yǒu yínháng. 근처에 은행이 있다.
银行在附近。 Yínháng zài fùjìn. 은행이 근처에 있다.

手机不见了。 Shǒujī bújiàn le. 핸드폰이 안 보인다.
手机找不到了。 Shǒujī zhǎobudào le. 핸드폰을 못 찾겠다.

那件衣服卖三千元。 Nà jiàn yīfu mài sān qiān yuán. 그 옷은 3천 위안에 판다.
那件衣服要三千块。 Nà jiàn yīfu yào sān qiān kuài. 그 옷은 3천 위안이 필요하다.

这个电影很有意思。 Zhège diànyǐng hěn yǒu yìsi. 이 영화는 재미있다.
这个电影很好看。 Zhège diànyǐng hěn hǎokàn. 이 영화는 재미있다.

那里很安静。 Nàli hěn ānjìng. 그곳은 조용하다.
那个地方很安静。 Nàge dìfang hěn ānjìng. 그 장소는 조용하다.

★ **经常** jīngcháng 뷔 자주 | **看书** kàn shū 통 책을 보다 | **非常** fēicháng 뷔 매우 | **好看** hǎokàn 형 예쁘다, 재미있다 | ★ **有名** yǒumíng 형 유명하다 | **不少** bùshǎo 형 적지 않다, 많다 | **说** shuō 통 말하다 | **得** de 조 ~하는 정도가 ~하다 | **不错** búcuò 형 좋다 | ★ **只** zhǐ 뷔 겨우, 오직 | **就** jiù 뷔 [사실을 강조함] | ★ **照顾** zhàogù 통 돌보다 | **小狗** xiǎogǒu 명 강아지 | **看** kān 통 돌보다, 맡아보다 | ★ **迟到** chídào 통 지각하다 | **晚** wǎn 형 늦다 | ★ **努力** nǔlì 통 열심히 하다 | **工作** gōngzuò 통 일하다 | ★ **认真** rènzhēn 형 열심히 하다, 진지하다 | **常常** chángcháng 뷔 자주, 늘 | **出现** chūxiàn 통 나타나다 | **问题** wèntí 명 문제 | ★ **遇到** yùdào 통 마주치다, 맞닥뜨리다 | **还** hái 뷔 여전히, 아직 | **要** yào 조동 ~해야 한다 | **买** mǎi 통 사다 | **再** zài 뷔 더, 다시 | **简单** jiǎndān 형 간단하다 | **难** nán 형 어렵다 | ★ **打算** dǎsuàn 통 ~할 예정이다 | **旅游** lǚyóu 통 여행하다 | **准备** zhǔnbèi 통 ~하려고 하다, 준비하다 | **医生** yīshēng 명 의사 | ★ **认为** rènwéi 통 여기다, 생각하다 | **现在** xiànzài 명 지금, 현재 | **爱** ài 통 ~하는 것을 좋아하다 | **喜欢** xǐhuan 통 좋아하다 | **学习** xuéxí 통 공부하다 | **运动** yùndòng 명 운동 | **爱好** àihào 명 취미 | **对A有兴趣** duì A yǒu xìngqù A에 흥미가 있다 | **地铁站** dìtiězhàn 명 지하철역 | **离** lí 개 ~에서 | **近** jìn 형 (거리가) 가깝다 | **远** yuǎn 형 (거리가) 멀다 | **旁边** pángbiān 명 옆 | ★ **银行** yínháng 명 은행 | **附近** fùjìn 명 근처, 부근 | **在** zài 통 ~에 있다 | **手机** shǒujī 명 핸드폰 | **不见** bújiàn 통 보이지 않다, 잃어버리다 | **找不到** zhǎobudào 찾을 수 없다 | **件** jiàn 양 벌 [옷 등을 세는 단위] | **衣服** yīfu 명 옷 | **电影** diànyǐng 명 영화 | **有意思** yǒu yìsi 재미있다 | ★ **安静** ānjìng 형 조용하다

2 필수 반의어 및 표현

 track 26

일반적으로 반의어도 자주 출제된다. 시험에 나왔던 주요 반의어와 표현을 익혀 두자.

经常**笑** jīngcháng xiào 자주 웃다
经常**哭** jīngcháng kū 자주 울다

借书 jiè shū 책을 빌리다
还书 huán shū 책을 반납하다

借钱 jiè qián 돈을 빌리다
还钱 huán qián 돈을 갚다

经常出门 jīngcháng chūmén 자주 외출하다
很少出门 hěn shǎo chūmén 거의 외출하지 않다

天晴了 tiān qíng le 날이 개었다
天阴了 tiān yīn le 날이 흐려졌다

他也老了 Tā yě lǎo le 그도 늙었다
他还年轻 Tā hái niánqīng 그는 아직 젊다

关电视 guān diànshì TV를 끄다
开电视 kāi diànshì TV를 켜다

这里很热 zhèli hěn rè 여기는 덥다
这里很冷 zhèli hěn lěng 여기는 춥다

很容易做 hěn róngyì zuò 하기 쉽다
很难做 hěn nán zuò 하기 어렵다

她变胖了 Tā biàn pàng le 그녀는 뚱뚱해졌다
她很瘦 Tā hěn shòu 그녀는 말랐다

电影马上就开始了。Diànyǐng mǎshàng jiù kāishǐ le. 영화가 곧 시작한다.
电影已经结束了。Diànyǐng yǐjīng jiéshù le. 영화는 이미 끝났다.

妈妈很高兴。Māma hěn gāoxìng. 엄마는 기쁘다.
妈妈很难过。Māma hěn nánguò. 엄마는 슬프다.

他长得很矮。Tā zhǎng de hěn ǎi. 그는 키가 작다.
他长得很高。Tā zhǎng de hěn gāo. 그는 키가 크다.

头发很长。Tóufa hěn cháng. 머리카락이 길다.
头发很短。Tóufa hěn duǎn. 머리카락이 짧다.

妈妈很放心。Māma hěn fàngxīn. 엄마는 안심하신다.
妈妈很担心。Māma hěn dānxīn. 엄마는 걱정하신다.

这件衬衫很便宜。Zhè jiàn chènshān hěn piányi. 이 셔츠는 싸다.
这件衬衫太贵了。Zhè jiàn chènshān tài guì le. 이 셔츠는 너무 비싸다.

这个故事很有意思。Zhège gùshi hěn yǒu yìsi. 이 이야기는 재미있다.
这个故事很一般。Zhège gùshi hěn yìbān. 이 이야기는 보통이다.

★哭 kū 동 (소리 내어) 울다 | ★借 jiè 동 빌리다, 빌려주다 | 书 shū 명 책 | 还 huán 동 반납하다, 갚다 | ★关 guān 동 끄다, 닫다 | 电视 diànshì 명 TV, 텔레비전 | 开 kāi 동 켜다 | 出门 chūmén 동 외출하다 | 热 rè 형 덥다 | 冷 lěng 형 춥다 | 天 tiān 명 날 | 晴 qíng 형 (날이) 맑다 | 阴 yīn 형 (날이) 흐리다 | ★容易 róngyì 형 쉽다 | 做 zuò 동 하다 | 也 yě 부 ~도 | ★老 lǎo 형 늙다 | 变 biàn 동 변하다 | ★胖 pàng 형 뚱뚱하다 | ★瘦 shòu 형 마르다 | ★马上 mǎshàng 부 곧 | 就 jiù 부 바로 | 开始 kāishǐ 동 시작하다 | 已经……了 yǐjīng …… le 이미 ~했다 | ★结束 jiéshù 동 끝나다, 마치다 | 高兴 gāoxìng 형 기쁘다 | ★难过 nánguò 형 슬프다, 괴롭다 | 长 zhǎng 동 자라다 | ★矮 ǎi 형 (키가) 작다 | 高 gāo 형 (키가) 크다 | 长 cháng 형 (길이가) 길다 | ★头发 tóufa 명 머리카락 | ★短 duǎn 형 (길이가) 짧다 | 放心 fàngxīn 동 안심하다, 마음을 놓다 | ★担心 dānxīn 동 걱정하다 | ★衬衫 chènshān 명 셔츠, 블라우스 | 便宜 piányi 형 (값이) 싸다 | ★故事 gùshi 명 이야기 | ★一般 yìbān 형 보통이다, 일반적이다

배운 내용 점검하기

track 27

✦ 녹음을 듣고 빈칸을 채워 넣어 보세요.

1 我_____你爸爸，我_____他是不会同意你这么做的，你还是认真地想想再做决定吧。

2 下个月我准备休息两个星期，我_____去中国旅游，所以想请朋友帮我_____一下我的小狗。

3 现在我正在去机场的路上，但是我_____带护照了。应该是_____家里的椅子上了，你找找，然后打车给我_____来吧，我在机场门口等你。

석&어휘

1 내가 너희 아빠를 아는데, 네가 이렇게 하는 거 반대하시리라 믿어. 너는 아무래도 신중하게 잘 생각하고 다시 결정하는 게 좋겠다.

★了解 liǎojiě 동 알다, 이해하다 | ★相信 xiāngxìn 동 믿다 | 不会……的 búhuì …… de ~하지 않을 것이다 | ★同意 tóngyì 동 동의하다 | 这么 zhème 대 이렇게 | 想 xiǎng 동 생각하다 | ★决定 juédìng 동 결정하다

2 다음 달에 나는 2주 동안 쉬려고 하는데, 중국으로 여행 갈 계획이야. 그래서 친구들에게 나를 도와서 나의 강아지를 좀 보살펴 달라고 부탁할 생각이야.

下个月 xià ge yuè 다음 달 | 休息 xiūxi 동 쉬다, 휴식하다 | 星期 xīngqī 명 주 | 中国 Zhōngguó 고유 중국 | 所以 suǒyǐ 접 그래서 | 想 xiǎng 조동 ~하고 싶다 | 请 qǐng 동 청하다 | 朋友 péngyou 명 친구 | 帮 bāng 동 돕다

3 지금 나는 공항으로 가는 길인데 여권 가져오는 것을 잊었어. 분명 집 안 의자 위에 놓여 있을 거야. 한번 찾아봐. 그다음에 택시를 타고 와서 나에게 전해 줘. 내가 공항 입구에서 너를 기다릴게.

正在 zhèngzài 부 지금 ~하고 있다 | 机场 jīchǎng 명 공항 | 路上 lùshang 명 길 위, 도중 | 但是 dànshì 접 그러나 | 忘 wàng 동 잊다 | 带 dài 동 지니다 | 护照 hùzhào 명 여권 | ★应该 yīnggāi 조동 마땅히 ~해야 한다 | 放 fàng 동 놓다 | 在 zài 개 ~에서 | 椅子 yǐzi 명 의자 | 上 shang 명 위 | 找 zhǎo 동 찾다 | ★然后 ránhòu 접 그다음에 | 打车 dǎchē 동 택시를 타다 | 给 gěi 개 ~에게 | 送 sòng 동 주다 | 吧 ba 조 ~하자 [상의·제의·청유·기대·명령 등의 어기를 나타냄] | 门口 ménkǒu 명 입구 | 等 děng 동 기다리다

답 1 了解, 相信 2 打算, 照顾 3 忘, 放在, 送

STEP 3 실력 다지기

Day 09 ● track 28

1. ★ 国家图书馆离这儿不远。　　　　　　　　（　　）

2. ★ 那本书主要是介绍音乐的。　　　　　　　（　　）

3. ★ 会议已经结束了。　　　　　　　　　　　（　　）

4. ★ 医生认为妈妈的耳朵没问题。　　　　　　（　　）

5. ★ 他认为手机作用不大。　　　　　　　　　（　　）

해설서 p.15

Day 10 ● track 29

6. ★ 邻居是位老人。　　　　　　　　　　　　（　　）

7. ★ 校长很瘦。　　　　　　　　　　　　　　（　　）

8. ★ 她找到手表了。　　　　　　　　　　　　（　　）

9. ★ 她没带照相机。　　　　　　　　　　　　（　　）

10. ★ 他们还要点菜。　　　　　　　　　　　　（　　）

해설서 p.17

02 유추 판단

듣기 제2부분

Day 24

기초 실력 확인하기 | 관련 어휘를 얼마나 알고 있는지, 들리는 단어에 체크해 보세요!

발음 및 뜻 → 본서 p.360

☐ 要	☐ 请	☐ 现在	☐ 正在	☐ 帮
☐ 想	☐ 怎么样	☐ 已经	☐ 不要	☐ 生病
☐ 觉得	☐ 别	☐ 不能	☐ 只能	☐ 准备

● track 30

STEP 1 유형 파악하기

◆ 제시문에 있는 어휘가 녹음에서 들리지 않는다고, 섣불리 'X'를 표시하지 말자. 녹음에서 제시문의 내용을 같은 뜻의 다른 어휘와 표현으로 바꿔서 설명하는 문제도 자주 출제되기 때문이다. 녹음에 끝까지 집중하자!

◆ '已经' '正在' '还没' '会' '要' '准备' 등의 어휘로 과거, 현재, 미래가 달라진다. 어휘 하나로 '√' 나 'X'가 결정될 수 있으므로, 시제 관련 어휘를 확실히 익혀 두자.

● 제2부분 예제

● track 31

1　★ 妈妈不担心说话人。（　　）

妈妈虽然同意我去留学了，但是我知道她还是很担心我。不放心我一个人出国。	엄마는 내가 유학을 가는 것에 동의했지만, 나는 엄마가 여전히 나를 걱정하고 있다는 것을 안다. 나 혼자 출국하는 것을 걱정하신다.
★ 妈妈不担心说话人。（ X ）	★ 엄마는 화자를 걱정하지 않는다. （ X ）

정답&풀이 X 제시문에서 '엄마는 화자를 걱정하지 않는다'라고 했고, 녹음에서 화자는 엄마가 나를 걱정하고 있다는 것을 안다고 했으므로 녹음 내용과 일치하지 않는다.

妈妈 māma 몡 엄마, 어머니 | 虽然A，但是B suīrán A, dànshì B 비록 A이지만, B하다 | ★同意 tóngyì 동 동의하다, 찬성하다, 승인하다 | 去 qù 동 가다 | ★留学 liúxué 동 유학하다 | 知道 zhīdào 동 알다, 이해하다 | ★还是 háishi 뵈 여전히, 변함없이, 아직도 | 很 hěn 뷔 매우, 대단히, 아주 | ★担心 dānxīn 동 걱정하다, 염려하다 | ★放心 fàngxīn 동 안심하다, 마음을 놓다 | 一 yī ㈜ 1, 하나 | 个 ge 영 개, 명 [물건·사람을 세는 단위] | 人 rén 명 사람, 인간 | 出国 chūguó 동 출국하다 | 说话人 shuōhuàrén 명 화자

STEP 2 내공 쌓기

◆ **자주 출제되는 테마별 어휘**

track 32

'유추 판단' 유형은 일반적으로 하나의 단어나 표현만으로 문제를 풀 수 없고, 문장 전체의 의미를 파악해야 정답을 맞힐 수 있다. 시험에 자주 출제되는 어휘를 테마별로 익히는 것이 효과적이다.

(1) 계획

打算 dǎsuàn	~할 예정이다	我打算去中国旅游. 나는 중국으로 여행을 갈 예정이다.
准备 zhǔnbèi	~하려고 하다, 준비하다	下个月准备休息两个星期. 다음 달에 2주 쉬려고 한다.
决定 juédìng	결정하다	他决定去国外工作一年. 그는 외국으로 1년 일하러 가기로 결정했다.
要 yào	~하려고 하다	明天上午有几个朋友要来玩儿. 내일 오전에 몇몇 친구가 놀러 오려고 한다.
想 xiǎng	~할 생각이다	我想下午带他去医院看看. 나는 오후에 그를 병원에 데리고 가서 진료를 좀 볼 생각이다.

中国 Zhōngguó 고유 중국 | 旅游 lǚyóu 동 여행하다 | 下个月 xià ge yuè 다음 달 | 休息 xiūxi 동 쉬다, 휴식하다 | 两 liǎng 수 2, 둘 | 星期 xīngqī 명 주 | 国外 guówài 명 외국 | 工作 gōngzuò 동 일하다 | 明天 míngtiān 명 내일 | 上午 shàngwǔ 명 오전 | 朋友 péngyou 명 친구 | 玩儿 wánr 동 놀다 | 下午 xiàwǔ 명 오후 | 医院 yīyuàn 명 병원 | 看 kàn 동 진료를 보다, 진찰하다

(2) 의견

觉得 juéde	~라고 느끼다, ~라고 생각하다	他觉得能帮助别人是很快乐的事情. 그는 남을 도울 수 있는 것은 즐거운 일이라고 느낀다.
认为 rènwéi	여기다, 생각하다 [상황, 사물, 사람에 대한 객관적이고 정확한 견해나 판단을 나타내는 경우에 쓰임]	我认为这是一次很好的机会. 나는 이것이 좋은 기회라고 생각한다.
以为 yǐwéi	~인 줄 알다 [주관적으로 추측한 결과가 사실과 일치하지 않은 경우에 쓰임]	刚开始，大家都以为我是大学生. 막 시작했을 때, 다들 내가 대학생인 줄 알았다.
同意 tóngyì	동의하다	妈妈是不会同意你这么做的. 엄마는 네가 이렇게 하는 것에 동의하지 않으실 것이다.

帮助 bāngzhù 동 돕다 | ★别人 biérén 대 남, 다른 사람 | 快乐 kuàilè 형 즐겁다 | 事情 shìqing 명 일 | 次 cì 양 번, 회 | ★机会 jīhuì 명 기회 | 刚 gāng 부 막, 방금 | 开始 kāishǐ 동 시작하다 | 大家 dàjiā 대 다들, 모두 | 都 dōu 부 모두 | 大学生 dàxuéshēng 명 대학생 | 不会……的 bú huì …… de ~하지 않을 것이다 | 这么 zhème 대 이렇게 | 做 zuò 동 하다

(3) 기호

爱 ài	(취미로서) 좋아하다	我特别爱打篮球。 나는 농구 하는 것을 아주 좋아한다.
喜欢 xǐhuan	좋아하다	人们喜欢去国外旅游。 사람들은 외국으로 여행가는 것을 좋아한다.
对A满意 duì A mǎnyì	A에 만족하다	她对男朋友送的礼物很满意。 그녀는 남자 친구가 준 선물에 만족한다.
对A有兴趣 duì A yǒu xìngqù	A에 흥미가 있다	我对数学很有兴趣。 나는 수학에 매우 흥미가 있다.
爱好 àihào	취미	唱歌是姐姐最大的爱好。 노래를 부르는 것은 언니의 가장 큰 취미이다.

★ 特别 tèbié 튀 아주, 특히 | 打篮球 dǎ lánqiú 농구를 하다 | 男朋友 nánpéngyou 몡 남자 친구 | 送 sòng 동 주다 | ★ 礼物 lǐwù 몡 선물 | ★ 数学 shùxué 몡 수학 | 唱歌 chàng gē 동 노래 부르다 | 姐姐 jiějie 몡 언니, 누나 | 最 zuì 튀 가장, 제일

(4) 부탁/제안

请(你)帮我…… qǐng (nǐ) bāng wǒ……	~해 주세요	请帮我照顾一下我的小猫。 저를 도와 제 고양이를 좀 돌봐 주세요.
一起去……，好吗 yìqǐ qù……, hǎo ma	같이 ~하러 갈까요	周末我们一起去看电影，好吗？ 주말에 우리 같이 영화 보러 갈까?
……，怎么样 ……, zěnmeyàng	~는 어떤가요	写完作业以后和我一起去跳舞，怎么样？ 숙제 다한 후에, 나랑 같이 춤추러 가는 거 어때?

★ 照顾 zhàogù 동 돌보다 | 一下 yíxià 수량 (동사 뒤에 쓰여) 좀 ~하다 | 小猫 xiǎomāo 몡 고양이 | ★ 周末 zhōumò 몡 주말 | 看 kàn 동 보다 | 电影 diànyǐng 몡 영화 | 写 xiě 동 쓰다 | 完 wán 동 (동사 뒤에 보어로 쓰여) 다하다, 끝내다 | ★ 作业 zuòyè 몡 숙제 | 以后 yǐhòu 몡 이후 | 和 hé 개 ~와 | 一起 yìqǐ 튀 같이, 함께 | 跳舞 tiàowǔ 동 춤을 추다

(5) 당위

要 yào	~해야 한다	你要注意身体。 너는 건강 조심해야 한다.
应该 yīnggāi	(마땅히) ~해야 한다	这个冰箱应该换一个新的。 이 냉장고는 새것으로 바꿔야 한다.
只能 zhǐnéng	~할 수밖에 없다	听说电梯坏了，我们只能走上去了。 듣자 하니 엘리베이터가 고장 나서, 우리는 걸어 올라갈 수밖에 없다.
必须 bìxū	반드시 (~해야 한다)	这些事情必须今天完成。 이 일들은 반드시 오늘 끝내야 한다.

身体 shēntǐ 몡 몸, 건강 | ★ 冰箱 bīngxiāng 몡 냉장고 | ★ 换 huàn 동 바꾸다 | 新的 xīn de 새것 | 听说 tīngshuō 동 듣자 하니 | ★ 电梯 diàntī 몡 엘리베이터 | ★ 坏 huài 동 고장 나다 | 走 zǒu 동 걷다 | 上去 shàngqu 동 올라가다 | 些 xiē 양 조금, 약간 | 事情 shìqing 몡 일, 사건 | 今天 jīntiān 몡 오늘 | ★ 完成 wánchéng 동 끝내다, 완성하다

(6) 금지

不要 búyào	~하지 마라	这些东西**不要**放在一起。 이 물건들은 함께 두지 마라.
别 bié	~하지 마라	妈妈**别**担心了。 엄마, 걱정하지 마세요.
不能 bù néng	~해서는 안 된다	医生说妹妹**不能**吃甜的。 의사 선생님이 여동생은 단것을 먹으면 안 된다고 하신다.

东西 dōngxi 명 물건, 것 | 放 fàng 동 놓다 | 在 zài 개 ~에서 | ★担心 dānxīn 동 걱정하다 | 医生 yīshēng 명 의사 | 说 shuō 동 말하다 | 妹妹 mèimei 명 여동생 | ★甜 tián 형 달다

(7) 장소

旁边 pángbiān	옆, 근처	银行**旁边**有图书馆。 은행 옆에 도서관이 있다.
附近 fùjìn	근처	**附近**有动物园。 근처에 동물원이 있다. 公园在我家**附近**。 공원은 우리 집 근처에 있다.

★银行 yínháng 명 은행 | ★图书馆 túshūguǎn 명 도서관 | 动物园 dòngwùyuán 명 동물원 | ★公园 gōngyuán 명 공원 | 在 zài 동 ~에 있다

(8) 질병

生病 shēngbìng	병이 나다	女儿突然**生病**了。 딸은 갑자기 병이 났다.
疼 téng	아프다	儿子从昨天就开始牙**疼**。 아들은 어제부터 이가 아프기 시작했다.
不舒服 bù shūfu	(몸이) 아프다	最近我身体**不舒服**。 최근에 나는 몸이 아프다.

女儿 nǚ'ér 명 딸 | ★突然 tūrán 부 갑자기 | 儿子 érzi 명 아들 | 从 cóng 개 ~에서, ~로부터 | 昨天 zuótiān 명 어제 | 就 jiù 부 바로, 곧, 즉시 | 牙 yá 명 이 | ★最近 zuìjìn 명 최근, 요즘

(9) 미래

要 yào	~하려고 하다	他下午**要**去北京。 그는 오후에 베이징에 가려고 한다.
会 huì	~할 것이다	天阴了，很可能**会**下雨。 날이 흐려져서, 아마도 비가 올 것 같다.
就要……了 jiùyào …… le	곧 ~하려고 하다	再有一个星期**就要**考试**了**。 일주일만 더 있으면 곧 시험을 보려고 한다.
马上 mǎshàng	곧, 즉시	我**马上**就看完了。 나는 곧 다 본다.

北京 Běijīng 고유 베이징 | **天** tiān 명 날 | **阴** yīn 형 흐리다 | **可能** kěnéng 부 아마도 | **下雨** xiàyǔ 동 비가 오다 | **再** zài 부 더, 다시 | **看** kàn 동 보다

(10) 진행

现在 xiànzài	지금	他**现在**住在公司附近。 그는 지금 회사 근처에 살고 있다.
正在 zhèngzài	마침 ~하고 있는 중이다	爸爸**正在**看电视。 아빠는 마침 TV를 보고 있는 중이다.

住 zhù 동 살다, 거주하다 | **公司** gōngsī 명 회사 | **电视** diànshì 명 TV, 텔레비전

(11) 과거

……过……次 …… guo …… cì	~를 ~번 해 본 적이 있다	妈妈已经跟我说**过**三**次**了。 엄마는 이미 나에게 세 번 말한 적이 있다.
已经……了 yǐjīng …… le	이미 ~했다	会议**已经**开始**了**。 회의는 이미 시작했다.
终于……了 zhōngyú …… le	드디어 ~했다	期中考试**终于**结束**了**。 중간고사가 드디어 끝났다.

★ **跟** gēn 개 ~에게 | ★ **会议** huìyì 명 회의 | **期中考试** qīzhōng kǎoshì 명 중간고사 | ★ **结束** jiéshù 동 끝나다, 마치다

배운 내용 점검하기

 track 33

✦ 녹음을 듣고 빈칸을 채워 넣어 보세요.

1 对不起！我晚上突然_____点儿_____，我们下个星期再一起去看电影，可以吗？

2 我家_____有一个公园，公园前面是一条河。小时候，爸爸妈妈经常带我去河边的 草地上_____，有时候也带我去坐船。

3 小王[Xiǎo Wáng]，你下午没其他_____吧？跟我去机场_____一位从中国来的客人吧。

해석&어휘

1 미안해! 나 저녁에 갑자기 일이 좀 생겼어. 우리 다음 주에 다시 같이 영화 보러 가도 될까?

对不起 duìbuqǐ 동 미안합니다 | 晚上 wǎnshang 명 저녁, 밤 | 有 yǒu 동 생기다, 발생하다 | 点儿 diǎnr 명 좀, 약간 | 事 shì 명 일 | 下 xià 명 다음 | 可以 kěyǐ 조동 ~해도 된다

2 우리 집 옆에 공원이 하나 있고, 공원 앞은 강이다. 어렸을 때, 아빠 엄마는 자주 나를 데리고 강가의 잔디밭에 가서 놀아 주고는 하셨다. 어떤 때는 나를 데리고 배를 타기도 하셨다.

前面 qiánmiàn 명 앞, 앞쪽 | ★条 tiáo 양 줄기 [가늘고 긴 것을 세는 단위] | 河 hé 명 강 | 小时候 xiǎo shíhou 어렸을 때 | ★经常 jīngcháng 부 자주 | 河边 hébiān 명 강가, 강변 | 草地 cǎodì 명 잔디밭, 풀밭 | 有时候 yǒu shíhou 어떤 때, 때로 | 也 yě 부 ~도 | 坐 zuò 동 (교통수단을) 타다 | ★船 chuán 명 배, 선박

3 샤오왕[小王], 너는 오후에 다른 일 없지? 나와 함께 공항에 가서 중국에서 온 손님을 마중하러 가자.

★其他 qítā 대 다른, 기타 | 吧 ba 조 ~지? [가능·추측의 어기를 나타냄] 조 ~하자 [상의·제의·청유·기대· 명령 등의 어기를 나타냄] | 机场 jīchǎng 명 공항 | ★接 jiē 동 마중하다 | ★位 wèi 양 분, 명 [공경의 뜻을 내포함] | 客人 kèrén 명 손님

답 1 有, 事   2 旁边, 玩儿   3 事情, 接

STEP 3 실력 다지기

Day 25 — track 34

1. ★ 他喜欢去公园看书。 (　)
2. ★ 她在准备晚饭。 (　)
3. ★ 朋友生病了。 (　)
4. ★ 路是人走出来的。 (　)
5. ★ 手表不像以前那么重要了。 (　)

해설서 p.19

Day 26 — track 35

6. ★ 他害怕动物。 (　)
7. ★ 北方和南方的天气不一样。 (　)
8. ★ 他正在打电话。 (　)
9. ★ 儿子的成绩提高了。 (　)
10. ★ 她已经把书还了。 (　)

해설서 p.20

01 인물·장소

듣기 제3·4부분 | Day 11

기초 실력 확인하기 | 관련 어휘를 얼마나 알고 있는지, 들리는 단어에 체크해 보세요!

발음 및 뜻 → 본서 p.361

□ 老师 □ 病人 □ 女儿 □ 宾馆 □ 学校
□ 先生 □ 儿子 □ 孩子 □ 公司 □ 医院
□ 医生 □ 学生 □ 房间 □ 教室 □ 商店

● track 36

STEP 1 유형 파악하기

◆ 인물·장소 유형은 대화가 비교적 단순하기 때문에, 인물·장소 어휘만 잘 암기해도 좋은 점수를 받을 수 있다. 자주 출제되는 주요 어휘를 반드시 익혀 두자!

◆ 인물의 직업을 통해 장소를 유추할 수 있다. 장소와 관련된 직업을 연결해서 외우자. 인물로 '老师(선생님)'가 등장했다면, '学校(학교)'나 '教室(교실)'가 정답이고, '医生(의사)'이 등장했다면, '医院(병원)'이 정답일 가능성이 크다.

◆ 보기를 통해 질문을 미리 유추할 수 있다. 일반적으로 보기에 인물, 장소 단어가 혼재되어 제시되지 않는다. 예를 들어 장소를 묻는 문제에서는 보기 3개가 모두 장소로 제시되는 경우가 많다.

● **제3부분 예제** ● track 37

1 A 师生   B 夫妻   C 同学

男: 我昨天请假没来, 你能借我看看你的笔记吗? 麻烦你了。
女: 没问题, 老师讲的我都写在笔记上了, 你慢慢看。

问: 他们是什么关系?
A 师生   B 夫妻   **C 同学**

남: 나 어제 결석해서 못 왔는데, 필기한 것 좀 빌려줄 수 있어? 부탁할게.
여: 문제없어. 선생님이 말씀해 주신 건 다 적어놨어. 천천히 봐.

질문: 그들은 어떤 사이인가?
A 스승과 제자   B 부부   **C 학우**

정답&풀이 C 남자가 여자에게 필기한 것을 빌려달라고 했고, 여자는 '선생님이 말한 내용을 다 적어놨다'라고 말하는 것으로 보아 가장 가능성 있는 관계는 '同学(학우)'이다.

昨天 zuótiān 명 어제 | ★**请假** qǐngjià 동 휴가를 신청하다, 휴가를 내다 | **没** méi 부 ~않다 | **来** lái 동 오다 | **能** néng 조동 ~할 수 있다, ~해도 된다 | ★**借** jiè 동 빌리다, 빌려주다 | **看看** kànkan 좀 살펴보다 | **笔记** bǐjì 명 필기, 기록 | **吗** ma 조 [문장 끝에 쓰여] 의

문의 어기를 나타냄] | **麻烦** máfan 통 번거롭게 하다, 폐를 끼치다 | **没问题** méi wèntí 문제없다, 확신하다 | **老师** lǎoshī 명 선생님 | ★**讲** jiǎng 통 말하다, 이야기하다, 설명하다 | **都** dōu 부 모두, 다 | **写** xiě 통 쓰다 | **上** shang 명 ~에서, ~에 [명사 뒤에 쓰여, 어떤 것의 범위 안에 있음을 나타냄] | **慢慢** mànmàn 천천히 [1음절 형용사 '慢'을 중첩하여 '부사어'의 역할로 쓰임] | **是** shì 통 ~이다 [A是B: A는 B이다] | **什么** shénme 대 무엇, 무슨, 어떤 | ★**关系** guānxi 명 관계 | **师生** shīshēng 명 선생과 학생, 스승과 제자, 사제 | **夫妻** fūqī 명 부부, 남편과 아내 | **同学** tóngxué 명 동창, 학우

● 제4부분 예제   ● track 38

> 2   A 商店   B 学校   C 公园

女: 不好意思，我没那么多现金。请问这里能刷卡吗?

男: 当然可以，您有信用卡的话，也可以刷信用卡。

女: 太好了，那我刷信用卡。

男: 好的，请等一下。

问: 他们最可能在哪儿?
A 商店   B 学校   C 公园

여: 죄송한데, 제가 현금이 그렇게 많지 않습니다. 여기 혹시 카드 결제 가능한가요?

남: 물론이죠. 신용 카드를 가지고 계시면 신용 카드로 결제하실 수 있습니다.

여: 잘됐네요. 그럼 신용 카드로 할게요.

남: 네, 잠깐만요.

질문: 그들이 어디에 있을 가능성이 가장 높은가?
A 상점   B 학교   C 공원

> 정답&풀이 **A** 보기를 통해 장소를 묻는 문제임을 알 수 있다. 여자가 카드 결제 가능하냐고 묻는 질문에 남자는 당연하다고 대답했다. 보기에서 두 사람의 대화가 나올 가능성이 가장 큰 장소는 '商店(상점)'이다.

不好意思 bù hǎoyìsi 죄송합니다, 부끄럽다, 송구스럽다 | **没** méi 통 없다 | **那么** nàme 대 그렇게, 저렇게, 그런, 저런 | **多** duō 형 많다 | **现金** xiànjīn 명 현금 | **请问** qǐngwèn 말씀 좀 여쭙겠습니다 | **这里** zhèlǐ 대 이곳, 여기 | **能** néng 조동 ~할 수 있다, ~해도 된다 | **刷卡** shuākǎ 통 카드를 긁다, 카드로 결제하다 | **吗** ma 조 [문장 끝에 쓰여 의문의 어기를 나타냄] | ★**当然** dāngrán 부 당연히, 물론 | **可以** kěyǐ 조동 ~할 수 있다, ~해도 된다 | ★**信用卡** xìnyòngkǎ 명 신용 카드 | **的话** dehuà 조 ~하다면 | **也** yě 부 ~도 | **太** tài 부 너무, 몹시, 지나치게 [太……了: 너무 ~하다] | **好** hǎo 형 좋다, 훌륭하다, 만족하다 | **那** nà 접 그러면, 그렇다면 | **好的** hǎo de 감 좋아, 됐어 [주로 구의 앞에 쓰여 동의나 대화가 일단락됐음을 나타냄] | **请** qǐng 부 ~해 주세요 [请+대상+술어/내용] | **等** děng 통 기다리다 | **一下** yíxià 수량 (동사 뒤에 쓰여) 좀 ~하다 | **最** zuì 부 가장, 제일, 아주, 매우 | **可能** kěnéng 형 가능하다 | **在** zài 통 ~에 있다 | **哪儿** nǎr 대 어디 | **商店** shāngdiàn 명 상점 | **学校** xuéxiào 명 학교 | ★**公园** gōngyuán 명 공원

STEP 2 내공 쌓기

1 유형별 자주 출제되는 질문   ● track 39

(1) 인물

일반적으로 대화를 하고 있는 사람의 직업을 묻거나 대화에서 언급된 제3의 인물에 대한 문제가 출제된다. 인물 간의 관계를 묻는 문제도 자주 출제되므로 고득점을 위해서는 대화의 내용을 정확히 파악해야 한다.

① 직업을 묻는 유형
보기에 나온 직업의 특징을 미리 생각하며 녹음을 들으면 좀 더 쉽게 들을 수 있다. 대화에서 단서가 나오지 않는다면, 적절하지 않은 것을 지워가는 것도 하나의 방법이다.

- 男的可能是做什么的? 남자는 아마도 무엇을 하는 사람인가? ✦
- 女的做什么工作? 여자는 어떤 일을 하는가?
- 男的在哪儿工作? 남자는 어디에서 일하는가?
- 女的是什么人? 여자는 어떤 사람인가?

可能 kěnéng 부 아마도 | **做** zuò 동 하다 | **工作** gōngzuò 명 일, 업무

② 대화와 관계된 인물을 묻는 유형
일반적으로 누구를 기다리는지(等), 누구를 소개하는지(介绍) 묻는 질문이 자주 출제된다. 보기에 직업이나 관계와 관련된 어휘가 함께 제시될 수 있다.

- 他们在等谁? 그들은 누구를 기다리고 있는가? ✦
- 女的在介绍谁? 여자는 누구를 소개하고 있는가?

等 děng 동 기다리다

③ 인물의 관계를 묻는 유형
일반적으로 대화에서 선생님(老师)과 학생(学生)처럼 인물 간의 관계가 제시되는 경우가 많다. 이 경우, 대화를 하는 남녀 중 누가 선생님인지 관계를 구분하며 들어야 한다.

- 那个男孩儿是谁的孩子? 저 남자아이는 누구의 아이인가?
- 他们最可能是什么关系? 그들은 무슨 관계일 가능성이 가장 큰가? ✦

男孩儿 nánháir 명 남자아이 | **孩子** háizi 명 아이, 자녀 | **最** zuì 부 가장, 제일 | ★**关系** guānxi 명 관계

(2) 장소
일반적으로 대화를 하고 있는 장소를 묻지만, 어디에 갈 것인지, 어디에서 일이 발생했는지 등을 묻는 경우도 있다. 대화를 들으며 대화하는 장소, 대화의 소재가 되는 장소 등을 구분하여 들어야 한다.

① 대화하는 장소를 묻는 유형
대화가 일어날 수 있는 장소들이 보기로 제시되며, 등장인물의 직업을 통해 대화 장소를 유추할 수도 있다. 보기에 제시된 장소에서 일어날 수 있는 대화를 미리 예측하는 것도 큰 도움이 된다.

- 男的现在在哪儿? 그는 지금 어디에 있는가? ✦
- 他们最可能在哪儿? 그 사람들은 어디에 있을 가능성이 가장 큰가? ✦

现在 xiànzài 명 지금 | **在** zài 동 ~에 있다

② 미래 행동의 장소를 묻는 유형
대화에서 미래에 행동할 장소가 등장할 수도 있는데, 이때 현재 대화를 하고 있는 장소와 헷갈리지 않도록 주의해야 한다.

- 女的要去哪儿? 여자는 어디로 가려고 하는가?
- 他们打算在哪儿见面? 그들은 어디에서 만날 예정인가?

要 yào [조동] ~하려고 하다 | ★打算 dǎsuàn [동] ~할 예정이다

③ 구체적인 장소를 묻는 유형

구체적인 행동이 일어난 장소를 물으며, 일반적으로 대화 중 언급된 장소가 정답이다. 대화에 등장하는 장소를 상황과 함께 간단히 메모해 두었다가 알맞은 장소를 찾으면 된다.

- 护照是在哪儿找到的? 여권은 어디에서 찾았는가?
- 这儿离哪里近? 여기는 어디에서 가까운가?

★护照 hùzhào [명] 여권 | 找 zhǎo [동] 찾다 | 到 dào [동] (동사 뒤에 쓰여) ~했다 | 离 lí [개] ~에서 | 近 jìn [형] 가깝다

2 핵심 어휘

 track 40

인물과 장소에 관한 어휘들은 기초적이고 자주 출제되므로, 반드시 익히고 넘어가자.

(1) 인물

가족 관계	家人 jiārén 가족 | 爸爸 bàba 아빠 | 妈妈 māma 엄마 | 爷爷 yéye 할아버지 | 奶奶 nǎinai 할머니 | 哥哥 gēge 오빠, 형 | 姐姐 jiějie 언니, 누나 | 妹妹 mèimei 여동생 | 弟弟 dìdi 남동생 | 丈夫 zhàngfu 남편 | 妻子 qīzi 아내 | 夫妻 fūqī 부부 | 爱人 àiren 배우자 | 儿子 érzi 아들 | 女儿 nǚ'ér 딸 | 孩子 háizi 아이, 자녀
사회관계	邻居 línjū 이웃, 이웃집 | 别人 biérén 남, 다른 사람 | 阿姨 āyí 아주머니 | 叔叔 shūshu 아저씨 | 小姐 xiǎojiě 아가씨 [미혼 여성을 높여 부르는 호칭] | 先生 xiānsheng 선생님 [남성을 높여 부르는 호칭] | 朋友 péngyou 친구 | 男朋友 nánpéngyou 남자 친구 | 女朋友 nǚpéngyou 여자 친구
학교	校长 xiàozhǎng 교장 | 老师 lǎoshī 선생님 | 小学老师 xiǎoxué lǎoshī 초등학교 선생님 | 中学老师 zhōngxué lǎoshī 중고등학교 선생님 | 学生 xuésheng 학생 | 小学生 xiǎoxuéshēng 초등학생 | 同学 tóngxué 동창, 학우, 동급생 | 高中同学 gāozhōng tóngxué 고등학교 동창
회사	经理 jīnglǐ 사장, 책임자 | 同事 tóngshì 회사 동료
식당/호텔	服务员 fúwùyuán 종업원 | 客人 kèrén 손님 | 游客 yóukè 여행객
병원	医生 yīshēng 의사 | 病人 bìngrén 환자 | 院长 yuànzhǎng 원장
기타 직업	运动员 yùndòngyuán 운동선수 | 司机 sījī 운전기사 | 市长 shìzhǎng 시장

 시험에 자주 등장하는 중국 성(姓)씨

시험에 자주 등장하는 중국의 대표적인 성씨를 익혀 두자.
王 Wáng 왕 | 李 Lǐ 리 | 张 Zhāng 장 | 刘 Liú 리우 | 杨 Yáng 양 | 黄 Huáng 황

(2) 장소

집	房间 fángjiān 방	洗手间 xǐshǒujiān 화장실	家里 jiā li 집 안
학교	学校 xuéxiào 학교	图书馆 túshūguǎn 도서관	教室 jiàoshì 교실
직장	公司 gōngsī 회사	办公室 bàngōngshì 사무실	办公楼 bàngōnglóu 사무동
교통	车站 chēzhàn 정류장	地铁站 dìtiězhàn 지하철역	火车站 huǒchēzhàn 기차역	机场 jīchǎng 공항	地铁上 dìtiě shang 지하철에서	飞机上 fēijī shang 비행기에서	火车上 huǒchē shang 기차에서
문화·편의 시설	银行 yínháng 은행	医院 yīyuàn 병원	电影院 diànyǐngyuàn 영화관	公园 gōngyuán 공원	动物园 dòngwùyuán 동물원	宾馆 bīnguǎn 호텔	书店 shūdiàn 서점	商店 shāngdiàn 상점	超市 chāoshì 슈퍼마켓	咖啡馆 kāfēiguǎn 카페	茶馆儿 cháguǎnr 찻집	饭店 fàndiàn 호텔, 식당	饭馆儿 fànguǎnr 식당
장소·건물	城市 chéngshì 도시	街道 jiēdào 거리	路上 lùshang 길에서	楼 lóu 층, 건물	电梯 diàntī 엘리베이터	门口 ménkǒu 입구	地方 dìfang 곳, 장소	老地方 lǎodìfang 늘 만나던 곳
지역·방향	国外 guówài 외국	北京 Běijīng 베이징	北方 běifāng 북방	南方 nánfāng 남방	附近 fùjìn 근처, 부근	旁边 pángbiān 옆	右边 yòubian 오른쪽	左边 zuǒbian 왼쪽	后面 hòumiàn 뒤쪽	前面 qiánmiàn 앞쪽

배운 내용 점검하기

● track 41

◆ 녹음을 듣고 빈칸을 채워 넣어 보세요.

1 A 我现在就在_____正门，但是还没找到你说的_____。
  B 你再往前走两百米就能看到了。

2 A _____，祝您生日快乐！这是班里的_____送您的礼物。
  B 谢谢大家，以后别这么客气了。

3 A 你这儿的环境真好，而且很安静。
  B 环境是不错，附近有很多_____和_____，就是离_____有点儿远。

석&어휘

1 A 나 지금 공원 정문에 있는데, 네가 말한 상점은 아직 못 찾았어.
  B 네가 앞으로 200m 더 가면 바로 볼 수 있어.

就 jiù 閅 [사실을 강조함] 閅 곧, 즉시 | 正门 zhèngmén 몡 정문 | 但是 dànshì 젭 그러나 | 还 hái 閅 여전히, 아직 | 说 shuō 통 말하다 | 往 wǎng 게 ~쪽으로, ~를 향해 | 前 qián 몡 앞 | 走 zǒu 통 걷다 | 百 bǎi 준 100, 백 | ★米 mǐ 양 미터(m) | 能 néng 조동 ~할 수 있다 | 看到 kàndào 통 보다

2 A 선생님, 생신 축하 드려요! 이건 반 학우들이 드리는 선물이에요.
  B 모두 고맙구나. 다음에는 이렇게 예의 차리지 말거라.

祝 zhù 통 축하하다 | 您 nín 때 당신, 선생님 | 生日 shēngrì 몡 생일 | 快乐 kuàilè 형 즐겁다 | ★班 bān 몡 반, 학급 | 送 sòng 통 주다 | ★礼物 lǐwù 몡 선물 | 谢谢 xièxie 통 고맙습니다 | 大家 dàjiā 때 모두 | 以后 yǐhòu 몡 이후 | 别 bié 閅 ~하지 마라 | 这么 zhème 때 이렇게 | 客气 kèqi 통 예의를 차리다

3 A 너네 여기 환경이 정말 좋네. 게다가 조용하고.
   B 환경은 좋아. 근처에 슈퍼마켓이랑 병원이 많아. 단지 지하철역에서 조금 멀 뿐이야.
   这儿 zhèr 대 이곳, 여기 | ★ 环境 huánjìng 명 환경 | ★ 而且 érqiě 접 게다가 | 安静 ānjìng 형 조용하다 |
   不错 búcuò 형 좋다 | 和 hé 접 ~와 | 就是 jiùshì 부 ~일 뿐이다 | 远 yuǎn 형 (거리가) 멀다

답 1 公园, 商店   2 老师, 同学   3 超市, 医院, 地铁站

STEP 3 실력 다지기

Day 12
track 42

1. A 教室   B 办公室   C 图书馆
2. A 经理   B 老师   C 医生
3. A 公司   B 机场   C 公园
4. A 朋友   B 老师和学生   C 夫妻
5. A 公园   B 咖啡店   C 书店

▶ 해설서 p.22

Day 13
track 43

6. A 公园   B 商店   C 街上
7. A 高中同学   B 马先生   C 同学的妻子
8. A 校长   B 她妈妈   C 他的学生
9. A 超市   B 医院   C 银行
10. A 妈妈   B 奶奶   C 叔叔和阿姨

▶ 해설서 p.24

Day 14

track 44

11. A 爷爷	B 妈妈	C 邻居
12. A 饭馆儿	B 教室	C 地铁站
13. A 黄医生	B 张经理	C 李校长
14. A 学校	B 路上	C 图书馆
15. A 教室	B 机场	C 宾馆

▶ 해설서 p.27

Day 15

track 45

16. A 银行	B 机场	C 电梯里
17. A 客人	B 妹妹	C 李先生
18. A 超市	B 银行	C 办公室
19. A 衬衫里	B 书包里	C 椅子上
20. A 老师	B 出租车司机	C 经理

▶ 해설서 p.29

02 행동·원인

듣기 제3·4부분 | Day 16

기초 실력 확인하기 | 관련 어휘를 얼마나 알고 있는지, 들리는 단어에 체크해 보세요!

발음 및 뜻 → 본서 p.361

- □ 看电视
- □ 喝水
- □ 坐火车
- □ 开车
- □ 不见了
- □ 踢足球
- □ 睡觉
- □ 买衣服
- □ 起床
- □ 灯坏了
- □ 洗衣服
- □ 游泳
- □ 打电话
- □ 生病了
- □ 工作忙

● track 46

STEP 1 유형 파악하기

◆ 행동 유형은 듣기 제3·4부분에서 가장 출제 빈도가 높은 유형이다. 과거에 했던 행동 및 현재 하고 있는 행동, 미래에 할 행동, 원하는 행동 등을 묻는 문제가 출제된다.

◆ 일반적으로 행동이나 원인을 묻는 문제에서는 보기 3개 모두 행동이 제시된다. 보기에 행동이 제시되었다면, 대화에서 하고 있는 행동, 대화에서 언급만 되었던 행동 등을 구분하며 들어야 한다.

● 제3부분 예제

● track 47

| 1 | A 吃饭 | B 接人 | C 休息 |

男: 经理的飞机下午4点到，你一会儿能去机场接他吗?
女: 没问题，我现在就去准备。

问: 男的让女的做什么?

A 吃饭　B **接人**　C 休息

남: 사장님의 비행기가 오후 4시에 도착하는데, 이따가 공항으로 그를 마중 나갈 수 있어요?
여: 괜찮아요. 지금 바로 나갈 준비할게요.

질문: 남자는 여자에게 무엇을 하라고 하나?

A 식사하다　B **맞이하다**　C 휴식하다

정답&풀이 **B** 보기를 통해 행동 관련 문제임을 알 수 있다. 남자는 여자에게 '공항으로 그를 마중 나갈 수 있어요?'라고 물었고, 이를 통해 남자가 여자에게 '接人(맞이하다)' 하라고 한 것을 알 수 있다.

★**经理** jīnglǐ 명 사장, 매니저, 지배인, (기업의) 경영 관리 책임자 | **飞机** fēijī 명 비행기 | **下午** xiàwǔ 명 오후 | **点** diǎn 양 시 [시간을 세는 단위] | **到** dào 동 이르다, 도착하다, 도달하다 | ★**一会儿** yíhuìr 수량 잠시, 짧은 시간 | **能** néng 조동 ~할 수 있다, ~해도 된다 | **去** qù 동 가다 | **机场** jīchǎng 명 공항 | ★**接** jiē 동 마중하다, 맞이하다 | **吗** ma 조 [문장 끝에 쓰여] 의문의 어기를 나타냄 | **没问题** méi wèntí 문제없다, 자신 있다, 확신하다 | **现在** xiànzài 명 지금, 현재, 이제 | **就** jiù 부 곧, 즉시, 바로 | **准备** zhǔnbèi 동 준비하다, ~하려고 하다, ~할 작정이다 | **男的** nánde 명 남자, 남성 | **让** ràng 동 ~하게 하다, ~하도록 하다 [(주어)+让+대상+술어/내용] | **女的** nǚde 명 여자, 여성 | **做** zuò 동 하다, 만들다 | **什么** shénme 대 무엇, 뭐, 무슨, 어떤 | **吃饭** chī fàn 동 밥을 먹다, 식사하다 | **人** rén 명 사람, 인간 | **休息** xiūxi 동 쉬다, 휴식하다

● **제4부분 예제**  track 48

> 2 A 太旧了   B 有点儿贵   C 颜色不好看

男: 这个冰箱太旧了，这次搬家我不想带走了。
女: 我看看能不能卖出去。
男: 不会有人想买吧。
女: 那不一定，网上有很多人喜欢买旧的东西呢。

问: 男的为什么不想带走冰箱?
A 太旧了   B 有点儿贵   C 颜色不好看

남: 이 냉장고는 너무 낡아서 이번 이사에는 가지고 가고 싶지 않아요.
여: 팔릴지 안 팔릴지 내가 한번 볼게.
남: 사려는 사람 없겠지요.
여: 글쎄, 인터넷에는 오래된 물건을 사는 걸 좋아하는 사람들이 많거든.

질문: 남자는 왜 냉장고를 안 가져가려고 하나?
A 너무 낡았다   B 좀 비싸다   C 색상이 별로다

정답&풀이 **A** 남자는 여자와의 대화에서 냉장고가 너무 낡아서 이번 이사에는 가지고 가고 싶지 않다고 직접적으로 이야기했다. 따라서 정답은 보기 A이다.

这个 zhège 데 이, 이것 | ★冰箱 bīngxiāng 명 냉장고 | 太 tài 부 너무, 몹시, 지나치게 [太……了: 너무 ~하다] | ★旧 jiù 형 헐다, 낡다, 오래다, 오래되다 | 这次 zhècì 데 이번, 금번 | ★搬家 bānjiā 동 이사하다 | 不 bù 부 아니다 [부정(否定)을 나타냄] | 想 xiǎng 조동 ~하고 싶다, ~하려고 하다, 바라다 | 带走 dàizǒu 동 가지고 가다 | 看看 kànkan 좀 살펴보다 | 能 néng 조동 ~할 수 있다, ~해도 된다 | 卖 mài 동 팔다, 판매하다 | 出去 chūqù [동사 뒤에 쓰여, 동작이 안에서 밖으로, 화자에게서 멀어짐을 표시함] | 会 huì 조동 ~할 것이다 [실현 가능성이 있음을 나타내며, 물음에 '会'라고 단독으로 대답할 수 있음] | 人 rén 명 사람, 인간 | 买 mǎi 동 사다, 구매하다 | 吧 ba 조 ~지? [가늠·추측의 어기를 나타냄] | 那 nà 데 그, 저 | 不一定 bùyídìng 부 (반드시) ~한 것은 아니다 | 网上 wǎngshàng 명 온라인 | 很 hěn 부 매우, 대단히, 아주 | 多 duō 형 많다 | 喜欢 xǐhuan 동 좋아하다, 마음에 들다, 흥미를 느끼다 | 东西 dōngxi 명 (구체적·추상적인) 것, 물건 | 呢 ne 조 [사실 확인·과장된 어투를 나타냄] | 男的 nánde 명 남자, 남성 | 为什么 wèi shénme 왜, 어째서, 무엇 때문에 | 有点儿 yǒudiǎnr 부 조금, 약간 [有点儿+형용사: 부정이나 불만의 뉘앙스를 나타냄] | 贵 guì 형 비싸다, 귀하다 | 颜色 yánsè 명 색, 색깔 | 好看 hǎokàn 형 보기 좋다, 근사하다, 아름답다

STEP 2 내공 쌓기

1 유형별 자주 출제되는 질문  track 49

(1) 행동

남자나 여자가 무엇을 했는지, 무엇을 하고 있는지, 또는 무엇을 하려고 하는지 등에 대해 질문한다. 행동이 직접 언급되지 않거나 여러 행동이 언급되기도 하므로, 무엇을 말하고 묻는지 정확히 파악해야 한다.

① 과거 행동을 묻는 유형

완료의 의미를 나타내는 '了'나 과거 시제가 쓰였는지 주의하며 들어야 한다.

• 他们做什么了? 그들은 무엇을 했는가?

② 현재 하고 있는 행동을 묻는 유형
일반적으로 무슨 행동을 하고 있는지 직접 묻고 답하기도 하지만, 직접 언급이 되지 않는 경우도 있다. 이 경우에는 대화 중에 언급된 정보를 통해 정답을 찾아야 한다.

- 男的正在做什么？ 남자는 마침 무엇을 하고 있는 중인가? ◆
- 女的在做什么？ 여자는 무엇을 하고 있는가?
- 他们最可能在做什么？ 그들은 무엇을 하고 있을 가능성이 가장 큰가?

最 zuì 뷔 가장, 제일 | **可能** kěnéng 뷔 아마도

③ 미래에 일어날 행동을 묻는 유형
일반적으로 계획이나 미래에 일어날 행동을 물을 때 언제 하려고 하는지 시간을 함께 묻기도 한다. 대화에서 시간에 따라 다른 행동을 언급하는 경우, 시간 순서에 주의하며 들어야 한다.

- 男的要去做什么？ 남자는 무엇을 하러 가려는가? ◆
- 男的一会儿要做什么？ 남자는 잠시 후에 무엇을 하려고 하는가?
- 男的第二天要做什么？ 남자는 이튿날 무엇을 하려고 하는가?
- 男的想去做什么？ 남자는 무엇을 하러 가고 싶은가? ◆
- 女的去北京做什么？ 여자는 베이징에 무엇을 하러 가는가?

要 yào 조동 ~하려고 하다, ~할 것이다 | ★**一会儿** yíhuìr 수량 잠시 | **第二天** dì èr tiān 이튿날 | **北京** Běijīng 고유 베이징

④ 이루어지길 바라거나 상대방에게 원하는 행동을 묻는 유형
상대방이 어떻게 하길 원하는지, 상대방에게 어떤 일을 시키는지가 대화에 언급되는 경우도 많으므로, 언급되는 행동을 주의 깊게 들어야 한다.

- 女的希望怎么样？ 여자는 어떻게 되기를 바라는가? ◆
- 女的希望男的做什么？ 여자는 남자가 무엇을 하기를 원하는가? ◆
- 男的让女的做什么？ 남자는 여자에게 무엇을 하게 하는가?
- 男的想让女的做什么？ 남자는 여자에게 무엇을 하게 하려는가?
- 女的叫男的去做什么？ 여자는 남자에게 무엇을 하러 가게 하는가?
- 男的要女的帮什么忙？ 남자는 여자가 무엇을 도와주기를 원하는가?
- 女的认为男的应该怎么做？ 여자는 남자가 마땅히 어떻게 해야 한다고 생각하는가?

希望 xīwàng 통 바라다, 희망하다 | **怎么样** zěnmeyàng 대 어떻다 | **让** ràng 통 ~하게 하다 | **叫** jiào 통 ~하게 하다 | **帮忙** bāngmáng 통 돕다 | ★**认为** rènwéi 통 여기다, 생각하다 | ★**应该** yīnggāi 조동 (마땅히) ~해야 한다 | **怎么** zěnme 대 어떻게

⑤ 행동의 방식을 묻는 유형
일반적으로 교통수단을 묻는 질문이 가장 많이 출제되며, '怎么 + 동사' 형태의 질문이 많다.

- 女的打算怎么去北京？ 여자는 어떻게 베이징에 갈 예정인가? ◆
- 男的今天是怎么来的？ 남자는 오늘 어떻게 왔는가?

★**打算** dǎsuàn 통 ~할 예정이다 | **今天** jīntiān 명 오늘

(2) 원인

행동을 묻는 유형과 보기가 비슷하게 제시되므로 보기만으로 유형을 구분하기 어렵다. 일반적으로 '为什么'로 어떤 행동을 하거나 하지 않은 원인을 묻는다. 행동의 원인을 구체적으로 물어보므로, 관련 어휘를 함께 잘 들어야 한다. 만약 첫 번째 녹음 내용을 놓친 후, 질문에 '为什么'를 통해 원인을 묻는 유형인지 파악했다면, 두 번째 녹음을 들을 때 원인에 주의해서 듣자.

- 男的为什么又回来了? 남자는 왜 다시 돌아왔는가? ✦
- 女的昨天为什么没来上班? 여자는 어제 왜 출근하지 않았는가? ✦
- 男的为什么要给女的打电话? 남자는 왜 여자에게 전화를 하려고 하는가? ✦
- 女的为什么不吃糖? 여자는 왜 사탕을 먹지 않는가?
- 男的为什么天天去打球? 남자는 왜 매일 공을 치러 가는가?
- 男的为什么还在办公室? 남자는 왜 아직 사무실에 있는가?
- 女的为什么害怕? 여자는 왜 무서워하는가?
- 男的为什么觉得奇怪? 남자는 왜 이상하다고 느끼는가?

★ **又** yòu 퇴 또, 다시 | **昨天** zuótiān 명 어제 | **上班** shàngbān 동 출근하다 | **给** gěi 개 ~에게 | **糖** táng 명 사탕 | **天天** tiāntiān 퇴 매일, 날마다 | **打球** dǎqiú 공을 치다 | **还** hái 퇴 여전히, 아직 | **在** zài 동 ~에 있다 | ★ **办公室** bàngōngshì 명 사무실 | ★ **害怕** hàipà 동 무서워하다 | **觉得** juéde 동 ~라고 느끼다 | ★ **奇怪** qíguài 형 이상하다

2 핵심 어휘

● track 50

행동과 원인에 관한 어휘들을 반드시 익히고 넘어가자.

(1) 행동

가정·생활	睡觉 shuìjiào 잠을 자다 | 起床 qǐchuáng 일어나다 | 洗碗 xǐ wǎn 설거지하다 | 洗衣服 xǐ yīfu 세탁하다 | 洗澡 xǐzǎo 목욕하다 | 做饭 zuò fàn 밥을 하다 | 搬家 bānjiā 이사하다 | 接孩子 jiē háizi 아이를 마중하다 | 照顾小狗 zhàogù xiǎogǒu 강아지를 돌보다 | 打扫房间 dǎsǎo fángjiān 방을 청소하다 | 结婚 jiéhūn 결혼하다
취미·휴식	看电视 kàn diànshì TV를 보다 | 看电影 kàn diànyǐng 영화를 보다 | 看表演 kàn biǎoyǎn 공연을 보다 | 玩儿游戏 wánr yóuxì 게임을 하다 | 踢足球 tī zúqiú 축구를 하다 | 打篮球 dǎ lánqiú 농구를 하다 | 打球 dǎqiú 공을 치다 | 照相 zhàoxiàng 사진을 찍다 | 爬山 páshān 등산하다 | 游泳 yóuyǒng 수영하다 | 唱歌 chàng gē 노래 부르다 | 跳舞 tiàowǔ 춤을 추다 | 跑步 pǎobù 달리다 | 上网 shàngwǎng 인터넷을 하다 | 旅游 lǚyóu 여행하다 | 秋游 qiūyóu 가을 여행 | 休息 xiūxi 쉬다, 휴식하다 | 离开 líkāi 떠나다
일상	带伞 dài sǎn 우산을 챙기다 | 拿钱包 ná qiánbāo 지갑을 챙기다 | 开空调 kāi kōngtiáo 에어컨을 켜다 | 找 zhǎo 찾다 | 等电梯 děng diàntī 엘리베이터를 기다리다 | 喝水 hē shuǐ 물을 마시다 | 买衣服 mǎi yīfu 옷을 사다 | 选衣服 xuǎn yīfu 옷을 고르다 | 打电话 dǎ diànhuà 전화하다 | 写信 xiě xìn 편지를 쓰다 | 见面 jiànmiàn 만나다
교통	开车 kāichē 운전하다 | 打车 dǎchē 택시를 타다 [=坐出租车 zuò chūzūchē] | 骑自行车 qí zìxíngchē 자전거를 타다 | 坐火车 zuò huǒchē 기차를 타다 | 上飞机 shàng fēijī 비행기에 오르다 | 查机票 chá jīpiào 비행기표를 조회하다 | 起飞 qǐfēi 이륙하다 | 坐公共汽车 zuò gōnggòng qìchē 버스를 타다

| 학업·업무 | 完成作业 wánchéng zuòyè 숙제를 끝내다 \| 做练习 zuò liànxí 연습 문제를 풀다 \| 复习 fùxí 복습하다 \| 回答问题 huídá wèntí 문제에 답하나 \| 读书 dúshū 책을 읽다 \| 借书 jiè shū 책을 빌리다 \| 查字典 chá zìdiǎn 사전을 찾다 \| 写电子邮件 xiě diànzǐ yóujiàn 이메일을 쓰다 \| 参加比赛 cānjiā bǐsài 경기에 참가하다 \| 参加会议 cānjiā huìyì 회의에 참여하다 \| 参加考试 cānjiā kǎoshì 시험을 보다 \| 准备考试 zhǔnbèi kǎoshì 시험을 준비하다 |

(2) 원인

- 天阴了 tiān yīn le 날이 흐리다
- 工作忙 gōngzuò máng 일이 바쁘다
- 没兴趣 méi xìngqù 흥미가 없다
- 灯坏了 dēng huài le 등이 고장 났다
- 过生日 guò shēngrì 생일을 보내다
- 口渴了 kǒu kě le 목이 마르다

- 住得近 zhù de jìn 가까이 살다
- 不见了 bújiàn le 잃어버리다
- 生病了 shēngbìng le 병이 났다
- 太胖了 tài pàng le 너무 뚱뚱하다
- 吃饱了 chībǎo le 배부르다
- 不爱吃 bú ài chī 즐겨 먹지 않다

배운 내용 점검하기

● track 51

✦ 녹음을 듣고 빈칸을 채워 넣어 보세요.

1 A 这几天没看到你，你去哪儿了?
  B 我去国外_____了，昨天晚上才回来。

2 A 这个周末我们要去_____，你去不去?
  B 不去了，这个周末我要_____。

3 A 我下周就回去了，真不想这么快就_____北京。
  B 以后还会有很多机会_____的。

석&어휘

1 A 요 며칠 너를 못 봤는데, 어디 갔었어?
  B 나 해외로 여행 갔었어. 어제저녁이 되어서야 돌아왔지.

  这几天 zhè jǐ tiān 요 며칠 \| 看到 kàndào 동 보다 \| 哪儿 nǎr 대 어디 \| 国外 guówài 명 외국 \| 晚上 wǎnshang 명 저녁 \| ★才 cái 부 ~가 되어서야

2 A 이번 주말에 우리 등산 가려고 하는데, 너 갈래, 안 갈래?
  B 안 갈래. 이번 주말에 나 시험 준비해야 돼.

  ★周末 zhōumò 명 주말 \| 要 yào 조동 ~해야 한다

3 A 나 다음 주에 바로 돌아가. 진짜 이렇게 빨리 베이징을 떠나고 싶지 않아.
  B 나중에 다시 만날 기회가 많이 있을 거야.

  下周 xià zhōu 명 다음 주 \| 就 jiù 부 바로 \| 回去 huíqù 동 돌아가다 \| 真 zhēn 부 정말, 진짜 \| 这么 zhème 대 이렇게 \| 快 kuài 형 빠르다 \| 以后 yǐhòu 명 이후 \| 还 hái 부 또, 더 \| ★机会 jīhuì 명 기회

답 1 旅游 2 爬山, 准备考试 3 离开, 见面

STEP 3 실력 다지기

Day 17
track 52

1. A 开车 B 爬山 C 游泳
2. A 去中国了 B 去看电影了 C 女儿生病了
3. A 看书 B 玩儿电脑游戏 C 写电子邮件
4. A 打车 B 骑自行车 C 坐火车
5. A 没带雨伞 B 忘拿钱包了 C 天晴了

해설서 p.31

Day 18
track 53

6. A 开车 B 坐火车 C 坐飞机
7. A 读书 B 买东西 C 踢足球
8. A 水果吃完了 B 没有面包了 C 女的过生日
9. A 照顾她的鱼 B 再买两只鸟 C 打扫房间
10. A 在学习 B 没兴趣 C 不会唱歌

해설서 p.33

track 54

11. A 跑步　　　　　B 等电梯　　　　　C 做数学题

12. A 打扫　　　　　B 查机票　　　　　C 去机场接人

13. A 找手机　　　　B 他已经结婚了　　C 他要去医院

14. A 买个新的　　　B 买个贵的　　　　C 先借一个

15. A 等朋友　　　　B 经理找他了　　　C 在写电子邮件

해설서 p.36

track 55

16. A 面包　　　　　B 果汁　　　　　　C 茶

17. A 爬山　　　　　B 骑自行车　　　　C 买裤子

18. A 他又累了　　　B 女的应该在办公室　C 果汁太甜了

19. A 洗碗　　　　　B 学习　　　　　　C 踢球

20. A 饿了　　　　　B 很高兴　　　　　C 不愿意变胖

해설서 p.38

03 상태·상황

듣기 제3·4부분 | Day 29

기초 실력 확인하기 | 관련 어휘를 얼마나 알고 있는지, 들리는 단어에 체크해 보세요!

발음 및 뜻 → 본서 p.361

☐ 黄色 ☐ 高兴 ☐ 爱吃鸡蛋 ☐ 找工作 ☐ 不懂汉语
☐ 白色 ☐ 累   ☐ 爱看书   ☐ 没工作 ☐ 写错了
☐ 绿色 ☐ 生病了 ☐ 开公司   ☐ 工作忙 ☐ 找手机

 track 56

STEP 1 유형 파악하기

◆ 시험에 자주 나오는 어휘는 정해져 있다. 예를 들어 인물의 상태에서 신체 관련 내용이라면 '不舒服(몸이 안 좋다)' '渴(목마르다)' 등의 어휘가 나오고, 상황과 관련된 내용이라면 '买(사다)' '休息(쉬다)' '换(바꾸다)' 등의 어휘가 나오므로, 자주 쓰이는 어휘를 익혀 두면 문제를 보다 쉽게 풀 수 있다.

◆ 대화에서 남녀 상태·상황이 다르게 언급되는 경우, 일반적으로 질문에서 남자 또는 여자를 지목하여 상태·상황을 물어본다. 남녀의 상태·상황을 구분하여 주의 깊게 듣자!

● 제3부분 예제

 track 57

1 A 白裙子   B 黄裤子   C 绿眼镜

男: 我想送妻子一个礼物，但不知道该买什么。
女: 你可以看看这条白色的裙子。
问: 女的建议男的买什么?
A 白裙子   B 黄裤子   C 绿眼镜

남: 아내한테 선물을 하나 하려고 하는데 뭘 사야 할지 모르겠어요.
여: 이 하얀색 치마 좀 보세요.
질문: 여자는 남자에게 무엇을 사라고 제안했나?
A 흰 치마   B 노란 바지   C 녹색 안경

정답&풀이 A 무엇을 살지 모르겠다는 남자의 말에 여자는 '你可以看看这条白色的裙子(이 하얀색 치마 좀 보세요)'라고 했다. 따라서 정답은 A이다.

想 xiǎng 조동 ~하고 싶다, ~하려고 하다, 바라다 | 送 sòng 동 ~에게 ~를 주다 | 妻子 qīzi 명 아내 | ★礼物 lǐwù 명 선물 | 但(是) dàn(shì) 접 그러나 | 不 bù 부 아니다 [부정(否定)을 나타냄] | 知道 zhīdào 동 알다, 이해하다 | ★该 gāi 조동 ~해야 할 것이다 | 买 mǎi 동 사다, 구매하다 | 什么 shénme 대 무엇, 뭐, 무슨, 어떤 | 可以 kěyǐ 조동 ~할 수 있다, ~해도 된다 | 看看 kànkan 좀 살펴보다 | 这 zhè 대 이것 | ★条 tiáo 양 벌 [바지·치마를 세는 단위] | 白 bái 형 하얗다, 희다 | 色 sè 명 색 | 的 de 조 ~의 ['관형어+的+(명사/대사)'로 쓰임] | ★裙子 qúnzi 명 치마 | 女的 nǚde 명 여자, 여성 | 建议 jiànyì 동 건의하다, 제안하다, 제기하다 | 男的 nánde 명 남자, 남성 | 黄 huáng 명 노란색 | ★裤子 kùzi 명 바지 | ★绿 lǜ 형 푸르다 | 眼镜 yǎnjìng 명 안경

● **제4부분 예제**

ㅇ track 58

2　A 请假了　　　B 去旅行了　　　C 想晚回家

男: 参加上周五会议的人都有谁?
女: 除了我, 其他人都去了。
男: 你怎么没去?
女: <u>我那天不舒服, 请假了</u>。

问: 女的为什么没参加会议?
A 请假了
B 去旅行了
C 想晚回家

남: 지난 금요일 회의에 참석한 분이 누구인가요?
여: 저 빼고 그 외 사람들은 다 갔어요.
남: 왜 안 갔어요?
여: <u>저는 그날 아파서 휴가 냈어요.</u>

질문: 여자는 왜 회의에 참석하지 않았나?
A 휴가를 냈다
B 여행을 갔다
C 집에 늦게 가고 싶다

정답&풀이　**A**　회의에 왜 가지 않았냐는 남자의 말에 여자는 '我那天不舒服, 请假了(저는 그날 아파서 휴가 냈어요)'라고 했다. 따라서 정답은 보기 A이다.

★ **参加** cānjiā 동 참석하다, 참가하다, 참여하다 | **上** shàng 형 (일부 명사 앞에 쓰여 시간이나 순서에서) 앞의, 먼저(번), 지난(번) | **周五** zhōuwǔ 명 금요일 | ★ **会议** huìyì 명 회의 | **人** rén 명 사람, 인간 | **都** dōu 부 모두, 다 | **谁** shéi 대 누구, 누가 | ★ **除了** chúle 개 ~를 제외하고, ~외에도 | ★ **其他** qítā 대 기타, 그 외 | **去** qù 동 가다 | **怎么** zěnme 대 왜, 어째서, 어떻게, 뭐 | **没** méi 부 ~않다 | **那天** nà tiān 대 그날 | ★ **不舒服** bù shūfu 불쾌하다, (몸이) 아프다 | ★ **请假** qǐngjià 동 휴가를 신청하다, 휴가를 내다 | **女的** nǚde 명 여자, 여성 | **为什么** wèishénme 왜, 어째서, 무엇 때문에 | **旅行** lǚxíng 명 여행 동 여행하다 | **想** xiǎng 조동 ~하고 싶다 | **晚** wǎn 형 늦다 | **回家** huí jiā 집으로 돌아가다, 귀가하다, 귀성하다

STEP 2　내공 쌓기

1 유형별 자주 출제되는 질문

ㅇ track 59

사람이나 사물의 상태나 상황을 묻는 문제에서 직접 상태나 상황 등을 언급하기도 하지만, 유추해야 하는 경우도 있다. 자주 출제되는 질문 형식으로는 '怎么了?(어떻게 되었는가?)' '可以知道什么?(무엇을 알 수 있는가?)' '哪个是对的?(어느 것이 맞는 것인가?)' 등이 있다.

(1) 상태

일반적으로 '坏了(고장 났다)' '胖了(살쪘다)' '饿了(배고프다)' 등 상태를 나타내는 표현이 보기로 제시된다. 남자나 여자의 상태가 어떤 보기와 일치하는지 주의하며 듣자.

• **男的怎么了?** 남자는 어떻게 되었는가? ✦
• **女的认为电视怎么了?** 여자는 TV가 어떻게 되었다고 생각하는가?

★ **认为** rènwéi 동 여기다, 생각하다

(2) 상황

일반적으로 들리는 상황이 그대로 답인 경우가 많다. 보기를 확인하고 대화에 보기의 표현이 나오는지 주의하며 듣자.

- 关于女的，可以知道什么？ 여자에 관해 알 수 있는 것은 무엇인가? ◆
- 关于节目，下面哪个是对的？ 프로그램에 관해 다음 중 어느 것이 올바른가?

★ 节目 jiémù 몡 프로그램 | 下面 xiàmiàn 몡 아래 | 哪个 nǎge 대 어느(어떤) 것 | 对 duì 혱 맞다

2 핵심 어휘

● track 60

(1) 상태

외모	长头发 cháng tóufa 긴 머리	头发短了 tóufa duǎn le 머리가 짧아졌다	长胖了 zhǎng pàng le 살이 쪘다	穿白衬衫 chuān bái chènshān 흰 셔츠를 입다
신체	饿 è 배고프다	渴 kě 목마르다	累 lèi 지치다, 피곤하다	生病 shēngbìng 병이 나다	脸红了 liǎn hóng le 얼굴이 빨개지다	鼻子不舒服 bízi bù shūfu 코가 불편하다	发烧 fāshāo 열이 나다	脚疼 jiǎo téng 발이 아프다	腿疼 tuǐ téng 다리가 아프다	感冒 gǎnmào 감기에 걸리다	头疼 tóuténg 머리가 아프다
사물	坏了 huài le 고장 나다	太旧了 tài jiù le 너무 오래되었다	该换了 gāi huàn le 바꿀 때가 되었다	是蓝色的 shì lánsè de 파란색이다
심리	生气了 shēngqì le 화가 났다	高兴 gāoxìng 기쁘다	怕狗 pà gǒu 개를 무서워하다	哭了 kū le 울었다	为男的高兴 wèi nánde gāoxìng 남자 때문에 기쁘다	对包不满意 duì bāo bù mǎnyì 가방에 만족하지 못하다

(2) 상황

- 用电脑 yòng diànnǎo 컴퓨터를 사용하다
- 换空调 huàn kōngtiáo 에어컨을 바꾸다
- 认错人了 rèncuò rén le 사람을 잘못 알아보다
- 走错路 zǒucuò lù 길을 잘못 가다
- 洗衬衫 xǐ chènshān 셔츠를 빨다
- 找工作 zhǎo gōngzuò 일을 구하다
- 没工作 méi gōngzuò 일이 없다
- 开公司 kāi gōngsī 회사를 차리다
- 最近很忙 zuìjìn hěn máng 최근에 바쁘다
- 不懂汉语 bù dǒng Hànyǔ 중국어를 모른다
- 变化不大 biànhuà bú dà 변화가 크지 않다
- 爱吃鸡蛋 ài chī jīdàn 달걀을 즐겨 먹는다
- 还书 huán shū 책을 반납하다
- 买手机 mǎi shǒujī 핸드폰을 사다
- 写错字了 xiěcuò zì le 글씨를 잘못 썼다
- 觉得很好 juéde hěn hǎo 좋다고 생각하다
- 去接人 qù jiē rén 사람을 마중하러 가다
- 找到工作 zhǎodào gōngzuò 일을 구했다
- 参加工作 cānjiā gōngzuò 일을 하다
- 最近不太忙 zuìjìn bú tài máng 최근 그다지 바쁘지 않다
- 找手机 zhǎo shǒujī 핸드폰을 찾다
- 影响不大 yǐngxiǎng bú dà 영향이 크지 않다
- 爱好画画儿 àihào huà huàr 그림을 즐겨 그리다

- 忘拿帽子了 wàng ná màozi le 모자 챙기는 것을 잊었다
- 忘带护照了 wàng dài hùzhào le 여권 챙기는 것을 잊었다
- 没拿眼镜 méi ná yǎnjìng 안경을 챙기지 않았다

배운 내용 점검하기

track 61

✦ 녹음을 듣고 빈칸을 채워 넣어 보세요.

1 A 您的身体现在好些了吗?
  B 就是_____，不用担心。

2 A 妈，那家公司让我明天去上班。
  B 太好了，_____！

3 A 已经八点了，怎么还不起来?
  B 我还是觉得有些_____，让我再睡一会儿吧。

석&어휘

1 A 몸은 지금 좀 나아지셨어요?
  B 단지 감기에 걸려서 열이 난 거예요. 걱정할 필요 없어요.

您 nín 대 당신, 선생님 | 身体 shēntǐ 명 몸, 건강 | 好 hǎo 형 (몸이) 건강하다, (병이) 다 낫다 | 就是 jiùshì 단지 ~일 뿐이다 | ★担心 dānxīn 동 걱정하다

2 A 엄마, 그 회사에서 저한테 내일 출근하래요.
  B 잘됐다. 정말 네 덕에 기쁘구나!

家 jiā 양 [집·점포 등을 세는 단위] | 公司 gōngsī 명 회사 | 让 ràng 동 ~하게 하다 | 明天 míngtiān 명 내일 | 上班 shàngbān 동 출근하다 | 太 tài 부 너무, 몹시, 지나치게 | ★为 wèi 개 ~때문에

3 A 이미 8시가 되었는데, 왜 아직 안 일어나?
  B 나 아직 좀 피곤해. 좀 더 자게 해 줘.

点 diǎn 양 시 | 怎么 zěnme 대 어째서 | ★起来 qǐlái 동 일어나다 | ★还是 háishi 부 역시, 아무래도 | 觉得 juéde 동 ~라고 느끼다 | 有些 yǒuxiē 부 조금, 약간 | 累 lèi 형 지치다, 피곤하다 | 睡 shuì 동 잠을 자다 | ★一会儿 yíhuìr 명 잠시

답 1 感冒发烧 2 真为你高兴 3 累

STEP 3 실력 다지기

track 62

Day 30

1. A 感冒了　　B 迟到了　　C 忘带护照了
2. A 爱上网　　B 头发短了　　C 没有变化
3. A 来接丈夫　　B 买新车了　　C 是出租车司机
4. A 不懂英语　　B 写作业　　C 觉得故事很好
5. A 渴了　　B 饿了　　C 长胖了

해설서 p.40

track 63

Day 31

6. A 没拿行李　　B 去留学　　C 明天休息
7. A 打算周末还书　　B 正在骑自行车　　C 下午没课
8. A 瘦了　　B 身体不舒服　　C 没写完作业
9. A 想买衣服　　B 想用电脑　　C 对衣服不满意
10. A 没吃饭　　B 写错名字了　　C 认错人了

해설서 p.42

track 64

Day 32

11. A 脚疼　　B 忘拿帽子了　　C 找不到手机了
12. A 太贵了　　B 该换了　　C 放得太高了
13. A 被女人洗了　　B 是蓝色的　　C 是旧的
14. A 非常有名　　B 是司机　　C 可能晚回家
15. A 没带铅笔　　B 没拿眼镜　　C 不想坐右边

해설서 p.45

04 평가·의미

듣기 제3·4부분 | Day 33

기초 실력 확인하기 | 관련 어휘를 얼마나 알고 있는지, 들리는 단어에 체크해 보세요!

발음 및 뜻 → 본서 p.361

- □ 好吃
- □ 甜
- □ 好看
- □ 干净
- □ 方便
- □ 冷
- □ 贵
- □ 客气
- □ 满意
- □ 安静
- □ 热
- □ 便宜
- □ 不错
- □ 简单
- □ 听不懂

track 65

STEP 1 유형 파악하기

◆ 대화 내용 중 화제에 대한 평가가 언급된다. 일반적으로 '怎么样'을 사용하여 질문하며, 보기에 평가를 나타내는 형용사가 제시되는 경우가 많다. 보기와 비교하며 녹음을 들으면 정답을 쉽게 찾을 수 있다.

◆ 의미를 물을 때 일반적으로 '什么意思'를 사용하여 질문하며, 들리는 것이 그대로 답인 문제보다 대화의 흐름과 내용을 파악해야 정답을 찾을 수 있는 문제가 더 많이 출제된다. 핵심 어휘뿐만 아니라 전체적인 대화의 의미 파악에 집중해야 한다.

● 제3부분 예제

track 66

| 1 | A 不想学习 | B 不爱说话 | C 不会刷牙 |

女：孩子都这么大了，还不会自己刷牙，怎么办呢？
男：别着急，我们慢慢儿教，一定能学会。

问：孩子怎么了？
A 不想学习
B 不爱说话
C 不会刷牙

여: 아이가 이렇게 컸는데 아직도 혼자 양치질을 못해, 어떡하지?
남: 조급해하지 마. 우리가 천천히 가르쳐 주면 반드시 배울 수 있을 거야.

질문: 아이가 어떠한가?
A 공부하기 싫어함
B 말하기 싫어함
C 양치질을 못함

정답&풀이 C 여자가 '孩子都这么大了，还不会自己刷牙(아이가 이렇게 컸는데 아직도 혼자 양치질을 못해)'라고 한 것으로 보아 정답은 C이다.

孩子 háizi 명 아이, 어린이 | **都** dōu 부 이미, 벌써 | **这么** zhème 대 이렇게, 이러한 | **大** dà 형 (부피·면적이) 크다, 넓다, (수량이) 많다, (힘·강도 등이) 세다 | **还** hái 부 여전히, 아직도, 아직 | **不** bù 부 아니다 [부정(否定)을 나타냄] | **会** huì 조동 (배워서) ~를 할 수 있다, ~할 줄 알다 [실현 가능성이 있음을 나타내며, 물음에 '会'라고 단독으로 대답할 수 있음] | ★**自己** zìjǐ 대 직접, 스스로, 혼자, 자신, 자기 | ★**刷牙** shuā yá 이를 닦다, 양치질하다 | **怎么办** zěnmebàn 통 어쩌나, 어떻게 하나 | **呢** ne 조 [의문의 어기를 나타냄] | **别** bié 부

~하지 마라 | ★**着急** zháojí 형 조급하다, 안달하다 | **慢慢** mànmànr 천천히 [1음절 형용사 '慢'을 중첩하여 '부사어'의 역할로 쓰임] | ★**教** jiāo 동 가르치다, 전수하다 | ★**一定** yídìng 부 반드시, 필히, 꼭 | **能** néng 조동 ~할 수 있다, ~해도 된다 | **学会** xuéhuì 동 배워서 할 수 있게 되다, 습득하다, 배워서 알다 | **怎么** zěnme 대 왜, 어째서, 어떻게, 뭐 | **想** xiǎng 조동 ~하고 싶다, ~하려고 하다, 바라다 | **学习** xuéxí 동 배우다, 공부하다, 학습하다 | **爱** ài 동 ~하는 것을 좋아하다, 사랑하다 | **说话** shuōhuà 동 말을 하다

● 제4부분 예제

 track 67

2　A 人太多了　　　B 咖啡不好喝　　　C 服务员态度不好

男：咖啡馆里的人怎么越来越多了？今天也不是周末啊！
女：这里一直人很多。
男：我们找个安静的地方吧。
女：那我们去图书馆吧。

问：男的觉得咖啡馆怎么样？
A 人太多了
B 咖啡不好喝
C 服务员态度不好

남：카페에 사람이 왜 이렇게 많아졌어? 오늘 주말도 아니잖아!
여：여기는 항상 사람이 많아.
남：우리 조용한 곳으로 가자.
여：그럼 도서관에 가자.

질문：남자는 카페를 어떻게 생각하나?
A 사람이 너무 많다
B 커피가 맛이 없다
C 종업원이 태도가 나쁘다

정답&풀이　**A** 남자는 여자와의 대화에서 '咖啡馆里的人怎么越来越多了 (카페에 사람이 왜 이렇게 많아졌어)'라고 한 것으로 보아 정답은 A이다.

咖啡馆 kāfēiguǎn 명 카페 | **里** li 명 안, 속, 가운데, 내부 [명사 뒤에 붙어 일정한 공간·시간·범위를 나타냄] | **人** rén 명 사람, 인간 | **怎么** zěnme 대 왜, 어째서, 어떻게, 뭐 | **越来越** yuèláiyuè 부 갈수록, 더욱더, 점점 | **多** duō 형 많다 | **今天** jīntiān 명 오늘 | **也** yě 부 ~도 | **不** bù 부 아니다 [부정(否定)을 나타냄] | **是** shì 동 ~이다 | ★**周末** zhōumò 명 주말 | ★**啊** a 조 [(문장 끝에 쓰여) 감탄·찬탄을 나타냄] | **这里** zhèlǐ 대 이곳, 여기 | ★**一直** yìzhí 부 계속, 줄곧 | **很** hěn 부 매우, 대단히, 아주 | **找** zhǎo 동 찾다, 구하다 | **个** ge 양 개, 명 [사람·물건을 세는 단위] | ★**安静** ānjìng 형 조용하다, 고요하다 | ★**地方** dìfang 명 장소, 곳, 자리 | **吧** ba 조 ~하자 [상의·제의·청유·기대·명령 등의 어기를 나타냄] | **那** nà 접 그러면, 그렇다면 | **去** qù 동 가다 | ★**图书馆** túshūguǎn 명 도서관 | **男的** nánde 명 남자, 남성 | **觉得** juéde 동 ~라고 생각하다, ~라고 여기다 | **怎么样** zěnmeyàng 대 어떻다 | **太** tài 부 너무, 몹시, 지나치게 [太……了: 너무 ~하다] | **咖啡** kāfēi 명 커피 | **好喝** hǎohē 형 (음료수 등이) 맛있다 | **服务员** fúwùyuán 명 종업원 | **态度** tàidu 명 태도 | **好** hǎo 형 좋다, 훌륭하다, 만족스럽다, 아름답다

STEP 2　내공 쌓기

1 유형별 자주 출제되는 질문

 track 68

(1) 평가

사람이나 사물에 대한 평가를 묻는 문제로, 일반적으로 대화 중에 평가 내용이 등장하며 평가를 나타내는 어휘가 보기에 제시된다. 보기에는 형용사가 주로 제시되므로, 자주 출제되는 형용사를 익혀 두면 좋다. 그러나 보기의 정답이 녹음에서는 유사한 표현으로 바뀌어 출제될 수 있으므로, 관련 어휘를 잘 익혀 두어야 한다.

- **男的觉得女的怎么样?** 남자는 여자가 어떻다고 생각하는가? ◆
- **女的觉得那个电影怎么样?** 여자는 그 영화가 어떻다고 생각하는가?
- **男的觉得那条裤子怎么样?** 남자는 그 바지가 어떻다고 생각하는가?

电影 diànyǐng 명 영화 | ★ **条 tiáo** 양 벌 [바지·치마를 세는 단위] | ★ **裤子 kùzi** 명 바지

(2) 의미

대화에 나온 남자나 여자의 말의 의미를 묻는 문제이다. 보기의 정답 표현이나 유사한 표현이 대화 중에 직접적으로 나오지 않는 경우가 많으므로, 남녀가 묻고 답하는 내용과 문맥을 이해해야 한다. 일반적으로 어떤 사건이나 현상에 대한 생각이 언급되는데, 남녀가 각각 자신의 의견을 제시하기도 하므로 남녀 대화의 흐름을 잘 파악해야 한다.

- **男的是什么意思?** 남자는 무슨 의미인가?
- **女的是什么意思?** 여자는 무슨 의미인가?

2 핵심 어휘

● track 69

작품이나 장소, 상품에 대한 평가가 가장 많이 출제된다. 그 외에도 사람, 실력, 음식 등 다른 여러 대상에 대한 평가도 출제되므로 아래 관련 어휘를 잘 익혀 두자.

작품	还不错 hái búcuò 그럭저럭 괜찮다	一般 yìbān 보통이다	满意 mǎnyì 만족하다	有意思 yǒu yìsi 재미있다	好看 hǎokàn 재미있다	故事简单 gùshi jiǎndān 이야기가 간단하다	看不懂 kànbudǒng 보고 이해를 못하다	前后没关系 qiánhòu méi guānxi 앞뒤 연관이 없다
장소	环境好 huánjìng hǎo 환경이 좋다	安静 ānjìng 조용하다	干净 gānjìng 깨끗하다	上班方便 shàngbān fāngbiàn 출근이 편리하다	离地铁站近 lí dìtiězhàn jìn 지하철역에서 가깝다
날씨	经常刮风 jīngcháng guāfēng 자주 바람이 분다	阴天多 yīntiān duō 흐린 날이 많다	冷 lěng 춥다	热 rè 덥다
상품	便宜 piányi 싸다	贵 guì 비싸다	旧 jiù 낡다, 헐다	普通 pǔtōng 평범하다	特别 tèbié 특별하다
사람	聪明 cōngming 똑똑하다	可爱 kě'ài 귀엽다	热情 rèqíng 친절하다	认真 rènzhēn 열심히 하다	努力 nǔlì 노력하다	爱哭 ài kū 잘 운다	爱笑 ài xiào 잘 웃는다	很客气 hěn kèqi 예의를 차리다
실력	水平高 shuǐpíng gāo 수준이 높다	水平低 shuǐpíng dī 수준이 낮다	提高水平 tígāo shuǐpíng 수준을 향상시키다
음식	好吃 hǎochī 맛있다	好喝 hǎohē 맛있다	甜 tián 달다	新鲜 xīnxiān 신선하다

배운 내용 점검하기

track 70

✦ 녹음을 듣고 빈칸을 채워 넣어 보세요.

1. A 姐，今天你的房间怎么这么_____？
   B 妈妈周末不是要来吗？所以打扫了一下。

2. A 这件衣服好是好，但是太_____了，_____点儿吧。
   B 好吧，那就五百块吧。

3. A 我才发现，你很爱看中国新闻。
   B 其实我对新闻不太感兴趣，主要是想_____我的汉语_____。

석&어휘

1. A 누나, 오늘 누나 방이 왜 이렇게 깨끗해?
   B 엄마가 주말에 오시지 않아? 그래서 청소 좀 했어.

   姐 jiě 몡 누나, 언니 | 今天 jīntiān 몡 오늘 | 房间 fángjiān 몡 방 | 怎么 zěnme 대 왜, 어째서 | 这么 zhème 대 이렇게 | ★周末 zhōumò 몡 주말 | 要 yào 조동 ~하려고 하다 | 所以 suǒyǐ 접 그래서 | ★打扫 dǎsǎo 동 청소하다 | 一下 yíxià 수량 (동사 뒤에 쓰여) 좀 ~하다

2. A 이 옷이 좋기는 한데, 너무 비싸요. 싸게 좀 해 주세요.
   B 좋아요. 그럼 500위안에 줄게요.

   件 jiàn 양 벌 [옷 등을 세는 단위] | 衣服 yīfu 몡 옷 | 但是 dànshì 접 그러나 | 太 tài 부 너무, 매우 | 吧 ba 조 ~하자 [상의·제의·청유·기대·명령 등의 어기를 나타냄] | 那 nà 접 그러면 | 就 jiù 부 바로 | 百 bǎi 수 100, 백 | 块 kuài 양 위안 [중국의 화폐 단위]

3. A 나는 이제서야 네가 중국 뉴스를 즐겨 보는 걸 알았어.
   B 사실 나는 뉴스에는 별로 관심 없고, 주로 내 중국어 실력을 향상시키고 싶어서 봐.

   ★发现 fāxiàn 동 발견하다, 알아차리다 | 中国 Zhōngguó 고유 중국 | ★新闻 xīnwén 몡 뉴스 | ★其实 qíshí 부 사실 | 对 duì 개 ~에게, ~에 대해 | 不太 bú tài 그다지 ~하지 않다 | ★感兴趣 gǎn xìngqù 흥미가 있다 | ★主要 zhǔyào 형 주요한, 주된 | 想 xiǎng 조동 ~하고 싶다 | 汉语 Hànyǔ 고유 중국어

답 1 干净   2 贵, 便宜   3 提高, 水平

STEP 3 실력 다지기

Day 34 — track 71

1. A 饿了 　　　　B 胖了 　　　　C 女的没变化
2. A 很大 　　　　B 很小 　　　　C 很好看
3. A 票卖完了 　　B 别看电视了 　C 一分钱也没有了
4. A 非常安静 　　B 节日很多 　　C 环境好
5. A 要去公司 　　B 不锻炼了 　　C 现在要睡觉

해설서 p.47

Day 35 — track 72

6. A 很不错 　　　B 没有意思 　　C 后面写得很好
7. A 天晴了 　　　B 先买西瓜 　　C 现在去吃
8. A 打篮球 　　　B 跳舞 　　　　C 骑自行车
9. A 太旧了 　　　B 很一般 　　　C 很便宜
10. A 夏天来了 　　B 天黑得早了 　C 月亮出来了

해설서 p.49

05 대상·숫자

듣기 제3·4부분

Day 36

기초 실력 확인하기 | 관련 어휘를 얼마나 알고 있는지, 들리는 단어에 체크해 보세요!   모범 답안 → 본서 p.361

- □ 点
- □ 手表
- □ 天气
- □ 足球
- □ 晚上
- □ 小时
- □ 桌子
- □ 白色
- □ 米饭
- □ 元
- □ 衣服
- □ 眼睛
- □ 手机
- □ 件
- □ 星期

track 73

STEP 1 유형 파악하기

◆ 대상을 나타내는 유형의 문제는 일반적으로 보기 3개 모두 명사로 제시된다. 보기 3개가 모두 사물 명사인 경우, 보기 중 녹음에서 들리는 단어가 그대로 정답인 경우가 많다.

◆ 숫자를 나타내는 유형에서는 들리는 숫자가 그대로 답인 경우도 있지만, 간단한 계산이 필요한 문제도 자주 출제되므로 녹음에서 들리는 숫자를 체크하며 주의 깊게 들어야 한다.

● **제3부분 예제**

track 74

1 A 生日　　B 节日　　C 旅游

男: 你知道中国的哪些节日?	남: 중국의 어떤 명절들을 아세요?
女: 除了春节，我还知道中秋节。	여: 춘절 말고 중추절도 알아요.
问: 他们在聊什么?	질문: 그들은 무슨 얘기를 하고 있나?
A 生日　**B 节日**　C 旅游	A 생일　**B 명절**　C 여행

정답&풀이 **B** 남자는 여자에게 '哪些节日(어떤 명절)'라고 물어봤고, 여자는 '除了春节, 我还知道中秋节 (설날 말고 추석도 알아요)'라고 했으므로, 명절에 관해 이야기하는 것을 알 수 있다. 따라서 정답은 B이다.

知道 zhīdào 동 알다, 이해하다 | 中国 Zhōngguó 고유 중국 | 的 de 조 ~의 ['관형어+的+(명사/대사)'로 쓰임] | 哪 nǎ 대 어느, 어떤 | 些 xiē 양 (명사 앞에 쓰여) 조금, 약간, 몇 | ★节日 jiérì 명 기념일, 명절 | ★除了 chúle 개 ~를 제외하고, ~외에도 [除了A, 还B: A를 제외하고 또 B하다] | ★春节 Chūnjié 고유 설, 춘절 | 还 hái 부 또, 더, 게다가, 꽤, 그런대로 | 中秋节 Zhōngqiūjié 고유 추석, 중추절 | 在 zài 부 ~하고 있는 중(이다) | ★聊 liáo 동 이야기하다, 잡담하다 | 什么 shénme 대 무엇, 뭐, 무슨, 어떤 | 生日 shēngrì 명 생일 | 旅游 lǚyóu 명 여행

● 제4부분 예제

 track 75

2 A 十号   B 九号   C 八号

女：我想买十号去南京的火车票。
男：对不起，那天的票已经卖完了。
女：那八号或者九号的也可以。
男：八号的也卖完了，九号的还有几张。

问：女的能买到哪天的票？
A 十号   **B 九号**   C 八号

여: 10일에 난징으로 가는 기차표를 사고 싶어요.
남: 죄송합니다. 그날 표는 이미 다 팔렸습니다.
여: 그럼 8일이나 9일도 괜찮아요.
남: 8일도 다 팔렸고, 9일은 몇 장 남았어요.

질문: 여자는 언제의 티켓을 살 수 있나？
A 10일   **B 9일**   C 8일

정답&풀이 **B** 보기를 통해 날짜와 관련된 문제임을 알 수 있다. 녹음에서 여자는 남자에게 10일 기차표를 사고 싶다고 했지만, 남자는 '九号的还有几张(9일은 몇 장 남았어요)'라고 했으므로 결국 여자가 살 수 있는 기차표 날짜는 '九号(9일)'이다.

想 xiǎng 조동 ~하고 싶다, ~하려고 하다, 바라다 | 买 mǎi 동 사다, 구매하다 | 十 shí 수 10, 열 | 号 hào 명 일 [날짜를 가리킴] | 去 qù 동 가다 | 南京 Nánjīng 고유 난징 | 火车 huǒchē 명 기차 | 票 piào 명 표 | 对不起 duìbuqǐ 미안합니다, 죄송합니다 | 那天 nà tiān 대 그날 | 已经 yǐjīng 부 이미, 벌써 [已经……了: 이미 ~했다] | 卖 mài 동 팔다, 판매하다 | 完 wán 동 (동사 뒤에 쓰여) 마치다, 끝나다, 완결되다 | 那 nà 접 그러면, 그렇다면 | 八 bā 수 8, 여덟 | ★或者 huòzhě 부 아마, 어쩌면, 혹시(~인지 모른다) | 九 jiǔ 수 9, 아홉 | 也 yě 부 ~도 | 可以 kěyǐ 형 좋다, 괜찮다, 나쁘지 않다 | 还 hái 부 여전히, 아직도, 아직, ~까지도, 그래도 | 几 jǐ 수 몇 | ★张 zhāng 양 장 [종이·가죽 등을 세는 단위] | 女的 nǚde 명 여자, 여성 | 能 néng 조동 ~할 수 있다, ~해도 된다 | 到 dào 동 (동사 뒤에 결과보어로 쓰여) ~했다 | 哪天 nǎ tiān 언제

STEP 2 내공 쌓기

1 유형별 자주 출제되는 질문

 track 76

(1) 대상

일반적으로 옷, 음식 등 사물을 묻는 경우에는 들리는 단어가 답인 경우가 많다. 사물, 색상 등 대화의 화제는 주로 '什么'를 사용해서 묻는다.

① 행동이나 상황의 대상을 묻는 유형

보기로 제시된 사물을 먼저 확인하고, 두 사람의 대화에서 언급되는 것들을 체크해 나가면 쉽게 정답을 맞힐 수 있다.

• 他们在看什么? 그들은 무엇을 보고 있는가?
• 他们打算买什么? 그들은 무엇을 살 예정인가？

在 zài 부 ~하고 있는 중(이다)

② 이야기의 화제를 묻는 유형
구체적인 대상 외에도 추상적인 대상도 출제되므로, 남녀가 말하고 있는 대상 및 화제에 주의하여 듣자.

- 他们在说什么? 그들은 무엇을 이야기하고 있는가? ✦
- 那句话是在说什么? 그 말은 무엇을 말하고 있는가?
- 他们在说什么事情? 그들은 무슨 일을 이야기하고 있는가?

说 shuō 동 말하다, 이야기하다 | ★ 句 jù 양 마디, 편 [언어나 시문을 세는 단위] | 话 huà 명 말 | 事情 shìqing 명 일, 사건

(2) 숫자

일반적으로 가격이나 시간을 묻는 문제가 많이 출제된다. 들리는 숫자가 그대로 답인 경우도 있지만, 간단한 덧셈, 뺄셈이 필요한 경우도 있으니 주의해서 들어야 한다.

① 가격을 묻는 유형
일반적으로 보기 3개가 모두 금액 등 숫자로 제시되며, 주로 '多少钱'을 사용하여 질문한다. 보기에 제시된 숫자가 그대로 언급될지, 계산을 해야 하는지 대화에 주의하여 들어야 한다.

- 那条裤子多少钱? 그 바지는 얼마인가? ✦
- 男的要花多少钱? 남자는 얼마를 써야 하는가?

★ 条 tiáo 양 벌 [바지·치마를 세는 단위] | ★ 裤子 kùzi 명 바지 | 多少 duōshao 대 얼마, 몇 | 钱 qián 명 돈 | 要 yào 조동 ~해야 한다 | ★ 花 huā 동 (돈·시간을) 쓰다

② 시간 및 날짜를 묻는 유형
일반적으로 '几点'이나 '什么时候'를 사용하여 질문하며, 보기에 시간, 날짜, 요일 등이 제시된다.

- 现在几点了? 지금은 몇 시인가? ✦
- 电影几点开始? 영화는 몇 시에 시작하는가?
- 男的想什么时候去旅游? 남자는 언제 여행을 가고 싶어 하는가?
- 比赛什么时候举行? 경기는 언제 개최되는가?

电影 diànyǐng 명 영화 | 想 xiǎng 조동 ~하고 싶다 | 旅游 lǚyóu 동 여행하다 | ★ 比赛 bǐsài 명 경기 | 举行 jǔxíng 동 개최하다

③ 그 외 숫자를 묻는 유형
사물의 개수나 무게, 건물의 층을 구체적으로 질문하는 경우가 많다. 자주 출제되는 양사와 관련 어휘를 익혀 두면 보다 쉽게 문제를 풀 수 있다.

- 女的应该去第几层? 여자는 몇 층으로 가야 하는가?
- 男的要买几张机票? 남자는 비행기표를 몇 장 사야 하는가?

★ 应该 yīnggāi 조동 (마땅히) ~해야 한다 | 第 dì 접두 제 | ★ 层 céng 양 층 | 机票 jīpiào 명 비행기표

2 핵심 어휘

track 77

(1) 대상

일반적으로 옷, 음식 등 구체적인 사물의 색상이 자주 출제되지만, 날씨, 역사 등 추상적인 대상이 출제되기도 한다. 추상적인 대상은 비교적 광범위하게 출제되므로, 아래 출제되었던 어휘를 익혀 두는 것이 좋다.

의복	衣服 yīfu 옷 | 衬衫 chènshān 셔츠, 블라우스 | 裙子 qúnzi 치마 | 裤子 kùzi 바지 | 手表 shǒubiǎo 손목시계 | 帽子 màozi 모자 | 鞋 xié 신발 | 包 bāo 가방
음식·식기	面条(儿) miàntiáo(r) 국수 | 米饭 mǐfàn (쌀)밥 | 羊肉 yángròu 양고기 | 糖 táng 사탕 | 盘子 pánzi 쟁반, 접시
색상	蓝色 lánsè 파란색 | 绿色 lǜsè 초록색 | 黄色 huángsè 노란색 | 红色 hóngsè 빨간색 | 黑色 hēisè 검은색 | 白色 báisè 흰색
일상용품	桌子 zhuōzi 탁자 | 椅子 yǐzi 의자 | 手机 shǒujī 핸드폰 | 照片 zhàopiàn 사진 | 铅笔 qiānbǐ 연필 | 自行车 zìxíngchē 자전거 | 字典 zìdiǎn 자전(옥편) | 雨伞 yǔsǎn 우산 | 词典 cídiǎn 사전
신체	脸 liǎn 얼굴 | 眼睛 yǎnjing 눈 | 鼻子 bízi 코 | 耳朵 ěrduo 귀 | 脚 jiǎo 발 | 腿 tuǐ 다리
화제	文化 wénhuà 문화 | 数学 shùxué 수학 | 练习题 liànxí tí 연습 문제 | 体育 tǐyù 체육 | 足球 zúqiú 축구 | 篮球 lánqiú 농구 | 天气 tiānqì 날씨 | 月亮 yuèliang 달 | 太阳 tàiyáng 해 | 普通话 pǔtōnghuà 현대 표준 중국어 | 汉字 Hànzì 한자 | 新闻 xīnwén 뉴스 | 历史 lìshǐ 역사 | 习惯 xíguàn 습관

(2) 숫자

숫자 유형에서는 시간과 가격을 묻는 문제가 가장 많이 출제되고 있다. 혼동하기 쉬운 시점과 기간의 차이를 체크하고 넘어가자. 양사와 관련 어휘 및 표현도 함께 익혀 두자.

시간 질문	几点 jǐ diǎn 몇 시 [시간을 물음] | 什么时候 shénme shíhou 언제 [때를 물음] 多长时间 duō cháng shíjiān 얼마 동안 [시간의 양을 물음]
시간	点 diǎn 시 | 分 fēn 분 | 刻 kè 15분 | 小时 xiǎoshí 시간 | 分钟 fēnzhōng 분 半 bàn 절반, 2분의 1 | 上午 shàngwǔ 오전 | 中午 zhōngwǔ 정오 | 下午 xiàwǔ 오후 早上 zǎoshang 아침 | 晚上 wǎnshang 저녁, 밤 | 昨天 zuótiān 어제 今天 jīntiān 오늘 | 明天 míngtiān 내일 | 前天 qiántiān 그저께 | 后天 hòutiān 모레 月 yuè 월, 달 | 年 nián 년, 해 | 星期 xīngqī 요일, 주 | 周 zhōu 주, 요일 上个星期 shàng ge xīngqī 지난주 [=上周 shàng zhōu] 下个星期 xià ge xīngqī 다음 주 [=下周 xià zhōu] 这个周末 zhège zhōumò 이번 주말 | 周末 zhōumò 주말 星期日 xīngqīrì 일요일 [=星期天 xīngqītiān] 春节后 Chūnjié hòu 춘절 후 | 半个月后 bàn ge yuè hòu 보름 후 两天前 liǎng tiān qián 이틀 전, 며칠 전
양사	次 cì 번, 회 [동작의 횟수를 세는 단위] | 张 zhāng 장 [종이, 탁자 등을 세는 단위] 层 céng 층 [중첩·누적된 사물을 세는 단위] | 件 jiàn 개, 벌 [의류, 일, 안건, 공문 등을 세는 단위] 条 tiáo 벌 [바지·치마를 세는 단위] | 辆 liàng 대 [차량을 세는 단위]

화폐 단위	元 yuán 위안 [=块 kuài]	角 jiǎo 자오 [0.1위안] [=毛 máo]	分 fēn 펀 [0.01위안]
무게 단위	斤 jīn 근, 500g	公斤 gōngjīn 킬로그램(kg)
관련 표현	多 duō (수량사 뒤에 쓰여) 정도, 남짓	才 cái 겨우	左右 zuǒyòu 쯤, 정도
관련 동사	开始 kāishǐ 시작하다	结束 jiéshù 끝나다 举行 jǔxíng 개최하다	还没定 hái méi dìng 아직 정하지 않았다

tip 点 vs. 小时

'시점'을 물어볼 때는 '几点'이나 '什么时候'를 사용하여 질문하고, '기간'을 물어볼 때는 '多长时间'으로 질문한다. 각각 다른 시간을 묻는 표현에 주의하자.

	시점(시각)	기간(시간의 양)
질문	什么时候 언제 | 几点 몇 시 | 几月几号 몇 월 며칠 | 哪年 몇 년	多长时间 얼마 동안
대답	今天晚上 오늘 저녁 | 明年 내년 | 4点40分 4시 40분 | 8月1号 8월 1일	一个小时 1시간(동안) | 一个月15天 한 달 15일(동안) | 五年 5년(동안)

배운 내용 점검하기

 track 78

✦ 녹음을 듣고 빈칸을 채워 넣어 보세요.

1 A 这些_____，你喜欢哪个?
　 B _____的，看起来更漂亮一些。

2 A 我们_____吃什么啊?
　 B 我想吃_____了，这附近有家饭店，我们去那儿吃吧。

3 A 这里应该有很长的_____了吧?
　 B 是啊，到今天有_____多年了。

해석&어휘

1 A 이 모자들 중에서 너는 어떤 게 좋아?
　 B 노란색 것이 보기에 좀 더 예뻐.

些 xiē 양 조금, 약간 | 喜欢 xǐhuan 동 좋아하다 | 哪个 nǎge 대 어느(어떤) 것 | 看起来 kàn qǐlái 보기에 ~하다 | ★更 gèng 부 더, 더욱, 훨씬 | 漂亮 piàoliang 형 예쁘다 | 一些 yìxiē 수량 조금, 약간

2 A 우리 저녁에 뭐 먹지?
　 B 나 국수 먹고 싶어. 여기 근처에 식당 있는데 거기 가서 먹자.

晚上 wǎnshang 명 저녁 | ★啊 a 조 [문장 끝에 쓰여 감탄·찬탄을 나타냄] | 面条儿 miàntiáor 명 국수 | ★附近 fùjìn 명 근처, 부근 | 家 jiā 양 [집·점포 등을 세는 단위] | 饭店 fàndiàn 명 식당

3 A 여기는 당연히 긴 역사가 있겠죠?
　 B 그렇지. 오늘날까지 100년이 넘었어.

长 cháng 형 길다 | ★历史 lìshǐ 명 역사 | 吧 ba 조 ~지? [가능·추측의 어기를 나타냄] | 到 dào 개 ~로, ~까지 | 百 bǎi 수 100, 백

답 1 帽子, 黄色　　2 晚上, 面条儿　　3 历史, 一百

STEP 3 실력 다지기

Day 37 — track 79

1. A 一次　　　　B 两次　　　　C 三次
2. A 衣服　　　　B 数学书　　　C 汉语字典
3. A 明天下午　　B 这个周末　　C 下周一
4. A 去年夏天　　B 今年春天　　C 上个星期
5. A 包　　　　　B 裙子　　　　C 裤子

해설서 p.52

Day 38 — track 80

6. A 红色　　　　B 白色　　　　C 黄色
7. A 春节后　　　B 下星期日　　C 半个月后
8. A 3张　　　　 B 5张　　　　 C 12张
9. A 护照　　　　B 照片　　　　C 练习题
10. A 4角8分　　 B 4元8角　　　C 3元

해설서 p.54

제1부분 제시된 문장에 상응하는 문장으로 된 보기 고르기
제2부분 문장, 대화 속 빈칸에 알맞은 보기 고르기
제3부분 단문 읽고 관련 질문에 답하기

저자 특강

● 출제 경향 ●

제1부분
단문에서 앞뒤 상황을 고려하여 보기에서 문맥상 어울리는 문장을 고르는 문제와 두 사람의 대화문에서 의문문과 질문에 어울리는 대답이나, 대답에 어울리는 질문을 고르는 문제가 출제된다.

제2부분
동사, 형용사, 명사가 답인 문제가 가장 많이 출제되며, 부사, 양사도 2~3문제씩 꾸준히 출제되고 있다. 괄호 안에 들어갈 수 있는 품사가 무엇인지 바로 파악할 수 있는 문제가 많이 출제되지만, 괄호 앞뒤의 문장 성분을 파악한 후 문장을 매끄럽게 해석해야 풀 수 있는 문제의 비중도 높아지고 있다.

제3부분
키워드를 통해 세부 내용을 파악해야 하는 문제가 많이 출제되고 있으며, 주로 일상생활, 중국 문화 등과 관련한 내용이 출제된다. 일반적으로 지문의 표현이나 어휘가 그대로 보기에 제시되는 경우가 많지만, 최근에는 반의어나 유의어로 판단하거나 해석해야 문제를 풀 수 있는 난이도 높은 문제도 출제된다.

● 문제 풀이 비법 ●

제1부분 | 문장에서 핵심 키워드를 찾자.
제시문과 보기를 읽고, 핵심 키워드를 찾은 후에 핵심 키워드를 중심으로 연결되는 내용을 찾자. 정답을 고른 후 앞뒤 상황이 자연스럽게 이어지는지 확인하자. 예를 들어 제시문에 '회사' 관련 단어가 있다면, 보기에도 '회사' 관련 단어가 있는 문장이 무엇인지 찾아서 연결하면 된다. 만약 제시문이 의문문이라면 보기에 그와 어울리는 대답이 될 수 있는 문장을 찾자.

제2부분 | 단어를 외울 때 꼭 품사까지 체크하자.
중국어의 기본 문장 구조 '(관형어)+주어+(부사어)+술어+(보어)+(관형어)+목적어'를 파악하고 있으면, 빈칸에 어떤 품사가 들어갈지 더 빠르고 쉽게 찾을 수 있다. 단어를 외울 때 꼭 품사까지 체크하자. 자주 쓰이는 짝꿍 표현을 외워 둔다면 앞뒤 단어를 통해 호응 어휘를 빨리 찾을 수 있다.

제3부분 | 지문을 보기 전에 질문과 보기를 먼저 파악하자!
지문을 보기 전에 질문과 보기를 먼저 보는 것이 중요하다. 또한 전체 내용을 빠짐없이 이해하기보다는 질문에서 원하는 내용이 무엇인지 파악하는 것이 효과적이다. 지문에 있는 동일한 표현과 어휘가 정답이 되는 경우가 많지만, 비슷한 표현 또는 반대되는 표현을 활용한 문제가 출제되기도 한다. 자주 출제되는 유의어와 반의어를 외워 두자.

독해 공부 비법 독해의 기본은 단어 암기! 시험에 자주 나오는 주요 어휘를 꼭 외워 두자!

첫걸음 — 독해 제1부분

문장 구조와 문장부호

Day 01

기초 실력 확인하기 | 다음 대화가 자연스러우면 √, 아니면 ×를 표시하세요.
모범 답안 및 해석 → 본서 p.362

(1) A 你喜欢白色还是黑色？　　　B 白色，看起来更漂亮。　　　(　)
(2) A 这件衣服很漂亮，你买吧。　　B 不好意思，我已经有男朋友了。　(　)
(3) A 你来做饭吧。　　　　　　　B 为什么我做饭？　　　　　　(　)
(4) A 我准备给你介绍个男朋友。　　B 听说今天的会议8点开始。　　(　)
(5) A 生日快乐！这是我给你买的。　B 谢谢，你真好！　　　　　　(　)

STEP 1 출제경향 및 비법

◆ 독해는 빠른 문장 구조 파악이 관건이다. 문장은 기본적으로 '주어 + 술어(+ 목적어)'로 이루어져 있다. 이 구조를 알고 있다면, 술어가 무엇이고 무슨 이야기를 하는지 좀 더 빠르고 정확하게 알 수 있다.

◆ 문장부호는 독해를 도와주는 필수 요소이다. 한국어와 다른 중국어 문장부호를 정확히 파악하지 못하면, 모르는 문장부호 때문에 문장의 의미를 잘못 파악할 수도 있다. 한국어 문장부호와의 차이점을 확인하고 넘어가자.

STEP 2 내공 쌓기

중국어 문장을 빠르고 정확하게 독해하기 위해서는 '중국어 문장의 구조'와 한국어와 다른 '중국어의 문장부호'를 정확히 파악해야 한다. 이 단원에서는 중국어 문장의 구조와 부호를 정확하게 알고 독해의 기본을 다져 보자.

1 중국어의 문장 구조

중국어 문장의 구조는 '단문'과 '복문'으로 구분할 수 있다.

(1) 단문

단문은 어구와 어휘로 구성되어 독립적으로 일정한 의미를 나타내는 문장 단위이다. 두 문장으로 나눌 수 없고, '주어 + 술어 + 목적어'의 구조를 갖는다. 단문에는 '주술문'과 '비주술문'이 있다.

① **주술문**

'주어 + 술어(+ 목적어)'로 구성된 문장을 말하며, 술어가 문장의 핵심이므로, 술어의 역할에 따라 다음과 같이 나누어진다.

- **동사 술어문**: 동사가 술어 역할을 하는 문장

我	经常	踢	足球。 나는 자주 축구를 한다.
주어	부사어	술어	목적어

★ 经常 jīngcháng 부 자주 | 踢足球 tī zúqiú 축구를 하다

- **형용사 술어문**: 형용사가 술어 역할을 하는 문장

他	很	聪明。 그는 똑똑하다.
주어	부사어	술어

★ 聪明 cōngming 형 똑똑하다

- **명사 술어문**: 명사가 술어 역할을 하는 문장

现在	七点。 지금은 7시이다.
주어	술어

现在 xiànzài 명 지금 | 点 diǎn 양 시

> **tip 주술 술어문**
> '주어+술어' 구조의 구가 술어 역할을 하는 문장을 '주술 술어문'이라고 한다. 전체 문장의 주어를 '대주어', '주술'에 해당하는 주어를 '소주어'라고 한다.
>
> | 他 | 身体 | 健康。 Tā shēntǐ jiànkāng. 그는 몸이 건강하다. |
> |---|---|---|
> | 대주어 | 소주어 | 술어 |

② **비주술문**

단어 또는 '주어 + 술어' 이외에 구조로 이루어진 문장을 말한다. 주로 명령문이나 부탁, 날씨 등을 나타내는 문장에 많이 쓰인다.

快	来! 빨리 와!		下	雨	了。 비가 내렸다.
부사어	술어		술어	목적어	了

快 kuài 부 빨리, 급히 | 下雨 xiàyǔ 동 비가 내리다

(2) **복문**

2개 혹은 2개 이상의 단문이 의미상의 관계를 가져 쉼표(,)로 연결된 문장을 말한다. 복문을 구성하는 단문은 '절'이라고 부른다.

<u>姐姐是大学生</u>, <u>我也是大学生</u>。 언니는 대학생이고, 나도 대학생이다.
　　(앞) 절　　　　 (뒤) 절

姐姐 jiějie 명 언니, 누나 | 大学生 dàxuéshēng 명 대학생 | 也 yě 부 ~도

(3) 복문의 활용과 특징

중국어 문장부호에 대한 지식을 바탕으로 중국어 문장이 어떤 구조적 특징을 갖는지 이해하면, 보다 빠르고 정확하게 중국어 문장을 파악할 수 있다.

① 의미상 이어지는 단문은 쉼표(,)를 사용해 복문 구조로 연결한다.

복문에서 주어가 같을 경우, 뒤 절에서는 해당하는 주어를 중복하지 않고 생략한다.

我的名字叫张洋[Zhāng Yáng]。 내 이름은 장양[张洋]이다.

我是从中国来的。 나는 중국에서 왔다.

我今年22岁。 나는 올해 22살이다.

→ 我的名字叫张洋，是从中国来的，今年22岁。
　　내 이름은 장양[张洋]이고, 중국에서 왔고, 올해 22살이다.

名字 míngzi 명 이름 | 叫 jiào 동 (이름을) ~라고 하다 | 从 cóng 개 ~에서 | 中国 Zhōngguó 고유 중국 | 今年 jīnnián 명 올해 | 岁 suì 양 살, 세

> **tip**
> **단문에도 사용되는 쉼표(,)**
> 개사구가 긴 경우, 일반적으로 쉼표를 써서 문장 앞에 쓰이기도 한다.
>
> 关于这件事， 一句　话　也别　说。 Guānyú zhè jiàn shì, yí jù huà yě bié shuō.
> 　부사어　　　관형어 주어 부사어 술어
> 이 일에 관해, 한마디도 말하지 마라.

② 사람이나 사물이 중복으로 언급될 경우, 대사를 써서 명칭의 반복을 피한다.

한국어에서는 사람을 중복하여 이야기하는 반면, 중국어에서는 대사를 쓰는 것이 일반적이다.

女儿是高中生。 딸은 고등학생이다.

女儿最近很努力学习。 딸은 최근 열심히 공부한다.

我打算周末带女儿出去玩儿。 나는 주말에 딸을 데리고 나가서 좀 놀려고 한다.

→ 女儿是高中生，最近很努力学习。我打算周末带她出去玩儿。
　　딸은 고등학생이고, 최근에 열심히 공부한다. 나는 주말에 그녀(딸)를 데리고 나가서 좀 놀려고 한다.

女儿 nǚ'ér 명 딸 | 高中生 gāozhōngshēng 명 고등학생 | ★最近 zuìjìn 명 요즘 | ★努力 nǔlì 동 열심히 하다 | 学习 xuéxí 동 공부하다, 배우다 | ★打算 dǎsuàn 동 ~할 예정이다 | ★周末 zhōumò 명 주말 | ★带 dài 동 데리다 | 出去 chūqù 동 나가다 | 玩儿 wánr 동 놀다

③ 접속사를 쓰지 않아도, 여러 의미 관계를 나타낼 수 있다.

복문은 의미가 밀접하기 때문에, 접속사 없이도 인과, 점층, 가정, 조건 등 여러 의미 관계를 나타낸다.

这里的环境很不错，很安静。 여기의 환경은 좋고, 조용하다.
　　　전체　　　　　상세

下个星期二是儿童节，我准备下午去买儿子的礼物。
　　　　　원인　　　　　　　　　　결과
다음 주 화요일은 어린이날이라서, 나는 오후에 아들의 선물을 사러 가려고 한다.

★**环境** huánjìng 명 환경 | **不错** búcuò 형 좋다 | ★**安静** ānjìng 형 조용하다 | **下** xià 명 다음 | **星期二** xīngqī'èr 명 화요일 | **儿童节** Értóngjié 고유 어린이날 | **准备** zhǔnbèi 동 ~하려고 하다 | **下午** xiàwǔ 명 오후 | **买** mǎi 동 사다 | **儿子** érzi 명 아들 | ★**礼物** lǐwù 명 선물

2 중국어의 문장부호

중국어 문장부호 중 어떤 것은 한국어의 문장부호와 생김새도 쓰임도 같지만, 어떤 것은 중국어 고유의 문장부호로서 한국어에는 쓰이지 않는다.

(1) 마침표(。)

문장 끝에 쓰는 문장부호이다. 한국어의 마침표는 온점(.)이지만, 중국어의 마침표는 고리점(。)이다.

他是司机。 그는 운전기사이다.　　　　　**她喜欢吃蛋糕。** 그녀는 케이크 먹는 것을 좋아한다.

★**司机** sījī 명 운전기사 | **喜欢** xǐhuan 동 좋아하다 | ★**蛋糕** dàngāo 명 케이크

(2) 물음표(？)

의문문의 끝에 쓰이는 문장부호이다. 한국어의 물음표와 같다.

你好吗？ 너 잘 지내니?　　　　　**现在几点？** 지금 몇 시야?

(3) 쉼표(，)

한국어에서는 단어와 단어를 연결할 때도 쉼표를 쓰지만, 중국어에서는 부사어가 문장 처음에 위치할 때와 복문 구조로 연결할 때 쓴다.

上课时，学生一定要认真听老师说话。 → 부사어가 문장 처음에 위치
수업할 때, 학생은 반드시 선생님이 말씀하시는 것을 열심히 들어야 한다.

我妈妈是老师，她很热情。 우리 엄마는 선생님이시고, 친절하다. → 복문 구조로 연결

上课 shàngkè 동 수업을 하다 | **时** shí 명 때 | **学生** xuésheng 명 학생 | ★**一定** yídìng 부 반드시 | **要** yào 조동 ~해야 한다 | ★**认真** rènzhēn 형 열심히 하다 | **听** tīng 동 듣다 | **老师** lǎoshī 명 선생님 | **说话** shuōhuà 동 말하다 | ★**热情** rèqíng 형 친절하다

(4) 모점(、)

문장 내부에서 병렬 관계인 단어나 구 사이에 사용된다.

我家有四口人，爸爸、妈妈、姐姐和我。 우리 가족은 네 식구이고, 아빠, 엄마, 언니와 저입니다.

★**口** kǒu 양 [식구를 세는 단위] | **和** hé 접 ~와

(5) 따옴표(" ")

문장을 인용하거나 단어나 구를 강조할 때 쓴다. 한국어에서는 작은따옴표(' ')를 쓰거나 큰따옴표(" ")를 쓰지만, 중국어에서는 항상 큰따옴표(" ")를 쓴다.

他问我："你爸爸做什么工作？" 그는 나에게 '너희 아버지는 무엇을 하시니?'라고 묻는다.

问 wèn 동 묻다, 질문하다 | **做** zuò 동 하다 | **工作** gōngzuò 명 일, 업무

(6) 쌍반점(;)

주로 복문에서 앞 절과 뒤 절이 병렬 관계일 때 쓰인다.

有些人喜欢学习；有些人喜欢玩儿。 어떤 사람들은 공부하는 것을 좋아하고, 어떤 사람들은 노는 것을 좋아한다.

有些 yǒuxiē 대 어떤, 일부

(7) 쌍점(:)

'说' '想' '问' 등의 동사 뒤에 비교적 긴 목적어가 오거나 제시적·총괄적 성격의 말 뒤에 세부 설명이 이어질 때 쓴다.

他对我说：" 我一直都很喜欢你。" 그는 나에게 '나는 계속 너를 좋아해.'라고 말한다.

对 duì 개 ~에게 | **说** shuō 동 말하다 | ★**一直** yìzhí 부 계속, 줄곧

배운 내용 점검하기

✦ 문장의 구조와 의미에 주의하여 괄호에 알맞은 문장부호를 넣고, 해석해 보세요.

1 你有没有好办法（　）快想想（　）

2 她男朋友比她小两岁（　）而且很聪明（　）

3 王林[Wáng Lín]（　）这本词典可以借给我看看吗（　）我明天就还你（　）

석&어휘

1 너는 좋은 방법이 있어? 빨리 생각해!

办法 bànfǎ 명 방법 | 想 xiǎng 동 생각하다

2 그녀의 남자 친구는 그녀보다 2살 어린 데다가, 똑똑해.

男朋友 nánpéngyou 명 남자 친구 | 比 bǐ 개 ~보다, ~에 비해 | 两 liǎng 수 2, 둘 | ★而且 érqiě 접 게다가

3 왕린[王林], 이 사전 나 좀 보게 빌려줄 수 있어? 내가 내일 바로 돌려줄게.

本 běn 양 권 [책을 세는 단위] | ★词典 cídiǎn 명 사전 | 可以 kěyǐ 조동 ~할 수 있다, ~해도 된다 | ★借 jiè 동 빌리다, 빌려주다 | 看 kàn 동 보다 | 明天 míngtiān 명 내일 | 就 jiù 부 곧, 즉시, 바로 | ★还 huán 동 돌려주다

답 1 ? / !   2 , / 。   3 , / ? / 。

01 의문·제안 파악

Day 02

기초 실력 확인하기 | 질문에 알맞은 대답을 보기 에서 찾아 보세요!

모범 답안 및 해석 → 본서 p.362

> **보기**
> 我想喝牛奶。　　　　有三十个人。　　　　我在学校门口。
> 三点就开始。　　　　我们八点走。　　　　往前走一百米就到。

(1) A 北京大学怎么走?　　　　B (　　　　　　　　　　　　)

(2) A 你想喝什么?　　　　　　B (　　　　　　　　　　　　)

(3) A 你现在在哪儿?　　　　　B (　　　　　　　　　　　　)

(4) A 我们几点走?　　　　　　B (　　　　　　　　　　　　)

(5) A 电影什么时候开始?　　　B (　　　　　　　　　　　　)

(6) A 教室里有多少个人?　　　B (　　　　　　　　　　　　)

STEP 1 유형 파악하기

◆ 물음표를 먼저 찾자. 물음표가 있는 경우, 질문하는 대상을 보기에서 찾으면 쉽게 정답을 찾을 수 있다. 특히, '谁(누가), 哪儿(어디), 什么(무엇을), 怎么(어떻게)' 등의 대답을 찾는 것이 매우 중요하다.

◆ 상대방에게 요구하는 '吧', 부탁하는 '请', 가벼운 명령을 나타내는 '一下', 금지를 나타내는 '不要' 등이 나오는 문장은 대화형일 가능성이 있으므로, 대답으로 호응하는 문장을 빨리 찾아 보자.

● 제1부분 예제

> A 不好意思，已经卖完了。
> B 今天的作业不多，但是特别难。
> C 我不渴，现在不喝。
> D 其实，我对两种运动都不感兴趣。
> E 这儿附近有没有超市?

1 你更喜欢踢足球还是打篮球?　(　　　)

A 不好意思，已经卖完了。 B 今天的作业不多，但是特别难。 C 我不渴，现在不喝。 D 其实，我对两种运动都不感兴趣。 E 这儿附近有没有超市？	A 죄송합니다. 이미 다 팔렸습니다. B 오늘의 숙제는 많지 않지만 너무 어려워요. C 나는 목마르지 않아, 지금 안 마실래. D 사실, 나는 두 가지 운동에 다 흥미가 없어. E 이 근처에 슈퍼마켓이 있나요?

1 A 你更喜欢踢足球还是打篮球？
  B (D 其实，我对两种运动都不感兴趣。)
	1 A 너는 축구가 더 좋아 아니면 농구가 더 좋아?
	  B (D 사실, 나는 두 가지 운동에 다 흥미가 없어.)

정답&풀이 **D** [踢足球还是打篮球 축구 아니면 농구 → 运动 운동]

문제에서 두 가지 운동을 언급했다. 따라서 질문에 따른 대답으로 운동에 대해 흥미가 없다는 내용을 담은 보기 D가 가장 적절하다.

不好意思 bù hǎoyìsi 죄송합니다, 부끄럽다, 송구스럽습니다 | **已经** yǐjīng 🔹 이미, 벌써 [已经……了: 이미 ~했다] | **卖** mài 🔹 팔다, 판매하다 | **完** wán 🔹 (동사 뒤에 쓰여) 마치다, 끝나다, 완결되다 | **今天** jīntiān 🔹 오늘 | ★**作业** zuòyè 🔹 숙제, 과제 | **多** duō 🔹 많다 | **但是** dànshì 🔹 그러나, 그렇지만 | ★**特别** tèbié 🔹 특히, 더욱, 더군다나 | ★**难** nán 🔹 어렵다, 힘들다 | ★**渴** kě 🔹 목마르다, 목이 타다, 갈증나다 | **现在** xiànzài 🔹 지금, 현재, 이제 | **喝** hē 🔹 마시다 | ★**其实** qíshí 🔹 사실 | **对** duì 🔹 ~에 대해 | **两** liǎng 🔹 2, 둘 | ★**种** zhǒng 🔹 종, 종류 | **运动** yùndòng 🔹 운동 | **都** dōu 🔹 모두, 다 | ★**感兴趣** gǎn xìngqù 흥미가 있다, 관심이 있다, 좋아하다 [兴趣: 흥미, 취미, 흥취] | **这儿** zhèr 🔹 여기, 이곳 | ★**附近** fùjìn 🔹 근처, 부근 | ★**超市** chāoshì 🔹 슈퍼마켓 | ★**更** gèng 🔹 더, 더욱, 훨씬 [주로 비교문에 쓰임] | **喜欢** xǐhuan 🔹 좋아하다, 마음에 들다, 흥미를 느끼다 | **踢足球** tī zúqiú 축구를 하다 | ★**还是** háishi 🔹 또는, 아니면 | **打篮球** dǎ lánqiú 농구를 하다

STEP 2 내공 쌓기

상대방에게 질문을 하거나 청유, 명령 등을 하는 대화 유형에서는 상대방의 대답 형식만 알면 쉽게 정답 문장을 찾을 수 있다. 대화 유형에 따른 대답 형식을 확인해 보자.

1 의문문

(1) '吗' 의문문

문장 끝에 '吗'를 넣어 질문하는 형태로, 대답에는 질문에 대한 내용이 나오므로, 질문의 어휘가 포함된 문장을 선택하면 된다.

A 你觉得这个句子难吗？ 너는 이 문장이 어렵다고 생각하니?
B 我觉得很简单。 나는 쉽다고 생각해.

觉得 juéde 🔹 ~라고 생각하다 | ★**句子** jùzi 🔹 문장 | ★**难** nán 🔹 어렵다 | ★**简单** jiǎndān 🔹 쉽다, 간단하다

'呢'와 의문문

① 일반적으로 '명사+呢?'는 어디에 있는지(在哪儿)를 물어본다.
  A 我的手机呢? Wǒ de shǒujī ne? 내 핸드폰은?
  B 在桌子上。 Zài zhuōzi shang. 그것은 탁자 위에 있어.

② '呢'는 '의문사+呢?'처럼 의문사와 종종 함께 쓰여 의문을 나타낸다.
  A 你做什么呢? Nǐ zuò shénme ne? 너 뭐해?
  B 我在看电视。 Wǒ zài kàn diànshì. 나는 TV 보고 있어.

(2) 의문사의문문

 track 81

의문사를 활용하여 질문하는 의문문으로, 일반적으로 '吗'와 함께 쓰이지 않는다. 의문사와 어울리는 대답을 찾으면 된다.

谁 shéi	누구	A 他是谁? 그는 누구니? B 他是我哥哥。 그는 내 형이야.
什么时候 shénme shíhou	언제	A 你什么时候来的? 너는 언제 왔어? B 我十点来的。 나는 10시에 왔어.
哪儿 nǎr	어디	A 银行在哪儿? 은행은 어디 있어? B 银行在学校旁边。 은행은 학교 옆에 있어.
什么 shénme	무엇	A 你要买什么? 너는 뭘 사려고 하니? B 我要买香蕉。 나는 바나나를 사려고 해.
怎么 zěnme	어떻게	A 北京公园怎么走? 베이징 공원은 어떻게 가? B 一直往前走, 过十字路口就到了。 앞으로 쭉 가서 사거리를 건너면 바로 도착해.
为什么 wèi shénme	왜	A 你为什么没来? 너는 왜 못 왔어? B 因为我感冒了。 감기에 걸렸기 때문이야.
几/多少 jǐ/duōshao	몇/얼마	A 这件衣服多少钱? 이 옷은 얼마야? B 这件衣服三千块钱。 이 옷은 3,000위안이야.

哥哥 gēge 명 형, 오빠 | 点 diǎn 양 시 | ★银行 yínháng 명 은행 | ★学校 xuéxiào 명 학교 | 旁边 pángbiān 명 옆 | 要 yào 조동 ~하려고 하다 | 买 mǎi 동 사다 | ★香蕉 xiāngjiāo 명 바나나 | 北京 Běijīng 고유 베이징 | ★公园 gōngyuán 명 공원 | ★一直 yìzhí 부 계속, 줄곧 | 往 wǎng 개 ~쪽으로 | 前 qián 명 앞 | 走 zǒu 동 가다, 걷다 | 过 guò 동 건너다, 지나다 | 十字路口 shízì lùkǒu 명 사거리 | 就 jiù 부 바로 | 到 dào 동 도착하다 | 因为 yīnwèi 접 ~때문에, 왜냐하면 | ★感冒 gǎnmào 동 감기에 걸리다 | 件 jiàn 양 벌 [옷 등을 세는 단위] | 衣服 yīfu 명 옷 | 钱 qián 명 돈 | 千 qiān 수 1000, 천 | 块 kuài 양 위안 [중국의 화폐 단위]

 '多'와 의문문

'多'는 '얼마나'라는 의미로 사용되어 '多+형용사'의 형태로 길이, 시간, 무게 등을 물어볼 수 있다.
  A 火车站离那儿有多远? Huǒchēzhàn lí nàr yǒu duō yuǎn? 기차역이 거기에서 얼마나 먼가요?
  B 坐出租车要四十多分钟吧。 Zuò chūzūchē yào sìshí duō fēnzhōng ba.
  택시를 타면 40분 정도 걸릴 거예요.

(3) 정반의문문

'是不是' '会不会' '难不难'처럼 긍정과 부정을 함께 써서 질문을 할 수 있다. 대답은 '吗' 의문문처럼 같은 단어 또는 같은 맥락의 단어가 포함된 문장을 찾으면 된다.

A 妈妈，家里是不是没水果了？ 엄마, 집에 과일이 없지 않아요?

B 冰箱里还有不少香蕉呢。 냉장고에 바나나가 아직 많은걸.

水果 shuǐguǒ 명 과일 | ★冰箱 bīngxiāng 명 냉장고 | 还 hái 부 또, 더 | 不少 bùshǎo 형 적지 않다, 많다 | 呢 ne 조 [사실 확인 및 과장된 어투를 나타냄]

(4) 선택의문문

시험에 자주 출제되는 의문문 중 하나로, 'A还是B?'의 형태로 A와 B 중 무엇을 선택할 것인지 묻는 문형이다. A나 B가 포함된 문장을 대답으로 고르면 된다.

A 你要喝牛奶还是果汁？ 너는 우유를 마실래 아니면 과일주스를 마실래?

B 我想喝果汁，谢谢。 나는 과일주스를 마시고 싶어. 고마워.

喝 hē 동 마시다 | 牛奶 niúnǎi 명 우유 | 果汁 guǒzhī 명 과일주스 | 谢谢 xièxie 동 고맙습니다

2 청유문·명령문

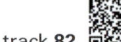

● track 82

……吧 ……ba	~하자	我们坐出租车回去吧。 우리 택시 타고 돌아가자.
……吧? ……ba?	~할래? [상대방의 의견을 구하는 의문의 어기를 나타냄]	我们喝杯咖啡吧? 우리 커피 한 잔 마실래?
……一下 ……yíxià	좀 ~해	给我介绍一下吧。 저에게 소개 좀 해 주세요.
能不能……? néng bu néng ……? 能……吗? néng ……ma?	~할 수 있니?	能不能告诉我? 나에게 알려 줄 수 있니?
可不可以……? kě bu kěyǐ ……? ……可以吗? …… kěyǐ ma?	~할 수 있니?	再给我五分钟，可以吗? 저에게 5분 더 주실 수 있을까요?
……，怎么样? ……, zěnmeyàng?	~(하는 거) 어때?	喝点儿果汁怎么样? 과일주스 좀 마시는 거 어때?
……，好吗? ……, hǎo ma? 好不好? hǎo bu hǎo?	어때?	等我一下，好吗? 나 좀 기다려 줄래?
请…… qǐng ……	~해 주세요	请安静一点儿。 좀 조용히 해 주세요.
别…… bié ……	~하지 마	别担心，他会自己解决的。 걱정 마, 그는 스스로 해결할 수 있을 거야.
不要…… búyào ……	~하지 마	不要难过，会有办法的。 괴로워하지 마. 방법이 있을 거야.

出租车 chūzūchē 명 택시 | 回去 huíqù 동 돌아가다 | 杯 bēi 양 잔, 컵 | 咖啡 kāfēi 명 커피 | 给 gěi 개 ~에게 | 介绍 jièshào 동 소개하다 | 告诉 gàosu 동 알리다, 말하다 | 再 zài 부 다시, 더 | 分钟 fēnzhōng 명 분 | (一)点儿 (yì)diǎnr 수량 좀, 약간 | 等 děng 동 기다리다 | 一下 yíxià 수량 (동사 뒤에 쓰여) 좀 ~하다 | ★安静 ānjìng 형 조용하다 | ★担心 dānxīn 동 걱정하다 | 会……的 huì …… de ~할 것이다 | ★自己 zìjǐ 대 직접, 스스로 | ★解决 jiějué 동 해결하다, 풀다 | ★难过 nánguò 형 괴롭다, 견디기 어렵다 | ★办法 bànfǎ 명 방법

청유문과 명령문에 대한 대답은 보통 승낙·거절로 나뉜다. 간혹 명확히 말하지 않고, 완곡하게 표현하기도 한다.

승낙	好 hǎo / 好啊 hǎo a / 好的 hǎo de 좋아	当然 dāngrán 물론 / 当然可以 dāngrán kěyǐ 물론 되지	没问题 méi wèntí 문제없어	放心吧 fàngxīn ba 안심해	谢谢 xièxie 고마워
거절	对不起 duìbuqǐ 미안해	不能…… bù néng …… ~할 수 없어	不用了 búyòng le 필요 없어	没关系 méi guānxi 괜찮아	没事儿 méishìr 괜찮아	别担心 bié dānxīn 걱정마

배운 내용 점검하기

✦ 다음 질문의 대답으로 적절한 문장을 보기에서 고르세요.

> 보기
> A 好，我去换一双鞋就来。
> B 去年冬天，我们学校举行运动会的时候。
> C 它在电视旁边。

1 A 这张照片是什么时候照的?   B (   )
2 A 跟我们一起去踢足球，好不好? B (   )
3 A 你的包在哪儿?   B (   )

석&어휘

1 A 이 사진은 언제 찍은 거야?
  B 작년 겨울, 우리 학교에서 운동회를 개최할 때.
  ★张 zhāng 양 장 [종이나 가죽 등을 세는 단위] | ★照片 zhàopiàn 명 사진 | 照 zhào 동 찍다 | 去年 qùnián 명 작년 | 冬天 dōngtiān 명 겨울 | 举行 jǔxíng 동 개최하다, 거행하다 | 运动会 yùndònghuì 명 운동회 | ……的时候 …… de shíhou ~할 때

2 A 우리와 같이 축구 하러 갈래?
  B 좋아. 나 가서 신발을 갈아 신고 바로 올게.
  ★跟 gēn 개 ~와 | 一起 yìqǐ 부 같이, 함께 | 踢足球 tī zúqiú 축구를 하다 | ★双 shuāng 양 켤레, 쌍 | ★鞋 xié 명 신발

3 A 너의 가방은 어디 있어?
  B 그것은 TV 옆에 있어.
  ★包 bāo 명 가방 | 它 tā 대 그것, 저것 | 电视 diànshì 명 TV, 텔레비전

답 1 B   2 A   3 C

STEP 3 실력 다지기

Day 03

A 坐出租车要30多分钟吧。
B 还不能，电脑还是有很多问题。
C 没有，但是我给他打了电话，他说公司同意了我们的要求。
D 我想去买一本英语词典，你有没有时间？跟我一起去吧。
E 是的，我是刚才打扫房间的时候发现的，就在椅子下面。

1. 你的手表找到了？ （   ）
2. 火车站离这儿有多远？ （   ）
3. 现在可以上网吗？ （   ）
4. 怎么样？你上午见到李经理了吗？ （   ）
5. 好的，你等一会儿，我换条裤子。 （   ）

→ 해설서 p.56

Day 04

A 不太远，就在那条街的前面。
B 冰箱里有啤酒和咖啡，还有果汁，你要哪个？
C 把菜单给我，我们喝杯红茶吧。
D 这双鞋是新买的？多少钱？
E 你最喜欢看什么电视节目？

6. 外面真热啊，家里有什么喝的吗？ （   ）
7. 1000多块，虽然很贵，但是穿着特别舒服。 （   ）
8. 你们上次去的茶馆儿离这里近吗？ （   ）
9. 好的，我也有点儿渴了。 （   ）
10. 我最喜欢看体育比赛或者新闻。 （   ）

→ 해설서 p.58

02 핵심 어휘 파악

독해 제1부분

Day 05

기초 실력 확인하기 | 질문에 알맞은 대답을 보기 에서 찾아 보세요!

모범 답안 및 해석→본서 p.362

> [보기] 那我们坐出租车吧。 那你一会儿再吃吧。 我想买黄色的。
> 先吃药吧。 不贵，才180块。 我们去买吃的吧。

(1) A 你想买哪件衣服？ B ( )
(2) A 我已经吃饱了。 B ( )
(3) A 那个很贵。 B ( )
(4) A 冰箱里没有吃的。 B ( )
(5) A 我感冒了。 B ( )
(6) A 地铁站很远。 B ( )

STEP 1 유형 파악하기

◆ 보기에서 문제의 제시문과 관련된 어휘와 표현을 찾자. 대화 속 문장끼리는 같은 단어나 관련 표현이 있을 가능성이 크다. 같은 단어나 표현을 먼저 확인해 봐야 한다.

◆ 같은 단어가 나오는 경우보다는 동일한 주제의 어휘나 같은 맥락의 내용이 등장하는 경우가 더 많다. 정답을 빨리 찾기 위해서 관련 어휘들을 묶어서 익히는 것이 가장 효과적이다.

● 제1부분 예제

> A 我明天要再去买一本。
> B 完成六课后面的练习题。
> C 它胖胖的、耳朵小小的非常可爱。
> D 没关系，再去银行办一张。
> E 下午有时间的话，能不能来机场接我？

1 这是我家的小狗，今年刚一岁。 ( )

A 我明天要再去买一本。	A 저는 내일 한 권 더 사러 가려고 한다.
B 完成六课后面的练习题。	B 6과 뒤의 연습 문제를 완성하다.
C 它胖胖的、耳朵小小的非常可爱。	C 그것은 통통하고 귀가 작은 것이 매우 귀엽다.
D 没关系，再去银行办一张。 괜찮다	D 괜찮아요, 은행에 가서 한 장 더 만드세요.
E 下午有时间的话，能不能来机场接我? ~하다면	E 오후에 시간이 있으면 공항으로 마중 나와 줄 수 있어?
1 这是我家的小狗，今年刚一岁。 A是B: A는 B이다 (C 它胖胖的、耳朵小小的非常可爱。)	**1** 이것은 우리 집 강아지인데, 올해 막 한 살이 되었다. (**C** 그것은 통통하고 귀가 작은 것이 매우 귀엽다.)

정답&풀이 **C** [小狗 강아지 → 它 그것]

질문에 '小狗(강아지)'가 나왔고, 제시된 보기 중 가장 적절한 것은 '它胖胖的、耳朵小小的非常可爱(그것은 통통하고 귀가 작은 것이 매우 귀엽다)'이다. 대사 '它'는 사람 이외의 것을 가리킬 때 쓴다.

明天 míngtiān 명 내일 | 要 yào 조동 ~할 것이다, ~하려 하다 | 再 zài 부 재차, 또 | 去 qù 동 가다 | 买 mǎi 동 사다, 구매하다 | 本 běn 양 권 [책을 세는 단위] | ★完成 wánchéng 동 완성하다, 끝내다, 완수하다 | 六 liù 수 6, 여섯 | 课 kè 명 (수업) 과목 | 后面 hòumiàn 명 뒤, 뒤쪽, 뒷면 | ★练习 liànxí 동 연습하다, 익히다 | 题 tí 명 문제, 연습 문제, 시험 문제 | ★胖 pàng 형 (몸이) 뚱뚱하다 | ★耳朵 ěrduo 명 귀 | 小小 xiǎoxiǎo 형 작다 [일반적인 것보다 떨어지거나 비교 대상만 못함을 나타냄] | 非常 fēicháng 부 매우, 대단히, 아주 | ★可爱 kě'ài 형 귀엽다, 사랑스럽다 | 没关系 méi guānxi 괜찮다, 상관없다, 문제없다 | ★银行 yínháng 명 은행 | 办 bàn 동 처리하다, 다루다, 하다 | ★张 zhāng 양 장 [종이·가죽 등을 세는 단위] | 下午 xiàwǔ 명 오후 | 时间 shíjiān 명 시간 | 的话 dehuà 조 ~하다면 | 能 néng 조동 ~할 수 있다, ~해도 된다 | 来 lái 동 오다 | 机场 jīchǎng 명 공항 | ★接 jiē 동 마중하다 | 这 zhè 대 이것 | 家 jiā 명 집 | 小狗 xiǎogǒu 강아지 | 今年 jīnnián 명 올해 | 刚 gāng 부 방금, 막, 지금 | 岁 suì 양 살, 세 [나이를 세는 단위]

STEP 2 내공 쌓기

대화 주제별로 관련 어휘를 익혀 두면 정답을 좀 더 빠르고 정확하게 찾을 수 있다. 시험에 자주 출제되었던 대화 주제별 관련 어휘를 익혀 보자.

◆ **자주 출제되는 대화 주제별 어휘**   track 83

(1) 음식

A 我很**饿**，**冰箱**里有什么**吃的**? 나 배고파. 냉장고에 먹을 것이 뭐가 있어?

B **冰箱**里有些**水果**，你**先**吃**点儿**水果吧。 냉장고에 과일 몇 개가 있어. 너 먼저 과일 좀 먹어.

些 xiē 양 조금, 약간 | ★先 xiān 우선, 먼저 | 点儿 diǎnr 수량 좀, 약간

어휘&표현

- 饭馆儿 fànguǎnr 식당
- 饭店 fàndiàn 식당, 호텔
- 服务员 fúwùyuán 종업원
- 客人 kèrén 손님
- 超市 chāoshì 슈퍼마켓
- 做得不错 zuò de búcuò 잘 만들다

- 饿 è 배고프다
- 菜单 càidān 메뉴판
- 吃的 chī de 먹을 것
- 水果 shuǐguǒ 과일
- 饱 bǎo 배부르다
- 点菜 diǎn cài 음식을 주문하다
- 羊肉 yángròu 양고기
- 菜 cài 요리, 음식
- 冰箱 bīngxiāng 냉장고
- 面条儿 miàntiáor 국수

(2) 학습 및 평가

A 听说昨天的比赛她是第一名。 듣자 하니 어제 경기에서 그녀가 1등을 했대.

B 她一直都很努力，才有那么好的成绩。 그녀는 계속 노력했기에 비로소 그렇게 좋은 성적이 있는 거야.

听说 tīngshuō 동 듣자 하니 | 昨天 zuótiān 명 어제 | ★一直 yìzhí 부 계속, 줄곧 | 都 dōu 부 모두 | ★才 cái 부 비로소 | 那么 nàme 대 그렇게, 저렇게

어휘&표현

- 学校 xuéxiào 학교
- 校长 xiàozhǎng 학교장
- 年级 niánjí 학년
- 数学 shùxué 수학
- 上课 shàngkè 수업을 하다
- 问 wèn 질문하다
- 成绩 chéngjì 성적
- 练习 liànxí 연습하다
- 提高水平 tígāo shuǐpíng 수준을 향상시키다
- 教室 jiàoshì 교실
- 老师 lǎoshī 선생님
- 比赛 bǐsài 경기, 시합
- 复习 fùxí 복습하다
- 下课 xiàkè 수업이 끝나다
- 教 jiāo 가르치다
- 查词典 chá cídiǎn 사전을 찾다
- 努力 nǔlì 노력하다
- 黑板 hēibǎn 칠판
- 学生 xuésheng 학생
- 运动会 yùndònghuì 운동회
- 作业 zuòyè 숙제, 과제
- 做题 zuò tí 문제를 풀다
- 考试 kǎoshì 시험
- 第一名 dì yī míng 1등, 제1위

(3) 회사 및 업무

我刚才遇到经理了。他说下午四点在会议室开会。
나 방금 사장님과 마주쳤는데, 오후 4시에 회의실에서 회의를 한다고 말하셨어.

★刚才 gāngcái 명 방금, 지금 막 | ★遇到 yùdào 동 마주치다, 만나다 | 说 shuō 동 말하다 | 下午 xiàwǔ 명 오후 | 点 diǎn 양 시 | 在 zài 개 ~에서

어휘&표현

- 公司 gōngsī 회사
- 经理 jīnglǐ 사장, 경영 관리 책임자
- 开会 kāihuì 회의를 하다
- 发电子邮件 fā diànzǐ yóujiàn 이메일을 보내다
- 办公室 bàngōngshì 사무실
- 同事 tóngshì 동료
- 解决问题 jiějué wèntí 문제를 해결하다
- 会议室 huìyìshì 회의실
- 工作 gōngzuò 일하다, 근무하다

(4) 제품 및 매체

我刚才忘记把房间里的灯关了，现在还开着呢。
나 방금 방에 있는 등 끄는 걸 깜빡했어. 지금 아직 켜져 있어.

★把 bǎ 개 [목적어를 술어 앞으로 끌어내어 처치를 나타냄] | 房间 fángjiān 명 방 | 现在 xiànzài 명 지금, 현재 | 还 hái 부 아직, 여전히 | 着 zhe 조 ~하고 있다 | 呢 ne 조 [동작의 지속을 나타냄]

> **어휘&표현**

- 关 guān 닫다, 끄다
- 看 kàn 보다
- 灯 dēng 등
- 节目 jiémù 프로그램
- 好看 hǎokàn (내용이) 재미있다, 훌륭하다
- 开 kāi 열다, 틀다, 켜다
- 忘记 wàngjì 잊다, 잊어버리다
- 电脑 diànnǎo 컴퓨터
- 报纸 bàozhǐ 신문
- 坏 huài 고장 나다
- 记得 jìde 기억하고 있다, 기억하다
- 电视 diànshì TV, 텔레비전
- 有意思 yǒu yìsi 재미있다

(5) 날씨

A 天突然阴了，我怕一会儿会下雨。 날이 갑자기 흐려졌어. 이따가 비가 올까 나는 걱정된다.

B 是啊，天气不太好，我们还是明天再去吧。
   맞아, 날씨가 별로 좋지 않으니, 우리 아무래도 내일 다시 가자.

★ 突然 tūrán 凰 갑자기, 문득 | 怕 pà 동 걱정하다, 염려하다 | ★ 一会儿 yíhuìr 수량 이따가, 잠시 | 不太 bú tài 그다지 ~하지 않다 | 还是……吧 háishi …… ba ~하는 편이 낫다 | 再 zài 凰 다시, 더

> **어휘&표현**

- 天气 tiānqì 날씨
- 冷 lěng 춥다, 차다
- 下雨 xiàyǔ 비가 내리다
- 晴天 qíngtiān 맑은 날
- 风刮得大 fēng guā de dà 바람이 강하게 불다
- 冬天 dōngtiān 겨울
- 热 rè 덥다, 뜨겁다
- 下雪 xiàxuě 눈이 내리다
- 阴天 yīntiān 흐린 날
- 夏天 xiàtiān 여름
- 习惯 xíguàn 익숙해지다, 습관
- 刮风 guāfēng 바람이 불다
- 雨下得大 yǔ xià de dà 비가 많이 오다

(6) 쇼핑

A 这条裤子怎么样？ 이 바지 어때?

B 这条比那条短一点儿，我觉得那条更好。 이건 저것보다 좀 짧아서, 나는 저게 더 좋다고 생각해.

怎么样 zěnmeyàng 대 어떻다 | 比 bǐ 개 ~보다 | 一点儿 yìdiǎnr 수량 조금, 약간 | 觉得 juéde 동 ~라고 생각하다 | ★ 更 gèng 凰 더, 더욱, 훨씬

> **어휘&표현**

- 买 mǎi 사다
- 裤子 kùzi 바지
- 好看 hǎokàn 예쁘다
- 便宜 piányi (값이) 싸다
- 双 shuāng 짝, 켤레, 쌍
- 换 huàn 교환하다
- 商店 shāngdiàn 상점
- 穿 chuān (옷·신발 등을) 입다, 신다
- 喜欢 xǐhuan 좋아하다, 마음에 들다
- 件 jiàn 벌 [옷 등을 세는 단위]
- 长 cháng 길다
- 试 shì 입어 보다, 시험 삼아 해보다
- 裙子 qúnzi 치마
- 漂亮 piàoliang 예쁘다
- 贵 guì 비싸다
- 条 tiáo 벌 [바지·치마를 세는 단위]
- 短 duǎn 짧다
- 皮鞋 píxié 가죽 구두

(7) 생일 및 선물

祝你生日快乐！这是我送你的礼物，打开看看吧。
생일 축하해! 이건 내가 너한테 주는 선물이야. 열어서 봐 봐.

祝 zhù 동 축하하다 | 打开 dǎkāi 동 열다

어휘&표현

- 生日快乐 shēngrì kuàilè 생일 축하해
- 喜欢 xǐhuan 좋아하다, 마음에 들다
- 给你买 gěi nǐ mǎi 너에게 사 주다
- 不客气 bú kèqi 천만에요, 별말씀을요
- 送 sòng ~를 주다
- 过生日 guò shēngrì 생일을 지내다
- 给你带 gěi nǐ dài 너에게 챙겨 주다
- 准备 zhǔnbèi 준비하다
- 礼物 lǐwù 선물
- 谢谢 xièxie 고맙습니다

(8) 빌리거나 갚는 상황

李花，这本书可以借给我看看吗？我下星期一就还给你。
리화[李花]야, 이 책 좀 보게 나에게 빌려줄 수 있어? 내가 다음 주 월요일에 바로 너에게 돌려줄게.

本 běn 양 권 [책을 세는 단위] | **书** shū 명 책 | **可以** kěyǐ 조동 ~할 수 있다, ~해도 된다 | **下** xià 명 다음 | **星期一** xīngqīyī 명 월요일 | **就** jiù 부 즉시, 바로

어휘&표현

- 借 jiè 빌리다, 빌려주다
- 借给我看看 jiè gěi wǒ kànkan 내가 좀 보게 빌려줘
- 还给你 huán gěi nǐ 너에게 갚다
- 借给他 jiè gěi tā 그에게 빌려주다
- 还 huán 돌려주다, 갚다
- 可以 kěyǐ ~할 수 있다

배운 내용 점검하기

✦ 다음 질문의 대답으로 적절한 문장을 보기에서 고르세요.

보기
A 马上，这个节目还有5分钟就结束了。
B 等一会儿吧，我去给你做面条儿。
C 是啊，特别是眼睛。

1 A 这孩子长得真像他妈妈。   B (   )
2 A 别看了，快关电视吧，明天还要去上课呢。 B (   )
3 A 我饿了，有什么吃的？   B (   )

석&어휘

1 A 이 아이는 진짜 그의 엄마를 닮았어.
   B 그러게, 특히 눈이 그러네.

   孩子 háizi 명 아이 | ★长 zhǎng 동 생기다, 자라다 | 真 zhēn 부 진짜, 정말 | ★像 xiàng 동 비슷하다, 닮다 | ★啊 a 조 [문장 끝에 쓰여 감탄·찬탄을 나타냄] | ★特别 tèbié 부 특히, 아주 | 眼睛 yǎnjing 명 눈

2 A 보지 마, 빨리 TV 꺼. 내일 수업도 가야 하잖아.
   B 곧 끝내. 이 프로그램은 5분 있으면 바로 끝나.

   别 bié 부 ~하지 마라 | 还 hái 부 또, 더 | 要 yào 조동 ~해야 한다 | 呢 ne 조 [사실 확인 및 과장된 어투를 나타냄] | ★马上 mǎshàng 부 곧, 즉시 | 分钟 fēnzhōng 명 분 | ★结束 jiéshù 동 끝나다

3 A 나 배고파. 뭐 먹을 거 있어?
   B 잠시만 기다려. 내가 가서 너에게 국수 만들어 줄게.

   等 děng 동 기다리다

답 1 C   2 A   3 B

STEP 3 실력 다지기

Day 06

A 是啊，北方的冬天是很冷。
B 不知道，我正想查词典呢，查完后我告诉你。
C 给四年级学生上体育课。
D 妈妈，我们晚饭吃什么？
E 这是我送您的花，您看一下喜欢不喜欢？

1. 黑板上这个字怎么读？是"太阳"的"阳"吗？　（　　）
2. 她是我们学校的老师。　（　　）
3. 奶奶，祝您节日快乐！　（　　）
4. 王先生，您不习惯我们这儿的天气吧？　（　　）
5. 我今天太累了，你去超市买面包吧。　（　　）

Day 21

A 如果您喜欢它，可以穿上看一下，一定特别漂亮。
B 我刚才在电梯里遇到李经理了。
C 你穿这条裙子会不会有点儿冷？
D 我觉得这家宾馆很不错，你呢？
E 有啊，冰箱里还有很多葡萄和香蕉呢。

6. 她让我告诉你，上午十点在公司会议室开会。　（　　）
7. 房间挺干净的，还可以上网，那我们先住这里吧。　（　　）
8. 是吗？那我穿裤子好了。　（　　）
9. 爷爷，家里是不是没有水果了？　（　　）
10. 这条裙子卖得非常好，而且才100块。　（　　）

A 我感冒了，而且有点儿发烧。
B 可能要下雨了，下次再去吧。
C 你听说过《七个小矮人》的故事吗？
D 怎么现在还是开着的？
E 我今天饿坏了，还有什么吃的吗？

11. 我记得我离开公司的时候把灯关了啊。　　（　　）
12. 怎么突然就阴天了？我们还能去爬山吗？　　（　　）
13. 你先吃个苹果，我给你做碗面条儿。　　（　　）
14. 那你在家好好儿休息吧。　　（　　）
15. 小时候爷爷给我讲过，非常有名。　　（　　）

독해 제1부분

03 의미 관계 파악

Day 23

기초 실력 확인하기 | 뒤에 이어서 올 말로 알맞은 것을 보기 에서 찾아 보세요!

모범 답안 및 해석 → 본서 p.362

> **보기**
> 你多吃点儿吧。　　孩子正在学习。　　别再买了。
> 我也不知道。　　　我吃不完。　　　　那我明天再来。

(1) A 他怎么了？　　　　　B (　　　　　　　　　　　　)

(2) A 他不在。　　　　　　B (　　　　　　　　　　　　)

(3) 明天就考试了，(　　　　　　　　　　　)

(4) 你有很多衣服，(　　　　　　　　　　　)

(5) 菜太多了，(　　　　　　　　　　　)

(6) 水果对身体很好，(　　　　　　　　　　　)

STEP 1 유형 파악하기

◆ 의미 관계 파악 유형이 갈수록 많이 출제되고 있다. 문제와 보기에서 직관적으로 호응하는 단어나 내용이 적기 때문에, 문장의 상황을 유추하고 이어지는 보기를 찾아야 한다.

◆ 주제를 알면 내용이 잘 들리는 것처럼, 어떤 상황인지 미리 유추하면 좀 더 빠르게 상황을 파악할 수 있다. 출제되었던 내용을 상황별로 익혀 두면 좀 더 정확하게 관련 문장을 찾을 수 있다.

● 제1부분 예제

> A 在这儿骑马太有意思了。
> B 有两种颜色，但都不是我喜欢的。
> C 没问题，我一下班就马上回去。
> D 那你就在家好好休息几天吧。
> E 请阿姨把那里打扫干净。

1　明天要在603会议室开重要的会议。（　　）

A 在这儿骑马太有意思了。	A 여기서 말 타는 거 너무 재밌어.
B 有两种颜色，但都不是我喜欢的。	B 두 가지 색상이 있는데 다 내가 좋아하는 것이 아니다.
C 没问题，我一下班就马上回去。	C 괜찮아요, 퇴근하자마자 바로 돌아갈게요.
D 那你就在家好好休息几天吧。	D 그럼 집에서 며칠 푹 쉬어.
E 请阿姨把那里打扫干净。	E 아주머니 그곳을 깨끗이 청소해 주세요.
1 明天要在603会议室开重要的会议。 （ **E** 请阿姨把那里打扫干净。）	**1** 내일 603 회의실에서 중요한 회의가 있습니다. （ **E** 아주머니께서 그곳을 깨끗이 청소해 주세요. ）

정답&풀이 **E** [会议室 회의실 → 那里 그곳]

문제에서 내일 회의실에서 중요한 회의가 있다고 했으며, 그 말과 가장 어울리는 보기는 '请阿姨把那里打扫干净(아주머니께서 그곳을 깨끗이 청소해 주세요)'이다. 장소 '会议室(회의실)'을 보기에서는 대사 '那里'로 언급했다.

在 zài 개 ~에서 | 这儿 zhèr 대 여기, 이곳 | ★骑 qí 동 (동물·자전거 등에) 타다 | 马 mǎ 명 말 | 太 tài 부 너무, 몹시, 지나치게 [太……了: 너무 ~하다] | 有意思 yǒu yìsi 재미있다 | 两 liǎng 수 2, 둘 | ★种 zhǒng 양 종, 종류 | 颜色 yánsè 명 색, 색깔, 얼굴색 [안색] | 但 dàn 접 그러나 | 都 dōu 부 모두, 다 | 喜欢 xǐhuan 동 좋아하다, 마음에 들다, 흥미를 느끼다 | 没问题 méi wèntí 문제없다, 자신 있다, 확신하다 | 下班 xiàbān 동 퇴근하다 | 马上 mǎshàng 부 곧, 즉시, 바로, 금방 | 回去 huíqù 동 돌아가다 | 那 nà 접 그러면, 그렇다면 | 就 jiù 부 강조를 나타냄 | 家 jiā 명 집 | 好好 hǎohāo 부 잘, 정성껏, 힘껏 | 休息 xiūxi 동 쉬다, 휴식하다 | 几 jǐ 수 몇 | 天 tiān 명 하루, 날, 일 | 吧 ba 조 [문장 맨 끝에 쓰여] 상의·제의·청유·기대·명령 등의 어기를 나타냄] | 请 qǐng 동 ~해 주세요 [请+대상+술어/내용] | ★阿姨 āyí 명 이모, 아주머니 | ★把 bǎ 개 [목적어를 술어 앞으로 끌어내어 처치를 나타냄] | 那里 nàli 대 그곳 | ★打扫 dǎsǎo 동 청소하다 | ★干净 gānjìng 형 깨끗하다, 청결하다 | 明天 míngtiān 명 내일 | 要 yào 조동 ~할 것이다, ~하려 하다 | 在 zài 개 ~에서 | 会议室 huìyìshì 명 회의실 | 开 kāi 동 열다 | ★重要 zhòngyào 형 중요하다 | ★会议 huìyì 명 회의

STEP 2 내공 쌓기

독해 제1부분에서는 대부분 두 사람의 대화가 출제된다. 최근에는 관련 어휘로 찾기 어려운 대화의 출제 비율도 높아지고 있다. 단문은 대화보다 관련 내용을 찾기 어렵기 때문에, 말의 뉘앙스와 상황을 정확히 파악하지 않으면 관련 문장을 찾기 어렵다. 자주 출제되는 상황의 대화나 단문을 확인하고 넘어가자.

◆ **자주 출제되는 상황별 어휘**   track **84**

(1) 새것을 사는 상황

A 我的自行车又坏了，你来帮我看一下。 내 자전거가 또 망가졌어, 너는 나를 도와 같이 좀 봐 줘.

B 你的自行车太旧了，还是换新的吧。 너의 자전거는 너무 낡았어, 새것으로 바꾸는 편이 낫겠어.

★自行车 zìxíngchē 명 자전거 | ★又 yòu 부 또, 다시 | 来 lái 동 [다른 동사 앞에 쓰여 어떠한 일을 하려는 것을 나타냄] | 帮 bāng 동 돕다 | 一下 yíxià 수량 (동사 뒤에 쓰여) 좀 ~하다 | 还是……吧 háishi …… ba ~하는 편이 낫다

> **어휘&표현**
> - 很旧 hěn jiù 낡았다
> - 用了很久 yòng le hěn jiǔ 오랫동안 썼다
> - 坏了 huài le 망가졌다
> - 买新的 mǎi xīn de 새것을 사다
> - 换新的 huàn xīn de 새것으로 바꾸다
> - 不能用了 bù néng yòng le 쓸 수 없게 됐다

(2) 도와주는 상황

坐了很长时间的车，累了吧？我帮你拿行李箱吧。
오랜 시간 차를 타서 지쳤지? 내가 너를 도와 트렁크를 들게.

坐 zuò 동 (교통수단을) 타다 | 长时间 cháng shíjiān 오랫동안, 장시간 | 车 chē 명 자동차 | 吧 ba 조 ~지? [가능·추측의 어기를 나타냄] 조 ~하자 [상의·제의·청유·기대·명령 등의 어기를 나타냄] | ★拿 ná 동 (손으로) 들다, 쥐다 | ★行李箱 xínglǐxiāng 명 트렁크, 여행용 가방

> **어휘&표현**
> - 累了 lèi le 지쳤다
> - 搬家 bānjiā 이사하다
> - 帮你 bāng nǐ 너를 돕다
> - 帮助 bāngzhù 돕다
> - 帮忙 bāngmáng 돕다
> - 休息 xiūxi 쉬다
> - 我来 wǒ lái 내가 하겠다

(3) 문제나 의미를 이해하기 어려운 상황

今天课上讲的那些题，比较难。回家复习时，有不清楚的地方，明天可以问我。
오늘 수업 중 설명한 그 문제들은 비교적 어려워요. 집에 가서 복습할 때, 잘 모르는 부분이 있으면 내일 바로 저한테 물어보세요.

今天 jīntiān 명 오늘 | 课 kè 명 수업 | ★讲 jiǎng 동 설명하다, 말하다 | 些 xiē 양 조금, 약간 | ★比较 bǐjiào 부 비교적, 상대적으로 | 回家 huí jiā 집으로 돌아가다 | 时 shí 명 때 | ★地方 dìfang 명 부분, 곳 | 明天 míngtiān 명 내일 | 可以 kěyǐ 조동 ~해도 된다

> **어휘&표현**
> - 题很难 tí hěn nán 문제가 어렵다
> - 不清楚 bù qīngchu 잘 모른다
> - 有问题 yǒu wèntí 문제가 있다
> - 遇到问题 yùdào wèntí 문제에 닥치다
> - 有好办法 yǒu hǎo bànfǎ 좋은 방법이 있다
> - 问我 wèn wǒ 나에게 물어보다
> - 告诉我 gàosu wǒ 나에게 알려 주다
> - 我教你 wǒ jiāo nǐ 내가 너를 가르치다
> - 想办法 xiǎng bànfǎ 방법을 생각하다
> - 解决问题 jiějué wèntí 문제를 해결하다
> - 不要着急 búyào zháojí 조급해하지 마라

(4) 아프거나 병에 걸린 상황

A 我有点儿不舒服，可以先回去吗？ 나 좀 아픈데, 먼저 돌아가도 될까?

B 好，你回去吃点儿药，休息一会儿吧。 그래, 너 돌아가서 약 좀 먹고 잠시 쉬어.

有点儿 yǒudiǎnr 부 조금, 약간 | ★先 xiān 부 먼저, 우선 | 回去 huíqù 동 돌아가다 | 点儿 diǎnr 수량 좀, 약간

> **어휘&표현**
> - 生病了 shēngbìng le 병이 났다
> - 身体不舒服 shēntǐ bù shūfu 몸이 아프다
> - 腿疼 tuǐ téng 다리가 아프다
> - 去医院 qù yīyuàn 병원에 가다

- 看病 kànbìng 진찰 받다
- 医生说 yīshēng shuō 의사가 말하다
- 吃药 chī yào 약을 먹다
- 休息几天 xiūxi jǐ tiān 며칠 쉬다
- 要住院 yào zhùyuàn 입원해야 한다
- 开药 kāi yào 약을 처방하다
- 照顾病人 zhàogù bìngrén 환자를 돌보다

(5) 인물 및 관계

照片上这个长头发的就是我们班的老师。那时候她比较瘦，还不到50公斤。

사진에 이 머리 긴 사람이 바로 우리 반 선생님이셔. 그때 선생님은 비교적 말라서 50kg도 안 됐어.

长 cháng 형 길다 | ★ 头发 tóufa 명 머리 | 班 bān 명 반 | 时候 shíhou 명 때 | 还 hái 부 게다가 | 到 dào 명 이르다, 도달하다 | ★ 公斤 gōngjīn 양 킬로그램(kg)

어휘&표현

- 老师 lǎoshī 선생님
- 照片 zhàopiàn 사진
- 认识 rènshi 알다
- 可爱 kě'ài 귀엽다
- 胖了 pàng le 살이 쪘다
- 结婚 jiéhūn 결혼하다
- 照顾好自己 zhàogù hǎo zìjǐ 자신을 잘 돌보다
- 第一次见面 dì yī cì jiànmiàn 처음 만나다
- 已经见过面了 yǐjīng jiànguo miàn le 이미 만난 적이 있다
- 同学 tóngxué 학우
- 介绍 jièshào 소개하다
- 大一岁 dà yí suì 한 살 더 많다
- 长得像 zhǎng de xiàng 생긴 것이 닮았다
- 瘦了 shòu le 살이 빠졌다
- 长大了 zhǎng dà le 컸다
- 孩子 háizi 아이
- 喜欢 xǐhuan 좋아하다
- 聪明 cōngming 똑똑하다

(6) 지각하는 상황

A 快点儿，再有10分钟就要开始了。 빨리 좀 해. 10분 뒤에 바로 시작할 거야.

B 不用担心，再有5分钟就到了。 걱정할 필요 없어. 5분 뒤면 바로 도착해.

分钟 fēnzhōng 명 분

어휘&표현

- 快点儿 kuài diǎnr 빨리 좀 하다
- 都来了 dōu lái le 모두 왔다
- 迟到 chídào 지각하다
- 还有时间 hái yǒu shíjiān 아직 시간이 있다
- 要开始了 yào kāishǐ le 곧 시작하려 한다
- 没来 méi lái 오지 않았다
- 不用担心 búyòng dānxīn 걱정할 필요 없다
- 到 dào 도착하다

배운 내용 점검하기

✦ 다음 문장에 이어질 적절한 문장을 보기에서 고르세요.

> 보기
> A 你休息一会儿，我帮你拿行李箱吧。
> B 你们快想办法吧。
> C 那周末你跟我一起去商店看看吧。

1 A 你的包太旧了，换个新的吧。　　　B (　　　　　　　)

2 坐了十几个小时的船，累了吧? (　　　　　　　)

3 这个问题都两个月了，还没解决。(　　　　　　　)

석&어휘

1 A 네 가방은 너무 오래 됐어. 새것으로 바꿔.　B 그럼 주말에 너 나랑 같이 상점에 가서 좀 보자.
★包 bāo 명 가방 | ★周末 zhōumò 명 주말 | 跟 gēn 개 ~와 | 一起 yìqǐ 부 같이, 함께 | 商店 shāngdiàn 명 상점

2 열몇 시간 동안 배를 탔는데, 지쳤지? 너 잠시 쉬어. 내가 너를 도와 트렁크를 들게.
小时 xiǎoshí 명 시간 | ★船 chuán 명 배

3 이 문제가 벌써 두 달이 되었는데, 아직 해결이 안 됐어. 너희 빨리 방법 좀 생각해.
都 dōu 부 이미, 벌써 | 两 liǎng 주 2, 둘 | 月 yuè 명 월, 달 | 还 hái 부 아직도, 여전히 | ★解决 jiějué 동 해결하다 | ★办法 bànfǎ 명 방법

답 1 C　　2 A　　3 B

STEP 3 실력 다지기

Day 24

A 我们昨天已经见过面了。
B 医生说哥哥不能多吃甜的。
C 今天的考试要带铅笔。
D 没关系,我觉得你这样很可爱。最重要的是健康。
E 我记得以前那儿都是一些矮房子,没有这么多高楼。

1. 那个城市变化真大啊! （ ）
2. 我给你介绍一下,这是我的同事小李,这是我阿姨。 （ ）
3. 我差点儿忘了,那就少放点儿糖。 （ ）
4. 怎么办?我又胖了三公斤。 （ ）
5. 别担心,我昨晚就已经准备好了。 （ ）

▶ 해설서 p.65

Day 25

A 跟朋友借钱后,你一定要按时还给他。
B 你很了解她吗?这么快就跟她结婚了!
C 我们是去爬山,不是搬家,还是少拿一点儿吧。
D 爸爸教了我好几次。
E 她这么快就把这些数学题做完了?

6. 面包和水都准备好了,还需要带什么? （ ）
7. 对啊!中国有这样一句话叫"有借有还,再借不难"。 （ ）
8. 第一次见面时我就喜欢上她了。 （ ）
9. 最近你的游泳水平提高得真快啊。 （ ）
10. 是啊,大家都觉得她很聪明。她是我们班最聪明的学生。 （ ）

▶ 해설서 p.67

Day 26

A 他们非常认真、努力地练习了很久。
B 她对自己画的画儿总是不满意。
C 太好了！要我帮忙吗？
D 你不是说给我带礼物了吗？是什么？让我看看。
E 我的同事们周末想去外地玩儿，但是他们都不会开车。

11. 其实，主要是她对自己的要求太高了。　　　　（　　）
12. 你看昨天的节目了吗？学生们的表演好极了。　（　　）
13. 我终于有自己的房子了，下个星期就能搬家了。（　　）
14. 我姐是司机，我问问她，看她有没有时间。　　（　　）
15. 在行李箱里呢，我来拿，还是你自己去拿？　　（　　）

해설서 p.69

Day 27

A 我知道这个机会特别好，但是我对自己的游泳成绩没有信心。
B 这主要是因为那里的学习环境很好。
C 别担心，我坐地铁去，20分钟就到学校了。
D 他刚才打电话说，马上就到了，让我们再等一会儿。
E 现在用手机和电脑上网非常方便，年轻人都喜欢在网上聊天儿。

16. 很多学生都选择去图书馆看书。　　　　　　　（　　）
17. 现在除了小李，其他人都来了。　　　　　　　（　　）
18. 看报纸的人也越来越少了，人们更愿意看电子书。（　　）
19. 快点儿，再有40分钟就要考试了。　　　　　　（　　）
20. 这次比赛，世界不少国家的运动员都来参加了。（　　）

해설서 p.71

독해 제2부분

01 동사 어휘 선택

Day 07

기초 실력 확인하기 | 빈칸에 알맞은 단어를 보기에서 골라 보세요!

모범 답안 및 해석 → 본서 p.362

| 보기 | 还 | 帮助 | 穿 | 开 | 学习 | 唱 |

(1) _____ 衣服   (2) _____ 钱   (3) _____ 歌
(4) _____ 汉语   (5) _____ 门   (6) _____ 他

STEP 1 유형 파악하기

◆ 동사 위치를 알려 주는 힌트에 주목하자. 많이 출제되는 품사 중 하나인 동사는 3급에서 '술어(동사) + 목적어'나 '동사 + 동태조사(了/着/过)' 등으로 쓰인다는 특징만 알아도 쉽게 파악할 수 있다.

◆ 목적어와 함께 '짝꿍 표현'을 암기하자. 동사 '帮助(돕다)'가 사람을 목적어로 갖는 것처럼, 일반적으로 동사는 자주 사용하는 짝꿍 목적어가 있다. 각각의 동사와 같이 자주 쓰이는 목적어를 '짝꿍 표현'으로 묶어서 외우자!

● 제2부분 예제1

| A 附近 | B 提高 | C 词典 | D 游戏 | E 特别 |

1 我来中国已经三年了，每天都非常努力学习，现在我觉得自己的汉语水平（　　　）了很多。

我来中国<u>已经三年了</u>，每天都非常努力学习，
　　　　　이미 ~했다
现在我觉得自己的汉语水平（ B 提高 ）了很多。

나는 중국에 온 지 이미 3년이 됐다, 매일 열심히 공부해서, 지금 나는 나의 중국어 수준이 많이 (B 올랐다고) 생각한다.

A 附近 fùjìn 형 가까운
B 提高 tígāo 동 향상시키다, 높이다, 끌어올리다, 제고하다
C 词典 cídiǎn 명 사전
D 游戏 yóuxì 명 게임
E 特别 tèbié 형 특별하다, 특이하다

정답&풀이 B [水平 + 提高 수준이 오르다]

괄호 뒤에 동태조사 '了'가 있으므로 괄호는 술어 자리이고, 괄호 앞에 있는 명사 '水平'과 호응할 수 있는 가장 적절한 어휘는 보기 중 B '提高'이다.

01 동사 어휘 선택　115

来 lái 동 오다 | 中国 Zhōngguó 고유 중국 | 已经 yǐjīng 부 이미, 벌써 [已经……了: 이미 ~했다] | 三 sān 주 3, 셋 | 年 nián 명 년, 해 ['年'은 품사는 명사이지만 '양사'의 역할도 포함함] | 每天 měi tiān 명 매일, 날마다 | 都 dōu 부 모두, 다 | 非常 fēicháng 부 매우, 대단히, 심히, 아주 | ★努力 nǔlì 동 노력하다, 열심히 하다, 힘쓰다 | 学习 xuéxí 동 배우다, 공부하다, 학습하다 | 现在 xiànzài 명 지금, 현재, 이제 | 觉得 juéde 동 ~라고 생각하다, ~라고 여기다 | ★自己 zìjǐ 대 직접, 스스로 | 汉语 Hànyǔ 고유 중국어, 한어 | ★水平 shuǐpíng 명 수준 | ★提高 tígāo 동 향상시키다, 높이다, 끌어올리다, 제고하다 | 很 hěn 부 매우, 대단히, 아주 | 多 duō 형 많다

● 제2부분 예제2

| A 下雪 | B 拿 | C 简单 | D 骑马 | E 结束 |

2 A: 电视节目已经（　　　）了，现在该去睡觉了。
   B: 妈，可现在放假，明天不用去学校，我能晚一点儿睡吗?

A: 电视节目已经(**E 结束**)了，现在该去睡觉了。
   已经 ~했다   ~해야 한다

B: 妈，可现在放假，明天不用去学校，我能晚一点儿睡吗？

A: TV 프로그램은 이미 (**E 끝났으니**), 이제 자러 가야 해.

B: 엄마, 근데 지금 방학이라 내일 학교 안 가는데, 좀 늦게 자도 돼요?

A 下雪 xiàxuě 동 눈이 내리다
B 拿 ná 동 (손으로) 가지다, 쥐다, 잡다, 얻다
C 简单 jiǎndān 형 간단하다, 단순하다
D 骑马 qí mǎ 동 말을 타다
E 结束 jiéshù 동 끝나다, 마치다

정답&풀이 **E** [节目 + 结束 프로그램이 끝나다]

'부사(已经) + 동사' 어순이며, 괄호 뒤에 조사 '了'가 있는 것으로 보아 괄호는 동사 술어 자리임을 알 수 있다. 주어 '电视节目'와 어울리는 술어는 보기 E '结束'가 유일하다.

电视 diànshì 명 TV, 텔레비전 | ★节目 jiémù 명 프로그램 | 已经 yǐjīng 부 이미, 벌써 [已经……了: 이미 ~했다] | ★结束 jiéshù 동 끝나다, 마치다 | 现在 xiànzài 명 지금, 현재, 이제 | ★该 gāi 조동 (마땅히) ~해야 한다 | 去 qù 동 가다 | 睡觉 shuìjiào 동 (잠을) 자다 | 妈 mā 명 엄마, 어머니 | 可 kě 접 [이어진 단문에서 사건의 전환을 나타냄. '可是(그러나)'에 상당함] | 放假 fàngjià 동 방학하다, (학교나 직장) 쉬다 | 明天 míngtiān 명 내일 | 不用 búyòng 부 ~할 필요가 없다 | 学校 xuéxiào 명 학교 | 能 néng 조동 ~할 수 있다, ~해도 된다 | 晚 wǎn 형 늦다 | 一点儿 yìdiǎnr 수량 좀, 약간 [경미한 정도를 나타내며, 구어에서는 자주 '一(yī)'를 생략함] | 睡 shuì 동 (잠을) 자다 | 吗 ma 조 [문장 끝에 쓰여 의문의 어기를 나타냄]

STEP 2 내공 쌓기

1 자주 출제되는 문제 유형

문장에서 동사가 어디에 위치하는지 알아 두면, 괄호 안이 동사 자리인지 아닌지를 쉽게 파악할 수 있다. 자주 출제되는 위치를 중심으로 확인하자.

(1) 주어 + 술어(동사) + 목적어 ✦

동사는 중국어 문장의 기본 뼈대가 되는 술어 역할을 한다. 자주 함께 쓰이는 목적어를 알아 두는 것이 중요하다.

经理解决问题。 사장님이 문제를 해결한다.

★ 经理 jīnglǐ 명 사장 | ★ 解决 jiějué 동 해결하다, 풀다 | 问题 wèntí 명 문제

(2) 주어 + 술어(동사) + 了/着/过 ✦

괄호가 동태조사 '了' '着' '过' 앞에 위치하면, 일반적으로 괄호 안에는 동사가 들어간다.

他参加了会议。 그는 회의에 참석했다.

★ 参加 cānjiā 동 참석하다 | ★ 会议 huìyì 명 회의

(3) 주어 + 술어(동사) + 보어

괄호 뒤에 보어(동사, 형용사, 수량사)가 있다면, 괄호에 동사가 위치할 가능성이 높다.

我会照顾好自己的。 나는 스스로를 잘 챙길 것이다.

会……的 huì …… de ~할 것이다 | ★ 照顾 zhàogù 동 돌보다, 챙기다 | 好 hǎo 형 [동사 뒤에 쓰여 동작이 완성되었거나 잘 마무리되었음을 나타냄] | ★ 自己 zìjǐ 대 자신, 스스로

2 핵심 동사 어휘

보기의 어휘들은 3급 필수 어휘가 대부분이며 빈출 어휘만 잘 외워도 고득점을 받을 수 있다. 자주 같이 쓰이는 목적어와 함께 외우자.

(1) 자주 출제되는 동사

搬 bān	옮기다, 운반하다	搬家 bān jiā 집을 이사하다 搬东西 bān dōngxi 물건을 옮기다
花 huā	(돈, 시간 등을) 쓰다	花时间 huā shíjiān 시간을 쓰다 花很多钱 huā hěn duō qián 많은 돈을 쓰다
还 huán	돌려주다	还钱 huán qián 돈을 갚다 还书 huán shū 책을 돌려주다, 책을 반납하다
关 guān	닫다, 끄다	关门 guān mén 문을 닫다 关空调 guān kōngtiáo 에어컨을 끄다
习惯 xíguàn	익숙해지다, 습관되다	已经习惯了 yǐjīng xíguàn le 이미 습관이 되었다 习惯这里的天气了 xíguàn zhèlǐ de tiānqì le 여기의 날씨에 익숙해졌다
提高 tígāo	향상시키다, 높이다	提高水平 tígāo shuǐpíng 수준을 향상시키다 提高成绩 tígāo chéngjì 성적을 높이다
结束 jiéshù	마치다, 끝나다	结束表演 jiéshù biǎoyǎn 공연을 마치다 考试结束 kǎoshì jiéshù 시험이 끝나다

打扫 dǎsǎo	청소하다	打扫房间 dǎsǎo fángjiān 방을 청소하다 打扫教室 dǎsǎo jiàoshì 교실을 청소하다
借 jiè	빌리다	借钱 jiè qián 돈을 빌리다 借词典 jiè cídiǎn 사전을 빌리다
教 jiāo	가르치다	教文化 jiāo wénhuà 문화를 가르치다 他教我 tā jiāo wǒ 그는 나를 가르친다
开 kāi	열다, 켜다	开门 kāi mén 문을 열다 开空调 kāi kōngtiáo 에어컨을 켜다
骑 qí	타다	骑马 qí mǎ 말을 타다 骑自行车 qí zìxíngchē 자전거를 타다
站 zhàn	서다	站在中间 zhàn zài zhōngjiān 중간에 서다 站着 zhànzhe 서 있다
祝 zhù	축하하다, 기원하다	祝你生日快乐！Zhù nǐ shēngrì kuàilè! 생일 축하해! 祝您身体健康！Zhù nín shēntǐ jiànkāng! 몸이 건강하길 바랍니다!
差 chà	모자라다, 부족하다	差五分六点 chà wǔ fēn liù diǎn 6시 5분 전 还差三块 hái chà sān kuài 아직 3위안이 모자라다
讲 jiǎng	말하다, 이야기하다	讲得很好 jiǎng de hěn hǎo 말을 잘한다 讲一个故事 jiǎng yí ge gùshi 이야기를 하나 말하다
像 xiàng	비슷하다, 닮다	长得真像 zhǎng de zhēn xiàng 생김새가 정말 닮았다 像真的一样 xiàng zhēn de yíyàng 마치 진짜와 비슷하다
带 dài	(몸에) 지니다, 챙기다	带伞 dài sǎn 우산을 챙기다 带她去 dài tā qù 그녀를 데리고 가다
发 fā	보내다, 발송하다	发电子邮件 fā diànzǐ yóujiàn 이메일을 보내다 发短信 fā duǎnxìn 문자를 보내다
放 fàng	놓다, 두다	放在桌子上 fàng zài zhuōzi shang 탁자에 놓다 放在包里 fàng zài bāo li 가방 안에 넣다
刷 shuā	(솔로) 닦다	洗脸刷牙 xǐ liǎn shuāyá 세수하고 양치하다 睡觉前刷牙 shuìjiào qián shuāyá 잠자기 전에 양치하다
注意 zhùyì	주의하다, 조심하다	注意身体 zhùyì shēntǐ 몸조심하다, 건강에 유의하다 注意别写错字 zhùyì bié xiěcuò zì 글씨를 틀리게 쓰지 않도록 주의하다
小心 xiǎoxīn	조심하다	小心感冒 xiǎoxīn gǎnmào 감기를 조심하다 小心开车 xiǎoxīn kāichē 운전을 조심하다
照顾 zhàogù	돌보다, 보살피다	照顾孩子 zhàogù háizi 아이를 돌보다 照顾小狗 zhàogù xiǎogǒu 강아지를 돌보다
解决 jiějué	해결하다	解决问题 jiějué wèntí 문제를 해결하다 解决的办法 jiějué de bànfǎ 해결하는 방법
相信 xiāngxìn	믿다	相信自己 xiāngxìn zìjǐ 자신을 믿다 相信这是真的 xiāngxìn zhè shì zhēn de 이것이 진짜라고 믿다

需要 xūyào	필요하다, 요구되다	需要帮助 xūyào bāngzhù 도움이 필요하다 需要努力 xūyào nǔlì 노력이 필요하다
检查 jiǎnchá	검사하다, 조사하다	检查行李 jiǎnchá xíngli 짐을 검사하다 检查身体 jiǎnchá shēntǐ 신체를 검사하다
帮助 bāngzhù	돕다, 원조하다	帮助他 bāngzhù tā 그를 돕다 帮助别人 bāngzhù biérén 다른 사람을 돕다
复习 fùxí	복습하다	复习得怎么样 fùxí de zěnmeyàng 복습한 것이 어떠한가 正在复习 zhèngzài fùxí 마침 복습하고 있는 중이다
回答 huídá	대답하다	回答问题 huídá wèntí 문제에 대답하다 没办法回答 méi bànfǎ huídá 대답할 방법이 없다
同意 tóngyì	동의하다	同意要求 tóngyì yāoqiú 요구에 동의하다 同意我这样做 tóngyì wǒ zhèyàng zuò 내가 이렇게 하는 것에 동의하다
迟到 chídào	지각하다	别迟到! Bié chídào! 지각하지 마라! 迟到了 chídào le 지각했다
遇到 yùdào	맞닥뜨리다, 닥치다	遇到问题 yùdào wèntí 문제에 맞닥뜨리다 遇到这样的事 yùdào zhèyàng de shì 이런 일에 맞닥뜨리다
担心 dānxīn	걱정하다	不用担心 búyòng dānxīn 걱정할 필요 없다 担心女儿 dānxīn nǚ'ér 딸을 걱정하다
感冒 gǎnmào	감기에 걸리다	容易感冒 róngyì gǎnmào 쉽게 감기에 걸리다 小心别感冒 xiǎoxīn bié gǎnmào 감기에 걸리지 않도록 조심하다

(2) 뒤에 목적어를 취하지 않는 이합동사

帮忙 bāngmáng	돕다	找人帮忙 zhǎo rén bāngmáng 도와줄 사람을 찾다 请他帮忙 qǐng tā bāngmáng 그에게 도움을 청하다
刮风 guāfēng	바람이 불다	外面刮风 wàimiàn guāfēng 밖에 바람이 불다 有时刮风 yǒushí guāfēng 가끔 바람이 불다
结婚 jiéhūn	결혼을 하다	跟她结婚 gēn tā jiéhūn 그녀와 결혼을 하다 快要结婚了 kuàiyào jiéhūn le 곧 결혼하려고 하다
请假 qǐngjià	휴가를 신청하다	帮他请假 bāng tā qǐngjià 그를 도와 휴가를 신청하다 必须请假 bìxū qǐngjià 휴가를 신청해야 한다
聊天(儿) liáotiān(r)	이야기를 하다	和老师聊天儿 hé lǎoshī liáotiānr 선생님과 이야기를 하다 他们在聊天儿 tāmen zài liáotiānr 그들은 이야기를 하고 있다
睡觉 shuìjiào	잠을 자다	回家睡觉 huí jiā shuìjiào 집에 가서 잠자다 想睡觉 xiǎng shuìjiào 자고 싶다

배운 내용 점검하기

✦ 빈칸에 알맞은 단어를 고르세요.

1 我昨天走的时候，忘了（　）灯。
　A 关　　B 借

2 现在（　）一刻九点，我们再不走的话，会迟到的。
　A 是　　B 差

3 别担心，他一定会（　）你这样做的。
　A 完成　B 同意

석&어휘

1 나는 어제 갈 때 불을 끄는 걸 잊었어.
昨天 zuótiān 명 어제 | 走 zǒu 동 걷다, 가다 | ……的时候 …… de shíhou ~할 때 | 忘 wàng 동 잊다 | ★灯 dēng 명 등

2 지금은 9시 되기 15분 전이야. 우리는 지금 가지 않으면 늦을 거야.
现在 xiànzài 명 지금 | ★差 chà 동 모자라다 | ★刻 kè 양 15분 | 点 diǎn 양 시 | 再 zài 부 다시, 더 | ……的话 …… dehuà ~한다면

3 걱정하지 마. 그는 네가 이렇게 하는 것에 반드시 동의할 거야.
别 bié 부 ~하지 마라 | ★一定 yídìng 부 반드시 | 这样 zhèyàng 대 이렇게 | 做 zuò 동 하다 | ★完成 wánchéng 동 완성하다, 끝내다

답　1 A　　2 B　　3 B

STEP 3 실력 다지기

Day 08

| A 检查 | B 讲 | C 花 | D 回答 | E 结束 |

1. 这次去旅游，我一共去了9个城市，（　　）了两万多块钱。
2. 想好了吗？那请你来（　　）这几个问题。
3. 会议10点能（　　）吗？公司外面有人找李经理。
4. 数学题写完了要好好儿（　　）一下，注意别做错。
5. 和以前比，我现在的普通话（　　）得更好了。

→ 해설서 p.73

Day 09

| A 打扫 | B 教 | C 相信 | D 迟到 | E 骑 |

6. A: 现在几点了？我们考试不会（　　）吧？
   B: 不会，才四点。还有两个多小时呢。

7. A: 照片上（　　）马的这个人是你妈妈吗？
   B: 是啊，那时她特别年轻。

8. A: 姐，刚才说的数学题怎么做啊？
   B: 非常简单，我来（　　）你。

9. A: 你的房间真干净啊！
   B: 当然，为了欢迎你，我已经（　　）了一个多小时了。

10. A: 你对自己的成绩满意吗？
    B: 还行，我（　　）自己下次会跑得更快。

→ 해설서 p.75

독해 제2부분

02 형용사 어휘 선택

Day 10

기초 실력 확인하기 | 빈칸에 알맞은 단어를 보기 에서 골라 보세요!

모범 답안 및 해석 → 본서 p.362

보기: 漂亮　　白　　短　　便宜　　晴　　快乐

(1) 她很_____　　(2) _____头发　　(3) 新年_____

(4) 天_____了　　(5) 这件衣服很_____　　(6) _____色

STEP 1 유형 파악하기

◆ 괄호 앞에 있는 정도부사를 통해 괄호가 형용사 자리임을 알 수 있는 문제가 많이 출제된다. 형용사를 찾는 가장 기본적인 힌트이니 반드시 기억하자.

◆ 괄호가 형용사술어 자리라면 주어를 확인하자. 보기에 형용사가 한 개 이상 출제될 때는 '주어와 어울리는 형용사'를 찾아야 한다. 함께 쓰이는 주어와 형용사를 미리 체크해 두자.

● 제2부분 예제1

A 热情　　B 一定　　C 短　　D 重要　　E 新鲜

1 这家面包店的服务非常( )，而且面包也很好吃。每次去买面包我都会买很多。

这家面包店的服务非常(A 热情)，而且面包也很好吃。每次去买面包我都会买很多。
매번, ~때마다

이 빵집의 서비스는 매우 (A 친절하고) 빵도 맛있다. 빵을 사러 갈 때마다 많이 산다.

A 热情 rèqíng 형 친절하다, 다정하다　　B 一定 yídìng 부 반드시, 꼭　　C 短 duǎn 형 짧다
D 重要 zhòngyào 형 중요하다　　E 新鲜 xīnxiān 형 신선하다, 보기 드물다, 신기하다, 희한하다

정답&풀이　A [정도부사(非常) + 형용사(热情) 매우 친절하다]

괄호 앞에 정도부사 '非常'이 있는 것으로 보아 괄호가 형용사 자리임을 알 수 있다. 주어가 '服务'이므로 제시된 단어 중 문맥상 괄호에 가장 어울리는 형용사는 '热情'이다.

这 zhè 때 이것 | 家 jiā 양 [집·점포 등을 세는 단위] | ★面包 miànbāo 빵 | 店 diàn 명 가게 | 服务 fúwù 명 서비스 | 非常 fēicháng 부 매우, 대단히, 심히, 아주 | ★热情 rèqíng 형 친절하다, 다정히디 | ★而且 érqiě 접 뿐만 아니라, 게다가, 또한 | 也 yě 부 ~도 | 好吃 hǎochī 형 맛있다 | 每次 měicì 명 매번 | 去 qù 통 가다 | 买 mǎi 통 사다, 구매하다 | 都 dōu 부 모두, 다 | 会 huì 조동 ~할 것이다 [실현 가능성이 있음을 나타냄, 단독으로 물음에 대답할 수 있음] | 很 hěn 부 매우, 대단히, 아주 | 多 duō 형 많다

● 제2부분 예제2

| A 邻居 | B 图书馆 | C 准备 | D 安静 | E 有名 |

2 A: 那位演员很(　　　)，很多韩国人也都知道他。
B: 真的吗？我知道他演得很好，没想到他那么受欢迎。

A: 那位演员很(**E 有名**)，很多 韩国人也都知道他。
B: 真的吗？我知道他演得很好，没想到他那么受欢迎。

A: 그 배우는 매우 (**E 유명해서**) 많은 한국인들도 그를 알아.
B: 정말? 나는 그가 연기를 잘한다는 것을 알고 있었지만, 그가 그렇게 인기가 있을 줄은 몰랐어.

A 邻居 línjū 명 이웃 사람, 이웃집
C 准备 zhǔnbèi 통 준비하다, ~하려고 하다, ~할 작정이다
E 有名 yǒumíng 형 유명하다, 이름이 널리 알려지다

B 图书馆 túshūguǎn 명 도서관
D 安静 ānjìng 형 조용하다, 고요하다

정답&풀이 E [정도부사(很) + 형용사(有名) 매우 유명하다]

괄호 앞에 정도부사 '很'이 있으므로 괄호가 형용사 술어 자리임을 알 수 있다. '演员(배우)'이 주어이고, 주어에 어울리는 술어는 E '有名(유명하다)'이다.

那 nà 때 그, 저 | ★位 wèi 양 분, 명 [공경의 뜻을 내포함] | 演员 yǎnyuán 명 배우, 연기자 | 很 hěn 부 매우, 대단히, 아주 | ★有名 yǒumíng 형 유명하다, 이름이 널리 알려지다 | 多 duō 형 많다 | 韩国人 Hánguórén 고유 한국인 | 也 yě 부 ~도 | 都 dōu 부 모두, 다 | 知道 zhīdào 통 알다, 이해하다 | 真的 zhēn de 참으로, 정말로, 진실로, 진짜 | 吗 ma 조 [(문장 끝에 쓰여) 의문의 어기를 나타냄] | 演 yǎn 통 연기하다, 공연하다 | 得 de 조 ~하는 정도가 ~하다 ['술어+得+정도보어'로 쓰임] | 好 hǎo 형 좋다, 훌륭하다, 만족하다, 아름답다 | 没想到 méixiǎngdào 생각지 못하다 | 那么 nàme 때 그렇게, 저렇게, 그런, 저런 | 受 shòu 통 받다 | ★欢迎 huānyíng 통 환영하다 즐겁게 받아들이다 [受欢迎: 환영을 받다, 인기가 있다]

STEP 2 내공 쌓기

1 자주 출제되는 문제 유형

형용사가 술어 역할을 할 경우, 일반적으로 '정도부사 + 형용사'의 형태로 쓰인다. 이외에도 '형용사 + 极了', '지시대사 + 형용사', '형용사 + 명사' 등 독해 제2부분에 자주 출제되는 형용사의 위치를 알아 보자.

(1) 정도부사 + 형용사 → 술어 역할

这个面包很好吃。 이 빵은 맛있다.

★ 面包 miànbāo 명 빵 | 好吃 hǎochī 형 맛있다

(2) 술어 + 得 + 지시대사 + 형용사 → 보어 역할

你怎么买得这么多? 너는 왜 이렇게 많이 샀어?

怎么 zěnme 대 왜, 어떻게 | 买 mǎi 동 사다 | 得 de 조 ~하는 정도가 ~하다 | 这么 zhème 대 이렇게

(3) 수사 + 양사 + 형용사 + 명사 → 관형어 역할

那是一个好机会。 그것은 좋은 기회이다.

★ 机会 jīhuì 명 기회

(4) 동사 + 형용사 → 보어 역할

晚饭已经做好了。 저녁밥을 이미 다했다.

晚饭 wǎnfàn 명 저녁(밥) | 已经……了 yǐjīng …… le 이미 ~했다 | 做 zuò 동 하다 | 好 hǎo 형 [동사 뒤에 쓰여 동작이 완성되었거나 잘 마무리되었음을 나타냄]

> **tip** 형용사를 알려 주는 필수 정도 표현
>
> 독해 제2부분에서 형용사와 함께 자주 등장하는 정도 표현을 알아 두면 좀 더 빠르게 정답을 찾을 수 있다. 아래 필수 정도부사를 체크하고 넘어가자.
>
> | 很 hěn | 매우 | 很热 hěn rè 덥다 |
> |---|---|---|
> | 非常 fēicháng | 매우 | 非常聪明 fēicháng cōngming 매우 똑똑하다 |
> | 真 zhēn | 정말, 진짜 | 真好听 zhēn hǎotīng 진짜 듣기 좋다 |
> | 太……了 tài …… le | 너무, 지나치게 | 太有意思了 tài yǒu yìsi le 너무 재미있다 |
> | 极了 jíle | 극히, 매우, 아주 | 高兴极了 gāoxìng jíle 아주 기쁘다 |

2 핵심 형용사 어휘

● track 86

보기의 어휘들은 3급 독해 제2부분에 자주 출제되는 형용사 어휘이므로 예문을 활용하여 익혀 보자.

简单 jiǎndān	간단하다, 쉽다	简单的事情 jiǎndān de shìqing 간단한 일 问题很简单 wèntí hěn jiǎndān 문제가 쉽다
重要 zhòngyào	중요하다	重要的问题 zhòngyào de wèntí 중요한 문제 这件事很重要 zhè jiàn shì hěn zhòngyào 이 일은 중요하다
主要 zhǔyào	주된, 주요한	主要的工作 zhǔyào de gōngzuò 주된 업무 主要说的是 zhǔyào shuō de shì 주요하게 말한 것은

满意 mǎnyì	만족하다	对这个房子很满意 duì zhège fángzi hěn mǎnyì 이 집에 대해 만족한다 对他很满意 duì tā hěn mǎnyì 그에게 만족하다
清楚 qīngchu	분명하다	写清楚 xiě qīngchu 분명하게 쓰다 听清楚 tīng qīngchu 분명하게 듣다
安静 ānjìng	조용하다	这里很安静 zhèli hěn ānjìng 여기는 조용하다 安静极了 ānjìng jíle 엄청 조용하다
干净 gānjìng	깨끗하다	房间很干净 fángjiān hěn gānjìng 방이 깨끗하다 打扫干净 dǎsǎo gānjìng 깨끗하게 청소하다
低 dī	(높이나 정도가) 낮다	桌子有点儿低 zhuōzi yǒudiǎnr dī 탁자가 좀 낮다 分数太低了 fēnshù tài dī le 점수가 너무 낮다
饱 bǎo	배부르다	已经饱了 yǐjīng bǎo le 이미 배부르다 吃饱了 chībǎo le 먹어 배부르다
难过 nánguò	(마음이) 괴롭다	为那件事难过 wèi nà jiàn shì nánguò 그 일 때문에 괴롭다 别难过 bié nánguò 괴로워하지 마라
聪明 cōngming	똑똑하다	聪明的孩子 cōngming de háizi 똑똑한 아이 又聪明又可爱 yòu cōngming yòu kě'ài 똑똑하고 귀엽다
年轻 niánqīng	젊다, 어리다	他还年轻 tā hái niánqīng 그는 아직 젊다 年轻人 niánqīngrén 젊은이
认真 rènzhēn	열심히 하다, 진지하다, 성실하다	认真学习 rènzhēn xuéxí 열심히 공부하다 认真工作 rènzhēn gōngzuò 열심히 일하다
疼 téng	아프다	脚疼 jiǎo téng 발이 아프다 头疼 tóuténg 머리가 아프다
舒服 shūfu	편안하다	身体不舒服 shēntǐ bù shūfu 몸이 불편하다, 몸이 아프다 坐着很舒服 zuòzhe hěn shūfu 앉아 있으니 편안하다
渴 kě	목마르다, 갈증 나다	口渴吗？ Kǒu kě ma? 목마르니? 有些渴了 yǒuxiē kě le 약간 목이 마르다
新鲜 xīnxiān	신선하다, 싱싱하다	水果很新鲜 shuǐguǒ hěn xīnxiān 과일이 싱싱하다 新鲜的空气 xīnxiān de kōngqì 신선한 공기
甜 tián	달다	蛋糕很甜 dàngāo hěn tián 케이크가 달다 葡萄真甜 pútáo zhēn tián 포도가 진짜 달다
奇怪 qíguài	이상하다	太奇怪了 tài qíguài le 너무 이상하다 奇怪的事情 qíguài de shìqing 이상한 일
旧 jiù	오래되다, 낡다	冰箱旧了 bīngxiāng jiù le 냉장고가 오래되었다 旧衣服 jiù yīfu 오래된 옷
久 jiǔ	오래다, (시간이) 길다	他们等了很久 tāmen děng le hěn jiǔ 그들은 오래 기다렸다 我用了很久 wǒ yòng le hěn jiǔ 나는 오래 썼다
一般 yìbān	보통이다, 일반적이다	成绩很一般 chéngjì hěn yìbān 성적이 보통이다 一般的看法 yìbān de kànfǎ 일반적인 견해

容易 róngyì	쉽다	容易感冒 róngyì gǎnmào 쉽게 감기에 걸리다 这件事不容易 zhè jiàn shì bù róngyì 이 일은 쉽지 않다
有名 yǒumíng	유명하다	他很有名 tā hěn yǒumíng 그는 유명하다 有名的地方 yǒumíng de dìfang 유명한 곳
相同 xiāngtóng	서로 같다, 똑같다	相同的爱好 xiāngtóng de àihào 같은 취미 跟以前相同 gēn yǐqián xiāngtóng 예전과 같다
蓝 lán	파랗다, 파란색의	蓝色的皮包 lánsè de píbāo 파란색 가죽 가방 蓝衬衫 lán chènshān 파란 셔츠
绿 lǜ	푸르다, 초록색의	草都绿了 cǎo dōu lǜ le 풀이 모두 푸르다 绿色的自行车 lǜsè de zìxíngchē 초록색 자전거

배운 내용 점검하기

✦ 빈칸에 알맞은 단어를 고르세요.

1 这里很（ ），还可以听见鸟的叫声。

　A 安静　　B 热情

2 今天银行里人特别多，妈妈等了很（ ）。

　A 长　　B 久

3 （ ）树、小河、蓝天，这里的环境真好啊!

　A 绿　　B 蓝

석&어휘

1 여기는 조용해서 새가 우는 소리도 들을 수 있어.

还 hái 甼 또, 더 | 可以 kěyǐ 조동 ~할 수 있다 | 听见 tīngjiàn 동 들리다, 듣다 | ★鸟 niǎo 명 새 | 叫声 jiào shēng 우는 소리 | ★热情 rèqíng 형 친절하다

2 오늘 은행에 사람이 특히 많아서, 엄마는 오랫동안 기다리셨다.

今天 jīntiān 명 오늘 | ★银行 yínháng 명 은행 | ★特别 tèbié 부 특히, 더욱 | 等 děng 동 기다리다 | ★长 cháng 형 길다

3 푸른 나무, 시냇물, 파란 하늘. 여기 환경이 진짜 좋구나.

★树 shù 명 나무 | 小河 xiǎo hé 시냇물, 개울 | 天 tiān 명 하늘 | ★环境 huánjìng 명 환경 | ★啊 a 조 [문장 끝에 쓰여 감탄·찬탄을 나타냄]

답　1 A　　2 B　　3 A

STEP 3 실력 다지기

Day 11

| A 干净 | B 渴 | C 简单 | D 年轻 | E 新鲜 |

1. 有些事情看上去非常（　　）, 但是要做好, 其实很不容易。
2. 那个商店的水果又（　　）又便宜。我们去那儿买吧。
3. 这条裤子上个星期洗过了, 是（　　）的。
4. 现在的（　　）人睡觉越来越晚了。
5. 你口（　　）了吗？要喝杯水吗？

해설서 p.76

Day 12

| A 久 | B 饱 | C 舒服 | D 满意 | E 奇怪 |

6. A: 我画好了, 您看一下, （　　）吗？
   B: 很好, 你画得比以前好多了。

7. A: 姐, 你怎么去了这么（　　）？
   B: 今天银行里人特别多。

8. A: （　　）, 我的手机怎么不见了？
   B: 刚才在图书馆我还看见了, 你是不是离开的时候忘拿了？

9. A: 医生, 我这几天眼睛不太（　　）。
   B: 请坐, 我给您检查检查。

10. A: 再来一碗米饭, 怎么样？
    B: 不用了, 我已经吃（　　）了, 刚才吃了不少羊肉。

해설서 p.78

03 명사·대사 어휘 선택

독해 제2부분 | Day 13

기초 실력 확인하기 | 빈칸에 알맞은 단어를 보기 에서 골라 보세요!

모범 답안 및 해석 → 본서 p.363

보기 衣服   药   话   雨   家   书

(1) 说_____   (2) 洗_____   (3) 读_____
(4) 吃_____   (5) 回_____   (6) 下_____

STEP 1 유형 파악하기

◆ 명사나 대사는 주로 주어 또는 목적어 역할을 한다. 괄호가 주어나 목적어 자리일 경우, 대부분 명사나 대사가 정답이다. 주어 또는 목적어 자리가 맞는지, 술어는 어떤 의미인지 파악한 후 알맞은 단어를 찾아야 한다.

◆ 짝꿍 동사와 양사를 함께 익히자. '音乐'는 '听'이, '兴趣'는 '有'나 '感'이 술어로 자주 함께 사용되며, '书'는 '本'으로 세고, '鞋'는 '双'으로 셀 수 있다. 이처럼 자주 함께 사용되는 '명사와 동사', '명사와 양사'를 짝꿍 표현으로 외워 두면 문제를 쉽게 풀 수 있다.

● 제2부분 예제1

| A 后天 | B 同事 | C 帮助 | D 衣服 | E 熊猫 |

1 小李，明天有新来的（　　），你把需要做的工作整理一下，他来了以后，请你告诉他。

小李[Xiǎo Lǐ]，明天有新来的（ **B 同事** ），你把需要做的工作整理一下（좀 ~하다），他来了以后，请你告诉他。

샤오리[小李], 내일 새로 오는 (**B 동료**) 가 있으니, 당신이 해야 할 일을 좀 정리해서 그가 오면 당신이 그에게 알려 주세요.

A 后天 hòutiān 몡 모레
B 同事 tóngshì 몡 동료
C 帮助 bāngzhù 동 돕다, 원조하다
D 衣服 yīfu 몡 옷
E 熊猫 xióngmāo 몡 판다

정답&풀이 **B** [**的** + 사람 ~한 사람]

괄호 앞에 조사 '的'가 있는 것으로 보아 괄호에는 명사가 들어간다는 것을 알 수 있고, 괄호 뒤에서 사람을 가리키는 대사 '他'가 등장하므로, 그와 연결해서 볼 수 있는 어휘는 명사 '同事(동료)'이다.

明天 míngtiān 명 내일 | **新** xīn 부 새로이, 갓 | **来** lái 동 오다 | ★**同事** tóngshì 명 동료 | ★**把** bǎ 개 [목적어를 술어 앞으로 끌어내어 처치를 나타냄] | ★**需要** xūyào 동 반드시 ~해야 한다 [동사구 목적어를 취할 수 있는 동사] | **做** zuò 동 하다, 만들다 | **工作** gōngzuò 명 일, 업무, 직업 | **整理** zhěnglǐ 동 정리하다 | **一下** yíxià 수량 (동사 뒤에 쓰여) 좀 ~하다 | **以后** yǐhòu 명 이후 | **请** qǐng 동 ~해 주세요 [请+대상+술어/내용] | **告诉** gàosu 동 말하다, 알리다 [告诉+듣는 대상]

● 제2부분 예제2

| A 学校 | B 喜欢 | C 会议 | D 打算 | E 关系 |

2 A: 你认识南老师吗？听说她是最有名的汉语老师。
   B: 我们不仅认识，而且（   ）非常好，我第一次学汉语就是跟她学的。

A: 你认识南[Nán]老师吗? 听说她是最有名的汉语老师。
B: 我们不仅认识，而且(**E 关系**)非常好，我第一次学汉语就是跟她学的。

A: 남[南] 선생님을 아세요? 듣자 하니 그녀는 가장 유명한 중국어 선생님이라고 해요.
B: 우리는 알고 있을 뿐만 아니라 (**E 관계**)도 매우 좋아요. 저는 처음에 중국어를 그녀에게 배웠습니다.

A 学校 xuéxiào 명 학교
B 喜欢 xǐhuan 동 좋아하다, 마음에 들다, 흥미를 느끼다
C 会议 huìyì 명 회의
D 打算 dǎsuàn 동 ~할 예정이다, ~하려고 하다, ~할 생각이다
E 关系 guānxi 명 관계

정답&풀이 **E** [**关系** + **好** 관계가 좋다]

접속사 '而且' 뒤에 괄호가 있고, 괄호 뒤에 술어가 있는 것으로 보아 괄호에는 주어 자리임을 알 수 있다. 술어 '好'와 호응할 수 있는 어휘는 보기 E '关系'이다.

认识 rènshi 동 알다, 인식하다 | **老师** lǎoshī 명 선생님 | **吗** ma 조 [(문장 끝에 쓰여) 의문의 어기를 나타냄] | **听说** tīngshuō 동 듣자 하니 | **最** zuì 부 가장, 제일, 아주, 매우 | ★**有名** yǒumíng 형 유명하다, 이름이 널리 알려지다 | **汉语** Hànyǔ 고유 중국어, 한어 | **我们** wǒmen 대 우리 | **不仅** bùjǐn 접 ~뿐만 아니라 [不仅A 而且B: A뿐만 아니라 게다가 B하다] | ★**关系** guānxi 명 관계 | **非常** fēicháng 부 매우, 대단히, 아주 | **好** hǎo 형 좋다, 훌륭하다 | **第一** dì yī 수 제1, 첫(번)째, 최초, 맨 처음 | **次** cì 양 번, 회 [동작의 횟수를 세는 단위] | ★**跟** gēn 개 ~와 | **学** xué 동 배우다

STEP 2 내공 쌓기

1 자주 출제되는 문제 유형

명사와 대사는 주어와 목적어 역할을 주로 하며, 관형어나 부사어 역할도 할 수 있다. 하지만 목적어 역할로 가장 많이 출제되고 있다.

(1) 동사 + 명사/대사 ✦ → 목적어 역할

동사의 목적어 역할로 가장 많이 출제되고 있다. 함께 쓰이는 짝꿍 동사를 같이 익히자.

她喜欢吃水果。 그녀는 과일 먹는 것을 좋아한다.

他对中国历史感兴趣。 그는 중국 역사에 대해 흥미를 느낀다.

水果 shuǐguǒ 명 과일 | 对 duì 개 ~에게, ~에 대해 | ★历史 lìshǐ 명 역사 | ★感兴趣 gǎn xìngqù 흥미를 느끼다

(2) (지시대사) + (수사) + 양사 + 명사 ✦ → 주어/목적어 역할

주어와 목적어는 일반적으로 대사, 수사, 양사의 수식을 많이 받는다. 문장에서 주어와 목적어 역할을 하는 명사를 수식해 주는 짝꿍 양사를 같이 외우자.

我买了两本词典。 나는 사전 두 권을 샀다.

这双鞋是爸爸给我买的。 이 신발은 아빠가 나에게 사 주신 것이다.

买 mǎi 동 사다 | 两 liǎng 수 2, 둘 | 本 běn 양 권[책을 세는 단위] | ★词典 cídiǎn 명 사전 | ★双 shuāng 양 켤레, 쌍 | 鞋 xié 명 신발 | 给 gěi 개 ~에게

(3) 관형어 + 的 + 명사/대사 → 주어/목적어 역할

일반적으로 '的' 뒤에는 명사 또는 대사가 온다.

我家附近的公园很大。 우리 집 근처의 공원은 크다.

他下午有重要的会议。 그는 오후에 중요한 회의가 있다.

★附近 fùjìn 명 근처, 부근 | ★公园 gōngyuán 명 공원 | 下午 xiàwǔ 명 오후 | ★重要 zhòngyào 형 중요하다 | ★会议 huìyì 명 회의

(4) 개사 + 명사/대사 + 동사 → 부사어 역할

명사와 대사는 일반적으로 개사와 함께 동사 앞에 쓰여 부사어 역할을 한다.

运动对身体很好。 운동은 몸에 좋다.

成绩对他很重要。 성적은 그에게 중요하다.

运动 yùndòng 명 운동 | 身体 shēntǐ 명 몸, 건강 | ★成绩 chéngjì 명 성적

2 핵심 명사 및 대사 어휘

 track 87

아래 자주 출제되는 명사와 대사를 짝꿍 어휘와 함께 익혀 보자.

菜单 càidān	메뉴판	看菜单 kàn càidān 메뉴판을 보다 拿一下菜单 ná yíxià càidān 메뉴판을 좀 가져오다
筷子 kuàizi	젓가락	用筷子 yòng kuàizi 젓가락을 쓰다 一双筷子 yì shuāng kuàizi 젓가락 한 벌
信 xìn	편지	写信 xiě xìn 편지를 쓰다 寄信 jì xìn 편지를 부치다
班 bān	반	我们班 wǒmen bān 우리 반 班里 bān li 반에서
年级 niánjí	학년	二年级 èr niánjí 2학년 上一年级 shàng yī niánjí 1학년을 다니다
成绩 chéngjì	성적, 결과	成绩不好 chéngjì bù hǎo 성적이 안 좋다 考试的成绩 kǎoshì de chéngjì 시험 성적
节 jié	기념일, 명절	电影节 Diànyǐngjié 영화제 文化节 Wénhuàjié 문화제
兴趣 xìngqù	흥미, 취미	有兴趣 yǒu xìngqù 흥미가 있다 感兴趣 gǎn xìngqù 흥미를 느끼다
音乐 yīnyuè	음악	听音乐 tīng yīnyuè 음악을 듣다 音乐老师 yīnyuè lǎoshī 음악 선생님
礼物 lǐwù	선물	买礼物 mǎi lǐwù 선물을 사다 送礼物 sòng lǐwù 선물을 주다
节目 jiémù	프로그램	电视节目 diànshì jiémù TV 프로그램 看音乐节目 kàn yīnyuè jiémù 음악 프로그램을 보다
习惯 xíguàn	습관	学习习惯 xuéxí xíguàn 공부 습관 孩子的习惯 háizi de xíguàn 아이의 습관
感冒 gǎnmào	감기	小心感冒 xiǎoxīn gǎnmào 감기를 조심하다 得感冒 dé gǎnmào 감기에 걸리다
环境 huánjìng	환경	学习环境 xuéxí huánjìng 학습 환경 工作环境 gōngzuò huánjìng 업무 환경
历史 lìshǐ	역사	中国的历史 Zhōngguó de lìshǐ 중국의 역사 关于历史的书 guānyú lìshǐ de shū 역사에 관한 책
办法 bànfǎ	방법	想办法 xiǎng bànfǎ 방법을 생각하다 有办法 yǒu bànfǎ 방법이 있다
关系 guānxi	관계	关系好 guānxi hǎo 관계가 좋다 跟家人有关系 gēn jiārén yǒu guānxi 가족과 관계가 있다

文化 wénhuà	문화	了解文化 liǎojiě wénhuà 문화를 이해하다 世界文化 shìjiè wénhuà 세계 문화
普通话 pǔtōnghuà	보통화 [현대 표준 중국어]	讲普通话 jiǎng pǔtōnghuà 보통화를 말하다 普通话说得很好 pǔtōnghuà shuō de hěn hǎo 보통화를 잘 말하다
地方 dìfang	장소, 곳	什么地方 shénme dìfang 어떤 곳 去过那个地方 qùguo nà ge dìfang 그곳에 가 본 적 있다
银行 yínháng	은행	银行离这儿不远 yínháng lí zhèr bù yuǎn 은행은 여기에서 멀지 않다 我今天下午打算去银行 나는 오늘 오후에 은행에 가려고 한다 Wǒ jīntiān xiàwǔ dǎsuàn qù yínháng
城市 chéngshì	도시	这个城市 zhège chéngshì 이 도시 去了不少城市 qù le bù shǎo chéngshì 많은 도시에 갔다
河 hé	강	有(一)条河 yǒu (yì) tiáo hé 강 한 줄기가 있다 河上 hé shang 강에서
中间 zhōngjiān	중간	我和他中间 wǒ hé tā zhōngjiān 나와 그의 중간 站在中间 zhàn zài zhōngjiān 중간에 서 있다
附近 fùjìn	부근	我家附近 wǒ jiā fùjìn 우리 집 근처 附近有一家银行 fùjìn yǒu yì jiā yínháng 근처에 은행이 하나 있다
其他 qítā	기타, 그 외, 다른	其他人 qítā rén 그 외 사람 看看其他的 kànkan qítā de 다른 것을 좀 보다
自己 zìjǐ	자기, 자신	介绍自己 jièshào zìjǐ 자신을 소개하다 自己做的 zìjǐ zuò de 자신이 한 것이다
别人 biérén	다른 사람, 타인	帮助别人 bāngzhù biérén 다른 사람을 돕다 相信别人 xiāngxìn biérén 다른 사람을 믿다

> **배운 내용 점검하기**

✦ 빈칸에 알맞은 단어를 고르세요.

1 小马[Xiǎo Mǎ]，你站哥哥和姐姐（　　）。
  A 中间　　B 附近

2 这件事情让我和他之间的（　　）更近了。
  A 关系　　B 地方

3 李明[Lǐ Míng]很热情，也喜欢帮助（　　），所以大家都喜欢他。
  A 自己　　B 别人

해석&어휘

1 샤오마[小马], 너는 형과 누나 중간에 서.
  ★站 zhàn 동 서다 | 哥哥 gēge 명 형, 오빠 | 和 hé 접 ~와 | 姐姐 jiějie 명 누나, 언니

2 이 일은 나와 그의 관계를 더 가깝게 만들었다.
  件 jiàn 양 건 [일 등을 세는 단위] | 事情 shìqing 명 일, 사건 | 之间 zhī jiān 명 ~사이 | ★更 gèng 부 더, 더욱 | 近 jìn 형 가깝다

3 리밍[李明]은 친절하고, 다른 사람을 돕는 것도 좋아해서 모두 그를 좋아해.
  ★热情 rèqíng 형 친절하다 | 也 yě 부 ~도 | 帮助 bāngzhù 동 돕다 | 所以 suǒyǐ 접 그래서 | 大家 dàjiā 대 모두, 다들 | 都 dōu 부 모두, 다

답　1 A　　2 A　　3 B

STEP 3 실력 다지기

Day 14

| A 音乐 | B 兴趣 | C 附近 | D 感冒 | E 其他 |

1. 弟弟从小就很喜欢唱歌，现在他是一位（　　）老师。

2. 你去问一下那个人（　　）哪儿有卖中国地图的？

3. 除了历史，妹妹的（　　）成绩都不错。

4. 下雪了，你还是多穿点儿衣服再去公司吧，小心（　　）。

5. 她从小就对运动有（　　），长大以后她选择了和运动有关的工作。

→ 해설서 p.80

Day 15

| A 地方 | B 别人 | C 办法 | D 要求 | E 礼物 |

6. A: 你准备什么时候解决这个问题？

   B: 我在想（　　），明天应该能解决。

7. A: 过几天是妈妈的生日。你给她买（　　）没？

   B: 我准备给她买个新电视。

8. A: 周五我们在哪儿见面？

   B: 就在刚才我们去过的那个（　　），那里附近有一家饭馆儿菜很好吃。

9. A: 您好，请问这儿附近有韩国银行吗？

   B: 对不起，我不太清楚，你再问一下（　　）吧。

10. A: 比赛（　　）非常简单，3分钟，谁跑得最远，谁就是第一。

    B: 知道了，开始吧。

→ 해설서 p.81

독해 제2부분
04 부사·접속사 어휘 선택

Day 28

기초 실력 확인하기 | 빈칸에 알맞은 단어를 보기 에서 골라 보세요!

모범 답안 및 해석 → 본서 p.363

| 보기 | 常常　　　已经　　　但是　　　真　　　一起　　　所以 |

(1) 作业_____做完了。　　　　　(2) 她_____漂亮啊!
(3) 这件衣服很漂亮，_____非常贵。 (4) 我们_____一起运动。
(5) 他生病了，_____今天没来上课。 (6) 他跟我们_____去吃饭。

STEP 1 유형 파악하기

◆ 부사는 일반적으로 술어 앞에 위치하여 부사어 역할을 하며, '부사 + 조동사 + 개사 + 동사' 또는 '정도부사 + 형용사'의 순으로 쓰인다. 기본 어순과 시험에 가끔 출제되는 부사의 예외 용법도 익혀 두자.

◆ 접속사는 절, 단어, 구를 이어 주는 역할을 주로 한다. 다른 품사에 비해 출제 비중은 낮지만, 최근 출제 빈도가 높아지고 있는 추세이므로, 같이 쓰이는 짝꿍 접속사는 꼭 외워 두자.

● 제2부분 예제1

| A 着急　　B 爱好　　C 突然　　D 变化　　E 影响 |

1 这几天的天气(　　　)变冷了，你们出去的时候要多穿点儿。

| 这几天的天气(**C 突然**)变冷了，你们出去的时候要多穿点儿。 | 요 며칠 날씨가 (**C 갑자기**) 추워졌으니 너희들은 외출할 때 옷을 많이 입어야 한다. |

A **着急** zháojí 휑 조급해하다, 안달하다
C **突然** tūrán 휘 갑자기, 문득, 느닷없이, 난데없이
E **影响** yǐngxiǎng 명 영향

B **爱好** àihào 명 취미, 애호
D **变化** biànhuà 명 변화

정답&풀이　**C** [부사(突然) + 동사 갑자기 ~해지다]

괄호 앞에 주어가 있고 괄호 뒤에 술어가 있는 것으로 보아, 괄호에는 부사어 자리임을 알 수 있다. 따라서 제시된 보기 중 술어 '变冷' 앞에 올 수 있는 가장 적절한 부사는 C '突然'이다.

这 zhè 때 이것 | 几 jǐ ㈜ 몇 | 天 tiān 몡 하루, 날, 일 | 天气 tiānqì 몡 날씨, 일기 | ★突然 tūrán 뷔 갑자기, 문득, 느닷없이, 난데없이 | ★变 biàn 툉 변화하다 | 冷 lěng 혱 춥다, 차다, 냉담하다 | 出去 chūqù (안에서 밖으로) 나가다, 외출하다 | 的时候 de shíhou ~할 때, ~일 때 | 要 yào 조동 ~해야 한다 | 多 duō 혱 많다 | 穿 chuān 툉 (옷·신발·양말 등을) 입다, 신다 | (一)点儿 (yì)diǎnr 수량 좀, 약간

● 제2부분 예제2

| A 安静 | B 然后 | C 努力 | D 只有 | E 就 |

2 A: 你明天休息对吧？有时间的话，跟我去商店买东西吧。
   B: 可以是可以，但我要先去见一个朋友，（　　　）才能和你去。

A: 你明天休息对吧？有时间的话，跟我去商店买东西吧。
   (的话 ~하다면)

B: 可以是可以，但我要先去见一个朋友，（B 然后）才能和你去。

A: 너 내일 쉬는 거 맞지? 시간이 있으면, 나와 같이 상점에 가서 물건을 사자.
B: 가능은 한데, 나는 먼저 친구를 만난 (B 후에) 너와 갈 수 있어.

A 安静 ānjìng 혱 조용하다, 고요하다
C 努力 nǔlì 툉 노력하다, 열심히 하다, 힘쓰다
E 就 jiù 뷔 곧, 즉시, 바로 [사실을 강조]
B 然后 ránhòu 졥 그런 후에, 그다음에
D 只有 zhǐyǒu 졥 ~해야만 ~이다

정답&풀이 B [先A，然后B 먼저 A하고, (그다음) B하다]

앞 문장에서 '먼저(先) 친구를 만난다'라고 했고, 쉼표 뒤에 괄호가 있는 것으로 보아 괄호는 접속사 자리임을 알 수 있다. 제시된 보기 중 앞 문장의 '先'과 가장 어울리는 접속사는 B '然后'이다.

明天 míngtiān 몡 내일 | 休息 xiūxi 툉 쉬다, 휴식하다 | 对 duì 혱 맞다, 정확히다, 정상이다 | 吧 ba 죠 ~하자 [상의·제의·청유·기대·명령 등의 어기를 나타냄] | 时间 shíjiān 몡 시간 | 的话 dehuà 죠 ~하다면 | ★跟 gēn 개 ~와 | 去 qù 툉 가다 | 商店 shāngdiàn 몡 상점 | 买 mǎi 툉 사다, 구매하다 | 东西 dōngxi 몡 물건, 것 | 可以 kěyǐ 조동 ~할 수 있다, ~해도 된다 | 但 dàn 졥 그러나 | 要 yào 조동 ~해야 한다 | ★先 xiān 뷔 먼저, 우선 [先A然后B: 먼저 A하고 나중에 B하다] | ★见 jiàn 툉 보다 | 朋友 péngyou 몡 친구 | ★然后 ránhòu 졥 그다음에, 그런 후에 | ★才 cái 뷔 ~해야만 비로소 | 能 néng 조동 ~할 수 있다 | 和 hé 개 ~와

STEP 2 내공 쌓기

1 부사

(1) 자주 출제되는 문제 유형

부사는 보통 술어 앞에서 부사어 역할을 한다. 자주 출제되는 부사와 용법을 꼭 익혀 두자.

① 주어 + 부사 + 술어(동사/형용사) ✦ → 부사어 역할

姐姐已经下班了。 언니는 이미 퇴근했다.

这些面包**非常**好吃。 이 빵들은 매우 맛있다.

姐姐 jiějie 몡 언니, 누나 | 已经……了 yǐjīng …… le 이미 ~했다 | 下班 xiàbān 통 퇴근하다 | 些 xiē 양 조금, 약간 | ★面包 miànbāo 몡 빵 | 非常 fēicháng 튀 매우, 아주 | 好吃 hǎochī 혱 맛있다

② **부사** + 조동사 + (개사구) + 동사 → 부사어 역할

这些菜**都**要吃完。 이 음식들은 다 먹어야 한다.

她**只**想好好儿工作。 그녀는 단지 일을 잘하고 싶을 뿐이다.

菜 cài 몡 요리 | 都 dōu 튀 모두, 다 | 要 yào 조동 ~해야 한다 | 完 wán 통 (동사 뒤에 보어로 쓰여) 다하다, 끝내다 | ★只 zhǐ 튀 단지, 다만 | 想 xiǎng 조동 ~하고 싶다 | 好好儿 hǎohāor 튀 잘, 힘껏 | 工作 gōngzuò 통 일하다

(2) 핵심 부사 어휘

 track 88

부사는 기출 단어들이 반복적으로 나오기 때문에, 자주 출제되는 어휘를 중심으로 익히는 것이 효과적이다. 아래 빈출 어휘들을 꼭 외워 두자!

比较 bǐjiào	비교적, 상대적으로	상대적인 정도를 나타낸다. 일반적으로 형용사 술어 앞에 자주 쓰인다. 这件衣服**比较**贵。 이 옷은 비교적 비싸다.
多(么) duō(me)	얼마나	**多(么)……啊** 감탄을 나타내며, 주로 문장 뒤에 '啊'가 함께 쓰인다. 妈妈做的菜**多么**好吃啊! 엄마가 만든 요리는 얼마나 맛있는가!
极 jí	아주, 극히	**……极了** '了'와 함께 형용사 뒤에서 정도보어로 쓰인다. ◆ 公园里的花漂亮**极**了! 공원에 있는 꽃은 아주 예쁘!
才 cái	비로소, 이제서야	**시점 + 才** 시간이나 시점을 의미하는 말 뒤에 쓰여 '시간이 비교적 늦음'을 나타낸다. 在来机场的路上他**才**发现没带护照。 공항에 오는 길에 그는 비로소 여권을 안 챙긴 것을 알았다.
	겨우, 고작	**才 + 시점** 수량사 앞에 쓰여 '시점이 빠름'을 나타낸다. 现在**才**两点半，还有十分钟，不用着急。 지금 겨우 2시 반이야. 10분 더 남았어. 조급할 필요 없어.
马上 mǎshàng	곧	**马上(就)** 보통 뒤에 '就'를 수반하며 동작의 시간이 짧음을 나타낸다. 超市**马上**就关门了。 슈퍼마켓은 곧 문을 닫는다.
一直 yìzhí	계속, 줄곧	**一直(在)** 어떤 시간이나 범위에서 상황이 계속 지속됨을 나타내며, 부사 '在'와 함께 자주 쓰인다. 弟弟今天**一直**在玩儿游戏。 남동생은 오늘 계속 게임 중이다. 他做事**一直**很努力。 그는 일을 할 때 줄곧 열심히 한다.

04 부사·접속사 어휘 선택 **137**

一定 yídìng	반드시, 분명히, 꼭	**一定 + 要/会** '一定'은 '要'나 '会'와 함께 자주 쓰여 '반드시(분명히) ~해야 한다/~할 것이다'라는 의미를 나타낸다. 他们的电影一定会很好看的。 그들의 영화는 분명히 재미있을 것이다. **不一定** '반드시 ~한 것은 아니다'는 의미이다. 他也不一定能做完这个工作。 그도 반드시 이 일을 끝낼 수 있는 것은 아니다.
经常 ✦ jīngcháng	자주	자주 일어나는 상황에 쓰인다. 她经常回家看爸爸妈妈。 그녀는 아빠, 엄마를 보러 집에 자주 간다.
一共 yígòng	모두	**一共 + (동사) + 수량사** 보통 '一共+(동사)+수량사'로 쓰이며, 술어는 자주 생략된다. 她最近买的衣服一共一千块钱。 그녀가 최근에 산 옷은 총 1000위안이다.
突然 tūrán	갑자기	주어 앞이나 뒤에 올 수 있다. 天气突然就变冷了。 날씨가 갑자기 바로 추워졌다.
当然 dāngrán	당연히	마땅하고 자연히 이루어지는 상황임을 나타낸다. 这些话当然都是真的。 이 말들은 당연히 모두 진짜이다.
其实 qíshí	사실	새로운 사실을 전달할 때 쓰이며, 의미에 따라 문장 맨 앞에 올 수 있다. 역접 즉, 상황이 전환될 때 자주 쓰인다. 其实健康比钱更重要。 사실 건강은 돈보다 더 중요하다.
还是 ✦ háishi	아무래도, 차라리	**还是……吧** 둘 이상의 상황에서 선택 및 권유하는 것을 나타낸다. 我们还是见面说吧。 우리 아무래도 만나서 얘기하자.
终于 zhōngyú	마침내	**终于……了** 바라고 노력했던 일이 오랜 시간이 지나서야 이루어짐을 나타낸다. 爸爸终于同意我跟他见面了。 아빠는 마침내 내가 그와 만나는 것을 동의하셨다.

件 jiàn 양 벌 [옷 등을 세는 단위] | 衣服 yīfu 명 옷 | 贵 guì 형 비싸다 | 做 zuò 동 만들다, 하다 | ★公园 gōngyuán 명 공원 | ★花 huā 명 꽃 | 漂亮 piàoliang 형 예쁘다 | 在 zài 개 ~에서 부 ~하고 있는 중(이다) | 机场 jīchǎng 명 공항 | 路上 lùshang 명 도중 | ★发现 fāxiàn 동 발견하다 | ★带 dài 동 챙기다, 지니다 | ★护照 hùzhào 명 여권 | 现在 xiànzài 명 지금 | 两 liǎng 수 2, 둘 | 点 diǎn 양 시 | 半 bàn 수 절반, 2분의 1 | 还 hái 부 또, 더 | 分钟 fēnzhōng 명 분 | 不用 búyòng 부 ~할 필요가 없다 | ★着急 zháojí 동 조급해하다 | ★超市 chāoshì 명 슈퍼마켓 | 就 jiù 부 곧, 즉시 | 关门 guān mén 동 문을 닫다, 영업을 끝내다 | 弟弟 dìdi 명 남동생 | 今天 jīntiān 명 오늘 | ★玩儿游戏 wánr yóuxì 게임하다 | 做事 zuòshì 동 일을 하다 | ★努力 nǔlì 동 열심히 하다 | 电影 diànyǐng 명 영화 | 会……的 huì …… de ~할 것이다 | 好看 hǎokàn 형 (내용이) 재미있다 | 也 yě 부 ~도 | 能 néng 조동 ~할 수 있다 | 工作 gōngzuò 명 일, 업무 | 回家 huí jiā 집으로 돌아가다 | 看 kàn 동 보다 | ★最近 zuìjìn 명 요즘, 최근 | 千 qiān 수 1000, 천 | 块 kuài 양 위안 [중국의 화폐 단위] | 钱 qián 명 돈 | 天气 tiānqì 명 날씨 | 变 biàn 동 변하다 | 冷 lěng 형 춥다 | 话 huà 명 말 | 都 dōu 부 모두 | 真的 zhēn de 진짜 | ★健康 jiànkāng 명 건강 | 比 bǐ 개 ~보다 | ★更 gèng 부 더, 더욱 | ★重要 zhòngyào 형 중요하다 | ★见面 jiànmiàn 동 만나다 | 说 shuō 동 말하다 | ★同意 tóngyì 동 동의하다 | 跟 gēn 개 ~와

2 접속사

(1) 자주 출제되는 문제 유형

접속사는 문장에서 문장 성분의 역할을 하지 않고, 단어나 구, 절, 문장 등을 연결해 주는 역할을 한다. 보통 문장 맨 앞, 뒤 절의 첫머리, 동사나 명사 사이 등에 위치한다.

① 접속사 + 앞 절, 접속사 + 뒤 절

因为妹妹感冒了，所以妈妈打算带她去医院。
여동생이 감기에 걸려서, 엄마는 여동생을 데리고 병원에 갈 예정이다.

这个包虽然很贵，但是特别漂亮。 이 가방은 비록 비싸지만, 아주 예쁘다.

因为A，所以B yīnwèi A, suǒyǐ B A 때문에, 그래서 B하다 | ★感冒 gǎnmào 통 감기에 걸리다 | ★打算 dǎsuàn 통 ~할 예정이다, ~하려고 하다 | 医院 yīyuàn 명 병원 | ★包 bāo 명 가방 | 虽然A, 但是B suīrán A, dànshì B 비록 A이지만, B하다 | ★特别 tèbié 부 아주, 특히

② 앞 절, 접속사 + 뒤 절

今天银行里人很多，所以我回来晚了。 오늘 은행에 사람이 많아서 나는 늦게 돌아왔다.

★银行 yínháng 명 은행 | 回来 huílái 통 돌아오다 | 晚 wǎn 형 늦다

③ 명사/동사 + 접속사 + 명사/동사

你喜欢冬天还是夏天？ 너는 겨울이 좋니, 아니면 여름이 좋니?

喜欢 xǐhuan 통 좋아하다 | ★冬天 dōngtiān 명 겨울 | ★还是 háishi 접 또는, 아니면 | ★夏天 xiàtiān 명 여름

(2) 핵심 접속사 어휘

 track 89

접속사는 그 개수가 많지 않고, 시험에 나오는 단어도 대부분 정해져 있다. 따라서, 빈출 접속사를 익히면 고득점을 얻을 수 있다.

然后 ránhòu	그다음	先A，然后(再)B 먼저 A하고, 그다음 B하다 我先去银行，然后再去办公室。 나는 먼저 은행에 갔다가 그다음에 사무실에 갈 거야.
还是 háishi	또는, 아니면	A还是B A 아니면 B? 你要穿裙子还是裤子？ 너는 치마를 입을 거야 아니면 바지를 입을 거야?
如果 rúguǒ	만약	如果A，(那么)就B 만약 A하면, (그러면) B하다 如果有钱就好了。 만약 돈이 있으면 좋을 텐데.
而且 érqiě	게다가	不但A，而且B A뿐만 아니라, 게다가 B하다 我的儿子不但很聪明，而且个子也很高。 우리 아들은 똑똑할 뿐만 아니라 게다가 키도 크다.
只有 zhǐyǒu	~해야만	只有A，才B A해야만, 비로소 B이다 只有敢做，才能学会。 과감히 해야만, 배울 수 있다.

| 或者 huòzhě | 또는, 혹은 | **A或者B** A 또는 B(평서문)
一会儿要开车，你喝水**或者**果汁吧。
이따가 운전을 해야 하니까, 너는 물이나 과일주스를 마셔. |

★**先** xiān 뷔 먼저, 우선 | **再** zài 뷔 ~하고 나서, ~한 뒤에 | ★**办公室** bàngōngshì 뎽 사무실 | **要** yào 조동 ~할 것이다, ~하려고 하다 | **穿** chuān 통 입다, 신다 | **儿子** érzi 뎽 아들 | **不但** búdàn 접 ~뿐만 아니라 | ★**聪明** cōngming 형 똑똑하다 | ★**个子** gèzi 뎽 (사람의) 키 | **敢** gǎn 조동 과감하게 ~하다 | **学会** xuéhuì 통 배워서 할 수 있다 | ★**一会儿** yíhuìr 뷔 이따가, 잠시 | **开车** kāichē 통 운전하다 | **喝** hē 통 마시다 | **果汁** guǒzhī 뎽 과일주스

배운 내용 점검하기

◆ 빈칸에 알맞은 단어를 고르세요.

1 (　　)完成了，大家可以好好儿休息一下了。
　A 终于　　B 经常

2 我们下个月八号结婚，你(　　)要来!
　A 完成　　B 一定

3 你的东西在行李箱里。我帮你拿，(　　)你自己去拿?
　A 还是　　B 或者

석&어휘

1 마침내 끝냈으니, 모두 푹 좀 쉴 수 있게 되었어요.
★**完成** wánchéng 통 완성하다, 끝내다 | **大家** dàjiā 대 모두, 다들 | **可以** kěyǐ 조동 ~해도 된다 | **休息** xiūxi 통 쉬다, 휴식하다 | **一下** yíxià 수량 (동사 뒤에 쓰여) 좀 ~하다

2 우리 다음 달 8일에 결혼해, 너는 반드시 와야 돼!
下个月 xià ge yuè 다음 달 | **号** hào 뎽 일 [날짜를 가리킴] | ★**结婚** jiéhūn 통 결혼하다

3 네 물건은 트렁크에 있어. 내가 너를 도와서 들까, 아니면 네가 직접 들고 갈래?
东西 dōngxi 뎽 물건, 것 | ★**行李箱** xínglǐxiāng 뎽 트렁크, 여행용 가방 | **帮** bāng 통 돕다 | ★**拿** ná 통 (손으로) 가지다, 쥐다 | ★**自己** zìjǐ 대 직접, 스스로

답　1 A　　2 B　　3 A

STEP 3 실력 다지기

Day 29

| A 经常 | B 然后 | C 一共 | D 一直 | E 虽然 |

1. 我们去黄山玩儿了6天，（　　）花了8000多块。

2. 今天银行里（　　）人很多，但是很安静。

3. 小时候，奶奶（　　）带我去那儿玩儿。

4. 明天下午我先去公司，（　　）再去找他。

5. 最近怎么（　　）没看见小李?

Day 30

| A 多么 | B 终于 | C 其实 | D 只有 | E 突然 |

6. A: 你（　　）来了，买啤酒了吗?
   B: 医生不让你喝酒，所以我买了点儿果汁。

7. A: 我的车票呢? 怎么（　　）找不到了呢?
   B: 是不是和书放一起了?

8. A: 小王，你成绩一直很好，有什么好办法吗?
   B: 没有特别的。（　　）认真学习复习，才能取得好成绩。

9. A: 这是一个（　　）好的机会啊! 你一定要去。
   B: 好的，那我去试试吧!

10. A: 你很喜欢这种音乐节目吗?
    B: （　　）我只是想听一下这些老歌。

독해 제2부분 05 양사·개사 어휘 선택

Day 31

기초 실력 확인하기 | 빈칸에 알맞은 단어를 보기 에서 골라 보세요!

모범 답안 및 해석 → 본서 p.363

| 보기 | 和 | 家 | 从 | 本 | 件 | 给 |

(1) 一_____衣服　　(2) _____他说话　　(3) _____10点开始
(4) 那_____书　　　(5) _____妈妈打电话　(6) 这_____商店

STEP 1 유형 파악하기

◆ 양사는 독해 제2부분에서 출제 빈도가 높지 않으며, 기본 어순 '지시대사 + 수사 + 양사 + 명사'만 알아 두어도 정답을 찾을 수 있다. 또한, 같이 쓰는 명사를 파악하면 좀 더 빠르고 정확하게 정답을 파악할 수 있다.

◆ 개사의 출제 빈도가 점점 높아지는 추세이다. 그러나 출제 어휘가 고정적이고 유사한 문장 구조가 반복 출제되며, 자주 출제되는 문장 구조가 정해져 있다. 빈출 어휘와 문장을 익히면 정답을 어렵지 않게 찾을 수 있다.

● 제2부분 예제1

| A 米　　B 张　　C 位　　D 条　　E 只 |

1 昨天你新买的那(　　)运动裤看上去漂亮，能告诉我在哪儿买的吗？

| 昨天你新买的那(**D 条**)运动裤看上去漂亮，能告诉我在哪儿买的吗？
 보아하니 | 어제 당신이 새로 산 그 운동복 바지가 예뻐 보이는데, 어디서 샀는지 알 수 있을까요? |

A 米 mǐ 양 미터(m) [길이의 단위로 '100厘米(cm)'는 '1米']
C 位 wèi 양 분, 명 [공경의 뜻을 내포함]
E 只 zhī 양 마리 [짐승을 세는 단위]
B 张 zhāng 양 장 [종이·가죽 등을 세는 단위]
D 条 tiáo 양 벌 [바지·치마를 세는 단위]

정답&풀이 D [지시대사(+ 수사) + 양사(条) + 명사]

괄호가 지시대사 '那'와 명사 '运动裤' 사이에 있으므로 양사 자리임을 알 수 있다. 바지를 세는 양사는 보기 D '条'이다.

昨天 zuótiān 몡 어제 | 新 xīn 凰 새로이, 갓 | 买 mǎi 통 사다, 구매하다 | 那 nà 떼 그, 저 | ★条 tiáo 양 벌 [바지·치마를 세는 단위] | 运动 yùndòng 몡 운동 | ★裤 kù 몡 바지 | 看上去 kàn shàngqù 보아하니 ~하다 | 漂亮 piàoliang 휑 예쁘다, 아름답다, 곱다 | 能 néng 조동 ~할 수 있다, ~해도 된다 | 告诉 gàosu 통 말하다, 알리다 [告诉+듣는 대상] | 在 zài 개 ~에서 | 哪儿 nǎr 떼 어디 | 吗 ma 조 [(문장 끝에 쓰여) 의문의 어기를 나타냄]

● 제2부분 예제2

| A 关于 | B 附近 | C 开心 | D 节日 | E 运动 |

2 A: 听说，你最喜欢的那位作家又出新书。你买了吗?
   B: 当然，那是一本（　　）中国历史的书。你感兴趣的话我可以先借你看。

A: 听说, 你最喜欢的那位作家又出新书。你买了吗?
듣자 하니

B: 当然, 那是一本（ A 关于 ）中国历史的书。你感兴趣的话我可以先借你看。
~하다면

A: 듣자 하니, 네가 가장 좋아하는 그 작가가 또 새 책을 냈다던데. 너 샀어?

B: 물론이죠, 그것은 중국 역사에 (A 관한) 책이에요. 관심 있으면 제가 먼저 당신한테 빌려 줄 수 있어요.

A 关于 guānyú 개 ~에 관해, ~에 대해
C 开心 kāixīn 휑 기쁘다, 즐겁다, 좋다, 유쾌하다
E 运动 yùndòng 몡 운동
B 附近 fùjìn 휑 가까운
D 节日 jiérì 몡 기념일, 명절

정답&풀이 A [关于 + 명사 ~에 관한]

괄호 앞에 양사 '本'이 있고 괄호 뒤에는 명사 '书'가 조사 '的' 뒤에 위치하고 있다. 따라서 꾸며 주는 말이 들어가야 한다는 것을 알 수 있는데, 목적어 '书'를 꾸며 주는 '中国历史'와 함께 올 수 있는 어휘는 보기 A 개사 '关于'이다.

听说 tīngshuō 듣자 하니 | 最 zuì 凰 가장, 제일, 아주, 매우 | 喜欢 xǐhuan 통 좋아하다, 마음에 들다 | 那 nà 떼 그, 저 | ★位 wèi 양 분, 명 [공경의 뜻을 내포함] | 作家 zuòjiā 몡 작가 | ★又 yòu 凰 또, 다시, 또한 | 出 chū 통 나오다 | 新 xīn 휑 새롭다 | 书 shū 몡 책 | 买 mǎi 통 사다, 구매하다 | 吗 ma 조 [(문장 끝에 쓰여) 의문의 어기를 나타냄] | ★当然 dāngrán 휑 당연하다, 물론이다 | 本 běn 양 권 [책을 세는 단위] | ★关于 guānyú 개 ~에 관해, ~에 대해 | 中国 Zhōngguó 고유 중국 | ★历史 lìshǐ 몡 역사 | ★感兴趣 gǎn xìngqù 흥미가 있다, 관심이 있다, 좋아하다 | 的话 dehuà 조 ~하다면 | 可以 kěyǐ 조동 ~할 수 있다, ~해도 된다 | ★先 xiān 凰 먼저, 우선 | ★借 jiè 통 빌리다, 빌려주다 | 看 kàn 통 보다

STEP 2 내공 쌓기

1 양사

(1) 자주 출제되는 문제 유형

양사는 보통 수사와 함께 명사나 대사 등을 꾸민다. 양사의 기본 어순 '지시대사 + 수사 + 양사 + 명사'로 자주 출제된다.

① (지시대사) + (수사) + 양사 + 명사 ✦ → 관형어 역할

她今天买了三件衣服。 그녀는 오늘 옷을 세 벌 샀다.

那家饭店很有名。 그 호텔은 유명하다.

今天 jīntiān 명 오늘 | 买 mǎi 동 사다 | 件 jiàn 양 벌 [옷 등을 세는 단위] | 衣服 yīfu 명 옷 | 家 jiā 양 [집·점포 등을 세는 단위] | 饭店 fàndiàn 명 호텔, 식당 | ★有名 yǒumíng 형 유명하다

② 동사 + 수사 + 양사 + (명사) → 보어 역할

我吃了一个，他吃了三个。 나는 하나를 먹었고, 그는 세 개를 먹었다.

他花了100块。 그는 100위안을 썼다.

★花 huā 동 (돈·시간을) 쓰다 | 块 kuài 양 위안 [중국의 화폐 단위]

(2) 핵심 양사 어휘 track 90

양사는 함께 쓰이는 짝꿍 명사가 있다. 독해 제2부분에 자주 출제되는 양사를 관련 명사와 함께 익혀 보자.

位 wèi	분 [사람을 세는 단위]	一位老师 yí wèi lǎoshī 선생님 한 분 这位先生 zhè wèi xiānsheng 이 남자 분
双 shuāng	쌍, 켤레 [쌍이나 짝을 이룬 물건을 세는 단위]	一双鞋 yì shuāng xié 신발 한 켤레 一双筷子 yì shuāng kuàizi 젓가락 한 벌
张 zhāng	[종이·모피·책상·의자·침대 따위의 넓은 표면을 가진 것을 세는 단위]	一张床 yì zhāng chuáng 침대 하나 两张纸 liǎng zhāng zhǐ 종이 두 장
条 tiáo	벌, 줄기 [가늘고 긴 물건, 바지, 치마 등을 세는 단위]	一条裤子 yì tiáo kùzi 바지 한 벌 一条裙子 yì tiáo qúnzi 치마 한 벌 一条河 yì tiáo hé 강 한 줄기 这条街道 zhè tiáo jiēdào 이 도로
件 jiàn	벌, 건 [의류, 일 등을 세는 단위]	一件衣服 yí jiàn yīfu 옷 한 벌 一件事 yí jiàn shì 하나의 일
只 zhī	마리 / 짝, 쪽 [동물, 쌍의 한 쪽 등을 세는 단위]	一只狗 yì zhī gǒu 개 한 마리 一只手 yì zhī shǒu 한 쪽 손
种 zhǒng	종류 [종류를 세는 단위]	三种笔 sān zhǒng bǐ 세 종류의 펜 这种东西 zhè zhǒng dōngxi 이런 종류의 물건
角 jiǎo	자오 [돈을 세는 단위]	五元八角 wǔ yuán bā jiǎo 5위안 8자오 三角七分 sān jiǎo qī fēn 3자오 7펀
刻 kè	15분 [시간을 세는 단위]	七点一刻 qī diǎn yí kè 7시 15분 差一刻三点 3시 15분 전 (=2시 45분) chà yí kè sān diǎn
米 mǐ	미터(m) [길이를 세는 단위]	走五十米 zǒu wǔshí mǐ 50m를 가다 只有一米六 zhǐ yǒu yì mǐ liù 160cm 밖에 안 된다

> **시간을 세는 양사 '刻'**
>
> '刻'는 15분을 나타내는 양사로 '一刻'는 15분을 나타낸다. 그러나 30분은 '二刻'로 쓰지 않고, '30分钟'나 '半个小时'라고 말한다.
>
> 一刻 yí kè 15분 | 三刻 sān kè 45분 | 二刻 (×)

2 개사

(1) 자주 출제되는 문제 유형

개사는 주로 명사나 대사와 함께 개사구 형태로 쓰인다. 주로 부사어와 보어 역할을 하며, 독해 제2부분에서는 부사어 역할로 많이 출제된다.

① 개사 + 명사/대사 + 동사 → 부사어 역할

他经常和朋友聊天儿。 그는 자주 친구와 이야기한다.

★ 经常 jīngcháng 부 자주 | 和 hé 개 ~와 | 朋友 péngyou 명 친구 | ★ 聊天儿 liáotiānr 동 이야기하다, 잡담하다

② 개사 + 명사/대사 + 정도부사 + 형용사 → 부사어 역할

我对这件衣服很满意。 나는 이 옷에 대해 만족한다.

对 duì 개 ~에게, ~에 대해 | 件 jiàn 양 벌 [옷을 세는 단위] | 衣服 yīfu 명 옷 | 满意 mǎnyì 형 만족하다

(2) 핵심 개사 어휘

개사는 최근 출제 빈도가 점점 높아지고 있다. 빈출 개사와 고정격식을 함께 익혀 두자.

跟 gēn	~와 [행동을 함께 하는 대상을 나타냄]	跟他结婚 gēn tā jiéhūn 그와 결혼하다 跟朋友一起去 gēn péngyou yìqǐ qù 친구와 함께 가다
为 wèi	~덕분에, 때문에 [원인 등을 나타냄]	为她高兴 wèi tā gāoxìng 그녀 덕분에 기쁘다 为昨天的事难过 wèi zuótiān de shì nánguò 어제의 일 때문에 괴로워하다
为了 wèile	~를 위하여 [목적을 나타냄]	为了参加这次比赛，我们练习了四年。 Wèile cānjiā zhè cì bǐsài, wǒmen liànxí le sì nián. 이 대회에 참가하기 위해, 우리는 4년을 연습했다.
被 bèi	~에게 (~를 당하다) [피동을 나타냄]	被弟弟吃完了 bèi dìdi chīwán le 남동생이 다 먹었다 被妈妈看见了 bèi māma kànjiàn le 엄마에게 들켰다
把 bǎ	~를 [목적어를 동사 앞으로 도치시킴]	把手机关了 bǎ shǒujī guān le 핸드폰을 껐다 把书还了 bǎ shū huán le 책을 반납했다
关于 guānyú	~에 관해, ~에 관한	关于历史的书 guānyú lìshǐ de shū 역사에 관한 책 关于文化的节目 guānyú wénhuà de jiémù 문화에 관한 프로그램
根据 gēnjù	~에 근거하여	根据这段话，我们了解了两国的历史。 Gēnjù zhè duàn huà, wǒmen liǎojiě le liǎng guó de lìshǐ. 이 말에 근거하여, 우리는 양국의 역사를 이해했다.

除了 chúle	~를 빼고, ~를 제외하고, ~외에도	除了他，其他人都来了。Chúle tā, qítā rén dōu lái le. 그를 제외하고, 다른 사람들은 모두 왔다 除了历史以外，他还学过汉语。Chúle lìshǐ yǐwài, tā hái xuéguo Hànyǔ. 역사 외에, 그는 중국어도 배워 본 적이 있다.
从 cóng	~부터 [장소, 시간의 출발점을 나타냄]	从明天开始我就减肥。Cóng míngtiān kāishǐ wǒ jiù jiǎnféi. 내일부터 나는 바로 다이어트를 한다.
向 xiàng	~에게 / ~를 향하여	向他介绍 xiàng tā jièshào 그에게 소개하다 向北走 xiàng běi zǒu 북쪽으로 걸어가다
往 wǎng	~쪽으로, 향하여	往前走 wǎng qián zǒu 앞으로 걸어가다 往南飞 wǎng nán fēi 남쪽으로 날아가다

배운 내용 점검하기

✦ 빈칸에 알맞은 단어를 고르세요.

1 这是一个(　　)妈妈和女儿的故事。
   A 关于　　B 除了

2 (　　)他现在的健康情况来看，他还不能参加比赛。
   A 向　　　B 根据

3 儿子送了我一(　　)他画的画儿。
   A 条　　　B 张

석&어휘

1 이것은 엄마와 딸에 관한 이야기이다.
   女儿 nǚ'ér 몡 딸 | ★故事 gùshi 몡 이야기

2 그의 현재 건강 상태에 근거해서 보니 아직 경기에 참가할 수 없다.
   ★健康 jiànkāng 몡 건강 | 情况 qíngkuàng 몡 상황 | 还 hái 뷔 여전히, 아직도 | 能 néng 조동 ~할 수 있다 | ★参加 cānjiā 동 참석하다 | 比赛 bǐsài 몡 경기, 시합

3 아들이 나에게 직접 그린 그림 한 장을 주었다.
   儿子 érzi 몡 아들 | 送 sòng 동 주다 | ★画 huà 동 (그림을) 그리다 | ★画儿 huàr 몡 그림

답 1 A   2 B   3 B

STEP 3 실력 다지기

Day 32

| A 刻 | B 种 | C 为了 | D 双 | E 把 |

1. 你知道吗？世界上一共有1400多（　　）狗。

2. 我非常想买那（　　）鞋，但问题是我的脚太大了。

3. 电影马上要开始了，你（　　）手机关了吧。

4. （　　）更好地解决这个问题，你必须提高自己的英语水平。

5. 现在才两点一（　　），别担心，我们一定不会迟到的。

Day 33

| A 米 | B 被 | C 为 | D 条 | E 角 |

6. A: 夏天来了，天气越来越热了。
   B: 是啊，我想明天去买（　　）裙子。你去吗？

7. A: 这个包我拿着好看吗？
   B: 好看极了，好像是特别（　　）你准备的。

8. A: 你好，请问这儿附近有超市吗？
   B: 有，你从这儿向西走1000（　　），就有一家。

9. A: 你好，葡萄怎么卖？
   B: 这种四块八一斤，那种便宜，三块五（　　）。

10. A: 你看见我的西瓜了吗？
    B: 没看见，一定是（　　）弟弟吃了。

독해 제3부분

01 세부 내용 파악

Day 16

기초 실력 확인하기 | 다음 문장의 해석이 맞으면 √, 틀리면 ×를 표시하세요!

모범 답안 및 해석 → 본서 p.363

(1) 这个题我做错了，你能帮我看看吗？
이 문제 나 틀렸어. 너는 나를 도와서 좀 볼 수 있니? ☐

(2) 哥哥每天起床后做的第一件事就是看电视。
형이 매일 일어난 후에 첫 번째로 하는 일은 신문을 보는 것이다. ☐

STEP 1 유형 파악하기

◆ 독해 제3부분은 인물의 행동·상태·직업, 장소, 사물, 사건의 원인·목적 등을 묻는 문제가 많이 출제된다. 세부 내용 파악 문제 유형을 이해하고, 자주 나오는 질문과 어휘를 익혀 보자.

◆ 세부 내용을 파악하는 문제는 질문에서 물어본 핵심 내용을 지문에서 빠르게 찾는 것이 관건이다. 지문보다는 질문과 보기를 먼저 읽자. 먼저 질문과 보기에서 핵심 어휘를 찾은 후 지문에서 관련 문구를 찾으면 쉽고 빠르게 정답을 찾을 수 있다.

● 제3부분 예제

我本来打算今年春节的时候坐火车回家，因为我听说现在的火车和以前完全不一样了。不仅速度更快，而且车内的环境也比以前好。但很可惜，我订得太晚，火车票已经卖完了，最后只能选择坐飞机回家。

★ 说话人为什么想坐火车？
　A 飞机票太贵了　　B 火车的变化大　　C 没有更多时间

我本来打算今年春节的时候坐火车回家，因为我<u>听说</u>现在的火车<u>和</u>以前<u>完全不一样了</u>。<u>不仅</u>速度更快，<u>而且</u>车内的环境<u>也比</u>以前好。但很可惜，我订得太晚，火车票<u>已经卖完了</u>，最后只能选择坐飞机回家。
듣자하니　~와 다르다
~할 뿐만 아니라　게다가　~하다　~보다 좋다
이미 ~했다

나는 원래 올해 설날에 기차로 고향에 가려고 했다. 내가 듣기로는 지금의 기차가 예전과 완전히 달라졌다고 한다. 속도도 더 빨라졌고, 차내 환경도 예전보다 좋아졌다고 한다. 하지만 아쉽게도 너무 늦게 예약해서 기차표는 이미 다 팔려서 결국 비행기를 타고 고향에 갈 수밖에 없었다.

★ 说话人为什么想坐火车?
A 飞机票太贵了
B 火车的变化大
C 没有更多时间

★ 화자는 왜 기차를 타려고 했나?
A 비행기표가 너무 비싸서
B 기차의 변화가 커서
C 시간이 부족해서

정답&풀이 **B** [A和B不一样 A와 B는 다르다]

화자는 지금의 기차가 예전과 완전히 달라졌다고 말하면서, 너무 늦게 예약해 기차표가 이미 다 팔렸다며 아쉬워했다. 여기서 기차의 변화가 커서 타보고 싶어 한다는 것을 알 수 있다.

本来 běnlái 분 본래, 원래 | ★**打算** dǎsuàn 동 ~할 예정이다, 계획하다, ~하려고 하다, ~할 생각이다 | **今年** jīnnián 명 올해 | ★**春节** Chūnjié 고유 설, 춘절 | **的时候** de shíhou ~할 때, ~일 때 | **坐** zuò 동 (교통수단을) 타다 | **火车** huǒchē 명 기차 | **回家** huí jiā 집으로 돌아가다, 귀가하다, 귀성하다 | **因为** yīnwèi 접 때문에, 왜냐하면 | **听说** tīngshuō 듣자 하니 | **现在** xiànzài 명 지금, 현재 | **和** hé 개 ~와 | ★**以前** yǐqián 명 예전, 이전 | **完全** wánquán 분 완전히, 전적으로, 전혀, 아주 | ★**一样** yíyàng 형 똑같다, 동일하다 [和A一样: A와 같다] | **不仅** bùjǐn 접 ~뿐만 아니라 [不仅A 而且B: A뿐만 아니라 게다가 B하다] | **速度** sùdù 명 속도 | ★**更** gèng 분 더, 더욱, 훨씬 [비교문에 주로 쓰임] | **快** kuài 형 빠르다 | **内** nèi 명 안, 안쪽, 속, 내부 | ★**环境** huánjìng 명 환경 | **也** yě 분 ~도 | **比** bǐ 개 ~보다, ~에 비해 [비교를 나타냄] | **好** hǎo 형 좋다, 훌륭하다, 만족하다 | **但** dàn 접 그러나 | **很** hěn 분 매우, 대단히, 아주 | **可惜** kěxī 형 아깝다, 섭섭하다, 아쉽다 | **订** dìng 동 예약하다 | **太** tài 분 너무, 몹시, 지나치게 [정도가 지나침을 나타냄] | **晚** wǎn 형 늦다 | **票** piào 명 표 | **已经** yǐjīng 분 이미, 벌써 [已经……了: 이미 ~했다] | **卖** mài 동 팔다, 판매하다 | **完** wán 동 (동사 뒤에 결과보어로 쓰여) 다하다 | ★**最后** zuìhòu 명 결국, 맨 마지막 | ★**选择** xuǎnzé 동 고르다, 선택하다 | **飞机** fēijī 명 비행기 | **贵** guì 형 비싸다, 귀하다 | ★**变化** biànhuà 명 변화 | **大** dà 형 (부피·면적이) 크다, 넓다, (수량이) 많다, (힘·강도 등이) 세다 | **没有** méiyǒu 동 없다 | **多** duō 형 많다 | **时间** shíjiān 명 시간

STEP 2 내공 쌓기

독해 제3부분은 유형별 자주 출제되는 질문과 관련 어휘를 함께 익혀 두면, 문제를 보다 쉽게 풀 수 있다.

1 등장 인물에 대해 묻는 유형

 track 92

지문 속 인물의 행동·상태·직업 등을 물어보거나 인물의 행동을 통해 그 사람이 어떤지 묻는 문제가 주로 출제된다.

(1) 질문 방식

- 我妈妈: 우리 엄마는?
- 她今天早上: 그녀는 오늘 아침에?
- 周末时，他会: 주말에 그가 하려는 것은?
- 上网后，我们打算: 인터넷을 한 후에, 우리가 하려는 것은?
- 根据这段话，张[Zhāng]爷爷: 이 글에 근거하여, 장[张] 할아버지는?
- 关于女儿，可以知道什么? 딸에 관해 무엇을 알 수 있는가?

今天 jīntiān 명 오늘 | 早上 zǎoshang 명 아침 | ★周末 zhōumò 명 주말 | 时 shí 명 때 | 会 huì 조동 ~할 것이다 | ★上网 shàngwǎng 동 인터넷을 하다 | 后 hòu 명 후 | ★根据 gēnjù 개 ~에 근거하여 | ★段 duàn 양 단락 | 话 huà 명 말 | 张 Zhāng 고유 장[성씨] | ★爷爷 yéye 명 할아버지 | ★关于 guānyú 개 ~에 관해, ~에 대해 | 女儿 nǚ'ér 명 딸 | 可以 kěyǐ 조동 ~할 수 있다 | 知道 zhīdào 동 알다

(2) 상세 내용별 핵심 어휘

① 행동

- 写 xiě 쓰다
  写电子邮件 xiě diànzǐ yóujiàn 이메일을 쓰다
- 去 qù 가다
  去公园 qù gōngyuán 공원에 가다
- 打 dǎ (전화를) 걸다
  打电话 dǎ diànhuà 전화를 걸다
- 做 zuò 하다
  做作业 zuò zuòyè 숙제를 하다
- 找 zhǎo 찾다, 구하다
  找手表 zhǎo shǒubiǎo 손목시계를 찾다
- 坐 zuò (교통수단을) 타다
  坐飞机 zuò fēijī 비행기를 타다
- 锻炼 duànliàn 단련하다
  锻炼身体 duànliàn shēntǐ 몸을 단련하다

- 看 kàn 보다
  看书 kàn shū 책을 보다
- 穿 chuān 입다, 신다
  穿裙子 chuān qúnzi 치마를 입다
- 洗 xǐ 씻다, 빨다
  洗衣服 xǐ yīfu 옷을 빨다
- 买 mǎi 사다, 구매하다
  买西瓜 mǎi xīguā 수박을 사다
- 玩 wán 놀다
  玩儿游戏 wánr yóuxì 게임을 하다
- 送 sòng 주다
  送礼物 sòng lǐwù 선물을 주다
- 参加 cānjiā 참가하다
  参加会议 cānjiā huìyì 회의에 참가하다

② 상태·평가

- 喜欢 xǐhuan 좋아하다
  喜欢旅游 xǐhuan lǚyóu 여행을 좋아하다
- 努力 nǔlì 노력하다
  不断努力 búduàn nǔlì 계속 노력하다
- 聪明 cōngming 똑똑하다
  特别聪明 tèbié cōngming 아주 똑똑하다
- 关心 guānxīn 관심을 가지다
  关心他 guānxīn tā 그에게 관심을 가지다
- 差 chà 나쁘다, 좋지 않다
  身体差 shēntǐ chà 건강이 나쁘다

- 有名 yǒumíng 유명하다
  非常有名 fēicháng yǒumíng 매우 유명하다
- 漂亮 piàoliang 예쁘다
  很漂亮 hěn piàoliang 예쁘다
- 认真 rènzhēn 열심히 하다, 착실하다
  认真做事 rènzhēn zuòshì 열심히 일하다
- 热情 rèqíng 친절하다
  很热情 hěn rèqíng 친절하다
- 胖 pàng 뚱뚱하다
  变胖 biàn pàng 뚱뚱해지다

③ 직업

- 老师 lǎoshī 선생님
- 医生 yīshēng 의사
- 司机 sījī 기사, 운전사
- 学生 xuésheng 학생
- 经理 jīnglǐ 사장, 책임자
- 校长 xiàozhǎng 교장
- 服务员 fúwùyuán 종업원

2 사물이나 장소를 묻는 유형

track 93

사물이나 장소가 어떠한지 묻는 문제가 주로 출제된다. 지문에서 사물·장소에 대해 평가한 어휘나 표현을 체크하면서 문제를 푸는 것이 좋다.

(1) 질문 방식

- 那家咖啡厅: 그 카페는?
- 那块儿手表: 그 손목시계는?
- 根据这段话，上海: 이 글에 근거하여, 상하이는?
- 关于那个城市，可以知道: 그 도시에 관해 알 수 있는 것은?
- 关于他，下面哪个是对的? 그에 관해, 다음 중 옳은 것은?

家 jiā 양 [집·점포 등을 세는 단위] | 咖啡厅 kāfēitīng 명 카페 | 块儿 kuàir 양 덩어리 | 手表 shǒubiǎo 명 손목시계 | 上海 Shànghǎi 고유 상하이 | ★城市 chéngshì 명 도시 | 下面 xiàmiàn 명 아래 | 哪个 nǎge 대 어느(어떤) 것 | 对 duì 형 옳다

(2) 상세 내용별 핵심 어휘

사물	手表 shǒubiǎo 명 손목시계	桌子 zhuōzi 명 탁자, 책상	盘子 pánzi 명 쟁반	手机 shǒujī 명 핸드폰	雨伞 yǔsǎn 명 우산	电脑 diànnǎo 명 컴퓨터
장소	咖啡厅 kāfēitīng 명 카페	公园 gōngyuán 명 공원	城市 chéngshì 명 도시	图书馆 túshūguǎn 명 도서관	宾馆 bīnguǎn 명 호텔	饭店 fàndiàn 명 호텔, 식당	环境 huánjìng 명 환경	街道 jiēdào 명 큰길, 거리
평가	新鲜 xīnxiān 형 신선하다, 새롭다	安静 ānjìng 형 조용하다, 잠잠하다	舒服 shūfu 형 (몸·마음이) 편안하다	A对B满意 A duì B mǎnyì A는 B에 대해서 만족하다	方便 fāngbiàn 형 편리하다	干净 gānjìng 형 깨끗하다	A离B远/近 A lí B yuǎn/jìn A는 B에서 멀다/가깝다

3 원인이나 목적을 묻는 유형

track 94

원인이나 목적을 묻는 문제는 특히 대사나 접속사에 유의해야 한다. 주로 '为什么, 怎么'나 개사 '为了' 등을 사용하여 질문하는 편이다. 지문 속의 인과 관계를 나타내는 접속사와 '这样' 등의 지시대사를 통해 답과 관련된 내용을 찾을 수 있다.

(1) 질문 방식

- 让他喝酒是为了: 그에게 술을 마시게 하는 것은 무엇을 위해서인가?
- 她为什么着急? 그녀는 왜 조급해 하는가?
- 同学们为什么喜欢南[Nán]老师? 학우들은 왜 남[남] 선생님을 좋아하는가?
- 说话人为什么又来了? 화자는 왜 또 왔는가?

让 ràng 동 ~하게 하다 | 喝 hē 동 마시다 | 酒 jiǔ 명 술 | ★为了 wèile 개 ~를 위하여 | 为什么 wèi shénme 대 왜, 어째서 | ★着急 zháojí 동 조급해하다 | 同学 tóngxué 명 학우 | 喜欢 xǐhuan 동 좋아하다 | 南 Nán 고유 남 [성씨] | 老师 lǎoshī 명 선생님 | 说话人 shuōhuàrén 명 화자 | ★又 yòu 부 또, 다시

(2) 상세 내용별 핵심 어휘

인과 관계	因为A(원인), 所以B(결과) yīnwèi A, suǒyǐ B A이기 때문에 B하다 因为今天是妈妈的生日，所以我买了礼物。 Yīnwèi jīntiān shì māma de shēngrì, suǒyǐ wǒ mǎi le lǐwù. 오늘이 엄마의 생신이기 때문에, 그래서 나는 선물을 샀다.
목적 관계	为了A(목적), B(행위) wèile A, B A하기 위해서 B한다 为了提高成绩，我每天都努力学习。 Wèile tígāo chéngjì, wǒ měi tiān dōu nǔlì xuéxí. 성적을 향상시키기 위해서, 나는 매일 열심히 공부한다. (想)要A(목적), (就)要/应该B(행위) (xiǎng) yào A, (jiù) yào / yīnggāi B A하려고 한다면, (바로) 마땅히 B해야 한다 想要有很多钱，就要认真做事。 Xiǎng yào yǒu hěn duō qián, jiù yào rènzhēn zuòshì. 돈이 많이 있으려면, 성실하게 일을 해야 한다.
전환 관계	虽然A(사실), 但是B(앞절과 반대되는 내용) suīrán A, dànshì B 비록 A하지만, B하다 虽然我喜欢唱歌，但是唱得不太好。 Suīrán wǒ xǐhuan chàng gē, dànshì chàng de bú tài hǎo. 비록 나는 노래 부르는 것은 좋아하지만, 잘 부르지 못한다.
점층 관계	不但A, 而且B búdàn A, érqiě B A할 뿐만 아니라, B하다 这些菜不但很好吃，而且很便宜。 Zhè xiē cài búdàn hěn hǎochī, érqiě hěn piányi. 이 음식들은 맛있을 뿐만 아니라 저렴하다. 除了A(범위)(以)外, 还B(추가되는 범위와 행동) chúle A (yǐ)wài, hái B A외에, B도 ~하다 除了汉语(以)外，他还会说英语。 Chúle Hànyǔ (yǐ)wài, tā hái huì shuō Yīngyǔ. 중국어 외에도, 그는 영어를 말할 수 있다.
조건 관계	只有A(유일 조건), 才B(결과) zhǐyǒu A, cái B A해야만, B이다 只有努力学习，我们才能考上大学。 Zhǐyǒu nǔlì xuéxí, wǒmen cái néng kǎoshàng dàxué. 열심히 공부해야만 우리는 대학에 합격할 수 있다.
가설 관계	如果A(가정), 就B(가정으로 얻어지는 결과) rúguǒ A, jiù B 만약 A라면, B하다 如果明天不下雨，我就去爬山。 Rúguǒ míngtiān bú xiàyǔ, wǒ jiù qù páshān. 만약 내일 비가 안 오면, 나는 바로 등산하러 간다.

(3) 고정격식별 핵심 어휘

A 和 B 不一样 A hé B bù yíyàng	A는 B와 다르다	我的爱好和你的不一样。 Wǒ de àihào hé nǐ de bù yíyàng. 내 취미는 너와 다르다.
A 比 B 好多了 A bǐ B hǎo duō le	A는 B보다 더 좋다	他的身体比以前好多了。 Tā de shēntǐ bǐ yǐqián hǎo duō le. 그의 몸은 전보다 더 좋아졌다.
把 A 拿过来 bǎ A ná guòlai	A를 가져오다	你把那本书拿过来。 Nǐ bǎ nà běn shū ná guòlai. 네가 그 책을 가져와.

배운 내용 점검하기

✦ 다음 문장의 뜻을 써 보세요.

1 我们那儿的环境还可以，很安静，街道也很干净。

2 我刚去河边走了走，那里的草都绿了，树上的小鸟也多了，春天已经到了。

3 这个地方我今年夏天来过一次，在这儿我第一次看到了香蕉树，才知道香蕉长在树上。

해석&어휘

1 우리 거기의 환경은 꽤 괜찮다. 조용하고, 도로도 깨끗하다.
★环境 huánjìng 명 환경 | 还 hái 부 꽤, 그런대로 | 可以 kěyǐ 형 좋다, 괜찮다 | ★安静 ānjìng 형 조용하다 | ★街道 jiēdào 명 거리, 대로 | 也 yě 부 ~도 | ★干净 gānjìng 형 깨끗하다

2 내가 방금 강가에 가서 좀 걸었는데, 그곳의 풀은 벌써 푸르렀고, 나무 위의 새도 많아졌다. 봄이 이미 왔다.
刚 gāng 부 방금 | 河边 hébiān 명 강가 | 走 zǒu 동 걷다 | ★草 cǎo 명 풀 | 都 dōu 부 이미 | ★绿 lǜ 형 푸르다 | ★树 shù 명 나무 | 小鸟 xiǎoniǎo 명 작은 새 | 春天 chūntiān 명 봄 | 已经……了 yǐjīng …… le 이미 ~했다 | 到 dào 동 이르다, 도착하다

3 나는 올해 여름에 이곳에 한 번 와 봤다. 여기에서 바나나 나무를 처음 보았고, 바나나가 나무에서 자라는 것을 비로소 알게 되었다.
★地方 dìfang 명 장소, 곳 | 今年 jīnnián 명 올해 | 夏天 xiàtiān 명 여름 | 过 guo 조 ~한 적이 있다 | 次 cì 양 번, 회 | 在 zài 개 ~에서 | 看到 kàndào 보(이)다 | ★香蕉 xiāngjiāo 명 바나나 | ★才 cái 부 비로소, 이제서야 | 长 zhǎng 동 자라다

STEP 3 실력 다지기

Day 17

1. 虽然手机给我们的生活带来了很大的方便，但长时间使用手机，对我们的身体，特别是眼睛影响极大。

   ★ 长时间用手机，会：
   A 身体健康　　　　B 影响健康　　　　C 提高汉语水平

2. 不少人想学游泳，但又害怕下水，到了河边只是看别人游泳，不敢下水，是不能学会游泳的。只有敢做，才可以学会。

   ★ 根据这段话，怎样才能学会游泳？
   A 要敢下水　　　　B 多喝水　　　　　C 一边看电视一边复习

3. 这家饭馆儿特别有名，来吃饭的人很多。这是因为这家饭馆儿的菜又便宜又好吃，所以人们都愿意来。

   ★ 那家饭馆儿：
   A 菜不贵　　　　　B 菜不好吃　　　　C 对客人要求不高

4. "笑一笑，十年少。"这是中国人经常说的一句话，意思是笑的作用非常大，笑一笑会让人们年轻10岁。我们应经常笑，这样才能让自己不容易变老、更年轻。

   ★ 根据这段话，可以知道：
   A 人应该快乐　　　B 笑能让人不舒服　C 爱笑的人更认真

5. 每年夏季的8月21日，那个城市都会举行"啤酒节"，会有不少国家的人前来参加。啤酒节上，除了喝啤酒以外，那里的歌舞表演更让人难忘，人们还能在那里遇到不少名人。

   ★ 在啤酒节上：
   A 能看电影　　　　B 能看到表演　　　C 共有上百种啤酒

해설서 p.90

6. 想要了解一个人，除了得听他怎么说，还得看他怎么做。

   ★ 了解一个人：

   A 要照顾他　　　　B 要看他怎么做　　　C 不需要听他说什么

7. 小王是今年8月来公司的，虽然时间很短，但是他做事一直特别努力，特别认真，同事们都非常喜欢他。

   ★ 根据这段话，可以知道小王：

   A 爱迟到　　　　　B 总是笑　　　　　　C 参加工作了

8. 虽然工作非常忙，但是我每天还是会找时间去锻炼身体，比如去打篮球或者跑步。周末，我还会和丈夫一起去爬山。

   ★ 关于说话人，可以知道什么？

   A 很热情　　　　　B 经常运动　　　　　C 很少哭

9. 服务员，把菜单拿过来，我们再点三个菜。今天再来一条鱼吧，这家饭馆儿的鱼很不错。

   ★ 那家饭馆儿：

   A 鱼很好吃　　　　B 没有牛肉　　　　　C 肉不新鲜

10. 我叫白明，第一个字是我的姓。中国人的名字和你们国家的不一样，我们的姓是放在前边的，而且一般是一个字。

    ★ 根据这段话，中国人的名字：

    A 姓在前边　　　　B 都比较短　　　　　C 一共两个字

11. 新买的空调比以前那个好多了，它几乎没有声音，不会影响孩子们的休息和学习。

　　★ 新空调怎么样？
　　　A 用电很少　　　B 声音很小　　　C 出现了问题

12. 你手里拿着一件东西不放的时候，那么你就只有这一件东西，如果你可以放开，你就有机会选择别的。

　　★ 放开手中的东西，可以：
　　　A 更了解学生　　B 有更多选择　　C 更相信别人

13. 不同的季节能用不同的颜色来表示，人们用黄色来表示秋季，那春天呢？

　　★ 黄色常被用来表示：
　　　A 夏天　　　　　B 秋天　　　　　C 冬天

14. 听说你这个周末就要离开北京回国了？因为我这个周末不在北京，所以没办法送你去机场了，这个熊猫送给你，欢迎你以后再到北京来。

　　★ 他为什么现在送礼物？
　　　A 担心下雨　　　B 想学汉语　　　C 周末不在北京

15. 她在我生病时照顾过我，在我遇到问题时帮助过我，在我心中，她是我最好的朋友。

　　★ 我遇到问题时，她：
　　　A 很难过　　　　B 身体好　　　　C 帮我解决问题

16. 没事，他哭是因为刚才听到有人在唱《回家》，这让他突然想起了不少过去的事。

　　★ 他为什么哭?
　　　　A 想起了过去　　　B 眼睛不舒服　　　C 不想上班

17. 中国人常说：早饭要吃好，午饭要吃饱，晚饭要吃少。

　　★ 根据这句话，可以知道：
　　　　A 早饭要少吃　　　B 午饭要多吃　　　C 晚饭要吃好

18. 北京的秋天比较短，但是这是北京最好的季节。北京的秋天不热也不冷，下雨的时间也不太多，这时去北京旅游最好。北京的春天也特别漂亮，只是有的时候会经常刮大风。

　　★ 北京的秋天：
　　　　A 很舒服　　　　　B 特别热　　　　　C 不刮风

19. 一年不见，没想到她的变化这么大，比以前高了很多，但是和以前一样的是，她还是那么快乐、热情、喜欢帮助别人。

　　★ 她以前怎么样?
　　　　A 又高又胖　　　　B 容易累　　　　　C 热情、快乐

20. 下了飞机，坐出租车时，我把行李箱放在车箱里了。下车的时候，我忘了拿行李箱，里边有不少重要的东西。但我有出租车票，我相信一定能找到我的行李箱。

　　★ 我的行李箱现在最可能在：
　　　　A 银行　　　　　　B 家　　　　　　　C 出租车上

독해 제3부분

02 주제 파악

Day 36

기초 실력 확인하기 | 다음 문장의 해석이 맞으면 √, 틀리면 ×를 표시하세요!

모범 답안 및 해석 → 본서 p.363

(1) 人们常说：“安全第一。”
사람들은 '안전이 제일이다.'라고 자주 말한다. ☐

(2) 手机让我们的工作方便了很多。
핸드폰은 우리들의 생활을 많이 불편하게 하였다. ☐

STEP 1 유형 파악하기

◆ 자주 나오는 질문을 알아 두면 주제를 묻는 유형인지 아닌지 쉽게 파악할 수 있다. 일반적으로 지문의 첫 문장 또는 마지막 문장이 주제를 담고 있으므로 첫 문장과 마지막 문장을 주의해서 보자.

◆ '所以(그래서), 但是(그러나), 其实(사실은)' 등은 화자가 전하려는 주요 내용을 이끄는 어휘로 일반적으로 그 뒤에 주제 문장이 온다. 핵심 내용을 이끄는 어휘를 공략하자.

◆ 독해, 쓰기 부분에는 여러 분야의 지식과 논설이 출제되지만, 3급에는 출제될 수 있는 내용은 고정적이다. 자주 출제되었던 속담을 알아 둔다면 빠르게 정답을 찾을 수 있다.

● 제3부분 예제

检查是一种能力，当我们写完作业后，如果能养成检查的习惯，那么在考试中就更容易发现错误，并把错误改过来。因此，为了提高自己的学习成绩，不仅要学会改错，更要养成平时多检查的习惯。

★ 这段话想告诉我们什么？

A 写作业要认真　　B 应多改错　　C 检查很重要

检查是一种能力，当我们写完作业后，如果能养成检查的习惯，那么在考试中就更容易发现错误，并把错误改过来。因此，为了提高自己的学习成绩，不仅要学会改错，更要养成平时多检查的习惯。

검토는 하나의 능력이다. 우리가 숙제를 끝낸 후에 검토하는 습관을 기를 수 있다면, 시험에서 훨씬 쉽게 오류를 발견하고 수정할 수 있다. 따라서 자신의 학업 성적을 향상시키기 위해서는 잘못을 고칠 줄 알아야 할 뿐만 아니라 평소에 자주 검토하는 습관을 길러야 한다.

★ 这段话想告诉我们什么?
A 写作业要认真
B 应多改错
C 检查很重要

★ 문장은 우리에게 무엇을 말하고 싶은가?
A 숙제를 열심히 해야 한다
B 오류를 많이 수정해야 한다
C 검토가 중요하다

정답&풀이 C [**养成检查的习惯** 검토하는 습관을 기르다]

지문의 주제를 파악하는 문제이다. 주제를 찾는 문제는 일반적으로 문장 끝에 있는 경우가 많다. 문장 끝에서 '要养成平时多检查的习惯(평소에 자주 검토하는 습관을 길러야 한다)'라고 했으므로, 화자가 우리에게 알려 주고 싶은 것은 보기 중 C '检查很重要(검토가 중요하다)'이다.

★ 检查 jiǎnchá 명 검사 | ★ 种 zhǒng 양 종, 종류 | 能力 nénglì 명 능력 | 当 dāng 개 [바로 그 시간이나 그 장소를 가리킬 때 쓰임] | 写 xiě 동 쓰다 | 完 wán 동 (동사 뒤에서 결과보어로 쓰여) 다하다 | ★ 作业 zuòyè 명 숙제, 과제 [写作业: 숙제를 하다] | 后 hòu 명 (시간상으로) 이후, 뒤, 후, 다음, 나중 | ★ 如果 rúguǒ 접 만일, 만약 [如果A那么B: 만약 A라면, 그렇다면 B하다] | 能 néng 조동 ~할 수 있다, ~해도 된다 | 养成 yǎngchéng 동 습관이 되다, 길러지다 | ★ 习惯 xíguàn 명 습관, 버릇 [养成习惯: 습관을 기르다] | 考试 kǎoshì 동 시험을 치다, 고사를 치다 | 就 jiù 부 곧, 즉시, 바로 [사실을 강조] | ★ 更 gèng 부 더, 더욱, 훨씬 [비교문에 주로 쓰임] | ★ 容易 róngyì 형 ~하기 쉽다, ~하기 일쑤다 | ★ 发现 fāxiàn 동 발견하다, 알아차리다 | 并 bìng 접 또, 그리고, 아울러, 게다가 | 错 cuò 명 실수, 잘못 | 因此 yīncǐ 접 그래서, 이로 인하여, 이 때문에 | ★ 为了 wèile 개 ~를 하기 위하여 [为了+A(목적), B(행위): A하기 위하여 B하다] | ★ 提高 tígāo 동 향상시키다, 높이다, 끌어올리다, 제고하다 | ★ 自己 zìjǐ 대 스스로, 혼자, 자신, 자기 | 学习 xuéxí 명 학습, 공부 | ★ 成绩 chéngjì 명 성적 | 不仅 bùjǐn 접 ~뿐만 아니라 | 要 yào 조동 ~해야 한다 | 学会 xuéhuì 동 배워서 할 수 있게 되다, 습득하다, 배워서 알다 | 平时 píngshí 명 평소, 평상시 | 多 duō 형 많다 | ★ 认真 rènzhēn 형 열심히 하다, 진지하다, 착실하다, 진솔하다, 성실하다 [부사적 용법] | 应 yīng 조동 (마땅히) ~해야 한다 | 很 hěn 부 매우, 대단히, 아주 | ★ 重要 zhòngyào 형 중요하다

STEP 2 내공 쌓기

주요 질문 방식과 자주 출제되는 표현이나 속담 등을 익혀 두면 비교적 쉽게 문제를 풀 수 있다. 단, 보기의 정답이 지문의 주제 문장과 동일한 표현이 아닌 비슷한 표현으로 제시되는 경우도 있으니 주의하자.

1 주요 질문 방식

 track 95

- 说话人认为: 화자는 어떻다고 생각하는가?
- 这段话告诉我们: 이 글이 주로 우리에게 알려 주는 것은?
- 这段话主要想告诉我们: 이 글이 우리에게 알려 주고 싶은 것은?
- 根据这段对话，我们应该: 이 글을 근거로 우리가 마땅히 해야 하는 것은?
- 这句话的意思主要是: 이 말의 주된 의미는?
- 说话人主要是什么意思? 화자의 주된 의미는 무엇인가?

说话人 shuōhuàrén 명 화자 | ★ 认为 rènwéi 동 여기다, 생각하다 | ★ 根据 gēnjù 개 ~에 근거하여 | ★ 应该 yīnggāi 조동 (마땅히) ~해야 한다 | 句 jù 양 마디, 편 [언어·시문을 세는 단위] | 意思 yìsi 명 의미, 뜻

2 자주 출제되는 표현

 track 96

(1) 대다수의 의견을 이끄는 표현

- 很多人 hěn duō rén ≒ 不少人 bù shǎo rén 많은 사람들
- 人们常说 rénmen cháng shuō 사람들이 자주 말하길
- 越来越多的人 yuèláiyuè duō de rén 점점 더 많은 사람들
- 一般来说 yìbān lái shuō 일반적으로 말하자면

(2) 핵심 내용이나 결과를 이끄는 표현

- 但是 dànshì 그러나
- 结果 jiéguǒ 결과적으로
- 所以 suǒyǐ 그래서
- 后来 hòulái 그 후에
- 其实 qíshí 사실은
- 应该 yīnggāi 마땅히 ~해야 한다

(3) 독해에 자주 등장하는 속담 또는 관용어

- 太阳从西边出来了。Tàiyáng cóng xībiān chūlái le. 해가 서쪽에서 뜬다. (믿지 못할 일이다)

- 笑一笑，十年少。Xiào yi xiào, shí nián shào. 웃으면 10년 젊어진다.

- 不怕慢，只怕站。 느린 것을 두려워하지 말고, 멈추는 것을 두려워해라. (꾸준히 하면 무엇이든 이룰 수 있다)
  Bú pà màn, zhǐ pà zhàn.

- 说走就走。Shuō zǒu jiù zǒu. 간다면 간다. (말한 것을 바로 행동에 옮긴다)

- 说得容易做得难。Shuō de róngyì zuò de nán. 말하는 건 쉽지만 하기는 어렵다.

- 有一说一，有二说二。 하나면 하나라고 하고, 둘이면 둘이라고 한다. (진실하게 말한다)
  Yǒu yī shuō yī, yǒu èr shuō èr.

- 经常生气容易使人变老。 자주 화를 내는 것은 사람을 쉽게 늙게 만든다.
  Jīngcháng shēngqì róngyì shǐ rén biàn lǎo.

- 谁笑到最后谁笑得最好。 최후에 웃는 사람이 가장 잘 웃는다. (끝까지 견뎌야 한다)
  Shéi xiào dào zuì hòu shéi xiào de zuì hǎo.

- 饭后百步走，活到九十九。 식후에 100보를 걸으면, 99세까지 산다.
  Fàn hòu bǎi bù zǒu, huó dào jiǔshíjiǔ.

- 三人行必有我师。 세 사람이 지나가면 그 중에 한 사람은 내 스승이다. (어디라도 본받을 만한 것이 있다)
  Sān rén xíng bì yǒu wǒ shī.

- 有多大脚，穿多大鞋。 발 크기에 따라 신발을 신는다. (주제를 알아라)
  Yǒu duō dà jiǎo, chuān duō dà xié.

- 多个朋友多条路。 친구가 있는 만큼 길이 있다. (친구가 많으면 기회와 방법이 많다)
  Duō ge péngyou duō tiáo lù.

- 与人方便，自己方便。 다른 사람에게 편하게 하면 내가 편하다. (남에게 편의를 봐주면, 자신에게 돌아온다)
  Yǔ rén fāngbiàn, zìjǐ fāngbiàn.

- 十年树木，百年树人。 Shí nián shù mù, bǎi nián shù rén.
  10년에 나무를 세우고, 100년에 사람을 세운다. (나무를 키우는 데 10년이 걸리고, 인재를 육성하는 데 100년이 걸린다)
- 病从口入。 Bìng cóng kǒu rù. 병은 입에 들어오는 것으로부터 시작한다. (음식의 위생에 주의해야 한다)
- 一心不能二用。 Yì xīn bù néng èr yòng. 한 마음은 두 군데에 쓸 수 없다. (하나에 전념해야 한다)
- 到什么山上唱什么歌。 어떤 산에 있는지에 따라 어떤 노래를 부른다. (상황에 맞게 행동해야 한다)
  Dào shénme shān shang chàng shénme gē.
- 牛头不对马嘴。 Niú tóu bú duì mǎ zuǐ. 소 머리에는 말의 입이 맞지 않는다. (동문서답하다)

배운 내용 점검하기

✦ 다음 문장의 뜻을 써 보세요.

1 很多人都说："今天工作不努力，明天努力找工作。"

2 人们常说："如果努力，什么都会有的。"

3 "经理，最近店里的客人越来越多，特别是中午，您看要不要多找几个人？"

석&어휘

1 많은 사람들이 모두 '오늘 일을 열심히 하지 않으면, 내일 열심히 일을 찾게 된다.'고 말한다.
说 shuō 동 말하다 | 今天 jīntiān 명 오늘 | 工作 gōngzuò 명 일, 업무 | ★努力 nǔlì 동 노력하다 | 明天 míngtiān 명 내일 | 找 zhǎo 동 구하다, 찾다

2 사람들은 '노력하면 무엇이든 생길 수 있다.'고 자주 말한다.
常 cháng 부 자주 | 会……的 huì …… de ~할 것이다

3 "사장님, 최근 가게 안에 손님이 점점 많아지고 있어요. 특히 정오에요. 사장님이 보시기에 몇 사람을 더 구해야 할까요?"
★经理 jīnglǐ 명 사장 | ★最近 zuìjìn 명 최근 | 店 diàn 명 가게 | ★客人 kèrén 명 손님 | 越来越 yuèláiyuè 부 점점 | ★特别 tèbié 부 특히 | 中午 zhōngwǔ 명 정오 | 您 nín 대 당신, 귀하 | 看 kàn 동 ~라고 보다, ~라고 생각하다 | 找 zhǎo 동 찾다

STEP 3 실력 다지기

1. 这个药几乎没什么作用，他的牙还在疼。他昨天没睡好觉，我很担心会影响他的学习，所以我想带他去医院再检查一下。
   ★ 说话人主要是什么意思？
      A 发烧了　　　　　B 没有选择　　　　　C 要去看医生

2. 出国留学可以提高学生们的能力，对很多年轻人来说是一种锻炼。因为一个人在国外生活，不但要照顾自己，而且还要学着解决自己以前从来没遇到过的问题。
   ★ 这段话主要想告诉我们，去国外留学：
      A 没有问题　　　　B 能锻炼人　　　　　C 需要别人帮忙

3. "你怎么又忘记了？这种药要饭前吃，不能饭后吃，饭后吃会影响药的作用，下次一定要记住。"
   ★ 说话人是什么意思？
      A 吃饱了　　　　　B 没刷牙　　　　　　C 要饭前吃药

4. 爸爸总是为我结婚的事情很着急，但是我觉得自己很年轻，不想那么早结婚。对我来说，现在学习更重要。
   ★ 说话人是什么意思？
      A 工作特别累　　　B 先照顾爸爸　　　　C 还不想结婚

5. 不少人年轻时不懂得时间有多么重要，年老的时候才明白时间是不等人的，但是他们再也没办法回到过去，做他们想做的事情了。
   ★ 这段话告诉我们：
      A 别担心变老　　　B 时间很重要　　　　C 别害怕

해설서 p.100

6. 做蛋糕其实非常简单，如果你有兴趣，我可以教你。你愿意学吗？愿意学的话，我们要先准备水果、糖、鸡蛋、牛奶和面这些东西，然后就可以开始了。

   ★ 说话人认为：
   A 面条儿便宜　　　B 米饭非常贵　　　C 做蛋糕很容易

7. 常生气容易让人变老，所以如果遇到不高兴的事情，我总是会告诉自己："没关系，它们都会过去的，明天是新的一天。"

   ★ 根据这段话，我们应该：
   A 少生气　　　B 少用铅笔　　　C 记住过去

8. 经理，我觉得店里的服务员还是有点儿少，最近来吃饭的客人越来越多，尤其是中午，大家经常忙不过来，您看要不要多找几个人？

   ★ 说话人是什么意思？
   A 工作太累了　　　B 服务员少　　　C 经理要求很高

9. 中国有句话叫"不怕慢，只怕站"。意思是走得慢没关系，就怕站着不走。只要一步一步地走下去，走得再慢也能走到想去的地方。

   ★ 这段话主要想告诉我们：
   A 走得快很重要　　　B 要敢想敢做　　　C 要不断地努力

10. 不要让你的孩子爱上电视。如果不看电视，他会做什么呢？他可能在读书、运动或者和其他孩子玩儿，这些都比长时间坐在电视前好得多。

    ★ 这段话主要想告诉我们，不应让孩子：
    A 玩儿　　　B 长时间看电视　　　C 坐着看书

제1부분 제시된 단어 배열해 문장 완성하기
제2부분 빈칸 위에 한어병음을 보고 알맞은 한자 쓰기

저자 특강

• 출제 경향 •

제1부분
동사술어문, 형용사술어문, 특수 구문(把/被/比자문), 정도보어문, 연동문, 겸어문, 존현문이 자주 출제되고 있으며, 최근 출제 난이도가 점점 높아지고 있다.

제2부분
명사의 출제 빈도가 가장 높으며 동사, 형용사도 매번 빠지지 않고 출제되고 있다. 주로 일상과 관련된 단어들이 많이 나오며, 술어와 목적어의 호응 관계를 통해 정답을 찾을 수 있는 문제가 많이 출제된다.

• 문제 풀이 비법 •

제1부분 | 중국어의 기본 어순과 특수 구문 어순을 파악하자.
중국어의 기본 어순과 특수 구문들의 어순을 파악하고 있어야 한다. 제시된 단어 중 제일 먼저 술어를 파악하는 것이 중요하다. 술어를 고른 후, 이와 어울리는 주어와 목적어를 배열하면 좀 더 쉽게 문장을 만들 수 있다.

제2부분 | 단어의 한어병음과 성조를 정확하게 외우자.
한어병음과 성조를 보고 단어를 적어야 하기 때문에 평소에 단어를 외울 때 한어병음과 성조를 정확하게 외워야 한다. 비슷한 한자나 발음을 가지고 있는 단어들은 확실하게 익혀서 혼동하지 않는 것이 중요하다.

쓰기 공부 비법 문장의 기본 구조를 익힌 후, 다양한 문장 구조를 파악하자!

쓰기 제1부분
첫걸음 품사와 문장 성분

Day 01

기초 실력 확인하기 | 도식에 정리된 내용에 관해 얼마나 상세히 알고 있는지 스스로 확인해 보세요.

STEP 1 출제경향 및 비법

◆ 중국어 어법의 기본이자 핵심인 '품사'와 '문장 성분'은 문장의 어순을 결정하는 중요한 핵심 요소이다. 품사와 문장 성분을 완벽하게 익혀 두면, 3급은 물론 중국어 어법의 기초를 확실히 다질 수 있다.

◆ 문장 구조는 '술어'에 따라 결정된다. 문장 구성의 핵심은 술어이므로, 술어를 먼저 찾아야 정답이 보인다.

◆ 단어 앞뒤에 오는 어휘가 무엇인지, 어느 위치에 오는지, 어순을 결정 짓는 '포인트'에 집중하자. 이를 찾아 먼저 배열하면 빠르고 정확하게 정답을 찾을 수 있다.

STEP 2 내공 쌓기

1 품사

품사란 단어를 기능·형태·의미 등에 따라 공통된 성질끼리 모아 분류한 것이다. 단어는 품사에 따라 문장에서의 역할이 결정되므로, 문장을 올바르게 배열하는 쓰기 제1부분을 풀기 위해서는 반드시 품사를 구분할 줄 알아야 한다. 품사는 일반적으로 '~사'로 끝난다. 각 품사의 특징을 정확하게 익혀 보자.

(1) 명사

사람, 사물의 명칭을 나타내는 단어이다. 나타내는 대상에 따라 일반명사, 고유명사, 시간명사, 장소명사, 방위명사 등으로 분류된다.

| 问题 wèntí 문제 | 中国 Zhōngguó 중국 | 昨天 zuótiān 어제 |
| 学校 xuéxiào 학교 | 东 dōng 동쪽 | |

(2) 대사 [=대명사]

명사를 대신하는 단어를 말하며, 대사는 인칭대사, 지시대사, 의문대사로 분류된다.

| 我 wǒ 나 | 这 zhè 이 | 什么 shénme 무엇 |

(3) 동사 ✦

동작, 행위, 존재, 감정, 소유, 변화 등을 나타내는 단어로 목적어를 가질 수 있다.

| 说 shuō 말하다 | 在 zài 존재하다 | 爱 ài 사랑하다 |

(4) 조동사 [=능원동사]

바람, 당위, 가능, 허가 등의 의미를 나타내는 단어로 문장에서 부사어로 쓰인다.

| 想 xiǎng ~하고 싶다 | 要 yào ~하려고 하다 | 会 huì ~할 수 있다 |

보통 단독으로 쓰이지 않고, 동사 앞에 쓰여 동사의 의미를 보충하는 역할을 한다.

我**想**回家。 나는 집에 가고 싶다.   我**会**说英语。 나는 영어를 말할 수 있다.

回家 huí jiā 집으로 돌아가다 | 英语 Yīngyǔ [고유] 영어

(5) 형용사 ✦

사람, 사물 등의 성질이나 상태를 나타내는 단어이다.

| 好 hǎo 좋다 | 贵 guì 비싸다 | 漂亮 piàoliang 예쁘다 |
| 聪明 cōngming 똑똑하다 | | |

(6) 수사

수량이나 순서를 나타내는 단어로, 양사 앞에 쓰인다.

| 零 líng 0, 영 | 三十 sānshí 30, 삼십 | 百 bǎi 100, 백 |
| 千 qiān 1000, 천 | | |

(7) 양사

사람, 사물의 수를 세는 단위를 나타내는 단어이다.

| 个 ge 개 | 本 běn 권 | 次 cì 번 |
| 件 jiàn 벌 | 些 xiē 약간, 조금 | 点 diǎn 시 |

양사는 일반적으로 '수사 + 양사'의 형태로 쓰이며, 세는 대상에 따라 명사 앞이나 동사 뒤에 위치한다.

一**本**书 yì běn shū 책 한 권
　명량사

看一**次** kàn yí cì 한 번 보다
　　동량사

양사가 지시대사와 함께 있을 때는 '지시대사 + 수사 + 양사 + 명사' 순으로 쓰인다.

这　两　**本**　书　zhè liǎng běn shū 이 두 권의 책
지시대사 수사 양사 명사

(8) 부사 ✦

동사나 형용사 앞에 쓰여, 정도, 시간, 부정, 빈도, 상태, 어기, 범위 등을 나타내는 단어이다.

| 不 bù ~가 아니다 | 已经 yǐjīng 이미 | 很 hěn 매우 |
| 又 yòu 또, 다시 | 一共 yígòng 모두, 전부 | |

(9) 개사 [=전치사] ✦

동작의 시간이나 장소, 방향, 대상, 원인, 방식, 피동, 비교 등을 나타낸다.

| 在 zài ~에서 | 比 bǐ ~에 비해, ~보다 | 往 wǎng ~쪽으로 |
| 对 duì ~에 대하여 | 从 cóng ~에서, ~로부터 | |

개사는 단독으로 쓰이지 않고, 보통 '개사 + 명사/대사'의 형태로 동사나 형용사 앞에 쓰인다.

在学校学习 학교에서 공부하다　　　　**比**她漂亮 그녀보다 예쁘다

学校 xuéxiào 몡 학교 | 学习 xuéxí 동 공부하다 | 漂亮 piàoliang 형 예쁘다

(10) 접속사 ✦

단어와 단어, 구와 구, 절과 절, 문장과 문장을 연결해 주는 단어이다.

| 和 hé ~와 | 虽然 suīrán 비록 | 但是 dànshì 그러나 |
| 因为 yīnwèi 왜냐하면 | 所以 suǒyǐ 그래서 | |

접속사는 둘 이상의 어휘가 호응하여 쓰이는 경우가 많다.

虽然汉语很难，**但是**我喜欢学汉语。 비록 중국어는 어렵지만, 그러나 나는 중국어 공부하는 것을 좋아한다.

汉语 Hànyǔ 고유 중국어 | ★难 nán 형 어렵다 | 喜欢 xǐhuan 동 좋아하다 | 学 xué 동 배우다

(11) **조사**

스스로는 구체적인 의미를 갖지 않으나, 동작의 상태, 어법 관계 등을 나타내거나 문장의 어기(분위기)를 강조하는 역할을 한다. 조사에는 구조조사, 동태조사, 어기조사가 있다.

① **구조조사**

중심어 앞에 쓰여, 어법 관계를 나타내는 조사를 말한다. '的 de(~의)' '地 de(~하게)' '得 de(~하는 게, ~한)'가 있다.

姐姐**的**衣服 언니의 옷   慢慢**地**走 천천히 가   写**得**很快 쓰는 게 빠르다

② **동태조사**

동사 뒤에 쓰여, 동작의 상태를 나타내는 조사로, '了 le(~했다)' '着 zhe(~하고 있다)' '过 guo(~한 적 있다)'가 있다.

说**了** 말했다   看**着** 보고 있다   去**过** 가 본 적 있다

③ **어기조사**

문장 끝에 쓰여, 화자의 심정, 태도 등 말의 분위기를 나타내는 조사이다. '啊 a(감탄)' '吗 ma(의문)' '吧 ba(추측·권유·청유)' '了 le(변화)' 등이 있다.

多好**啊**！ 얼마나 좋은가!   知道**吗**？ 아니?   不是**吧**。 아니겠지.
太好**了**！ 너무 좋다!

姐姐 jiějie 명 언니, 누나 | 衣服 yīfu 명 옷 | 慢慢 mànmàn 천천히 | 走 zǒu 동 가다, 걷다 | 写 xiě 동 쓰다 | 快 kuài 형 빠르다 | 看 kàn 동 보다 | 知道 zhīdào 동 알다, 이해하다 | 太 tài 부 너무, 매우

(12) **감탄사**

누군가를 부르거나 대답, 감탄, 응답 등을 나타내는 단어이다. 보통 단독으로 문장 앞에 쓰인다.

喂 wéi (전화상에서) 여보세요   啊 ā 와!, 아![찬탄을 나타냄]
    wèi (사람을 부를 때) 어이, 야

(13) **의성사 [=상성어]**

사물이나 사람, 자연에서 나는 소리를 흉내낸 단어이다.

哈哈 hāhā 하하[웃음소리]   乒乓 pīngpāng 툭툭[물건이 부딪히는 소리]

2 문장 성분

'문장 성분'이란 문장을 구성하는 역할에 따라 독립적인 성분으로 이루어진 단어나 구를 분류한 것으로 문장 성분은 '~어'로 끝난다. 중국어 문장은 일반적으로 '주어 + 술어 + 목적어'의 어순으로 이루어져 있으며, 나머지 관형어, 부사어, 보어는 주요 문장 성분의 의미를 보충해 주는 역할을 한다.

(1) 주어

행동이나 상태의 주체가 되는 성분으로, 술어 앞에 위치하며, 일반적으로 문장 앞쪽에 위치한다. 일반적으로 명사와 대사가 주어 역할을 한다.

妹妹是老师。 여동생은 선생님이다. → 명사가 주어인 경우

他是我的朋友。 그는 내 친구이다. → 대사가 주어인 경우

妹妹 mèimei 몡 여동생 | 老师 lǎoshī 몡 선생님 | 朋友 péngyou 몡 친구

(2) 술어 ✦

주어의 행동이나 상태 등을 서술하는 성분으로, 주어 뒤에 위치한다. 주로 동사와 형용사가 술어 역할을 하며, 간혹 대사, 명사, 수사도 술어가 될 수 있다.

姐姐最近**学**汉语。 언니는 요즘 중국어를 공부한다. → 동사가 술어인 경우

我的弟弟很**可爱**。 나의 남동생은 귀엽다. → 형용사가 술어인 경우

今天**星期天**。 오늘은 일요일이다. → 명사가 술어인 경우

★ 最近 zuìjìn 몡 최근 | 弟弟 dìdi 몡 남동생 | ★ 可爱 kě'ài 혱 귀엽다 | 今天 jīntiān 몡 오늘 | 星期天 xīngqītiān 몡 일요일

(3) 목적어

동작이나 행동의 대상을 나타내는 성분으로, 동사 뒤에 쓰이며, 일반적으로 문장 뒤쪽에 위치한다. 일반적으로 명사와 대사가 목적어 역할을 하나, 동사(구), 형용사(구), 주술구 등도 목적어가 될 수 있다. 단, 술어가 형용사일 경우에는 목적어를 쓰지 않는다.

爸爸经常去**公园**。 아빠는 자주 공원에 가신다. → 명사가 목적어인 경우

我想见**她**。 나는 그녀를 만나고 싶다. → 대사가 목적어인 경우

姐姐喜欢**看电视**。 언니는 TV 보는 것을 좋아한다. → 동사구가 목적어인 경우

我觉得**他很聪明**。 나는 그가 똑똑하다고 생각한다. → 주술구가 목적어인 경우

★ 经常 jīngcháng 부 자주 | ★ 公园 gōngyuán 몡 공원 | 想 xiǎng 조동 ~하고 싶다 | 见 jiàn 동 만나다, 보다 | 电视 diànshì 몡 TV, 텔레비전 | 觉得 juéde 동 ~라고 생각하다 | ★ 聪明 cōngming 혱 똑똑하다

(4) 관형어 [=한정어]

주어나 목적어를 수식하고 제한하는 성분으로, 그 대상의 소속, 성질, 수량 등을 나타낸다. 주로 주어나 목적어 앞에 위치한다. 관형어로는 명사, 대사, 수량사, 형용사(구), 동사(구) 등이 쓰이며, 일반적으로 '관형어 + (的) + 중심어'의 형태로 쓰인다.

今天的报纸 오늘의 신문 → 명사가 관형어인 경우

两个鸡蛋 달걀 두 개 → 수사+양사가 관형어인 경우

今天 jīntiān 몡 오늘 | 报纸 bàozhǐ 몡 신문 | 两 liǎng 수 2, 둘 | 鸡蛋 jīdàn 몡 달걀

> **수식을 받는 '중심어'**
> 관형어 및 부사어의 수식을 받는 대상을 '중심어'라고 한다.
>
> **昨天的工作** zuótiān de gōngzuò 어제의 업무
> 관형어 + 的 + 중심어[주어/목적어]
>
> **已经到了** yǐjīng dào le 이미 도착했다
> 부사어 + 중심어[술어] + 了

(5) 부사어 [=상어, 상황어] ✦

술어 또는 문장을 수식하여 시간, 장소, 정도, 상태, 방식 등을 나타내는 성분으로, 일반적으로 문장이나 술어 앞에 위치한다. 부사어로는 부사, 조사, 개사구, 동사, 형용사, 대사, 시간명사, 장소명사 등이 쓰이며, 형용사가 쓰일 경우, 보통 뒤에 구조조사 '地'가 쓰인다.

我们**都**喜欢运动。 우리는 모두 운동을 좋아한다. → 부사가 부사어인 경우

我**要**做作业。 나는 숙제를 해야 한다. → 조동사가 부사어인 경우

我**从昨天**开始学汉语了。 나는 어제부터 중국어를 공부하기 시작했다. → 개사구가 부사어인 경우

弟弟**高兴**地走了。 동생은 기쁘게 걸어갔다. → 형용사가 부사어인 경우

부사어는 여러 어휘와 함께 쓰일 경우, 보통 '부사 + 조동사 + 개사구 + 동사'의 순서로 쓰인다.

　　　　　　부사+조동사+개사(구)
他**不想在家**吃饭。 그는 집에서 밥을 먹고 싶지 않다.
　　　부사어

都 dōu 튄 모두 | **运动** yùndòng 뗑 운동 | **做** zuò 동 하다 | ★**作业** zuòyè 뗑 숙제 | **昨天** zuótiān 뗑 어제 | **开始** kāishǐ 동 시작하다 | **高兴** gāoxìng 혱 기쁘다, 즐겁다

(6) 보어 ✦

상황, 결과, 정도, 가능, 수량, 방향 등을 보충 설명하는 성분으로, 술어 뒤에 위치한다. 보어로는 동사, 형용사(구), 부사, 수량사, 개사구 등이 쓰인다.

吃**完**了 다 먹었다 → 동사가 보어인 경우 [결과보어]

做**好**了 다 잘했다 → 형용사가 보어인 경우 [결과보어]

看了**一个小时** 한 시간 동안 봤다 → 수사+양사가 보어인 경우 [수량보어]

完 wán 동 (동사 뒤에 보어로 쓰여) 다하다, 끝내다 | **好** hǎo 혱 [동사 뒤에 쓰여 동작이 완성되었거나 잘 마무리되었음을 나타냄] | **小时** xiǎoshí 뗑 시간

3 중국어 문장의 기본 어순

(1) 기본 어순

중국어 문장은 기본적으로 '주어 + 술어 + 목적어'의 어순으로 이루어져 있다. 여기에 주어나 목적어를 꾸며 주는 '관형어', 술어를 꾸며 주는 '부사어', 술어를 보충해 주는 '보어' 등의 문장 성분이 더해지면 일반적으로 다음 문장과 같은 어순이 된다. 각 품사와 문장 성분이 어떤 순서로 위치하는지 정리해 보자.

대사+조사	명사	부사	동사	동사	명사+조사	명사+조사
我的	姐姐	已经	做	完	今天的	工作了。
관형어+的	주어	부사어	술어	보어	관형어+的	목적어+了

나의 언니는 오늘의 업무를 이미 다했다.

已经……了 yījīng …… le 이미 ~했다 | 工作 gōngzuò 명 일, 업무

(2) 부사어와 관형어의 어순

① 부사어 기본 어순

高兴地说 즐겁게 말한다
부사어+(地)+술어

② 관형어 기본 어순

我的书 나의 책
관형어+(的)+주어/목적어

③ 보어의 기본 어순

说得很好 말을 잘한다
술어+(得)+보어

 품사와 문장 성분을 완벽히 외울 필요는 없다. 문제를 풀 때 이해할 수 있을 정도로만 알아 두자.

배운 내용 점검하기

1 **품사**: 단어를 기능, 형태, 의미 등에 따라 공통된 성질끼리 모아 분류한 것
   동사, 형용사, 명사, 대사, 수사, 양사, 부사, 조동사, 개사, 접속사, 조사, 감탄사, 의성사

2 **문장 성분**: 문장을 구성하는 역할에 따라 독립적인 성분으로 이루어진 단어나 구를 분류한 것
   • 문장 구성의 기본 성분: 주어, 술어, 목적어
   • 꾸며 주는 역할을 하는 성분: 관형어, 부사어, 보어

3 **중국어 문장의 기본 어순**
   중국어 문장은 기본적으로 '주어 + 술어 + 목적어'의 어순으로 이루어지며, 일반적으로 '관형어'는 주어나 목적어 앞에, '부사어'는 술어 앞, '보어'는 술어 뒤에 위치해 의미를 보충해 준다.

대사+조사	명사	부사	동사	동사	명사+조사	명사+조사
我的	姐姐	已经	做	完	今天的	工作了。
관형어+的 +	주어 +	부사어 +	술어 +	보어 +	관형어+的 +	목적어 +了

STEP 3 실력 다지기

Day 01

주어진 문장의 위에는 단어 각각의 '품사'를, 아래에는 '문장 성분'을 적어 보세요.

1. 我经常去公园。

2. 我的手机非常大。

3. 我认识那个人。

4. 我想跟她吃饭。

5. 我看完两本书了。

▶ 해설서 p.105

01 동사

쓰기 제1부분

Day 02

기초 실력 확인하기 | 도식에 정리된 내용에 관해 얼마나 상세히 알고 있는지 스스로 확인해 보세요.

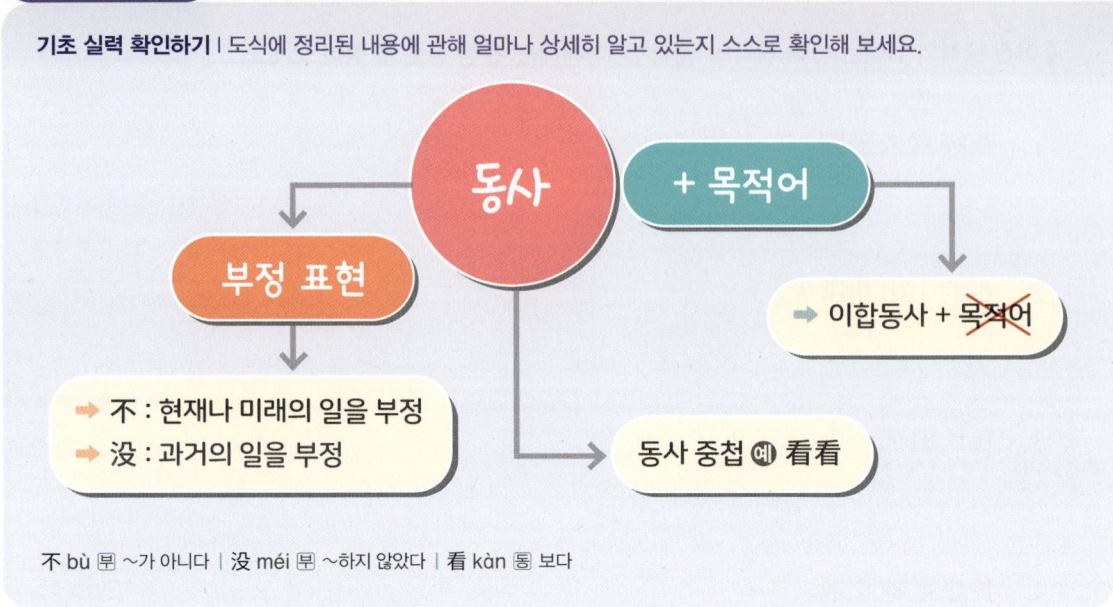

不 bù 튄 ~가 아니다 | 没 méi 튄 ~하지 않았다 | 看 kàn 동 보다

STEP 1 유형 파악하기

◆ 쓰기 제1부분에 출제되는 문장의 동사는 대부분 술어 역할을 하므로, 동사를 먼저 찾아 술어인지 확인하면 빠르게 문장을 배열할 수 있다.

◆ 많은 동사가 목적어를 가지므로, 함께 쓰이는 짝꿍 목적어를 같이 익혀 두면 문장 순서를 쉽게 찾을 수 있다.

◆ 일부 동사는 2개의 목적어를 취하거나, '주어 + 술어 + 목적어' 형태의 문장이 목적어로 쓰인다. 이런 동사들이 취하는 목적어나 문장 구조를 익혀야 빠르게 문장 배열을 할 수 있다.

● 제1부분 예제

| 你的杯子 | 我的包里 | 在 |

정답&풀이 [A(사람/사물) + 在 + B(장소) A는 B에 있다]
대사+조사+명사 　동사　 대사+조사+명사+명사
你的杯子　　在　　我的包里。 당신의 컵은 내 가방에 있다.
관형어+的+주어　술어　관형어+的+목적어

174 쓰기 제1부분

STEP 1 여기에서 '在'는 동사로 '~에 있다'라는 뜻의 술어로 쓰였다.

STEP 2 사물인 '你的杯子'가 주어이고 '在' 뒤에는 장소를 나타내는 어휘가 와야 하므로 '我的包里'가 위치한다.

杯子 bēizi 명 잔, 컵 | 在 zài 동 ~에 있다 | ★ 包 bāo 명 가방 | 里 li 명 안, 속, 가운데, 내부 [명사 뒤에 붙어 일정한 공간·시간·범위를 나타냄]

STEP 2 내공 쌓기

1 동사의 종류

동사는 동작, 존재, 감정, 판단, 변화 등을 나타내며, 의미에 따라 각각의 특징을 갖는다. 일반적으로 목적어를 가지며, 취하는 목적어에 따라 문장 형태가 다르므로, 구분해서 익혀야 한다.

(1) 의미에 따른 분류

동사는 여러 의미를 나타내며, 크게 '동작동사' '심리활동동사', '관계동사'로 분류할 수 있다.

① **동작동사**

동작이나 행위를 나타내는 동사이며, 보통 명사나 대사를 목적어로 취한다.

| 穿 chuān 입다 | 吃 chī 먹다 | 拿 ná 들다, 가지다 |

她经常穿衬衫。 그녀는 자주 셔츠를 입는다.

他每天早上吃苹果。 그는 매일 아침 사과를 먹는다.

★ 经常 jīngcháng 부 자주 | ★ 衬衫 chènshān 명 셔츠, 블라우스 | 每天 měi tiān 명 매일 | 早上 zǎoshang 명 아침 | 苹果 píngguǒ 명 사과

- 看 kàn 보다
- 写 xiě 쓰다
- 喝 hē 마시다
- 做 zuò 하다, 만들다
- 买 mǎi 사다, 구매하다
- 用 yòng 사용하다, 쓰다
- 玩儿 wánr 놀다
- 还 huán 반납하다, 돌려주다

- 换 huàn 바꾸다
- 接 jiē 마중하다
- 拿 ná 들다, 가지다
- 带 dài 챙기다
- 画 huà (그림을) 그리다
- 借 jiè 빌리다, 빌려주다
- 笑 xiào 웃다

- 搬 bān 옮기다, 이사하다
- 学习 xuéxí 공부하다
- 复习 fùxí 복습하다
- 参加 cānjiā 참가하다
- 照顾 zhàogù 돌보다
- 打扫 dǎsǎo 청소하다
- 解决 jiějué 해결하다

② **심리활동동사**

기분, 심리 상태를 나타내는 동사로, 정도부사의 수식을 받을 수 있다.

| 爱 ài 사랑하다 | 喜欢 xǐhuan 좋아하다, 즐기다 | 相信 xiāngxìn 믿다 |

01 동사 175

妈妈非常爱我们。 엄마는 우리를 매우 사랑하신다.
同学们都很喜欢南老师。 반 친구들은 모두 남[남] 선생님을 매우 좋아한다.

非常 fēicháng 튀 매우 | 同学 tóngxué 명 학우, 반 친구 | 都 dōu 튀 모두, 다 | 南 Nán 고유 남 [성씨] | 老师 lǎoshī 명 선생님

- 希望 xīwàng 바라다
- 关心 guānxīn 관심을 갖다
- 生气 shēngqì 화내다
- 相信 xiāngxìn 믿다
- 担心 dānxīn 걱정하다
- 害怕 hàipà 무서워하다

③ 관계동사

문장에서 주어와 목적어 사이의 관계를 나타내는 동사로, 일반적으로 동사 뒤에 동태조사 '了, 着, 过'가 오지 않는다.

| 是 shì ~이다 | 有 yǒu ~를 가지고 있다 | 叫 jiào ~라고 부르다 |

我是大学生。 나는 대학생이다.　　　　　　　我是了大学生。(×)
我有一只小狗。 나는 강아지 한 마리가 있다.

大学生 dàxuéshēng 명 대학생 | ★只 zhī 양 마리 [동물을 세는 단위] | 小狗 xiǎogǒu 명 강아지

(2) 목적어에 따른 분류

① 동사·형용사·절 등을 목적어로 갖는 동사

일부 동사는 명사, 동사(구), 형용사(구), 절 등 여러 형태의 목적어를 취한다.

女孩儿们都喜欢吃蛋糕。 여자아이들은 모두 케이크 먹는 것을 좋아한다.
我觉得这个面包很好吃。 나는 이 빵이 맛있다고 생각한다.

女孩儿 nǚháir 명 여자아이 | ★蛋糕 dàngāo 명 케이크 | ★面包 miànbāo 명 빵 | 好吃 hǎochī 형 맛있다

- 觉得 juéde ~라고 생각하다
- 喜欢 xǐhuan ~하기 좋아하다
- 准备 zhǔnbèi 준비하다
- 打算 dǎsuàn 계획하다
- 希望 xīwàng 희망하다
- 需要 xūyào 필요하다
- 决定 juédìng 결정하다
- 开始 kāishǐ 시작하다
- 记得 jìde 기억하고 있다
- 同意 tóngyì 동의하다
- 祝 zhù 축하하다

② 2개의 목적어를 가질 수 있는 동사　　술어(동사) + 간접목적어(사람) + 직접목적어(사물)

주거나 받는 등의 의미를 나타내는 일부 동사는 '동사 + 간접목적어 + 직접목적어'의 형태로 2개의 목적어를 가질 수 있다. 보통 첫 번째 목적어(간접목적어)에는 사람이, 두 번째 목적어(직접목적어)에는 사물이 온다.

送书 책을 선물하다　　　朋友送了我一本书。 친구는 나에게 책 한 권을 선물해 줬다.
借地图 지도를 빌리다　　哥哥借过我一张地图。 형은 나에게 지도를 한 장 빌린 적이 있다.

书 shū 명 책 | 朋友 péngyou 명 친구 | 本 běn 양 권 [책을 세는 단위] | ★地图 dìtú 명 지도 | ★哥哥 gēge 명 형, 오빠 | 过 guo 조 ~한 적이 있다 | ★张 zhāng 양 장 [종이나 가죽 등을 세는 단위]

- 送 sòng 선물하다
- 借 jiè 빌리다, 빌려주다
- 问 wèn 물어보다
- 告诉 gàosu 알려 주다

③ 목적어를 갖지 않는 동사(이합동사) ✦

이합동사는 '술어(동사) + 목적어(명사)'의 구조로 이루어진 동사로, 뒤에 목적어를 갖지 않는다. 따라서 행동의 대상을 나타내려면 개사와 함께 술어 앞에 쓰거나 이합동사 사이에 위치한다.

帮忙 돕다		
帮妈妈忙	给妈妈帮忙 엄마를 도와드리다	帮忙妈妈 (✕)

见面 만나다		
见朋友面	和朋友见面 친구와 만나다	见面朋友 (✕)

给 gěi 개 ~에게 | 和 hé 개 ~와 | 朋友 péngyou 명 친구

- 上网 shàngwǎng 인터넷하다
- 聊天儿 liáotiānr 이야기하다
- 结婚 jiéhūn 결혼하다
- 跑步 pǎobù 뛰다
- 刷牙 shuāyá 양치질하다
- 上班 shàngbān 출근하다
- 生病 shēngbìng 병에 걸리다
- 说话 shuōhuà 말을 하다
- 跳舞 tiàowǔ 춤을 추다
- 起床 qǐchuáng 일어나다
- 游泳 yóuyǒng 수영하다
- 上课 shàngkè 수업하다
- 生气 shēngqì 화내다
- 请假 qǐngjià 휴가를 신청하다
- 见面 jiànmiàn 만나다
- 帮忙 bāngmáng 도와주다
- 散步 sànbù 산보하다
- 洗澡 xǐzǎo 샤워하다
- 留学 liúxué 유학하다
- 发烧 fāshāo 열이 나다
- 睡觉 shuìjiào 잠을 자다

> **tip** 이합동사에 쓰이는 '的'
> 이합동사 중간에 쓰이는 행동의 대상에 문장 형태를 분명하게 알려 주기 위해, 의미 변화 없이 '的'가 쓰이기도 한다.
> 帮妈妈的忙 bāng māma de máng 엄마를 돕다
> 见朋友的面 jiàn péngyou de miàn 친구와 만나다

2 동사의 특징 ✦

(1) 동사는 목적어를 취할 수 있다.   동사 + 목적어 ✦

일반적으로 동사는 명사나 대사를 목적어로 취하며, 일부 동사는 동사나 형용사, 문장 등을 목적어로 취할 수 있다.

介绍朋友 친구를 소개하다   打算回国 귀국할 계획이다

介绍 jièshào 동 소개하다 | 回国 huí guó 귀국하다

(2) 동사는 부사어의 수식을 받을 수 있다.   부사어 + 술어(동사)

동사는 부사, 조동사, 개사(구) 등의 수식을 받아, 동작의 묘사, 시간, 장소, 범위 등을 나타낼 수 있다.

经常聊天儿 자주 이야기하다   不睡觉 잠을 자지 않다

(3) 심리활동동사는 정도부사의 수식을 받을 수 있다. `정도부사 + 심리활동동사`

일반적으로 동사는 정도부사의 수식을 받을 수 없지만, 심리활동동사는 정도부사의 수식을 받을 수 있다.

特别喜欢 특히 좋아하다   非常生气 대단히 화가 나다   非常写 (✕)

★ 特别 tèbié 〖부〗 특히, 아주

(4) 동사는 뒤에 위치한 보어의 수식을 받을 수 있다. `술어(동사) + 보어`

보어는 동작의 결과, 방향, 가능 여부, 시간 등을 나타내며, 일반적으로 동사, 형용사, 개사구, 수량사 등이 보어로 쓰인다.

写完了 다 썼다   洗干净了 깨끗이 씻었다   放在桌子上了 책상에 놓았다

学了一个月了 한 달째 공부하고 있다

完 wán 〖동〗 (동사 뒤에 보어로 쓰여) 다하다, 끝내다 | 洗 xǐ 〖동〗 씻다 | ★ 干净 gānjìng 〖형〗 깨끗하다 | 放 fàng 〖동〗 놓다 | 在 zài 〖개〗 ~에서 | 桌子 zhuōzi 〖명〗 책상 | 学 xué 〖동〗 배우다 | 月 yuè 〖명〗 월, 달

(5) 동사는 동태조사로 완료, 지속, 경험을 나타낼 수 있다. `동사 + 了/着/过`

동사는 뒤에 동태조사 '了' '着' '过'를 사용하여 완료, 지속, 경험을 나타낼 수 있다.

洗了 씻었다 | 明白了 이해했다 → 완료를 나타냄

看着 보고 있는 중이다 | 说着话呢 말을 하고 있는 중이다 → 지속을 나타냄

学过汉语 중국어를 배운 적이 있다 | 去过北京 베이징에 가 본 적이 있다 → 경험을 나타냄

★ 明白 míngbai 〖동〗 알다, 이해하다 | 汉语 Hànyǔ 〖고유〗 중국어 | 北京 Běijīng 〖고유〗 베이징

3 동사의 중첩

일부 동사는 중첩하여 '시도해 보다', '좀 ~하다' 등 행동이 짧은 시간에 발생했음을 나타내거나 시도, 바람, 완화의 어기 등의 의미를 나타낼 수 있다. '동사 + 一下'와 같은 의미를 가지며, 보통 두 번째 동사는 가볍게 경성으로 읽는다.

1음절 동사 중첩	A → A(一)A	看看 kànkan = 看一看 kàn yi kàn 좀 보다 听听 tīngting = 听一听 tīng yi tīng 좀 듣다
2음절 동사 중첩	AB → ABAB	介绍介绍 jièshào jièshào 소개해 보다, 좀 소개하다 了解了解 liǎojiě liǎojiě 좀 알아보다
이합동사 중첩	AB → AAB	说说话 shuōshuōhuà 말을 좀 하다 聊聊天儿 liáoliáotiānr 좀 이야기하다

听 tīng 〖동〗 듣다 | ★ 了解 liǎojiě 〖동〗 이해하다

배운 내용 점검하기

1 동사는 동작·감정·관계 등을 나타내는 어휘로, 목적어를 취할 수 있다. 介绍朋友
2 이합동사 등 일부 동사는 목적어를 취할 수 없다. 和朋友见面 (O)   见面朋友 (X)
3 심리활동동사 외에 동사들은 정도부사의 수식을 받을 수 없다. 特别喜欢 (O)   非常写 (X)
4 동태조사(了/着/过)를 붙여서 완료, 지속, 경험을 표현할 수 있다. 洗了 | 看着 | 学过

STEP 3 실력 다지기

Day 02

1. 我   带   忘了   钱包

2. 游泳   爸爸周末下午   去   经常

3. 您   祝   健康   身体

4. 睡觉   早点儿   周末我   打算

5. 送女朋友   一个   他想   礼物

▶ 해설서 p.106

02 형용사

쓰기 제1부분
Day 03

기초 실력 확인하기 | 도식에 정리된 내용에 관해 얼마나 상세히 알고 있는지 스스로 확인해 보세요.

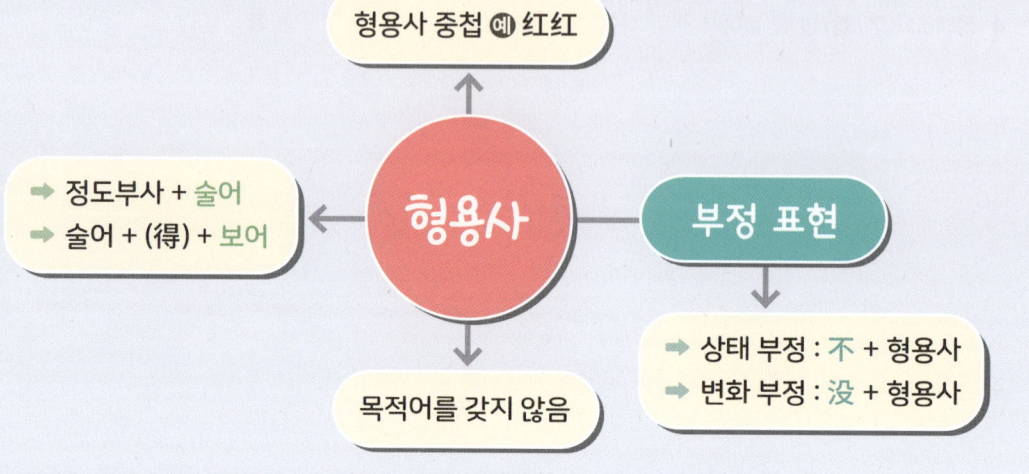

红 hóng 형 붉다, 빨갛다 | 得 de 조 [동사나 형용사 뒤에 쓰여 결과나 정도를 나타내는 보어를 연결함] | 不 bù 부 ~가 아니다 | 没 méi 부 ~하지 않았다

STEP 1 유형 파악하기

◆ 최근 쓰기 제1부분에 형용사술어문의 출제 빈도가 더 높아지고 있는 추세이다. 형용사술어문의 기본 구조를 잘 파악하자.

◆ '정도부사 + 형용사' 어순을 반드시 기억하자. 형용사가 있을 때 함께 쓰이는 정도부사를 찾으면 빠르게 문장을 배열할 수 있다.

◆ 일부 형용사는 보어 역할을 할 수 있으므로, 자주 쓰이는 빈출 어휘와 표현을 외우면 빠르게 문장을 파악할 수 있다.

● **제1부분 예제**

| 今天的 | 特别 | 羊肉 | 新鲜 |

정답&풀이
[정도부사(特别) + 형용사(新鲜) 특히 신선하다]

명사+조사	명사	부사	형용사
今天的	**羊肉**	**特别**	**新鲜**。 오늘 양고기가 특히 신선하다.
관형어+的	주어	부사어	술어

STEP 1 형용사 '新鲜'이 문장의 술어가 되며, 정도부사 '特别'가 술어 앞에 위치해 정도를 나타낸다.

STEP 2 명사 '羊肉'가 문장의 주어가 되며, 조사 '的'와 결합된 '今天'이 주어 '羊肉' 앞에 위치해 관형어 역할을 한다.

今天 jīntiān 뗑 오늘 | 羊肉 yángròu 뗑 양고기 | ★特别 tèbié 톈 아주, 특히 | ★新鲜 xīnxiān 혱 신선하다, 싱싱하다

STEP 2 내공 쌓기

1 형용사의 특징

형용사는 사람이나 사물의 생김새, 모양 등의 성질이나 상태를 나타낸다. 아래 자주 출제되는 쓰기 제1부분의 주요 형용사 어휘들을 잘 익혀 두자.

- 热 rè 덥다, 뜨겁다
- 冷 lěng 춥다
- 久 jiǔ 오래다
- 甜 tián 달다
- 新鲜 xīnxiān 신선하다
- 简单 jiǎndān 간단하다
- 容易 róngyì 쉽다
- 努力 nǔlì 노력하다

- 便宜 piányi (값이) 싸다
- 方便 fāngbiàn 편리하다
- 舒服 shūfu 편안하다
- 安静 ānjìng 조용하다
- 清楚 qīngchu 분명하다
- 重要 zhòngyào 중요하다
- 有名 yǒumíng 유명하다
- 特别 tèbié 특별하다

- 漂亮 piàoliang 예쁘다
- 高兴 gāoxìng 기쁘다
- 快乐 kuàilè 즐겁다
- 难过 nánguò 슬프다, 괴롭다
- 聪明 cōngming 똑똑하다
- 健康 jiànkāng 건강하다
- 年轻 niánqīng 젊다
- 热情 rèqíng 친절하다

(1) 형용사는 술어 역할을 할 수 있다.

형용사는 일반적으로 술어 역할을 하며, '주어 + 부사어(정도부사) + 술어(형용사)'의 문장 형식으로 쓰인다. 형용사는 술어 외에도 관형어, 부사어, 보어 역할을 할 수 있다.

这只小狗很**可爱**。 이 강아지는 귀엽다. → 술어 역할

好习惯 좋은 습관 | **重要**的东西 중요한 물건 → 관형어 역할

快吃 빨리 먹다 | **高兴**地笑 기쁘게 웃다 → 부사어 역할

吃**饱** 배부르게 먹다 | 说得很**清楚** 말을 분명히 하다 → 보어 역할

★可爱 kě'ài 혱 귀엽다 | ★习惯 xíguàn 뗑 습관 | 东西 dōngxi 뗑 물건 | 快 kuài 혱 빠르다 | ★地 de 조 ~하게 | 笑 xiào 통 웃다 | ★饱 bǎo 혱 배부르다 | 说 shuō 통 말하다 | 得 de 조 ~하는 정도가 ~하다

> **tip**
> **보어를 이끄는 구조조사 '得'**
> 동사나 형용사 뒤에서 상태나 동작이 어느 정도에 도달했는지 나타내며, 기본 어순은 '술어+得+정도보어[정도부사+형용사]'이다.
> 雪下**得**非常大。 Xuě xià de fēicháng dà. 눈이 매우 많이 내린다.

> **동사 앞에 쓰이는 형용사 '容易'와 '努力'**
>
> '容易'와 '努力'처럼 일부 형용사는 부사어를 만드는 구조조사 '地' 없이 술어를 수식하는 경우가 있으므로, 문장을 외우는 것이 가장 효과적이다.
>
> 容易感冒 róngyì gǎnmào 쉽게 감기에 걸리다 | 努力学习 nǔlì xuéxí 열심히 공부하다
>
> ★ 感冒 gǎnmào 동 감기에 걸리다 | 学习 xuéxí 동 공부하다

(2) 형용사는 목적어를 갖지 않는다.

형용사는 일반적으로 목적어를 갖지 않는다. 관련 대상을 나타낼 때는 개사를 활용하여 나타낸다.

她很满意。 그녀는 만족해한다.   她对他很满意。 그녀는 그에 대해 만족한다.   她很满意他。(✕)

★ 满意 mǎnyì 형 만족하다 | 对 duì 개 ~에 대해

(3) 형용사는 보통 정도부사의 수식을 받는다. ◆

형용사는 술어로 쓸 때 단독으로 쓰면 비교의 의미를 나타내기 때문에 보통 단독으로 쓰이지 않고, 정도부사의 수식을 받는다. '정도부사 + 형용사'의 순서로 쓴다.

姐姐的房间很大。 언니의 방은 크다.   这只小猫特别可爱。 이 고양이는 아주 귀엽다.

姐姐 jiějie 명 언니, 누나 | 房间 fángjiān 명 방 | 小猫 xiǎomāo 명 고양이 | ★ 特别 tèbié 부 아주, 특히

(4) 형용사는 일반적으로 '不'를 써서 부정한다.

형용사는 보통 '不'를 써서 부정하며, '不 + 형용사'의 순서이다. 그러나 변화를 부정할 때는 '没'를 쓴다.

姐姐不胖。 언니는 뚱뚱하지 않다.   这件衣服不便宜。 이 옷은 싸지 않다.
姐姐没胖。 언니는 살찌지 않았다.   这件衣服没便宜。(✕)

★ 胖 pàng 형 뚱뚱하다 | 件 jiàn 양 벌 [옷 등을 세는 단위] | 衣服 yīfu 명 옷

2 형용사의 중첩

형용사를 중첩하여 '정도가 심함'을 나타내거나 '생동적인 묘사'를 표현할 수 있다. 일반적으로 끝에 구조조사 '的'를 붙이며, '的'는 생략하는 경우도 있다. 이렇게 형용사를 중첩할 경우 정도부사의 수식을 받지 않는다.

1음절	A → AA	长长(的) chángcháng (de) 매우 길다 红红(的) hónghóng (de) 매우 빨갛다
2음절	AB → AABB	漂漂亮亮(的) piàopiaoliàngliang (de) 매우 예쁘다 高高兴兴(的) gāogaoxīngxīng (de) 매우 기쁘다

长 cháng 형 길다 | 红 hóng 형 붉다, 빨갛다

182 쓰기 제1부분

> **tip 동사 앞에 쓰이는 '好好儿'**
>
> '好好儿'은 형용사로 쓰이기도 하고 부사로 쓰이기도 한다. 부사로는 '잘, 힘껏'의 의미를 나타낸다. 부사로 쓰일 경우, 구조조사 '地'는 생략되며, 'hǎohāor'로 발음된다는 것도 함께 알아 두자.
>
> 请大家好好儿(地)想一想。 Qǐng dàjiā hǎohāor (de) xiǎng yi xiǎng. 여러분 잘 한번 생각해 보세요.

배운 내용 점검하기

1 형용사는 술어 역할을 할 수 있다.　 这只小狗很可爱。
2 형용사는 목적어를 취할 수 없으므로 개사구를 활용한다.　她对他很满意。(○)　　她很满意他。(✗)
3 형용사는 보통 정도부사의 수식을 받는다.　很大 | 特别可爱
4 형용사의 상태를 부정할 때는 '不', 변화를 부정할 때는 '没'를 쓴다.　不胖 | 没胖

STEP 3 실력 다지기

1. 面包店　　有名　　那家　　非常
   _____

2. 水果　　甜　　真　　这种
   _____

3. 的变化　　这条路　　大　　有了　　很
   _____

4. 不　　今天的　　考试　　简单　　一点儿也
   _____

5. 很容易　　季节　　这个　　感冒
   _____

해설서 p.108

03 조동사

쓰기 제1부분 | Day 04

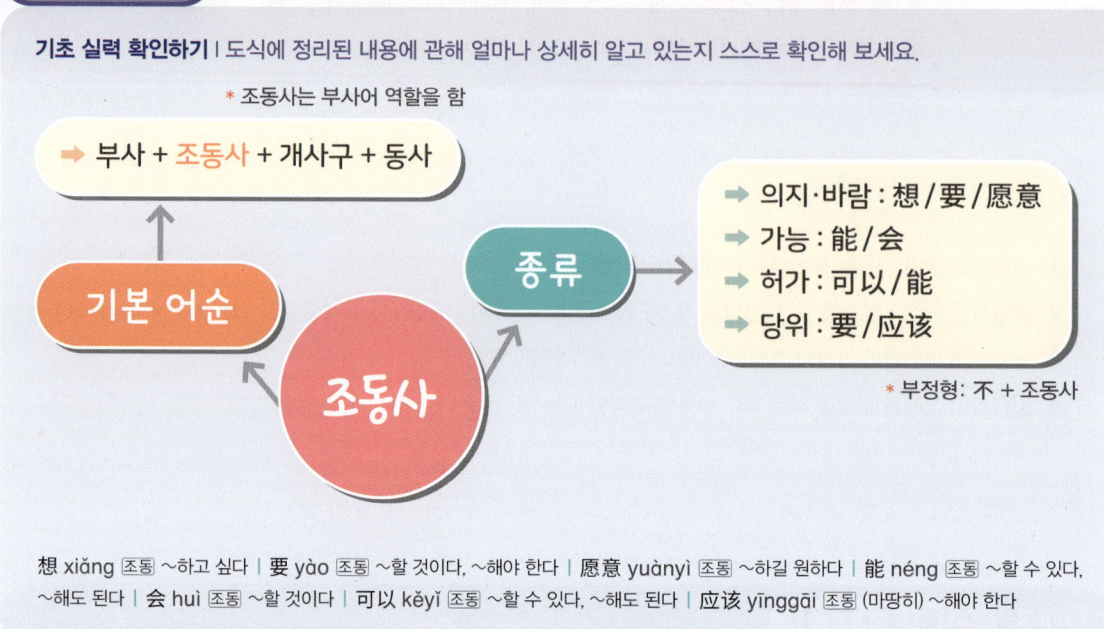

기초 실력 확인하기 | 도식에 정리된 내용에 관해 얼마나 상세히 알고 있는지 스스로 확인해 보세요.

想 xiǎng [조동] ~하고 싶다 | 要 yào [조동] ~할 것이다, ~해야 한다 | 愿意 yuànyì [조동] ~하길 원하다 | 能 néng [조동] ~할 수 있다, ~해도 된다 | 会 huì [조동] ~할 것이다 | 可以 kěyǐ [조동] ~할 수 있다, ~해도 된다 | 应该 yīnggāi [조동] (마땅히) ~해야 한다

STEP 1 유형 파악하기

◆ 쓰기 제1부분에서 조동사는 일반적으로 '조동사 + 동사' 형태로 쓰이므로, '조동사 + 동사'만 확실히 기억해도 정답을 찾을 수 있다.

◆ 동사로도 사용되고 조동사로도 사용되는 단어가 있다. 문장에서 올바른 뼈대를 찾기 위해서는 동사와 조동사를 구분할 줄 알아야 한다.

◆ 쓰기 제1부분뿐만 아니라 듣기나 독해 영역에서도 자주 출제되는 조동사 용법이 있다. 자주 출제되는 조동사 용법을 익히자.

● 제1부분 예제

你的	我想	书	借

정답&풀이   [조동사(想) + 동사(借) 빌리고 싶다]

대사+조동사 / 동사 / 대사+조사 / 명사
我想　　借　　你的　　书。 나는 너의 책을 빌리고 싶다.
주어+부사어 / 술어 / 관형어+的 / 목적어

<u>STEP 1</u>　동사 '借'가 문장의 술어가 되며, 조동사 '想'은 술어 앞에 위치해 부사어 역할을 한다.

<u>STEP 2</u>　명사 '书'가 문장의 목적어가 되며, 조사 '的'와 결합된 '你的'가 목적어 '书' 앞에 위치해 관형어 역할을 한다. 조동사 '想'과 결합된 '我'가 문장의 주어이다.

想 xiǎng 조동 ~하고 싶다, ~하려고 하다 | ★借 jiè 동 빌리다, 빌려주다 | 书 shū 명 책

STEP 2　내공 쌓기

1 조동사의 종류

조동사는 동사나 형용사 앞에서 바람·가능·당위·허가·추측 등을 나타내는 품사로, 의미에 따라 아래와 같이 분류된다.

(1) 바람을 나타내는 조동사

想 xiǎng	~하고 싶다 바람·심리적 욕구를 나타냄 [소극적] ↔ 不想 하고 싶지 않다	我**想**换个新的。 나는 새것으로 바꾸고 싶다. 她还**不想**结婚。 그녀는 아직 결혼하고 싶지 않다.
要◆ yào	~하려고 하다 바람·심리적 욕구를 나타내며, '想'보다 강한 의지를 나타냄 [적극적] ↔ 不想 하고 싶지 않다	她**要**买条裤子。 그녀는 바지를 사려고 한다. 他**不想**去医院。 그는 병원에 가고 싶지 않다.
愿意 yuànyì	~하길 원하다, 바라다 바람을 나타내며, 주로 결심을 내릴 때 쓰임 ↔ 不愿意 원하지 않다	你**愿意**去吗? 당신은 가기를 원하나요? 我**不愿意**去国外工作。 나는 외국으로 일하러 가길 원하지 않는다.

★换 huàn 동 바꾸다 | 新的 xīn de 새것 | 还 hái 부 아직 | ★结婚 jiéhūn 동 결혼하다 | ★买 mǎi 동 사다 | ★条 tiáo 양 벌 [바지·치마를 세는 단위] | ★裤子 kùzi 명 바지 | 医院 yīyuàn 명 병원 | 国外 guówài 명 외국 | 工作 gōngzuò 동 일하다

(2) 가능을 나타내는 조동사

能 néng	~할 수 있다 능력이 있거나 조건이 되어 가능함을 나타냄 ↔ 不能 ~할 수 없다, ~하면 안 된다	他**能**做完今天的工作。 그는 오늘의 업무를 다 할 수 있다. 这个房间**不能**住三个人。 이 방은 3명이 묵을 수 없다.
会 huì	~할 수 있다 학습을 통해서 할 수 있음을 나타냄 ↔ 不会 ~할 수 없다	他**会**打篮球。 그는 농구를 할 수 있다. 他**不会**说汉语。 그는 중국어를 말할 수 없다.
	~할 것이다 추측의 의미로 미래 가능성을 나타내기도 하며, '会……的' 형태로 자주 쓰임 ↔ 不会 ~하지 않을 것이다	不好的事情都**会**过去的。 좋지 않은 일은 모두 지나갈 것이다.

可以 ♦ kěyǐ	~할 수 있다 객관적인 조건을 갖추거나 능력이 되어 가능함을 나타냄. 단독으로도 쓰일 수 있음 ↔ 不能 ~할 수 없다	他今天**可以**出院了。 그는 오늘 퇴원할 수 있게 되었다. 这条裙子**不能**穿了。 이 치마는 입을 수 없게 되었다.
	'~할 만하다'라는 의미도 나타냄	这本书很有意思，**可以**读一读。 이 책은 재미있어서 읽어 볼 만하다.
敢 gǎn	대담하게, 감히 ~할 수 있다 용기 내어 어떤 행동을 할 수 있음을 나타냄 ↔ 不敢 (감히) ~하지 못하다	你**敢**一个人回家吗？ 당신은 감히 혼자 집에 갈 수 있나요? 昨天的事情，他**不敢**告诉爸爸妈妈。 어제의 일을 그는 감히 아빠 엄마에게 말하지 못한다.

做 zuò 동 하다 | 完 wán 동 (동사 뒤에 보어로 쓰여) 다하다, 끝내다 | 今天 jīntiān 명 오늘 | 工作 gōngzuò 명 일, 업무 | 房间 fángjiān 명 방 | 住 zhù 동 머물다 | 打篮球 dǎ lánqiú 농구를 하다 | 说 shuō 동 말하다 | 汉语 Hànyǔ 고유 중국어 | 事情 shìqing 명 일, 사건 | 都 dōu 부 모두 | ★过去 guòqù 동 지나가다 | 出院 chūyuàn 동 퇴원하다 | ★裙子 qúnzi 명 치마 | 穿 chuān 동 입다 | 本 běn 양 권 [책을 세는 단위] | 书 shū 명 책 | 有意思 yǒu yìsi 재미있다 | 读 dú 동 읽다 | 回家 huí jiā 집으로 돌아가다 | 昨天 zuótiān 명 어제 | 告诉 gàosu 동 말하다, 알리다

'能'과 '可以'의 부정
'能'과 '可以'의 부정형은 일반적으로 '不能'을 쓴다. 그러나 금지를 나타낼 때는 '不可以'를 쓴다.

(3) 당위를 나타내는 조동사

要 ♦ yào	~해야 한다 당위성을 나타냄 ↔ 不用 ~할 필요 없다	开车一定**要**小心。 운전을 하는 것은 반드시 조심해야 한다. 你**不用**急着还。 너는 급하게 돌려줄 필요 없다.
应该 ♦ yīnggāi	(마땅히) ~해야 한다 당위성을 나타내며, 서면어로 '应'이 쓰이기도 함 ↔ 不用 ~할 필요 없다	学生**应该**努力学习。 학생은 마땅히 열심히 공부해야 한다. 你**不用**那么客气。 너는 그렇게 사양할 필요 없다.

开车 kāichē 동 운전하다 | ★一定 yídìng 부 반드시 | ★小心 xiǎoxīn 동 조심하다 | 急 jí 형 조급해하다, 안달하다 | 着 zhe 조 ~하면서 | ★还 huán 동 돌려주다 | 学生 xuésheng 명 학생 | ★努力 nǔlì 동 노력하다 | 学习 xuéxí 동 공부하다 | 那么 nàme 대 그렇게 | 客气 kèqi 동 사양하다, 체면을 차리다

당위를 나타내는 '要' '应该'의 부정형
당위성을 부정할 때는 '不用'이 쓰인다. '不要'는 '~하지 마라'는 뜻이며, '不应该'는 '~해서는 안 된다'는 '금지'의 의미를 나타낸다.
你**不要**迟到。Nǐ búyào chídào. 너는 지각하지 마라.
这件事，你**不应该**告诉她。Zhè jiàn shì, nǐ bù yīnggāi gàosu tā. 이 일을 너는 그녀에게 알리면 안 된다.

(4) 허가를 나타내는 조동사

能 néng	~할 수 있다 허가의 의미를 나타내며, 주로 의문문에 쓰임 → 不能 ~하면 안 된다, ~할 수 없다	你能帮我们照相吗? 우리를 도와 사진을 찍어 줄 수 있나요? 这里不能照相。 여기서는 사진을 찍으면 안 된다.
可以 kěyǐ	~해도 된다 허가의 의미를 나타내며, 주로 평서문에 쓰임 → 不可以 ~할 수 없다, ~하면 안 된다	现在可以上网了吗? 지금 인터넷을 해도 되나요? 现在还不能上网。 지금은 아직 인터넷을 할 수 없다.

帮 bāng 동 돕다 | 照相 zhàoxiàng 동 사진을 찍다, 촬영하다 | ★现在 xiànzài 명 지금, 현재 | ★上网 shàngwǎng 동 인터넷을 하다

> **tip 조동사 '要'의 다양한 쓰임**
> '要'는 바람이나 당위성 외에도, 어떤 일이 장차 곧 일어날 것임을 나타낼 수 있다. 이때 해석은 '곧 ~하려고 하다, 머지않아 ~할 것이다'로 하며, 활용 형태는 '要……了'이다.
> 我要出国留学了。 Wǒ yào chūguó liúxué le. 나는 곧 외국에 가서 유학할 것이다.
> 要下雨了。 Yào xiàyǔ le. 곧 비가 올 것이다.

2 조동사의 특징

(1) 조동사는 부사어 역할을 한다.   부사어(조동사) + 술어(동사/형용사)

조동사는 술어의 의미를 보충해 주는 부사어 역할을 하며, 일반적으로 단독으로 쓰이지 않는다.

我想去旅游。 나는 여행 가고 싶다.   他的病会好的。 그의 병은 나아질 것이다.

旅游 lǚyóu 동 여행하다 | 病 bìng 명 병 | 好 hǎo 형 (병이) 다 낫다

(2) 조동사는 일반적으로 '不'를 써서 부정한다.   不 + 조동사

조동사는 보통 '不'를 써서 부정한다. 예외로 '能'을 부정할 때는 '不能(~할 수 없다)'과 '没能(~할 수 없었다)' 모두 쓸 수 있다.

医院不可以抽烟。 병원에서는 흡연을 하면 안 된다.   医院没可以抽烟。(✕)

他不能和我们一起去看电影了。 그는 우리와 같이 영화를 보러 갈 수 없게 되었다. → 불가능을 나타냄

昨天我没能参加会议。 어제 나는 회의에 참석할 수 없었다. → 과거에 할 수 없었음을 나타냄

抽烟 chōuyān 동 흡연하다, 담배를 피우다 | 和 hé 개 ~와 | 一起 yìqǐ 부 같이, 함께 | 看 kàn 동 보다 | 电影 diànyǐng 명 영화 | ★参加 cānjiā 동 참석하다 | ★会议 huìyì 명 회의

(3) 정반의문문에 조동사가 쓰일 경우, 조동사를 반복한다.

조동사는 '吗'의문문과 정반의문문, 의문사의문문에 모두 쓰일 수 있다. 정반의문문에서는 조동사를 '긍정 + 부정'의 형태로 쓴다.

你想不想吃蛋糕? 너는 케이크를 먹고 싶니?   你要不要看电影? 너 영화 볼래?

★蛋糕 dàngāo 명 케이크 | 要 yào 조동 ~하려고 한다

동사 vs. 조동사	동사	조동사
중첩	가능 看看 좀 보다 (O)	불가능 能能 (×)
+동태조사(了/着/过)	가능 看了 봤다 (O)	불가능 能了 (×)

3 조동사의 위치

(1) 조동사는 일반적으로 동사나 형용사 앞에 위치한다. `조동사 + 동사/형용사`

조동사는 술어의 의미를 보충하는 부사어 역할을 하므로, 술어 역할을 하는 동사나 형용사 앞에 위치한다.

你要听妈妈的话。 너는 엄마의 말을 들어야 한다.

弟弟现在不能吃甜的。 남동생은 지금 단것을 먹을 수 없다.

你不告诉她，她会担心。 네가 그녀에게 알리지 않으면, 그녀는 걱정할 것이다.

听 tīng 동 듣다 | 话 huà 명 말 | 弟弟 dìdi 명 남동생 | ★ 甜 tián 형 달다 | 担心 dānxīn 동 걱정하다

(2) 조동사는 보통 문장에서 부사 뒤, 개사구 앞에 위치한다. `부사 + 조동사 + 개사구 + 동사`

他只能走上去了。 그는 오직 걸어 올라갈 수밖에 없다.

我愿意和他结婚。 나는 그와 결혼하기를 원한다.

我不想跟她见面。 나는 그녀와 만나고 싶지 않다.

★ 只 zhǐ 부 오직, 단지 | 走 zǒu 동 걷다 | 上去 shàngqu 동 올라가다 | ★ 见面 jiànmiàn 동 만나다

> **tip 리듬을 타며 외워요!**
> 잊지 말자! '부조개동' 다시 보자! '부조개동' 백점 맞자! '부조개동'

배운 내용 점검하기

1. 조동사는 술어 앞에서 의미를 보충하며, 단독으로 쓸 수 없다. 我想去旅游。他的病会好的。
2. 조동사는 '不'를 써서 부정한다. 단, '能'은 '不' '没' 둘 다 가능하다.
   不可以 (O) 没可以 (×)   不能 (O) 没能 (O)
3. 조동사는 부사 뒤, 개사구 앞에 위치한다. 我不想跟她见面。

STEP 3 실력 다지기

Day 04

1. 关心   父母   孩子的   健康   应该
   _____

2. 可以   我明天就   出院了   医生说
   _____

3. 要   工作   我   早点儿完成
   _____

4. 用冷水   敢   吗   洗澡   你
   _____

5. 不懂的   可以   你有什么   问老师
   _____

해설서 p.110

04 명사·대사

쓰기 제1부분

Day 05

기초 실력 확인하기 | 도식에 정리된 내용에 관해 얼마나 상세히 알고 있는지 스스로 확인해 보세요.

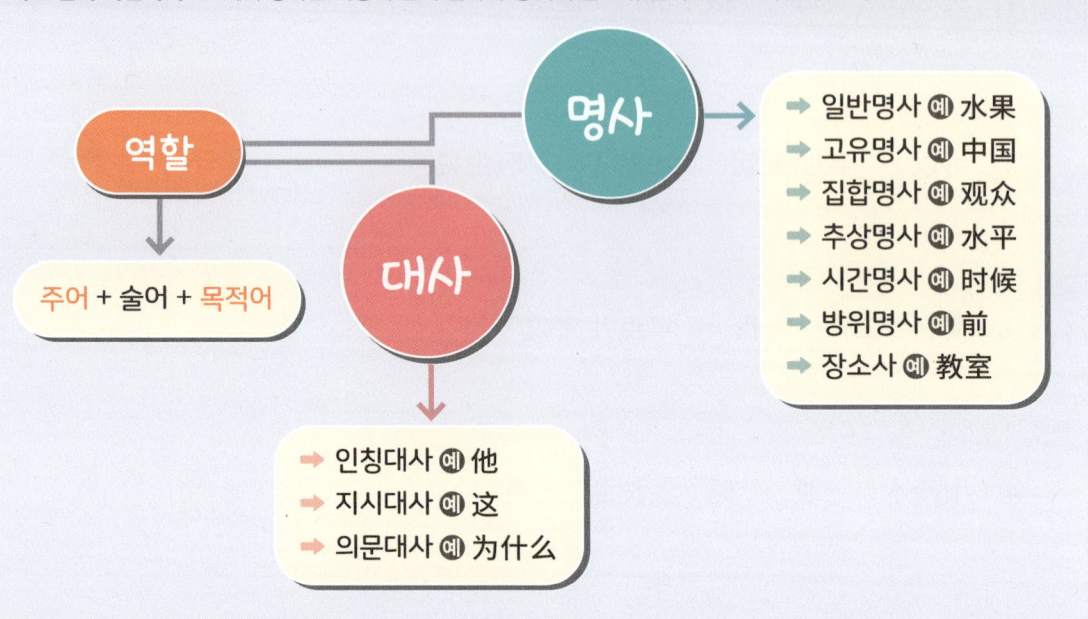

他 tā 대 그, 그 사람 | 这 zhè 대 이, 이것 | 为什么 wèi shénme 대 왜 | 水果 shuǐguǒ 명 과일 | 中国 Zhōngguó 고유 중국 |
观众 guānzhòng 명 관중 | 水平 shuǐpíng 명 수준 | 时候 shíhou 명 때, 시각 | 前 qián 명 앞 | 教室 jiàoshì 명 교실

STEP 1 유형 파악하기

◆ 3급에서는 자주 출제되는 명사·대사 어휘만 익혀도 고득점을 쉽게 받을 수 있다.
◆ 일부 단어는 일반적인 특징과 다르게 예외적으로 쓰이는 경우가 있다. 특히, 대사는 어휘마다 용법이 다르므로 주의하여 익혀야 한다.

● 제1부분 예제

| 商店 | 那家 | 卖香蕉 | 吗 |

정답&풀이 [동사(卖) + 명사(香蕉)]

| 대사+양사 | 명사 | 동사+명사 | 조사 |
| **那家** | **商店** | **卖香蕉** | **吗?** | 그 상점에서 바나나를 팝니까?
| 관형어 | 주어 | 술어+목적어 | 吗 |

STEP 1 동사 '卖'가 문장의 술어가 되고, 술어 뒤의 명사 '香蕉'가 목적어가 된다.

STEP 2 명사 '商店'이 문장의 주어로서 술어 앞에 위치하고 양사 '家'가 '商店'을 수식하므로, 주어 앞에서 관형어 역할을 한다. 조사 '吗'는 문장 끝에 쓰여 의문의 어기를 나타낸다.

那 nà 대 그, 저 | 家 jiā 양 [집·점포 등을 세는 단위] | 商店 shāngdiàn 명 상점 | 卖 mài 동 팔다, 판매하다 | ★香蕉 xiāngjiāo 명 바나나 | 吗 ma 조 [(문장 끝에 쓰여) 의문의 어기를 나타냄]

STEP 2 내공 쌓기

1 명사

명사는 사람, 사물의 명칭, 시간이나 장소 등을 나타내는 품사이다.

(1) 명사의 종류

명사는 가리키는 대상에 따라 일반명사, 고유명사, 집합명사, 추상명사, 시간명사, 방위사, 장소사 등이 있다.

일반명사	사람이나 사물을 나타내는 명사	医生 yīshēng 의사 | 西瓜 xīguā 수박 | 脚 jiǎo 발 | 太阳 tàiyáng 태양, 해
고유명사	어떤 특정한 사람이나 사물의 이름을 나타내는 명사	中国 Zhōngguó 중국 | 北京 Běijīng 베이징 | 黄河 Huánghé 황허 | 春节 Chūnjié 춘절
집합명사	지칭하는 대상이 복수인 명사	车辆 chēliàng 차량 | 树木 shùmù 나무 | 人口 rénkǒu 인구 | 观众 guānzhòng 관중
추상명사	추상적인 개념을 나타내는 명사	机会 jīhuì 기회, 찬스 | 历史 lìshǐ 역사 | 环境 huánjìng 환경 | 水平 shuǐpíng 수준
시간명사	날짜, 시간, 계절을 나타내는 명사	晚上 wǎnshang 저녁, 밤 | 昨天 zuótiān 어제 | 明年 míngnián 내년 | 周末 zhōumò 주말
방위사	방향과 위치를 나타내는 명사	上 shang 위 | 里 li 안 | 前 qián 앞 | 后 hòu 뒤
장소사	장소를 나타내는 명사	附近 fùjìn 근처 | 饭店 fàndiàn 호텔, 식당 | 机场 jīchǎng 공항 | 城市 chéngshì 도시

자주 출제되는 명사를 익혀 두자.

- 钱 qián 돈
- 铅笔 qiānbǐ 연필
- 猫 māo 고양이
- 狗 gǒu 개
- 弟弟 dìdi 남동생
- 叔叔 shūshu 아저씨, 삼촌
- 经理 jīnglǐ 사장, 회사 책임자

- 蛋糕 dàngāo 케이크
- 礼物 lǐwù 선물
- 菜单 càidān 메뉴, 메뉴판
- 季节 jìjié 계절
- 地方 dìfang 장소, 곳
- 自行车 zìxíngchē 자전거
- 游戏 yóuxì 게임

- 要求 yāoqiú 요구
- 习惯 xíguàn 습관, 버릇
- 事情 shìqing 일, 사건
- 办法 bànfǎ 방법
- 文化 wénhuà 문화
- 问题 wèntí 문제
- 意思 yìsi 의미, 뜻

(2) 명사의 특징

　① 문장에서 주로 주어, 목적어 역할을 한다.

　　这些水果很甜。 이 과일들은 달다. → 주어 역할

　　我想了解中国文化。 나는 중국 문화를 알고 싶다. → 목적어 역할

　　些 xiē 수량 조금, 약간 | 水果 shuǐguǒ 명 과일 | ★甜 tián 형 달다 | 想 xiǎng 조동 ~하고 싶다 | ★了解 liǎojiě 동 이해하다, 알다

　② 일반적으로 '지시대사'와 '수사', '양사'의 수식을 받는다.　　지시대사 + 수사 + 양사 + 명사 ◆

　　两　个　人 두 사람　　这　双　鞋 이 신발　　那　三　个　面包 저 빵 세 개
　　수사 양사 명사　　　　지시대사 양사 명사　　　지시대사 수사 양사 명사

　　★两 liǎng 수 2, 둘 | ★双 shuāng 양 켤레, 쌍 | 鞋 xié 명 신발 | ★面包 miànbāo 명 빵

　③ 일반명사는 방위사와 결합하여 장소를 나타낸다.　　일반명사 + 방위사: 장소 ◆

　　일반명사는 위치나 장소를 나타낼 수 없기 때문에, 장소를 나타낼 때는 방위사와 결합해서 쓰인다.

　　手机在包里。 핸드폰은 가방 안에 있다.

　　桌子上有一把伞。 책상 위에 우산이 하나 있다.

　　在网上买了一双鞋。 인터넷에서 신발 한 켤레를 샀다.

　　장소를 나타내는 장소사와 국가명·지명 등을 나타내는 고유명사는 방위사와 결합하여 쓰지 않는다.

　　男朋友在机场等我。 남자 친구는 공항에서 나를 기다린다.

　　哥哥在上海上大学。 오빠는 상하이에서 대학을 다닌다.

　　그러나 장소사는 위치를 강조하기 위해 방위사와 함께 쓸 수도 있다.

　　男朋友在教室里等我。 남자 친구는 교실에서 나를 기다린다. → 장소 강조

　　男朋友在教室等我。 남자 친구는 교실에서 나를 기다린다.

　　手机 shǒujī 명 핸드폰 | 在 zài 동 ~에 있다 개 ~에서 | ★包 bāo 명 가방 | 桌子 zhuōzi 명 책상, 탁자 | ★把 bǎ 양 개 [손잡이가 있는 사물을 세는 단위] | ★伞 sǎn 명 우산 | 网 wǎng 명 인터넷 | 买 mǎi 동 사다 | 男朋友 nánpéngyou 명 남자 친구 | 机场 jīchǎng 명 공항 | 等 děng 동 기다리다 | 哥哥 gēge 명 오빠, 형 | 上海 Shànghǎi 고유 상하이 | 上 shàng 동 다니다 | 大学 dàxué 명 대학교 | 教室 jiàoshì 명 교실

　④ 문장에 따라, 시간명사는 술어 역할을 할 수 있다.

　　명사는 일반적으로 술어 역할을 할 수 없지만, 간단한 시간 등을 나타낼 때는 명사가 술어 역할을 할 수 있다.

　　今天星期六。 오늘은 토요일이다.　　　现在八点二十分。 지금은 8시 20분이다.

　　今天 jīntiān 명 오늘 | 星期六 xīngqīliù 명 토요일 | 现在 xiànzài 명 지금 | 点 diǎn 양 시 | ★分 fēn 양 (시간의) 분

⑤ 시간명사는 주로 부사어 역할을 한다.
   부사어로 쓰인 시간명사는 강조하는 내용에 따라 주어 앞뒤에 모두 위치할 수 있다.

   去年我去过中国。 작년에 나는 중국에 가 본 적이 있다. → 시간 '去年'을 강조

   姐姐明天要去银行。 언니는 내일 은행에 가야 한다. → 주어 '姐姐'를 강조

   去年 qùnián 명 작년 | **过** guo 조 ~한 적이 있다 | **姐姐** jiějie 명 언니, 누나 | **明天** míngtiān 명 내일 | **要** yào 조동 ~해야 한다 | ★**银行** yínháng 명 은행

⑥ 일부 명사는 중첩하여 '하나도 예외 없이 모두'라는 의미를 갖는다.

   我天天去游泳。 나는 매일 수영하러 간다.   人人都用手机。 사람들은 모두 핸드폰을 쓴다.

   天天 tiāntiān 매일, 날마다 | **游泳** yóuyǒng 동 수영하다 | **都** dōu 부 모두 | ★**用** yòng 동 쓰다, 사용하다

2 대사

사람·사물·성질 등을 대신해 나타내는 품사이다.

(1) 대사의 종류

대사는 가리키는 대상에 따라 인칭대사, 지시대사, 의문대사로 분류된다.

① 인칭대사

사람이나 사물을 대신하여 나타내는 대사로, 복수는 '们'을 붙여 나타낸다.

	단수형	복수형
1인칭	我 wǒ 나	我们 wǒmen 우리
2인칭	你 nǐ 너 | 您 nín 당신	你们 nǐmen 너희 | 您们 (×)
3인칭	他 tā 그 她 tā 그녀 它 tā 그것	他们 tāmen 그들 她们 tāmen 그녀들 它们 tāmen 그것들
기타	自己 zìjǐ 자기 자신 别人 biérén 다른 사람, 남, 타인	大家 dàjiā 모두

你要相信自己。 너는 자신을 믿어야 한다.

我不太清楚，你再问问别人吧。 나는 잘 모르니, 다른 사람에게 다시 좀 물어봐라.

★**相信** xiāngxìn 동 믿다 | **不太** bú tài 그다지 ~하지 않다 | ★**清楚** qīngchu 형 분명하다 | **再** zài 부 다시 | **问** wèn 동 묻다 | **吧** ba 조 ~하자 [상의·제의·청유·기대·명령 등의 어기를 나타냄]

② 지시대사

가깝거나 먼 거리에 있는 사람, 사물, 장소, 정도, 방식 등을 나타낸다.

	가까운 것을 가리킬 때	먼 것을 가리킬 때
사람·사물	这(个) zhè (ge) 이 这些 zhèxiē 이것들	那(个) nà (ge) 그 那些 nàxiē 그것들
장소	这儿 zhèr = 这里 zhèli 이곳, 여기	那儿 nàr = 那里 nàli 그곳, 거기
시간	这会儿 zhèhuìr 이때	那会儿 nàhuìr (과거 또는 미래의) 그때
정도·성질	这么 zhème 이런	那么 nàme 저런
방식	这样 zhèyàng 이렇게	那样 nàyàng 저렇게
기타	每 měi 매 | 有的 yǒude 어떤 | 其他 qítā 기타	

这些面包都很好吃。 이 빵들은 모두 맛있다.

每个人都有自己的兴趣爱好。 사람들은 저마다 모두 자신의 취향이 있다.

好吃 hǎochī 형 맛있다 | 兴趣爱好 xìngqù àihào 명 취미와 애호 [여기에서는 '취향'이라는 뜻으로 쓰임]

③ 의문대사

질문하는 사람, 사물, 장소 등을 나타내며, 의문문을 만들 수 있다.

사람	谁 shéi 누구 | 哪 nǎ 어느
사물	什么 shénme 무엇
시간	什么时候 shénme shíhou 언제
장소	哪儿 nǎr = 哪里 nǎli 어디
원인	怎么 zěnme 왜, 어째서 | 为什么 wèi shénme 왜
방식·상태·성질	怎么 zěnme 어떻게 | 怎(么)样 zěn(me)yàng 어떻게
수량	几 jǐ 몇 | 多少 duōshao 얼마나

他在等**谁**？ 그는 누구를 기다리고 있니?

她觉得**怎么样**？ 그녀는 어떻게 생각해?

在 zài 부 ~하고 있는 중(이다) | 觉得 juéde 동 ~라고 생각하다

> **tip**
> **几 vs. 多少**
> '几'는 10 이하의 수를, '多少'는 10 이상의 수를 물을 때 쓴다. 시간은 보통 '几'로 묻고, 번호는 보통 '多少'로 묻는다.
>
> 你**几**岁？ Nǐ jǐ suì? 너 몇 살이니? → 10 이하의 수를 묻는 경우
>
> 这些水果**多少**钱一斤？ 이 과일들은 한 근에 얼마인가요? → 10 이상의 수를 묻는 경우
> Zhèxiē shuǐguǒ duōshao qián yì jīn?
>
> 现在**几**点？ Xiànzài jǐ diǎn? 지금은 몇 시인가요? → 시간을 묻는 경우
>
> 他的电话是**多少**？ Tā de diànhuà shì duōshao? 그의 전화번호는 몇 번인가요? → 번호를 묻는 경우

(2) 대사의 특징

① 지시대사는 수사 + 양사 앞에 위치한다.　　`这/那/每 + (수사) + 양사 + 명사` ◆

　명사를 수식할 때, 지시대사는 수사 + 양사 앞에 위치한다. 이때 숫자 1(一)은 생략 가능하다.

　这 **本** **书** 이 책　　　**那** **几** **个** **苹果** 저 사과 몇 개
　지시대사 양사 명사　　　　지시대사 수사 양사 명사

　每 **个** **星期** 매주
　지시대사 양사 명사

　本 běn 양 권 [책을 세는 단위] ｜ 书 shū 명 책 ｜ 苹果 píngguǒ 명 사과 ｜ 星期 xīngqī 명 주, 요일

② '这' '那'가 단독으로 쓰일 경우, 일반적으로 주어 역할을 한다.

　这是为你准备的。 이것은 너를 위해 준비한 것이다.

　那是我买的书。 저것은 내가 산 책이다.

　★ 为 wèi 개 ~를 위하여 ｜ 准备 zhǔnbèi 동 준비하다

③ '这儿' '那儿'이 인칭대사 뒤에 쓰이면, 인칭대사가 지칭하는 장소를 나타낸다.
　`인칭대사 + 这儿/那儿`

　行李放我**这儿**吧。 짐은 내 쪽에 둬.

　我打算去朋友**那儿**玩儿几天。 나는 친구한테 가서 며칠 놀 계획이다.

　行李 xíngli 명 짐 ｜ ★ 放 fàng 동 두다, 놓다 ｜ ★ 打算 dǎsuàn 동 ~할 계획이다 ｜ 朋友 péngyou 명 친구 ｜ 玩儿 wánr 동 놀다 ｜ 天 tiān 명 날

④ '这么'와 '那么'는 일반적으로 술어 앞에서 부사어 역할을 한다.　　`这么/那么 + 술어`

　'这么'와 '那么'는 술어 앞에서 방식이나 정도를 나타내며, '这么/那么'의 형식으로 형용사의 정도를 강조하기도 한다.

　他是**这么**说的。 그는 이렇게 말했다.

　今天作业怎么**那么**多。 오늘 숙제가 어째서 그렇게 많은지.

　说 shuō 동 말하다 ｜ ★ 作业 zuòyè 명 숙제

배운 내용 점검하기

1 명사는 주로 주어, 목적어 역할을 한다.   这些水果很甜。   我想了解中国文化。

2 '지시대사 + 수사 + 양사 + 명사' 순서로 쓰인다.   两个人 | 这本书 | 那几个苹果

3 일반명사는 방위사와 결합하여 장소를 나타낸다.   手机在包里。

STEP 3 실력 다지기

1. 是   坐在中间的   谁   这个人

2. 电话   多少   是   他办公室的

3. 的   怎么了   脚   爷爷

4. 这么   教室里   安静   怎么

5. 没有   什么   这条   特别的   裙子

→ 해설서 p.112

05 부사(1) 종류와 위치

쓰기 제1부분 — Day 06

기초 실력 확인하기 | 도식에 정리된 내용에 관해 얼마나 상세히 알고 있는지 스스로 확인해 보세요.

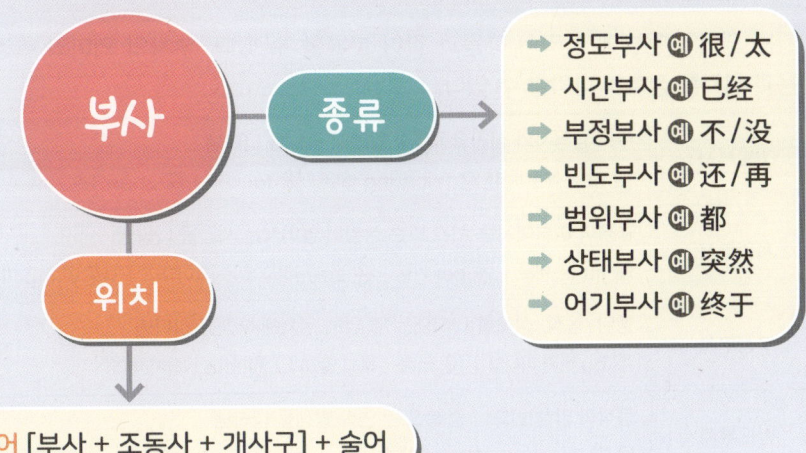

很 hěn 囝 매우 | 太 tài 囝 너무, 매우 | 已经 yǐjīng 囝 이미 | 不 bù 囝 ~가 아니다 | 没 méi 囝 ~하지 않았다 |
还 hái 囝 또, 더 | 再 zài 囝 다시 | 都 dōu 囝 모두, 전부 | 突然 tūrán 囝 갑자기 | 终于 zhōngyú 囝 마침내

STEP 1 유형 파악하기

◆ 부사는 특별한 용법을 제외하고, 보통 형용사와 동사 앞에서 부사어 역할을 한다. 먼저 문제를 풀 때 어떤 단어가 부사인지 파악하면 문장 순서를 빠르게 파악할 수 있다.

◆ 부사는 의미와 수식하는 대상에 따라 위치가 정해진다. 부사의 전체적인 특징과 더불어, 몇몇 특별한 용법을 익혀야 한다.

● 제1부분 예제

<pre>
终于   今天   出太阳   了
</pre>

정답&풀이 [终于……了 드디어 ~했다]

명사	어기부사	동사+명사	조사
今天	终于	出太阳	了。 오늘 드디어 해가 떴다.
주어	부사어	술어+목적어	

STEP 1 동사 '出'가 술어가 되고, '太阳'이 목적어가 된다. 부사 '终于'가 술어 앞에 위치해 부사어 역할을 하며, 조사 '了'는 문장 끝에 위치한다.

STEP 2 명사 '今天'이 문장의 주어가 된다.

今天 jīntiān 몡 오늘 | ★终于 zhōngyú 囝 마침내, 결국 [终于A了 : 마침내 A했다] | 出 chū 동 나오다 | ★太阳 tàiyáng 몡 태양, 해

STEP 2 내공 쌓기

부사가 어떻게 분류되고, 문장에서 어떤 역할을 하고 어떻게 활용되는지 전체적으로 파악해 보자.

1 부사의 종류

부사는 의미와 용법에 따라서 다음과 같이 분류할 수 있다. 부사의 의미와 특징을 알아야 문장에서의 활용과 위치를 정확히 파악할 수 있다.

정도부사	주로 형용사와 심리활동동사 앞에서 정도를 나타냄 很 hěn 매우 | 非常 fēicháng 매우 | 太 tài 너무 | 真 zhēn 정말
시간부사	동작이 이루어지는 시간 또는 상황이 벌어지는 시간을 나타냄 就 jiù 곧, 바로 | 才 cái 겨우 | 在 zài ~하고 있는 중(이다) | 已经 yǐjīng 이미
부정부사	행위·동작·상태를 나타내는 말 앞에 위치해 부정을 나타냄 不 bù ~가 아니다 | 没 méi ~하지 않았다 | 别 bié ~하지 마라
빈도부사	동작의 발생 빈도나 중복 또는 연속 발생을 나타냄 经常 jīngcháng 자주 | 常常 chángcháng 늘, 자주 | 又 yòu 다시 | 再 zài 다시, 더 | 还 hái 또, 더
범위부사	동작이 이루어지는 범위를 나타냄 都 dōu 모두 | 一起 yìqǐ 같이 | 一共 yígòng 전부 | 只 zhǐ 단지
상태부사	상황의 상태나 동작의 방식을 나타냄 突然 tūrán 갑자기
어기부사	말하는 이의 태도·추측·강조·의문 등 각종 어기를 나타냄 终于 zhōngyú 마침내 | 其实 qíshí 사실 | 当然 dāngrán 당연히 | 几乎 jīhū 거의 | 一定 yídìng 반드시, 꼭 | 必须 bìxū 반드시(~해야 한다)

2 부사의 위치

(1) 부사는 일반적으로 조동사와 개사구 앞에 위치한다.

- 기본 어순: 주어 + 부사 + 조동사 + 개사구 + 술어 ✦

부사는 일반적으로 부사어 역할을 하는 다른 품사보다 앞에 위치한다.

대사	어기부사	조동사	개사+대사	동사+명사
你	一定	要	给他	打电话。 너는 반드시 그에게 전화해야 한다.
주어		부사어		술어+목적어

★ 一定 yídìng 〔부〕 반드시 | 要 yào 〔조동〕 ~해야 한다 | 给 gěi 〔개〕 ~에게 | 打电话 dǎ diànhuà 전화하다

> **tip** 예외적인 부사의 위치
> 일부 부사는 수식하는 단어에 따라 조동사나 개사구 뒤에 위치하기도 한다. 이런 용법들은 '跟/和+A(대상) +一起+B(행동)' '对+A(대상)+정도부사+B(형용사)'와 같이 표현으로 익히자.
>
> 개사+대사 / 범위부사 / 동사 / 조사
> 跟我　　　一起　　去　　吧。 나와 같이 가자.
> 　부사어　　　술어　吧
>
> 빈도부사+동사 / 개사+명사 / 정도부사+형용사
> 经常运动　　对身体　　很好。 자주 운동을 하면 몸에 좋다.
> 　주어　　　부사어　　술어

(2) 부정부사는 보통 일반부사 뒤에 위치한다.　　`일반부사 + 부정부사(不/没)`

대사 / 명사 / 시간부사 / 부정부사 / 동사 / 대사
我　　最近　　一直　　没　　看到　　你。 나는 최근에 계속 너를 보지 못했다.
주어　　　　부사어　　　　　술어　　목적어

★ 最近 zuìjìn 뷔 요즘, 최근 | ★ 一直 yìzhí 뷔 계속, 줄곧 | 看到 kàndào 동 보다

(3) 일부 부사가 문장 전체를 수식하는 경우, 주어 앞에 위치할 수 있다.　`부사 + 주어`

어기부사 / 대사 / 개사+명사+부정부사 / 동사+명사
其实　　我　　对新闻没　　有兴趣。 사실 나는 뉴스에 관심이 없다.
부사어　주어　　부사어　　술어+목적어

★ 其实 qíshí 뷔 사실 | 对 duì 개 ~에 대해 | ★ 新闻 xīnwén 명 뉴스 | 兴趣 xìngqù 명 관심, 흥미

(4) 일부 부사는 수량사와 자주 함께 쓰이며, 수량사 바로 앞에 쓰일 수 있다.　`부사 + 수량사`

지시대사+양사 / 명사 / 범위부사 / 수사+양사
这些　　面包　　一共　　18块。 이 빵들은 모두 18위안이다.
관형어　　주어　　부사어　　술어

些 xiē 양 조금, 약간 | ★ 面包 miànbāo 명 빵 | 块 kuài 양 위안 [중국의 화폐 단위]

3 부사의 역할

부사는 일반적으로 형용사, 동사, 문장 전체를 수식하며, 주로 주어 뒤, 술어 앞에서 부사어 역할을 한다.

지시대사+양사+명사 / 정도부사 / 형용사
那只小猫　　很　　可爱。 저 고양이는 귀엽다.
관형어+주어　　부사어　　술어

대사 / 어기부사 / 조동사 / 동사
你　　一定　　要　　来。 너는 꼭 와야 해.
주어　　부사어　　　　술어

★ 只 zhī 양 마리 [동물을 세는 단위] | 小猫 xiǎomāo 명 고양이 | ★ 可爱 kě'ài 형 귀엽다, 사랑스럽다

> **tip** 부사 vs. 부사어
>
> '부사'는 단어가 갖고 있는 특징이고, '부사어'는 문장에서 맡고 있는 역할이다. 같은 단어라도 문장에서 어떤 역할을 하는지에 따라 문장 성분은 바뀔 수 있으나, 해당 단어의 품사는 바뀌지 않는다.
> - 부사: 동사나 형용사 앞에서 정도·시간·부정 등의 의미를 나타내는 품사
> - 부사어: 일반적으로 술어 앞에서 술어의 의미를 보충하는 문장 성분

배운 내용 점검하기

1 부사는 보통 조동사와 개사구 앞에 위치해 부사어 역할을 한다.　你一定要给他打电话。
2 부정부사는 보통 일반부사 뒤에 위치한다.　我最近一直没看到你。
3 일부 부사는 문장 전체를 수식할 때 주어 앞에 위치할 수 있다.　其实我对新闻没有兴趣。
4 일부 부사는 수량사 앞에 쓰일 수 있다.　这些面包一共18块。

STEP 3　실력 다지기

Day 06

1. 都　吃面条儿　小李和她　喜欢

2. 你的　干净　真　房间

3. 已经　了　会议　开始

4. 给小狗　女儿　洗澡　经常

5. 终于　妈妈　了　同意

→ 해설서 p.114

06 부사(2) 정도부사

쓰기 제1부분 | Day 07

기초 실력 확인하기 | 도식에 정리된 내용에 관해 얼마나 상세히 알고 있는지 스스로 확인해 보세요.

很 hěn 뛰 매우 | 太 tài 뛰 너무, 진짜, 매우 | 更 gèng 뛰 더, 더욱, 훨씬

STEP 1 유형 파악하기

◆ 정도부사는 주로 형용사를 수식한다. 또한, 일부 심리활동동사를 수식한다는 것도 함께 알아 두자.
◆ 정도부사와 함께 쓰이는 어휘를 익혀 두면 좀 더 빠르고 정확하게 문장을 파악할 수 있다.

● 제1부분 예제

手表　　那种　　特别　　贵

정답&풀이　[정도부사(特别) + 형용사 특히 ~하다]

지시대사+양사　명사　정도부사　형용사
那种　**手表**　**特别**　**贵**。그 시계는 특히 비싸다.
관형어　주어　부사어　술어

STEP 1 　형용사 '贵'가 문장의 술어가 되며, 부사 '特别'는 술어 앞에 위치해 정도가 높음을 나타낸다.
STEP 2 　명사 '手表'가 주어가 되고, '那种'이 주어 앞에 위치해 관형어 역할을 한다.

那 nà 대 그, 저 | ★ 种 zhǒng 양 종, 종류 [식물을 세는 단위] | 手表 shǒubiǎo 명 손목시계 | ★ 特别 tèbié 뛰 아주, 특히 | 贵 guì 형 비싸다, 귀하다

STEP 2 내공 쌓기

1 정도부사의 의미와 위치

정도부사는 형용사 및 심리활동동사 앞에서 상태나 상황의 정도를 나타낸다. 특히 정도부사는 술어와의 관계가 밀접하기 때문에, 다른 부사들과 같이 쓰일 경우, 가장 마지막에 위치한다.

대사	빈도부사	정도부사	형용사+조사	
我	也	**有点儿**	渴了。	나도 좀 목이 마르다.
주어	부사어		술어+了	

대사	시간부사	정도부사	형용사	
他	一直	**很**	努力。	그는 줄곧 열심히 한다.
주어	부사어		술어	

也 yě 🖺 ~도 | ★有点儿 yǒudiǎnr 🖺 조금, 약간 | ★渴 kě 🖺 목마르다, 목이 타다 | ★一直 yìzhí 🖺 계속, 줄곧 | ★努力 nǔlì 🖺 열심히 하다

2 3급 필수 정도부사

很 ◆ hěn	매우	비교적 객관적인 정도를 나타내며, 정도를 크게 강조하지 않아, 대부분의 문장에서 해석되지 않는다. 他**很**年轻。 그는 젊다.
非常 fēicháng	매우, 대단히	'很'보다 강한 뉘앙스를 나타낸다. 外面天气**非常**好。 바깥 날씨가 매우 좋다.
太 ◆ tài	너무, 지나치게	주관적인 정도를 나타내며, 문장 끝에 어기조사 '了'와 같이 자주 쓰인다. 또한, '不太'로 '그다지 ~하지 않다' 또는 '별로'라는 의미를 나타낸다. 这个冰箱**太**旧了。 이 냉장고는 너무 오래되었다. 你声音**太**小了。 너의 목소리는 너무 작다. 他的脸色**不太**好。 그는 안색이 별로 좋지 않다.
真 zhēn	진짜, 정말	정도가 비교적 강한 감정을 지닌 감탄문을 만들며, 자주 문장 끝에 '啊'가 함께 쓰인다. 妹妹做的蛋糕**真**好吃啊! 여동생이 만든 케이크는 진짜 맛있다! 这里的变化**真**大啊! 이곳의 변화는 정말 크구나!
多(么) duō(me)	얼마나	감탄을 나타내며, 주로 문장 뒤에 '啊'가 함께 쓰인다. 时间**多么**重要啊! 시간이 얼마나 중요한가!
更 ◆ gèng	더(욱), 훨씬	상대적인 정도를 나타내며, 주로 비교문에 쓰인다. 这个办法**更**好。 이 방법이 훨씬 좋다. 她比我妹妹**更**可爱。 그녀는 내 여동생보다 더 귀엽다.
最 zuì	가장, 제일	일정한 범위에서 정도가 가장 높은 최상급을 나타낸다. 姐姐**最**喜欢看电视节目。 언니는 TV 프로그램 보는 것을 가장 좋아한다.
有点儿 ◆ yǒudiǎnr	약간, 조금	정도가 적음을 나타내며, 주로 부정·불만의 뉘앙스를 지닌다. 妈妈给我买的裙子**有点儿**小。 엄마가 나에게 사 준 치마는 조금 작다.

比较 bǐjiào	비교적	상대적인 정도를 나타낸다. 图书馆里比较安静。 도서관 안은 비교적 조용하다.
特别 tèbié	특히, 유난히	정도가 강함을 나타내며, 뒷 문장에서 '特别是'로 자주 쓰여, 어떤 범위 내에서 특정 대상을 강조한다. 我长得像妈妈，特别是眼睛。 나는 엄마를 닮았는데, 특히 눈이 닮았다. 妈妈买的西瓜特别甜。 엄마가 산 수박은 유난히 달다.
越 yuè	갈수록, 점점	보통 중복하여 쓰이며, '越A越B(A할수록 B하다)', '越来越A(갈수록 A하다)'로 자주 쓰인다. 她越长越漂亮了。 그녀는 자랄수록 예쁘다. 天气越来越热了。 날씨가 갈수록 더워졌다.

★ 年轻 niánqīng 형 젊다 | 外面 wàimiàn 명 밖, 바깥 | 天气 tiānqì 명 날씨 | ★ 冰箱 bīngxiāng 명 냉장고 | ★ 旧 jiù 형 오래다, 낡다 | ★ 声音 shēngyīn 명 소리 | 脸色 liǎnsè 명 안색, 얼굴색 | 妹妹 mèimei 명 여동생 | 做 zuò 동 만들다, 하다 | 蛋糕 dàngāo 명 케이크 | 好吃 hǎochī 형 맛있다 | ★ 啊 a 조 [문장 끝에 쓰여 감탄·찬탄을 나타냄] | ★ 变化 biànhuà 명 변화 | 时间 shíjiān 명 시간 | 重要 zhòngyào 형 중요하다 | ★ 办法 bànfǎ 명 방법 | 比 bǐ 개 ~보다, ~에 비해 | ★ 可爱 kě'ài 형 귀엽다 | 姐姐 jiějie 명 언니, 누나 | 喜欢 xǐhuan 동 좋아하다 | 看 kàn 동 보다 | 电视 diànshì 명 TV, 텔레비전 | ★ 节目 jiémù 명 프로그램 | 给 gěi 개 ~에게 | 买 mǎi 동 사다 | ★ 裙子 qúnzi 명 치마 | ★ 图书馆 túshūguǎn 명 도서관 | ★ 长 zhǎng 동 생기다, 자라다 | 得 de 조 ~하는 정도가 ~하다 | ★ 像 xiàng 동 ~와 같다 | 眼睛 yǎnjing 명 눈 | 西瓜 xīguā 명 수박 | ★ 甜 tián 형 달다 | 漂亮 piàoliang 형 예쁘다 | 热 rè 형 덥다

有点儿 vs. 一点儿

두 단어는 한자와 발음이 비슷하여 자주 헷갈리지만, '有点儿'은 정도부사, '一点儿'은 수량사로, 의미와 위치가 다르다.

有点儿 yǒudiǎnr	一点儿 yìdiǎnr
부 조금 형용사 앞에 쓰여, 정도가 낮음을 나타내며, 불만이나 부정적인 의미를 나타낸다.	수량 조금 형용사 뒤에 쓰여, 객관적인 비교의 의미를 나타내며, 명령문에도 쓰인다.
我有点儿害怕。 나는 조금 두렵다. 眼睛有点儿不舒服。 눈이 좀 불편하다.	他比你高一点儿。 그는 너보다 좀 더 크다. 快一点儿! 빨리 좀!

★ 害怕 hàipà 동 무서워하다, 두려워하다 | 不舒服 bù shūfu (몸이) 아프다, 불편하다 | 高 gāo 형 (키가) 크다 | 快 kuài 형 빠르다

배운 내용 점검하기

1 정도부사는 형용사나 심리활동동사 앞에서 상태와 상황의 정도를 나타낸다.　　那个地方特别安静。

2 정도부사는 다른 부사들과 같이 쓰일 경우, 일반적으로 가장 뒤에 위치한다.
　　我也有点儿渴了。　　他一直很努力。

3 3급 필수 정도부사의 용법
　　太 + 형용사 + 了 | 越A越B/越来越 + 형용사

STEP 3 실력 다지기

1. 最近天气　　特别　　大　　变化

2. 越下　　了　　越大　　雨

3. 房间不　　干净　　姐姐的　　太

4. 桌子　　有点儿　　这张　　矮

5. 比较　　蛋糕　　昨天买的　　甜

07 부사(3) 시간부사

쓰기 제1부분 · Day 08

기초 실력 확인하기 | 도식에 정리된 내용에 관해 얼마나 상세히 알고 있는지 스스로 확인해 보세요.

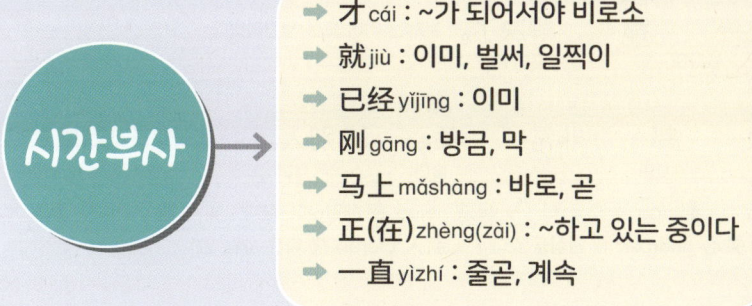

시간부사
- 才 cái : ~가 되어서야 비로소
- 就 jiù : 이미, 벌써, 일찍이
- 已经 yǐjīng : 이미
- 刚 gāng : 방금, 막
- 马上 mǎshàng : 바로, 곧
- 正(在) zhèng(zài) : ~하고 있는 중이다
- 一直 yìzhí : 줄곧, 계속

STEP 1 유형 파악하기

◆ 중국어 문장에서는 일반적으로 시간을 나타내는 표현이 문장 앞부분에 위치하며, 시간부사도 마찬가지로 다른 부사들보다 앞에 위치한다.

◆ 시간부사는 시간 표현과 함께 자주 쓰인다.

● 제1부분 예제

| 一直 | 弟弟 | 哭 | 在 |

정답&풀이 [一直在 + 동사 계속 ~하고 있다]

명사	시간부사	시간부사	동사
弟弟	一直	在	哭。 남동생이 계속 울고 있어요.
주어	부사어		술어

STEP 1 동사 '哭'가 문장의 술어가 되며, 명사 '弟弟'가 주어가 된다.

STEP 2 부사 '一直'는 부사 '在'와 함께 쓰여 술어 앞에서 부사어 역할을 한다.

弟弟 dìdi 명 남동생 | ★一直 yìzhí 부 계속, 줄곧 | 在 zài 부 ~하고 있는 중(이다) | ★哭 kū 동 (소리 내어) 울다

STEP 2 내공 쌓기

1 시간부사의 의미와 위치

시간부사는 동작의 진행·지속·완료 등을 나타내며, 보통 다른 부사들보다 앞에 위치한다.

명사	시간부사	범위부사		동사+조사	
问题	已经	都		解决了。	문제는 이미 모두 해결되었다.
주어	부사어			술어+了	

대사	시간부사	범위부사	정도부사	동사	대사	
他	一直	都	非常	关心	别人。	그는 줄곧 다른 사람에게 매우 관심을 갖는다.
주어	부사어			술어	목적어	

问题 wèntí 명 문제 | 都 dōu 부 모두, 다 | ★解决 jiějué 동 해결하다, 풀다 | ★一直 yìzhí 부 줄곧, 계속 | 非常 fēicháng 부 매우, 아주 | ★关心 guānxīn 동 관심을 갖다 | ★别人 biérén 대 다른 사람, 남

2 3급 필수 시간부사

就 jiù	바로, 일찍이, 벌써	시간 표현 뒤에 쓰여 시간이 비교적 이름을 나타낸다. 他十分钟就做完了。 그는 10분만에 바로 다했다.
才 cái	~가 되어서야 비로소	시간 표현 뒤에 쓰여 시간이 비교적 늦음을 나타낸다. 这个周末才能回来。 이번 주말이 되어야 돌아올 수 있다.
还 hái	여전히, 아직	동작이나 상태가 지속됨을 나타낸다. 妹妹还在生气。 여동생은 아직 화가 나 있다.
已经 ◆ yǐjīng	이미	동작의 변화가 완료되었음을 나타내며, 보통 문장 끝에 '了'와 함께 쓴다. 我已经饱了。 나는 이미 배부르다.
马上 ◆ mǎshàng	곧, 바로	보통 뒤에 '就'를 수반하며 동작이 곧 발생함을 나타낸다. 会议马上就结束了。 회의는 곧 끝난다.
正(在) ◆ zhèng(zài)	~하고 있는 중이다	동작의 진행이나 지속을 나타내며, 지속을 나타내는 어기조사 '呢'와 함께 쓰이기도 한다. 弟弟正在看电视。 남동생은 텔레비전을 보고 있다. 她正在厨房里做蛋糕呢。 그녀는 부엌에서 케이크를 만들고 있는 중이다.
先 xiān	먼저, 우선	행동이나 상황이 먼저 일어남을 나타낸다. 你先睡觉吧。 너 먼저 잠을 자렴. 我们先坐公共汽车，然后换地铁。 우리는 먼저 버스를 타고, 그다음에 지하철로 갈아탄다.
一直 yìzhí	줄곧, 계속	어떤 시간이나 범위에서 상황이 계속 지속됨을 나타내며, 부사 '在'와 함께 자주 쓰인다. 外面一直在下雪。 밖에 계속 눈이 내리고 있다. 姐姐最近一直很晚回家。 언니는 최근에 계속 늦게 귀가한다.
总(是) zǒng(shì)	항상, 늘	행동이나 상황이 계속되거나 자주 그러함을 나타낸다. 孩子总是一边听音乐一边看书。 아이는 항상 음악을 들으면서 책을 본다.

分钟 fēnzhōng 명 분 | 做 zuò 동 하다, 만들다 | 完 wán 동 (동사 뒤에 보어로 쓰여) 다하다, 끝내다 | ★周末 zhōumò 명 주말 | 能 néng 조동 ~할 수 있다 | 回来 huílái 동 돌아오다 | 妹妹 mèimei 명 여동생 | 在 zài 부 ~하고 있는 중(이다) 개 ~에서 | ★生气 shēngqì 동 화내다, 성나다 | ★饱 bǎo 형 배부르다 | ★会议 huìyì 명 회의 | 就 jiù 부 곧, 바로 | 弟弟 dìdi 명 남동생 | 看 kàn 동 보디 | 电视 diànshì 명 TV, 텔레비전 | 厨房 chúfáng 명 부엌, 주방 | ★蛋糕 dàngāo 명 케이크 | 呢 ne 조 [동작의 지속을 나타냄] | 睡觉 shuìjiào 동 잠을 자다 | 吧 ba 조 ~하자 [상의·제의·청유·기대·명령 등의 어기를 나타냄] | 坐 zuò 동 (교통수단을) 타다 | 公共汽车 gōnggòng qìchē 명 버스 | ★然后 ránhòu 접 그다음에, 그런 후에 | ★换 huàn 동 환승하다 | 地铁 dìtiě 명 지하철 | 外面 wàimiàn 명 밖, 바깥 | 下雪 xiàxuě 동 눈이 내리다 | 姐姐 jiějie 명 언니, 누나 | ★最近 zuìjìn 명 최근, 요즘 | 晚 wǎn 형 늦다 | 回家 huí jiā 집으로 돌아가다 | 孩子 háizi 명 아이 | 一边A 一边B yìbiān A yìbiān B A하면서 B하다 | 听 tīng 동 듣다 | ★音乐 yīnyuè 명 음악 | 书 shū 명 책

才 vs. 就

'才'와 '就', 이 두 글자는 완전 반대의 의미지만, 활용이 비슷하여 헷갈리는 어휘 중 하나이다. 독해 영역에서도 매우 중요하므로, 정확히 구분하고 넘어가자.

시간+才	시간+就
동작이 늦게 이루어짐을 나타낸다.	동작이 바로 빠르게 이루어짐을 나타낸다.
你怎么现在才回来? 너는 어째서 지금에야 왔니?	我刷了牙，洗了脸，就出来了。 나는 양치를 한 후에 세수하고 바로 나왔다.

怎么 zěnme 어떻게 | 现在 xiànzài 명 지금 | 回来 huílái 동 돌아오다 | ★刷牙 shuāyá 동 양치질하다, 이를 닦다 | 洗脸 xǐliǎn 동 세수하다 | 出来 chūlái 동 나오다

배운 내용 점검하기

1 시간부사는 보통 다른 부사들보다 앞에 위치한다. 问题已经都解决了。 他一直都非常关心别人。

2 3급 필수 시간부사의 용법
已经 + 술어 + 了 | 正(在) + 술어(+ 呢) | 先A, 然后B

STEP 3 실력 다지기

Day 08

1. 菜单吧　先　你们　看

   _____

2. 马上　考试　开始了　就

   _____

3. 办公室　正在　他现在　开会

   _____

4. 吃　他　甜的东西　总是

   _____

5. 一直　我最近　看见他　没

   _____

→ 해설서 p.118

08 부사(4) 부정·빈도부사

쓰기 제1부분 | Day 09

기초 실력 확인하기 | 도식에 정리된 내용에 관해 얼마나 상세히 알고 있는지 스스로 확인해 보세요.

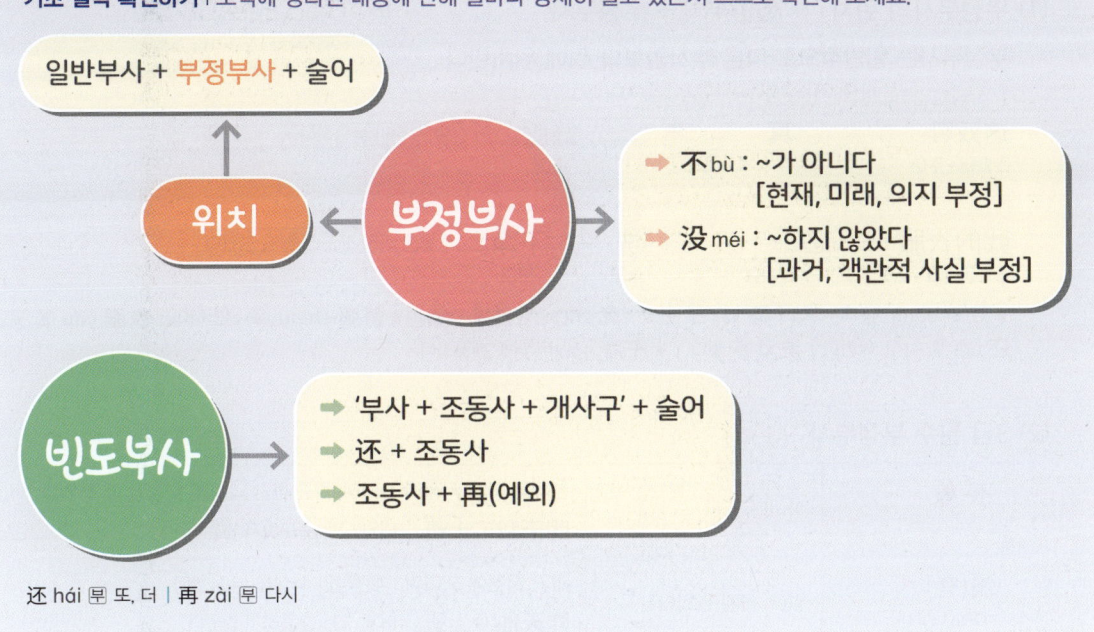

还 hái 튀 또, 더 │ 再 zài 튀 다시

STEP 1 유형 파악하기

◆ 부정부사는 일반적으로 부사 중에서 가장 뒤에 위치한다. 의미상, 부정부사는 술어와 가까운 관계를 갖고 있어, 다른 부사보다 술어와 가까이 위치한다.

◆ 빈도부사는 보통 '부사 + 조동사 + 개사구 + 동사' 순으로 쓰인다.

● 제1부분 예제

| 几乎 | 这个地方 | 下过雪 | 没有 |

정답&풀이 [几乎没有 + 동사 거의~하지 않다]

대사+양사+명사	어기부사	부정부사	동사+조사+명사
这个地方	几乎	没有	下过雪。 이곳은 눈이 거의 내리지 않았다.
관형어+주어		부사어	술어+과+목적어

STEP 1 조사 '过'와 함께 쓰인 동사 '下'가 술어가 되고, '雪'가 목적어가 된다.

STEP 2 보통 일반부사는 부정부사 앞에 오므로 일반부사 '几乎'가 부정부사 '没有'와 함께 술어 앞에 위치한다. '这个地方'이 문장의 주어가 된다.

这 zhè 대 이것 │ ★地方 dìfang 명 장소, 곳, 자리 │ ★几乎 jīhū 튀 거의 │ 没有 méiyǒu 튀 ~않다 │ 下雪 xiàxuě 동 눈이 내리다

STEP 2 내공 쌓기

1 부정부사

(1) 부정부사의 위치   일반부사 + 부정부사

부정부사는 일반적으로 다른 부사들보다 뒤에 위치한다.

지시대사+양사+명사	정도부사	부정부사	형용사	
这双鞋	真	不	舒服。	이 신발은 진짜 불편하다.
관형어+주어	부사어		술어	

대사+조사+명사	시간부사	부정부사	동사	형용사	
我的衣服	还	没	洗	干净。	내 옷은 아직 깨끗하게 빨지 않았다.
관형어+的+주어	부사어		술어	보어	

★ **双** shuāng 양 짝, 켤레 | **鞋** xié 명 신발 | **真** zhēn 부 진짜, 정말 | ★ **舒服** shūfu 형 편안하다 | **衣服** yīfu 명 옷 | **还** hái 부 아직, 여전히 | **洗** xǐ 동 씻다 | ★ **干净** gānjìng 형 깨끗하다

(2) 3급 필수 부정부사

不 ◆ bù	아니다	현재와 미래 시점에 쓰이며, 주관적인 의지를 부정할 때 쓰인다. 明天我**不**上班。 내일 나는 출근하지 않는다.
没(有) ◆ méi(yǒu)	없다, 하지 않았다	과거 시점에 쓰이며, 객관적인 사실을 부정한다. 昨天他**没**上班。 어제 그는 출근하지 않았다.
别 ◆ bié	~하지 마라	금지의 의미를 나타내며, '了'와 자주 함께 쓰인다. 你们**别**担心**了**。 너희들 걱정하지 마라.
不要 búyào	~하지 마라	금지를 나타내며, '别'보다 강한 어투이다. **不要**一边吃一边说话。 먹으면서 말하지 마라.
不用 búyòng	~할 필요 없다	반드시 그럴 필요가 없음을 나타낸다. **不用**客气。 사양할 필요 없다.

明天 míngtiān 명 내일 | **上班** shàngbān 동 출근하다 | **昨天** zuótiān 명 어제 | ★ **担心** dānxīn 동 걱정하다, 염려하다 | **一边A一边B** yìbiān A yìbiān B A하면서 B하다 | **说话** shuōhuà 동 말하다 | **客气** kèqi 동 사양하다 | **成功** chénggōng 동 성공하다 | **会** huì 조동 ~할 것이다

(3) '不'와 '没'의 비교

	不	没
시제	아직 실현되지 않은 미래나 현재의 일을 부정, 과거의 일에는 쓰이지 않음 他今天**不**来。 그는 오늘 오지 않는다. 他明天**不**来。 그는 내일 오지 않는다. 他昨天**不**来。(✗)	이미 발생한 과거의 사건을 부정, 현재나 미래의 일에 쓰이지 않음 他昨天**没**来。 그는 어제 오지 않았다. 他明天**没**来。(✗)

동사 부정	주관적인 의지를 부정 我不吃蛋糕。 나는 케이크를 먹지 않는다. (자신의 의지로 먹지 않음)	객관적인 사실을 부정 我没吃蛋糕。 나는 케이크를 먹지 않았다. (과거에 먹지 않았음을 나타냄)
	'是'를 부정 他不是医生。 그는 의사가 아니다. 他没是医生。(✗)	'有'를 부정 他没有铅笔。 그는 연필이 없다. 他不有铅笔。(✗)
형용사 부정	일반적으로 형용사를 부정할 때는 '不'가 쓰임 他不胖。 ↔ 他很胖。 그는 뚱뚱하지 않다. 그는 뚱뚱하다.	형용사의 변화를 부정할 때는 '没'가 쓰임 他没胖。 ↔ 他胖了。 그는 살찌지 않았다. 그는 살쪘다.
조동사 부정	일반적으로 조동사는 '不'로 부정 你不应该这样做。 너는 이렇게 하면 안 된다. 你没应该这样做。(✗)	예외적으로 '没能'만 '~할 수가 없었다'라는 의미로 쓰일 수 있음 今天我不能跟她见面。(○) 오늘 나는 그녀와 만날 수 없다. 昨天我没能跟她见面。(○) 어제 나는 그녀와 만날 수 없었다.
결과보어 부정	가정문일 경우에만 '不+동사+결과보어'의 형태로 부정 我不做完, 就不能出去。 나는 다 하지 않으면, 나갈 수 없다.	일반적으로 결과보어의 부정은 '没+동사+결과보어'로 나타냄 我没做完今天的作业。 나는 오늘의 과제를 다 못했다.

★ 蛋糕 dàngāo 명 케이크 | 医生 yīshēng 명 의사 | 铅笔 qiānbǐ 명 연필 | 胖 pàng 형 뚱뚱하다 | ★ 应该 yīnggāi 조동 (반드시) ~해야 한다 | 这样 zhèyàng 대 이렇게 | 做 zuò 동 하다 | 能 néng 조동 ~할 수 있다 | ★ 跟 gēn 개 ~와 | ★ 见面 jiànmiàn 동 만나다 | 完 wán 동 (동사 뒤에 결과보어로 쓰여) 다하다 | 出去 chūqù 동 나가다

2 빈도부사

(1) 빈도부사의 의미와 위치

빈도부사란 어떠한 일이나 상황이 반복됨을 나타내는 부사이다. 보통 '부사 + 조동사 + 개사구 + 동사'의 순서로 쓰인다.

대사	빈도부사	조동사	개사+명사+명사	동사+명사	
我	还	要	给家里	打电话。	나는 다시 집에 전화를 해야 한다.
주어		부사어		술어+목적어	

그러나 의미와 쓰임에 따라 다른 부사 앞이나 뒤, 조동사나 개사구 뒤에 오기도 한다.

지시대사+양사+명사	조동사	빈도부사	동사	수사+양사+명사	
这些书	可以	再	借	一个月。	이 책들은 한 달 더 빌릴 수 있다.
관형어+주어		부사어	술어	보어	

还 hái 부 더, 또 | 给 gěi 개 ~에게 | 打电话 dǎ diànhuà 전화하다 | 些 xiē 양 조금, 약간 | 书 shū 명 책 | 可以 kěyǐ 조동 ~할 수 있다 | 再 zài 부 더, 다시 | ★ 借 jiè 동 빌리다 | 月 yuè 명 달

(2) 3급 필수 빈도부사

又 yòu	또, 다시, 거듭 [과거~현재 반복]	他又生病了。 그는 또 병이 났다.
再 ◆ zài	또, 더, 다시 [현재~미래 반복]	조동사+再+동사 出门前要再检查检查行李。 외출 전에 다시 짐 검사를 좀 해야 한다.
还 ◆ hái	또, 다시, 거듭 [추가]	我还想去北京。 나는 베이징에 또 가고 싶다.
也 yě	~도 (또한)	他喜欢音乐，也喜欢运动。 그는 음악을 좋아하고, 운동도 좋아한다.
常常 chángcháng	자주, 종종	他常常去那儿玩儿。 그는 자주 그곳에 가서 논다.
经常 jīngcháng	자주, 종종	他周末上午经常去踢足球。 그는 주말 오전에 자주 축구를 하러 간다.

生病 shēngbìng 동 병이 나다 | 出门 chūmén 동 외출하다 | ★检查 jiǎnchá 동 검사하다 | 行李 xíngli 명 짐 | 想 xiǎng 조동 ~하고 싶다 | 北京 Běijīng 고유 베이징 | 喜欢 xǐhuan 동 좋아하다 | ★音乐 yīnyuè 명 음악 | 运动 yùndòng 명 운동 | 那儿 nàr 대 그곳, 거기 | 玩儿 wánr 동 놀다 | ★周末 zhōumò 명 주말 | 上午 shàngwǔ 명 오전 | 踢足球 tī zúqiú 축구를 하다

(3) 헷갈리는 빈도부사 '还' '再' '又' '也'

헷갈리는 부사들의 의미와 활용을 체크해 보자.

还 hái	행동이나 상황이 변함없이 지속됨을 나타낸다. 我们明天还要去。 우리는 내일 또 가야 한다. 她还想吃甜的。 그녀는 단것을 더 먹고 싶다.
再 zài	미래 시제에 쓰여, 아직 발생하지 않은 동작의 반복을 나타내며, 조동사 뒤에 쓰인다. 종종 문장에 수량사를 동반한다. 我们要再去一次。 우리는 한 번 더 가야 한다. 她想再买一件衣服。 그녀는 옷을 한 벌 더 사고 싶다.
又 yòu	과거 시제에 쓰여, 이미 발생한 행동, 상황이 또 반복됨을 나타내며, 주로 '了'와 함께 쓰인다. 他昨天去了，今天又去了。 그는 어제 갔고, 오늘 또 갔다. 她今天又去玩儿了。 그녀는 오늘 또 놀러 갔다.
也 yě	동작이 같은 형태로 반복됨을 나타낸다. 주어는 하나 또는 둘이 될 수 있다. 他昨天去了，今天也去。 그는 어제 갔는데, 오늘도 간다. 哥哥去运动了，弟弟也去运动了。 오빠도 운동하러 갔고, 남동생도 운동하러 갔다.

★甜 tián 형 달다 | 次 cì 양 번, 회 | 买 mǎi 동 사다 | 件 jiàn 양 벌 [옷 등을 세는 단위] | 哥哥 gēge 명 형, 오빠 | 弟弟 dìdi 명 남동생

> **배운 내용 점검하기**
>
> 1 부정부사는 일반적으로 다른 부사보다 뒤에 위치한다.　这双鞋真不舒服。　　我的衣服还没洗干净。
> 2 不 + 동사: 현재나 미래의 주관적 의지를 부정한다.　他今天不来。　　我不吃蛋糕。
> 3 没 + 동사: 과거의 객관적 사실을 부정한다.　他昨天没来。　　我没吃蛋糕。
> 4 3급 필수 빈도부사의 용법
> 　又……了 | 조동사 + 再 + 동사

STEP 3　실력 다지기

Day 09

1. 迟到　我的　经常　朋友最近

   _____

2. 开始　还　没　呢　比赛

   _____

3. 很不　弟弟　韩国　愿意离开

   _____

4. 别　打电话　给他　忘记

   _____

5. 了　见面　没　他们已经很久

   _____

→ 해설서 p.120

쓰기 제1부분 09

부사(5) 범위·상태·어기부사

Day 10

기초 실력 확인하기 | 도식에 정리된 내용에 관해 얼마나 상세히 알고 있는지 스스로 확인해 보세요.

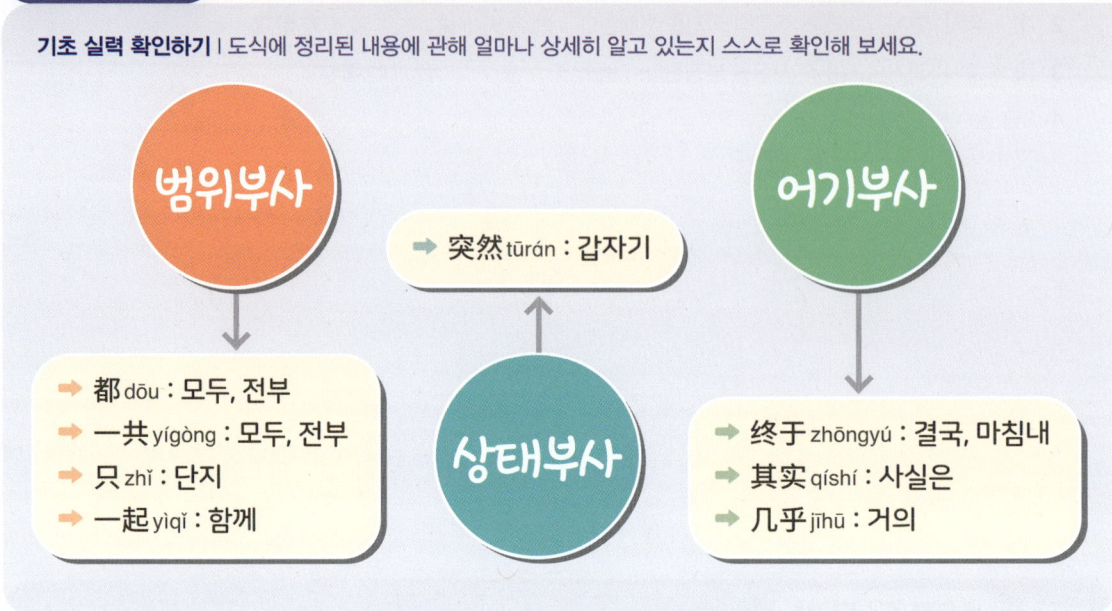

STEP 1 유형 파악하기

◆ 일반적으로 부사어의 어순은 '부사 + 조동사 + 개사(구)'이지만, 일부 범위부사는 예외적으로 조동사나 개사구 뒤에도 위치할 수 있다.

◆ 일부 범위부사와 어기부사는 문장에 따라 주어 앞이나 뒤에 올 수 있음을 기억하자.

● 제1부분 예제

| 完成了 | 一共 | 他 | 问题 | 九个 |

정답&풀이 [一共 + 수량사 모두 ~개]

| 대사 | 범위부사 | 동사+조사 | 수사+양사 | 명사 |
| 他 | 一共 | 完成了 | 九个 | 问题。| 그는 모두 아홉 개의 문제를 완성했다.
| 주어 | 부사어 | 술어+了 | 관형어 | 목적어 |

STEP 1 조사 '了'와 함께 있는 동사 '完成'이 문장의 술어가 되며, 부사 '一共'이 술어 앞에 위치해 부사어 역할을 한다.

STEP 2 문맥상 대사 '他'가 문장의 주어가 되고, '问题'가 목적어가 된다. '九个'는 목적어 앞에 위치해 관형어 역할을 한다.

★ 一共 yígòng 🖫 모두, 전부 | ★ 完成 wánchéng 🖫 완성하다, 끝내다, 완수하다 | 九 jiǔ 囯 9, 아홉 | 问题 wèntí 명 문제

STEP 2 내공 쌓기

1 범위부사

(1) 범위부사의 의미와 위치

범위부사는 동작의 범위를 제한하는 부사로, 대체로 '부사 + 조동사 + 개사'의 순서로 쓰이지만, '一起' 같은 일부 범위부사는 조동사나 개사구 뒤에도 예외적으로 위치할 수 있다.

지시대사	범위부사	조동사	동사	수사+양사
这里	只	能	住	三天。
주어	부사어		술어	보어

여기는 단 3일만 묵을 수 있다.

지시대사+양사+명사	대사	조동사	개사+대사	범위부사	동사
这个周末	我	要	和他	一起	吃饭。
부사어1	주어		부사어2		술어

이번 주말에 나는 그와 같이 밥을 먹을 것이다.

★ 只 zhǐ 🖲 단지 | 能 néng 🖲 ~할 수 있다 | 住 zhù 🖲 묵다, 머물다 | 天 tiān 🖲 날 | ★ 周末 zhōumò 🖲 주말 | 要 yào 🖲 ~할 것이다 | 和 hé 🖲 ~와 | 一起 yìqǐ 🖲 같이 | 吃饭 chī fàn 🖲 밥을 먹다

(2) 3급 필수 범위부사

都◆ dōu	모두	복수를 나타내는 어휘 뒤에 쓰인다. [범위 강조] 大家都明白了老师的意思。 모두 선생님의 뜻을 이해했다. 我和他都喜欢看电影。 나와 그는 모두 영화 보는 것을 좋아한다.
只 zhǐ	단지	수량 또는 의미를 한정한다. 我每天早上只吃一个苹果。 나는 매일 아침 사과 하나만 먹는다. 我们只是普通朋友。 우리는 단지 평범한 친구일 뿐이다.
一起◆ yìqǐ	함께, 같이	보통 '和/跟+명사+一起+동사'의 순서로 쓰인다. 中午我们一起吃饭吧。 점심에 우리 같이 밥 먹자. 明天不能和你一起去公园了。 내일 너와 같이 공원에 갈 수 없게 되었다.
一共 yígòng	모두, 전부	보통 '一共+(동사)+수량사'로 쓰이며, 술어 없이 숫자 바로 앞에도 올 수 있다. [계산 강조] 今天我一共花了十万块钱。 오늘 나는 총 10만 위안을 썼다. 我们一共八个人。 우리는 모두 8명이다.

大家 dàjiā 🖲 모두 | 老师 lǎoshī 🖲 선생님 | 意思 yìsi 🖲 뜻, 의미 | 喜欢 xǐhuan 🖲 좋아하다 | 看 kàn 🖲 보다 | 电影 diànyǐng 🖲 영화 | 每天 měi tiān 🖲 매일 | 早上 zǎoshang 🖲 아침 | 苹果 píngguǒ 🖲 사과 | 普通 pǔtōng 🖲 평범하다, 보통이다 | 朋友 péngyou 🖲 친구 | 中午 zhōngwǔ 🖲 정오 | 吧 ba 🖲 ~하자 [상의·제의·청유·기대·명령 등의 어기를 나타냄] | 明天 míngtiān 🖲 내일 | ★ 公园 gōngyuán 🖲 공원 | 今天 jīntiān 🖲 오늘 | ★ 花 huā 🖲 (돈·시간을) 쓰다 | ★ 万 wàn 🖲 10000, 만 | 块 kuài 🖲 위안 [중국의 화폐 단위] | 钱 qián 🖲 돈

2 상태부사

상태부사는 동작이나 상태의 상황을 나타내는 부사로, 3급에서는 '갑자기'라는 뜻의 '突然'이 상태부사이다. 쓰기 영역뿐 아니라 독해 영역에도 자주 출제되는 어휘이므로, 반드시 외우고 넘어가자.

我下午突然有点儿事。 나는 오후에 갑자기 일이 좀 생겼다.

下午 xiàwǔ 명 오후 | ★突然 tūrán 부 갑자기 | 点儿 diǎnr 수량 조금, 약간 | 事 shì 명 일

3 어기부사

(1) 어기부사의 의미와 위치

어기부사는 말하는 이의 태도·긍정·추측·강조·의문 등 각종 어기를 나타내는 부사로, 다른 부사들 앞에 위치할 수도 있다.

(2) 3급 필수 어기부사

终于 ◆ zhōngyú	결국, 마침내	오랜 시간 바라고, 노력했던 일이 끝내 이루어짐을 나타낸다. **电影终于开始了。** 영화가 마침내 시작했다.
当然 dāngrán	당연히	마땅하고 자연히 이루어지는 상황임을 나타낸다. **我爸爸是足球运动员，当然喜欢踢足球了。** 우리 아빠는 축구 선수이신데, 당연히 축구하는 것을 좋아하시지.
其实 ◆ qíshí	사실은	새로운 사실을 전달할 때 쓰이며, 의미에 따라 문장 맨 앞에 올 수 있다. **做衣服其实很简单。** 옷을 만드는 것은 사실 간단하다. **很多人都说我和妹妹长得像，其实我觉得一点儿也不像。** 많은 사람들이 나와 여동생이 닮았다고 말하지만, 사실 나는 조금도 닮지 않았다고 생각한다.
几乎 jīhū	거의	매우 근접하고 비슷함을 나타낸다. **几乎每个星期我都会过来买。** 거의 매주마다 나는 사러 온다. **那个药几乎没什么作用。** 그 약은 거의 아무 효과가 없다.

开始 kāishǐ 동 시작하다 | 足球 zúqiú 명 축구 | 运动员 yùndòngyuán 명 운동선수 | 踢足球 tī zúqiú 축구를 하다 | 做 zuò 동 만들다 | 衣服 yīfu 명 옷 | ★简单 jiǎndān 형 간단하다 | 说 shuō 동 말하다 | 妹妹 mèimei 명 여동생 | ★长 zhǎng 동 생기다, 나다 | 得 de 조 ~하는 정도가 ~하다 | ★像 xiàng 동 닮다 | 觉得 juéde 동 ~라고 생각하다 | 一点儿也不 yìdiǎnr yě bù 조금도 ~하지 않다 | 每 měi 대 매, 각 | 星期 xīngqī 명 주, 요일 | 会 huì 조동 ~할 것이다 | 过来 guòlai 동 오다 | 买 mǎi 동 사다 | 药 yào 명 약, 약물 | 作用 zuòyòng 명 효과, 작용

배운 내용 점검하기

1 일반적으로 범위부사는 조동사나 개사 앞에 위치하나, 일부 범위부사는 조동사나 개사구 뒤에 위치하기도 한다.

2 3급 필수 범위부사 용법
   복수 어휘 + 都 | 和/跟 + 명사 + 一起 + 동사 | 一共 + (동사) + 수량사

3 3급 필수 어기부사 용법
   终于 + 술어 + 了

STEP 3 실력 다지기

Day 10

1. 蛋糕   这些   23块   一共

2. 儿子   了   发烧   突然

3. 和弟弟   爸爸   看体育节目   喜欢   都

4. 开   终于   了   我的花

5. 都和经理   每天中午我   吃饭   一起

→ 해설서 p.122

쓰기 제1부분 10 접속사

Day 11

기초 실력 확인하기 | 도식에 정리된 내용에 관해 얼마나 상세히 알고 있는지 스스로 확인해 보세요.

병렬 관계	一边A，一边B yìbiān A, yìbiān B A하면서 B하다
점층 관계	不但A，而且B búdàn A, érqiě B A할 뿐만 아니라 게다가 B하다
전환 관계	虽然A，但是B suīrán A, dànshì B 비록 A하지만 B하다
가설 관계	如果A，就B rúguǒ A, jiù B 만약 A라면, B하다
조건 관계	只有A，才B zhǐyǒu A, cái B A하기만 하면 B하다
인과 관계	因为A，所以B yīnwèi A, suǒyǐ B A하기 때문에, 그래서 B하다
선택 관계	A还是B A háishi B A 또는 B이다
목적 관계	为了A，B wèile A, B A하기 위해서 B하다
선후 관계	先A，然后B xiān A, ránhòu B 먼저 A하고, 그다음에 B하다

STEP 1 유형 파악하기

◆ 쓰기 제1부분에는 접속사 문제가 거의 나오지 않지만, 듣기, 독해 영역에서 문제를 풀기 위해서는 꼭 알아야 한다. 3급에 자주 출제되는 필수 접속사를 해석 중심으로 익혀 보자.

● 제1부분 예제

孩子又　　我的　　漂亮　　又聪明

정답&풀이

[**又A又B** A이기도 하고 B이기도 하다]

대사+조사	명사+접속사	형용사	접속사+형용사
我的	**孩子又**	**漂亮**	**又聪明**。 내 아이는 예쁘고 똑똑하다.
관형어+的	주어+又	술어1	又+술어2

STEP 1 접속사 '又A又B'는 병렬관계 접속사로 'A이기도 하고 B이기도 하다'라는 뜻을 나타낸다. A와 B에 각각 '漂亮'과 '聪明'이 와야 한다.

STEP 2 명사 '孩子'가 문장의 주어가 되고, '我的'가 주어 앞에 위치해 관형어 역할을 한다.

孩子 háizi 명 아이, 어린이 | ★ 又 yòu 접 또, 다시, 또한 | 漂亮 piàoliang 형 예쁘다, 아름답다 | ★ 聪明 cōngming 형 똑똑하다, 총명하다, 영리하다

STEP 2 내공 쌓기

접속사는 단어와 단어, 절과 절, 문장과 문장을 의미에 따라 연결하는 역할을 하는 품사로, 연결하는 의미에 따라 병렬·전환·점층·전환·가설·조건·인과 등의 관계를 나타낸다. 주로 두 개 이상의 어휘가 호응하여 복문을 구성하므로 서로 짝꿍인 어휘를 함께 외우면, 보다 효율적으로 익힐 수 있다.

1 병렬 관계

하나의 대상에 대해 둘 이상의 동작이나 상태를 설명하거나 묘사한다.

一边A，一边B yìbiān A, yìbiān B	A하면서 B하다 [동시 동작]	我们在一边喝咖啡一边聊天儿。 우리는 커피를 마시면서 이야기를 하고 있다.
又A又B ✦ yòu A yòu B	A이기도 하고 B이기도 하다 [동시 상태]	她又矮又瘦。 그녀는 작고 말랐다.

在 zài 부 ~하고 있는 중(이다) | 喝 hē 동 마시다 | 咖啡 kāfēi 명 커피 | ★ 聊天儿 liáotiānr 동 이야기하다, 잡담하다 | ★ 矮 ǎi 형 (키가) 작다 | ★ 瘦 shòu 형 마르다, 여위다

2 점층 관계

뒤 절이 앞 절보다 발전된 동작, 상황을 나타낼 때 쓰인다. '而且'는 단독으로 쓸 수 있다.

不但A，而且(也/还)B ✦ búdàn A, érqiě (yě/hái) B	A할 뿐만 아니라 게다가 B하다 (A: 사실, B: 심화·추가되는 내용)	我女朋友不但很可爱，而且很聪明。 내 여자 친구는 귀여울 뿐만 아니라 게다가 똑똑하다.
除了A(以外)，还B chúle A (yǐwài), hái B	A 외에, B도 ~하다 (A: 대상, B: 추가 대상)	除了面包、水果，他还要买一斤羊肉。 빵과 과일 외에도, 그는 양고기 한 근을 더 사려고 한다.

女朋友 nǚpéngyou 명 여자 친구 | ★可爱 kě'ài 형 귀엽다 | ★聪明 cōngming 형 똑똑하다 | ★面包 miànbāo 명 빵 | 水果 shuǐguǒ 명 과일 | 要 yào 조동 ~하려고 하다 | 买 mǎi 동 사다 | 斤 jīn 양 근, 500g | 羊肉 yángròu 명 양고기

> **'제외'를 나타내는 '除了A(以外), B都C'**
>
> '除了'는 '都'와 함께 쓰일 경우, 'A를 제외하고 B는 모두 C하다'라는 의미로 A를 제외함을 나타낸다.
> (A: 제외되는 대상, B: 범위, C: 행동)
>
> 现在除了小王，其他人都来了。Xiànzài chúle Xiǎo Wáng, qítā rén dōu lái le.
> 현재 샤오왕[小王]을 제외하고, 그 외 사람들은 모두 왔다. (다른 사람은 모두 왔지만, 샤오왕[小王]만 오지 않음)

3 전환 관계

앞의 내용과 상반되는 내용을 연결하며, '但是'는 단독으로 쓰일 수 있다.

虽然A，但是B ✦ suīrán A, dànshì B	비록 A하지만, 그러나 B하다 (A: 사실인 내용, B: 앞 절과 상반되는 내용)	这里虽然冬天天气很冷，但是空气很新鲜。 이곳은 비록 겨울 날씨가 춥지만, 그러나 공기가 신선하다.

冬天 dōngtiān 명 겨울 | 天气 tiānqì 명 날씨 | 冷 lěng 형 춥다, 차다 | 空气 kōngqì 명 공기 | ★新鲜 xīnxiān 형 신선하다

4 가설 관계

앞 절에서 어떠한 상황을 가정하고, 뒤 절에서 그에 따른 결과를 나타낸다.

如果A(的话)，就B ✦ rúguǒ A (de huà), jiù B	만약 A라면, 바로 B하다 (A: 가정하는 내용, B: 결과)	如果我不在，你就上楼找我吧。 만약 내가 자리에 없다면, 너는 바로 위층으로 올라와 나를 찾아라.

在 zài 동 ~에 있다 | 上 shàng 동 오르다 | ★楼 lóu 명 층, 건물 | 找 zhǎo 동 찾다 | 吧 ba 조 ~하자 [상의·제의·청유·기대·명령 등의 어기를 나타냄]

5 조건 관계

앞 절의 조건이 충족되어야 발생하는 결과를 나타낸다. '才' 뒤에는 자주 '能' '可以' 등의 조동사가 쓰인다.

只有A，才B zhǐyǒu A, cái B	A해야만 (비로소) B이다 (A: 유일 조건, B: 결과)	只有经常运动，才能有个健康的身体。 자주 운동을 해야만, 건강한 신체를 가질 수 있다.

★**经常** jīngcháng 뷔 자주, 항상 | **运动** yùndòng 통 운동하다 | **能** néng 조통 ~할 수 있다 | ★**健康** jiànkāng 형 건강하다 | **身体** shēntǐ 명 신체, 몸

6 인과 관계

인과 관계를 연결하며, '所以'는 단독으로 쓰일 수 있다.

因为A，所以B ◆ yīnwèi A, suǒyǐ B	A 때문에, 그래서 B이다 (A: 원인, B: 결과)	因为图书馆比较安静，所以很多学生都喜欢去那儿学习。 도서관이 비교적 조용하기 때문에, 그래서 많은 학생들이 모두 그곳에 가서 공부하기를 좋아한다.

★**图书馆** túshūguǎn 명 도서관 | **比较** bǐjiào 뷔 비교적, 상대적으로 | ★**安静** ānjìng 형 조용하다, 고요하다 | **学生** xuésheng 명 학생 | **都** dōu 뷔 모두 | **喜欢** xǐhuan 통 좋아하다 | **学习** xuéxí 통 공부하다

7 선택 관계

두 개 이상의 단어, 구 또는 절을 나열하여, 두 가지 이상의 선택을 나타낸다. '还是'는 의문문에 쓰이며, '或者'는 평서문에 쓰인다.

A还是B? A háishi B?	A인가 B인가? [의문문] (A, B: 선택 대상 또는 상황)	你想买裙子还是裤子？ 너는 치마를 사고 싶니, 바지를 사고 싶니?
A或者B A huòzhě B	A 또는 B이다 [평서문] (A, B: 선택 대상 또는 상황)	你来杯茶或者苹果汁吧。 당신은 차나 사과주스를 한 잔 하세요.

想 xiǎng 조통 ~하고 싶다 | **买** mǎi 통 사다 | **裙子** qúnzi 명 치마 | ★**裤子** kùzi 명 바지 | **来** lái 통 [다른 동사 앞에 쓰여 어떠한 일을 하려는 것을 나타냄] | **杯** bēi 양 잔, 컵 | **茶** chá 명 차 | **苹果汁** píngguǒzhī 명 사과주스

8 목적 관계

어떠한 목적을 위해 행하는 행위를 연결한다.

为了A，B ◆ wèile A, B	A하기 위해서 B하다 (A: 목적, B: 행위)	为了更好地解决问题，必须提高自己的水平。 문제를 더 잘 해결하기 위해서, 반드시 자신의 실력을 향상시켜야 한다.

★**更** gèng 뷔 더, 더욱, 훨씬 | **地** de 조 ~하게, ~히 | ★**解决** jiějué 통 해결하다, 풀다 | **问题** wèntí 명 문제 | ★**必须** bìxū 뷔 반드시 (~해야 한다) | ★**提高** tígāo 통 향상시키다, 높이다 | ★**自己** zìjǐ 때 자신, 스스로 | ★**水平** shuǐpíng 명 수준

9 선후 관계

연이어 나타내는 행동이나 상황을 나타낸다.

先A，然后B xiān A, ránhòu B	먼저 A하고, 그다음에 B하다 (A: 행동, B: 행동)	明天早上我先去银行，然后再去找你。 내일 아침에 나는 먼저 은행을 갔다가, 그다음에 다시 너를 찾으러 갈게.

明天 míngtiān 명 내일 | **早上** zǎoshang 명 아침 | ★**银行** yínháng 명 은행 | **再** zài 뷔 다시, 또

> **배운 내용 점검하기**
>
> 1 不但A，而且B　A할 뿐만 아니라 게다가 B하다　我女朋友不但很可爱，而且很聪明。
> 2 虽然A，但是B　비록 A하지만, 그러나 B하다　这里虽然冬天天气很冷，但是空气很新鲜。
> 3 如果A(的话)，就B　만약 A라면, 바로 B하다　如果我不在，你就上楼找我吧。
> 4 因为A，所以B　A 때문에, 그래서 B이다　因为图书馆比较安静，所以很多学生都喜欢去那儿学习。
> 5 A还是B?　A인가 B인가?　你想买裙子还是裤子？

STEP 3　실력 다지기

1. 我就　　教你　　你有兴趣　　如果

   _____

2. 还是　　喝啤酒　　葡萄酒　　你要

   _____

3. 我每天都去　　但是　　锻炼身体　　虽然工作很忙

   _____

4. 空气新鲜　　而且附近　　还有个公园　　这里不但

   _____

5. 因为　　所以他们不吃蛋糕　　不喜欢吃甜的　　有些人

   _____

해설서 p.124

11 수사·양사

쓰기 제1부분 | Day 12

기초 실력 확인하기 | 도식에 정리된 내용에 관해 얼마나 상세히 알고 있는지 스스로 확인해 보세요.

* 수량사: 수사 + 양사

- 수사 ← 기수, 서수, 어림수
- 양사 → 명량사, 동량사, 시량사

STEP 1 유형 파악하기

◆ 쓰기 제1부분에서 수사와 양사는 비교적 쉬운 난이도로 출제된다. 자주 출제되는 양사와 명사를 함께 익히면 쉽게 정답을 찾을 수 있다.

◆ 보통 '수사 + 양사' 순의 수량사 형태로 쓰인다. 명량사는 '지시대사 + (수사) + 양사 + 명사'의 순서로, 동량사와 시량사는 '동사 + 동량사/시량사 + (목적어)'의 순서로 쓰인다.

● 제1부분 예제

| 鱼　　那条　　很　　新鲜 |

정답&풀이 [대사(那) + 양사(条) + 명사(鱼)]

대사+양사	명사	부사	형용사
那条	**鱼**	**很**	**新鲜**。
관형어	주어	부사어	술어

그 생선은 매우 싱싱하다.

STEP 1 형용사 '新鲜'이 문장의 술어가 되며, 정도부사 '很'이 술어 앞에 위치해 정도가 높음을 나타낸다.

STEP 2 명사 '鱼'가 문장의 주어가 되며, 물고기를 세는 단위로 쓰인 양사 '条'는 주어 앞에서 관형어 역할을 한다.

那 nà 대 그, 저 | ★条 tiáo 양 마리 [동물을 세는 단위] | 鱼 yú 명 물고기 | 很 hěn 부 매우, 대단히, 아주 | ★新鲜 xīnxiān 형 신선하다, 싱싱하다

STEP 2 내공 쌓기

1 수사

수사는 숫자나 수량을 나타내는 품사로 문장에서 단독으로 쓰이지 않고, 수를 세는 단위인 양사와 함께 '수사+양사'의 형태로 쓰인다. 지시대사가 함께 쓰일 경우에는 '지시대사+(수사)+양사+명사'의 형태로 쓰이며, 수사가 생략되는 경우도 있다.

(1) 수사의 종류

수량을 나타내는 기수, 순서를 나타내는 '서수', 대략적인 수량을 나타내는 '어림수'가 있다.

기수	'1, 2, 3 ……' 등의 정수와 '일, 십, 백 ……' 등의 자릿수를 말한다. 零 líng 0 │ 一 yī 1 │ 二 èr 2 │ 三 sān 3 │ 四 sì 4 │ 五 wǔ 5 │ 六 liù 6 │ 七 qī 7 │ 八 bā 8 │ 九 jiǔ 9 │ 十 shí 10 │ 百 bǎi 100 │ 千 qiān 1000 │ 万 wàn 10000
서수	순서를 나타내는 수로, 주로 수사 앞에 '第 dì'를 써서 표시한다. 第一 dì yī 첫 번째 │ 第二 dì èr 두 번째 │ 第三 dì sān 세 번째
어림수	대략적인 수를 나타낸다. ① 앞뒤의 두 수를 연이어 나타냄 　两三千块钱 이삼천 위안 │ 还有三四站才到 아직 세네 정거장 있어야 도착한다 ② '수사+左右/多/来'의 형태로 나타냄 　一个小时左右 한 시간 정도 │ 十多年 십여 년 │ 六十来岁 60여 세 ③ '几/两+양사'의 형태로 나타냄 　这几天我不在家 요 며칠 나는 집에 없다 │ 休息两天就好了 며칠 쉬면 낫는다

钱 qián 명 돈 │ **还** hái 분 아직 │ ★**站** zhàn 명 정류장 │ ★**才** cái 분 비로소 │ **到** dào 동 도착하다, 도달하다 │ **小时** xiǎoshí 명 시간 │ **左右** zuǒyòu 명 정도, 쯤 │ **岁** suì 양 살, 세 │ **休息** xiūxi 동 쉬다, 휴식하다 │ **天** tiān 명 날, 일 │ **在** zài 동 ~에 있다 │ **两天** liǎng tiān 며칠 │ **就** jiù 분 바로

> **tip** 어림수를 나타내는 '多'와 '来'
>
> 어림수를 나타내는 '多'와 '来'는 '~정도' '~쯤' '~남짓'이라는 뜻으로 앞에 놓인 수사의 끝자리가 무엇인지에 따라 위치가 달라진다.
>
> • 수사의 끝자리가 0인 경우: 수사+多/来+양사+명사
> 　十多个小时 shí duō ge xiǎoshí 10시간 남짓　　三百多年 sān bǎi duō nián 300여 년
> 　十来天 shí lái tiān 10여 일　　　　　　　　五十来岁 wǔshí lái suì 50여 세
>
> • 수사의 끝자리가 0이 아닌 경우: 수사+양사+多/来+명사
> 　一个多小时 yí ge duō xiǎoshí 한 시간 정도　　一个多月 yí ge duō yuè 한 달쯤
> 　两个多小时 liǎng ge duō xiǎoshí 두 시간 남짓

(2) '二'과 '两'의 비교

'二'은 주로 순서를 나타낼 때 쓰이며, 수량을 나타낼 때는 숫자 '十' 앞뒤에 '二'이 쓰인다.

第二课 제2과 │ 二月 2월 │ 二号 2일 │ 二十块 20위안

'两'은 주로 수량을 나타낼 때 쓰이며, 보통 양사 앞에는 '两'이 쓰인다. ◆

两个苹果 사과 두 개 | 两次 두 번 | 两点 2시 | 两块 2위안

课 kè 명 과목, 수업 | 月 yuè 명 월, 달 | 号 hào 명 일 [날짜를 가리킴] | 苹果 píngguǒ 명 사과 | 次 cì 명 번, 회 | 点 diǎn 양 시

2 양사

양사는 수를 세는 단위로, 보통 단독으로 쓰이지 않고, 수사와 함께 쓰인다. 그러나 수사 '一'는 종종 생략해서 쓸 수 있다. 양사는 세는 대상에 따라, 명량사, 동량사, 시량사로 나뉜다.

换(一)个新的 새것으로 (하나) 바꾸다   给家里打(一)个电话 집에 전화를 (한 통) 하다

★换 huàn 동 바꾸다 | 新的 xīn de 새것 | 给 gěi 개 ~에게 | 打 dǎ 동 (전화를) 걸다 | 电话 diànhuà 명 전화

(1) 명량사

명사 앞에서 명사를 수식하는 관형어 역할을 하며, '수사 + 양사 + 명사' 순으로 쓰인다. ◆

명사	동사	수사+양사	명사+명사	
姐姐	是	一位	数学老师。	언니는 수학 선생님이다.
주어	술어	관형어	목적어	

姐姐 jiějie 명 언니, 누나 | ★位 wèi 양 분, 명 [공경의 뜻을 내포함] | ★数学 shùxué 명 수학 | 老师 lǎoshī 명 선생님

명사에 따라 쓰이는 명량사가 다르므로, 함께 쓰이는 명사와 익히는 것이 좋다. 아래의 주요 명량사를 함께 쓰이는 명사와 익혀 보자.

① 개체양사

일반적으로 사람이나 사물을 세는 데 쓰인다.

个 ge	개 [사물과 사람의 수를 세는 양사로, 가장 보편적으로 쓰이며 문장에서 경성으로 발음된다.] 一个人 한 사람 | 一个礼物 선물 하나
位 wèi	명, 분 [사람의 수를 세는 양사로, 신분이나 직업을 나타내는 말에 쓰이며, 존경의 의미가 있다.] 一位老师 선생님 한 분 | 一位医生 의사 한 분
口 kǒu	가족을 세는 데 쓰인다. 我家有四口人，爸爸、妈妈、哥哥和我。 우리 집은 아빠, 엄마, 오빠 그리고 나, 네 식구이다.
岁 suì	나이를 세는 데 쓰인다. 今年20岁 올해 20살이다 | 比我大一岁 나보다 한 살 많다
本◆ běn	서적을 세는 데 쓰인다. 一本书 책 한 권 | 这(一)本词典 이 사전
件 jiàn	옷(상의)을 세거나 사건을 셀 때 쓰인다. 一件衣服 옷 한 벌 | 这(一)件事情 이 사건
家 jiā	가게, 기업 등 영리를 목적으로 하는 단위를 셀 때 쓰인다. 这家超市 저 슈퍼마켓 | 一家公司 한 회사

辆 liàng	차량을 셀 때 쓰인다. 一**辆**车 차 한 대 ｜ 一**辆**自行车 자전거 한 대
块 kuài	돈을 셀 때 쓰이거나 덩어리·조각 형태로 된 것을 셀 때 쓰인다. 一**块**钱 1위안 ｜ 一**块**糖 사탕 한 조각
条 ◆ tiáo	길고 가는 물건을 세거나 한쪽으로 나뉘어진 것을 셀 때 쓰인다. 一**条**裤子 바지 한 벌 ｜ 一**条**裙子 치마 한 벌 ｜ 这**条**路 이 길 ｜ 一**条**街道 도로 하나 一**条**河 강 한 줄기 ｜ 一**条**鱼 물고기 한 마리
张 ◆ zhāng	종이, 가죽, 책상, 침대 등 넓은 표면이 있는 것을 셀 때 쓰인다. 一**张**照片 사진 한 장 ｜ 一**张**桌子 탁자 하나
把 bǎ	손잡이가 있는 사물을 셀 때 쓰인다. 一**把**伞 우산 한 개 ｜ 一**把**椅子 의자 한 개
段 duàn	시간·공간의 일정한 거리를 나타낼 때 쓰인다. 这**段**话 이 말, 이 단락 ｜ 这**段**时间 이 시간 동안
只 ◆ zhī	동물을 세거나 짝을 이루는 대상의 한 쪽을 셀 때 쓰인다. 两**只**小鸟 새 두 마리 ｜ 那**只**猫 저 고양이 ｜ 一**只**手 손 한 쪽 ｜ 一**只**鞋 신발 한 짝
层 céng = 楼 lóu	건물의 층수, 쌓여 있거나 중첩된 물건을 셀 때 쓰인다. 二**层** 2층 ｜ 八**楼** 8층

★ 礼物 lǐwù 명 선물 ｜ 医生 yīshēng 명 의사 ｜ 哥哥 gēge 명 오빠, 형 ｜ 和 hé 접 ~와 ｜ 今年 jīnnián 명 올해 ｜ 比 bǐ 개 ~보다, ~에 비해 ｜ 书 shū 명 책 ｜ ★ 词典 cídiǎn 명 사전 ｜ 衣服 yīfu 명 옷 ｜ 事情 shìqing 명 사건, 일 ｜ ★ 超市 chāoshì 명 슈퍼마켓 ｜ 公司 gōngsī 명 회사 ｜ 车 chē 명 자동차 ｜ ★ 自行车 zìxíngchē 명 자전거 ｜ 糖 táng 명 사탕 ｜ ★ 裤子 kùzi 명 바지 ｜ ★ 裙子 qúnzi 명 치마 ｜ 路 lù 명 길, 도로 ｜ ★ 街道 jiēdào 명 도로, 거리 ｜ 河 hé 명 강 ｜ 鱼 yú 명 물고기 ｜ ★ 照片 zhàopiàn 명 사진 ｜ 桌子 zhuōzi 명 탁자, 테이블 ｜ ★ 伞 sǎn 명 우산 ｜ 椅子 yǐzi 명 의자 ｜ 话 huà 명 말 ｜ 时间 shíjiān 명 시간 ｜ 小鸟 xiǎo niǎo 명 작은 새 ｜ 猫 māo 명 고양이 ｜ 手 shǒu 명 손

② 집합양사

두 개 이상의 개체로 이루어진 사물, 단체를 셀 때 쓰인다.

双 shuāng	원래 쌍을 이루고 있는 것을 세는 데 쓰인다. 一**双**鞋 신발 한 켤레 ｜ 一**双**筷子 젓가락 한 쌍

鞋 xié 명 신발 ｜ 筷子 kuàizi 명 젓가락

③ 도량사

'도량사'는 길이, 무게 등 도량형을 계산하는 단위이다.

米 mǐ	미터(m) [길이의 단위] 走两百**米** 200미터를 걷다 ｜ 我只有一**米**六 나는 겨우 160cm 밖에 안 된다

斤 jīn	근, 500g [무게의 단위] 多少钱一斤? 한 근에 얼마인가요? ǀ 一共瘦了六斤 총 3kg이 빠졌다
公斤 gōngjīn	킬로그램(kg) [무게의 단위] 十块钱一公斤 1kg에 10위안이다 ǀ 胖了两公斤 2kg이 쪘다

走 zǒu 통 걷다, 떠나다 ǀ ★只 zhǐ 부 겨우, 오직 ǀ 多少 duōshao 대 얼마, 몇 ǀ ★一共 yígòng 부 모두, 전부 ǀ ★瘦 shòu 형 마르다, 여위다 ǀ ★胖 pàng 형 살찌다, 뚱뚱하다

④ **부정양사**

불특정한 수량을 세는 양사로 '种' '些' '点(儿)'이 있다. 명사 앞 또는 동사 뒤, 형용사 뒤에 쓰인다.

种 ✦ zhǒng	종류를 구분하여 셀 때 쓰인다. 这种手机 이런 종류의 핸드폰 ǀ 三种颜色 세 종류의 색
些 xiē	불특정한 복수를 나타내며, 많지 않은 적은 수를 나타낸다. 一些东西 몇몇 물건 ǀ 一些事情 몇 가지 일
点(儿) diǎn(r)	'조금, 약간'으로 해석되며, 양이 적음을 나타낸다. 喝点儿 조금 마시다 ǀ 早一点儿 좀 빠르게

手机 shǒujī 명 핸드폰 ǀ 颜色 yánsè 명 색, 색깔 ǀ 东西 dōngxi 명 물건 ǀ 喝 hē 동 마시다 ǀ 早 zǎo 형 이르다

⑤ **차용양사**

그릇·컵·상자 등 사물을 담는 용기를 활용하여 다양한 양사를 표현할 수 있다.

碗 wǎn	그릇에 담긴 것을 셀 때 쓰인다. 一碗米饭 밥 한 그릇 ǀ 两碗面条儿 국수 두 그릇
杯 ✦ bēi	잔에 담긴 것을 셀 때 쓰인다. 一杯绿茶 녹차 한 잔 ǀ 一杯果汁 과일주스 한 잔 ǀ 一杯牛奶 우유 한 잔
箱 xiāng	상자에 담긴 것을 셀 때 쓰인다. 两箱苹果 사과 두 박스 ǀ 一箱啤酒 맥주 한 박스 ǀ 一箱牛奶 우유 한 박스

米饭 mǐfàn 명 쌀밥 ǀ 面条儿 miàntiáor 명 국수 ǀ 绿茶 lǜchá 명 녹차 ǀ 果汁 guǒzhī 명 과일주스 ǀ 牛奶 niúnǎi 명 우유 ǀ ★啤酒 píjiǔ 명 맥주

(2) **동량사**

동사 뒤에서 동작의 횟수를 나타내는 보어 역할을 한다. '동사 + 수사 + 양사(+ 목적어)'의 어순으로 쓰인다. ✦

대사	동사+조사	수사+양사	
他	去过	两次。	그는 두 번 가 본 적 있다.
주어	술어+过	보어	

次 ◆ cì	동작의 횟수를 셀 때 쓰인다. 看过一次 한 번 본 적 있다 ǀ 讲了一次 한 번 말했다 행동을 나타내는 명사를 꾸미거나 동사 앞에 쓰이기도 한다. 这次会议 이번 회의 ǀ 我是第一次来北京 나는 베이징에 처음 왔다	
下 xià	'一下' 형태로, 한번 해 보거나 호기심 또는 시험 삼아 해 보는 동작을 세는 데 쓰인다. 查一下 한번 찾아보다 ǀ 介绍一下 소개 좀 하다 休息一下 좀 쉬다 ǀ 看一下菜单 메뉴판을 한번 좀 보다	

동작을 표현하는 신체를 활용하여 동작 횟수를 세기도 한다.
踢了一脚 발로 한 번 찼다   想喝一口啤酒 맥주를 한입 마시고 싶다

인칭대사가 쓰일 경우, '동사 + 인칭대사 + (수사) + 동량사'의 어순으로 쓰인다.
等我一下 나를 좀 기다려   问您一下 당신에게 좀 물어볼게요

看 kàn 동 보다 ǀ ★讲 jiǎng 동 말하다, 이야기하다 ǀ ★会议 huìyì 명 회의 ǀ 北京 Běijīng 고유 베이징 ǀ 查 chá 동 찾아보다, 조사하다 ǀ 介绍 jièshào 동 소개하다 ǀ ★菜单 càidān 명 메뉴, 메뉴판 ǀ 踢 tī 동 차다 ǀ ★脚 jiǎo 명 발 ǀ 想 xiǎng 조동 ~하고 싶다 ǀ 等 děng 동 기다리다 ǀ 问 wèn 동 묻다, 질문하다

(3) 시량사

동사 뒤에서 동작이 진행된 시간을 설명하는 보어 역할을 하며, '동사 + 수사 + 양사 + 명사(목적어)'의 어순으로 쓰인다.

대사	동사+조사	수사+양사	
他	学过	一年。	그는 1년 동안 배운 적이 있다.
주어	술어+过	보어	

一分钟 일 분 ǀ 一个小时 한 시간 ǀ 一个星期 일주일 ǀ 一天 하루 ǀ 一个月 한 달 ǀ 一年 일 년

学 xué 동 배우다 ǀ 分钟 fēnzhōng 명 분 ǀ 星期 xīngqī 명 주일, 주

> **tip** 양사와 명사의 역할을 모두 하는 '준양사'
> '分钟' '天' '年' 등은 명사이면서 양사 역할을 하는 단어로, 다른 양사와 함께 쓰지 않고, 수사와 바로 함께 쓴다.

배운 내용 점검하기

1 수사와 양사는 보통 함께 쓰이며, 주어, 목적어 앞에서 관형어 역할을 한다.
　姐姐是一位数学老师。　　一个礼物
2 동량사나 시량사는 동사 뒤에서 동작의 횟수나 시간을 나타내는 보어 역할을 한다.
　他去过两次。　他学过一年。

STEP 3 실력 다지기

1. 有　狗　你家　只　几

2. 一双　他们那儿　少　鞋

3. 花　阿姨　一条裙子　买了　150块钱

4. 下午3点　这　举行　会议　次

5. 拿　请帮我　筷子　一下

쓰기 제1부분 12 是자문·有자문 Day 13

기초 실력 확인하기 | 도식에 정리된 내용에 관해 얼마나 상세히 알고 있는지 스스로 확인해 보세요.

- 是자문 — A是B / A不是B
- 有자문 — A有B / A没有B

是 shì 동 ~이다 | 不是 bú shì ~가 아니다 | 有 yǒu 동 있다 | 没有 méiyǒu 없다

STEP 1 유형 파악하기

◆ '是'가 동격을 나타낼 경우, 주어는 특정적인 대상이 오며, 목적어는 '수사 + 양사'의 수식을 받는 불특정한 명사나 설명이 온다.

◆ 존재를 나타낼 경우, 주어는 장소가 온다. 나타내는 의미에 따라 주어·목적어의 관계를 정확히 파악해야 한다.

◆ 是자문과 有자문은 최근 출제 빈도가 높아지고 있는 추세이다. 각 문장이 나타내는 의미가 다양하니, 기출을 분석한 문제와 예문을 익히는 것이 중요하다.

● 제1부분 예제

| 图书馆 | 五万本 | 一共有 | 书 |

정답&풀이 [A(장소/시간) + 有 + B(사람/사물) A에 B가 있다]

| 명사 | 부사+동사 | 수사+수사+양사 | 명사 |
| 图书馆 | 一共有 | 五万本 | 书。| 도서관에는 모두 5만 권의 책이 있다.
| 주어 | 부사어+술어 | 관형어 | 목적어 |

STEP 1 존재를 나타내는 동사 '有'가 문장의 술어가 되고, 장소를 나타내는 명사 '图书馆'이 주어가 된다.

STEP 2 명사 '书'가 목적어가 되며, 수량을 나타내는 관형어 '五万本'의 수식을 받는다.

★图书馆 túshūguǎn 명 도서관 | ★一共 yígòng 부 모두, 전부, 합계 | 有 yǒu 동 있다, 소유하다 [장소+有+사람/사물] | 五 wǔ 수 5, 다섯 | ★万 wàn 수 10000, 만 | 本 běn 양 권 [책을 세는 단위] | 书 shū 명 책

STEP 2 내공 쌓기

'是'와 '有'는 가장 기본적이고 중요한 동사로, 문장 안에서 각각 다양한 의미를 나타낸다. 是자문과 有자문은 형식이 간단하지만, 여러 의미를 나타내므로, 문장의 주어와 목적어 관계에 주의하여 익혀야 한다.

1 是자문

동사 '是'가 술어인 문장을 가리키며, 기본적으로 '주어 + 是 + 목적어' 형태로 쓰여, 동격·판단·관계·소속·존재·분류·강조 등을 나타낸다.

(1) 동격을 나타내는 是자문: A(사람/사물) + 是 + B(사람/사물)   A는 B이다 ✦

이때 주어(A)와 목적어(B)는 같거나 A가 B의 종류, 소속 등의 관계임을 나타낸다. 이때, A와 B는 일반적으로 바꿔서 쓸 수 없다.

哥哥 是 医生。 오빠는 의사이다.
주어 술어 목적어

我 是 这个学校的 学生。 나는 이 학교의 학생이다.
주어 술어 관형어+的 목적어

哥哥 gēge 명 오빠, 형 | **医生** yīshēng 명 의사 | **学校** xuéxiào 명 학교 | **学生** xuésheng 명 학생

(2) 존재를 나타내는 是자문: A(장소) + 是 + B(사람/사물)   A는 B이다

어떤 장소에 어떤 사물이 존재함을 나타낸다. 일반적으로 장소를 의미하는 단어가 주어 역할을 한다.

图书馆北边 是 运动场。 도서관 북쪽은 운동장이다.
주어 술어 목적어

地铁站前边 是 一个 商店。 지하철역 앞은 상점이다.
주어 술어 관형어 목적어

★**图书馆** túshūguǎn 명 도서관 | **北边** běibian 명 북쪽 | **运动场** yùndòngchǎng 명 운동장 | **地铁站** dìtiězhàn 명 지하철역 | **前边** qiánbian 명 앞 | **商店** shāngdiàn 명 상점

(3) 분류를 나타내는 是자문: A(사람/사물) + 是 + B(설명) + 的   A는 B의 것이다

주어에 대한 분류, 성질, 용도, 특징 등을 나타내며, 문장 끝에 '的'가 함께 쓰이는 경우가 많다.

这个苹果是我的。 이 사과는 내 것이다.

我的手机是新的。 내 핸드폰은 새것이다.

苹果 píngguǒ 명 사과 | **手机** shǒujī 명 핸드폰 | **新的** xīn de 새것

(4) 是자문의 부정형: A + 不是 + B   A는 B가 아니다

他不是我的男朋友。 그는 내 남자 친구가 아니다.

这不是最好的办法。 이것은 가장 좋은 방법이 아니다.

男朋友 nánpéngyou 명 남자 친구 | **最** zuì 부 가장, 제일

2 有자문

기본적으로 '주어 + 有 + 목적어' 형태로, 동사 '有'가 술어인 문장을 가리키며, 소유·존재 등을 나타낸다.

(1) **존재를 나타내는 有자문: A(장소/시간) + 有 + B(사람/사물)   A에 B가 있다** ✦

장소나 시간에 불특정한 사람이나 사물이 존재함을 나타내는 문장으로, 주어는 장소나 시간이 온다.

教室里有一个学生。 교실 안에 학생이 한 명 있다.

明天下午有会议。 내일 오후에 회의가 있다.

教室 jiàoshì 몡 교실 | **明天** míngtiān 몡 내일 | **下午** xiàwǔ 몡 오후 | ★ **会议** huìyì 몡 회의

(2) **소유를 나타내는 有자문: A(사람) + 有 + B(사물)   A는 B를 가지고 있다(B가 있다)**

A에는 사람이나 조직이 오며, B에는 소유하는 대상이 오며, 종종 수량사 등 한정어의 수식을 받는다.

他有很多衣服。 그는 많은 옷을 가지고 있다.

我有一个外国朋友。 나는 외국 친구가 한 명 있다.

衣服 yīfu 몡 옷 | **外国** wàiguó 몡 외국 | **朋友** péngyou 몡 친구

(3) **설명 및 평가를 나타내는 有자문: A(대상) + (정도부사) + 有 + B(추상명사)   A는 B가 있다**

목적어로 추상명사를 취하여, 주어를 설명하고 평가한다. 일반적으로 '有'는 정도부사의 수식을 받을 수 없지만 이 경우에는 정도부사의 수식을 받을 수 있다.

我对历史很有兴趣。 나는 역사에 대해 흥미가 있다.

这对健康很有帮助。 이것은 건강에 많은 도움이 된다.

对 duì 개 ~에 대해, ~에게 | ★ **历史** lìshǐ 몡 역사 | **兴趣** xìngqù 몡 흥미, 취미 | ★ **健康** jiànkāng 몡 건강 | **帮助** bāngzhù 몡 도움

> **tip 有了**
>
> 발생이나 출현을 나타낼 경우, '有了'로 쓰일 수 있다. 이때, 목적어는 일반적으로 관형어의 수식을 받는다. 명사 외에 2음절 동사도 목적어로 자주 쓰이므로 함께 알아 두자.
>
> **A(대상)+有+(了)+(관형어)+B(명사/동사)**   A는 ~하게 B되었다(~한 B가 생겼다)
>
> **他的水平有了很大的提高。** Tā de shuǐpíng yǒule hěn dà de tígāo. 그의 수준은 크게 향상되었다.
>
> **这条路有了很大的变化。** Zhè tiáo lù yǒule hěn dà de biànhuà. 이 길은 큰 변화가 생겼다.

(4) **有자문의 부정형:** A + 没有 + B   A는 B가 없다

有자문은 '没'로 부정한다. 절대 '不'로 부정하지 않는다. '有'는 생략할 수 있다.

我没(有)钱。 나는 돈이 없다.

冰箱里没(有)牛奶。 냉장고에 우유가 없다.

钱 qián 명 돈 | ★冰箱 bīngxiāng 명 냉장고 | 牛奶 niúnǎi 명 우유

배운 내용 점검하기

1. A + 是 + B: A는 B이다 [A와 B는 동격]   哥哥是医生。
2. A(장소) + 是 + B(사람/사물): A는 B이다 [존재를 나타냄]   图书馆北边是运动场。
3. A(장소) + 有 + B(사람/사물): A에 B가 있다 [존재를 나타냄]   教室里有一个学生。
4. A(사람) + 有 + B(사물): A는 B를 가지고 있다 [소유를 나타냄]   他有很多衣服。

STEP 3 실력 다지기

1. 起床后   好习惯   是   刷牙

2. 一块   有   蛋糕   盘子里

3. 韩国最美的   秋天   季节   是

4. 有了   提高   我的成绩   很大的

5. 快乐的事情   帮助别人   一件   是

쓰기 제1부분

13 '是……的' 강조 구문

Day 14

기초 실력 확인하기 | 도식에 정리된 내용에 관해 얼마나 상세히 알고 있는지 스스로 확인해 보세요.

이미 일어난 일에 대해 서술할 때
(육하원칙)

← 是……的 강조 구문 →

화자의 주관적인 의견이나 판단을 나타낼 때

是 shì ['的 de'와 호응하여 '是……的'의 격식으로 강조를 나타냄]

STEP 1 유형 파악하기

- '是……的' 강조 구문은 과거에 발생한 일의 시간·장소·방식 등을 강조하기 때문에, 미래의 일에 쓰이지 않는다. 3급에는 기본적인 문장 파악 수준으로 출제되므로, 기본 어순에 주의하여 익히자.
- '是……的' 강조 구문은 과거의 일을 나타내므로, '了'와 함께 쓰지 않는다.

● 제1부분 예제

| 我 | 买走的 | 这个 | 盘子是 |

정답&풀이 [A(주어) + 是 + B(행동 주체/강조 내용) + 的 A는 B이다]

대사+양사　명사+동사　대사　동사+동사+조사
这个　　　盘子是　　我　　买走的。 이 접시는 내가 사간 것이다.
관형어　　　주어+是　　강조 내용+的

STEP 1　명사 '盘子'가 문장의 주어가 되며, '这个'는 주어 앞에서 관형어 역할을 한다. '是'는 '的'와 함께 과거에 발생한 일의 방식·장소·시간 등을 강조한다.

STEP 2　강조 내용은 '是……的' 사이에 위치하며, 행동 주체인 '我'를 강조한 문장이다.

这 zhè 때 이것 | ★ 盘子 pánzi 명 쟁반 | 买 mǎi 동 사다, 구매하다 | 走 zǒu 동 걷다, 가다, 떠나다

STEP 2 내공 쌓기

이미 발생한 사실의 시간·장소·방식·목적·대상·행위자 등을 강조할 때 쓰는 구문이다. 쓰기 제1부분뿐만 아니라 듣기와 독해 영역에도 많이 출제되므로, 해석 연습을 많이 해 두자!

1 '是……的' 강조 구문의 기본 형식

(1) 긍정형: 주어 + 是 + 강조 내용 + 的

강조하는 내용과 술어는 일반적으로 '是……的' 사이에 온다.

시간 강조	他是今天来的。 그는 오늘 왔다.
장소 강조	这件衣服是在网上买的。 이 옷은 인터넷에서 샀다.
방식 강조	我是坐地铁来的。 나는 지하철을 타고 왔다.
행동 대상 강조	这个包是妈妈给我买的。 이 가방은 엄마가 나에게 사 준 것이다.
행동 주체 강조	这句话是他说的。 이 말은 그가 말한 것이다.

今天 jīntiān 명 오늘 | **件** jiàn 양 벌 [옷 등을 세는 단위] | **衣服** yīfu 명 옷 | **在** zài 개 ~에서 | **网** wǎng 명 인터넷 | **买** mǎi 동 사다 | **坐** zuò 동 (교통수단을) 타다 | ★**地铁** dìtiě 명 지하철 | **包** bāo 명 가방 | **给** gěi 개 ~에게 | ★**句** jù 양 마디, 편 [언어·시문을 세는 단위] | **话** huà 명 말 | **说** shuō 동 말하다

(2) 부정형: 주어 + 不是 + 강조 내용 + 的

这个蛋糕不是我做的。 이 케이크는 내가 만든 것이 아니다.

★**蛋糕** dàngāo 명 케이크 | **做** zuò 동 만들다

2 '是……的' 강조 구문의 특징

(1) '了'는 함께 쓰이지 않는다.

'是……的' 강조 구문은 이미 완료된 일에 대해 서술하므로, 완료를 나타내는 동태조사 '了'를 중복해서 쓰지 않는다.

我是八点来的。(○) 나는 8시에 왔다.　　　　　　我是八点来了的。(✕)

点 diǎn 양 시

(2) '是……的'와 '了' 모두 과거의 일을 표현하지만, 전달하는 의미에 차이가 있다.

她是晚上来的。 그녀는 저녁에 왔다. → 그녀가 '저녁에 온 것'을 강조

她晚上来了。 그녀는 저녁에 왔다. → 그녀가 '저녁에 온 사건'을 설명

晚上 wǎnshang 명 저녁

(3) '是'는 생략할 수 있지만, 일반적으로 '的'는 생략할 수 없다.

这本书(是)用汉语写的。(○) 이 책은 중국어로 쓰였다.　　这本书是用汉语写。(×)

本 běn 양 권 [책을 세는 단위] | **书** shū 명 책 | ★**用** yòng 개 ~로(서) | **汉语** Hànyǔ 고유 중국어 | **写** xiě 동 쓰다

배운 내용 점검하기

1 '是……的'는 이미 발생한 사실의 시간·장소·방식·행동 대상·행동 주체 등을 강조하는 구문이다.
2 '是……的' 강조 구문의 기본 어순: 주어 + **是** + 강조 내용 + **的**　　他是今天来的。
3 '了'는 함께 쓰이지 않는다.　我是八点来的。(○)　　我是八点来了的。(×)

STEP 3 실력 다지기

1. 的　　鸟是　　这只　　我画

2. 用英语　　菜单上的字　　写　　是　　的

3. 我的　　叔叔　　送给　　这个帽子　　是

4. 经理要求我们　　是　　做的　　这件事

5. 说　　他是　　的　　哭着

→ 해설서 p.129

14 구조조사

쓰기 제1부분 | Day 15

기초 실력 확인하기 | 도식에 정리된 내용에 관해 얼마나 상세히 알고 있는지 스스로 확인해 보세요.

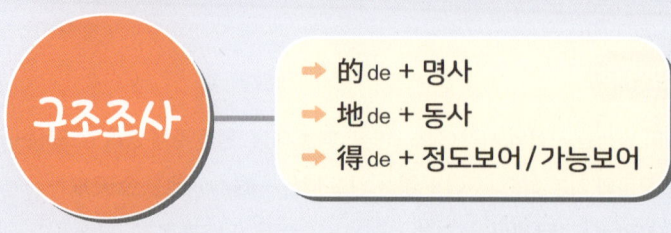

STEP 1 유형 파악하기

◆ 구조조사 '的'는 명사나 대사 앞에, '地'는 동사나 형용사 앞에, '得'는 동사나 형용사 뒤에 위치한다. 구조조사는 종종 문장 배열의 열쇠가 된다. 구조조사의 위치만 잘 파악하고 있어도 문장을 빠르게 배열할 수 있다.

● 제1부분 예제

| 这个女孩子的 | 红了 | 脸 | 越来越 |

정답&풀이

[A(명사) + 的 + B(명사) A의 B]

| 대사+양사+명사+조사 | 명사 | 부사 | 형용사+조사 |
| 这个女孩子的 | 脸 | 越来越 | 红了。| 이 여자아이의 얼굴은 갈수록 빨개지고 있다.
| 관형어+的 | 주어 | 부사어 | 술어+了 |

STEP 1 '的'는 관형어와 명사를 이어주는 조사로, '这个女孩子的'는 명사 '脸'을 수식한다.

STEP 2 형용사 '红'이 문장의 술어가 되고, '越来越'는 술어 앞에 위치해 부사어 역할을 한다.

这 zhè 때 이것 | 女孩子 nǚháizi 몡 여자아이 | ★脸 liǎn 몡 얼굴 | 越来越 yuèláiyuè 閉 갈수록, 더욱더, 점점 | 红 hóng 혱 붉다, 빨갛다

STEP 2 내공 쌓기

조사는 자체적으로 의미를 가지고 있지 않지만, 문장에서 어법 관계나 동작의 상태·어기 등을 나타낸다. 문장에서 중요한 역할을 하므로, 조사의 특징과 활용을 정확히 알아야 올바르고 빠르게 문장을 배열할 수 있다. 구조조사는 단어·구·문장 뒤에 위치해 서로 다른 성분 간의 어법 관계를 나타내는 역할을 나타낸다.

1 구조조사 '的'

'的'는 명사나 대사를 수식하는 관형어를 만들 때 쓰이며, 보통 '~의'라고 해석된다. 관형어는 대사·명사·동사·2음절 형용사·절·구 등 여러 어휘가 쓰일 수 있다. 이때, 수식을 받는 명사나 대사를 '중심어'라고 한다. 기본 어순은 '관형어 + 的 + 중심어'이다.

(1) 대사/명사 + 的 + 명사/대사

대사	구조조사	명사		명사	구조조사	명사	
我	的	钱包	나의 지갑	下午	的	考试	오후 시험
관형어	的	중심어		관형어	的	중심어	

(2) 동사/형용사 + 的 + 명사/대사

동사	구조조사	명사		형용사	구조조사	명사	
买	的	手机	구매한 핸드폰	快乐	的	事情	즐거운 일
관형어	的	중심어		관형어	的	중심어	

(3) 동사구/개사구/절 + 的 + 명사/대사

명사+동사	구조조사	명사		개사+명사+명사	구조조사	명사	
昨天买	的	西瓜	어제 산 수박	关于西方文化	的	书	서양 문화에 관한 책
관형어	的	중심어		관형어	的	중심어	

钱包 qiánbāo 몡 지갑 | 下午 xiàwǔ 몡 오후 | 考试 kǎoshì 몡 시험 | 买 mǎi 동 사다 | 手机 shǒujī 몡 핸드폰 | 快乐 kuàilè 혱 즐겁다 | 事情 shìqing 몡 일 | 昨天 zuótiān 몡 어제 | 西瓜 xīguā 몡 수박 | 关于 guānyú 개 ~에 관해 | ★西方 xīfāng 몡 서양 | ★文化 wénhuà 몡 문화 | 书 shū 몡 책

2 구조조사 '地'

'地'는 동사를 수식하는 부사어를 만드는 데 쓰이며, 보통 '~하게, ~히'라고 해석된다. 부사어는 보통 2음절 형용사, 동사 또는 '정도부사 + 1음절 형용사'가 쓰인다. 기본 어순은 '부사어 + 地 + 중심어'이다.

(1) 2음절 형용사/동사 + 地 + 동사

형용사	구조조사	동사		동사	구조조사	동사	
高兴	地	笑	기분 좋게 웃다	生气	地	说	화를 내며 말하다
부사어	地	중심어		부사어	地	중심어	

(2) 정도부사 + 1음절 형용사 + 地 + 동사

정도부사+형용사	구조조사	동사		정도부사+형용사	구조조사	동사	
很快	地	跑	빨리 달리다	更好	地	了解	더 잘 이해하다
부사어	地	중심어		부사어	地	중심어	

高兴 gāoxìng 혱 기쁘다 | 笑 xiào 동 웃다 | ★生气 shēngqì 동 화내다 | 说 shuō 동 말하다 | 快 kuài 혱 빠르다 | 跑 pǎo 동 달리다 | ★更 gèng 부 더, 더욱 | ★了解 liǎojiě 동 이해하다

3 구조조사 '得'

'得'는 술어를 보충하는 정도보어와 가능보어 성분을 만들 때 쓴다. 기본 어순은 '술어 + 得 + 정도보어/가능보어'이다.

(1) 형용사/동사 + 得 + 정도보어

① 술어가 형용사인 경우

상태의 정도가 심함을 나타낸다. 정도보어에는 부사, 형용사 등이 쓰인다.

형용사	구조조사	부사		형용사	구조조사	형용사	
冷	得	很	매우 춥다	累	得	不行	엄청 힘들다
술어	得	정도보어		술어	得	정도보어	

冷 lěng 형 춥다 | 累 lèi 형 지치다, 피곤하다 | 不行 bùxíng 형 좋지 않다

② 술어가 동사인 경우

동작 후의 상태를 보충 설명한다. 정도보어에는 일반적으로 '정도부사 + 형용사'가 많이 쓰이며, 부정형은 부정부사 '不'와 함께 온다.

동사	구조조사	정도부사+형용사		동사	구조조사	부정부사+형용사	
说	得	很好	잘 말한다	写	得	不好	잘 못 쓴다
술어	得	정도보어		술어	得	정도보어	

写 xiě 동 쓰다

(2) 동사 + 得 + 가능보어[결과보어/방향보어]

'得' 뒤에 결과보어나 방향보어가 쓰여 가능을 나타낸다.

동사	구조조사	동사		동사	구조조사	동사	
听	得	懂	듣고 이해할 수 있다	进	得	去	들어갈 수 있다
술어	得	결과보어		술어	得	방향보어	

听 tīng 동 듣다 | 懂 dǒng 동 이해하다 | 进 jìn 동 (밖에서 안으로) 들다

> **배운 내용 점검하기**
>
> 1 관형어 + 的 + 중심어   我的钱包 | 买的手机 | 昨天买的西瓜
> 2 부사어 + 地 + 중심어   高兴地笑 | 很快地跑
> 3 술어 + 得 + 정도보어/가능보어   冷得很 | 说得很好 | 听得懂

STEP 3 실력 다지기

Day 15

1. 难过地　弟弟　了　哭

   _____

2. 的　夏天　韩国　经常　下大雨

   _____

3. 习惯了　地　他慢慢　就

   _____

4. 找到了　的办法　他　解决问题

   _____

5. 变得　那个医院的环境　了　越来越好

   _____

→ 해설서 p.131

15 동태조사

쓰기 제1부분

Day 16

기초 실력 확인하기 | 도식에 정리된 내용에 관해 얼마나 상세히 알고 있는지 스스로 확인해 보세요.

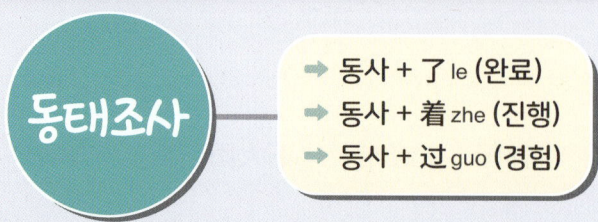

STEP 1 유형 파악하기

◆ 동태조사 '了' '着' '过'는 모두 동사 뒤에 위치한다. 문장을 배열할 때, 문장의 중심이 되는 술어를 먼저 찾아야 하므로, 동태조사와 함께 있는 동사를 찾으면 쉽게 술어를 찾을 수 있다.

◆ '着'는 동작의 지속을 나타내며, 그 외에도 상태의 지속·동작의 방식 등을 나타낸다. 어떤 것을 나타내는지에 따라 문장 형태에도 차이가 있으므로, 주의하여 익혀야 한다.

● 제1부분 예제

| 火车 | 了 | 这个城市 | 经过 |

정답&풀이 [동사 + 了 ~했다]

| 명사 | 동사 | 조사 | 대사+양사+명사 |
| 火车 | 经过 | 了 | 这个城市。| 기차가 이 도시를 지나갔다.
| 주어 | 술어 | 了 | 관형어+목적어 |

STEP 1 동태조사 '了'는 술어 뒤에 위치해 동작이 완료되었음을 나타내므로 동사 '经过' 뒤에 위치한다.
STEP 2 명사 '火车'가 문장 맨 앞에 위치해 주어 역할을 하며, '这个城市'가 술어 뒤에서 목적어 역할을 한다.

火车 huǒchē 몡 기차 | ★经过 jīngguò 동 경유하다, 통과하다, 지나가다 | 这 zhè 대 이것 | ★城市 chéngshì 몡 도시

STEP 2 내공 쌓기

동태조사는 동사 뒤에서 동작의 상태를 나타내며, '了(완료)' '着(진행, 지속)' '过(경험)'가 있다.

1 동태조사 '了'

동사 뒤에 쓰여 동작의 완료를 나타낸다. 과거뿐만 아니라 미래의 일에도 쓸 수 있다. 기본 어순은 **'동사 + 了 +(수사 + 양사) + 목적어'**이다. 목적어 앞에는 보통 '수사 + 양사'가 위치한다.

대사	개사+명사+명사	동사	동태조사	수사+양사+명사	
我	在网上	买	了	一双鞋。	나는 인터넷에서 신발 한 켤레를 샀다. → 과거 완료
주어	부사어	술어	了	관형어+목적어	

대사	동사1	동태조사	명사	부사	동사2+명사	
我	下	了	班，	就	回家。	나는 퇴근하면 바로 집에 가겠다. → 미래 완료
주어	술어1	了	목적어	부사어	술어2+목적어	

어기조사 '了'가 문장 끝에 위치하면 과거 동작의 완료를 의미하기도 한다.

대사	동사1+명사1	동사2+명사2	어기조사	
我	下班	回家	了。	나는 퇴근하고 집에 갔다. → 과거 완료
주어	술어1	술어2+목적어	了	

在 zài 깨 ~에서 | **网** wǎng 명 인터넷 | **买** mǎi 동 사다 | ★**双** shuāng 양 켤레, 짝 | **鞋** xié 명 신발 | **下** xià 동 (일 등을) 마치다 | **班** bān 명 근무 | **就** jiù 부 바로 | **回家** huí jiā 집으로 돌아가다

2 동태조사 '着'

동사 뒤에 쓰여 동작이나 상태의 지속, 또는 방식을 나타낸다.

(1) (正在) + 동사 + 着 + (목적어) + (呢)

동작이 현재 진행되고 있음을 의미하며, '(마침) ~하는 중이다' '(마침) ~하고 있다'로 해석된다. 일반적으로 동작의 진행을 나타내는 부사 '正在'는 어기조사 '呢'와 함께 쓰거나 생략할 수 있다.

대사	부사	동사	동태조사	명사	어기조사	
我	正	学	着	汉语	(呢)。	나는 마침 중국어 공부를 하는 중이다.
주어	부사어	술어	着	목적어	呢	

명사	부사	동사	동태조사	명사	어기조사	
孩子们	正在	听	着	音乐	(呢)。	아이들은 한창 음악을 듣고 있는 중이다.
주어	부사어	술어	着	목적어	呢	

正 zhèng 부 마침, 한창 | **学** xué 동 배우다 | **汉语** Hànyǔ 고유 중국어 | **呢** ne 조 [동작의 지속을 나타냄] | **孩子** háizi 명 아이 | **正在** zhèngzài 부 지금 ~하고 있다 | **听** tīng 동 듣다 | ★**音乐** yīnyuè 명 음악

(2) 동사/형용사 + 着 + (목적어)

상태가 지속되고 있음을 나타내며, '~해 있다' '~하고 있다' 등으로 해석된다. 술어에는 '放' '穿' '写' '拿' '开' '关' 등의 동사나 형용사가 쓰인다.

명사+명사+조사+명사	명사+부사	동사	동태조사	
家里的灯	现在还	开	着。	집 안의 등이 지금 아직 켜져 있다.
관형어+的+주어	부사어	술어	着	

15 동태조사 **243**

지시대사+명사	동사	동태조사	대사+조사+명사+명사	
这上面	写	着	他的电话号码。	여기 위에 그의 전화번호가 적혀 있다.
주어	술어	着	관형어+的+목적어	

대사	동사	동태조사	명사+조사+명사	
他	穿	着	蓝色的衬衫。	그는 파란 셔츠를 입고 있다.
주어	술어	着	관형어+的+목적어	

대사+조사+명사	명사+부사	형용사	동태조사	
她的眼睛	最近一直	红	着。	그녀의 눈은 요즘 계속 빨개져 있다.
관형어+的+주어	부사어	술어	着	

★ 灯 dēng 명 등 | 现在 xiànzài 명 지금 | 还 hái 부 아직 | 开 kāi 동 켜다 | 上面 shàngmiàn 명 위 | 写 xiě 동 쓰다 | 电话 diànhuà 명 전화 | 号码 hàomǎ 명 번호 | 穿 chuān 동 입다 | 蓝色 lánsè 명 파란색 | ★ 衬衫 chènshān 명 셔츠 | 眼睛 yǎnjing 명 눈 | ★ 最近 zuìjìn 명 최근, 요즘 | ★ 一直 yìzhí 부 계속 | 红 hóng 형 빨갛다

(3) **동사1 + 着 + (목적어) + 동사2 + (목적어)** ◆

연동문에서 첫 번째 동사 뒤에 쓰여, 첫 번째 동사가 두 번째 동사의 방식임을 나타내며, '～하면서 ～하다'로 해석된다.

대사	부사	동사1	동태조사	동사2	
她	常常	笑	着	说话。	그녀는 자주 웃으면서 말한다.
주어	부사어	술어1	着	술어2	

대사	부사	동사1	동태조사	명사	동사2	어기조사	
你	先	拿	着	行李	下去	吧。	너 먼저 짐 들고 내려가.
주어	부사어	술어1	着	목적어	술어2	吧	

常常 chángcháng 부 늘, 자주 | 笑 xiào 동 웃다 | 说话 shuōhuà 동 말하다 | ★ 先 xiān 부 먼저 | ★ 拿 ná 동 (손으로) 들다, 가지다 | ★ 行李 xíngli 명 짐 | 下去 xiàqù 동 내려가다 | 吧 ba 조 ~하자 [상의·제의·청유·기대·명령 등의 어기를 나타냄]

3 동태조사 '过'

동사 뒤에 쓰여 동작의 경험을 나타내며, 동작을 해 본 적이 있음을 의미한다. '～한 적 있다' '～해 본 적 있다' 등으로 해석된다. 기본 어순은 **동사 + 过 + (목적어)**이다.

대사	동사	동태조사	형용사	명사	
我	去	过	不少	城市。	나는 많은 도시를 가 봤다.
주어	술어	过	관형어	목적어	

대사	명사+부사	동사	동태조사	명사	어기조사	
我们	上次已经	见	过	面	了。	우리는 지난번에 이미 만난 적이 있다.
주어	부사어	술어	过	목적어	了	

不少 bùshǎo 형 적지 않다, 많다 | ★ 城市 chéngshì 명 도시 | 上次 shàngcì 명 지난번 | 已经……了 yǐjīng …… le 이미 ~했다 | ★ 见面 jiànmiàn 동 만나다

> **tip**
> **이합동사의 동태조사 위치**
> 이합동사는 '술어+목적어' 구조이기 때문에, 동사 뒤에 오는 동태조사 '了' '着' '过'는 이합동사 중간에 위치한다.
> 见过面 jiàn guo miàn 만난 적이 있다 | 帮了大忙 bāng le dà máng 큰 도움을 주었다 | 唱着歌 chàng zhe gē 노래를 부르고 있다

배운 내용 점검하기

1 동사 + 了(완료): 동사 + 了 + (수사 + 양사) + 목적어　　我在网上买了一双鞋。
2 동사 + 着(진행/지속): (正在) + 동사 + 着 + (목적어) (+ 呢)　　我正学着汉语呢。
3 동사 + 过(경험): 동사 + 过 + (목적어)　　我去过不少城市。

STEP 3　실력 다지기

Day 16

1. 北京　　去　　我以前　　过
   _____

2. 自己的房间　　姐姐　　打扫　　终于　　了
   _____

3. 小狗　　经常　　叔叔　　去爬山　　带着
   _____

4. 历史书　　过　　很多　　他看
   _____

5. 站着　　在地铁上　　他　　睡觉
   _____

▶ 해설서 p.133

쓰기 제1부분 16 어기조사

Day 21

기초 실력 확인하기 | 도식에 정리된 내용에 관해 얼마나 상세히 알고 있는지 스스로 확인해 보세요.

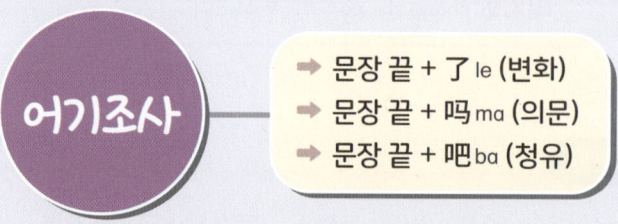

STEP 1 유형 파악하기

- 어기조사는 문장 끝에서 화자의 감탄·의문 등 여러 가지 어기를 나타낸다. 대표적으로 '吗' '吧' '啊' 등이 있으며, 어기조사는 일반적으로 문장 끝에 위치한다.
- 많은 어기조사들은 자주 함께 쓰이는 어휘가 있다. 이를 함께 익히면, 문장 배열을 빠르게 할 수 있다.

● 제1부분 예제

| 月亮 | 今晚的 | 啊 | 漂亮 | 多么 |

정답&풀이 [문장 + 啊 감탄을 나타냄]

| 명사+조사 | 명사 | 부사 | 형용사 | 조사 |
| **今晚的** | **月亮** | **多么** | **漂亮** | **啊**! | 오늘 밤의 달은 얼마나 아름다운가!
| 관형어+的 | 주어 | 부사어 | 술어 | 啊 |

STEP 1 문장의 술어는 형용사 '漂亮'이 되고, 부사 '多么'는 술어 앞에 위치해 부사어 역할을 한다.

STEP 2 명사 '月亮'이 주어가 되며, '今晚的'는 문장 맨 앞에서 관형어 역할을 한다. 어기조사 '啊'는 문장 맨 끝에 쓰여 감탄을 나타낸다.

★ 今晚 jīnwǎn 몡 오늘 밤 | ★ 月亮 yuèliang 몡 달 | ★ 多么 duōme 분 얼마나 [감탄문에서 정도가 심함을 나타냄] | 漂亮 piàoliang 혱 예쁘다, 아름답다, 곱다 | ★ 啊 a 조 [(문장 끝에 쓰여) 감탄·찬탄을 나타냄]

STEP 2 내공 쌓기

어기조사는 문장 맨 끝에 위치해 말하는 이의 어투·어기·의문·변화 등을 나타낸다.

1 감탄문을 만드는 어기조사

감탄을 나타내는 대표적인 어기조사는 '啊'와 '了'이다.

(1) 어기조사 '啊 a'

'多(么)' '真' '好' 등의 정도부사와 자주 호응하여, 감탄을 나타낸다.

부사	형용사	어기조사		부사	형용사	어기조사
多	美	啊! 얼마나 아름답니!		真	可爱	啊! 진짜 귀엽다!
부사어	술어	啊		부사어	술어	啊

多 duō 🔖 얼마나 | 美 měi 🔖 아름답다 | 真 zhēn 🔖 정말, 진짜 | ★ 可爱 kě'ài 🔖 귀엽다

(2) 어기조사 '了 le'

'太' '最' 등의 정도부사와 함께 쓰여, 감탄과 놀람을 나타낸다.

부사	형용사	어기조사		부사	형용사	어기조사
太	贵	了! 너무 비싸다!		最	好	了! 제일 좋아!
부사어	술어	了		부사어	술어	了

太 tài 🔖 너무, 몹시 | 贵 guì 🔖 비싸다 | 最 zuì 🔖 제일, 가장

2 의문문을 만드는 어기조사

의문을 나타내는 어기조사로는 '吗'와 '吧'가 있다.

(1) 어기조사 '吗 ma'

'~입니까?' '~니?'로 해석되어, 어떤 사실을 알지 못해 물어볼 때 쓰인다.

명사	형용사	어기조사		대사+조사+명사	형용사+양사+조사	어기조사
今天	冷	吗? 오늘은 춥니?		他的病	好些了	吗? 그의 병은 좀 나았니?
주어	술어	吗		관형어+的+주어	술어+보어+了	吗

今天 jīntiān 🔖 오늘 | 冷 lěng 🔖 춥다 | 病 bìng 🔖 병 | 好 hǎo 🔖 (병이) 다 낫다, 좋아지다 | 些 xiē 🔖 조금, 약간

(2) 어기조사 '吧 ba'

'~이지요?' '~지?'로 해석되어, 추측하여 물을 때 쓰인다.

명사	형용사	어기조사		대사+조사+명사	형용사+양사+조사	어기조사
今天	冷	吧? 오늘은 춥지?		他的病	好些了	吧? 그의 병은 좀 나았지?
주어	술어	吧		관형어+的+주어	술어+보어+了	吧

> **tip** 평서문에서 추측을 나타내는 '吧'
> 의문문 외에도 평서문에서 확신하지 않는 추측의 어기를 나타내기도 한다. 일반적으로 추측을 나타내는 부사 등과 함께 쓰이기도 한다.
> 他是中国人吧? 그는 중국인이지?
> Tā shì Zhōngguórén ba?
> 一会儿不会下雨吧? 이따가 비가 오지 않겠지?
> Yíhuìr bú huì xiàyǔ ba?

3 명령문, 청유문을 만드는 어기조사

권유·청유·재촉 등을 나타내는 어기조사로 '吧'와 '了'가 있다.

(1) 어기조사 '吧 ba'

'~하자' '~해'로 해석되며, 부드러운 명령을 나타낸다. 일반적으로 '还是'와 함께 쓰인다.

대사	동사	수량사	어기조사	
我们	休息	一下	吧。	우리 좀 쉬자.
주어	술어	보어	吧	

대사	부사	동사	대사+명사	어기조사	
你	还是	买	别的饮料	吧。	너는 다른 음료 사는 것이 나을 것 같다.
주어	부사어	술어	관형어+목적어	吧	

休息 xiūxi 통 쉬다 | 一下 yíxià 수량 (동사 뒤에 쓰여) 좀 ~하다 | ★ 买 mǎi 통 사다 | 别的 biéde 대 다른 것 | ★ 饮料 yǐnliào 명 음료

(2) 어기조사 '了 le'

재촉 또는 저지를 나타내며, 일반적으로 '别' '不要' 등과 함께 쓰인다.

부사	동사	명사	어기조사	
别	看	电视	了。	TV 보지 마.
부사어	술어	목적어	了	

부사	형용사	어기조사	
别	难过	了。	슬퍼하지 마.
부사어	술어	了	

别 bié 부 ~하지 마라 | 看 kàn 통 보다 | 电视 diànshì 명 TV, 텔레비전 | ★ 难过 nánguò 형 슬프다, 견디기 어렵다

4 변화를 나타내는 어기조사 了

상황·상태·생각·태도 등이 변화하거나 새로운 상황이 발생함을 나타내며, 보통 '~하게 되었다' '~해졌다'라고 해석된다.

명사	부사	형용사	어기조사	
天	快	黑	了。	날이 곧 어두워진다.
주어	부사어	술어	了	

명사	부사+조동사	동사	어기조사	
今天	不能	去	了。	오늘 갈 수 없게 되었다.
주어	부사어	술어	了	

대사	부사	동사	어기조사	
我	不	去	了。	나는 안 갈래.
주어	부사어	술어	了	

명사	동사	어기조사	명사	부사	동사	어기조사
春天	来	了,	花	都	开	了。 봄이 와서, 꽃이 모두 피었다.
주어	술어	了	주어	부사어	술어	了

天 tiān 몡 날 | 快 kuài 뷔 곧, 머지않아 | 黑 hēi 혱 어둡다, 검다 | 能 néng 조동 ~할 수 있다 | 春天 chūntiān 몡 봄 | ★花 huā 몡 꽃 | 都 dōu 뷔 모두 | 开 kāi 동 (꽃이) 피다

배운 내용 점검하기

1 문장 + 啊(감탄): 真/好/多(么)……啊   多美啊! 真可爱啊!
2 문장 + 了(감탄/놀람): 太/最……了   太贵了! 最好了!
3 문장 + 吧(제안): 还是……吧   你还是买别的饮料吧。
4 문장 + 了(재촉/저지): 别/不要……了   别看电视了。
5 문장 + 了(변화): (快/要)……了   天快黑了。我不去了。

STEP 3 실력 다지기

1. 水果   啊   新鲜   真   这些

   _____

2. 吧   应该是   他   北京人

   _____

3. 要   了   飞机   起飞

   _____

4. 还是   我们   等   吧   电梯

   _____

5. 担心   别   了   你们

   _____

해설서 p.135

쓰기 제1부분

17 어순

Day 22

기초 실력 확인하기 | 도식에 정리된 내용에 관해 얼마나 상세히 알고 있는지 스스로 확인해 보세요.

STEP 1 유형 파악하기

◆ 문장을 빠르고 정확하게 배열하기 위해서는 문장 배열의 주요 요소인 품사와 문장 성분의 특징 및 순서를 파악해야 한다. 일반적으로 술어를 먼저 찾으면 쉽게 문장 구조를 파악할 수 있다.

◆ 쓰기 제1부분에 출제되는 문장은 대부분 비슷한 문장 구조와 순서를 취하고 있다. 이런 문장들의 특징과 어순을 정확히 파악하면 어떤 문장이 출제되더라도 정확한 순서를 찾을 수 있다.

● 제1부분 예제

他　　工作　　地　　完成了　　认真

정답&풀이 [**完成工作** 일을 완성하다]

대사	형용사	조사	동사+조사	명사
他	认真	地	完成了	工作。 그는 성실하게 일을 완성했다.
주어	부사어+地		술어+了	목적어

STEP 1 　조사 '了'와 결합된 동사 '完成'이 문장의 술어가 되며, 술어와 호응하는 명사 '工作'가 목적어가 된다.

STEP 2 　조사 '地'는 부사어와 술어를 연결해 주는 조사로, 형용사 '认真'이 '地'와 함께 술어 앞에 쓰여 부사어 역할을 한다. 대사 '他'가 문장의 주어가 된다.

★**认真** rènzhēn 형 열심히 하다, 진지하다, 착실하다, 성실하다 [부사적 용법] | ★**地** de 조 ~하게, ~히 [부사어+地+술어] | ★**完成** wánchéng 동 완성하다, 끝내다, 완수하다 | **工作** gōngzuò 명 일, 업무, 직업

STEP 2 내공 쌓기

품사와 문장 성분은 어순의 기본이자, 문장 배열의 주요 핵심이다. 이 파트에서는 품사와 문장 성분을 다시 정리해 보고, 알아야 하는 어순을 함께 익혀 보자.

1 품사

단어를 성격에 따라 나눈 것을 '품사'라고 한다. 이때, 하나의 단어가 여러 개의 품사를 가질 수 있다.

(1) 구체적인 의미를 갖는 품사

동사	동작·행위·존재·감정·소유·변화·판단 등을 나타냄 拿 ná (손으로) 가지다 ｜ 了解 liǎojiě 이해하다 ｜ 关心 guānxīn 관심을 갖다 ｜ 是 shì ~이다 ｜ 提高 tígāo 높이다 **술어(동사)+목적어** 提高水平 tígāo shuǐpíng 수준을 높이다
형용사	사물의 성질이나 상태를 나타냄 甜 tián 달다 ｜ 简单 jiǎndān 간단하다 ｜ 新鲜 xīnxiān 신선하다 ｜ 健康 jiànkāng 건강하다 **정도부사+형용사** 很健康 hěn jiànkāng 건강하다
명사	사람이나 사물의 명칭을 나타냄 蛋糕 dàngāo 케이크 ｜ 城市 chéngshì 도시 ｜ 会议 huìyì 회의
대사	명사를 대신함 他 tā 그 ｜ 自己 zìjǐ 자기, 자신 ｜ 其他 qítā 기타 ｜ 什么 shénme 무엇
수사	수량이나 순서를 나타냄 百 bǎi 100, 백 ｜ 万 wàn 10000, 만 ｜ 半 bàn 절반, 2분의 1
양사	사람·사물의 수량이나 동작의 횟수, 시간의 양 등을 셈 件 jiàn 벌, 건 [일·사건·옷 등을 세는 단위] ｜ 次 cì 번, 회 [동작의 횟수를 세는 단위] 种 zhǒng 종, 종류 [종류를 세는 단위] ｜ 只 zhī 마리 [동물을 세는 단위] **수사+양사+명사** 一只熊猫 yì zhī xióngmāo 판다 한 마리

(2) 다른 단어의 의미를 도와주는 품사

조동사	바람·당위·가능·허가 등을 나타냄 可以 kěyǐ ~할 수 있다, ~해도 된다 ｜ 应该 yīnggāi (마땅히) ~해야 한다 愿意 yuànyì ~하길 원하다, 바라다 **조동사+술어(동사/형용사)** 我愿意去。Wǒ yuànyì qù. 나는 가길 원한다.
부사	정도·시간·부정·빈도·상태·어기·범위 등을 나타냄 一直 yìzhí 줄곧, 쭉 ｜ 突然 tūrán 갑자기 ｜ 终于 zhōngyú 결국, 끝내 **부사+동사/형용사** 这件事终于结束了。Zhè jiàn shì zhōngyú jiéshù le. 이 일은 결국 끝났다.

개사	동작의 시간이나 장소·방향·대상·원인·방식·피동·비교 등을 나타냄 向 xiàng ~를 향하여 ǀ 为 wèi ~를 위하여 ǀ 给 gěi ~에게 **부사어(개사+명사/대사)+술어** 他给朋友打电话。Tā gěi péngyou dǎ diànhuà. 그는 친구에게 전화한다.
조사	스스로는 구체적인 의미를 갖지 않고, 단어 사이의 어법 관계를 나타내거나 문장의 어기, 행위의 상태 등을 나타냄 地 de ~하게, ~히 ǀ 了 le ~했다 ǀ 啊 a 감탄·찬탄을 나타냄
접속사	단어와 단어, 구와 구, 절과 절, 문장과 문장을 연결함 不但A，而且B búdàn A, érqiě B A뿐만 아니라, 게다가 B하다
감탄사	누군가를 부르거나 대답·감탄·응답 등을 나타냄 喂 wéi (전화상에서) 여보세요, wèi (사람을 부를 때) 야
의성사	사물이나 사람, 자연에서 나는 소리를 흉내냄 哈哈 hā hā 하하 [웃음소리]

2 문장 성분

문장 성분은 문장을 구성하는 기능적 단위를 나타내며, 한 단어가 문장에 따라 다른 문장 성분이 될 수 있다.

(1) 문장의 뼈대가 되는 문장 성분

주어	행동의 주체	대사　부사　동사　명사 她　　在　　做　　作业。 주어　부사어　술어　목적어 그녀는 숙제를 하고 있는 중이다.	
술어	주어의 행동이나 상태를 설명		
목적어	행동을 받는 대상		

在 zài 튀 ~하고 있는 중(이다) ǀ 做 zuò 동 하다 ǀ ★作业 zuòyè 명 숙제, 과제

(2) 꾸며 주는 역할을 하는 문장 성분

관형어	주어 또는 목적어를 수식함 **관형어+的+주어/목적어** 我的词典 내 사전
부사어	앞에서 술어를 수식함 **부사어+地+술어** 慢慢地就睡着了 천천히 잠들었다
보어	뒤에서 술어를 수식함 **술어+(得)+보어** 画得很不错 꽤 괜찮게 그린다

★词典 cídiǎn 명 사전 ǀ 慢慢 mànmàn 천천히 ǀ 就 jiù 튀 곧, 바로 ǀ 睡 shuì 동 잠을 자다 ǀ 着 zháo 동 [동작이 진행되고 있음을 나타냄] ǀ ★画 huà 동 (그림을) 그리다 ǀ 得 de 조 ~하는 정도가 ~하다 ǀ 不错 búcuò 형 좋다

> **품사 vs. 문장 성분**

	품사	문장 성분
의미	단어의 공통된 성질	문장을 구성하는 역할
종류	동사 ǀ 조동사 ǀ 형용사 ǀ 명사 ǀ 대사 ǀ 수사 ǀ 양사 ǀ 부사 ǀ 개사 ǀ 접속사 ǀ 조사 ǀ 의성사 ǀ 감탄사	주어 ǀ 술어 ǀ 목적어 ǀ 관형어 ǀ 부사어 ǀ 보어
특징	각 단어의 고유한 특징을 나타낸다. 자리에 상관없이 품사는 변하지 않는다.	문장에서 갖는 역할이 무엇인지 나타낸다. 자리에 따라 문장 성분은 변한다.

3 어순

중국어의 기본 어순은 '주어 + 술어 + 목적어'이며, 그 외 '관형어, 부사어, 보어'가 역할에 따라 '주어, 목적어, 술어'를 꾸며서 긴 문장을 만든다.

(1) 필수 관형어 어순

① **지시대사 + (수사) + 양사 + 명사**

这些水果 이 과일들   **这种**蛋糕 이런 종류의 케이크

些 xiē 양 조금, 약간 ǀ 水果 shuǐguǒ 명 과일 ǀ ★种 zhǒng 양 종, 종류 ǀ ★蛋糕 dàngāo 명 케이크

② **지시대사 + (수사) + 양사 + (정도부사) + 형용사 + 的 + 명사**

这条红色的裙子 이 빨간색 치마   **一件快乐**的事情 한 즐거운 일

★条 tiáo 양 벌 [바지·치마를 세는 단위] ǀ 红色 hóngsè 명 빨간색 ǀ ★裙子 qúnzi 명 치마 ǀ 件 jiàn 양 건 [일 등을 세는 단위] ǀ 快乐 kuàilè 형 즐겁다, 행복하다 ǀ 事情 shìqing 명 일, 사건

③ **종속 + (的) + 수량 + 동사구/형용사구/명사 + (的) + (명사) + 명사** ✦

我们班那位个子高的同学 우리 반에서 키가 큰 저 학생
新买的那件蓝色衬衫 새로 산 그 파란색 셔츠

★班 bān 명 반, 학급 ǀ ★位 wèi 양 분, 명 [공경의 뜻을 내포함] ǀ ★个子 gèzi 명 (사람의) 키 ǀ 高 gāo 형 (키가) 크다 ǀ 同学 tóngxué 명 학우 ǀ 新 xīn 부 새로이 ǀ 买 mǎi 동 사다 ǀ 蓝色 lánsè 명 파란색 ǀ ★衬衫 chènshān 명 셔츠, 블라우스

(2) 필수 부사어 어순

① **형용사 + 地 + 동사**

高兴地回家 기쁘게 집으로 가다   **认真**地工作 열심히 일하다

高兴 gāoxìng 형 기쁘다, 즐겁다 ǀ 回家 huí jiā 집으로 돌아가다 ǀ ★认真 rènzhēn 형 열심히 하다 ǀ 工作 gōngzuò 동 일하다

② **일반부사 + 부정부사 + 동사**

<u>还没</u>回来 아직 돌아오지 않았다   <u>总是不</u>吃晚饭 자주 저녁밥을 안 먹는다

还 hái 부 아직 | 回来 huílái 동 돌아오다 | ★总是 zǒngshì 부 항상 | 晚饭 wǎnfàn 명 저녁밥

③ **개사구 + 정도부사/부정부사 + 동사/형용사**

<u>对</u>汉语<u>很</u>有兴趣 중국어에 매우 흥미가 있다   <u>跟</u>现在<u>不</u>一样 현재와 다르다

对 duì 개 ~에 대해, ~에게 | 汉语 Hànyǔ 고유 중국어 | 兴趣 xìngqù 명 흥미, 취미 | ★跟 gēn 개 ~와 | 现在 xiànzài 명 현재, 지금 | ★一样 yíyàng 형 똑같다, 동일하다

④ **부사 + 조동사 + 개사구 + 동사** ✦

<u>一定要给她</u>打电话 반드시 그녀에게 전화해야 한다   <u>一直想跟你</u>见面 계속 너와 만나고 싶었다

★一定 yídìng 부 반드시, 꼭 | 要 yào 조동 ~해야 한다 | 给 gěi 개 ~에게 | 打电话 dǎ diànhuà 전화하다 | ★一直 yìzhí 부 계속, 줄곧 | 想 xiǎng 조동 ~하고 싶다 | ★见面 jiànmiàn 동 만나다

(3) 기본 어순:

관형어 + (的) + 주어 + 부사어 + (地) + 술어 + (得) + 보어 + 관형어 + (的) + 목적어 ✦

朋友   在   看   书。 친구는 책을 보고 있다.
주어   부사어   술어   목적어

我的   朋友   看完了   这本书。 내 친구는 이 책을 다 봤다.
관형어+的 주어 술어+보어+了 관형어+목적어

我的   朋友   很想   看完   这本书。 내 친구는 이 책을 다 보고 싶어 한다.
관형어+的 주어 부사어 술어+보어 관형어+목적어

朋友 péngyou 명 친구 | 看 kàn 동 보다 | 完 wán 동 (동사 뒤에 보어로 쓰여) 다하다, 끝내다 | 本 běn 양 권 [책을 세는 단위] | 书 shū 명 책

📖 배운 내용 점검하기

1 필수 관형어 어순
  ① 지시대사 + (수사) + 양사 + 명사 <u>这些</u>水果   <u>这种</u>蛋糕
  ② 지시대사 + 수사 + 양사 + 형용사 + 的 + 명사 <u>这条红色</u>的裙子   <u>一件快乐</u>的事情

2 필수 부사어 어순
  ① 형용사 + 地 + 동사 <u>高兴</u>地回家   <u>认真</u>地工作
  ② 부사 + 조동사 + 개사구 + 동사 <u>一定要给她</u>打电话   <u>一直想跟你</u>见面

3 중국어 문장의 기본 어순
  관형어 + (的) + <u>주어</u> + 부사어 + (地) + <u>술어</u> + (得) + 보어 + 관형어 + (的) + <u>목적어</u>
  我的<u>朋友</u>很想<u>看</u>完这本<u>书</u>。

STEP 3 실력 다지기

Day 22

주어진 문장의 위에는 단어 각각의 '품사'를, 아래에는 '문장 성분'을 적어 보세요.

1. 我每天都运动。

2. 笔记本上的那个词是什么意思?

3. 这个补习班的学生很努力学习。

4. 我们都没明白他的意思。

5. 你吃完饭记得打扫一下房间。

▶ 해설서 p.136

쓰기 제1부분 18 | 보어(1) 위치와 종류

Day 23

기초 실력 확인하기 | 도식에 정리된 내용에 관해 얼마나 상세히 알고 있는지 스스로 확인해 보세요.

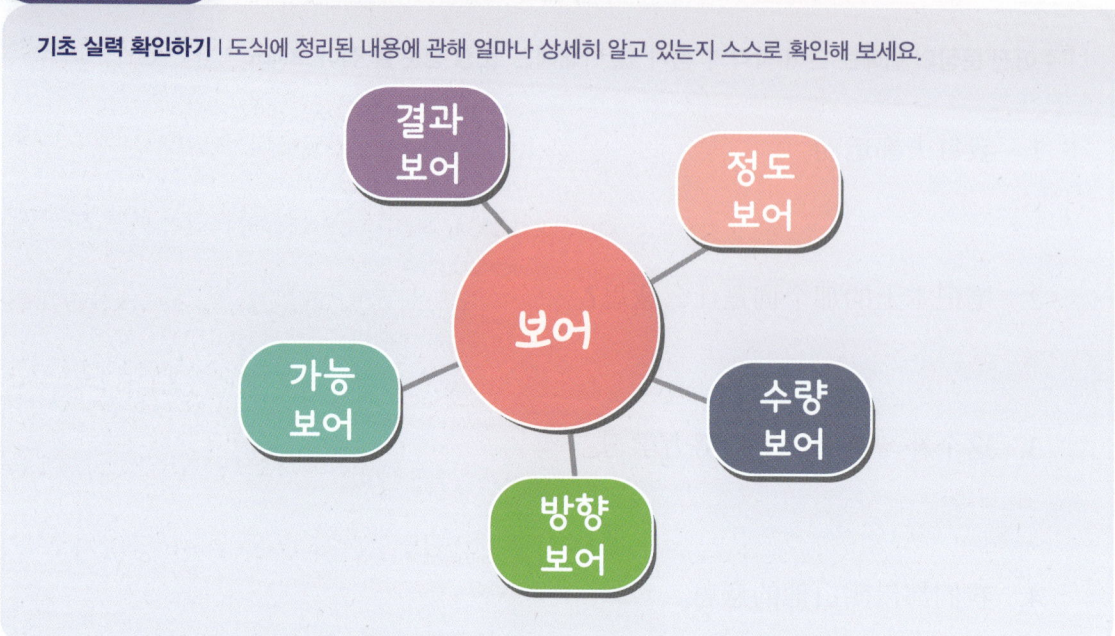

STEP 1 유형 파악하기

◆ 보어는 문장에서 주어와 술어만으로 뜻이 불완전한 경우, 의미를 보충해 주는 성분으로 술어 뒤에 위치한다.
◆ 결과보어, 정도보어, 가능보어 등 종류에 따른 문장 형태와 부정형을 정확히 파악해야 한다.

● 제1부분 예제

外面	刮得	风	很大

정답&풀이 [술어 + 得 + 정도보어(정도부사 + 형용사)]

명사	명사	동사+조사	부사+형용사
外面	**风**	**刮得**	**很大**。 밖에 바람이 많이 분다.
관형어	주어	술어+得	정도보어

STEP 1 '得'는 정도보어에 쓰이는 구조조사로, 기본 어순은 술어 + 得 + 정도보어(정도부사 + 형용사)이다. 정도부사 '很'은 형용사 '大'와 함께 '得' 뒤에 위치해 정도보어 역할을 한다.

STEP 2 술어 '刮'와 호응하는 '风'이 주어가 되고, 명사 '外面'이 주어 앞에 위치해 관형어 역할을 한다.

外面 wàimiàn 명 밖, 바깥, 겉 | ★**风** fēng 명 바람 | ★**刮** guā 동 불다 | **很** hěn 부 매우, 대단히, 아주 | **大** dà 형 (힘·강도 등이) 세다

STEP 2 내공 쌓기

1 보어의 위치

보어는 문장에서 주어와 술어만으로 뜻이 불완전한 경우, 의미를 보충해 주는 성분이다. 보어의 기본 어순은 '술어 + 보어'이며, 보어의 종류에 따라 활용 형태가 다르다.

대사	동사	동사	명사	조사	
他	找	到	手表	了。	그는 손목시계를 찾았다.
주어	술어	보어	목적어	了	

找 zhǎo 동 찾다 | 到 dào 동 (동사 뒤에 쓰여) ~했다 | 手表 shǒubiǎo 명 손목시계

2 보어의 종류

보어는 보충하는 의미에 따라 정도보어·결과보어·방향보어·수량보어·가능보어로 나뉜다.

(1) 정도보어

형용사나 동사 뒤에서 상태나 동작의 정도가 어떤지 설명하는 보어이다. '술어[동사] + 得 + 정도보어[정도부사 + 형용사]'나 '술어[형용사] + 정도보어[极了/死了]' 형태로 쓰인다.

명사	동사+조사	부사+형용사	
孩子	长得	很快。	아이는 빠르게 자란다.
주어	술어+得	정도보어	

지시대사+조사+명사	형용사	부사+조사	
这里的冬天	漂亮	极了。	이곳의 겨울은 아주 예쁘다.
관형어+的+주어	술어	정도보어	

孩子 háizi 명 아이 | ★长 zhǎng 동 자라다 | 得 de 조 ~하는 정도가 ~하다 | 快 kuài 형 빠르다 | 冬天 dōngtiān 명 겨울 | 漂亮 piàoliang 형 예쁘다, 아름답다 | ★极 jí 부 아주, 극히

(2) 결과보어

동사 뒤에서 행위에 대한 결과, 영향, 대상, 장소 등을 설명한다. 보통 과거에 많이 쓰여, 동태조사 '了'와 함께 자주 쓰인다. 문장에서 '술어[동사] + 결과보어[동사/형용사/개사] + (목적어) + 了' 형태로 쓰인다.

동사	동사	조사		동사	형용사	조사	
写	完	了	다 썼다	做	好	了	잘했다
술어	결과보어	了		술어	결과보어	了	

동사	개사	명사	조사	
送	给	他	了	그에게 주었다
술어	결과보어		了	

做 zuò 동 하다 | 送 sòng 동 주다 | 给 gěi 개 ~에게

(3) 방향보어

동사 뒤에서 동작 및 사건이 진행되는 방향을 나타내며, '술어[동사] + 방향보어' 형태로 쓰인다. 보어의 음절에 따라 1음절 단순방향보어와 2음절 복합방향보어로 나뉜다.

동사	동사		동사	동사	
回	来	돌아오다	回	去	돌아가다
술어	방향보어		술어	방향보어	
走	出来	걸어 나오다	走	进去	걸어 들어가다
술어	방향보어		술어	방향보어	

回 huí 동 되돌리다 | 走 zǒu 동 걷다, 가다 | 出来 chūlai 동 나오다 | 进去 jìnqu 동 들어가다

(4) 수량보어

동사 뒤에서 동작이 진행되는 횟수나 경과된 시간을 나타낸다. 동작이 발생한 횟수를 나타내는 '동량보어'와 동작이 지속된 시간을 나타내는 '시량보어'가 있다. 문장에서 '술어[동사] + (了/过) + 수량보어[수사 + 양사]' 형태로 쓰인다.

동사+조사	수사+양사		동사+조사	수사+양사	
学了	一个月	한 달을 배웠다	看过	一次	한 번 본 적이 있다
술어+了	시량보어		술어+过	동량보어	

学 xué 동 배우다 | 月 yuè 명 달, 월 | 看 kàn 동 보다 | 过 guo 조 ~한 적이 있다 | 次 cì 양 번, 회

(5) 가능보어

동사 뒤에서 어떤 결과나 상황이 가능한지를 나타내는 보어이다. '술어[동사] + 得/不 + 결과/방향보어' 형태로 쓰이며, 가능하면 '得' 불가능하면 '不'가 쓰인다.

배운 내용 점검하기

1 보어: 문장의 뜻이 완전해지도록 술어 뒤에서 의미를 보충하는 성분
2 보어의 기본 어순: 술어 [동사/형용사] + 보어   他找到手表了。
3 보어의 종류
  - 정도보어: 형용사나 동사 뒤에서 상태·동작 정도가 어떤지 설명하는 보어
  - 결과보어: 동사 뒤에서 행위에 대한 결과, 영향, 대상, 장소 등을 설명
  - 방향보어: 동사 뒤에서 동작 및 사건이 진행되는 방향을 나타냄
  - 수량보어: 동사 뒤에서 동작이 진행되는 횟수나 경과된 시간을 나타냄
  - 가능보어: 동사 뒤에서 어떤 결과나 상황이 가능한지를 나타냄

STEP 3 실력 다지기

Day 23

1. 已经   完   房间   了   打扫
   _____

2. 好吃   菜   这家饭馆儿的   极了
   _____

3. 拿   啤酒   过来   请把
   _____

4. 一个月   借   可以   这本书
   _____

5. 找不到   了   又   眼镜   我
   _____

→ 해설서 p.137

19 보어(2) 정도보어

쓰기 제1부분 | Day 24

기초 실력 확인하기 | 도식에 정리된 내용에 관해 얼마나 상세히 알고 있는지 스스로 확인해 보세요.

极了 jíle 튄 매우, 아주 | 坏了 huàile [정도가 심함을 나타냄] | 不 bù 튄 ~가 아니다

STEP 1 유형 파악하기

◆ 보어 중에서 정도보어가 가장 많이 출제되고 있으며, 일반적으로 기본 어순이 많이 출제되고 있다.
◆ '得'는 보어를 이끄는 구조조사이다. 정도보어와 가능보어에 쓰이지만, 대부분 정도보어로 출제되고 있다. 문제에 '得'가 있다면 정도보어일 가능성이 크다.

● 제1부분 예제

| 害怕 | 狗 | 那只 | 极了 |

정답&풀이 [술어 + 极了 아주 ~하다]

<대사+양사> <명사> <동사> <부사+조사>
那只 **狗** **害怕** **极了**。 그 개는 굉장히 무서웠다.
관형어 주어 술어 정도보어

STEP 1 동사 '害怕'가 문장의 술어가 되며, 정도보어 '极了'는 동사 뒤에 쓰여 정도가 심함을 나타낸다.

STEP 2 명사 '狗'가 문장의 주어가 되며, '那只'는 주어 앞에서 관형어 역할을 한다. 양사 '只'는 주어 '狗'를 세는 단위이다.

那 nà 대 그, 저 | ★只 zhī 양 마리 [동물을 세는 단위] | 狗 gǒu 명 개, 강아지 | ★害怕 hàipà 동 무서워하다, 두려워하다 | ……极了 ……jí le 매우 ~하다, 아주, 극히

STEP 2 내공 쌓기

1 정도보어

'정도보어'는 동사나 형용사 뒤에서 상태나 동작이 어느 정도에 도달했는지 또는 동작이나 상태의 묘사, 설명, 평가 등을 나타낸다.

대사	명사	동사	조사	정도부사+형용사	
他	早上	吃	得	很简单。	그는 아침을 간단하게 먹는다.
주어	부사어	술어	得	정도보어	

早上 zǎoshang 명 아침 | ★简单 jiǎndān 형 간단하다

2 정도보어의 기본 어순

(1) 주어 + 술어[동사] + 得 + 정도보어[정도부사 + 형용사]

정도보어에는 보통 '정도부사 + 형용사' 형태가 쓰이지만, 동사, 동사구, 절 등 여러 형태로도 쓰인다.

지시대사+조사+명사	동사	조사	정도부사+형용사	
这里的菜	做	得	很不错。	여기는 요리를 꽤 잘한다.
관형어+的+주어	술어	得	정도보어	

菜 cài 명 요리 | 做 zuò 동 하다, 만들다 | 不错 búcuò 형 좋다

목적어가 있는 경우, 동사를 중복하여 쓰고, 앞의 동사는 생략될 수 있다.

대사	(동사)	명사	동사	조사	정도부사+형용사	
他	(打)	篮球	打	得	很好。	그는 농구를 잘한다.
주어	(술어)	목적어	술어	得	정도보어	

打篮球 dǎ lánqiú 농구를 하다

(2) 주어 + 술어[동사/형용사] + 정도보어[极了/坏了]

심리활동동사나 형용사 뒤에서 정도가 심함을 나타낸다. '极了'는 보통 긍정적인 형용사에 쓰이며, '坏了'는 보통 부정적이고 소극적인 형용사에만 쓰인다.

지시대사+양사+명사	형용사	부사+조사	
这把椅子	舒服	极了。	이 의자는 아주 편하다.
관형어+주어	술어	정도보어	

명사+조사+명사	개사+대사	동사	형용사+조사	
今天的工作	把我	累	坏了。	오늘 업무는 나를 너무 피곤하게 했다.
관형어+的+주어	부사어	술어	정도보어	

★把 bǎ 양 개 [손잡이가 있는 사물을 세는 단위] 개 [목적어를 술어 앞으로 끌어내어 처치를 나타냄] | 椅子 yǐzi 명 의자 | ★舒服 shūfu 형 편안하다 | ★极 jí 부 아주, 극히 | 今天 jīntiān 명 오늘 | 工作 gōngzuò 명 업무, 일 | 累 lèi 형 피곤하다, 지치다 | ★坏 huài 형 너무 ~했다, ~하여 죽겠다

(3) **정도보어의 부정형: 주어 + 술어 + 得 + 不 + 형용사**

정도보어가 있는 문장에서 부정부사 '不'는 조사 '得' 뒤에 위치한다.

대사	동사	조사	부정부사+형용사
他	长	得	不高。 그는 키가 크지 않다.
주어	술어	得	정도보어

★ **长** zhǎng 동 자라다 | **高** gāo 형 (키가) 크다

(4) **정도보어의 의문문**

① **'吗'의문문: 동사 + 得 + 정도보어[형용사] + 吗?**

문장 끝에 어기조사 '吗'를 붙여 질문하며, 일반적으로 형용사 앞에 정도부사를 쓰지 않는다.

这次考试考得好吗? 이번 시험은 잘 봤니?

次 cì 양 번, 회 | **考试** kǎoshì 명 시험 | **考** kǎo 동 시험을 치다

② **정반의문문: 동사 + 得 + 정도보어[형용사 + 不 + 형용사]?**

'得' 뒤의 형용사가 긍정과 부정 형태로 중복되어 쓰이고, 일반적으로 형용사 앞에 정도부사를 쓰지 않는다.

这次考试考得好不好? 이번 시험은 잘 봤니?

③ **의문사의문문: 동사 + 得 + 怎么样?**

'得' 뒤에서 '怎么样'으로 평가를 묻거나 '哪' '什么' '谁' 등으로 구체적인 내용을 물어볼 수 있다.

这次考试考得怎么样? 이번 시험은 어떻게 봤니?

怎么样 zěnmeyàng 대 어떻다

배운 내용 점검하기

1 정도보어의 기본 어순: 주어 + 술어[동사] + 得 + 정도보어[정도부사 + 형용사]   这里的菜做得很不错。
2 정도보어의 부정형: 주어 + 술어 + 得 + 不 + 형용사   他长得不高。
3 정도보어의 의문문
   • '吗'의문문: 동사 + 得 + 정도보어[형용사] + 吗?   这次考试考得好吗?
   • 정반의문문: 동사 + 得 + 정도보어[형용사 + 不 + 형용사]?   这次考试考得好不好?
   • 의문사의문문: 동사 + 得 + 怎么样?   这次考试考得怎么样?

STEP 3 실력 다지기

1. 漂亮   秋天   极了   香山的

2. 越来越   得   漂亮了   变   姐姐

3. 说   说得   普通话   好   他   非常

4. 很快   汉语水平   提高   儿子的   得

5. 他回答   经理   得   很好   认为

쓰기 제1부분 20

보어(3) 결과보어

Day 25

기초 실력 확인하기 | 도식에 정리된 내용에 관해 얼마나 상세히 알고 있는지 스스로 확인해 보세요.

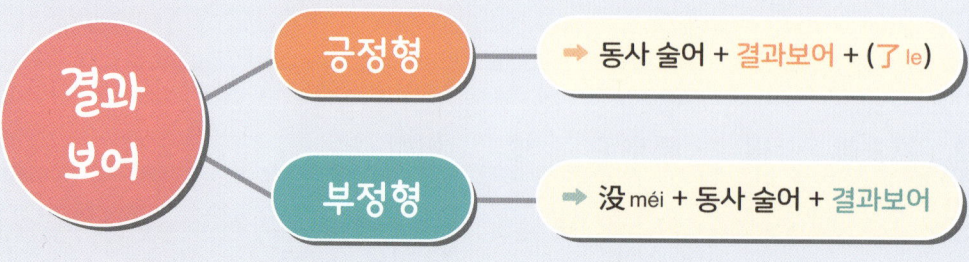

STEP 1 유형 파악하기

◆ 결과보어로 동사와 형용사가 쓰이므로 술어와 보어를 구분해야 한다. 자주 출제되는 결과보어의 종류와 의미를 구분하여 익히면 올바르게 문장을 배열할 수 있다. 동사와 결과보어를 함께 묶어 익히자.

◆ 동태조사 '了' '着' '过'든 목적어든, 어떠한 성분이 오더라도 '동사'와 '결과보어'는 떨어질 수 없다는 것에 주의해야 한다.

● 제1부분 예제

| 别把 | 放在 | 椅子上 | 鸡蛋 |

정답&풀이 [동사(放) + 在 ~에 놓다]

부사+개사   명사   동사+개사   명사+명사
别把   鸡蛋   放在   椅子上。 달걀을 의자 위에 두지 마시오.
  부사어   술어+보어

STEP 1 동사 '放'은 술어, '在'는 술어 뒤에 쓰여 행동이 일어나는 장소를 나타내므로, 방위사 '上'을 포함한 '椅子上'과 함께 술어 뒤에서 결과보어 역할을 한다.

STEP 2 개사 '把'는 명사 '鸡蛋'과 함께 술어 앞에 위치한다. 부정부사 '别'는 문장 맨 앞에서 어떤 행동의 금지를 나타낸다.

别 bié 부 ~하지 마라 | ★把 bǎ 개 [목적어를 술어 앞으로 끌어내어 처치를 나타냄] | 鸡蛋 jīdàn 명 달걀 | ★放 fàng 동 ~에 놓다 | 在 zài 개 ~에서 | 椅子 yǐzi 명 의자 | 上 shang 명 위

STEP 2 내공 쌓기

1 결과보어의 의미

결과보어는 동작이 진행된 후의 결과, 상태 등을 나타낸다. 결과보어에는 동사, 형용사, 개사구가 쓰여, '술어 + 결과보어' 형태로 쓰인다.

명사+조사+명사	부사	동사	동사	조사	
晚上的饭	已经	做	好	了。	저녁밥을 이미 잘 지었다.
관형어+的+주어	부사어	술어	결과보어	了	

晚上 wǎnshang 명 저녁 | 饭 fàn 명 밥 | 已经……了 yǐjīng …… le 이미 ~했다 | 做 zuò 동 짓다, 하다 | 好 hǎo 형 [동사 뒤에 쓰여 동작이 완성되었거나 잘 마무리되었음을 나타냄]

2 결과보어의 기본 어순

(1) 긍정형: 주어 + 술어[동사] + 결과보어[동사/형용사/개사구] ✦

결과보어는 동작의 결과를 나타내기 때문에, 보통 완료를 나타내는 '了'가 함께 쓰인다. 동사와 결과보어의 관계는 너무 긴밀해서 중간에 동태조사 '了' '着' '过' 등 다른 어휘가 들어가지 않는다.

대사	부사	동사	동사	명사	조사	
我	终于	找	到	工作	了。	나는 마침내 일을 구했다.
주어	부사어	술어	결과보어	목적어	了	

명사+조사+명사		동사	형용사	조사	
妹妹的房间		打扫	干净	了。	여동생의 방을 깨끗이 청소했다.
관형어+的+주어		술어	결과보어	了	

대사	개사+명사	동사	개사+명사+명사	조사	
她	把名字	写	在黑板上	了。	그녀는 이름을 칠판에 적었다.
주어	부사어	술어	결과보어	了	

★ 终于 zhōngyú 부 마침내, 결국 | 找 zhǎo 동 찾다, 구하다 | 到 dào 동 (동사 뒤에 쓰여) ~했다 | 工作 gōngzuò 명 일, 업무 | 妹妹 mèimei 명 여동생 | 房间 fángjiān 명 방 | ★打扫 dǎsǎo 동 청소하다 | ★干净 gānjìng 형 깨끗하다 | ★把 bǎ 개 [목적어를 술어 앞으로 끌어내어 처치를 나타냄] | 名字 míngzi 명 이름 | 写 xiě 동 쓰다 | 在……上 zài …… shang ~에서 | ★黑板 hēibǎn 명 칠판

(2) 부정형: 没 + 술어[동사] + 결과보어[동사/형용사/개사(구)]

결과보어의 부정에는 일반적으로 '没'가 쓰인다.

桌子上的蛋糕**没**吃**完**。 탁자 위의 케이크는 다 먹지 않았다.

桌子 zhuōzi 명 탁자, 책상 | ★蛋糕 dàngāo 명 케이크

(3) 의문형

① **'吗'의문문: 술어[동사] + 결과보어[동사/형용사] + 吗?**

문장 끝에 의문을 나타내는 어기조사 '吗'를 붙여 쓴다.

你的衣服洗好了吗? 네 옷은 잘 빨았니?

衣服 yīfu 몡 옷 | 洗 xǐ 동 빨다, 씻다

② **정반의문문: 술어[동사] + 결과보어[동사/형용사] + 了 + 没有?**

긍정과 부정이 연이어 나오는 '술어 + (결과보어) + 没 + 술어 + 결과보어'의 어순으로도 쓰인다. 회화에서는 '술어 + 결과보어 + 了 + 没有'의 생략 형태로 자주 쓰인다.

你的作业做完了没(有)? 너는 숙제를 다했니 안 했니?

★ 作业 zuòyè 몡 숙제

3 3급 빈출 결과보어

다음은 3급에 자주 출제되고 있는 결과보어이다. 단어의 뜻과 활용에 주의해서 익히자.

(1) 동사

完 wán	다 ~하다	완료, 완성을 의미한다. 做完了 다 했다 | 写完了 다 썼다
见 jiàn	보다, 듣다	시각이나 청각 등으로 대상을 감지함을 나타낸다. 看见了 봤다 | 听见了 들었다
到 dào	~했다	목적의 달성이나 어떤 지점에 도달했음을 나타낸다. 看到了 봤다 | 找到了 찾았다
懂 dǒng	알다	이해하게 됨을 나타낸다. 听懂了 알아들었다 | 看懂了 알아보았다
走 zǒu	가다	어떤 행동을 하며 떠나는 것을 나타낸다. 拿走了 가지고 갔다 | 借走了 빌려 갔다

看 kàn 동 보다 | 听 tīng 동 듣다 | ★ 拿 ná 동 (손으로) 가지다, 쥐다 | ★ 借 jiè 동 빌리다, 빌려주다

(2) 형용사

好 hǎo	(모두) 잘하다	완성, 만족스러운 정도에 이르렀음을 의미한다. 做好了 모두 잘했다 ｜ 准备好了 준비를 잘했다
错 cuò	틀리다	행동의 결과가 틀렸음을 나타낸다. 看错了 잘못 봤다 ｜ 写错了 잘못 썼다

准备 zhǔnbèi 동 준비하다

(3) 개사

在 zài	~에서	동사+在+장소/시간 행동이 일어나는 장소를 나타내며, 주로 장소를 나타내는 목적어가 바로 뒤에 온다. 放在箱子里 상자 안에 넣었다 ｜ 写在本子上 노트에 적었다
到 dào	~로, ~까지	동사+到+장소/시간 목적의 달성이나 어떤 지점에 도달했음을 나타낸다. 来到北京 베이징에 도착했다 ｜ 学到三点 3시까지 공부했다 ｜ 回到家 집에 도착했다
给 gěi	~에게	동사+给+대상 행동의 대상을 나타내며, 주로 사람이 목적어로 쓰인다. 送给朋友 친구에게 주었다 ｜ 借给他 그에게 빌려주었다

★ 放 fàng 동 놓다, 두다 ｜ 箱子 xiāngzi 명 상자 ｜ 本子 běnzi 명 노트, 공책 ｜ 北京 Běijīng 고유 베이징 ｜ 学 xué 동 공부하다 ｜ 点 diǎn 양 시 ｜ 回家 huí jiā 집으로 돌아가다 ｜ 送 sòng 동 주다 ｜ 朋友 péngyou 명 친구

배운 내용 점검하기

1 결과보어의 기본 어순: 주어 + 술어[동사] + 결과보어[동사/형용사/개사구]
  我终于找到工作了。｜ 妹妹的房间打扫干净了。｜ 她把名字写在黑板上了。

2 결과보어의 부정형: 没 + 술어 + 결과보어   桌子上的蛋糕没吃完。

3 결과보어의 의문문
  • '吗'의문문: 술어[동사] + 결과보어[동사/형용사] + 吗?   你的衣服洗好了吗?
  • 정반의문문: 술어[동사] + 결과보어[동사/형용사] + 了 + 没有?   你的作业做完了没(有)?

STEP 3　실력 다지기

Day 25

1. 看　　马上就　　了　　完　　我

   _____

2. 的　　会解决　　这件事　　好

   _____

3. 了　　会不会　　错　　我们　　走

   _____

4. 找　　能　　新的工作　　到　　我相信　　一定

   _____

5. 女朋友　　送给　　我打算　　一双皮鞋

   _____

→ 해설서 p.141

21 보어(4) 방향보어

쓰기 제1부분 | Day 26

기초 실력 확인하기 | 도식에 정리된 내용에 관해 얼마나 상세히 알고 있는지 스스로 확인해 보세요.

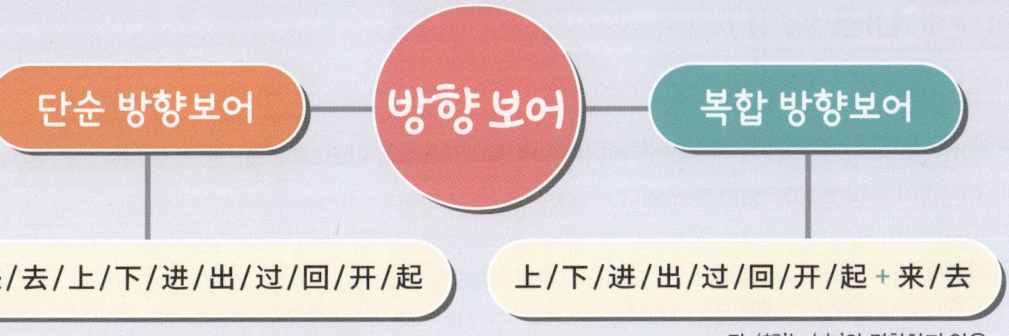

★ 来 lái 동 오다 | 去 qù 동 가다 | 上 shàng 동 오르다 | 下 xià 동 내리다 | 进 jìn 동 들어오다 | 出 chū 동 나가다 | 过 guò 동 지나다 | 回 huí 동 돌아오다 | 开 kāi 동 열다 | 起 qǐ 동 일어나다

STEP 1 유형 파악하기

◆ 방향보어는 구체적인 동작의 방향 외에도 추상적인 의미를 나타낸다. 방향보어의 기본 의미와 자주 쓰이는 파생 의미를 함께 익혀야 한다.

◆ 목적어의 위치에 주의하자. 일반 목적어는 방향보어 뒤에 위치하며, '来' '去'의 앞뒤에 모두 위치할 수 있다. 그러나 장소 목적어는 '来' '去' 앞에 위치한다.

● 제1부분 예제

| 看起来 | 新来的 | 司机 | 很 | 年轻 |

정답&풀이   [**看起来** 보아하니 ~하다]

형용사+동사+조사	명사	동사+동사	부사	형용사
新来的	**司机**	**看起来**	**很**	**年轻**。
관형어+的	주어	부사어		술어

새로 온 운전기사는 매우 젊어 보인다.

STEP 1 '起来'는 '예측', '평가'를 의미하는 말로, '看' 뒤에 붙어서 '보아하니'라는 의미를 나타낸다. '看起来'는 평가의 내용인 '很年轻' 앞에 위치한다.

STEP 2 명사 '司机'가 문장의 주어가 되고, 조사 '的'가 결합한 '新来的'가 주어 앞에 위치해 관형어 역할을 한다.

★新 xīn 🄵 새로이, 갓 | 来 lái 🄳 오다 | ★司机 sījī 🄼 (자동차·전차·기차 등의) 기사, 운전사, 기관사, 조종사 | 看起来 kànqǐlai 보기에 ~하다, 보아하니 ~하다 | 很 hěn 🄵 매우, 대단히, 아주 | ★年轻 niánqīng 🄷 젊다, 어리다

STEP 2 내공 쌓기

1 방향보어의 기본 의미

방향보어는 술어 뒤에서 동작이 진행되는 방향을 나타낸다. 방향보어에는 방향을 나타내는 동사가 쓰이며, '술어 + 방향보어' 형태로 쓰인다.

명사	동사	동사	조사
老师	走	过来	了。 선생님이 걸어오셨다.
주어	술어	방향보어	了

老师 lǎoshī 🄼 선생님 | 过来 guòlai 🄳 오다

2 방향보어의 종류

방향보어의 음절에 따라 단순방향보어, 복합방향보어로 나뉜다.

(1) 단순방향보어: 술어[동사] + 来/去/上/下/进/出/回/过/起

방향을 나타내는 1음절 동사가 쓰이며, 조사 '了'는 방향보어 뒤에 쓰인다.

来 lái	오다	화자를 기준으로 가까워지는 것을 나타냄
		过来 다가오다
去 qù	가다	화자를 기준으로 멀어지는 것을 나타냄
		回去 돌아가다
上 shàng	오르다	올라가는 방향을 나타냄
		爬上 기어 오르다
下 xià	내리다	내려가는 방향을 나타냄
		坐下 앉다
进 jìn	~에 들어가다	어떤 공간으로 들어가는 것을 나타냄
		放进 안으로 넣다
出 chū	나가다	어떤 공간에서 나가는 것을 나타냄
		搬出 이사 가다
回 huí	돌아오다	원래의 자리로 돌아가는 것을 나타냄
		买回 사서 돌아오다

过 guò	지나다	어떤 공간을 지나가는 것을 나타냄
		走过 걸어 지나가다
起 qǐ	일어나다	일어나는 것을 나타냄
		站起 일어서다

대사	동사	동사	조사	
他	进	来	了。	그가 안으로 들어왔다.
주어	술어	방향보어	了	

대사	동사	동사	조사	
她	出	去	了。	그녀는 밖으로 나갔다.
주어	술어	방향보어	了	

爬 pá 동 오르다 | 坐 zuò 동 앉다 | ★ 放 fàng 동 놓다 | ★ 搬 bān 동 이사하다 | 买 mǎi 동 사다 | ★ 站 zhàn 동 서다

(2) **복합방향보어: 술어[동사] + 上/下/进/出/回/过/起 + 来/去**

1음절 동사 뒤에 '来'나 '去'가 결합하여 쓰인다. 그러나 '起去'는 결합하지 않는다. 조사 '了'와 '过'는 방향보어 앞이나 뒤에 온다.

	上	下	进	出	过	回	起
来	上来 올라오다	下来 내려오다	进来 들어오다	出来 나오다	过来 다가오다	回来 돌아오다	起来 일어나다
去	上去 올라가다	下去 내려가다	进去 들어가다	出去 나가다	过去 지나가다	回去 돌아가다	×

명사	동사	동사	조사	
弟弟	跑	出去	了。	남동생이 뛰어나갔다.
주어	술어	방향보어	了	

명사	동사	동사	조사	
姐姐	走	过来	了。	언니가 걸어왔다.
주어	술어	방향보어	了	

弟弟 dìdi 명 남동생 | 跑 pǎo 동 달리다 | 姐姐 jiějie 명 언니, 누나

방향보어의 성조

방향보어의 '来'나 '去'는 회화에서 경성으로 읽는 경향이 있다. 의미나 상황, 어기 등에 따라 성조를 넣어 발음하기도 한다.

3 방향보어의 파생 의미

방향보어는 동작의 방향 외에도 추상적인 의미를 나타내는데, 이를 '파생 의미'라고 한다. 방향보어의 파생 의미는 따로 익히지 않으면, 의미 파악이 어려울 수 있으므로, 3급에 출제되는 방향보어의 파생 의미와 활용을 익혀야 한다.

(1) 단순방향보어의 파생 의미

上 shàng	시작되어 계속 진행됨	爱上电视 TV에 빠지다
	결과가 생기거나 목적이 달성됨	穿上衣服 옷을 입다
出 chū	없는 상태에서 결과가 생김	想出办法 방법을 생각해 내다
起 qǐ	동작을 통해 새로운 상태로 진행됨	下起雨了 비가 오기 시작했다
	사물에 연상되거나 기억됨	想起一件事 사건 하나가 생각나다

爱 ài 동 ~하는 것을 좋아하다 | 电视 diànshì 명 TV, 텔레비전 | 穿 chuān 동 입다 | 衣服 yīfu 명 옷 | 想 xiǎng 동 생각하다 | ★办法 bànfǎ 명 방법 | 下雨 xiàyǔ 동 비가 내리다 | 件 jiàn 양 개, 건 [일·사건 등을 세는 단위] | 事 shì 명 일

(2) 복합방향보어의 파생 의미

起来 qǐlai	평가, 예측, 시도를 나타냄	看起来 보기에 | 说起来 말하자니
	동작 및 상태가 시작되며 지속됨	哭起来 울기 시작하다 | 好起来 좋아지다
	(잊고 있었던 것을) 기억해 냄	想起来 생각나다
下来 xiàlai	과거부터 현재까지 행동, 상태가 처음부터 끝까지 지속됨	接下来 이어서, 계속해서
出来 chūlai	동작이 완성되거나 실현됨	写出来 써내다 | 画出来 그려내다
	발견, 식별, 인지를 나타냄	看出来 알아보다 | 听出来 알아듣다

看 kàn 동 보다 | 说 shuō 동 말하다 | ★哭 kū 동 (소리 내어) 울다 | ★接 jiē 동 잇다, 연결하다 | 写 xiě 동 쓰다 | ★画 huà 동 (그림을) 그리다 | 听 tīng 동 듣다

4 방향보어와 목적어의 위치

'来' '去'가 쓰이지 않은 단순방향보어는 목적어가 있을 경우, '술어 + 방향보어 + 목적어' 어순으로 쓰이지만, '来' '去'가 쓰인 단순 또는 복합방향보어는 목적어에 따라 위치가 다르다.

他们走进了一家饭店。 그들은 한 호텔로 걸어 들어갔다.

家 jiā 양 [가게·점포 등을 세는 단위] | ★饭店 fàndiàn 명 호텔

(1) 일반 목적어: **술어 + (방향보어) + 来/去 + 일반 목적어**
술어 + (방향보어) + 일반 목적어 + 来/去

사물이나 사람을 나타내는 일반적인 목적어는 '来' '去'의 앞뒤에 모두 올 수 있다.

他带来一本书。= 他带一本书来。 그는 책 한 권을 가져온다.

他从包里拿出来一张地图。= 他从包里拿出一张地图来。 그는 가방에서 지도 한 장을 꺼낸다.

带 dài 동 지니다, 챙기다 | 本 běn 양 권 [책을 세는 단위] | 书 shū 명 책 | ★拿 ná 동 (손으로) 가지다, 쥐다 | 从 cóng 개 ~에서 | 包 bāo 명 가방 | ★张 zhāng 양 장 [종이나 가죽 등을 세는 단위] | ★地图 dìtú 명 지도

(2) 장소 목적어: **술어 + (방향보어) + 장소 목적어 + 来/去**

장소 목적어가 쓰일 경우, 반드시 '来' '去' 앞에 위치해야 한다.

你回房间去吧。 너는 방으로 돌아가라. → 단순방향보어

他走进办公室来了。 그가 사무실로 걸어 들어왔다. → 복합방향보어

房间 fángjiān 명 방 | ★办公室 bàngōngshì 명 사무실

(3) 이합동사: **술어 + 방향보어 + 목적어 + 来/去**

'동사 + 목적어' 형태의 이합동사일 경우, 이합동사 중 목적어에 해당하는 어휘는 '来' '去' 앞에 위치한다.

放下心来 마음을 놓다   聊起天儿来 이야기하기 시작하다

放心 fàngxīn 동 마음을 놓다, 안심하다 | ★聊天儿 liáotiānr 동 이야기하다

배운 내용 점검하기

1 방향보어의 종류
① 단순방향보어: 술어[동사] + 来/去/上/下/进/出/回/过/起
他进来了。   她出去了。
② 복합방향보어: 술어[동사] + 上/下/进/出/回/过/起 + 来/去
弟弟跑出去了。   姐姐走过来了。

2 방향보어와 목적어의 위치
• 일반 목적어: 술어 + (방향보어) + 来/去 + 일반 목적어
  술어 + (방향보어) + 일반 목적어 + 来/去
  他带来一本书。= 他带一本书来。
• 장소 목적어: 술어 + (방향보어) + 장소 목적어 + 来/去
  你回房间去吧。   他走进办公室来了。

STEP 3 실력 다지기

1. 明年再   欢迎你   到   中国来

2. 游戏   让你的孩子   不要   爱上

3. 开了   汽车   从前边   过来   那辆

4. 冰箱里了   放进   被姐姐   啤酒

5. 姐姐突然   起来   难过地   哭了

→ 해설서 p.143

22 보어(5) 수량보어·가능보어

쓰기 제1부분 | Day 27

기초 실력 확인하기 | 도식에 정리된 내용에 관해 얼마나 상세히 알고 있는지 스스로 확인해 보세요.

STEP 1 유형 파악하기

◆ 시각을 나타내는 부사어와 시간의 양을 나타내는 보어를 구분해야 한다. 시간명사와 시간부사는 술어 앞에 쓰이지만, 행동을 행한 시간의 양을 나타내는 보어는 술어 뒤에 위치한다.

◆ 가능보어는 '술어 + 得 + 결과보어/방향보어' 형태로 쓰이고, 정도보어는 '술어 + 得 + 정도부사 + 형용사' 형태로 쓰인다. 모두 구조조사 '得'가 사용되어 자주 헷갈리므로 확실히 구분하자.

● 제1부분 예제

| 洗手间 | 借用 | 我想 | 一下 |

정답&풀이 [동사 + 一下 좀 ~하고 싶다]

| 대사+조동사 | 동사 | 수량사 | 명사 |
| 我想 | 借用 | 一下 | 洗手间。 | 화장실을 좀 사용하고 싶어요.
| 주어+부사어 | 술어 | 동량보어 | 목적어 |

STEP 1 '좀 ~하다'라는 의미의 수량사 '一下'는 보어로서, 술어 '借用' 뒤에 위치한다.

STEP 2 명사 '洗手间'은 목적어로 보어 '一下' 뒤에 위치하며, 조동사 '想'은 술어 앞에 위치한다.

想 xiǎng [조동] ~하고 싶다, ~하려고 하다, 바라다 | ★借 jiè [동] 빌리다, 빌려주다 | ★用 yòng [동] 사용하다, 쓰다 | 一下 yíxià [수량] (동사 뒤에 쓰여) 좀 ~하다 | ★洗手间 xǐshǒujiān [명] 화장실

STEP 2 내공 쌓기

1 수량보어

수량보어는 동작의 횟수 또는 동작이 진행된 시간을 나타낸다. 수사와 양사가 수량보어로 쓰여, '술어 + 수량보어' 형태로 쓰인다. 수량보어는 동작의 횟수를 나타내는 '동량보어'와 동작이 진행된 시간의 양을 나타내는 '시량보어'로 나뉜다.

대사	동사+명사	동사+조사	수사+양사+명사	조사	
我	学汉语	学了	两个月	了。	나는 중국어를 2개월째 공부하고 있다.
주어	술어1+목적어	술어2+了	수량보어	了	

学 xué 동 배우다 | 汉语 Hànyǔ 고유 중국어 | 两 liǎng 수 2, 둘

(1) 동량보어: 동사 + 수사 + 동량사

동작이나 행동이 진행되는 횟수를 나타내며, 동량보어에는 동작의 횟수를 세는 수량사가 쓰인다.

次 cì 번, 회 [동작의 횟수를 세는 단위]
下 xià 번 ['一下' 형태로, 한번 해 보거나 호기심 또는 시험 삼아 해 보는 동작을 세는 데 쓰임]

대사	동사+조사	수사+양사		대사	동사	수사+양사	
我	去过	一次。	나는 한 번 가 봤다.	你们	休息	一下。	너희들은 좀 쉬어라.
주어	술어+过	동량보어		주어	술어	동량보어	

过 guo 조 ~한 적이 있다 | 休息 xiūxi 동 쉬다, 휴식하다 | 一下 yíxià 수량 (동사 뒤에 쓰여) 좀 ~하다

(2) 시량보어: 동사 + 수사 + 시량사

동작이 지속되는 시간을 나타내며, 시량보어에는 시간의 양을 나타내는 시간 표현이 쓰인다. 술어에는 동작을 지속할 수 있는 동사가 쓰인다.

分钟 fēnzhōng 분 | 小时 xiǎoshí 시간 | 天 tiān 날 | 星期 xīngqī 요일, 주 | 月 yuè 월, 달 | 年 nián 년, 해

대사	동사+조사	수사+양사+명사	
我们	聊了	三个小时。	우리는 3시간 동안 이야기했다.
주어	술어+了	시량보어	

지시대사+양사+명사	조동사	동사	수사+양사+명사	
这本书	可以	借	一个月。	이 책은 한 달 동안 빌릴 수 있다.
관형어+주어	부사어	술어	시량보어	

聊 liáo 동 이야기하다 | 本 běn 양 권 [책을 세는 단위] | 书 shū 명 책 | 可以 kěyǐ 조동 ~할 수 있다 | ★借 jiè 동 빌리다

(3) 목적어의 위치

① 일반 목적어: 술어[동사] + 수량보어 + 일반 목적어/술어 + 목적어 + 술어 + 수량보어

일반적으로 목적어는 수량보어 뒤에 위치하며, 술어를 중복하여 쓸 수 있다. 이때 목적어는 첫 번째 술어 뒤에 위치한다. 목적어가 인명 또는 지명일 경우, 수량보어 앞뒤에 모두 올 수 있다.

동사+조사	수사+양사+명사	명사+조사		동사	수사+조사	수사+양사+명사+조사
下了	一个小时	雨了	下雨	下了	一个小时了
술어+了	시량보어	목적어+了	술어+목적어	술어+了	시량보어+了
한 시간째 비가 내렸다			비가 한 시간째 내리고 있다		

동사+조사	수사+양사	명사		동사+조사	명사	수사+양사
去过	两次	北京		去过	北京	两次
술어+过	동량보어	목적어		술어+过	목적어	동량보어

두 번 베이징에 가 본 적이 있다 [횟수 강조] | 베이징에 두 번 가 본 적이 있다 [장소 강조]

下雨 xiàyǔ 통 비가 내리다 | **北京** Běijīng 고유 베이징

② 대사 목적어: 술어[동사] + 목적어[대사] + 수량보어

목적어가 인칭대사일 경우, 수량보어는 목적어 뒤에 위치한다.

동사	대사	수사+양사		동사+조사	대사	수사+양사+명사
问	您	一下		等了	她	半个小时
술어	목적어	동량보어		술어+了	목적어	시량보어

잠시 좀 여쭤볼게요 | 그녀를 30분 기다렸다

问 wèn 통 질문하다 | **您** nín 대 당신 | **等** děng 통 기다리다 | ★**半** bàn 수 절반, 2분의 1

③ 이합동사[동사(A) + 목적어(B)]: 술어(A) + 수량보어 + 목적어(B)

이합동사에 수량보어가 쓰일 경우, 수량보어는 이합동사 사이에 위치한다.

동사+조사	수사+양사	명사		동사+조사	수사+양사+명사	명사
看过	两次	病		聊了	一个小时	天
술어A+过	동량보어	목적어B		술어A+了	시량보어	목적어B

진료를 두 번 받은 적 있다 | 이야기를 한 시간 동안 했다

看病 kànbìng 통 진료하다 | ★**聊天** liáotiān 통 이야기하다, 잡담하다

(4) 수량보어의 부정 강조: 수량사 + 也 + 不/没 + 동사

수량보어는 동작의 횟수와 시간을 나타내므로, 보통 부정형으로는 쓰이지 않는다. 부정을 강조하고 싶을 경우, 수량사가 술어 앞으로 도치되어 부사어로 쓰일 수 있다.

대사	수사+양사	부사	부정부사	동사+조사+명사	
我	一次	也	没	见过他。	나는 한번도 그를 본 적이 없다.
주어		부사어		술어+过+목적어	

也 yě 부 ~도 | **见** jiàn 통 보다

2 가능보어

가능보어는 동사 뒤에서 동작의 실현이나 도달 가능성을 나타내는 보어로, 술어와 보어 사이에 조사 '得' 또는 부정부사 '不'를 써서 표현한다.

대사+조사+명사	부사	동사+부사+동사	조사	
我的护照	突然	找不到	了。	내 여권을 갑자기 찾을 수가 없다.
관형어+的+주어	부사어	술어+가능보어	了	

★**护照** hùzhào 명 여권 | ★**突然** tūrán 부 갑자기, 문득 | **找** zhǎo 통 찾다 | **到** dào 통 (동사 뒤에 쓰여) ~했다

(1) 가능보어의 기본 형식

① 긍정형: 술어[동사] + 得 + 결과보어/방향보어

'~할 수 있다'라는 의미로 실현 가능함을 나타내며, 주로 의문문에 많이 쓰인다.

동사	조사	동사		동사	조사	동사
听	得	懂	듣고 이해할 수 있다	回	得	来 돌아올 수 있다
술어	得	결과보어		술어	得	방향보어
	가능보어				가능보어	

听 tīng 동 듣다 | 得 de 조 ~하는 정도가 ~하다 | 懂 dǒng 동 이해하다 | 回来 huílái 동 돌아오다

② 부정형: 술어[동사] + 不 + 결과보어/방향보어

'~할 수 없다'라는 의미로 실현 불가능을 나타내며, 주로 평서문에 많이 쓰인다.

동사	부사	동사		동사	부사	동사
做	不	完	다 할 수 없다	进	不	去 들어갈 수 없다
술어	不	결과보어		술어	不	방향보어
	가능보어				가능보어	

做 zuò 동 하다 | 完 wán 동 (동사 뒤에 보어로 쓰여) 다하다, 끝내다 | 进 jìn 동 (밖에서 안으로) 들다

(2) 가능보어의 의문 형식

① '吗'의문문: 술어 + 得/不 + 결과보어/방향보어 + 吗?

문장 끝에 어기조사 '吗'를 붙여서 질문한다.

你看得懂吗? 너는 (봐서) 이해할 수 있니? 你看不懂吗? 너는 (봐서) 이해가 안 되니?

看 kàn 동 보다

② 정반의문문: 술어 + 得 + 결과보어/방향보어 + 술어 + 不 + 보어?

가능보어 긍정형과 부정형을 연달아 써서 의문문을 만들 수 있다.

你吃得完吃不完? 너는 다 먹을 수 있니, 없니? 你过得去过不去? 너는 건너갈 수 있니, 없니?

★ 过 guò 동 건너다, 가다

(3) 목적어의 위치

일반적으로 목적어는 술어와 보어 뒤에 위치하지만, 문장의 의미와 상황에 따라 도치되어 주어 앞에 올 수도 있다.

我看不完这些书。 나는 이 책을 다 볼 수 없다. 这些书我看不完。 이 책을 나는 다 볼 수 없다.

些 xiē 양 조금, 약간

(4) 3급 필수 가능보어 표현

가능보어에는 결과보어와 방향보어 외에도 관용적으로 쓰이는 표현들도 있다.

동사 + 不了 동사 + buliǎo	주로 양적인 방면에서 많아서 실현, 완성해낼 수 없음
	吃不了 다 먹을 수 없다
	做不了 다 할 수 없다

동사 + 不起 동사 + buqǐ	비용이 많이 들거나 능력이나 조건이 되지 않아서 할 수 없음
	买**不起** (돈이 없어) 살 수 없다 住**不起** (비싸서) 거주할 수 없다
동사 + 不到 동사 + budào	요구나 수준에 도달할 수 없거나, 접할 기회가 없어서 할 수 없음
	看**不到** 보지 못하다 找**不到** 찾지 못하다
동사 + 不上 동사 + bushàng	목적을 실현하지 못하거나, 결과를 얻지 못함
	考**不上** 합격할 수 없다, 합격하지 못하다 跟**不上** 따라갈 수 없다
동사 + 不下 동사 + buxià	공간, 수량 여유가 없어서 하지 못함
	放**不下** (장소가 좁아서) 놓을 수 없다 吃**不下** (배가 불러서) 먹을 수 없다

买 mǎi 동 사다 | 住 zhù 동 살다 | 考 kǎo 동 시험을 치다 | ★跟 gēn 동 따라가다 | ★放 fàng 동 놓다

> **tip** 가능보어 vs. 정도보어
> 가능보어와 정도보어는 모두 구조조사 '得'가 쓰이기 때문에 많이 혼동되므로 확실히 구분하자.
>
> | | 가능보어 | 정도보어 |
> | --- | --- | --- |
> | 긍정형 | 写**得完** 다 쓸 수 있다 | 写**得很好** 잘 쓴다 |
> | 부정형 | 写**不完** 다 쓸 수 없다 | 写**得不好** 잘 못 쓴다 |
> | 의문형 | 写**得完**写**不完**? 다 쓸 수 있니, 없니? | 写**得好不好**? 잘 썼니, 잘 못 썼니? |
> | 목적어 위치 | 写**得完**作业 숙제를 다 할 수 있다 | (写)作业写**得好** 숙제를 잘한다 |

배운 내용 점검하기

1 수량보어 목적어의 위치
- 일반 목적어: 술어[동사] + 수량보어 + 일반 목적어　　下了**一个小时**雨了　　去过**两次**北京
- 대사 목적어: 술어[동사] + 목적어[대사] + 수량보어　　问您**一下**　　等了她**半个小时**

2 가능보어의 어순
- 긍정형과 부정형: 동사 + 得/不 + 결과보어/방향보어　　听**得懂** | 回**得来** | 做**不完** | 进**不去**
- '吗'의문문: 술어 + 得/不 + 결과보어/방향보어 + 吗?　　你看**得懂**吗?　　你看**不懂**吗?
- 정반의문문: 술어 + 得 + 결과보어/방향보어 + 술어 + 不 + 보어?
　你吃**得完**吃**不完**?　　你过**得去**过**不去**?

STEP 3 실력 다지기

1. 突然　　了　　我的相机　　找不到

2. 两个星期　　在医院　　再住　　他还要

3. 已经　　两次了　　行李箱　　检查过

4. 去过　　去年夏天　　那个地方我　　一次

5. 如果你　　再借　　可以　　一个星期　　看不完

→ 해설서 p.145

쓰기 제1부분

23 개사(1) 역할·위치

Day 28

기초 실력 확인하기 | 도식에 정리된 내용에 관해 얼마나 상세히 알고 있는지 스스로 확인해 보세요.

위치 — 개사 — 역할

주어 + 부사 + 조동사 + <u>개사구</u> + 술어

＊개사구: 개사+명사/대사

➡ 부사어 역할: 개사구 + 동사
➡ 관형어 역할: 개사구 + 的 de + 명사/대사
➡ 보어 역할: 동사 + 개사구

STEP 1 유형 파악하기

◆ 개사는 단독으로 쓰이지 않고, 명사, 대사와 함께 개사구로 쓰인다. 개사와 같이 쓰이는 어휘를 함께 익히는 것이 좋다.

◆ 개사구는 주로 술어 앞에서 부사어 역할을 하지만, 관형어나 보어 역할도 하므로, 의미와 활용을 잘 파악해야 한다.

● 제1부분 예제

他对　　鸟　　这种　　感兴趣　　很

정답&풀이 [**对……感兴趣** ~에 대해 흥미가 있다]

대사+개사	대사+양사	명사	부사	동사
他对	**这种**	**鸟**	**很**	**感兴趣**。 그는 이 새에 대해 매우 흥미가 있다.
주어	부사어			술어

STEP 1 술어는 '感兴趣'로 정도부사 '很'의 수식을 받는다.
STEP 2 개사 '对'는 '행동의 대상'을 술어 앞으로 가져오므로 '这种鸟'는 '对' 뒤, '感兴趣' 앞에 위치한다. '他'가 문장의 주어가 되며, 문장 맨 앞에 위치한다.

对 duì 깨 ~에게, ~에 대해, ~를 향하여 | **这** zhè 때 이것 | ★**种** zhǒng 양 종, 종류 | ★**鸟** niǎo 명 새 | **很** hěn 부 매우, 대단히, 아주 | ★**感兴趣** gǎn xìngqù 흥미가 있다, 관심이 있다, 좋아하다

STEP 2 내공 쌓기

1 개사의 위치

개사는 명사나 대사 앞에서 '개사 + 명사/대사'의 개사구 형태로 쓰이며, 장소·시간·대상·목적·원인·근거·방식 등을 나타낸다. 단독으로 쓰이지 않고, 역할에 따라 위치가 다르니 주의해야 한다.

명사	개사+대사	동사+조사	수사+양사	명사
妈妈	给我	买了	一条	裙子。
주어	부사어	술어+了	관형어	목적어

엄마는 나에게 치마를 한 벌 사 주셨다.

给 gěi 개 ~에게 | 买 mǎi 동 사다 | ★条 tiáo 양 벌 [바지·치마를 세는 단위] | ★裙子 qúnzi 명 치마

2 개사구의 역할

개사구는 주로 부사어 역할을 하며, 관형어, 보어 역할도 할 수 있다. 역할에 따라 어순이 다르므로 문장 배열에 주의해야 한다.

(1) 부사어 역할: 개사구 + 술어

개사구의 가장 중요한 기능은 부사어로서의 역할이며, 대부분의 개사는 부사어 역할을 할 수 있다. 부사어 역할을 할 경우, '부사 + 조동사 + 개사구 + 동사'의 순서로 쓰인다.

대사	부사	조동사	개사+대사	동사	동사
我	不	想	跟他们	说	"再见"。
주어		부사어		술어	목적어

나는 그들과 '안녕'이라고 말하고 싶지 않다.

想 xiǎng 조동 ~하고 싶다 | ★跟 gēn 개 ~와 | 说 shuō 동 말하다 | 再见 zàijiàn 동 안녕, 또 뵙겠습니다

(2) 관형어 역할: (수량사) + 개사구 + 的 + 주어/목적어

개사구가 주어나 목적어를 꾸밀 경우, 보통 '的'가 함께 쓰인다.

지시대사	동사	개사+명사+명사+명사+조사	명사
这	是	关于中国文化方面的	书。
주어	술어	관형어+的	목적어

이것은 중국 문화 분야에 관한 책이다.

★关于 guānyú 개 ~에 관해 | 中国 Zhōngguó 고유 중국 | ★文化 wénhuà 명 문화 | 方面 fāngmiàn 명 분야, 방면

(3) 보어 역할: 술어 + 개사구

'在' '到' '给' '向' '往' 등과 같은 일부 개사는 동사 뒤에서 보어 역할을 할 수 있다.

대사+명사	동사	개사+명사
我姐姐	住	在北京。
주어	술어	보어+목적어

우리 언니는 베이징에 산다.

姐姐 jiějie 명 언니, 누나 | 住 zhù 동 살다, 거주하다 | 在 zài 개 ~에서 | 北京 Běijīng 고유 베이징

3 개사의 종류

개사는 이끄는 어휘에 따라 아래와 같이 분류된다.

시간·장소	在 zài ~에서 | 离 lí ~에서, ~로부터 | 从 cóng ~로부터 | 到 dào ~까지
대상	和 hé ~와 | 跟 gēn ~와 | 对 duì ~에 대해 | 给 gěi ~에게 | 向 xiàng ~에게 | 为 wèi ~를 위하여
방향	往 wǎng ~쪽으로 | 向 xiàng ~를 향하여
목적·원인	为 wèi ~때문에, ~를 위하여 | 为了 wèile ~를 하기 위하여 | 因为 yīnwèi ~때문에
근거·방식	根据 gēnjù ~에 근거하여 | 用 yòng ~로(써)

4 개사의 특징

(1) 개사는 단독으로 쓰이지 않는다.

일반적으로 명사, 대사, 동사구, 형용사구 등과 함께 개사구 형태로 쓰인다.

<u>他</u> <u>用铅笔</u> <u>画画儿</u>。 그는 연필로 그림을 그렸다.   　铅笔用画画儿 (×)
대사 / 개사+명사 / 동사+명사
주어 / 부사어 / 술어+목적어

铅笔 qiānbǐ 명 연필 | ★画 huà 동 (그림을) 그리다 | ★画儿 huàr 명 그림

(2) 문장에서 부사어, 관형어, 보어 역할을 한다.

부사어 역할을 할 경우, 일반적으로 '부사 + 조동사 + 개사구 + 동사'의 어순으로 쓰인다.

<u>我</u> <u>一定</u> <u>要</u> <u>和他</u> <u>见面</u>。 나는 반드시 그와 만나야 한다.
대사 / 부사 / 조동사 / 개사+대사 / 동사
주어 / 　　부사어　　 / 술어

★一定 yídìng 부 반드시, 꼭 | 要 yào 조동 ~해야 한다 | ★见面 jiànmiàn 동 만나다

(3) '在' '给' 등 일부 개사는 동사의 의미도 가지고 있다.

개사는 동사의 뜻에서 파생되었기 때문에, 개사와 동사 두 개의 품사를 갖는 어휘가 있다. 개사가 쓰인 문장에서 다른 동사가 없다면, 동사로 쓰인 것이 아닌지 체크해 봐야 한다.

<u>姐姐</u> <u>在</u> <u>家</u>。 언니는 집에 있다.　　<u>姐姐</u> <u>在</u> <u>家</u> <u>休息</u>。 언니는 집에서 쉰다.
명사 / 동사 / 명사　　　　　　　　　　명사 / 개사 / 명사 / 동사
주어 / 술어 / 목적어　　　　　　　　　주어 / 부사어 / 술어

在 zài 동 ~에 있다 | 休息 xiūxi 동 쉬다

> **배운 내용 점검하기**
>
> 1 개사는 단독으로 쓸 수 없으며, 명사나 대사와 함께 개사구 형태로 쓰인다. 他<u>用</u>铅笔画画儿。
> 2 개사가 부사어로 쓰일 경우, 술어 앞에 쓰인다. 我一定要<u>和</u>他见面。
> 3 개사구가 관형어로 쓰일 경우, 보통 '的'가 함께 쓰인다. 这是<u>关于</u>中国文化方面<u>的</u>书。
> 4 일부 개사는 동사 뒤에서 보어 역할을 할 수 있다. 我姐姐住<u>在</u>北京。

STEP 3 실력 다지기

Day 28

1. 我   写信   给   他常常

   _____

2. 往   我们应该   走   东

   _____

3. 身体   对   好   经常运动

   _____

4. 不习惯   弟弟   吃饭   用筷子

   _____

5. 去爬山   周末   和   我会   妻子

   _____

→ 해설서 p.147

쓰기 제1부분 24 개사(2) 시간·장소

Day 29

기초 실력 확인하기 | 도식에 정리된 내용에 관해 얼마나 상세히 알고 있는지 스스로 확인해 보세요.

'시간' '장소'를 나타내는 개사
- ➡ 在 + 시간 / 장소
- ➡ 从A到B: A부터 B까지
- ➡ A离B近: A는 B에서 가깝다
- ➡ A离B远: A는 B에서 멀다

在 zài 개 ~에(서) | 从 cóng 개 ~부터 | 到 dào 개 ~까지 | 离 lí 개 ~에서, ~로부터 | 近 jìn 형 가깝다 | 远 yuǎn 형 멀다

STEP 1 유형 파악하기

◆ 시간·장소를 나타내는 개사 두 개가 연이어 함께 쓰이는 경우가 있으므로, 문장 구조에 주의하자.

◆ 시간·장소를 나타내는 개사가 쓰인 문장이 시험에 자주 출제된다. 출제 비율이 높은 고정격식을 그대로 외우면 쉽게 정답을 찾을 수 있다.

● 제1부분 예제

| 中文 | 在大学 | 他妻子 | 教 |

정답&풀이

[在 + A(장소) + B(행동) A에서 B하다]

| 대사+명사 | 개사+명사 | 동사 | 고유명사 |
| 他妻子 | 在大学 | 教 | 中文。 | 그의 아내는 대학에서 중국어를 가르친다.
| 관형어+주어 | 부사어 | 술어 | 목적어 |

STEP 1 장소를 나타내는 개사 '在'는 명사 '大学'와 함께 술어 앞에서 부사어 역할을 한다.

STEP 2 동사 '教'가 개사구 '在大学' 뒤에 위치해 술어가 되고, 가르치는 내용 '中文'이 목적어가 된다. '他妻子'가 문장 맨 앞에서 주어 역할을 한다.

妻子 qīzi 명 아내 | 在 zài 개 ~에(서) [在+장소+행동] | 大学 dàxué 명 대학 | ★教 jiāo 동 (지식 또는 기술을) 전수하다, 가르치다 | ★中文 Zhōngwén 고유 중국의 언어와 문자

STEP 2 내공 쌓기

1 시간 및 장소를 나타내는 3급 주요 개사

在 ◆ zài	~에서	행동의 시간, 장소의 범위를 나타낸다.
	在+장소/시간	她喜欢在公园看书。 그녀는 공원에서 책 보는 것을 좋아한다.
离 ◆ lí	~로부터	시간·거리의 기준점과 대상이 떨어진 사이의 간격을 나타낸다.
	离+기준점(시간/장소)	我家离这儿不远。 우리 집은 여기에서 멀지 않다.
从 cóng	~부터, ~에서	시간·장소의 출발점을 나타낸다.
	从+출발점 / 从A到B	她从图书馆出来了。 그녀는 도서관에서 나왔다.
到 dào	~까지	동작과 상태의 종점을 나타내며, 술어 앞뒤에 모두 쓰인다.
	到+도착점(시간/장소) / 从A到B	从这儿到地铁站很近。 여기에서 지하철역까지는 가깝다.

喜欢 xǐhuan 동 좋아하다 | ★**公园** gōngyuán 명 공원 | **看** kàn 동 보다 | **书** shū 명 책 | **远** yuǎn 형 (거리가) 멀다 | ★**图书馆** túshūguǎn 명 도서관 | **出来** chūlái 동 나오다 | **地铁站** dìtiězhàn 명 지하철역

2 3급 필수 개사 고정격식

(1) '在'를 활용한 고정격식

在……上 zài …… shang	~에서, ~상에 [방면]	我经常在网上买东西。 나는 자주 인터넷에서 물건을 산다.
在……里 zài …… li	~에서	在冰箱里，有很多水果。 냉장고에 과일이 많이 있다.
在……中 ◆ zài …… zhōng	~중에 [과정, 범위]	在工作中，经常遇到各种各样的问题。 업무 중에 자주 여러 가지 문제에 부딪힌다.
在……下 ◆ zài …… xià	~하에 [전제 조건]	在老师的帮助下，我的水平有了很大的提高。 선생님의 도움 하에, 나의 수준은 크게 향상되었다.

★**经常** jīngcháng 부 자주, 항상 | **网** wǎng 명 인터넷 | **买** mǎi 동 사다 | **东西** dōngxi 명 물건 | ★**冰箱** bīngxiāng 명 냉장고 | **水果** shuǐguǒ 명 과일 | **工作** gōngzuò 명 업무, 일 | ★**遇到** yùdào 동 만나다, 맞닥뜨리다 | **各种各样** gè zhǒng gè yàng 여러 가지, 각양각색 | **问题** wèntí 명 문제 | **老师** lǎoshī 명 선생님 | **帮助** bāngzhù 동 돕다 | ★**水平** shuǐpíng 명 수준 | ★**提高** tígāo 동 향상시키다, 높이다

(2) '离'를 활용한 고정격식

| A离B远/近 A lí B yuǎn/jìn | A는 B에서 멀다/가깝다 | 公司离我家很近。 회사는 우리 집에서 가깝다. |

公司 gōngsī 명 회사

(3) '从'을 이용한 고정격식

从A出来 cóng A chūlái	A에서 나오다	女朋友刚从机场出来了。 여자 친구는 막 공항에서 나왔다.
从A到B ◆ cóng A dào B	A부터 B까지	他从早上8点到晚上9点一直在准备考试。 그는 아침 8시부터 저녁 9시까지 계속 시험 준비를 하고 있다.
从A到B要 / 花 + 시간 cóng A dào B yào / huā + 시간	A에서 B까지 (시간 단위)가 걸리다	从我家到公司要十分钟。 우리 집에서 회사까지는 10분이 걸린다.
从A开始B ◆ cóng A kāishǐ B	A부터 B하기 시작하다	我决定从今天开始每天学一个小时。 나는 오늘부터 매일 1시간씩 공부하기로 결정했다.

女朋友 nǚpéngyou 명 여자 친구 | **刚** gāng 부 방금 | **机场** jīchǎng 명 공항 | **早上** zǎoshang 명 아침 | **点** diǎn 양 시 | **晚上** wǎnshang 명 저녁 | **一直** yìzhí 부 계속 | **在** zài 부 ~하고 있는 중(이다) | **准备** zhǔnbèi 동 준비하다 | **考试** kǎoshì 명 시험 | **分钟** fēnzhōng 명 분 | ★ **决定** juédìng 동 결심하다, 결정하다 | **今天** jīntiān 명 오늘 | **每天** měi tiān 명 매일 | **学** xué 동 공부하다 | **小时** xiǎoshí 명 시간

배운 내용 점검하기

1. 在 + 장소/시간: 행동의 시간, 장소의 범위를 나타낸다.　她喜欢在公园看书。
2. 离 + 기준점(시간/장소): 시간·거리의 기준점과 대상 간의 간격을 나타낸다.　我家离这儿不远。
3. 从 + 출발점: 시간·장소의 출발점을 나타낸다.　她从图书馆出来了。
4. 到 + 도착점(시간/장소): 동작과 상태의 종점을 나타내며, 술어 앞뒤에 모두 쓰인다.
   从这儿到地铁站很近。

STEP 3 실력 다지기

1. 玩儿　海边　在　孩子

2. 昨天　开始　我从　跑步

3. 离我家　比较　他住的地方　远

4. 出来了　办公室　他已经　从

5. 还　现在　疼呢　我的脚到

쓰기 제1부분 25 개사(3) 대상

Day 30

기초 실력 확인하기 | 도식에 정리된 내용에 관해 얼마나 상세히 알고 있는지 스스로 확인해 보세요.

'대상'을 나타내는 개사
- ➡ A和/跟B一起: A는 B와 같이 ~한다
- ➡ A对B感兴趣: A는 B에 대해 흥미가 있다
- ➡ A给B打电话: A가 B에게 전화하다

和 hé 개 ~와 | 跟 gēn 개 ~와 | 一起 yìqǐ 부 함께, 같이 | 对 duì 개 ~에 대해 | 感兴趣 gǎn xìngqù 흥미가 있다, 관심이 있다, 좋아하다 | 给 gěi 개 ~에게 | 打电话 dǎ diànhuà 전화하다

STEP 1 유형 파악하기

◆ 대상을 나타내는 개사는 주로 부사어 역할을 하므로, 보통 술어 앞에 위치한다. 그 외에도 관형어, 보어 역할을 하는 경우가 있다.

◆ 대상을 나타내는 개사는 의미와 활용이 다양하다. 또한, 비슷한 의미를 갖거나 바꿔 쓸 수 있는 경우도 있으니, 고정격식으로 익히자.

● **제1부분 예제**

| 这把伞 | 我对 | 满意 | 很 |

정답&풀이 [对A满意 A에 대해 만족하다]

| 대사+개사 | 대사+양사+명사 | 부사 | 형용사 |
| 我对 | 这把伞 | 很 | 满意。 | 나는 이 우산이 마음에 든다.
| 주어 | 부사어 | | 술어 |

STEP 1 개사 '对' 뒤에 행위를 받는 대상이 오므로 '这把伞'이 와야 한다. 형용사 '满意'가 문장의 술어로서 개사구 뒤에 위치한다.

STEP 2 대사 '我'가 문장의 주어가 되며, 부사 '很'은 형용사 '满意' 앞에서 정도를 나타낸다.

对 duì 개 ~에게, ~에 대해, ~를 향하여 | 这 zhè 대 이것 | ★把 bǎ 양 개 [손잡이가 있는 사물을 세는 단위] | ★伞 sǎn 명 우산 | 很 hěn 부 매우, 대단히, 아주 | ★满意 mǎnyì 형 만족하다, 만족스럽다, 흡족하다

STEP 2 내공 쌓기

1 대상을 나타내는 3급 주요 개사

和 / 跟 ✦ hé / gēn	~와	함께 동작을 행하는 대상을 나타냄	他决定和女朋友结婚。 그는 여자 친구와 결혼하기로 결심했다.
对 duì	~에 (대하여)	동작이나 행위의 대상을 나타냄	哥哥对自己的成绩很满意。 오빠는 자신의 성적에 만족한다.
给 ✦ gěi	~에게	행동이나 이득을 얻는 대상이나 행동을 받는 대상을 나타냄	小时候，奶奶经常给我讲故事。 어렸을 때, 할머니께서 자주 나에게 이야기를 들려주셨다.
向 xiàng	~에게	행위의 대상을 나타냄	他在向大家介绍这里的环境。 그는 모두에게 이곳의 환경을 소개하고 있다.
为 wèi	~를 위해, ~에게	수혜를 받는 대상을 나타냄	这是为妈妈准备的钱。 이것은 엄마를 위해 준비한 돈이다.
关于 guānyú	~에 관해	범위, 내용을 나타냄	这是一个关于历史的故事。 이것은 역사에 관한 이야기이다.
比 bǐ	~보다	비교 대상을 나타냄	这儿的天气比北京更冷。 여기의 날씨는 베이징보다 더 춥다.
把 ✦ bǎ	~를	처치의 결과를 나타내며 목적어를 술어 앞으로 이끌어냄	我把作业写完了。 나는 숙제를 다했다.
被 ✦ bèi	~에 (의해)	피동문에서 행동을 가하는 '가해자'를 뒤에 나타냄	我的蛋糕被弟弟吃了。 내 케이크는 동생이 먹었다.

★ **决定** juédìng 동 결심하다, 결정하다 | **女朋友** nǚpéngyou 명 여자 친구 | ★ **结婚** jiéhūn 동 결혼하다 | **哥哥** gēge 명 형, 오빠 | ★ **自己** zìjǐ 대 자신, 스스로 | ★ **成绩** chéngjì 명 성적 | ★ **满意** mǎnyì 형 만족하다 | **小时候** xiǎo shíhou 어렸을 때 | ★ **奶奶** nǎinai 명 할머니 | ★ **经常** jīngcháng 부 자주 | ★ **讲** jiǎng 동 말하다, 이야기하다 | ★ **故事** gùshi 명 이야기 | **在** zài 부 ~하고 있는 중(이다) | **大家** dàjiā 대 모두, 다들 | **介绍** jièshào 동 소개하다 | ★ **环境** huánjìng 명 환경 | **准备** zhǔnbèi 동 준비하다 | **钱** qián 명 돈 | ★ **历史** lìshǐ 명 역사 | **天气** tiānqì 명 날씨 | **北京** Běijīng 고유 베이징 | ★ **更** gèng 부 더 | **冷** lěng 형 춥다 | ★ **作业** zuòyè 명 숙제, 과제 | **写** xiě 동 쓰다 | **完** wán 동 (동사 뒤에 보어로 쓰여) 다하다, 끝내다 | ★ **蛋糕** dàngāo 명 케이크 | **弟弟** dìdi 명 남동생

2 3급 필수 고정격식

(1) '和'와 '跟'을 활용한 고정격식

A和/跟B一起 + 동사 ◆ A hé/gēn B yìqǐ + 동사	A는 B와 같이 ~한다	你跟我们一起去吗? 너는 우리와 같이 가니?
A和/跟B有关 A hé/gēn B yǒuguān	A는 B와 관련이 있다	这些问题都和数学有关。 이 문제들은 모두 수학과 관련이 있다.
A和/跟B见面 A hé/gēn B jiànmiàn	A는 B와 만나다	下周我要跟中国朋友见面。 다음 주에 나는 중국 친구와 만나려 한다.
A和/跟B一样 ◆ A hé/gēn B yíyàng	A는 B와 같다	他画的鱼跟真的一样。 그가 그린 물고기는 진짜 같다.

些 xiē 양 조금, 약간 | 问题 wèntí 명 문제 | 都 dōu 부 모두 | ★数学 shùxué 명 수학 | 下周 xià zhōu 다음 주 | 要 yào 조동 ~하려고 하다 | 中国 Zhōngguó 고유 중국 | 朋友 péngyou 명 친구 | ★画 huà 동 (그림을) 그리다 | 鱼 yú 명 물고기 | 真 zhēn 부 진짜, 정말

(2) '对'를 활용한 고정격식

A对B很好/不好 A duì B hěn hǎo/bù hǎo	A는 B에게 좋다(잘한다, 잘해 준다)/ 안 좋다(못한다, 못해 준다)	他一直对我很好。 그는 계속 나에게 잘해 준다.
A对B有兴趣/感兴趣 ◆ A duì B yǒu xìngqù/ gǎn xìngqù	A는 B에 흥미가 있다	女儿对数学有兴趣。 딸은 수학에 흥미가 있다.
A对B满意 ◆ A duì B mǎnyì	A는 B에게 만족해하다	老师对我的回答很满意。 선생님은 내 대답에 만족하신다.
A对B有影响 A duì B yǒu yǐngxiǎng	A는 B에게 영향이 있다	这件事对他有很大的影响。 이 일은 그에게 큰 영향이 있다.

★一直 yìzhí 부 계속, 줄곧 | 女儿 nǚ'ér 명 딸 | 老师 lǎoshī 명 선생님 | ★回答 huídá 명 대답 | 件 jiàn 양 건 [사건을 세는 단위] | 事 shì 명 일

(3) '给'를 활용한 고정격식

A给B打电话 ◆ A gěi B dǎ diànhuà	A가 B에게 전화하다	他经常给妈妈打电话。 그는 자주 엄마에게 전화를 한다.
A给B买C A gěi B mǎi C	A는 B에게 C를 사 주다	我想给爸爸买件衬衫。 나는 아빠에게 셔츠 한 벌을 사 드리고 싶다.
A给B介绍(C) ◆ A gěi B jièshào (C)	A는 B에게 (C를) 소개하다	我想给我妹妹介绍个男朋友。 나는 내 여동생에게 남자 친구를 소개하고 싶다.
A给B带来C A gěi B dàilái C	A는 B에게 C를 가져다주다	手机给生活带来了很大的方便。 핸드폰은 생활에 큰 편리함을 가져다줬다.

想 xiǎng 조동 ~하고 싶다 | 件 jiàn 양 벌 [옷 등을 세는 단위] | ★衬衫 chènshān 명 셔츠 | 妹妹 mèimei 명 여동생 | 男朋友 nánpéngyou 명 남자 친구 | 手机 shǒujī 명 핸드폰 | 生活 shēnghuó 명 생활 | ★方便 fāngbiàn 형 편리하다

(4) '向'을 이용한 고정격식

A向B介绍(C) ◆ A xiàng B jièshào (C)	A는 B에게 (C를) 소개하다	我忘了向你介绍。 내가 너에게 소개하는 걸 깜빡했다.
A向B请假 A xiàng B qǐngjià	A는 B에게 휴가를 신청하다	我已经向经理请假了。 나는 이미 사장님에게 휴가를 신청했다.

忘 wàng 동 잊다 | 已经……了 yǐjīng …… le 이미 ~했다 | ★经理 jīnglǐ 명 사장, 매니저

배운 내용 점검하기

1 和 hé/跟 gēn: ~와 + 함께 동작을 행하는 대상　　他决定和女朋友结婚。
2 对 duì: ~에 (대하여) + 행동을 받는 대상　　哥哥对自己的成绩很满意。
3 给 gěi: ~에게 + 행동을 받는 대상/이득을 받는 대상　　小时候，奶奶经常给我讲故事。
4 把 bǎ: ~를 + 행동을 받는 대상　　我把作业写完了。
5 被 bèi: ~에 (의해) + 행동을 가하는 행위자　　我的蛋糕被弟弟吃了。

STEP 3 실력 다지기

1. 为你   礼物   这是   准备的
   _____

2. 我决定   跟丈夫   回家   一起
   _____

3. 向   请假   小金   经理   准备
   _____

4. 满意   那家饭店   客人   对   非常
   _____

5. 一个工作   给他   妻子   介绍了
   _____

쓰기 제1부분 26 개사(4) 그 외 개사

Day 31

기초 실력 확인하기 | 도식에 정리된 내용에 관해 얼마나 상세히 알고 있는지 스스로 확인해 보세요.

'목적·근거'를 나타내는 개사
- ➡ A为B准备: A가 B를 위해 준비하다
- ➡ A为B担心: A는 B 때문에 걱정하다

为 wèi [개] ~를 위하여 | 准备 zhǔnbèi [동] 준비하다 | 担心 dānxīn [동] 걱정하다

STEP 1 유형 파악하기

◆ 방향을 나타내는 개사는 듣기와 독해 영역에서 필수 어휘이다. 행동의 도구, 방식을 나타내는 '用'이 가장 많이 출제되고 있다.

◆ '为了'와 '因为'는 목적·원인을 나타내는 개사이다. 두 개사는 접속사 뜻도 가지고 있기 때문에 헷갈리기 쉬우므로, 정확히 이해하고 넘어가는 것이 좋다.

● 제1부분 예제

| 应该　你　往　南走 |

정답&풀이　[往 + 방향 ~쪽으로]

| 대사 | 조동사 | 개사 | 명사+동사 |
| 你 | 应该 | 往 | 南走。 너는 남쪽으로 가야 한다.
| 주어 | 부사어 | | 술어 |

STEP 1　'往'은 방향을 나타내는 개사로 방향을 나타내는 '南' 앞에 위치하고, '南'과 결합된 '走'가 문장의 술어가 된다.

STEP 2　조동사 '应该'는 부사어의 어순에 따라 개사 앞에 위치하며, 대사 '你'가 문장의 주어가 된다.

★应该 yīnggāi [조동] (마땅히) ~해야 한다 | 往 wǎng [개] ~쪽으로, ~를 향해 | ★南 nán [명] 남, 남쪽 | 走 zǒu [동] 걷다, 가다, 떠나다

STEP 2 내공 쌓기

1 방향을 나타내는 3급 주요 개사

往 wǎng	~쪽으로	你们往北走两百米就到了。 너희들은 북쪽으로 200m 가면 바로 도착한다.
向 xiàng	~를 향하여	他们从那儿向南走了一百米。 그들은 그곳에서 남쪽을 향해 100m 걸었다.

北 běi 명 북쪽, 북 | 走 zǒu 동 가다 | 两 liǎng 수 2, 둘 | 百 bǎi 수 100, 백 | ★米 mǐ 양 미터(m) | 就 jiù 부 바로 | 到 dào 동 도착하다, 이르다 | 从 cóng 개 ~에서, ~로부터 | ★南 nán 명 남쪽, 남

向 vs. 往

'向'과 '往'은 이동 방향을 나타내는 경우, 바꿔 쓸 수 있다. 하지만 '向'은 추상동사나 신체 관련 동작 등에 쓰여 '向+사람'으로 쓰일 수 있지만, '往'은 쓸 수 없다.

	向	往
방향	他们向前走。 그들은 앞을 향해 간다.	他们往前走。 그들은 앞으로 간다.
대상	向 + 대상 + 추상동사/신체 관련 동작 他在向大家介绍中国的节日。(O) 그는 모두에게 중국의 명절을 소개하고 있다.	他在往大家介绍中国的节日。(×)

前 qián 명 앞 | 在 zài 부 ~하고 있는 중(이다) | 大家 dàjiā 대 모두 | 介绍 jièshào 동 소개하다 | 中国 Zhōngguó 고유 중국 | ★节日 jiérì 명 명절, 기념일

2 목적, 원인을 나타내는 3급 주요 개사

为 wèi	~때문에, 위하여 [목적이나 원인]	我真为你高兴！ 나는 진짜 너 때문에 기쁘다!
为了 ◆ wèile	~위해서 [목적]	为了这次比赛，妹妹准备了三个多月。 이 경기를 위해 여동생은 3개월 정도 준비했다.
因为 yīnwèi	~때문에 [원인]	她因为经理不高兴。 그녀는 사장 때문에 기분이 안 좋다.

真 zhēn 부 진짜, 정말 | 高兴 gāoxìng 형 기쁘다 | 次 cì 양 번, 회 | ★比赛 bǐsài 명 경기, 시합 | 妹妹 mèimei 명 여동생 | 准备 zhǔnbèi 동 준비하다 | 多 duō 수 (수량사 뒤에 쓰여) 정도, ~여 | 月 yuè 명 월, 달 | ★经理 jīnglǐ 명 사장

3 근거, 방식을 나타내는 3급 주요 개사

根据 gēnjù	~를 근거로, ~에 따라서 [언행 및 결론의 근거]	根据这段话，我们了解了中国历史。 이 말을 근거로, 우리는 중국 역사를 이해했다.
用 yòng	~로 [행동의 방식 또는 도구]	他还不习惯用筷子吃饭。 그는 아직 젓가락으로 밥을 먹는 게 익숙하지 않다.

★ 段 duàn 양 단락 | 话 huà 명 말 | ★ 了解 liǎojiě 동 이해하다, 알다 | ★ 历史 lìshǐ 명 역사 | 还 hái 부 아직 | ★ 习惯 xíguàn 동 익숙하다 | ★ 筷子 kuàizi 명 젓가락 | 吃饭 chī fàn 동 밥을 먹다

4 3급 필수 개사 고정격식

A为B准备 ✦ A wèi B zhǔnbèi	A가 B를 위해 준비하다	这是为你准备的运动鞋。 이것은 너를 위해 준비한 운동화이다.
A为B高兴 A wèi B gāoxìng	A는 B 때문에 기쁘다	妈妈真为你高兴！ 엄마는 진짜 너 때문에 기쁘구나!
A为B担心 ✦ A wèi B dānxīn	A는 B 때문에 걱정하다	他常常为自己的孩子担心。 그는 자주 자신의 아이 때문에 걱정한다.
A是为了B A shì wèile B	A는 B하기 위한 것이다	学习只是为了更好地生活。 공부는 단지 더 좋은 생활을 하기 위한 것이다.
A是因为B A shì yīnwèi B	A는 B하기 때문이다	有些人不吃蛋糕，是因为害怕长胖。 어떤 사람들이 케이크를 먹지 않는 것은 살찌는 게 두렵기 때문이다.

运动鞋 yùndòngxié 명 운동화 | 常常 chángcháng 부 자주, 늘 | ★ 自己 zìjǐ 대 자신, 스스로 | 孩子 háizi 명 아이 | 学习 xuéxí 동 공부하다 | ★ 只 zhǐ 부 단지 | ★ 更 gèng 부 더 | ★ 地 de 조 ~하게, ~히 | 生活 shēnghuó 동 생활하다 | 有些 yǒuxiē 대 어떤, 일부 | ★ 蛋糕 dàngāo 명 케이크 | ★ 害怕 hàipà 동 두려워하다 | ★ 长 zhǎng 동 생기다, 자라다 | 胖 pàng 형 뚱뚱하다

배운 내용 점검하기

1 방향을 나타내는 개사
- 往 wǎng ~쪽으로   你们往北走两百米就到了。

2 목적·원인을 나타내는 개사
- 为了 wèile ~위해서   为了这次比赛，妹妹准备了三个多月。

3 근거·방식을 나타내는 개사
- 根据 gēnjù ~를 근거로, ~에 따라서   根据这段话，我们了解了中国历史。
- 用 yòng ~로   他还不习惯用筷子吃饭。

STEP 3 실력 다지기

Day 31

1. 常常   妈妈   担心   为姐姐

   _____

2. 用   喜欢   画画儿   铅笔   他

   _____

3. 我们的   请根据   改一下   要求

   _____

4. 从这儿   向   东走   应该   我们

   _____

5. 丈夫   很   她因为   生气

   _____

▶ 해설서 p.153

쓰기 제1부분 27 존현문

Day 32

기초 실력 확인하기 | 도식에 정리된 내용에 관해 얼마나 상세히 알고 있는지 스스로 확인해 보세요.

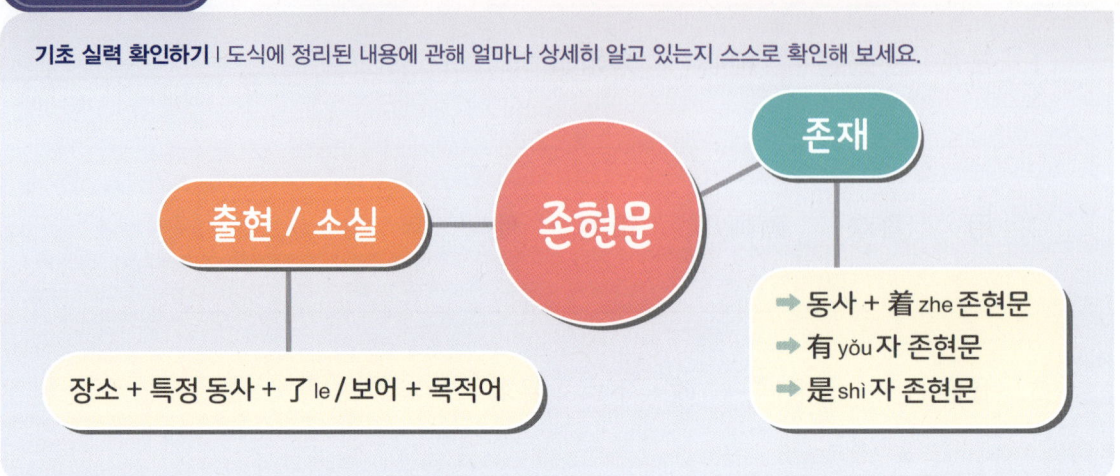

STEP 1 유형 파악하기

◆ 3급에서는 존현문을 인지하고, 관련 문장의 구조를 잘 알고 있어야 한다. 특히, 有자문이 많이 출제되므로, 이를 잘 파악해 두는 것이 좋다.

◆ 일반 문장에서는 행동의 주체가 주어인 경우가 많지만, 존현문에서는 어떤 장소에 존재하는지를 나타내므로, 장소가 주어 역할을 한다. 주어와 목적어 구분에 주의하자.

● 제1부분 예제

放   着   一盘   羊肉   桌上

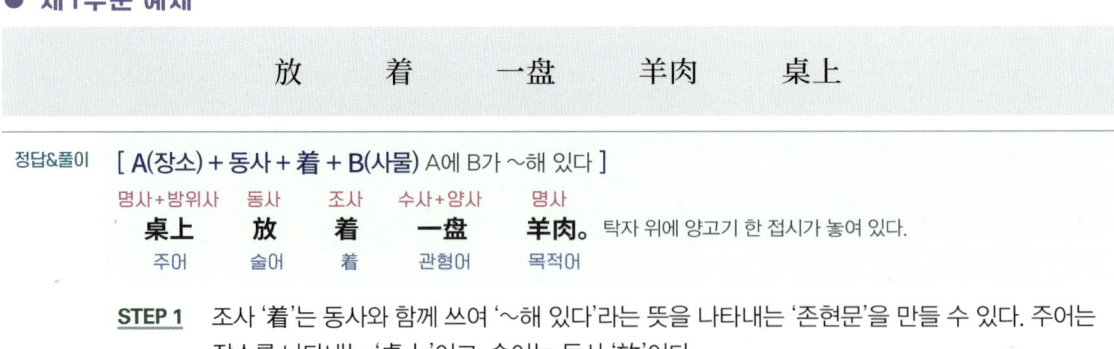

정답&풀이 [A(장소) + 동사 + 着 + B(사물) A에 B가 ~해 있다]

명사+방위사	동사	조사	수사+양사	명사
桌上	放	着	一盘	羊肉。
주어	술어	着	관형어	목적어

탁자 위에 양고기 한 접시가 놓여 있다.

STEP 1 조사 '着'는 동사와 함께 쓰여 '~해 있다'라는 뜻을 나타내는 '존현문'을 만들 수 있다. 주어는 장소를 나타내는 '桌上'이고, 술어는 동사 '放'이다.

STEP 2 명사 '羊肉'가 문장의 목적어가 되고, '一盘'이 목적어 앞에 위치해 관형어 역할을 한다.

桌 zhuō 몡 탁자 | 上 shàng 몡 위 | ★放 fàng 통 놓다, 두다 | 一 yī ㊀ 1, 하나 | 盘 pán 몡 판, 대 [원래는 표면이 넓거나 편평한 물건을 셀 때 쓰였으나 지금은 제한 없이 씀] | 羊肉 yángròu 몡 양고기

STEP 2 내공 쌓기

존현문은 사람 또는 사물의 '존재' '출현' '소실'을 나타내는 문장을 말한다. 우리말의 순서와 자주 헷갈리는 문장 중 하나이므로, 어순에 주의하여 익혀야 한다.

1 존현문의 종류

존현문은 문장 형태에 따라 크게 아래와 같이 분류된다.

(1) A(시간/장소) + 有 + B(불특정한 사람/사물)   A에 B가 있다 ✦

시간이나 장소에 불특정한 사람이나 사물이 존재함을 나타낸다.

명사+명사	동사	수사+양사	명사	
椅子下	有	一双	鞋。	의자 아래에 신발 한 켤레가 있다.
주어	술어	관형어	목적어	

椅子 yǐzi 명 의자 | ★双 shuāng 양 켤레, 짝 | 鞋 xié 명 신발

(2) A(시간/장소) + C(동사) + 了/방향보어 + B(불특정한 사람/사물)   A에(서) B가 C하다

'来' '走' '开' '坐' 등의 동사 뒤에 조사 '了' '过来' '过去' 같은 방향보어가 쓰여, 어떤 시간이나 장소에서 사람이나 사물이 소실되거나 출현함을 나타낸다.

명사+명사	동사+조사	수사+양사	명사	
家里	来了	一位	客人。	집에 손님 한 분이 오셨다.
주어	술어+了	관형어	목적어	

명사	동사	동사	수사+양사	명사	
前边	走	过来	一个	人。	앞에서 한 사람이 걸어온다.
주어	술어	방향보어	관형어	목적어	

★位 wèi 양 분, 명 [공경의 뜻을 내포함] | ★客人 kèrén 명 손님 | 前边 qiánbian 명 앞 | 走 zǒu 동 걷다 | 过来 guòlai 동 오다

> **tip**
> **존재를 나타내는 在자문**
> '在'도 존재를 나타내지만, 문장 형태와 의미 전달에 차이가 있다. 在자문의 주어는 특정한 사람이나 사물이 오고, 목적어에는 장소가 온다.
> • 在자문 기본 어순: A(사람/사물)+在+B(장소) A는 B에 있다
>
> 李老师在教室里。Lǐ lǎoshī zài jiàoshì li. 리[李] 선생님은 교실 안에 계신다.
>
> 姐姐的手机在桌子上。Jiějie de shǒujī zài zhuōzi shang. 언니의 핸드폰은 탁자 위에 있다.

2 존현문의 특징

(1) **주어에는 장소나 시간이 쓰이며, 방위사가 자주 함께 쓰인다.**

존현문은 어느 시간이나 장소에 무엇인가 존재함을 나타내므로, 주어에는 시간이나 장소가 온다. 일반명사는 보통 장소를 나타낼 수 없으므로, '일반명사 + 방위사'로 쓰인다.

昨天来了一位老师。（○） 어제 선생님 한 분이 오셨다.

箱子里有一个杯子。（○） 상자 안에 컵이 하나 있다.　　箱子有一个杯子。（✕）

昨天 zuótiān 명 어제 | 老师 lǎoshī 명 선생님 | 箱子 xiāngzi 명 상자 | 杯子 bēizi 명 컵, 잔

(2) **개사는 보통 쓰이지 않는다.**

존현문의 주어가 시간이나 장소지만, '在' '从'과 같은 개사는 일반적으로 쓰이지 않는다.

前边来了一个人。（○） 앞에 한 사람이 왔다.　　从前边来了一个人。（✕）

(3) **목적어는 일반적으로 수량사의 수식을 받으며, 지시대사는 쓰지 않는다.**

존현문은 불특정한 인물·사물의 존재나 출현을 강조하는 문장으로, 특정한 인물·사물을 가리키는 지시대사 '这'나 '那'를 쓰지 않는다.

前边来了一个人。（○） 앞에서 한 사람(어떤 사람)이 왔다.　　前边来了那个人。（✕）

> **배운 내용 점검하기**
>
> 1 A(시간/장소) + 有 + B(불특정한 사람/사물): A에 B가 있다　椅子下有一双鞋。
> 2 A(시간/장소) + C(동사) + 了/방향보어 + B(불특정한 사람/사물): A에(서) B가 C하다
>   前边走过来一个人。
> 3 존현문의 주어에는 장소나 시간이 오고, 목적어는 일반적으로 수량사의 수식을 받는다.

STEP 3 실력 다지기

Day 32

1. 旁边   一个公园   有   学校

   _____

2. 里   水果   冰箱   没有

   _____

3. 在   里   我的包   手机

   _____

4. 中国   银行吗   有   这儿附近

   _____

5. 有   饭馆儿   那条街   一家   上

   _____

▶ 해설서 p.155

쓰기 제1부분
28 연동문

Day 33

기초 실력 확인하기 | 도식에 정리된 내용에 관해 얼마나 상세히 알고 있는지 스스로 확인해 보세요.

연동문

주어 + 술어1 + 목적어1 + 술어2 + 목적어2
① 선   후
② 행위   목적
③ 방식   행위

STEP 1 유형 파악하기

◆ 하나의 주어에 동사가 연이어 있는 문장을 연동문이라 한다. 보통 연동문의 두 개 동사 중 먼저 발생한 동작이 첫 번째 술어가 되어, 행동 순서대로 배열한다.

◆ 내공쌓기에 정리된 '3급 빈출 연동문'을 외워 두면 문장 유형을 빠르게 파악해 쉽게 순서를 배열할 수 있다.

● 제1부분 예제

| 去 | 你想 | 留学 | 哪个国家 |

정답&풀이

[去 + 장소 + 행동 ~에 가서 ~하다]

| 대사+조동사 | 동사 | 대사+양사+명사 | 동사 |
| 你想 | 去 | 哪个国家 | 留学? | 당신은 어느 나라로 유학을 가고 싶나요?
| 주어+부사어 | 술어1 | 관형어+목적어 | 술어2 |

STEP 1 동사가 2개 이상 쓰일 경우, 시간의 흐름에 따라 먼저 발생한 동작 '去'가 앞에 위치하며 첫 번째 술어가 된다. 첫 번째 술어 뒤에 장소를 나타내는 목적어 '哪个国家'가 온다.

STEP 2 '留学'가 두 번째 술어가 되며, 주어는 '你'이다. 조동사 '想'은 일반적으로 첫 번째 술어 앞에 위치한다.

想 xiǎng 조동 ~하고 싶다, ~하려고 하다, 바라다 | 去 qù 동 가다 | 哪 nǎ 대 어느, 어떤 | ★国家 guójiā 명 국가, 나라 | ★留学 liúxué 동 유학하다

STEP 2 내공 쌓기

연동문은 하나의 주어가 두 개 이상의 동사 또는 동사구를 술어로 갖는 문장을 가리킨다.

弟弟 每天早上都 **去**公园 **跑步**。 남동생은 매일 아침마다 공원에 가서 달리기를 한다.
주어   부사어   동사1 술어1+목적어   동사2 술어2

弟弟 dìdi 명 남동생 | 每天 měi tiān 명 매일 | 早上 zǎoshang 명 아침 | 都 dōu 부 모두, 다 | ★公园 gōngyuán 명 공원 | 跑步 pǎobù 동 달리다

1 연동문의 종류

(1) 동작의 연속을 나타내는 연동문

둘 이상의 동작이 연속해서 발생하는 것을 나타낸다.

他突然 **打开**门 **跑**了出去。 그는 갑자기 문을 열고 뛰어나갔다.
주어+부사어   동사1 술어1+목적어   동사2 술어2+了+보어

★突然 tūrán 부 갑자기, 문득 | 打开 dǎkāi 동 열다 | 门 mén 명 문 | 跑 pǎo 동 달리다 | 出去 chūqù 동 나가다

(2) 동작의 목적을 나타내는 연동문

동사2는 동사1의 목적을 나타내며, 동사1은 주로 '来'나 '去'가 쓰인다.

他下午 **去**医院 **看病**。 그는 오후에 병원에 진찰 받으러 간다.
주어+부사어   동사1 술어1+목적어   동사2 술어2

下午 xiàwǔ 명 오후 | 医院 yīyuàn 명 병원 | 看病 kànbìng 동 진찰을 받다, 진료하다

(3) 동작의 방식을 나타내는 연동문

동사1은 동사2의 방식을 나타내며, 자주 쓰이는 동사1에는 '坐' '骑' '带' 등이 있다.

他经常 **骑**自行车 **去**学校。 그는 자주 자전거를 타고 학교에 간다.
주어+부사어   동사1 술어1+목적어1   동사2 술어2+목적어2

★经常 jīngcháng 부 자주, 늘 | ★骑 qí 동 (동물·자전거 등에) 타다 | ★自行车 zìxíngchē 명 자전거 | 学校 xuéxiào 명 학교

2 3급 빈출 연동문

去 qù + 장소(A) + 행동(B)	A에 B하러 가다 A에 가서 B하다	他喜欢**去**公园看书。 그는 공원에 가서 책 보는 것을 좋아한다.
坐 zuò + 교통수단(A) + 행동(B)	A를 타고 B하다	他每天**坐**地铁上班。 그는 매일 지하철을 타고 출근한다.
带 dài + 사람/사물(A) + 행동(B)	A를 데리고/가지고 B하다	明天我打算**带**孩子去国家图书馆。 내일 나는 아이를 데리고 국가도서관에 가려고 한다.

喜欢 xǐhuan 동 좋아하다 | **看** kàn 동 보다 | **书** shū 명 책 | ★**地铁** dìtiě 명 지하철 | **上班** shàngbān 동 출근하다 | **明天** míngtiān 명 내일 | ★**打算** dǎsuàn 동 ~하려고 하다 | **孩子** háizi 명 아이 | ★**国家** guójiā 명 국가 | ★**图书馆** túshūguǎn 명 도서관

3 연동문의 특징

(1) 부사, 조동사는 일반적으로 첫 번째 술어(동사1) 앞에 위치한다.
부사어[부사/조동사] + 술어1 + (목적어1) + 술어2 + (목적어2)

他 / 要(조동사) / **去**国외(동사1) / **读**书(동사2)。 그는 해외로 공부하러 가려고 한다.
주어 / 부사어 / 술어1+목적어 / 술어2

妈妈 / 没(부사) / **带**我(동사1) / **去**上海(동사2)。 엄마는 나를 데리고 상하이(上海)에 가지 않으셨다.
주어 / 부사어 / 술어1+목적어 / 술어2+목적어

要 yào 조동 ~하려고 하다 | **国外** guówài 명 해외, 외국 | **读书** dúshū 동 공부하다 | **上海** Shànghǎi 고유 상하이

(2) '了'와 '过'는 일반적으로 두 번째 술어(동사2) 뒤에 위치한다. **술어1 + 술어2 + 了/过**

她 / **来**(동사1) / 商店 / **买**了(동사2) / 很多东西。 그녀는 상점에 와서 많은 물건을 샀다. → **완료**
주어 / 술어1 / 목적어 / 술어2+了 / 관형어+목적어

他 / **去**西安(동사1) / **学**过(동사2) / 汉语。 그는 시안(西安)에 가서 중국어를 배운 적이 있다. → **경험**
주어 / 술어1+목적어1 / 술어2+过 / 목적어2

商店 shāngdiàn 명 상점 | **买** mǎi 동 사다, 구매하다 | **东西** dōngxi 명 물건 | **西安** Xī'ān 고유 시안 | **学** xué 동 배우다 | **过** guo 조 ~한 적이 있다 | **汉语** Hànyǔ 고유 중국어

(3) '着'는 첫 번째 술어(동사1) 뒤에 위치한다. **술어1 + 着 + 술어2**

他们 / **坐**着(동사1) / **看**电视(동사2)。 그들은 앉아서 텔레비전을 본다. → **방식**
주어 / 술어1+着 / 술어2+목적어

他 / **拿**着(동사1) / 鲜花 / **站**在门口(동사2)。 그는 꽃을 들고 입구에 서 있다. → **방식**
주어 / 술어1+着 / 목적어 / 술어2+보어

坐 zuò 동 앉다 | 着 zhe 조 ~하고 있다 | 电视 diànshì 명 텔레비전, TV | 拿 ná 동 (손으로) 들다, 쥐다 | 鲜花 xiānhuā 명 생화, 꽃 | ★站 zhàn 동 서다 | 在 zài 개 ~에서 | 门口 ménkǒu 명 입구

배운 내용 점검하기

1 연동문의 기본 어순: 주어 + 술어1 + 술어2   弟弟每天早上去公园跑步。
2 去 + 장소(A) + 행동(B): A에 B하러 가다   他喜欢去公园看书。
3 坐 + 교통수단(A) + 행동(B): A를 타고 B하다   他每天坐地铁上班。
4 带 + 사람/사물(A) + 행동(B): A를 데리고/가지고 B하다   明天我打算带孩子去国家图书馆。

STEP 3 실력 다지기

Day 33

1. 送妈妈   爸爸   去   要   火车站

2. 上海   我想   玩儿   明年去

3. 去动物园   带孩子   妈妈   要

4. 经常   他   踢足球   体育馆   去

5. 看病   爸爸   带他   没   去医院

→ 해설서 p.156

29 겸어문

쓰기 제1부분

Day 34

기초 실력 확인하기 | 도식에 정리된 내용에 관해 얼마나 상세히 알고 있는지 스스로 확인해 보세요.

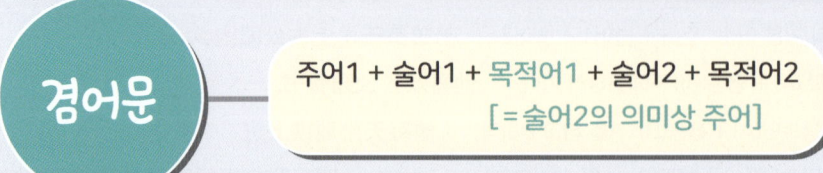

겸어문 — 주어1 + 술어1 + 목적어1 + 술어2 + 목적어2
[= 술어2의 의미상 주어]

STEP 1 유형 파악하기

- '겸어문'은 한 문장에 두 개 이상의 동사가 있고, 첫 번째 동사의 목적어가 두 번째 동사의 주어 역할까지도 겸하는 문장을 말한다. 동사 '让'은 겸어문을 만드는 대표적인 동사이다.
- '请'은 어떤 행동을 요청하고 부탁하는 의미를 나타내며, 일반적으로 문장 맨 앞에 쓰여 주어가 생략된 청유문을 만든다.

● 제1부분 예제

| 很生气 | 这件事 | 让 | 叔叔 |

정답&풀이 [(술어1(让) + 겸어(목적어/의미상 주어) + 술어2 ~에게 ~하게 하다]

| 대사+양사+명사 | 동사 | 명사 | 부사+동사 |
| 这件事 | 让 | 叔叔 | 很生气。 | 이 일은 삼촌을 화나게 했다.
| 관형어+주어 | 술어1 | 목적어 | 부사어+술어2 |
| | | [술어2의 의미상 주어] | |

STEP 1 술어 '让'은 '叔叔'를 목적어로 취하고, '叔叔'는 두 번째 술어가 되는 '生气'의 의미상 주어 역할을 한다.

STEP 2 '这件事'가 주어로 문장 맨 앞에 위치한다.

这 zhè 대 이것 | 件 jiàn 양 건[일 등을 세는 단위] | 事 shì 명 일 | 让 ràng 동 ~하게 하다, 하도록 하다 | ★叔叔 shūshu 명 아저씨, 삼촌, 숙부 | 很 hěn 부 매우, 대단히, 아주 | ★生气 shēngqì 동 화내다, 성나다

STEP 2 내공 쌓기

'겸어문'은 한 문장에 두 개 이상의 동사가 있고, 첫 번째 동사의 목적어가 두 번째 동사의 주어 역할까지도 겸하는 문장을 말한다. 기본 어순은 다음과 같다.

妈妈	让	我	做	作业。
주어	술어1 (동사1)	목적어1 [술어2의 의미상 주어]	술어2 (동사2)	목적어2

엄마는 나에게 숙제를 하라고 하신다.

做 zuò 동 하다 | ★作业 zuòyè 명 숙제, 과제

1 겸어문의 종류

(1) 사역·명령·요구의 의미를 나타내는 겸어문

'～로 하여금 ～하게 하다'라는 의미를 나타내며, 첫 번째 술어에 '让'과 '使'가 쓰인다.

妈妈	让	我	去上班。
주어	술어1 (동사1)	목적어1 [술어2의 의미상 주어]	술어2+술어3 (동사2+동사3)

엄마는 나에게 출근하라고 하신다.

上班 shàngbān 동 출근하다

(2) 요청·부탁을 나타내는 겸어문

'～로 하여금 ～하도록 청하다(부탁하다)'라는 의미를 나타내며, 첫 번째 술어에 '请'이 쓰인다. 이때 주어는 일반적으로 생략한다.

请	你	回答	这个问题。
술어1 (동사1)	목적어1 [술어2의 의미상 주어]	술어2 (동사2)	관형어+목적어

당신이 이 문제에 대답해 주세요.

请 qǐng 동 ～해 주세요 | ★回答 huídá 동 대답하다 | 问题 wèntí 명 문제

2 3급 빈출 겸어문

'让'과 '使'는 유의어로, 모두 '사역'의 의미를 나타낸다. '请'은 '청유'의 의미를 나타낸다.

让 + 겸어A(목적어/의미상 주어) + 행동(B) ràng	A가 B하게 하다	你让他想一想。 너는 그에게 생각을 좀 하게 해라.
使 + 겸어A(목적어/의미상 주어) + 상태(B) shǐ	A가 B하게 하다	读书使人聪明。 독서는 사람을 똑똑하게 만든다.
请 + 겸어A(목적어/의미상 주어) + 행동(B) qǐng	A에게 B하도록 요청하다/부탁하다	他请邻居照顾他的小狗。 그는 이웃에게 그의 강아지를 돌봐 달라고 부탁했다.

想 xiǎng 동 생각하다 | 读书 dúshū 동 독서하다, 책을 읽다 | ★聪明 cōngming 형 똑똑하다 | ★邻居 línjū 명 이웃 | ★照顾 zhàogù 동 돌보다, 보살피다 | 小狗 xiǎogǒu 명 강아지

3 겸어문의 특징

부사, 조동사는 일반적으로 첫 번째 술어 앞에 위치한다.

부사어[부사/조동사] + 술어1 + 겸어[목적어/의미상 주어] + 술어2

	조동사	동사1		동사2	
你	能	让	他	来我家吗?	너는 그가 우리 집에 오게 할 수 있니?
주어	부사어	술어1	목적어	술어2+관형어+목적어2	
			[술어2의 의미상 주어]		

	부사	동사1		동사2	
医生	不	让	我	喝酒。	의사는 나에게 술을 마시지 못하게 한다.
주어	부사어	술어1	목적어1	술어2+목적어2	
			[술어2의 의미상 주어]		

喝 hē 동 마시다 | 酒 jiǔ 명 술 | 能 néng 조동 ~할 수 있다

배운 내용 점검하기

1 겸어문의 기본 어순: 주어1 + 술어1 + 겸어(목적어/의미상 주어) + 술어2   妈妈让我做作业。

2 让 + 겸어A(목적어/의미상 주어) + 행동(B): A가 B하게 하다   你让他想一想。

3 请 + 겸어A(목적어/의미상 주어) + 행동(B): A에게 B하도록 요청하다/부탁하다
   他请邻居照顾他的小狗。

STEP 3 실력 다지기

Day 34

1. 让人   更年轻   会   笑一笑
   _____

2. 让别人   总是   不要   帮忙
   _____

3. 先回   大家   教室   请
   _____

4. 我们的生活   手机   更方便   让
   _____

5. 开车   我   送你去吧   让司机
   _____

→ 해설서 p.158

30 비교문

쓰기 제1부분 | Day 35

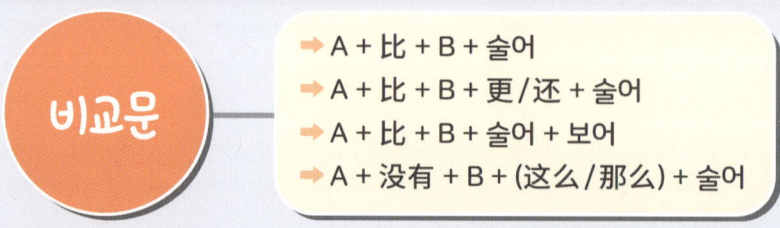

기초 실력 확인하기 | 도식에 정리된 내용에 관해 얼마나 상세히 알고 있는지 스스로 확인해 보세요.

비교문
→ A + 比 + B + 술어
→ A + 比 + B + 更/还 + 술어
→ A + 比 + B + 술어 + 보어
→ A + 没有 + B + (这么/那么) + 술어

比 bǐ 개 ~보다 | 更 gèng 부 더욱, 더 | 还 hái 부 더욱, 더 | 没有 méiyǒu 동 ~만 못하다 | 这么 zhème 대 이렇게 | 那么 nàme 대 그렇게

STEP 1 유형 파악하기

◆ '比'자 비교문은 쓰기 제1부분에서 자주 출제되는 특수 구문 중 하나이므로, 반드시 기본 어순 'A + 比 + B + 술어'를 기억해야 한다.
◆ 비교문의 동급 비교와 부정형은 출제 빈도가 높으므로, 반드시 어순에 주의하여 익혀야 한다.

● 제1부분 예제

更	哥哥	比我	聪明

정답&풀이 [A + 比 + B + 更 + 술어 A는 B보다 더 ~하다]

명사	개사+대사	부사	형용사
哥哥	比我	更	聪明。 오빠가(형이) 나보다 더 똑똑하다.
A	比+B	更	술어

STEP 1 '比'는 비교 대상을 이끄는 개사로 A + 比 + B + 更 + 술어 형태의 비교문을 만든다.
STEP 2 A와 B에는 비교하는 두 대상이 오는데, A는 '哥哥'이고 B는 '我'이다. 형용사 '聪明'이 문장의 술어가 된다.

哥哥 gēge 명 형, 오빠 | **比** bǐ 개 ~보다, ~에 비해 ['A+比+B+술어' 형태로 쓰여 비교를 나타냄] | ★**更** gèng 부 더, 더욱, 훨씬 [주로 비교문에 쓰임] | ★**聪明** cōngming 형 똑똑하다, 총명하다, 영리하다

STEP 2 내공 쌓기

비교문은 둘 이상의 대상을 비교하여 그 특징이나 정도의 차이를 나타내는 문장을 말한다. 기본 어순은 다음과 같다.

명사	개사+명사	형용사	
今天	比昨天	冷。	오늘은 어제보다 춥다.
A	比+B	술어	

今天 jīntiān 몡 오늘 | 昨天 zuótiān 몡 어제 | 冷 lěng 혱 춥다, 차다

1 '比'자 비교문

개사 '比'가 쓰여, 둘 이상의 대상을 서로 비교하는 문장이다. 정도부사나 보어를 활용하여 두 대상의 비교 정도를 나타낸다.

(1) 긍정형

① **A + 比 + B + 술어**   A는 B보다 ~하다

비교문의 기본 어순으로, 'A는 B보다 ~하다'라는 의미를 나타낸다.

대사	개사+대사	형용사	
她	比我	瘦。	그녀는 나보다 말랐다.
A	比+B	술어	

★ 瘦 shòu 혱 마르다, 여위다

② **A + 比 + B + 更/还 + 술어**   A는 B보다 더 ~하다 ◆

'A는 B보다 더 ~하다'라는 의미로, '更' '还' 외에 '很' '非常' 등의 다른 정도부사는 쓸 수 없다.

지시대사+조사+명사	개사+지시대사	정도부사	형용사	
这儿的水果	比那儿的	更	便宜。	여기의 과일은 저기보다 더 저렴하다.
A	比+B	更	술어	

这儿的水果比那儿的很便宜。(×)

水果 shuǐguǒ 몡 과일 | 便宜 piányi 혱 저렴하다, (값이) 싸다

③ **A + 比 + B + 술어 + 보어[得多/多了/很多/一点儿/一些/수량사]**
A는 B보다 훨씬/좀 더/~만큼 ~하다

정도가 클 때는 '得多' '多了' '很多', 정도가 적을 때는 '一点儿' '一些' 등을 쓰며, 수량사를 써서 구체적인 차이를 표현한다.

这次的成绩比上次好得多。   이번 성적은 지난번보다 훨씬 좋다.
地铁比公共汽车快多了。   지하철은 버스보다 훨씬 빠르다.
她比以前胖了很多。   그녀는 예전보다 살이 많이 쪘다.
哥哥比弟弟高一点儿。   형은 남동생보다 좀 더 크다.
他的手机比我的贵一些。   그의 핸드폰은 내 것보다 좀 더 비싸다.
他姐姐比他大一岁。   그의 누나는 그보다 한 살 더 많다.

次 cì 양 번, 회 | ★成绩 chéngjì 명 성적 | 上次 shàngcì 명 지난번 | 得 de 조 ~하는 정도가 ~하다 | ★地铁 dìtiě 명 지하철 | 公共汽车 gōnggòng qìchē 명 버스 | 快 kuài 형 빠르다 | ★以前 yǐqián 명 예전, 이전 | 胖 pàng 형 뚱뚱하다 | 哥哥 gēge 명 형, 오빠 | 弟弟 dìdi 명 남동생 | 高 gāo 형 (키가) 크다 | 一点儿 yìdiǎnr 수량 좀, 약간 | 手机 shǒujī 명 핸드폰 | 贵 guì 형 비싸다 | 一些 yìxiē 수량 조금, 약간 | 姐姐 jiějie 명 언니, 누나 | 岁 suì 양 살, 세

> **tip**
> **'比'가 쓰인 최상급 표현**
> '比'는 몇 가지 고정적인 표현으로, 최상급에 쓰이기도 한다. 아래 표현들은 종종 듣기와 독해 영역에 등장하므로, 확인하고 넘어가자.
> A + 比 + B(의문대사) + 都 + 형용사(C): A는 B보다도 C하다(A는 B와 비교해 가장 C하다)
> 她**比**谁都漂亮。Tā bǐ shéi dōu piàoliang. 그녀는 누구보다 예쁘다.
> 今年**比**哪年都多。Jīnnián bǐ nǎ nián dōu duō. 올해는 어느 해보다 많다.

(2) 부정형: A + 没有 + B(+ 这么/那么) + 술어   A는 B만큼 (이렇게/그렇게) ~하지 않다

| 명사 | 동사 | 대사 | 지시대사 | 형용사 |
| 妹妹 | 没有 | 我 | 这么 | 漂亮。 여동생은 나처럼 이렇게 예쁘지 않다.
| A | 没有 | B | 这么 | 술어 |

| 인칭대사 | 동사 | 명사 | 지시대사 | 형용사 |
| 他 | 没有 | 哥哥 | 那么 | 高。 그는 형만큼 그렇게 크지 않다.
| A | 没有 | B | 那么 | 술어 |

妹妹 mèimei 명 여동생 | 没有 méiyǒu 동 ~만 못하다 | 这么 zhème 대 이렇게 | 漂亮 piàoliang 형 예쁘다 | 那么 nàme 대 그렇게

2 동급 비교

A와 B가 상태나 정도가 같음을 나타내는 문장으로, 주로 '跟' '和' '像' 등이 쓰인다.

(1) 긍정형

① A + 跟/和 + B + 一样   A는 B와 같다

| 지시대사+조사+명사 | 개사 | 명사 | 형용사 |
| 这里的天气 | 跟 | 上海 | 一样。 여기의 날씨는 상하이(上海)와 똑같다.
| A | 跟 | B | 一样 |

② A + 跟/和 + B + 一样 + 술어   A는 B와 똑같이 ~하다

| 대사 | 개사 | 대사 | 형용사 | 형용사 |
| 他 | 跟 | 我 | 一样 | 大。 그는 나와 나이가 같다.
| A | 跟 | B | 一样 | 술어 |

③ A + 像 + B + (这么/那么) + 술어   A는 B처럼 (이렇게/그렇게) ~하다

| 대사 | 동사 | 대사 | 지시대사 | 형용사 |
| 他 | 像 | 你 | 那么 | 热情。 그는 당신처럼 그렇게 친절하다.
| A | 像 | B | 那么 | 술어 |

天气 tiānqì 명 날씨 | 上海 Shànghǎi 고유 상하이 | ★热情 rèqíng 형 친절하다, 다정하다

(2) 부정형

① **A + 跟/和 + B + 不(太) + 一样**   A는 B와 (그다지) 같지 않다

대사+조사+명사	개사	대사	부사+형용사	
她的习惯	和	我们	不一样。	그녀의 습관은 우리와 다르다.
A	和	B	不一样	

대사+조사+명사	개사	명사	부사+형용사	
他的照片	跟	现在	不太一样。	그의 사진은 지금과 그다지 같지 않다.
A	跟	B	不太一样	

★ 习惯 xíguàn 명 습관, 버릇 | ★ 和 hé 개 ~와 | ★ 照片 zhàopiàn 명 사진 | 现在 xiànzài 명 지금 | 不太 bú tài 그다지 ~하지 않다

② **A + 不像 + B + (这么/那么) + 술어**   A는 B처럼 (이렇게/그렇게) ~하지 않다

동사+명사	부사+동사	명사	지시대사	형용사+조사
学音乐	不像	以前	那么	难了。
A	不像	B	那么	술어+了

음악을 배우는 것은 예전처럼 그렇게 어렵지 않게 되었다.

学 xué 동 배우다 | ★ 音乐 yīnyuè 명 음악 | ★ 难 nán 형 어렵다

배운 내용 점검하기

1 비교문의 기본 어순: A + 比 + B + 술어   她比我瘦。
2 A + 比 + B + 更/还 + 술어: A는 B보다 더 ~하다   这儿的水果比那儿的更便宜。
3 A + 比 + B + 술어 + 得多/多了/很多/一点儿/一些/수량사: A는 B보다 훨씬/좀 더/~만큼 ~하다
4 A + 跟/和 + B + 一样: A는 B와 같다   她跟我一样大。

STEP 3 실력 다지기

Day 35

1. 更   比我的   好   他的办法

2. 一样   真的   跟   他画的猫

3. 那么   他没有   聪明   你说的

4. 一样   跟上次的   难   这次的问题

5. 时间   重要   比什么   都

→ 해설서 p.160

쓰기 제1부분 31 把자문

Day 36

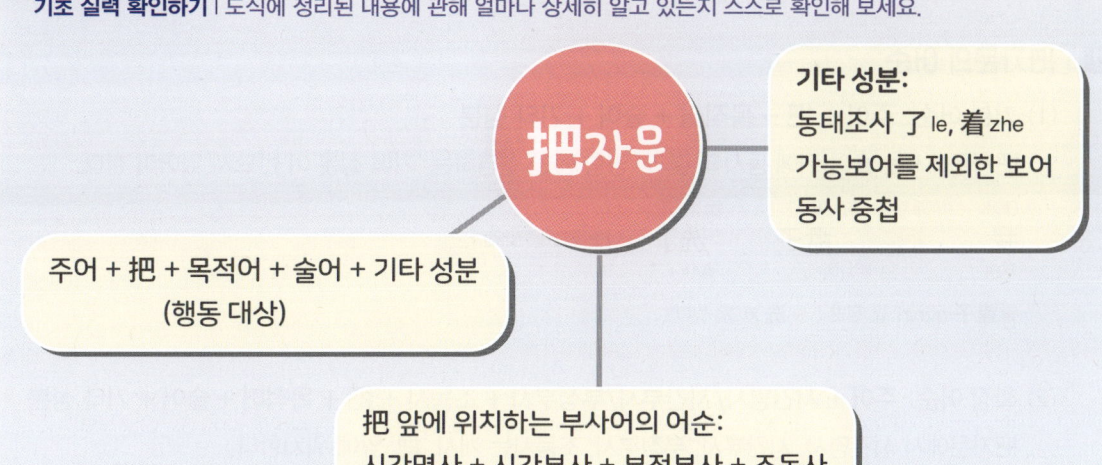

기초 실력 확인하기 | 도식에 정리된 내용에 관해 얼마나 상세히 알고 있는지 스스로 확인해 보세요.

把자문
- 주어 + 把 + 목적어 + 술어 + 기타 성분
  (행동 대상)
- 기타 성분:
  동태조사 了 le, 着 zhe
  가능보어를 제외한 보어
  동사 중첩
- 把 앞에 위치하는 부사어의 어순:
  시간명사 + 시간부사 + 부정부사 + 조동사

把 bǎ 개 [목적어를 술어 앞으로 끌어내어 처치를 나타냄]

STEP 1 유형 파악하기

◆ '把' 뒤의 목적어에는 특정한 것을 나타내는 지시대사나 사물명사 등이 쓰이고, 불특정한 것을 나타내는 수량사는 일반적으로 쓰지 않는다.

◆ 把자문의 술어 뒤에는 결과, 영향 등을 나타내는 '기타 성분'이 반드시 있어야 한다.

● 제1부분 예제

| 你必须 | 写清楚 | 字 | 把 |

정답&풀이 [A + 把 + B + 술어 + 기타 성분 A가 B를 ~하다]

| 명사 | 부사 | 개사 | 명사 | 동사+형용사 |
| 你 | 必须 | 把 | 字 | 写清楚。 너는 반드시 글씨를 똑똑히 써야 한다.
| 주어 | 부사어 | | | 술어+보어 |

STEP 1 '把'가 목적어 '字'를 술어 '写' 앞으로 도치시켜 A + 把 + B + 술어 + 기타 성분의 어순이 된다.

STEP 2 행동의 주체인 '你'가 주어가 되고, '必须'는 부사어의 어순에 따라 개사 '把' 앞에 위치한다. 술어 '写' 뒤의 '清楚'가 기타 성분으로 쓰였다.

★ 必须 bìxū 부 반드시 (~해야 한다) | ★ 把 bǎ 개 [목적어를 술어 앞으로 끌어내어 처치를 나타냄] | 字 zì 명 글자 | 写 xiě 동 쓰다 |
★ 清楚 qīngchu 형 분명하다

31 把자문   315

STEP 2 내공 쌓기

'把자문'은 개사 '把'를 사용해 목적어를 술어 앞으로 도치시켜, 그 술어의 변화·결과·영향 등을 강조하는 문장이다.

1 把자문의 어순

(1) 기본 어순: 주어 + 把 + 목적어 + 술어 + 기타 성분

把자문에서는 술어 뒤에 동사의 결과·영향 등을 설명하는 '기타 성분'이 반드시 있어야 한다.

대사	개사	명사	동사+조사
我	把	盘子	洗了。
주어	부사어		술어+了

나는 쟁반을 씻었다.

★ **盘子** pánzi 명 쟁반 | ★ **洗** xǐ 동 씻다

(2) 확장 어순: 주어 + 시간명사/시간부사/부정부사 + 조동사 + 把 + 목적어 + 술어 + 기타 성분 ✦

把자문에서 시간명사, 시간부사, 부정부사, 조동사는 개사 '把' 앞에 위치한다.

대사	시간명사	부정부사	조동사	개사	명사+명사	동사	동사
他	昨天	没	能	把	数学作业	做	完。
주어		부사어				술어	보어

그는 어제 수학 숙제를 다 할 수 없었다.

昨天 zuótiān 명 어제 | **能** néng 조동 ~할 수 있다 | ★ **数学** shùxué 명 수학 | ★ **作业** zuòyè 명 숙제 | **做** zuò 동 하다 | **完** wán 동 (동사 뒤에 보어로 쓰여) 다하다, 끝내다

> **tip** 시간명사 vs. 시간부사
> 시간명사: 今年 | 今天 | 现在 ……
> 시간부사: 才 | 就 | 已经 ……

2 把자문의 특징

(1) '把' 뒤의 목적어는 특정한 것이어야 한다.

구체적인 사물에 가해진 행동을 나타내므로, 목적어는 확정적이거나 화자나 청자가 알고 있는 것이어야 한다. 일반적으로 '지시대사 + 양사 + 명사'로 쓰인다. '수사 + 양사 + 명사'는 화자와 청자 모두 알 수 없는 불특정한 것을 나타내므로 把자문에서는 쓸 수 없다.

他把那本书放在桌子上了。(O) 그는 그 책을 탁자에 놓았다.

他把一本书放在桌子上了。(✗) → 어떤 책인지 불분명함

★ **本** běn 양 권 [책을 세는 단위] | **书** shū 명 책 | ★ **放** fàng 동 놓다 | **在** zài 개 ~에서 | **桌子** zhuōzi 명 탁자, 책상

(2) 把자문의 술어 뒤에는 일반적으로 기타 성분이 쓰인다.

기타 성분에는 동태조사 '了' '着', 동사 중첩, 정도보어, 결과보어, 방향보어, 수량보어가 올 수 있다.

他已经把书还了。 그는 이미 책을 반납했다. → 동태조사 '了'
你先把这些钱拿着。 너는 우선 이 돈들을 가지고 있어라. → 동태조사 '着'
你把你的衣服洗洗。 너는 네 옷을 좀 빨아라. → 동사 중첩
我能把这件事解决好。 나는 이 문제를 잘 해결할 수 있다. → 결과보어
丈夫把房间打扫得很干净。 남편은 방을 깨끗이 청소했다. → 정도보어
你快把手机拿过来。 너는 빨리 핸드폰을 챙겨 와라. → 방향보어
我们把昨天学的句子复习了一下。 우리는 어제 배운 문장을 좀 복습했다. → 수량보어

已经……了 yǐjīng …… le 이미 ~했다 | ★ 还 huán 동 반납하다, 돌려주다 | ★ 先 xiān 부 먼저, 우선 | 些 xiē 양 조금, 약간 | 钱 qián 명 돈 | ★ 拿 ná 동 (손으로) 가지다, 쥐다 | 着 zhe 조 ~하고 있다 | 衣服 yīfu 명 옷 | 件 jiàn 양 개, 건 [일, 사건 등을 세는 단위] | 事 shì 명 일 | ★ 解决 jiějué 동 해결하다, 풀다 | 丈夫 zhàngfu 명 남편 | 房间 fángjiān 명 방 | ★ 打扫 dǎsǎo 동 청소하다 | 得 de 조 ~하는 정도가 ~하다 | ★ 干净 gānjìng 형 깨끗하다 | 快 kuài 형 빠르다 | 手机 shǒujī 명 핸드폰 | 过来 guòlai 동 오다 | 昨天 zuótiān 명 어제 | 学 xué 동 배우다 | ★ 句子 jùzi 명 문장 | ★ 复习 fùxí 동 복습하다 | 一下 yíxià 수량 (동사 뒤에 쓰여) 좀 ~하다

(3) '판단' '심리활동'을 나타내는 동사는 把자문에 쓸 수 없다.

把자문은 행동의 결과, 영향 등을 강조하는 문장이므로, 판단이나 심리활동을 나타내는 동사 '有' '在' '是' '想' '认识' '知道' '觉得' '喜欢' '生气' '害怕' 등은 쓰일 수 없다.

我把手机有。(✗) → 我有手机。(○) 나는 핸드폰이 있다.
他把你喜欢。(✗) → 他喜欢你。(○) 그는 너를 좋아한다.

喜欢 xǐhuan 동 좋아하다

3 3급 기출 把자문 표현

(1) 把자문에 자주 쓰이는 동사

送 sòng	보내다	他把自行车送给朋友了。 그는 자전거를 친구에게 보냈다.
忘 wàng	잊다	妹妹把帽子忘在出租车上了。 여동생은 모자를 깜빡하고 택시에 두었다.
关 guān	끄다	把空调关了吧。 에어컨을 좀 끄자.
开 kāi	운전하다	妈妈把车开过来。 엄마는 차를 운전해서 오신다.
借 jiè	빌리다	能把这本书借我看一下吗? 이 책을 제가 좀 보게 빌려줄 수 있나요?
给 gěi	주다	请把菜单给我。 메뉴판을 저에게 주세요.
放 fàng	놓다	你把我的书放哪儿了? 너는 내 책을 어디에 두었니?

拿 ná	(손에) 쥐다, 가지다	弟弟把我的面包拿走了。 남동생은 내 빵을 가지고 갔다.
洗 xǐ	씻다	昨天晚上我把衣服洗了。 어제저녁에 나는 옷을 빨았다.
打扫 dǎsǎo	청소하다	他终于把房间打扫干净了。 그는 마침내 방을 깨끗이 청소했다.

| ★自行车 zìxíngchē 명 자전거 | 给 gěi 개 ~에게 | 朋友 péngyou 명 친구 | 妹妹 mèimei 명 여동생 | ★帽子 màozi 명 모자 | 出租车 chūzūchē 명 택시 | ★空调 kōngtiáo 명 에어컨 | 吧 ba 조 ~하자 [상의·제의·청유·기대·명령 등의 어기를 나타냄] | 车 chē 명 차 | 看 kàn 동 보다 | 请 qǐng 동 ~해 주세요, 부탁하다 | ★菜单 càidān 명 메뉴판 | 哪儿 nǎr 대 어디 | 弟弟 dìdi 명 남동생 | ★面包 miànbāo 명 빵 | 走 zǒu 동 가다, 걷다 | 晚上 wǎnshang 명 저녁 | ★终于 zhōngyú 부 마침내, 결국

(2) 빈출 把자문 활용 고정격식

把A送给B ◆ bǎ A sòng gěi B	A를 B에게 주다	我准备明天把蛋糕送给女朋友。 나는 내일 케이크를 여자 친구한테 주려고 한다.
把A忘在B bǎ A wàng zài B	A를 B에 둔 것을 잊다	姐姐把钱包忘在房间里了。 언니는 지갑을 방에 둔 것을 깜빡했다.
把A放在B ◆ bǎ A fàng zài B	A를 B에 두다	经理把护照放在办公室了。 사장님은 여권을 사무실에 두었다.

准备 zhǔnbèi 동 ~하려고 하다 | 明天 míngtiān 명 내일 | ★蛋糕 dàngāo 명 케이크 | 女朋友 nǚpéngyou 명 여자 친구 | 姐姐 jiějie 명 언니, 누나 | ★钱包 qiánbāo 명 지갑 | ★经理 jīnglǐ 명 사장 | ★护照 hùzhào 명 여권 | ★办公室 bàngōngshì 명 사무실

배운 내용 점검하기

1 把자문의 기본 어순: 주어 + 把 + 목적어 + 술어 + 기타 성분   我把盘子洗了。

2 把자문의 목적어는 특정한 대상이 와야 한다.
   他把那本书放在桌子上了。(○)   他把一本书放在桌子上了。(×)

3 把자문의 기타 성분: 동태조사 '了' '着', 동사 중첩, 정도보어, 결과보어, 방향보어, 수량보어
                  (동태조사 '过', 가능보어 ×)

STEP 3 실력 다지기

Day 36

1. 把   写完了   作业   我
   _____

2. 手机   洗手间了   他把   忘在
   _____

3. 关   电视的声音   请   小点儿   把
   _____

4. 送给朋友   决定   姐姐   把   这条裙子
   _____

5. 应该   用在学习上   把时间   年轻人
   _____

▶ 해설서 p.162

32 被자문

쓰기 제1부분 | Day 37

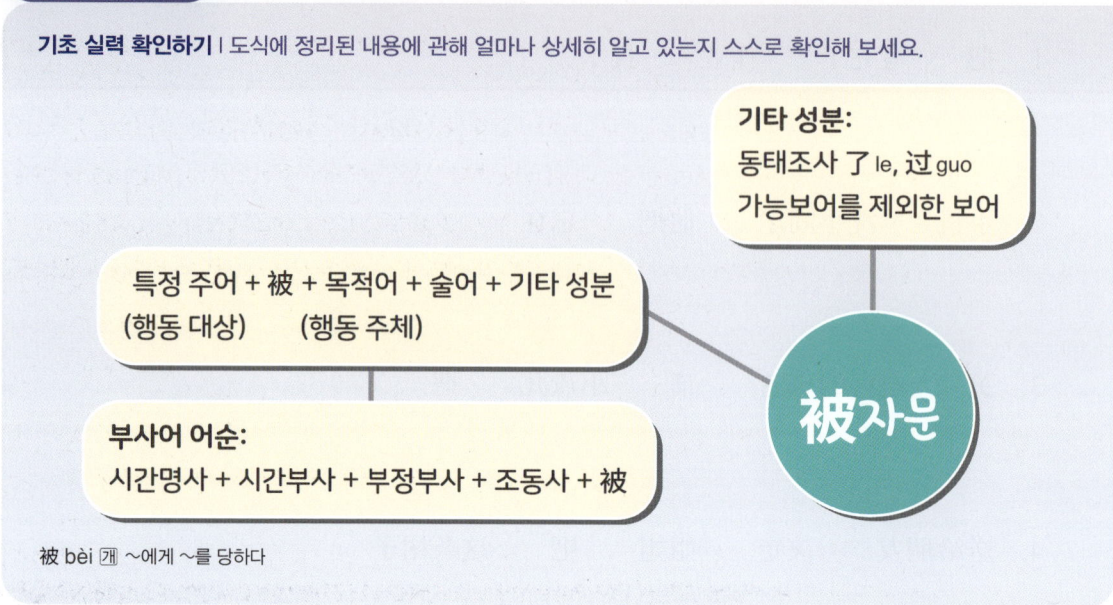

기초 실력 확인하기 | 도식에 정리된 내용에 관해 얼마나 상세히 알고 있는지 스스로 확인해 보세요.

- 특정 주어 + 被 + 목적어 + 술어 + 기타 성분
  (행동 대상)   (행동 주체)
- 기타 성분: 동태조사 了 le, 过 guo / 가능보어를 제외한 보어
- 부사어 어순: 시간명사 + 시간부사 + 부정부사 + 조동사 + 被

被 bèi 개 ~에게 ~를 당하다

STEP 1 유형 파악하기

◆ 被자문의 행동 주체는 주어가 아니라 '被' 뒤의 목적어이다. 주어와 목적어의 의미 관계에 주의해야 한다.

◆ 被자문은 주어가 행동 주체에게 받은 행동의 결과 등을 설명하는 문장이다. 술어 뒤에는 그 행동의 결과를 설명하는 기타 성분이 있어야 한다.

● 제1부분 예제

| 被他 | 事情 | 解决了 | 已经 |

정답&풀이 [A + 被 + B + 술어 + 기타 성분 A는 B에게 ~를 당하다]

| 명사 | 부사 | 개사+대사 | 동사+조사 |
| 事情 | 已经 | 被他 | 解决了。| 일은 이미 그에 의해 해결되었다.
| 주어 | 부사어 | | 술어+了 |

STEP 1 '被'는 행동의 주체를 이끄는 개사로, 주어(행동을 받는 대상) + 被 + 행동을 하는 주체 + 술어 + 기타 성분의 형태로 쓰인다. '被' 뒤의 '他'가 행동의 주체이다.

STEP 2 부사어의 어순에 따라 부사 '已经'은 개사 '被' 앞에 위치하고, 조사 '了'와 함께 있는 '解决'가 술어로 부사어 뒤에 위치한다. 명사 '事情'이 문장의 주어가 된다.

事情 shìqing 명 일, 사건 | **已经** yǐjīng 부 이미, 벌써 [已经……了: 이미 ~했다] | ★**被** bèi 개 ~에게 ~를 당하다 | ★**解决** jiějué 동 해결하다, 풀다

STEP 2 내공 쌓기

被자문은 개사 '被'를 써서, 주어가 '被' 뒤의 목적어(행동 주체)에 의해 '~를 당하다'라는 피동의 의미를 나타낸다.

1 被자문의 어순

(1) 기본 어순: 주어(행동 대상) + 被 + 목적어(행동 주체) + 술어 + 기타 성분

일반적으로 被자문에서는 술어 뒤에 행동의 결과, 영향 등을 설명하는 '기타 성분'이 있어야 한다.

명사	개사	명사	동사+동사+조사
西瓜	被	弟弟	吃完了。
주어		부사어	술어+보어+了

수박은 남동생이 다 먹었다.

西瓜 xīguā 명 수박 | 弟弟 dìdi 명 남동생 | 完 wán 통 (동사 뒤에 보어로 쓰여) 다하다, 끝내다

(2) 확장 어순: 주어 + 시간명사/시간부사/부정부사 + 조동사 + 被 + 목적어 + 술어 + 기타 성분 ✦

被자문에서 시간명사, 시간부사, 부정부사, 조동사는 개사 '被' 앞에 위치한다.

명사+명사+조사+명사	시간명사	부정부사	조동사	개사	인칭대사	동사	동사
家里的衣服	昨天	没	能	被	他	洗	完。
관형어+的+주어		부사어				술어	보어

집 안의 옷은 어제 그가 다 빨지 못했다.

衣服 yīfu 명 옷 | 昨天 zuótiān 명 어제 | 能 néng 조동 ~할 수 있다 | 洗 xǐ 통 빨다

2 被자문의 특징

(1) '被' 뒤의 목적어는 특정한 것이어야 한다.

被자문에서 목적어는 일반적으로 특정한 것을 가리키는 지시대사나 명사가 쓰이며, 불특정한 것을 나타내는 수량사는 보통 쓰이지 않는다. 행동 주체(목적어)를 화자와 청자가 모두 알고 있거나 강조할 필요가 없을 경우, 목적어를 생략할 수 있다.

她被她的妈妈打了。(O) 그녀는 그녀의 엄마한테 맞았다.

她被打了。(O) 그녀는 맞았다.　　她被一个妈妈打了。(X)

打 dǎ 통 치다, 때리다

(2) 被자문의 술어 뒤에는 일반적으로 기타 성분이 와야 한다.

기타 성분에는 동태조사 '了' '过', 정도보어, 결과보어, 방향보어, 수량보어 등이 올 수 있다.

这件事被他解决了。 이 일은 그가 해결했다. → 동태조사 '了'

他被妈妈说过。 그는 엄마에게 혼난 적이 있다. → 동태조사 '过'

冰箱里的果汁被她喝完了。 냉장고 안의 과일주스는 그녀가 다 마셨다. → 결과보어

件 jiàn 양 개, 건 [사건 등을 세는 단위] | 事 shì 명 일 | ★解决 jiějué 통 해결하다, 풀다 | 说 shuō 통 꾸짖다, 말하다 | 过 guo 조 ~한 적이 있다 | ★冰箱 bīngxiāng 명 냉장고 | 果汁 guǒzhī 명 과일주스 | 喝 hē 통 마시다

(3) 被자문에는 판단이나 인지를 나타내는 일부 동사를 쓸 수 있다.

被자문에는 把자문과 다르게 판단, 인지 등을 나타내는 일부 동사 '知道' '认识' 등이 쓰일 수 있다.

这件事被大家知道了。 이 일은 모두에게 알려졌다.

大家 dàjiā 때 모두, 다들 | 知道 zhīdào 통 알다, 이해하다

3 3급 기출 被자문 표현

(1) 被자문에 자주 쓰이는 동사

吃 chī	먹다	这些草被马吃了。이 풀들은 말이 먹었다.
喝 hē	마시다	牛奶被猫喝了。우유는 고양이가 마셨다.
借 jiè	빌리다	那本书被朋友借走了。그 책은 친구가 빌려 갔다.
花 huā	(돈·시간을) 쓰다	我的钱被妈妈花完了。내 돈은 엄마가 다 쓰셨다.
骑 qí	(말 등을) 타다	自行车被他骑走了。자전거는 그가 타고 갔다.

些 xiē 양 조금, 약간 | ★草 cǎo 명 풀 | ★马 mǎ 명 말 | 牛奶 niúnǎi 명 우유 | 猫 māo 명 고양이 | ★本 běn 양 권 [책을 세는 단위] | 书 shū 명 책 | 朋友 péngyou 명 친구 | 走 zǒu 통 가다 | 钱 qián 명 돈 | ★自行车 zìxíngchē 명 자전거

(2) 빈출 被자문 활용 고정격식

A被B完了 A bèi B wán le	A에 의해 다 B했다	我的铅笔被姐姐用完了。내 연필은 언니가 다 썼다.
A被B走了 A bèi B zǒu le	A에 의해 B해서 갔다	我的手机被妈妈拿走了。내 핸드폰은 엄마가 가지고 가셨다.

铅笔 qiānbǐ 명 연필 | ★用 yòng 통 쓰다, 사용하다 | 手机 shǒujī 명 핸드폰 | ★拿 ná 통 (손으로) 가지다, 쥐다

배운 내용 점검하기

1 被자문의 기본 어순: 주어(행동 대상) + 被 + 목적어(행동 주체) + 술어 + 기타 성분   西瓜被弟弟吃完了。

2 被자문의 목적어는 특정한 대상이 와야 한다.
   她被她的妈妈打了。她被打了。(○)   她被一个妈妈打了。(✗)

3 被자문의 기타 성분: 동태조사 '了' '过', 정도보어, 결과보어, 방향보어, 수량보어
           (동태조사 '着', 가능보어, 동사 중첩 ✗)

STEP 3 실력 다지기

1. 被 拿走了   我的词典   他

   _____

2. 吃了   香蕉   被   盘子里的   她

   _____

3. 冰箱里的   完了   被弟弟   喝   果汁

   _____

4. 被   那辆自行车   她   了   借走

   _____

5. 我的生日   他   干干净净的   忘得   被

   _____

▶ 해설서 p.164

쓰기 제2부분
첫걸음 — 한자 생성의 원리와 한자 쓰기
Day 01

기초 실력 확인하기 | 보기 에서 추가해야 하는 한자를 골라 제시된 의미가 되도록 한자를 완성해 보세요!

모범 답안 → 본서 p.363

| 보기 | 氵 | 亻 | 冫 | 讠 | 口 |

(1) 말 舌 → (   )　　(2) 씻다 先 → (   )　　(3) 춥다 令 → (   )
(4) 물어보다 门 → (   )　　(5) 밥 反 → (   )

STEP 1 유형 파악하기

◆ 상형문자에서 출발한 한자는 이후에 모양, 소리, 뜻의 기준을 통해 여섯 가지 방법으로 만들어지며 발전하였다. 한자 생성의 원리인 '육서(六书)의 원리'를 이해하면, 한자의 뜻이 보여 한자를 쉽고 재미있게 외울 수 있을 뿐만 아니라 독해 영역에서 모르는 한자가 나왔을 때 쉽게 유추할 수도 있다.

◆ 한문 자전에서 한자를 찾는 색인으로 사용되는 부수(部首)를 파악하면 한자를 좀 더 쉽고 재미있게 익힐 수 있고, 해당 한자의 의미를 유추할 수 있는 경우도 종종 있다.

◆ 한자의 생성 원리는 직접적으로 시험에 나오진 않지만 상식으로 알아 두면 도움이 된다.

STEP 2 내공 쌓기

1 한자 생성의 원리 '육서(六书)'

(1) 상형

사물의 모양을 형상화해 만들어진 한자이다.

| 日
해 일 | ☼ ▶ ⊙ ▶ 日 ▶ 日 |
| 月
달 월 | ☽ ▶ 月 ▶ 月 ▶ 月 |

(2) 지사

추상적인 개념을 부호화하여 만들어진 한자이다.

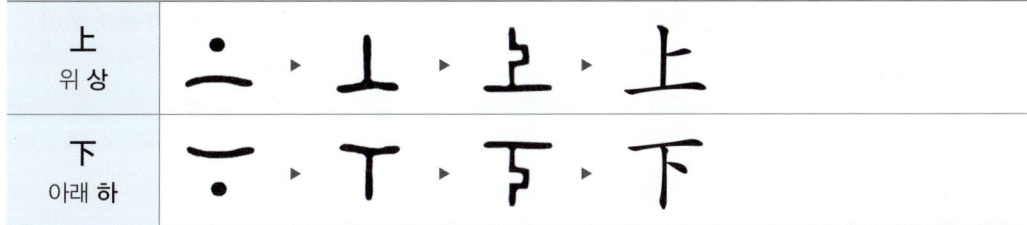

上 위 상	二 ▶ 丄 ▶ 上 ▶ 上
下 아래 하	二 ▶ 丅 ▶ 下 ▶ 下

(3) 회의

'뜻'과 '뜻'이 결합하여 만들어진 한자이다. 모르는 한자를 가장 쉽게 유추할 수 있는 방법 중 하나가 '회의'의 원리를 활용하는 것이다.

休 쉴 휴	人 사람 인 뜻1 + 木 나무 목 뜻2 사람이 나무에 기대어 쉰다
林 수풀 림	木 나무 목 뜻1 + 木 나무 목 뜻2 나무가 모여 있다

(4) 형성

'뜻'과 '소리'를 결합하여 만들어진 한자이다. 한자의 80% 이상이 '형성'으로 만들어졌다. 모르는 한자를 가장 쉽게 유추할 수 있는 방법 중 하나가 '형성'의 원리를 활용하는 것이다.

闻 들을 문	门 문 문 소리 + 耳 귀 이 뜻 들을 뜻 문 소리
味 맛 미	口 입 구 뜻 + 未 아닐 미 소리 맛 뜻 미 소리

(5) 전주

기존 한자의 뜻을 변화시켜 활용하는 한자이다.

恶 악할 악	악한 것을 미워하다 → 미워할 오(恶)

(6) 가차

기존 한자를 빌려 쓰는 방법으로 일반적으로 외래어나 외국어 표기에 사용된다.

星巴克 xīngbākè	스타벅스
咖啡 kāfēi	커피

2 부수

(1) 부수의 의미

부수(部首)는 한자의 구성 요소 중 하나로, 해당 한자의 의미와 관련된 경우가 종종 있다.

河 hé 강 ➜ 氵 + 可
渴 kě 목마르다 ➜ 氵 + 曷
酒 jiǔ 술 ➜ 氵 + 酉

왼쪽에 공통적으로 있는 '氵'은 '水'가 변형된 부수이다. 위 한자들의 경우, 각 한자의 의미가 '水(물)'과 관련이 있음을 유추할 수 있다.

(2) 자주 출제되는 한자의 부수

아래는 시험에 자주 출제되는 어휘에서 공통적으로 찾아볼 수 있는 부수이다. 각 부수가 가지는 의미를 알고 있으면 처음 보는 한자라도 뜻을 유추할 수 있으니 아래의 부수와 그 의미를 잘 기억해 두자.

빈출 부수	뜻, 음	의미	관련 주요 단어
氵	물 수	물(水)과 관련된 한자	洗 xǐ 동 씻다
冫	얼음 빙	'얼음(冰), 춥다'와 관련된 한자	冷 lěng 형 춥다
讠	말씀 언	말(言)과 관련된 한자	说话 shuōhuà 동 말하다
辶	쉬엄쉬엄 갈 착	걷고 뛰는 것과 관련된 한자	进 jìn 동 (밖에서 안으로) 들다
扌	손 수	손(手)과 관련된 한자	打 dǎ 동 치다, 때리다
足	발 족	발(足)과 관련된 한자	路 lù 명 길
艹	풀 초	식물과 관련된 한자	花 huā 명 꽃
钅	편방자 금	금속(金), 화폐와 관련된 한자	钱 qián 명 돈
疒	병들어기댈 녁	병들고 아픈 것과 관련된 한자	疼 téng 형 아프다
衤	옷 의	옷(衣)과 관련된 한자	裤子 kùzi 명 바지
亻	사람 인	사람(人)과 관련된 한자	位 wèi 양 분, 명 [공경의 뜻을 내포함]
目	눈 목	눈과 관련된 한자	看 kàn 동 보다
月	달 월	신체(肉)와 관련된 한자	腿 tuǐ 명 다리
饣	밥 식	음식(食)과 관련된 한자	饭 fàn 명 밥, 식사
灬	불 화	불(火)과 관련된 한자	热 rè 형 덥다
忄	마음 심	마음(心)과 관련된 한자	心情 명 기분, 심정
土	흙 토	흙(土)과 관련된 한자	地方 명 지방, 장소
口	입 구	입(口)과 관련된 한자	吃 동 먹다
木	나무 목	나무(木)와 관련된 한자	树 명 나무

3 한자 쓰기 규칙

한자의 쓰기 순서는 한자의 모양을 정확히 쓰고, 익히는 데 매우 중요한 역할을 한다. 특히 쓰기 제2부분에서는 한자를 직접 쓰기 때문에 더욱 중요하다. 만약 쓰기에 약하다면 IBT 컴퓨터 시험으로 응시하여 병음입력기를 사용하는 것도 좋은 방법이다. 쓰기 순서를 대략적으로 확인하고, 한자를 순서에 맞게 적어 보자.

(1) 왼쪽에서 오른쪽으로 쓴다.

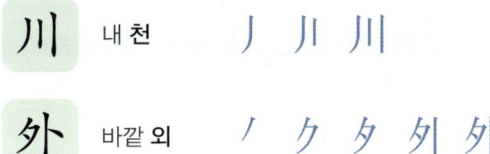

(2) 위에서 아래로 쓴다.

(3) 가로획과 세로획이 교차될 때는 가로획을 먼저 쓴다.

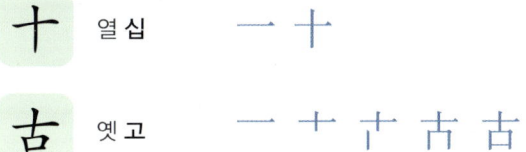

(4) 좌우 모양이 같을 때는 가운데를 먼저 쓴다.

(5) 몸과 안으로 된 글자는 몸을 먼저 쓴다.

(6) 상하로 꿰뚫는 세로획은 맨 나중에 쓴다.

(7) 좌우로 꿰뚫는 가로획은 맨 나중에 쓴다.

(8) 오른쪽 위의 점은 맨 나중에 쓴다.

(9) 받침은 맨 나중에 쓴다.

배운 내용 점검하기

✦ 의미에 따라 한자를 완성해 보세요.

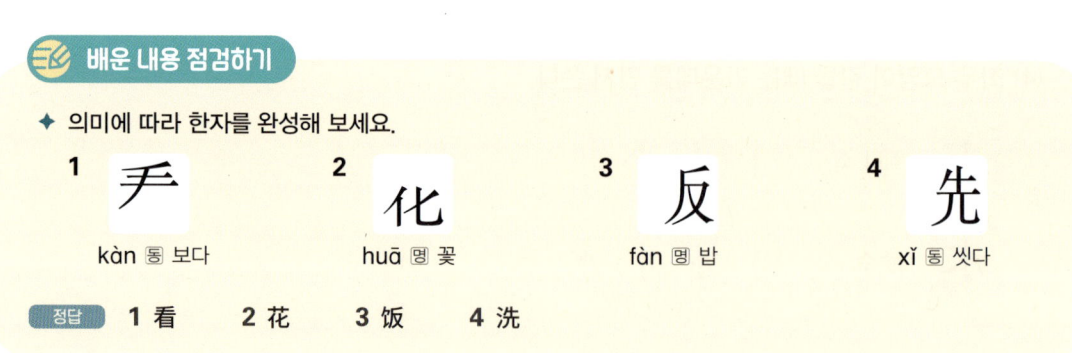

쓰기 제2부분
01 모양 구분에 주의해야 하는 한자
Day 17

기초 실력 확인하기 | 서로 다른 부분에 표시해 보세요.   모범 답안→ 본서 p.363

(1) 把 吧   (2) 千 干   (3) 天 开

(4) 白 自   (5) 问 间   (6) 夫 末

(7) 牛 午   (8) 因 困   (9) 话 活

STEP 1 유형 파악하기

◆ 한자는 점과 선의 위치와 개수에 따라 모양이 결정되며, 그에 따라 의미가 주어진다. 선의 기울기에 따라 '千'과 '干'처럼 전혀 다른 의미가 된다. 모양이 비슷한 한자의 쓰기와 의미를 정확히 구분하자.

◆ 대부분의 한자에는 뜻과 발음을 알려 주는 힌트가 있다. '问'과 '间'이 한 획 차이로 다른 의미를 갖지만 생성 원리를 이해하면 쉽게 뜻을 구분할 수 있다. '问'은 '门'과 '口'이 조합되어 '묻다'의 뜻을 가지며, '间'은 '门'과 '日'이 조합되어 '문 사이로 해가 비친다'라는 의미로 생성되어 '사이'를 뜻한다.

● 제2부분 예제

1 儿子（ yǐ ）经长大了，很多事可以自己做。

정답&풀이	已 [주어 + 부사어(已经) + 술어] 괄호 앞에 주어가 되는 '儿子'가 있고 뒤에 술어가 있으므로, 빈칸에는 부사어가 되는 어휘가 들어가야 한다. 'yǐ'로 발음되고 뒤에 '经'과 함께 오는 어휘는 '已'이다. 한자를 적을 때 '己 jǐ'와 혼동하지 않도록 주의해야 한다
해석	아들은 이미 다 커서 많은 일을 혼자 할 수 있다.

儿子 érzi 명 아들 | **已经** yǐjīng 부 이미, 벌써 [已经……了: 이미 ~했다] | **长大** zhǎngdà 동 성장하다, 자라다, 크다 | **事** shì 명 일 | **可以** kěyǐ 조동 ~할 수 있다 | ★**自己** zìjǐ 대 혼자, 스스로 | **做** zuò 동 하다, 만들다

STEP 2 내공 쌓기

1 모양이 비슷한 한자

한자는 점 하나, 선 하나로 전혀 다른 의미를 가지게 된다. 기출문제를 통해 비슷한 모양의 한자를 비교하며 한자를 익혀 보자.

(1) 日, 目

日 rì 날 일	节日 jiérì 명 명절
目 mù 눈 목	节目 jiémù 명 프로그램

(2) 白, 百

白 bái 흰 백	白色 báisè 명 흰색
百 bǎi 백 백	一百 yì bǎi 100, 백

(3) 话, 活

话 huà 말씀 화	说话 shuōhuà 동 말하다
活 huó 살 활	生活 shēnghuó 동 생활하다

(4) 小, 少

小 xiǎo 작을 소	小心 xiǎoxīn 동 조심하다
少 shǎo 적을 소	人很少 rén hěn shǎo 사람이 적다

(5) 牛, 午

牛 niú 소 우	牛奶 niúnǎi 명 우유
午 wǔ 낮 오	上午 shàngwǔ 명 오전

(6) 天, 夫, 开, 关

天 tiān 하늘 천	天气 tiānqì 명 날씨
夫 fū 지아비 부	夫妻 fūqī 명 부부
开 kāi 열 개	开始 kāishǐ 동 시작하다
关 guān 관계할 관	关系 guānxi 명 관계

(7) 车, 东

| 车 chē 수레 차 | 汽车 qìchē 명 차 |
| 东 dōng 동녘 동 | 东西 dōngxi 명 물건 |

(8) 我, 找

| 我 wǒ 나 아 | 我们 wǒmen 대 우리 |
| 找 zhǎo 채울 조 | 找到 zhǎodào 찾아내다 |

(9) 云, 元

| 云 yún 구름 운 | 白云 bái yún 흰 구름 |
| 元 yuán 으뜸 원 | 一元 yì yuán 1위안 |

(10) 千, 干

| 千 qiān 일천 천 | 一千 yì qiān 1000, 천 |
| 干 gān 방패 간 | 干净 gānjìng 형 깨끗하다 |

(11) 因, 困

| 因 yīn 인할 인 | 因为 yīnwèi 접 왜냐하면 |
| 困 kùn 곤할 곤 | 很困 hěn kùn 졸리다 |

(12) 马, 鸟

| 马 mǎ 말 마 | 骑马 qí mǎ 말을 타다 |
| 鸟 niǎo 새 조 | 这种鸟 zhè zhǒng niǎo 이런 종류의 새 |

(13) 米, 半

| 米 mǐ 쌀 미 | 米饭 mǐfàn 명 밥 |
| 半 bàn 반 반 | 半个小时 bàn ge xiǎoshí 30분 |

⑭ 真, 直

真 zhēn 참 진	真的吗? Zhēn de ma? 진짜야?
直 zhí 곧을 직	一直 yìzhí 🖹 줄곧

⑮ 把, 吧

把 bǎ 잡을 파	别把电脑打开 bié bǎ diànnǎo dǎkāi 컴퓨터를 켜지 마
吧 ba 아이 다툴 파	好吧 hǎo ba 좋아요

⑯ 门, 问, 间

门 mén 문 문	出门 chūmén 🖹 외출하다
问 wèn 물을 문	问老师 wèn lǎoshī 선생님께 묻다
间 jiān 사이 간	房间 fángjiān 🖹 방

⑰ 住, 往

住 zhù 살 주	住几个月 zhù jǐ ge yuè 몇 달 살다
往 wǎng 갈 왕	往前走 wǎng qián zǒu 앞으로 걸어가다

⑱ 进, 讲

进 jìn 나아갈 진	进去 jìnqù 🖹 들어가다
讲 jiǎng 외울 강	讲故事 jiǎng gùshi 이야기하다

⑲ 但, 担

但 dàn 다만 단	但是 dànshì 🖹 그러나
担 dān 떨칠 단	担心 dānxīn 🖹 걱정하다

⑳ 远, 运

远 yuǎn 멀 원	很远 hěn yuǎn 멀다
运 yùn 옮길 운	运动 yùndòng 🖹 운동하다

(21) 请, 清, 情, 晴

请 qǐng 청할 청	请进 qǐng jìn 들어오세요
清 qīng 맑을 청	清楚 qīngchu 휑 분명하다
情 qíng 뜻 정	热情 rèqíng 휑 친절하다
晴 qíng 갤 청	天晴了 tiān qíng le 날이 맑아졌다

(22) 喝, 渴

喝 hē 목이 멜 애	喝果汁 hē guǒzhī 과일주스를 마시다
渴 kě 목마를 갈	口渴了 kǒu kě le 목이 마르다

(23) 要, 票

要 yào 요긴할 요	需要 xūyào 통 필요하다
票 piào 표 표	电影票 diànyǐng piào 영화 표

(24) 已, 己

已 yǐ 이미 이	已经 yǐjīng 튄 이미
己 jǐ 몸 기	自己 zìjǐ 대 자신

(25) 外, 处

外 wài 바깥 외	外面 wàimiàn 뎽 바깥
处 chù 곳 처	好处 hǎochù 뎽 좋은 점

(26) 头, 买, 卖

头 tóu 머리 두	头发 tóufa 뎽 머리카락
买 mǎi 살 매	买东西 mǎi dōngxi 물건을 사다
卖 mài 팔 매	卖苹果 mài píngguǒ 사과를 팔다

2 단어로 외우는 빈출 어휘

2음절 단어 중 한 글자를 묻는 문제가 자주 출제된다. 한자의 모양에 주의하여 단어로 함께 익혀 보자.

- 中间 zhōngjiān 몡 중간
- 儿子 érzi 몡 아들
- 手表 shǒubiǎo 몡 시계
- 小心 xiǎoxīn 통 조심하다
- 回答 huídá 통 대답하다
- 车站 chēzhàn 몡 정류장
- 总是 zǒngshì 뷔 항상
- 这么 zhème 데 이렇게
- 分钟 fēnzhōng 몡 분

- 女儿 nǚ'ér 몡 딸
- 月亮 yuèliang 몡 달
- 文化 wénhuà 몡 문화
- 刚才 gāngcái 몡 방금
- 现在 xiànzài 몡 지금
- 旁边 pángbiān 몡 옆
- 季节 jìjié 몡 계절
- 打算 dǎsuàn 통 계획하다

- 办法 bànfǎ 몡 방법
- 年级 niánjí 몡 학년
- 水平 shuǐpíng 몡 수준
- 放心 fàngxīn 통 안심하다
- 同意 tóngyì 통 동의하다
- 学生 xuésheng 몡 학생
- 雨伞 yǔsǎn 몡 우산
- 新鲜 xīnxiān 형 신선하다

3 구문으로 외우는 빈출 어휘

양사나 부사, 개사 등의 어휘는 앞뒤의 어휘만으로 한자를 유추하기는 쉽지 않다. 그러나 문장의 의미나 '수사 + 양사 + 명사' 또는 '부사 + 동사/형용사'와 같은 어순을 통해 한자를 유추할 수 있다. 자주 출제되는 구문들을 함께 익혀 보자.

- 一位医生 yí wèi yīshēng 의사 한 분
- 一双鞋 yì shuāng xié 신발 한 켤레
- 三万人 sān wàn rén 3만 명
- 再见 zàijiàn 안녕, 안녕히 가세요
- 不见了 bú jiàn le 보이지 않다
- 等一会儿 děng yíhuìr 잠시 기다리다
- 不客气 bú kèqi 천만에요

- 那条街 nà tiáo jiē 그 길
- 一件衣服 yí jiàn yīfu 옷 한 벌
- 从今天 cóng jīntiān 오늘부터
- 离我们更近 lí wǒmen gèng jìn 우리에게서 더 가깝다
- 是谁画的 shì shéi huà de 누가 그린 것인가
- 我也不太清楚 wǒ yě bú tài qīngchu 나도 정확히 모른다

STEP 3 실력 다지기

Day 17

1. 你的眼睛（　tài　）大了，像葡萄一样。

2. 比赛八点一刻（　kāi　）始。

3. 10个一分是一角，10个一角是一（　yuán　）。

4. "谢"这个姓在中国常（　jiàn　）吗?

5. 妈妈早上出（　mén　）的时候忘记拿钱包了。

쓰기 제2부분 02 발음 구분에 주의해야 하는 한자 — Day 18

기초 실력 확인하기 | 괄호 안에 알맞은 한어병음을 적어 보세요.   모범 답안 → 본서 p.363

(1) 还是 (　　)shi　　(2) 还书 (　　)shū　　(3) 银行 yín(　　)

(4) 行李箱 (　　)lǐxiāng　　(5) 方便 fāng(　　)　　(6) 便宜 (　　)yi

(7) 过去 (　　)qù　　(8) 看过 kàn(　　)

STEP 1 유형 파악하기

◆ 괄호에 한자를 쓸 때는 발음 뿐만 아니라, 문맥상 맞는지 확인하자. 한어병음이 'zài'일 경우, 알고 있는 '在'를 급히 적기보다는, 괄호 앞뒤의 한자를 보고, 부사 자리일 경우 '再'를 적어야 한다. 같은 발음이라도 한자는 다를 수 있다.

◆ 발음에 따라 의미와 활용이 달라지는 한자가 의외로 많다. '只'는 양사일 경우 'zhī'로, 부사일 경우 'zhǐ'로 발음되듯이, 하나의 한자가 발음에 따라 다른 의미를 갖는 경우, 발음에 따른 의미 변화를 정확히 파악해야 한다.

● 제2부분 예제

1 我和姐姐的爱好都是听音（ yuè ）和跳舞，你呢?

정답&풀이　乐 [音乐 음악]

괄호 앞에 동사 '听'이 있으므로, 그 뒤에는 명사가 들어가야 하는데 '音'은 'yuè'로 발음되는 '乐'와 함께 쓰여 '음악'이라는 뜻을 가진다. '乐'는 두 가지 이상의 발음을 가진 다음자로 'yuè'로 발음할 때는 '음악', 'lè'로 발음할 때는 '즐겁다'라는 뜻을 나타내므로 발음에 주의해서 외워 두자!

해석　나와 언니의 취미는 음악 듣기와 춤인데, 너는?

姐姐 jiějie 명 언니, 누나 | ★爱好 àihào 명 취미, 애호 | 都 dōu 부 모두, 다, 이미, 벌써 | 听 tīng 동 듣다 | 跳舞 tiàowǔ 동 춤을 추다

STEP 2 내공 쌓기

1 발음이 같은 한자

한자는 많으나 발음은 한계가 있어, 같은 발음으로 읽히는 한자가 많다. 정확한 한자를 알고 적기 위해서는 한자를 직접 적어 보며, 한자의 의미와 관련 어휘를 익히고, 비슷한 한자와 비교해 보는 것이 효과적이다. 발음이 같은 한자를 비교해 보고, 관련 어휘와 함께 익혀 보자.

(1) gōng

| 公 공평할 공 | 公司 gōngsī 명 회사 |
| 工 장인 공 | 工作 gōngzuò 명 일, 업무 |

(2) míng

| 名 이름 명 | 名字 míngzi 명 이름 |
| 明 밝을 명 | 明天 míngtiān 명 내일 |

(3) yī

| 衣 옷 의 | 衣服 yīfu 명 옷 |
| 医 의원 의 | 医院 yīyuàn 명 병원 |

(4) zuò

做 지을 주	做饭 zuò fàn 밥을 하다
作 지을 작	作业 zuòyè 명 숙제
坐 앉을 좌	坐地铁 zuò dìtiě 지하철을 타다

(5) xiào

| 笑 웃음 소 | 笑起来 xiào qǐlai 웃기 시작하다 |
| 校 학교 교 | 学校 xuéxiào 명 학교 |

(6) jìn

近 가까울 근	最近 zuìjìn 몡 최근
进 나아갈 진	进来 jìnlái 동 들어오다

(7) yuán

园 동산 원	公园 gōngyuán 몡 공원
元 으뜸 원	十元 shí yuán 10위안

(8) hé

和 화할 화	我和你 wǒ hé nǐ 나와 너
河 물 하	黄河 Huáng hé 고유 황허

(9) yòu

右 오른쪽 우	右边 yòubian 몡 오른쪽
又 또 우	又坏了 yòu huài le 또 고장 났다

(10) kuài

块 덩어리 괴	18块 shíbā kuài 18위안
快 쾌할 쾌	很快 hěn kuài 빠르다

2 주요 다음자

다음자(多音字)는 두 개 이상의 발음을 갖고, 발음에 따라 의미가 달라진다. 쓰기 제2부분에서는 발음을 먼저 제시하므로, 한자의 발음과 뜻을 정확히 구분할 수 있어야 한다. 아래 주요 다음자와 관련 어휘들을 함께 익혀 보자.

한자	병음	뜻	예시
个	gè	키 개	个子 gèzi 몡 키
	ge	낱 개	一个月 yí ge yuè 한 달
好	hào	좋아할 호	爱好 àihào 몡 취미
	hǎo	좋을 호	好吃 hǎochī 혱 맛있다
只	zhī	마리 척	一只狗 yì zhī gǒu 개 한 마리
	zhǐ	다만 지	只有 zhǐ yǒu 젭 ~해야만
教	jiào	가르칠 교	教室 jiàoshì 몡 교실
	jiāo	가르칠 교	教学生 jiāo xuésheng 학생을 가르치다
长	cháng	길 장	长头发 cháng tóufa 긴 머리카락
	zhǎng	우두머리 장	校长 xiàozhǎng 몡 교장
	zhǎng	자랄 장	长得好看 zhǎng dé hǎokàn 예쁘게 생기다
还	hái	여전히 환	还是 háishi 뮈 아직도
	huán	돌아올 환	还书 huán shū 책을 반납하다
发	fā	드러낼 발	发现 fāxiàn 통 발견하다
	fà, fa	터럭 발	头发 tóufa 몡 머리카락
行	háng	점포 항	银行 yínháng 몡 은행
	xíng	다닐 행	自行车 zìxíngchē 몡 자전거
觉	jué	깨달을 각	觉得 juéde 통 ~라고 생각하다
	jiào	잠 교	睡觉 shuìjiào 통 잠을 자다
乐	yuè	음악 악	音乐 yīnyuè 몡 음악
	lè	즐거울 락	快乐 kuàilè 혱 즐겁다
为	wèi	위할 위	为他 wèi tā 그를 위해
	wéi	생각할 위	以为 yǐwéi 통 여기다

要	yào	중요할 요	重要 zhòngyào 혱 중요하다
	yāo	요구할 요	要求 yāoqiú 통 요구하다 명 요구
几	jǐ	몇 기	几个人 jǐ ge rén 몇 사람
	jī	거의 기	几乎 jīhū 틧 거의
过	guò	지날 과	过去 guòqù 명 과거
	guo		去过 qùguo 가 봤다
了	le	마칠 료	吃了 chī le 먹었다
	liǎo	깨달을 료	了解 liǎojiě 통 이해하다
着	zháo	다다를 착	着急 zháojí 통 조급해하다
	zhe		看着 kànzhe 보고 있다
地	dì	땅 지	地图 dìtú 명 지도
	de		慢慢儿地 mànmānr de 천천히
便	biàn	편할 편	方便 fāngbiàn 혱 편리하다
	pián		便宜 piányi 혱 싸다
白	bái	흰 백	白色 báisè 명 흰색
	bai	명백할 백	明白 míngbai 통 이해하다
少	shǎo	적을 소	吃得很少 chī de hěn shǎo 적게 먹다
	shao		多少 duōshao 때 얼마나

STEP 3 실력 다지기

Day 18

1. 她不喜欢狗，也不喜欢猫，但是她家有5 (zhī) 鸟。

2. 院 (zhǎng) 每天坐公共汽车去上班。

3. 妈妈在超市买了 (jǐ) 斤菜。

4. 我弟弟最不喜欢的事情就是 (zuò) 作业。

5. 我家附近的公园里开了很多 (huā)。

→ 해설서 p.167

쓰기 제2부분

03 단어나 어구로 구분하는 한자

Day 38

기초 실력 확인하기 | 괄호에 들어갈 알맞은 한자를 둘 중에 골라 써 보세요.

모범 답안 → 본서 p.363

(1) (　　)儿　　A 女　B 男
(2) (　　)表　　A 脚　B 手
(3) (　　)在　　A 见　B 现
(4) (　　)视　　A 电　B 风
(5) 学(　　)　　A 司　B 生
(6) 我(　　)他　　A 和　B 都
(7) 他(　　)谁　　A 是　B 有
(8) 一(　　)衣服　　A 件　B 买

STEP 1 유형 파악하기

◆ 3급 쓰기 제2부분에는 1음절 단어보다 2음절 단어 중 하나의 글자를 적는 문제가 많이 출제되고 있다. 괄호 앞뒤 어휘를 보고 어떤 단어인지 유추하며 본다면 좀 더 빠르고 정확하게 한자를 생각해낼 수 있다.

◆ 1음절 개사나 접속사, 부사 등의 경우, 앞뒤 단어로만 문제를 풀기 어렵다. 이런 문제는 문장의 전체 구성 파악이 매우 중요하므로, 자주 출제되는 어구로 익히자.

● 제2부분 예제

1　叔叔总是（　xǐ　）欢一边看手机，一边吃饭。

정답&풀이　喜 [喜欢 좋아하다]

괄호 앞에 부사가 있어 빈칸에는 술어가 온다는 것을 알 수 있으며, 괄호 뒤에 '欢'이 있으므로, 앞에 'xǐ'로 발음되는 '喜'를 써서 동사 '喜欢'을 만든다. 3급에서 자주 출제되는 어휘이므로 꼭 알아 두자!

해석　삼촌은 항상 휴대폰을 보면서 밥을 먹는 것을 좋아한다.

★ 叔叔 shūshu 명 삼촌, 숙부 | ★ 总是 zǒngshì 부 항상, 늘, 줄곧, 언제나 | ★ 一边A一边B yìbiān A yìbiān B A하면서 B하다 | 看 kàn 동 보다 | 手机 shǒujī 명 휴대폰 | 吃饭 chīfàn 동 밥을 먹다

STEP 2 내공 쌓기

많은 문제가 2음절 단어 중 하나의 글자를 적는 유형으로 출제된다. 그러나 최근 문장 구조로 파악해야 하는 1음절 단어의 출제 빈도도 점점 높아지는 추세이므로, 이에 대한 대비도 필요하다. 아래 주요 어휘를 중심으로 익혀 보자.

1 단어로 외우는 한자

자주 출제되었던 단어들이다. 직접 손으로 써가면서 단어를 외워 보자.

- 办法 bànfǎ 명 방법
- 文化 wénhuà 명 문화
- 水平 shuǐpíng 명 수준
- 放心 fàngxīn 동 안심하다
- 旁边 pángbiān 명 옆
- 车站 chēzhàn 명 정류장
- 打算 dǎsuàn 동 계획하다
- 这么 zhème 대 이렇게
- 年级 niánjí 명 학년
- 出租车 chūzūchē 명 택시
- 米饭 mǐfàn 명 쌀밥

- 面包 miànbāo 명 빵
- 回答 huídá 동 대답하다
- 决定 juédìng 동 결정하다
- 雨伞 yǔsǎn 명 우산
- 季节 jìjié 명 계절
- 总是 zǒngshì 부 항상
- 一下 yíxià 수량 좀 ~하다
- 分钟 fēnzhōng 명 분
- 服务员 fúwùyuán 명 종업원
- 冬天 dōngtiān 명 겨울

- 中间 zhōngjiān 명 중간
- 儿子 érzi 명 아들
- 手表 shǒubiǎo 명 시계
- 女儿 nǚ'ér 명 딸
- 月亮 yuèliang 명 달
- 市场 shìchǎng 명 시장
- 现在 xiànzài 명 지금
- 刚才 gāngcái 명 방금
- 电视 diànshì 명 텔레비전, TV
- 不客气 bú kèqi 천만에요

2 앞뒤 어휘와 함께 외우는 한자

양사나 부사, 개사 등의 어휘는 앞뒤의 어휘로 한자를 유추할 수 있다. 또한 '수사 + 양사 + 명사'나 '부사 + 동사/형용사' 등 문장 구성이나 문장의 의미를 통해 좀 더 쉽게 유추할 수 있다.

- 那条街 nà tiáo jiē 그 길
- 一件衣服 yí jiàn yīfu 옷 한 벌
- 每个月 měi ge yuè 매달
- 从今天 cóng jīntiān 오늘부터
- 再见 zàijiàn 안녕, 안녕히 가세요
- 叫什么 jiào shénme 무엇이라고 부르는가
- 等一会儿 děng yíhuìr 잠시 기다리다
- 要多运动 yào duō yùndòng 운동을 많이 해야 한다

- 一位医生 yí wèi yīshēng 의사 선생님 한 분
- 一双鞋 yì shuāng xié 신발 한 켤레
- 三万人 sān wàn rén 3만 명
- 我和他 wǒ hé tā 나와 그
- 离我们更近 lí wǒmen gèng jìn 우리에게서 더 가깝다
- 他是谁 tā shì shéi 그는 누구인가
- 我也不太清楚 나도 정확히 모른다
  wǒ yě bú tài qīngchu
- 笑起来 xiào qǐlai 웃기 시작하다

STEP 3 실력 다지기

1. 妈妈您放(xīn) 吧。我会照顾好自己的。

2. 站在(zhōng) 间的那个人是谁？

3. 我在网上买了件衬衫，(cái) 两百多块钱。

4. (Cóng) 昨天晚上开始，外面就一直在下雪。

5. 除了(mǐ) 饭，还有面条儿。

해설서 p.168

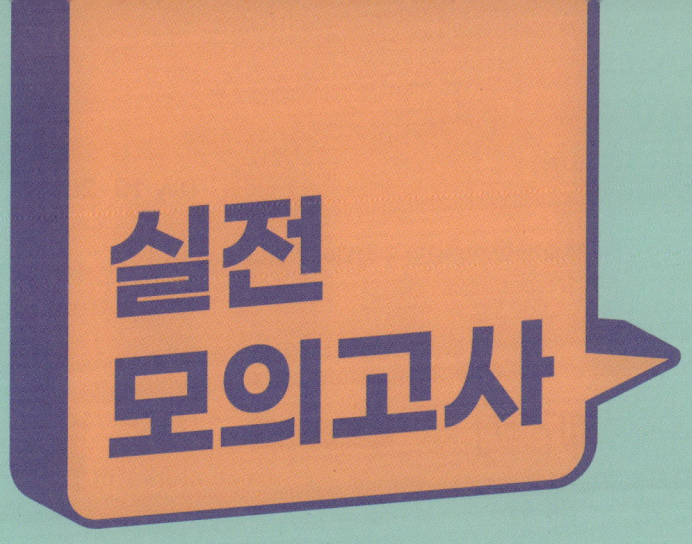

실전 모의고사

실제 시험 1회분을 절반 분량씩 '중간 점검용' '최종 점검용'으로 풀어 보며 스스로의 실력을 점검하자. 시간 내에 문제를 풀고 OMR 마킹까지 하는 실전 훈련을 해 보자.

▶ **Mini 모의고사 1**　Day 19~20　중간 점검
▶ **Mini 모의고사 2**　Day 39~40　최종 점검

Mini 모의고사 채점표

	Mini 모의고사 1	Mini 모의고사 2	문항당 평균 배점 (추정치)
듣기	_____ / 20문항	_____ / 20 문항	2.5점
독해	_____ / 15 문항	_____ / 15 문항	3.3점
쓰기1	_____ / 5문항		10 점
쓰기2		_____ / 5문항	10 점
총점			

Mini 모의고사 1회분 기준, 90점 이상이면 합격입니다.
(실제 시험에서는 문항 수가 2배이므로, 총점이 180점 이상이어야 합격입니다.)

Mini 모의고사 1

정답 및 해설 → 해설서 p.170

Day 19~20

◆ 듣기는 20문항(약 17분), 독해는 15문항(약 15분), 쓰기는 5문항(약 7분)으로 구성되어 있습니다.

一、听力

20문항 | 약 17분

track mini test 01

第一部分

第1~5题：请选出对应的图片。 녹음을 듣고, 녹음의 내용과 관련 있는 사진을 고르세요.

A    B    C

D 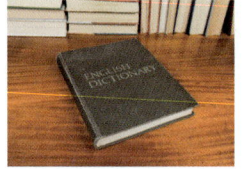   E    F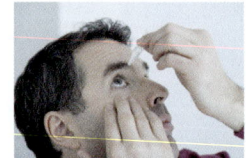

例如：
男：喂，请问张经理在吗？
女：他正在开会，您半个小时以后再打，好吗？   E

1. ☐
2. ☐
3. ☐
4. ☐
5. ☐

해설서 p.170

第二部分

第6~10题：**判断对错。** 녹음을 듣고, 녹음의 내용과 제시된 문장이 일치하는지 확인하세요.

例如： 为了让自己更健康，他每天都花一个小时去锻炼身体。

★ 他希望自己更健康。 (√)

今天我想早点儿回家。看了看手表，才5点。过了一会儿再看表，还是5点，我这才发现我的手表不走了。

★ 那块儿手表不是他的。 (×)

6. ★ 他早上只吃一个苹果。 ( )

7. ★ 他听过不少历史故事。 ( )

8. ★ 明天是晴天。 ( )

9. ★ 他长得很高。 ( )

10. ★ 她不想一个人去医院。 ( )

해설서 p.172

第三部分

第11~15题：**请选出正确答案。** 두 사람의 대화 녹음을 듣고, 녹음 속 질문에 알맞은 답을 보기에서 고르세요.

例如： 男：小王，帮我开一下门，好吗？谢谢！
女：没问题，您去超市了？买了这么多东西！
问：男的想让小王做什么？

A 开门 √　　　B 拿东西　　　C 去超市买东西

11. A 商店　　　B 图书馆　　　C 饭店

12. A 关空调　　　B 去运动　　　C 休息会儿

13. A 男的 B 同事们 C 叔叔和阿姨

14. A 电梯里 B 银行里 C 书店里

15. A 最近特别忙 B 打算坐地铁 C 参加工作了

第四部分

第16～20题：请选出正确答案。 두 사람의 대화 녹음을 듣고, 녹음 속 질문에 알맞은 답을 보기에서 고르세요.

例如：
女：晚饭做好了，准备吃饭了。
男：等一会儿，比赛还有三分钟就结束了。
女：快点儿吧，一起吃。菜冷了，就不好吃了。
男：你先吃，我马上就看完了。
问：男的在做什么？

A 洗澡 B 吃饭 C 看电视 √

16. A 校长和学生 B 妈妈和儿子 C 奶奶和孙子

17. A 信 B 照片 C 汉语书

18. A 故事简单 B 让人难过 C 很有意思

19. A 非常普通 B 还不错 C 跟过去的不一样

20. A 累了 B 脸黑了 C 太饱了

녹음이 끝나면, 듣기 영역 답안지 작성 시간 '5분'이 주어집니다.

二、阅读

第一部分

第21～25题：请找出对应关系。 제시된 문장을 완성하기에 적합한 보기를 고르세요.

> A 大家都去外面上体育课了，你怎么没去呢？
> B 电影院在5层，我们还是走楼梯吧，锻炼一下身体。
> C 这儿的冬天就是这样，你慢慢就会习惯的。
> D 你没看见我那条裙子吗？就是我放在床上的那条。
> E 当然。我们先坐公共汽车，然后换地铁。
> F 这位就是我的女朋友。

例如： 你知道怎么去那儿吗？ (E)

21. 方便给我们介绍介绍吗？她是谁啊？ (　　)

22. 刚才我把它洗了。你穿别的吧。 (　　)

23. 我有点儿不舒服，所以先回家了。 (　　)

24. 外面刮风刮得很大！ (　　)

25. 我们去坐电梯，怎么样？ (　　)

第二部分

第26~30题：选词填空。빈칸에 들어갈 알맞은 단어를 보기에서 고르세요.

A 解决	B 提高	C 世界	D 难过	E 声音	F 必须

例如： 她说话的（ E ）多好听啊！

26. 在你的帮助下，他的汉语水平一定会（　　）的。

27. 你别再为昨天的事（　　）了。

28. 你有（　　）地图吗？借我用一下。

29. 你放心吧，问题很快就会（　　）的。

30. 老师，这次数学考试（　　）用铅笔答题吗？

第三部分

第31~35题：请选出正确答案。단문을 독해하고, 제시된 질문에 알맞은 답을 고르세요.

例如： 您是来参加今天会议的吗？您来早了一点儿，现在才八点半。您先进来坐吧。

★ 会议最可能几点开始？

A 8点　　　　　B 8点半　　　　　C 9点 √

31. 喂？刚才你的声音太小，我没听清楚。你能大声点儿吗？

★ 那个人的声音：

A 好听　　　　　B 太大　　　　　C 太小

32. 我姐姐是一名出租车司机，她每天早上出去前都会洗车。她经常说，车就像她的衣服一样，车洗干净了，她开着很高兴，客人坐着也很舒服。

 ★ 关于她姐姐，可以知道：

 A 经常洗车　　　　B 买了一辆新车　　　C 认识附近的街道

33. 每天工作以前，林先生都会用不同颜色的笔写出一天要做的事。蓝色的表示一般的事，红色的表示那件事非常重要、非常急，得马上完成。

 ★ 根据这段话，红色表示事情：

 A 非常难办　　　　B 要快点儿做完　　　C 需要老师的帮助

34. 有人说做决定前一定要认真想一下，不要着急下决定。但有时你会发现机会不等人，所以一想清楚就马上去做，不要以为机会会一直在那儿等你。

 ★ 根据这段话，我们应该：

 A 交更多朋友　　　B 照顾别人　　　　　C 想好了就去做

35. 2月14号晚上，她正要下班的时候，突然看到男朋友拿着花和礼物站在公司前。她这才想起了今天是"情人节"。

 ★ 根据这段话，可以知道：

 A 她那天没去上班　B 男朋友很生气　　　C 男朋友要送她花

三、书写

第一部分

第36～40题：完成句子。

例如： 小船　　上　　一　　河　　条　　有
河上有一条小船。

36. 文化　　应该　　你　　他们的　　了解

37. 那个故事　　讲完了　　我　　把

38. 跟那件　　颜色　　一样　　这件衬衫的

39. 和女朋友　　小王　　明年结婚　　准备

40. 特别快　　得　　弟弟的英语水平　　提高

Mini 모의고사 2

정답 및 해설 → 해설서 p.185

Day 39~40

◆ 듣기는 20문항(약 17분), 독해는 15문항(약 15분), 쓰기는 5문항(약 7분)으로 구성되어 있습니다.

一、听力

20문항 | 약 17분

○ track mini test 02

第一部分

第1~5题：请选出对应的图片。 녹음을 듣고, 녹음의 내용과 관련 있는 사진을 고르세요.

A    B    C

D    E    F

例如： 男：喂，请问张经理在吗？
女：他正在开会，您半个小时以后再打，好吗？   E

1. ☐
2. ☐
3. ☐
4. ☐
5. ☐

→ 해설서 p.185

第二部分

第6～10题：判断对错。 녹음을 듣고, 녹음의 내용과 제시된 문장이 일치하는지 확인하세요.

例如： 为了让自己更健康，他每天都花一个小时去锻炼身体。
★ 他希望自己更健康。 (√)

今天我想早点儿回家。看了看手表，才5点。过了一会儿再看表，还是5点，我这才发现我的手表不走了。
★ 那块儿手表不是他的。 (×)

6. ★ 马阿姨会打篮球。 ( )

7. ★ 出现问题必须找人帮忙。 ( )

8. ★ 现在香蕉一块钱一斤。 ( )

9. ★ 要认真听老师说的话。 ( )

10. ★ 手机对人们影响非常大。 ( )

해설서 p.187

第三部分

第11～15题：请选出正确答案。 두 사람의 대화 녹음을 듣고, 녹음 속 질문에 알맞은 답을 보기에서 고르세요.

例如： 男：小王，帮我开一下门，好吗？谢谢！
女：没问题，您去超市了？买了这么多东西！
问：男的想让小王做什么？

A 开门 √   B 拿东西   C 去超市买东西

11. A 不爱吃蔬菜   B 想吃水果   C 吃饱了

12. A 图书馆   B 银行   C 公园

13. A 老师和学生　　B 医生和病人　　C 客人和服务员

14. A 太贵了　　　　B 不新鲜　　　　C 比商店便宜

15. A 要去接男人　　B 忘带钱包了　　C 要去拿伞

第四部分

第16～20题：请选出正确答案。 두 사람의 대화 녹음을 듣고, 녹음 속 질문에 알맞은 답을 보기에서 고르세요.

例如：女：晚饭做好了，准备吃饭了。
　　　男：等一会儿，比赛还有三分钟就结束了。
　　　女：快点儿吧，一起吃。菜冷了，就不好吃了。
　　　男：你先吃，我马上就看完了。
　　　问：男的在做什么？

　　　A 洗澡　　　　　　B 吃饭　　　　　　C 看电视 √

16. A 明天下午　　B 后天早上　　C 下个星期

17. A 饭馆　　　　B 医院　　　　C 商店

18. A 选帽子　　　B 选衣服　　　C 买衣服

19. A 最近没工作　B 写了很多信　C 开了公司

20. A 不努力　　　B 迟到了　　　C 没兴趣

二、阅读

第一部分

第21〜25题：请找出对应关系。 제시된 문장을 완성하기에 적합한 보기를 고르세요.

A 没关系，马上就到公司了。

B 马上就睡，这个节目还有五分钟就结束了。

C 不好意思，我也不清楚，你还是问问别人吧。

D 没问题，你放心吧。

E 当然。我们先坐公共汽车，然后换地铁。

F 去洗一下手，准备吃饭了，你爸爸呢？

例如：你知道怎么去那儿吗？　　　　　　　　　　　（　E　）

21. 忙了半天，还是早点儿睡觉吧。别看电视了。　　（　　）

22. 请问，这儿附近有医院吗？　　　　　　　　　　（　　）

23. 脚疼吗？我们在这里坐一会儿吧。　　　　　　　（　　）

24. 这两天我不在家，能请你帮我照顾一下小狗吗？　（　　）

25. 爸爸在看电视，我去叫他。　　　　　　　　　　（　　）

第二部分

第26～30题：选词填空。빈칸에 들어갈 알맞은 단어를 보기에서 고르세요.

| A 满意 | B 清楚 | C 照顾 | D 刻 | E 声音 | F 菜单 |

例如：她说话的（ E ）多好听啊！

26. A：你好，现在是一点吗？
    B：现在一点十五了，您的手表慢了一（　　　）钟。

27. A：怎么样，你对这个礼物（　　　）吗？
    B：我非常喜欢，但我担心你花钱花得太多。

28. A：路上小心，到了中国给家里打个电话。
    B：好的，您就放心吧，我会（　　　）好自己的。

29. A：先生您好．请问您几位？
    B：五位，请给我们看一下（　　　），谢谢。

30. A：这件事电话里说不（　　　），我们一会儿见面再说吧。
    B：好的，下了班我开车去接你。

→ 해설서 p.194

第三部分

第31～35题：请选出正确答案。 단문을 독해하고, 제시된 질문에 알맞은 답을 고르세요.

例如：您是来参加今天会议的吗？您来早了一点儿，现在才八点半。您先进来坐吧。

★ 会议最可能几点开始？

A 8点　　　　B 8点半　　　　C 9点 √

31. 下班以后我们一起去喝茶吧。地铁站旁边新开了一家茶馆儿，25元一位，除了茶，还送很多吃的。对了，小张喜欢喝茶，把她也叫上吧！

    ★ 那个茶馆儿怎么样？

    A 桌子很高　　　B 在公司里　　　C 送吃的东西

32. 中国有句话，叫"有借有还，再借不难"，说的是向其他人借的东西，用完以后就要还回去，这样才能让其他人相信你，下次才会再借给你。

    ★ 借了别人的东西：

    A 要小心　　　B 要记得还　　　C 别用很长时间

33. 刚才看新闻了吗？我很快就能坐10号地铁了。10号地铁经过我家附近。以后，我上学就方便多了，从我家到学校只要花15分钟，比坐公共汽车快得多。

    ★ 10号地铁：

    A 离他家不远　　　B 车站没有电梯　　　C 旁边有公园

34. 这辆车有上下两层，人们都喜欢坐上边那层，因为坐得高，看得更远，所以经过的地方，你都能看得特别清楚。

    ★ 关于这辆车，可以知道：

    A 司机非常热情　　　B 一共有两层　　　C 上层不能坐人

35. 很多人年轻的时候只想着工作，不常运动。老了才发现，再有钱也没有一个好身体重要，所以工作再忙也应该好好儿照顾自己。

    ★ 这段话主要想告诉我们：

    A 健康很重要　　　B 要认真工作　　　C 要多关心父母

三、书写

第二部分

第36~40题：写正确的汉字。 제시된 문장 속 빈칸에 알맞은 글자를 쓰세요.

例如：没(guān 关)系，别难过，高兴点儿。

36. 图书馆离这儿比较远，我们还是坐（ chū ）租车去吧。

37. 妹妹一直都很喜欢帮助别（ rén ）。

38. 他下午出（ mén ）的时候忘记关灯了。

39. 他（ shēng ）病了，这两天没来上班。

40. 我（ nǚ ）儿喜欢学习英语，但是她不喜欢历史。

기초 실력 확인하기

듣기 | 모범 답안 및 해석, 단어 및 표현 목록

듣기 1·2·3 | 첫걸음 발음 및 성조 구분

(1) √
(2) √
(3) ✗ huán
(4) ✗ huí
(5) √
(6) ✗ jiāo
(7) √
(8) ✗ yǔ
(9) ✗ xué
(10) √

듣기 1 | 01 사물·동물

(1) √ 猫 māo 명 고양이
(2) √ 铅笔 qiānbǐ 명 연필
(3) ✗ 公共汽车 gōnggòng qìchē 명 버스
(4) √ 咖啡 kāfēi 명 커피
(5) ✗ 报纸 bàozhǐ 명 신문
(6) √ 手机 shǒujī 명 핸드폰

듣기 1 | 02 행동·상태

(1) √ 学习 xuéxí 동 공부하다
(2) ✗ 起床 qǐchuáng 동 (잠자리에서) 일어나다
(3) ✗ 笑 xiào 동 웃다
(4) √ 看电视 kàn diànshì TV를 보다
(5) ✗ 做饭 zuò fàn 밥을 하다
(6) √ 跑步 pǎobù 동 달리다

듣기 1 | 03 상황

(1) √ 作业做完了。 숙제 다 했어.
(2) √ 请问，图书馆怎么走?
    말씀 좀 여쭙겠습니다. 도서관은 어떻게 가나요?
(3) √ 到北京后，我给你打电话。
    베이징에 도착하면 너에게 전화할게.
(4) √ 手机不见了。 핸드폰이 안 보여.
(5) ✗ 我们不会迟到吧? 우리 늦진 않겠지?
(6) √ 头发再短一点儿吧。
    머리카락을 조금 더 짧게 해 주세요.

듣기 2 | 01 정보 획득

☐ 喜欢 xǐhuan 동 좋아하다
☐ 开始 kāishǐ 동 시작하다
☐ 开 kāi 동 열다, 켜다, (꽃이) 피다, 운전하다
☐ 有意思 yǒu yìsi 재미있다
☐ 笑 xiào 동 웃다
☐ 旁边 pángbiān 명 옆, 곁
☐ 读书 dúshū 동 책을 읽다
☐ 贵 guì 형 비싸다
☐ 晴 qíng 형 (날이) 맑다
☐ 爱 ài 동 ~하는 것을 좋아하다
☐ 阴 yīn 형 흐리다
☐ 高兴 gāoxìng 형 기쁘다
☐ 长 cháng 형 길다
☐ 好看 hǎokàn 형 보기 좋다, 예쁘다
☐ 近 jìn 형 (거리가) 가깝다

듣기 2 | 02 유추 판단

☐ 要 yào 조동 ~할 것이다, ~하려 하다 동 원하다
☐ 请 qǐng 동 부탁하다, ~해 주세요
☐ 现在 xiànzài 명 지금
☐ 正在 zhèngzài 부 지금 ~하고 있다
☐ 帮 bāng 동 돕다
☐ 想 xiǎng 조동 ~하고 싶다 동 생각하다
☐ 怎么样 zěnmeyàng 대 어떻다
☐ 已经 yǐjīng 부 이미, 벌써
☐ 不要 búyào 부 ~하지 마라
☐ 生病 shēngbìng 동 병이 나다
☐ 觉得 juéde 동 ~라고 생각하다
☐ 别 bié 부 ~하지 마라
☐ 不能 bùnéng ~할 수 없다, ~해서는 안 된다
☐ 只能 zhǐnéng ~할 수밖에 없다
☐ 准备 zhǔnbèi 동 준비하다

듣기 3·4 | 01 인물·장소

☐ 老师 lǎoshī 명 선생님

- 病人 bìngrén 명 환자
- 女儿 nǚ'ér 명 딸
- 宾馆 bīnguǎn 명 호텔
- 学校 xuéxiào 명 학교
- 先生 xiānsheng 명 (성인 남자) 선생님
- 儿子 érzi 명 아들
- 孩子 háizi 명 아이, 자녀
- 公司 gōngsī 명 회사
- 医院 yīyuàn 명 병원
- 医生 yīshēng 명 의사
- 学生 xuésheng 명 학생
- 房间 fángjiān 명 방
- 教室 jiàoshì 명 교실
- 商店 shāngdiàn 명 상점

듣기 3·4 | 02 행동·원인

- 看电视 kàn diànshì TV를 보다
- 喝水 hē shuǐ 물을 마시다
- 坐火车 zuò huǒchē 기차를 타다
- 开车 kāichē 운전하다
- 不见了 bú jiàn le 잃어버리다
- 踢足球 tī zúqiú 축구를 하다
- 睡觉 shuìjiào 잠을 자다
- 买衣服 mǎi yīfu 옷을 사다
- 起床 qǐchuáng 일어나다
- 灯坏了 dēng huài le 등이 고장 났다
- 洗衣服 xǐ yīfu 옷을 빨다
- 游泳 yóuyǒng 수영하다
- 打电话 dǎ diànhuà 전화를 걸다
- 生病了 shēngbìng le 병이 났다
- 工作忙 gōngzuò máng 일이 바쁘다

듣기 3·4 | 03 상태·상황

- 黄色 huángsè 명 노란색
- 高兴 gāoxìng 형 기쁘다
- 爱吃鸡蛋 ài chī jīdàn 달걀을 즐겨 먹다
- 找工作 zhǎo gōngzuò 일을 구하다
- 不懂汉语 bù dǒng Hànyǔ 중국어를 모른다
- 白色 báisè 명 흰색
- 累 lèi 형 지치다, 피곤히다
- 爱看书 ài kàn shū 독서를 즐긴다
- 没工作 méi gōngzuò 일이 없다
- 写错了 xiě cuò le 잘못 적었다
- 绿色 lǜsè 명 초록색
- 生病了 shēngbìng le 병이 났다
- 开公司 kāi gōngsī 회사를 개업하다
- 工作忙 gōngzuò máng 일이 바쁘다
- 找手机 zhǎo shǒujī 핸드폰을 찾다

듣기 3·4 | 04 평가·의미

- 好吃 hǎochī 형 맛있다
- 甜 tián 형 달다
- 好看 hǎokàn 형 보기 좋다
- 干净 gānjìng 형 깨끗하다
- 方便 fāngbiàn 형 편리하다
- 冷 lěng 형 춥다
- 贵 guì 형 비싸다
- 客气 kèqi 동 사양하다, 예의를 차리다
- 满意 mǎnyì 형 만족하다
- 安静 ānjìng 형 조용하다
- 热 rè 형 덥다
- 便宜 piányi 형 (값이) 싸다
- 不错 búcuò 형 좋다
- 简单 jiǎndān 형 간단하다
- 听不懂 tīngbudǒng 알아들을 수 없다

듣기 3·4 | 05 대상·숫자

- 点 diǎn 양 시
- 手表 shǒubiǎo 명 손목시계
- 天气 tiānqì 명 날씨
- 足球 zúqiú 명 축구
- 晚上 wǎnshang 명 저녁
- 小时 xiǎoshí 명 시간
- 桌子 zhuōzi 명 탁자, 책상
- 白色 báisè 명 흰색
- 米饭 mǐfàn 명 (쌀)밥

- ☐ 元 yuán 양 위안 [중국의 화폐 단위]
- ☐ 衣服 yīfu 명 옷
- ☐ 眼睛 yǎnjing 명 눈
- ☐ 手机 shǒujī 명 핸드폰
- ☐ 件 jiàn 양 벌, 개 [옷·일 등을 세는 단위]
- ☐ 星期 xīngqī 명 요일, 주

독해 모범 답안 및 해석

독해 1 | 첫걸음 문장 구조와 문장부호

(1) √ A 너는 흰색을 좋아하니, 아니면 검은색을 좋아하니?
　　 B 흰색. 보기에 더 예뻐.

(2) ✗ A 이 옷 예쁘다, 너 사.
　　 B 미안하지만, 나는 이미 남자 친구가 있어.

(3) √ A 네가 밥을 해.
　　 B 왜 내가 밥을 해?

(4) ✗ A 나는 너에게 남자 친구를 소개해 주려고 해.
　　 B 들어 보니 오늘 회의는 8시에 시작한대.

(5) √ A 생일 축하해! 이건 너에게 사 주는 거야.
　　 B 고마워, 너는 진짜 좋아!

독해 1 | 01 의문·제안 파악

(1) A 北京大学怎么走? 베이징 대학교는 어떻게 가나요?
　　 B 往前走一百米就到。 앞으로 100미터 걸어가면 바로 도착해요.

(2) A 你想喝什么? 너는 뭐 마시고 싶어?
　　 B 我想喝牛奶。 나는 우유를 마시고 싶어.

(3) A 你现在在哪儿? 너는 지금 어디에 있어?
　　 B 我在学校门口。 나는 학교 입구에 있어.

(4) A 我们几点走? 우리는 몇 시에 가?
　　 B 我们八点走。 우리는 8시에 가.

(5) A 电影什么时候开始? 영화는 언제 시작해?
　　 B 三点就开始。 3시에 바로 시작해.

(6) A 教室里有多少个人? 교실에 몇 명이 있어?
　　 B 有三十个人。 30명이 있어.

독해 1 | 02 핵심 어휘 파악

(1) A 你想买哪件衣服? 너는 어떤 옷을 사고 싶어?
　　 B 我想买黄色的。 나는 노란색을 사고 싶어.

(2) A 我已经吃饱了。 나는 이미 배불리 먹었어.
　　 B 那你一会儿再吃吧。 그럼 너는 이따가 다시 먹어.

(3) A 那个很贵。 그것은 비싸.
　　 B 不贵, 才180块。 안 비싸, 겨우 180위안이야.

(4) A 冰箱里没有吃的。 냉장고 안에 먹을 게 없어.
　　 B 我们去买吃的吧。 우리 먹을 것을 사러 가자.

(5) A 我感冒了。 나 감기 걸렸어.
　　 B 先吃药吧。 우선 약을 먹어.

(6) A 地铁站很远。 지하철역은 멀어.
　　 B 那我们坐出租车吧。 그럼 우리 택시를 타자.

독해 1 | 03 의미 관계 파악

(1) A 他怎么了? 그는 왜 그러는 거야?
　　 B 我也不知道。 나도 몰라.

(2) A 他不在。 그는 자리에 없어요.
　　 B 那我明天再来。 그럼 저는 내일 다시 올게요.

(3) 明天就考试了, 孩子正在学习。
　　 내일이 바로 시험이라서, 아이는 지금 공부 중이야.

(4) 你有很多衣服, 别再买了。
　　 너는 옷이 많이 있어. 더 사지 마.

(5) 菜太多了, 我吃不完。
　　 음식이 너무 많아서, 다 먹을 수가 없어.

(6) 水果对身体很好, 你多吃点儿吧。
　　 과일은 몸에 좋아 너는 많이 먹어.

독해 2 | 01 동사 어휘 선택

(1) 穿衣服 옷을 입다
(2) 还钱 돈을 갚다
(3) 唱歌 노래를 부르다
(4) 学习汉语 중국어를 공부하다
(5) 开门 문을 열다
(6) 帮助他 그를 돕다

독해 2 | 02 형용사 어휘 선택

(1) 她很漂亮 그녀는 예쁘다
(2) 短头发 짧은 머리
(3) 新年快乐 새해 복 많이 받으세요
(4) 天晴了 하늘이 맑아졌다

(5) 这件衣服很便宜 이 옷은 싸다
(6) 白色 흰색

독해 2 | 03 명사·대사 어휘 선택

(1) 说话 말하다
(2) 洗衣服 옷을 빨다
(3) 读书 책을 읽다
(4) 吃药 약을 먹다
(5) 回家 집으로 돌아가다
(6) 下雨 비가 내리다

독해 2 | 04 부사·접속사 어휘 선택

(1) 作业已经做完了。 숙제는 이미 다 했다.
(2) 她真漂亮啊！ 그녀는 진짜 예쁘다!
(3) 这件衣服很漂亮，但是非常贵。
　　이 옷은 예쁜데, 매우 비싸다.
(4) 我们常常一起运动。 우리는 자주 함께 운동한다.
(5) 他生病了，所以今天没来上课。
　　그는 병이 나서, 오늘 수업하러 오지 않았다.
(6) 他跟我们一起去吃饭。
　　그는 우리와 같이 밥을 먹으러 간다.

독해 2 | 05 양사·개사 어휘 선택

(1) 一件衣服 옷 한 벌
(2) 和他说话 그와 말하다
(3) 从10点开始 10시부터 시작하다
(4) 那本书 그 책
(5) 给妈妈打电话 엄마에게 전화하다
(6) 这家商店 이 상점

독해 3 | 01 세부 내용 파악

(1) √
(2) ✗ 형이 매일 일어난 후에 첫 번째로 하는 일은 TV를 보는 것이다.

독해 3 | 02 주제 파악

(1) √
(2) ✗ 핸드폰은 우리의 업무를 많이 편리하게 하였다.

쓰기 모범 답안

쓰기 2 | 첫걸음 한자 생성의 원리와 한자 쓰기

(1) 话　　　(2) 洗
(3) 冷　　　(4) 问
(5) 饭

쓰기 2 | 01 모양 구분에 주의해야 하는 한자

(1) 把 吧　　(2) 千 干
(3) 天 开　　(4) 白 自
(5) 问 间　　(6) 夫 末
(7) 牛 午　　(8) 因 困
(9) 话 活

쓰기 2 | 02 발음 구분에 주의해야 하는 한자

(1) hái　　　(2) huán
(3) háng　　(4) xíng
(5) biàn　　(6) pián
(7) guò　　 (8) guo

쓰기 2 | 03 단어나 어구로 구분하는 한자

(1) 女　　　(2) 手
(3) 现　　　(4) 电
(5) 生　　　(6) 和
(7) 是　　　(8) 件

필수단어장

차례

Day 01～Day 40 ——————————————— 4
3급 고득점 합격을 위한 보충 어휘 리스트 —— 44

Day 01

 track 0-01 (VOCA)

#	단어	품사/뜻	예문
001 3급	阿姨 āyí	명 아주머니, 이모	王阿姨是北京人。 Wáng āyí shì Běijīngrén. 왕[王] 아주머니는 베이징 사람이다.
002 3급	啊 a	조 [문장 끝에 쓰여 감탄·찬탄을 나타냄]	这里的天气多好啊! Zhèli de tiānqì duō hǎo a! 이곳의 날씨는 얼마나 좋은가!
★ 003 3급	矮 ǎi	형 (키가) 작다	姐姐比我矮一点儿。 Jiějie bǐ wǒ ǎi yìdiǎnr. 언니는 나보다 좀 더 작다.
004 1급	爱 ài	동 사랑하다 동 ~하는 것을 좋아하다	朋友非常爱吃蛋糕。 Péngyou fēicháng ài chī dàngāo. 친구는 케이크 먹는 것을 좋아한다.
005 3급	爱好 àihào	명 취미, 애호 동 ~하기를 좋아하다	我最大的爱好是旅游。 Wǒ zuì dà de àihào shì lǚyóu. 나의 가장 큰 취미는 여행이다.
★ 006 3급	安静 ānjìng	형 조용하다, 고요하다	图书馆里比较安静。 Túshūguǎn li bǐjiào ānjìng. 도서관 안은 비교적 조용하다.
007 1급	八 bā	수 8, 여덟	这些东西一共八百块。 Zhèxiē dōngxi yígòng bābǎi kuài. 이 물건들은 총 800위안이다.
★ 008 3급	把 bǎ	개 ~를 [처치의 결과를 나타냄] 양 개 [손잡이가 있는 사물을 세는 단위]	请同学们把今天学的词语写一下。 Qǐng tóngxuémen bǎ jīntiān xué de cíyǔ xiě yíxià. 학생 여러분, 오늘 배운 단어를 써 보세요.
009 1급	爸爸 bàba	명 아빠	明天是爸爸的生日。 Míngtiān shì bàba de shēngrì. 내일은 아빠의 생신이다.
010 2급	吧 ba	조 ~하자 [상의·제의·청유·기대·명령 등의 어기를 나타냄] 조 ~지? [가능·추측의 어기를 나타냄]	我们一起去吧。 Wǒmen yìqǐ qù ba. 우리 같이 가자.
011 2급	白 bái	형 희다	这条白色的裙子怎么样? Zhè tiáo báisè de qúnzi zěnmeyàng? 이 흰색 치마는 어때?
012 2급	百 bǎi	수 100, 백	从车站到我家有三百米。 Cóng chēzhàn dào wǒ jiā yǒu sānbǎi mǐ. 정류장에서 우리 집까지는 300미터이다.
013 3급	班 bān	명 반, 학급, 그룹	我们班的学生都努力学习。 Wǒmen bān de xuésheng dōu nǔlì xuéxí. 우리 반 학생들은 모두 열심히 공부한다.
★ 014 3급	搬 bān	동 옮기다, 이사하다	请把这个箱子搬到门口儿。 Qǐng bǎ zhège xiāngzi bāndào ménkǒur. 이 상자를 입구로 옮겨 주세요.
★ 015 3급	办法 bànfǎ	명 방법	他告诉了我一个好办法。 Tā gàosu le wǒ yí ge hǎo bànfǎ. 그는 나에게 좋은 방법을 하나 알려주었다.

✏️ 잘 외워지지 않는 단어 써 보기

Day 02

 track 0-02 (VOCA)

#	단어	품사	뜻	예문
★ 016 3급	办公室 bàngōngshì	명	사무실	老师的办公室在哪儿? Lǎoshī de bàngōngshì zài nǎr? 선생님의 사무실은 어디 있나요?
017 3급	半 bàn	수	절반, 반	我下午两点半有课。 Wǒ xiàwǔ liǎng diǎn bàn yǒu kè. 나는 오후 2시 반에 수업이 있다.
★ 018 3급	帮忙 bāngmáng	동	돕다, 도움을 주다	需要帮忙的话可以告诉我。 Xūyào bāngmáng de huà kěyǐ gàosu wǒ. 도움이 필요하면 나에게 말해도 돼.
★ 019 2급	帮助 bāngzhù	동	돕다, 원조하다	他喜欢帮助别人。 Tā xǐhuan bāngzhù biérén. 그는 다른 사람을 돕는 것을 좋아한다.
020 3급	包 bāo	명	가방	我的包里有三本笔记本。 Wǒ de bāo li yǒu sān běn bǐjìběn. 내 가방에는 노트 세 권이 있다.
021 3급	饱 bǎo	형	배부르다	我不想喝果汁，我已经吃饱了。 Wǒ bù xiǎng hē guǒzhī, wǒ yǐjīng chībǎo le. 나는 과일주스를 마시고 싶지 않아. 이미 배불러.
022 2급	报纸 bàozhǐ	명	신문	每天早上我都一边吃面包一边看报纸。 Měi tiān zǎoshang wǒ dōu yìbiān chī miànbāo yìbiān kàn bàozhǐ. 매일 아침 나는 빵을 먹으면서 신문을 본다.
023 1급	杯子 bēizi	명	컵	这个杯子是谁的? Zhège bēizi shì shéi de? 이 컵은 누구 거야?
024 3급	北方 běifāng	명	북방	我的老师是从中国的北方来的。 Wǒ de lǎoshī shì cóng Zhōngguó de běifāng lái de. 나의 선생님은 중국의 북방에서 오셨다.
025 1급	北京 Běijīng	고유	베이징	我在北京上大学，今年四年级。 Wǒ zài Běijīng shàng dàxué, jīnnián sì niánjí. 나는 베이징에서 대학을 다니고, 올해 4학년이다.
★ 026 3급	被 bèi	개	~에게 ~를 당하다	牛奶被弟弟喝完了。 Niúnǎi bèi dìdi hē wán le. 우유는 남동생이 다 마셔버렸다.
027 1급	本 běn	양	권 [책을 세는 단위]	我觉得这本书很有意思。 Wǒ juéde zhè běn shū hěn yǒu yìsi. 나는 이 책이 재미있다고 생각한다.
028 3급	鼻子 bízi	명	코	爸爸的鼻子很高。 Bàba de bízi hěn gāo. 아빠의 코는 높다.
029 2급	比 bǐ	개	~에 비해, ~보다	昨天的工作比今天更多。 Zuótiān de gōngzuò bǐ jīntiān gèng duō. 어제의 업무는 오늘보다 더 많다.
★ 030 3급	比较 bǐjiào	부 / 동	비교적, 상대적으로 / 비교하다	朋友家的厨房比较干净。 Péngyou jiā de chúfáng bǐjiào gānjìng. 친구 집의 주방은 비교적 깨끗하다.

✎ 잘 외워지지 않는 단어 써 보기

Day 03

● track 0-03 (VOCA)

★ 031 3급	比赛 bǐsài	명 시합, 경기 동 시합하다	你参加学校的篮球比赛了吗? Nǐ cānjiā xuéxiào de lánqiú bǐsài le ma? 너는 학교 농구 경기에 참가했니?
032 3급	笔记本 bǐjìběn	명 공책, 노트	对不起老师, 我忘带笔记本了。 Duìbuqǐ lǎoshī, wǒ wàng dài bǐjìběn le. 선생님 죄송해요. 노트 챙겨 오는 걸 잊었어요.
033 3급	必须 bìxū	부 반드시, 꼭	我十点前必须回家。 Wǒ shí diǎn qián bìxū huí jiā. 나는 10시 전에 반드시 집에 가야 한다.
★ 034 3급	变化 biànhuà	명 변화 동 변화하다	这个城市的变化非常大。 Zhège chéngshì de biànhuà fēicháng dà. 이 도시의 변화는 매우 크다.
035 2급	别 bié	부 ~하지 마라	别吃了, 你已经吃了三个面包了。 Bié chī le, nǐ yǐjīng chī le sān ge miànbāo le. 먹지 마, 너는 이미 빵을 세 개나 먹었잖아.
036 3급	别人 biérén	대 남, 타인	我在河边站着看别人游泳。 Wǒ zài hébiān zhànzhe kàn biérén yóuyǒng. 나는 강가에 서서 다른 사람이 수영하는 것을 본다.
037 2급	宾馆 bīnguǎn	명 호텔	宾馆附近就有一个地铁站。 Bīnguǎn fùjìn jiù yǒu yí ge dìtiězhàn. 호텔 근처에 바로 지하철역이 하나 있다.
★ 038 3급	冰箱 bīngxiāng	명 냉장고	冰箱里有水果和鸡蛋, 多吃点儿。 Bīngxiāng li yǒu shuǐguǒ hé jīdàn, duō chī diǎnr. 냉장고 안에 과일과 달걀이 있으니, 많이 먹어.
039 1급	不 bù	부 아니다 [동사나 형용사, 부사 앞에 쓰여 부정을 표시함]	我不喜欢运动。 Wǒ bù xǐhuan yùndòng. 나는 운동을 좋아하지 않는다.
★ 040 3급	不但A, 而且B búdàn A, érqiě B	A할 뿐만 아니라 게다가 B하다	我的男朋友不但长得帅, 而且个子高。 Wǒ de nánpéngyou búdàn zhǎng de shuài, érqiě gèzi gāo. 내 남자 친구는 잘생겼을 뿐만 아니라 키도 크다.
041 1급	不客气 bú kèqi	천만에요, 별말씀을요	不客气, 这是我送给你的礼物。 Bú kèqi, zhè shì wǒ sòng gěi nǐ de lǐwù. 천만에요. 이것은 내가 당신에게 주는 선물이에요.
042 1급	菜 cài	명 요리, 음식	我点了三个菜, 都是你喜欢吃的。 Wǒ diǎnle sān ge cài, dōu shì nǐ xǐhuan chī de. 나는 요리 세 개를 주문했어. 모두 네가 좋아하는 것이야.
043 3급	菜单 càidān	명 메뉴, 식단, 메뉴판	你看完菜单了吗? Nǐ kàn wán càidān le ma? 너는 메뉴판을 다 봤니?
★ 044 3급	参加 cānjiā	동 참가하다, 참여하다	我要参加下个月的HSK3级考试。 Wǒ yào cānjiā xià ge yuè de HSK sān jí kǎoshì. 나는 다음 달에 HSK 3급 시험을 보려고 한다.
★ 045 3급	草 cǎo	명 풀	春天来了, 公园的草都绿了。 Chūntiān lái le, gōngyuán de cǎo dōu lǜ le. 봄이 와서, 공원의 풀은 모두 푸르렀다.

✏ 잘 외워지지 않는 단어 써 보기

Day 04

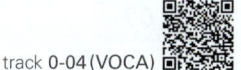
track 0-04 (VOCA)

046 3급	层 céng	명 층, 겹	爸爸的办公室在五层。 Bàba de bàngōngshì zài wǔ céng. 아빠의 사무실은 5층에 있다.
047 1급	茶 chá	명 차, 찻잎으로 만든 음료	我最近常常喝绿茶。 Wǒ zuìjìn chángcháng hē lǜchá. 나는 최근에 자주 녹차를 마신다.
048 3급	差 chà	형 다르다, 차이 나다 동 부족하다, 모자라다	我和姐姐差八岁。 Wǒ hé jiějie chà bā suì. 나는 언니와 8살 차이가 난다.
049 2급	长 cháng	형 (길이가) 길다 형 (시간이) 길다	我的头发太长了。 Wǒ de tóufa tài cháng le. 내 머리카락은 너무 길다.
050 2급	唱歌 chàng gē	동 노래하다	我的爱好是唱歌和跳舞。 Wǒ de àihào shì chàng gē hé tiàowǔ. 나의 취미는 노래 부르기와 춤추기이다.
★ 051 3급	超市 chāoshì	명 슈퍼마켓	这家超市的鱼又便宜又新鲜。 Zhè jiā chāoshì de yú yòu piányi yòu xīnxiān. 이 슈퍼마켓의 생선은 저렴하고 신선하다.
052 3급	衬衫 chènshān	명 셔츠, 블라우스	衬衫和帽子都是姐姐买的。 Chènshān hé màozi dōu shì jiějie mǎi de. 셔츠와 모자는 모두 언니가 산 것이다.
★ 053 3급	成绩 chéngjì	명 성적	我的英语成绩不错。 Wǒ de Yīngyǔ chéngjì búcuò. 나의 영어 성적은 괜찮다.
054 3급	城市 chéngshì	명 도시	我去过中国的很多城市。 Wǒ qùguo Zhōngguó de hěn duō chéngshì. 나는 중국의 많은 도시를 가 본 적이 있다.
055 1급	吃 chī	동 먹다	每天早上吃苹果对身体好。 Měi tiān zǎoshang chī píngguǒ duì shēntǐ hǎo. 매일 아침에 사과를 먹는 것은 몸에 좋다.
★ 056 3급	迟到 chídào	동 지각하다	不好意思，我可能会迟到十几分钟。 Bù hǎoyìsi, wǒ kěnéng huì chídào shí jǐ fēnzhōng. 미안해요. 아마 나는 십몇 분 늦을 것 같아요.
057 2급	出 chū	동 나오다	妹妹一个人从学校出来了。 Mèimei yí ge rén cóng xuéxiào chūlái le. 여동생은 혼자 학교에서 나왔다.
058 1급	出租车 chūzūchē	명 택시	我爸爸是出租车司机。 Wǒ bàba shì chūzūchē sījī. 우리 아빠는 택시 운전사이다.
059 3급	除了 chúle	개 ~외에, ~를 제외하고	除了小王，其他同学都来了。 Chúle Xiǎo Wáng, qítā tóngxué dōu lái le. 샤오왕[小王]을 제외하고, 다른 학생들은 모두 왔다.
060 2급	穿 chuān	동 (옷·신발·양말 등을) 입다, 신다	北京的冬天非常冷，你多穿点儿衣服。 Běijīng de dōngtiān fēicháng lěng, nǐ duō chuān diǎnr yīfu. 베이징의 겨울은 매우 추우니까, 옷을 많이 좀 입어.

✏️ 잘 외워지지 않는 단어 써 보기

Day 05

● track 0-05 (VOCA)

061 3급	船 chuán	명 배	从韩国到中国可以坐船去。 Cóng Hánguó dào Zhōngguó kěyǐ zuò chuán qù. 한국에서 중국까지 배를 타고 갈 수 있다.
062 3급	春 chūn	명 봄	春夏秋冬你最喜欢哪个季节? Chūnxiàqiūdōng nǐ zuì xǐhuan nǎ ge jìjié? 봄, 여름, 가을, 겨울 중에 너는 어느 계절이 가장 좋니?
063 3급	词典 cídiǎn	명 사전	我想买本英语词典。 Wǒ xiǎng mǎi běn Yīngyǔ cídiǎn. 나는 영어 사전 한 권을 사고 싶다.
064 2급	次 cì	양 번, 차례	朋友来过我家一次。 Péngyou láiguo wǒ jiā yí cì. 친구는 우리 집에 한 번 와 본 적이 있다.
★ 065 3급	聪明 cōngming	형 똑똑하다, 총명하다	我的女朋友又漂亮又聪明。 Wǒ de nǚpéngyou yòu piàoliang yòu cōngming. 내 여자 친구는 예쁘고 똑똑하다.
066 2급	从 cóng	개 ~에서부터	从您家到公司远吗? Cóng nín jiā dào gōngsī yuǎn ma? 당신의 집에서 회사까지 먼가요?
067 2급	错 cuò	동 틀리다, 맞지 않다	考试的时候,不要写错生词。 Kǎoshì de shíhou, búyào xiěcuò shēngcí. 시험 볼 때, 단어를 틀리게 쓰지 마세요.
068 1급	打电话 dǎ diànhuà	전화를 하다	明天去不去,你决定后给我打电话。 Míngtiān qù bu qù, nǐ juédìng hòu gěi wǒ dǎ diànhuà. 내일 갈지 말지 네가 결정한 뒤에 나한테 전화해.
★ 069 2급	打篮球 dǎ lánqiú	농구를 하다	你会打篮球吗? Nǐ huì dǎ lánqiú ma? 너는 농구를 할 수 있니?
★ 070 3급	打扫 dǎsǎo	동 청소하다	昨天妈妈打扫了我的房间。 Zuótiān māma dǎsǎo le wǒ de fángjiān. 어제 어머니께서 나의 방을 청소해 주셨다.
★ 071 3급	打算 dǎsuàn	동 계획하다, ~하려고 하다	我打算星期三跟朋友见面。 Wǒ dǎsuàn xīngqīsān gēn péngyou jiànmiàn. 나는 수요일에 친구와 만날 계획이다.
072 1급	大 dà	형 크다	他的办公室很大。 Tā de bàngōngshì hěn dà. 그의 사무실은 크다.
073 2급	大家 dàjiā	대 모든 사람, 모두	请大家注意一下! Qǐng dàjiā zhùyì yíxià! 여러분 주의해 주세요!
074 3급	带 dài	동 (몸에) 지니다, 챙기다	我没带铅笔,能借我你的吗? Wǒ méi dài qiānbǐ, néng jiè wǒ nǐ de ma? 나 연필을 안 가져왔는데, 나에게 네 것을 빌려줄 수 있니?
★ 075 3급	担心 dānxīn	동 걱정하다	不用担心,我们还有机会。 Búyòng dānxīn, wǒmen hái yǒu jīhuì. 걱정 마. 우리는 기회가 또 있어.

✎ 잘 외워지지 않는 단어 써 보기

Day 06

 track 0-06(VOCA)

#	단어	품사/뜻	예문
076 3급	蛋糕 dàngāo	명 케이크	这是我自己做的蛋糕。 Zhè shì wǒ zìjǐ zuò de dàngāo. 이것은 내가 직접 만든 케이크이다.
077 3급	当然 dāngrán	부 당연히, 물론	如果你需要帮助，我当然愿意帮你。 Rúguǒ nǐ xūyào bāngzhù, wǒ dāngrán yuànyì bāng nǐ. 만약 네가 도움이 필요하면, 나는 당연히 너를 돕길 원한다.
078 2급	到 dào	동 도착하다, 도달하다 개 ~까지 동 [보어로 쓰여 동작의 결과를 표현함]	我是昨天到上海的。 Wǒ shì zuótiān dào Shànghǎi de. 나는 어제 상하이에 도착했다.
079 3급	地 de	조 [단어나 구가 동사나 형용사와 같은 중심어를 수식하고 있음을 나타냄]	朋友正在图书馆认真地写数学作业。 Péngyou zhèng zài túshūguǎn rènzhēn de xiě shùxué zuòyè. 친구는 도서관에서 열심히 수학 숙제를 하는 중이다.
080 1급	的 de	조 ~의 [관형어 뒤에서 관형어와 중심어 사이가 종속관계임을 나타냄]	这位是我们的汉语老师。 Zhè wèi shì wǒmen de Hànyǔ lǎoshī. 이 분은 우리의 중국어 선생님이다.
081 2급	得 de	조 [동사나 형용사 뒤에 쓰여 결과나 정도를 나타내는 보어를 연결함]	他的儿子长得很帅。 Tā de érzi zhǎng de hěn shuài. 그의 아들은 잘생겼다.
082 3급	灯 dēng	명 등, 등불	教室的灯坏了，什么时候能换呢？ Jiàoshì de dēng huài le, shénme shíhou néng huàn ne? 교실의 등이 고장 났는데, 언제 바꿀 수 있나요?
083 2급	等 děng	동 기다리다	我在机场等爷爷已经等了二十分钟了。 Wǒ zài jīchǎng děng yéye yǐjīng děng le èrshí fēnzhōng le. 나는 공항에서 할아버지를 이미 20분이나 기다렸다.
084 3급	地方 dìfang	명 곳, 장소	我以前住的地方就在学校附近。 Wǒ yǐqián zhù de dìfang jiù zài xuéxiào fùjìn. 내가 이전에 살던 곳은 바로 학교 근처이다.
★085 3급	地铁 dìtiě	명 지하철	从这儿到地铁站要走二十分钟。 Cóng zhèr dào dìtiězhàn yào zǒu èrshí fēnzhōng. 여기에서 지하철역까지는 20분이 걸린다.
086 3급	地图 dìtú	명 지도	这是北京市的地图。 Zhè shì Běijīng Shì de dìtú. 이것은 베이징시의 지도이다.
087 2급	弟弟 dìdi	명 남동생	弟弟爱吃甜的。 Dìdi ài chī tián de. 남동생은 단것 먹는 것을 좋아한다.
088 2급	第一 dì yī	수 첫 번째, 제일	这次考试小李拿了第一名。 Zhè cì kǎoshì Xiǎo Lǐ ná le dì yī míng. 이번 시험에서 샤오리[小李]는 1등을 차지했다.
089 1급	点 diǎn	양 시 [시간을 세는 단위] 동 주문하다 양 조금, 약간(点儿)	现在几点？ Xiànzài jǐ diǎn? 지금 몇 시야?
090 1급	电脑 diànnǎo	명 컴퓨터	现在时间太晚了，我把电脑关了。 Xiànzài shíjiān tài wǎn le, wǒ bǎ diànnǎo guān le. 지금 시간이 너무 늦어서, 나는 컴퓨터를 껐다.

✎ 잘 외워지지 않는 단어 써 보기

Day 07

● track 0-07 (VOCA)

091 1급	电视 diànshì	명 텔레비전		他坐在椅子上看电视。 Tā zuò zài yǐzi shang kàn diànshì. 그는 의자에 앉아서 텔레비전을 본다.
★092 3급	电梯 diàntī	명 엘리베이터		喂？我现在在电梯里，一会儿再给你打电话。 Wéi? Wǒ xiànzài zài diàntī li, yíhuìr zài gěi nǐ dǎ diànhuà. 여보세요? 나 지금 엘리베이터 안이라서, 이따 다시 너한테 전화할게.
★093 1급	电影 diànyǐng	명 영화		我的爱好是看中国电影。 Wǒ de àihào shì kàn Zhōngguó diànyǐng. 나의 취미는 중국 영화를 보는 것이다.
★094 3급	电子邮件 diànzǐ yóujiàn	명 이메일, 전자우편		你有什么事的话，可以给我发电子邮件。 Nǐ yǒu shénme shì de huà, kěyǐ gěi wǒ fā diànzǐ yóujiàn. 너는 무슨 일이 있으면, 나에게 이메일을 보내도 된다.
095 3급	东 dōng	명 동쪽		这条路的东边有个鞋店。 Zhè tiáo lù de dōngbian yǒu ge xié diàn. 이 길 동쪽에는 신발 가게가 하나 있다.
096 1급	东西 dōngxi	명 물건, (구체·추상적인) 것		你买了什么东西？ Nǐ mǎi le shénme dōngxi? 너는 어떤 물건을 샀어?
097 3급	冬 dōng	명 겨울		冬天的水果很贵。 Dōngtiān de shuǐguǒ hěn guì. 겨울에 과일은 비싸다.
098 2급	懂 dǒng	동 이해하다, 알다		我第一次去中国的时候，什么都听不懂。 Wǒ dì yī cì qù Zhōngguó de shíhou, shénme dōu tīng bu dǒng. 내가 중국에 처음 갔을 때, 어떤 것도 알아듣지 못했다.
099 3급	动物 dòngwù	명 동물		我们应该保护动物和环境。 Wǒmen yīnggāi bǎohù dòngwù hé huánjìng. 우리는 동물과 환경을 보호해야 한다.
100 1급	都 dōu	부 모두		我和丈夫都对运动感兴趣。 Wǒ hé zhàngfu dōu duì yùndòng gǎn xìngqù. 나와 남편은 모두 운동에 관심이 있다.
101 1급	读 dú	동 (소리 내어) 읽다		经常读书的人，懂的东西也多。 Jīngcháng dúshū de rén, dǒng de dōngxi yě duō. 항상 책을 읽는 사람은 알고 있는 것도 많다.
102 3급	短 duǎn	형 (길이가) 짧다		你的头发太短了。 Nǐ de tóufa tài duǎn le. 너의 머리카락은 너무 짧다.
103 3급	段 duàn	양 기간, 동안		这段时间，我在学校的图书馆复习。 Zhè duàn shíjiān, wǒ zài xuéxiào de túshūguǎn fùxí. 이 시간 동안, 나는 학교 도서관에서 복습을 한다.
★104 3급	锻炼 duànliàn	동 단련하다		爷爷每天早上都锻炼身体。 Yéye měi tiān zǎoshang dōu duànliàn shēntǐ. 할아버지는 매일 아침에 몸을 단련하신다.
105 2급	对 duì	형 맞다, 옳다		我觉得你说得对。 Wǒ juéde nǐ shuō de duì. 내 생각에는 네가 말한 게 맞다.

✎ 잘 외워지지 않는 단어 써 보기

Day 08

track 0-08 (VOCA)

#	단어	품사/뜻	예문
106 / 2급	对 duì	개 ~에 대해서	妈妈对我的成绩很满意。 Māma duì wǒ de chéngjì hěn mǎnyì. 엄마는 내 성적에 대해 만족하신다.
107 / 1급	对不起 duìbuqǐ	동 미안하다	对不起，我现在有事儿不能帮你。 Duìbuqǐ, wǒ xiànzài yǒu shìr bù néng bāng nǐ. 미안해. 나는 지금 일이 있어서 너를 도와줄 수 없어.
108 / 1급	多 duō	형 많다 수 (수량사 뒤에 쓰여) 정도, ~남짓	世界上有很多国家。 Shìjiè shang yǒu hěn duō guójiā. 세상에는 많은 국가가 있다.
109 / 3급	多么 duōme	부 얼마나 [감탄문에서 정도가 심함을 나타냄]	看他们玩儿得多么开心啊！ Kàn tāmen wánr de duōme kāixīn a! 그들이 얼마나 즐겁게 노는지 봐 봐!
110 / 1급	多少 duōshao	대 얼마, 몇	火车票多少钱一张？ Huǒchē piào duōshao qián yì zhāng? 기차표는 한 장에 얼마예요?
111 / 3급	饿 è	형 배고프다	我没吃早饭，所以上课时有点儿饿。 Wǒ méi chī zǎofàn, suǒyǐ shàngkè shí yǒudiǎnr è. 나는 아침밥을 안 먹었더니, 수업할 때 조금 배가 고팠다.
112 / 1급	儿子 érzi	명 아들	儿子要参加一个唱歌比赛。 Érzi yào cānjiā yí ge chàng gē bǐsài. 아들은 노래 대회에 참가하려 한다.
113 / 3급	耳朵 ěrduo	명 귀	天气太冷了，我在外面耳朵都红了。 Tiānqì tài lěng le, wǒ zài wàimiàn ěrduo dōu hóng le. 날이 너무 추워서 밖에 있었더니 귀가 빨개졌다.
114 / 1급	二 èr	수 2, 둘	现在鸡蛋买二送一，很便宜。 Xiànzài jīdàn mǎi èr sòng yī, hěn piányi. 지금 달걀은 2+1을 해서, 저렴하다.
115 / 3급	发 fā	동 보내다, 발송하다	我给他发短信了，可是他没回。 Wǒ gěi tā fā duǎnxìn le, kěshì tā méi huí. 나는 그에게 문자를 보냈지만, 그는 답이 없다.
★ 116 / 3급	发烧 fāshāo	동 열이 나다	昨天晚上我发烧了，没睡好。 Zuótiān wǎnshang wǒ fāshāo le, méi shuìhǎo. 어제저녁에 나는 열이 나서, 잠을 잘 못 잤어.
★ 117 / 3급	发现 fāxiàn	동 발견하다	我现在才发现你换手机了。 Wǒ xiànzài cái fāxiàn nǐ huàn shǒujī le. 나는 지금에야 비로소 네가 핸드폰 바꾼 것을 알았다.
★ 118 / 1급	饭店 fàndiàn	명 호텔	这家饭店的服务特别好。 Zhè jiā fàndiàn de fúwù tèbié hǎo. 이 호텔의 서비스는 매우 좋다.
★ 119 / 3급	方便 fāngbiàn	형 편리하다	人们觉得用手机照相更方便。 Rénmen juéde yòng shǒujī zhàoxiàng gèng fāngbiàn. 사람들은 핸드폰으로 사진을 찍는 것이 더 편리하다고 생각한다.
120 / 2급	房间 fángjiān	명 방	我房间里的灯坏了。 Wǒ fángjiān li de dēng huài le. 내 방의 등은 고장 났다.

✎ 잘 외워지지 않는 단어 써 보기

Day 09

● track 0-09 (VOCA)

#	단어	품사/뜻	예문
121 / 3급	放 fàng	동 놓다, 두다	你可以帮我把这个箱子放在楼下吗？ Nǐ kěyǐ bāng wǒ bǎ zhège xiāngzi fàng zài lóu xià ma? 이 상자를 아래층에 놓을 수 있나요?
122 / 3급	放心 fàngxīn	동 안심하다, 마음을 놓다	我可以自己去，你放心吧。 Wǒ kěyǐ zìjǐ qù, nǐ fàngxīn ba. 저는 혼자 갈 수 있으니까, 안심하세요.
123 / 1급	飞机 fēijī	명 비행기	我已经上飞机了，八点到北京。 Wǒ yǐjīng shàng fēijī le, bā diǎn dào Běijīng. 나는 이미 비행기를 탔고, 8시에 베이징에 도착한다.
124 / 2급	非常 fēicháng	부 매우, 대단히, 아주	昨天新买的衣服非常漂亮。 Zuótiān xīn mǎi de yīfu fēicháng piàoliang. 어제 새로 산 옷은 매우 예쁘다.
125 / 3급	分 fēn	양 펀[중국의 화폐 단위] 양 점 [성적 평가 점수·승부의 득점수 등을 세는 단위] 동 나누다	这些牛肉一共十五块零六分。 Zhèxiē niúròu yígòng shíwǔ kuài líng liù fēn. 이 소고기는 모두 15위안 6편이다.
126 / 1급	分钟 fēnzhōng	명 분 [시간을 셀 때 쓰임]	我们十五分钟后下课。 Wǒmen shíwǔ fēnzhōng hòu xiàkè. 우리는 15분 후에 수업이 끝난다.
★ 127 / 2급	服务员 fúwùyuán	명 종업원	服务员，请给我拿一杯水。 Fúwùyuán, qǐng gěi wǒ ná yì bēi shuǐ. 종업원님, 저에게 물 한 잔만 갖다 주세요.
★ 128 / 3급	附近 fùjìn	명 근처, 부근	公司附近有一家中国饭店。 Gōngsī fùjìn yǒu yì jiā Zhōngguó fàndiàn. 회사 근처에 중국 음식점이 하나 있다.
129 / 3급	复习 fùxí	동 복습하다	一下课就复习是最好的办法。 Yí xiàkè jiù fùxí shì zuì hǎo de bànfǎ. 수업이 끝나자마자 복습하는 것이 가장 좋은 방법이다.
★ 130 / 3급	干净 gānjìng	형 깨끗하다	回家后一定要先把手洗干净。 Huí jiā hòu yídìng yào xiān bǎ shǒu xǐ gānjìng. 집에 돌아간 후에 반드시 먼저 손을 깨끗이 씻어야 한다.
★ 131 / 3급	感冒 gǎnmào	명 감기 동 감기에 걸리다	天气突然变冷了，要小心感冒。 Tiānqì tūrán biàn lěng le, yào xiǎoxīn gǎnmào. 날씨가 갑자기 추워졌으니 감기를 조심해야 한다.
★ 132 / 3급	感兴趣 gǎn xìngqù	관심이 있다	我对音乐感兴趣。 Wǒ duì yīnyuè gǎn xìngqù. 나는 음악에 관심이 있다.
133 / 3급	刚才 gāngcái	명 방금, 막	我刚才经过水果店时，看到了李老师。 Wǒ gāngcái jīngguò shuǐguǒ diàn shí, kàndào le Lǐ lǎoshī. 나는 방금 과일 가게를 지나가다가 리[李] 선생님을 봤다.
134 / 2급	高 gāo	형 (높이가) 높다, (키가) 크다 형 (수준·정도가) 높다	他的汉语水平很高。 Tā de Hànyǔ shuǐpíng hěn gāo. 그의 중국어 수준은 높다.
135 / 1급	高兴 gāoxìng	형 기쁘다	今天是我妈妈的生日，她很高兴。 Jīntiān shì wǒ māma de shēngrì, tā hěn gāoxìng. 오늘은 엄마의 생신이라서 엄마는 기쁘다.

✎ 잘 외워지지 않는 단어 써 보기

Day 10

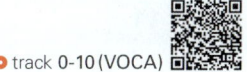
track 0-10 (VOCA)

#	단어	품사/뜻	예문
136 2급	告诉 gàosu	동 말하다, 알리다	告诉我，你想吃什么。 Gàosu wǒ, nǐ xiǎng chī shénme. 당신은 어떤 음식을 먹고 싶은지 나에게 말해 주세요.
137 2급	哥哥 gēge	명 형, 오빠	哥哥的儿子今年五岁了。 Gēge de érzi jīnnián wǔ suì le. 오빠의 아들은 올해 5살이다.
138 1급	个 ge	양 개, 명 [물건·사람을 세는 단위]	我有两个中国朋友。 Wǒ yǒu liǎng ge Zhōngguó péngyou. 나는 중국 친구 두 명이 있다.
139 3급	个子 gèzi	명 키	她个子有点儿矮，但是很可爱。 Tā gèzi yǒudiǎnr ǎi, dànshì hěn kě'ài. 그녀는 키가 조금 작지만 귀엽다.
140 2급	给 gěi	개 ~에게 동 주다	我给姐姐买了生日礼物。 Wǒ gěi jiějie mǎi le shēngrì lǐwù. 나는 언니에게 생일 선물을 사 줬다.
141 3급	根据 gēnjù	개 ~에 근거하여	根据这个故事，我了解了一些中国文化。 Gēnjù zhège gùshi, wǒ liǎojiě le yìxiē Zhōngguó wénhuà. 이 이야기에 근거해서, 나는 중국 문화를 이해했다.
142 3급	跟 gēn	개 ~와	我跟朋友一起准备这次考试。 Wǒ gēn péngyou yìqǐ zhǔnbèi zhè cì kǎoshì. 나는 친구와 함께 이번 시험을 준비한다.
143 3급	更 gèng	부 더, 더욱, 훨씬	我家比他家更大。 Wǒ jiā bǐ tā jiā gèng dà. 우리 집은 그의 집보다 더 크다.
144 1급	工作 gōngzuò	명 업무, 일 동 일하다, 근무하다	我决定去中国工作。 Wǒ juédìng qù Zhōngguó gōngzuò. 나는 중국에 가서 일하기로 결정했다.
145 2급	公共汽车 gōnggòng qìchē	명 버스	我每天坐公共汽车上学。 Wǒ měi tiān zuò gōnggòng qìchē shàngxué. 나는 매일 버스를 타고 학교에 간다.
146 3급	公斤 gōngjīn	양 킬로그램(kg)	哥哥运动了一个月后，瘦了两公斤。 Gēge yùndòng le yí ge yuè hòu, shòu le liǎng gōngjīn. 형은 운동한지 한 달 후에, 2kg이 빠졌다.
147 2급	公司 gōngsī	명 회사	我是一家公司的经理。 Wǒ shì yì jiā gōngsī de jīnglǐ. 나는 한 회사의 사장이다.
★148 3급	公园 gōngyuán	명 공원	我在北京学习的时候，常常去北海公园。 Wǒ zài Běijīng xuéxí de shíhou, chángcháng qù Běihǎi Gōngyuán. 나는 베이징에서 공부했을 때, 자주 베이하이 공원에 갔다.
149 1급	狗 gǒu	명 개	朋友的狗是妈妈送给她的。 Péngyou de gǒu shì māma sòng gěi tā de. 친구의 개는 엄마가 그녀에게 준 것이다.
150 3급	故事 gùshi	명 이야기	小时候，奶奶经常给我们讲她年轻时的故事。 Xiǎo shíhou, nǎinai jīngcháng gěi wǒmen jiǎng tā niánqīng shí de gùshi. 어렸을 때, 할머니는 항상 우리에게 할머니의 젊은 시절 이야기를 해 주셨다.

✎ 잘 외워지지 않는 단어 써 보기

Day 11

○ track 0-11 (VOCA)

#	단어	품사/뜻	예문
151 ★ 3급	刮风 guā fēng	바람이 불다	外面刮风刮得很大，所以你今天别出去了。 Wàimiàn guā fēng guā de hěn dà, suǒyǐ nǐ jīntiān bié chūqù le. 밖에 바람이 많이 부니까, 너는 오늘 나가지 마.
152 3급	关 guān	동 끄다, 닫다	我有点儿冷，请把空调关了好吗？ Wǒ yǒudiǎnr lěng, qǐng bǎ kōngtiáo guān le hǎo ma? 나는 좀 추운데 에어컨을 끄는 게 어떠니?
153 3급	关系 guānxi	명 관계	韩国和中国两个国家的关系很不错。 Hánguó hé Zhōngguó liǎng ge guójiā de guānxi hěn búcuò. 한국과 중국 두 나라의 관계는 매우 좋다.
154 ★ 3급	关心 guānxīn	동 관심을 갖다	妈妈总是关心我的学习。 Māma zǒngshì guānxīn wǒ de xuéxí. 엄마는 늘 나의 학습에 관심을 가진다.
155 3급	关于 guānyú	개 ~에 관해서	这是关于什么的节目？ Zhè shì guānyú shénme de jiémù? 이것은 어떤 것에 관한 프로그램이니?
156 2급	贵 guì	형 (가격이) 비싸다, 높다	这条裤子有点儿贵。 Zhè tiáo kùzi yǒudiǎnr guì. 이 바지는 조금 비싸다.
157 3급	国家 guójiā	명 국가, 나라	我们国家的文化在中国很受欢迎。 Wǒmen guójiā de wénhuà zài Zhōngguó hěn shòu huānyíng. 우리 나라의 문화는 중국에서 환영을 받는다.
158 3급	过 guò	동 보내다, 지내다	时间过得真快，来韩国快一个月了。 Shíjiān guò de zhēn kuài, lái Hánguó kuài yí ge yuè le. 시간이 정말 빨리 지나가서 한국에 온 지 곧 한 달이 되어간다.
159 3급	过去 guòqù	명 과거	我突然想起了过去的事情。 Wǒ tūrán xiǎngqǐ le guòqù de shìqing. 나는 갑자기 과거의 일이 생각났다.
160 2급	过 guo	조 ~한 적이 있다	我在中国吃过羊肉。 Wǒ zài Zhōngguó chīguo yángròu. 나는 중국에서 양고기를 먹어 본 적이 있다.
161 2급	还 hái	부 더, 또 부 여전히, 아직도	我还想再说一句话。 Wǒ hái xiǎng zài shuō yí jù huà. 나는 한 마디를 더 하고 싶다.
162 3급	还是 háishì	접 아니면, 또는 부 ~하는 편이 더 좋다	明天下雨还是下雪？ Míngtiān xiàyǔ háishì xiàxuě? 내일은 비가 오니, 아니면 눈이 오니?
163 2급	孩子 háizi	명 어린아이	孩子总是睡觉前看书。 Háizi zǒngshì shuìjiào qián kàn shū. 아이는 항상 잠자기 전에 책을 읽는다.
164 ★ 3급	害怕 hàipà	동 겁내다, 두려워하다	老师害怕小狗。 Lǎoshī hàipà xiǎogǒu. 선생님은 강아지를 무서워한다.
165 1급	汉语 Hànyǔ	고유 중국어	爸爸的汉语水平很高。 Bàba de Hànyǔ shuǐpíng hěn gāo. 아빠의 중국어 실력은 높다.

✎ 잘 외워지지 않는 단어 써 보기

Day 12

track 0-12 (VOCA)

166 1급	好 hǎo	형 좋다	昨天睡得不好吗？你的脸色不太好。 Zuótiān shuì de bù hǎo ma? Nǐ de liǎnsè bú tài hǎo. 어제 잠을 잘 못잤어? 너는 안색이 별로 안 좋아.
★ 167 2급	好吃 hǎochī	형 맛있다	这里的菜又好吃又便宜。 Zhèli de cài yòu hǎochī yòu piányi. 이곳의 음식은 맛있고 저렴하다.
168 1급	号 hào	명 (차례나 순번을 표시하는) 번호, 호 명 일 [날짜를 가리킴]	还有12号下午去北京的火车票吗？ Hái yǒu shí'èr hào xiàwǔ qù Běijīng de huǒchē piào ma? 12일 오후에 베이징으로 가는 기차표가 더 있나요?
169 1급	喝 hē	동 마시다	我想喝点儿啤酒。 Wǒ xiǎng hē diǎnr píjiǔ. 나는 맥주를 좀 마시고 싶다.
170 1급	和 hé	개 ~와	我办公室的旁边有休息室和洗手间。 Wǒ bàngōngshì de pángbiān yǒu xiūxishì hé xǐshǒujiān. 내 사무실 옆에는 휴게실과 화장실이 있다.
171 2급	黑 hēi	형 어둡다, 검다	冬天时，天黑的时间太早了。 Dōngtiān shí, tiān hēi de shíjiān tài zǎo le. 겨울에는 날이 어두워지는 시간이 빠르다.
172 3급	黑板 hēibǎn	명 칠판	老师在黑板上写了今天的作业。 Lǎoshī zài hēibǎn shang xiě le jīntiān de zuòyè. 선생님께서 칠판에 오늘의 숙제를 쓰셨다.
173 1급	很 hěn	부 매우	这张椅子太高，坐起来很不舒服。 Zhè zhāng yǐzi tài gāo, zuò qǐlai hěn bù shūfu. 이 의자는 너무 높아서 앉기에 불편하다.
174 2급	红 hóng	형 붉다, 빨갛다	昨天没睡好，所以今天我的眼睛非常红。 Zuótiān méi shuìhǎo, suǒyǐ jīntiān wǒ de yǎnjing fēicháng hóng. 어제 잠을 잘 못 자서, 오늘 내 눈은 너무 빨갛다.
175 3급	后来 hòulái	명 그 후, 그 뒤	我们去年见过一次，后来就没见过他。 Wǒmen qùnián jiànguo yí cì, hòulái jiù méi jiànguo tā. 우리는 작년에 한 번 봤고, 그 후에는 그를 보지 못했다.
176 1급	后面 hòumiàn	명 뒤, 뒤쪽	书店就在这个公园的后面。 Shūdiàn jiù zài zhège gōngyuán de hòumiàn. 서점은 이 공원 바로 뒤에 있다.
★ 177 3급	护照 hùzhào	명 여권	我把护照放在洗手间里了。 Wǒ bǎ hùzhào fàng zài xǐshǒujiān li le. 나는 여권을 화장실에 놓았다.
178 3급	花 huā	명 꽃	北海公园里的花儿都开了。 Běihǎi Gōngyuán li de huār dōu kāi le. 베이하이 공원에 꽃이 모두 피었다.
179 3급	花 huā	동 쓰다, 들이다, 소비하다	从我家到公司坐车要花一个多小时。 Cóng wǒ jiā dào gōngsī zuò chē yào huā yí ge duō xiǎoshí. 집에서 회사까지 차를 타고 한 시간 정도 걸린다.
180 3급	画 huà	동 (그림을) 그리다 명 그림(画儿 huàr)	我对画画儿有兴趣。 Wǒ duì huà huàr yǒu xìngqù. 나는 그림 그리는 것에 대해 흥미가 있다.

✎ 잘 외워지지 않는 단어 써 보기

Day 13

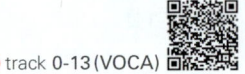
track 0-13 (VOCA)

#	단어	품사/뜻	예문
★ 181 3급	坏 huài	동 고장 나다, 망가지다	我新买的手机坏了。 Wǒ xīn mǎi de shǒujī huài le. 내가 새로 산 핸드폰은 고장 났다.
★ 182 3급	欢迎 huānyíng	동 환영하다	欢迎你来我家住一段时间。 Huānyíng nǐ lái wǒ jiā zhù yí duàn shíjiān. 네가 우리 집에서 한동안 살게 된 것을 환영한다.
183 3급	还 huán	동 반납하다, 갚다	上个星期我已经把书还了。 Shàng ge xīngqī wǒ yǐjīng bǎ shū huán le. 지난주에 나는 이미 책을 반납했다.
★ 184 3급	环境 huánjìng	명 환경	我们学校的学习环境不错。 Wǒmen xuéxiào de xuéxí huánjìng búcuò. 우리 학교의 학습 환경은 좋다.
★ 185 3급	换 huàn	동 바꾸다, 교환하다	昨天我买的裤子有一点儿大，可以换一条吗？ Zuótiān wǒ mǎi de kùzi yǒu yìdiǎnr dà, kěyǐ huàn yì tiáo ma? 어제 제가 산 바지가 조금 큰데, 바꿔 주실 수 있나요?
186 3급	黄河 Huáng Hé	고유 황허	黄河是中国最有名的河。 Huáng Hé shì Zhōngguó zuì yǒumíng de hé. 황허는 중국의 가장 유명한 강이다.
187 1급	回 huí	동 돌아가다, 돌아오다	你什么时候回国？ Nǐ shénme shíhou huí guó? 너는 언제 귀국하니?
188 3급	回答 huídá	동 대답하다	她笑着回答："我也爱吃面条儿。" Tā xiàozhe huídá: "wǒ yě ài chī miàntiáor." 그녀는 웃으면서 대답한다. "나도 국수 먹는 것을 좋아해요."
189 1급	会 huì	조동 ~할 수 있다 조동 ~할 것이다	我大学毕业后才会开车。 Wǒ dàxué bìyè hòu cái huì kāichē. 나는 대학교를 졸업한 후에야 운전을 할 수 있다.
★ 190 3급	会议 huìyì	명 회의	你知道今天的会议几点开始吗？ Nǐ zhīdào jīntiān de huìyì jǐ diǎn kāishǐ ma? 너는 오늘 회의가 몇 시에 시작하는지 알고 있니?
191 2급	火车站 huǒchēzhàn	명 기차역	从这儿到火车站需要多长时间？ Cóng zhèr dào huǒchēzhàn xūyào duō cháng shíjiān? 여기에서 기차역까지 얼마나 걸리나요?
192 3급	或者 huòzhě	접 혹은, 또는	我周末在家一般看电视或者看书。 Wǒ zhōumò zài jiā yìbān kàn diànshì huòzhě kàn shū. 나는 주말에 집에서 보통 텔레비전을 보거나 책을 읽는다.
193 3급	几乎 jīhū	부 거의	我几乎每天都喝咖啡。 Wǒ jīhū měi tiān dōu hē kāfēi. 나는 거의 매일 커피를 마신다.
★ 194 2급	机场 jīchǎng	명 공항	小李跟我去机场接客人。 Xiǎo Lǐ gēn wǒ qù jīchǎng jiē kèrén. 샤오리[小李]는 나와 공항에 가서 손님을 맞이한다.
★ 195 3급	机会 jīhuì	명 기회	有机会的话我们一起去吃饭。 Yǒu jīhuì de huà wǒmen yìqǐ qù chī fàn. 기회가 있으면 우리 같이 밥 먹으러 가자.

✏️ 잘 외워지지 않는 단어 써 보기

Day 14

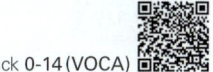

● track 0-14 (VOCA)

#	단어	품사/뜻	예문
196 2급	鸡蛋 jīdàn	명 달걀, 계란	这个鸡蛋是我从冰箱里拿出来的。 Zhège jīdàn shì wǒ cóng bīngxiāng li ná chūlai de. 이 달걀은 내가 냉장고에서 꺼내온 것이다.
197 3급	极 jí	부 매우, 아주, 극히	中国北方的冬天冷极了。 Zhōngguó běifāng de dōngtiān lěng jí le. 중국 북방 지역의 겨울은 아주 춥다.
198 1급	几 jǐ	수 몇	我和几个同学想下个月去北京玩儿。 Wǒ hé jǐ ge tóngxué xiǎng xià ge yuè qù Běijīng wánr. 나와 몇 명의 친구들은 다음 달에 베이징으로 놀러 가고 싶다.
199 3급	记得 jìde	동 기억하고 있다	我还记得我们第一次见面时，你穿了一条裙子。 Wǒ hái jìde wǒmen dì yī cì jiànmiàn shí, nǐ chuānle yì tiáo qúnzi. 나는 아직 우리가 처음 만났을 때, 네가 치마를 입었던 것을 기억하고 있다.
200 3급	季节 jìjié	명 계절	冬天是我最喜欢的季节。 Dōngtiān shì wǒ zuì xǐhuan de jìjié. 겨울은 내가 가장 좋아하는 계절이다.
201 1급	家 jiā	명 집 양 [집·점포 등을 세는 단위]	这家店离妈妈的公司很近。 Zhè jiā diàn lí māma de gōngsī hěn jìn. 이 가게는 엄마의 회사에서 가깝다.
★ 202 3급	检查 jiǎnchá	동 검사하다	我打算去医院检查一下。 Wǒ dǎsuàn qù yīyuàn jiǎnchá yíxià. 나는 병원에 가서 검사를 해 볼 계획이다.
★ 203 3급	简单 jiǎndān	형 간단하다	这次考试的题比较简单。 Zhè cì kǎoshì de tí bǐjiào jiǎndān. 이번 시험 문제는 비교적 간단하다.
204 3급	见面 jiànmiàn	동 만나다	下次见面的时候我们去喝酒吧。 Xià cì jiànmiàn de shíhou wǒmen qù hē jiǔ ba. 다음번에 만날 때는 우리 술 마시러 가자.
205 2급	件 jiàn	양 벌, 개, 건 [일·사건·옷을 세는 단위]	那件衬衫我还没穿过呢。 Nà jiàn chènshān wǒ hái méi chuān guo ne. 저 셔츠는 내가 아직 안 입어 봤다.
★ 206 3급	健康 jiànkāng	형 건강하다	祝您身体健康，天天快乐! Zhù nín shēntǐ jiànkāng, tiāntiān kuàilè! 몸이 건강하고, 매일 행복하길 바랍니다.
207 3급	讲 jiǎng	동 말하다, 이야기하다	昨天上课时，老师讲了很多内容。 Zuótiān shàngkè shí, lǎoshī jiǎng le hěn duō nèiróng. 어제 수업 시간에, 선생님께서 많은 내용을 이야기하셨다.
208 3급	教 jiāo	동 가르치다	我在小学教英语。 Wǒ zài xiǎoxué jiāo Yīngyǔ. 나는 초등학교에서 영어를 가르친다.
209 3급	角 jiǎo	양 자오 [0.1위안]	一元是10角。 Yì yuán shì shí jiǎo. 1위안은 10자오이다.
210 3급	脚 jiǎo	명 발	我的脚太大，所以总是买不到想买的鞋。 Wǒ de jiǎo tài dà, suǒyǐ zǒngshì mǎibudào xiǎng mǎi de xié. 내 발은 너무 커서, 늘 사고 싶은 신발을 살 수 없다.

✎ 잘 외워지지 않는 단어 써 보기

Day 15

 track 0-15 (VOCA)

#	단어	품사/뜻	예문
211 1급	叫 jiào	동 부르다, 외치다	你叫什么名字? Nǐ jiào shénme míngzi? 당신의 이름은 무엇입니까?
212 2급	教室 jiàoshì	명 교실	老师让我打扫教室。 Lǎoshī ràng wǒ dǎsǎo jiàoshì. 선생님은 나에게 교실을 청소하라고 시키셨다.
213 3급	接 jiē	동 마중하다	我的男朋友每天都来公司接我。 Wǒ de nánpéngyou měi tiān dōu lái gōngsī jiē wǒ. 내 남자 친구는 매일 회사에 나를 마중 온다.
214 3급	街道 jiēdào	명 큰길, 대로, 거리	去年, 街道两旁的树没有现在多。 Qùnián, jiēdào liǎngpáng de shù méiyǒu xiànzài duō. 작년에 거리 양 옆의 나무는 지금만큼 많지 않았다.
215 3급	节目 jiémù	명 프로그램	这是关于什么的节目? Zhè shì guānyú shénme de jiémù? 이것은 어떤 것에 관한 프로그램인가요?
★ 216 3급	节日 jiérì	명 기념일, 명절	春节是中国最重要的节日之一。 Chūnjié shì Zhōngguó zuì zhòngyào de jiérì zhī yī. 춘지에(春节)는 중국에서 가장 중요한 명절 중 하나이다.
★ 217 3급	结婚 jiéhūn	동 결혼하다	妈妈同意了我和他结婚。 Māma tóngyì le wǒ hé tā jiéhūn. 엄마는 내가 그와 결혼하는 것을 허락했다.
218 3급	结束 jiéshù	동 끝나다, 마치다	足球比赛还有10分钟就结束了。 Zúqiú bǐsài hái yǒu shí fēnzhōng jiù jiéshù le. 축구 경기는 10분 뒤에 끝날 것이다.
219 2급	姐姐 jiějie	명 누나, 언니	我的姐姐常常给我做饭。 Wǒ de jiějie chángcháng gěi wǒ zuò fàn. 언니는 자주 나에게 밥을 해 준다.
★ 220 3급	解决 jiějué	동 해결하다	这个问题你什么时候解决? Zhège wèntí nǐ shénme shíhou jiějué? 이 문제를 너는 언제 해결할 거니?
221 2급	介绍 jièshào	동 소개하다	你给我介绍的男朋友是我哥哥的同学。 Nǐ gěi wǒ jièshào de nánpéngyou shì wǒ gēge de tóngxué. 네가 나에게 소개해 준 남자 친구는 우리 오빠의 친구이다.
222 3급	借 jiè	동 빌리다	可以借我用用你的自行车吗? Kěyǐ jiè wǒ yòngyong nǐ de zìxíngchē ma? 내가 너의 자전거를 좀 빌려 써도 되니?
223 1급	今天 jīntiān	명 오늘	今天是一月三十号。 Jīntiān shì yī yuè sānshí hào. 오늘은 1월 30일이다.
224 2급	进 jìn	동 (밖에서 안으로) 들다	我的书包太小了, 这几本书放不进去。 Wǒ de shūbāo tài xiǎo le, zhè jǐ běn shū fàng bu jìnqu. 내 책가방은 너무 작아서 이 몇 권의 책들을 넣을 수 없다.
225 2급	近 jìn	형 가깝다	我想搬到离公司近的地方。 Wǒ xiǎng bāndào lí gōngsī jìn de dìfang. 나는 회사에서 가까운 곳으로 이사하고 싶다.

✏️ 잘 외워지지 않는 단어 써 보기

Day 16

 track 0-16 (VOCA)

#	단어	품사/뜻	예문
★ 226 3급	经常 jīngcháng	閈 항상, 언제나, 늘	我以前经常去外国旅游。 Wǒ yǐqián jīngcháng qù wàiguó lǚyóu. 나는 예전에 항상 해외 여행을 갔다.
227 3급	经过 jīngguò	图 (활동·사건을) 경험하다, 거치다 图 지나다, 경유하다	经过半年的努力，我的成绩提高了。 Jīngguò bàn nián de nǔlì, wǒ de chéngjì tígāo le. 반 년의 노력을 통해 나의 성적은 올랐다.
★ 228 3급	经理 jīnglǐ	명 사장, 지배인	经理问我愿不愿意去中国的公司工作两年。 Jīnglǐ wèn wǒ yuàn bu yuànyì qù Zhōngguó de gōngsī gōngzuò liǎng nián. 사장님은 나에게 중국 회사에 가서 2년 동안 일하길 원하는지 물어보신다.
229 1급	九 jiǔ	㝡 9, 아홉	现在是晚上九点半。 Xiànzài shì wǎnshang jiǔ diǎn bàn. 지금은 저녁 9시 30분이다.
230 3급	久 jiǔ	웰 오래다, 시간이 길다	我的眼镜用了很久了。 Wǒ de yǎnjìng yòng le hěn jiǔ le. 내 안경은 오랫동안 사용했다.
231 3급	旧 jiù	웰 낡다, 오래되다	学校里的那张桌子太旧了。 Xuéxiào li de nà zhāng zhuōzi tài jiù le. 학교의 그 책상은 너무 오래됐다.
232 2급	就 jiù	閈 곧, 즉시, 바로 閈 ~하자마자 바로 閈 ~면, ~인 이상	我昨天一到家，就睡了。 Wǒ zuótiān yí dào jiā, jiù shuì le. 나는 어제 집에 도착하자마자 잠을 잤다.
233 3급	句子 jùzi	명 문장	这个句子的意思我有点儿不明白。 Zhège jùzi de yìsi wǒ yǒudiǎnr bù míngbai. 이 문장의 의미를 조금도 이해할 수 없다.
★ 234 3급	决定 juédìng	图 결정하다	我决定和男朋友结婚了。 Wǒ juédìng hé nánpéngyou jiéhūn le. 나는 남자 친구와 결혼하기로 결정했다.
★ 235 2급	觉得 juéde	图 ~라고 느끼다, 생각하다	我觉得那是一件非常高兴的事情。 Wǒ juéde nà shì yí jiàn fēicháng gāoxìng de shìqing. 나는 그것이 매우 기쁜 일이라고 생각한다.
236 2급	咖啡 kāfēi	명 커피	冰箱里有果汁，咖啡和茶，你要喝哪个？ Bīngxiāng li yǒu guǒzhī, kāfēi hé chá, nǐ yào hē nǎ ge? 냉장고에 과일주스, 커피, 차가 있는데, 너는 어떤 것을 마실 거니?
237 1급	开 kāi	图 열다, 켜다 图 (꽃이) 피다	天气太热了，我们开空调吧！ Tiānqì tài rè le, wǒmen kāi kōngtiáo ba! 날씨가 너무 더운데, 우리 에어컨을 켜자!
238 2급	开始 kāishǐ	图 시작하다 명 시작, 처음	在中国住了几年后，我也开始习惯喝茶了。 Zài Zhōngguó zhù le jǐ nián hòu, wǒ yě kāishǐ xíguàn hē chá le. 중국에서 몇 년 산 후에, 나도 차 마시는 습관이 들기 시작했다.
239 1급	看 kàn	图 보다	王老师坐火车时喜欢看书。 Wáng lǎoshī zuò huǒchē shí xǐhuan kàn shū. 왕[王] 선생님은 기차를 탈 때 책 보는 것을 좋아한다.
240 1급	看见 kànjiàn	图 보다, 보이다	你看见我拍的照片了吗？ Nǐ kànjiàn wǒ pāi de zhàopiàn le ma? 너는 내가 찍은 사진을 봤니?

✎ 잘 외워지지 않는 단어 써 보기

Day 17

track 0-17 (VOCA)

#	단어	품사/뜻	예문
241 ★ 2급	考试 kǎoshì	명 시험	小李的英语考试成绩出来了吗? Xiǎo Lǐ de Yīngyǔ kǎoshì chéngjì chūlái le ma? 샤오리[小李]의 영어 시험 성적이 나왔나요?
242 3급	可爱 kě'ài	형 귀엽다, 사랑스럽다	弟弟的小狗越来越可爱了。 Dìdi de xiǎogǒu yuèláiyuè kě'ài le. 남동생의 강아지는 점점 더 귀여워진다.
243 2급	可能 kěnéng	부 아마 (~일지도 모른다)	手机没在包里,可能在床上。 Shǒujī méi zài bāo li, kěnéng zài chuáng shang. 핸드폰이 가방에 없다. 아마 침대에 있을지도 모른다.
244 2급	可以 kěyǐ	조동 ~할 수 있다 조동 ~해도 된다	后天你就可以出院了。 Hòutiān nǐ jiù kěyǐ chūyuàn le. 모레에 너는 퇴원해도 된다.
245 3급	渴 kě	형 목마르다	你看起来很渴,要喝水吗? Nǐ kàn qǐlái hěn kě, yào hē shuǐ ma? 목이 말라 보이는데, 물 마실래요?
246 3급	刻 kè	양 15분	我六点一刻能到家。 Wǒ liù diǎn yí kè néng dào jiā. 나는 6시 15분에 집에 도착할 수 있다.
247 3급	客人 kèrén	명 손님	爸爸的客人明天会来我家。 Bàba de kèrén míngtiān huì lái wǒ jiā. 아빠의 손님이 내일 우리 집에 올 것이다.
248 2급	课 kè	명 수업, 강의	每天下课后,老师都会给我们好吃的东西。 Měi tiān xiàkè hòu, lǎoshī dōu huì gěi wǒmen hǎochī de dōngxi. 매일 수업이 끝난 후에 선생님은 우리들에게 맛있는 것을 주신다.
249 3급	空调 kōngtiáo	명 에어컨	夏天时,我每天都开着空调睡觉。 Xiàtiān shí, wǒ měi tiān dōu kāizhe kōngtiáo shuìjiào. 여름일 때, 나는 매일 에어컨을 켜고 잠을 잔다.
250 3급	口 kǒu	양 입, 모금, 마디 양 식구 [가족 구성원을 세는 단위]	你家有几口人? Nǐ jiā yǒu jǐ kǒu rén? 당신의 가족은 몇 명입니까?
251 3급	哭 kū	동 (소리 내어) 울다	儿子疼得哭了起来。 Érzi téng de kūle qǐlái. 아들은 아파서 울기 시작했다.
252 3급	裤子 kùzi	명 바지	姐姐喜欢穿这种裤子。 Jiějie xǐhuan chuān zhè zhǒng kùzi. 언니는 이런 종류의 바지를 좋아한다.
253 1급	块 kuài	양 위안 [중국의 화폐 단위] 양 조각, 장 [조각·덩이·납작한 물건을 세는 단위]	我花了两百五十块钱。 Wǒ huāle liǎngbǎi wǔshí kuài qián. 나는 250위안을 썼다.
254 2급	快 kuài	형 빠르다	我在我们班跑得最快。 Wǒ zài wǒmen bān pǎo de zuì kuài. 나는 우리 반에서 달리기가 제일 빠르다.
255 2급	快乐 kuàilè	형 즐겁다	我觉得上大学的时候最快乐。 Wǒ juéde shàng dàxué de shíhou zuì kuàilè. 나는 대학교를 다닐 때 가장 즐거웠다고 생각한다.

✎ 잘 외워지지 않는 단어 써 보기

Day 18

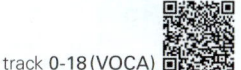
● track 0-18 (VOCA)

#	단어	품사	뜻	예문
256 3급	筷子 kuàizi	명	젓가락	我的孩子还不会用筷子。 Wǒ de háizi hái bú huì yòng kuàizi. 내 아들은 아직 젓가락을 사용할 수 없다.
257 1급	来 lái	동	오다	快上课了，老师还没来吗？ Kuài shàngkè le, lǎoshī hái méi lái ma? 곧 수업이 시작되는데, 선생님은 아직 안 오셨니?
258 3급	蓝 lán	형	파랗다	小黄觉得买蓝色的电脑比较好。 Xiǎo Huáng juéde mǎi lánsè de diànnǎo bǐjiào hǎo. 샤오황[小黄]은 파란색 컴퓨터를 사는 게 비교적 좋다고 생각한다.
259 3급	老 lǎo	형 형	늙다 오래되다	我家邻居是位老医生。 Wǒ jiā línjū shì wèi lǎo yīshēng. 우리 집 이웃은 늙은 의사이다.
260 1급	老师 lǎoshī	명	선생님	姐姐是高中老师。 Jiějie shì gāozhōng lǎoshī. 언니는 고등학교 선생님이다.
261 1급	了 le	조 조	[동사 또는 형용사 뒤에 쓰여 동작의 완성을 나타냄] [문장 끝에 쓰여 변화 또는 새로운 상황의 출현을 나타냄]	我上个月就看完那本书了。 Wǒ shàng ge yuè jiù kànwán nà běn shū le. 나는 지난 달에 저 책을 다 읽었다.
262 2급	累 lèi	형	피곤하다	昨天我和姐姐去爬山了，所以今天特别累。 Zuótiān wǒ hé jiějie qù páshān le, suǒyǐ jīntiān tèbié lèi. 어제 나는 언니와 등산을 가서, 오늘 매우 피곤하다.
263 1급	冷 lěng	형	춥다	中国北方的冬天比韩国北方更冷。 Zhōngguó běifāng de dōngtiān bǐ Hánguó běifāng gèng lěng. 중국 북방 지역의 겨울은 한국의 북방 지역보다 더 춥다.
264 2급	离 lí	개	~에서, ~로부터	请问，手机店离这儿有多远？ Qǐngwèn, shǒujī diàn lí zhèr yǒu duō yuǎn? 말씀 좀 여쭙겠습니다. 핸드폰 가게는 여기에서 많이 먼가요?
265 3급	离开 líkāi	동	떠나다	离开办公室的时候要记得关灯。 Líkāi bàngōngshì de shíhou yào jìdé guān dēng. 사무실을 떠날 때, 전등 끄는 것을 기억해야 한다.
★266 3급	礼物 lǐwù	명	선물	床上的礼物是谁送给你的？ Chuáng shang de lǐwù shì shéi sòng gěi nǐ de? 침대 위의 선물은 누가 너에게 준 거니?
267 1급	里 lǐ/li	명	내부, 안쪽	电梯里的人太多了。 Diàntī li de rén tài duō le. 엘리베이터 안에 사람이 너무 많다.
★268 3급	历史 lìshǐ	명	역사	我最喜欢的课是世界历史。 Wǒ zuì xǐhuan de kè shì shìjiè lìshǐ. 내가 가장 좋아하는 수업은 세계사이다.
269 3급	脸 liǎn	명	얼굴	一看她的脸就知道她很开心。 Yí kàn tā de liǎn jiù zhīdào tā hěn kāixīn. 그녀의 얼굴을 보자마자 바로 그녀가 매우 기쁘다는 것을 알았다.
★270 3급	练习 liànxí	동	연습하다	下个月有足球比赛，所以我每天花很长时间练习。 Xià ge yuè yǒu zúqiú bǐsài, suǒyǐ wǒ měi tiān huā hěn cháng shíjiān liànxí. 다음 달에 축구 경기가 있어서 나는 매일 오랜 시간 동안 연습한다.

✎ 잘 외워지지 않는 단어 써 보기

Day 19

● track 0-19 (VOCA)

#	단어	품사/뜻	예문
271 / 2급	两 liǎng	㊄ 2, 둘	每个月我都买两箱苹果。 Měi ge yuè wǒ dōu mǎi liǎng xiāng píngguǒ. 매달 나는 사과 두 상자를 구매한다.
272 / 3급	辆 liàng	양 대, 량 [차량을 세는 단위]	这是我新买的一辆车。 Zhè shì wǒ xīn mǎi de yí liàng chē. 이것은 내가 새로 산 자동차이다.
273 / 3급	聊天 liáotiān	동 잡담을 하다	我喜欢跟妈妈聊天。 Wǒ xǐhuan gēn māma liáotiān. 나는 엄마와 이야기하는 것을 좋아한다.
★ 274 / 3급	了解 liǎojiě	동 자세히 알다, 이해하다	除了学汉语，我还希望了解更多的中国文化。 Chúle xué Hànyǔ, wǒ hái xīwàng liǎojiě gèng duō de Zhōngguó wénhuà. 중국어를 배우는 것 말고, 나는 더 많은 중국 문화를 자세히 알고 싶다.
275 / 3급	邻居 línjū	명 이웃	邻居王叔叔是我们学校的老师。 Línjū Wáng shūshu shì wǒmen xuéxiào de lǎoshī. 이웃 왕[王] 아저씨는 우리 학교의 선생님이다.
276 / 2급	零 líng	㊄ 0, 영	我们的教室是五零三。 Wǒmen de jiàoshì shì wǔ líng sān. 우리 교실은 503호이다.
277 / 3급	留学 liúxué	동 유학하다	我在北京留学一年了。 Wǒ zài Běijīng liúxué yì nián le. 나는 베이징에서 1년 동안 유학했다.
278 / 1급	六 liù	㊄ 6, 여섯	我的生日是六月十八号。 Wǒ de shēngrì shì liù yuè shíbā hào. 내 생일은 6월 18일이다.
279 / 3급	楼 lóu	명 건물, 빌딩 양 층	HSK3级班在4楼，你可以坐电梯上去。 HSK sān jí bān zài sì lóu, nǐ kěyǐ zuò diàntī shàngqù. HSK 3급 반은 4층에 있어. 너는 엘리베이터를 타고 올라갈 수 있어.
280 / 2급	路 lù	명 도로, 길	这条路的变化很大。 Zhè tiáo lù de biànhuà hěn dà. 이 길의 변화는 크다.
★ 281 / 2급	旅游 lǚyóu	동 여행하다	我打算跟同学们一起去旅游。 Wǒ dǎsuàn gēn tóngxuémen yìqǐ qù lǚyóu. 나는 학우들과 같이 여행을 갈 계획이다.
282 / 3급	绿 lǜ	형 녹색의	我喜欢绿色的衬衫。 Wǒ xǐhuan lǜsè de chènshān. 나는 초록색 셔츠를 좋아한다.
283 / 1급	妈妈 māma	명 엄마	小时候，妈妈总在睡觉前给我讲故事。 Xiǎo shíhou, māma zǒng zài shuìjiào qián gěi wǒ jiǎng gùshi. 어렸을 때, 엄마는 늘 잠자기 전에 나에게 이야기를 해 주셨다.
284 / 3급	马 mǎ	명 말	你骑过马吗？ Nǐ qíguo mǎ ma? 너는 말을 타 본 적이 있니?
285 / 3급	马上 mǎshàng	부 곧, 바로, 즉시	现在三点五十分，银行马上就要关门了。 Xiànzài sān diǎn wǔshí fēn, yínháng mǎshàng jiù yào guānmén le. 지금은 3시 50분이라, 은행은 곧 문을 닫으려 한다.

✎ 잘 외워지지 않는 단어 써 보기

Day 20

● track 0-20 (VOCA)

#	단어	품사/뜻	예문
286 / 1급	吗 ma	조 [문장 끝에 쓰여 의문의 어기를 나타냄]	你周末也去公司工作吗？ Nǐ zhōumò yě qù gōngsī gōngzuò ma? 너는 주말에도 회사에 가서 일을 하니?
287 / 1급	买 mǎi	동 사다, 구입하다	昨天我买了一本汉语词典。 Zuótiān wǒ mǎi le yì běn Hànyǔ cídiǎn. 어제 나는 중국어 사전 한 권을 샀다.
288 / 2급	卖 mài	동 팔다, 판매하다	超市里一箱香蕉卖33元。 Chāoshì li yì xiāng xiāngjiāo mài sānshísān yuán. 슈퍼마켓에서 바나나 한 상자는 33위안에 판다.
★ 289 / 3급	满意 mǎnyì	형 만족하다	姐姐总是对我说的话不满意。 Jiějie zǒngshì duì wǒ shuō de huà bù mǎnyì. 언니는 늘 나에 대해 하는 말이 불만족스럽다.
290 / 2급	慢 màn	형 느리다	慢慢吃饭对身体好。 Mànmān chī fàn duì shēntǐ hǎo. 천천히 밥을 먹는 것은 몸에 좋다.
291 / 2급	忙 máng	형 바쁘다, 분주하다	她忙得没有时间见男朋友。 Tā máng de méiyǒu shíjiān jiàn nánpéngyou. 그녀는 바빠서 남자 친구를 만날 시간도 없다.
292 / 1급	猫 māo	명 고양이	我家有一只小猫和两只狗。 Wǒ jiā yǒu yì zhī xiǎomāo hé liǎng zhī gǒu. 우리 집에는 고양이 한 마리와 개 두 마리가 있다.
★ 293 / 3급	帽子 màozi	명 모자	他的帽子很好看。 Tā de màozi hěn hǎokàn. 그의 모자는 매우 예쁘다.
294 / 1급	没关系 méi guānxi	괜찮다, 문제없다	没关系，这本书我可以借给你。 Méi guānxi, zhè běn shū wǒ kěyǐ jiè gěi nǐ. 괜찮아. 이 책은 내가 너에게 빌려 줄 수 있어.
295 / 1급	没有 méiyǒu	동 없다 부 ~않다 동 A는 B보다 ~하지 않다 [A没有B+형용사]	冰箱里没有西瓜汁了。 Bīngxiāng li méiyǒu xīguā zhī le. 냉장고에 수박주스가 없다.
296 / 2급	每 měi	대 매, 각	我每次去中国都会去见李老师。 Wǒ měi cì qù Zhōngguó dōu huì qù jiàn Lǐ lǎoshī. 나는 매번 중국에 가면 리[李] 선생님을 만나러 갈 것이다.
297 / 2급	妹妹 mèimei	명 여동생	我妹妹是游泳运动员。 Wǒ mèimei shì yóuyǒng yùndòngyuán. 내 여동생은 수영 선수이다.
298 / 2급	门 mén	명 문 양 과목 [학문·기술 등을 세는 데 쓰임]	这学期我一共选了三门课。 Zhè xuéqī wǒ yígòng xuǎn le sān mén kè. 이번 학기에 나는 모두 3과목을 선택했다.
299 / 3급	米 mǐ	양 미터(m) 명 쌀	你从这儿往前走一百米，就能看见医院。 Nǐ cóng zhèr wǎng qián zǒu yìbǎi mǐ, jiù néng kànjiàn yīyuàn. 너는 여기서 앞으로 100m 가면, 병원을 볼 수 있다.
300 / 1급	米饭 mǐfàn	명 밥	你要米饭还是面条儿？ Nǐ yào mǐfàn háishì miàntiáor? 너는 밥을 원하니, 아니면 국수를 원하니?

✎ 잘 외워지지 않는 단어 써 보기

Day 21

 track 0-21 (VOCA)

#	단어	품사/뜻	예문
301 3급	面包 miànbāo	명 빵	这是我在很有名的面包店买的面包。 Zhè shì wǒ zài hěn yǒumíng de miànbāo diàn mǎi de miànbāo. 이것은 내가 유명한 빵집에서 산 빵이다.
302 2급	面条 miàntiáo	명 국수	这是我第一次做面条。 Zhè shì wǒ dì yī cì zuò miàntiáo. 이것은 내가 처음 만든 국수이다.
303 1급	名字 míngzi	명 이름	你叫什么名字？ Nǐ jiào shénme míngzi? 당신의 이름은 무엇입니까?
★304 3급	明白 míngbai	동 이해하다, 알다	你明白我的意思吗？ Nǐ míngbai wǒ de yìsi ma? 너는 나의 의미를 이해했니?
305 1급	明天 míngtiān	명 내일	明天我就要出国了，今天我们一起吃饭吧！ Míngtiān wǒ jiù yào chūguó le, jīntiān wǒmen yìqǐ chī fàn ba! 나는 내일 출국할 거야. 오늘 우리 같이 밥 먹자!
306 3급	拿 ná	동 잡다, 들다	我先把箱子拿到楼下去。 Wǒ xiān bǎ xiāngzi nádào lóu xiàqù. 나는 먼저 상자를 가지고 아래로 내려갈게요.
307 1급	哪 nǎ	대 어느, 어떤	我在想穿哪件衣服呢。 Wǒ zài xiǎng chuān nǎ jiàn yīfu ne. 나는 어떤 옷을 입을지 생각하는 중이다.
308 1급	哪儿 nǎr	대 어디	手机是在哪儿找到的？ Shǒujī shì zài nǎr zhǎodào de? 핸드폰은 어디에서 찾았나요?
309 1급	那 nà	대 그, 저	南老师写的那本书你们还有吗？ Nán lǎoshī xiě de nà běn shū nǐmen hái yǒu ma? 남[南] 선생님이 쓴 저 책을 너희들은 아직도 갖고 있니?
310 3급	奶奶 nǎinai	명 할머니	每个周末我都去奶奶家。 Měi ge zhōumò wǒ dōu qù nǎinai jiā. 매 주 주말에 나는 할머니 댁에 간다.
311 2급	男 nán	명 남자	我们班有三个男学生。 Wǒmen bān yǒu sān ge nán xuésheng. 우리 반에는 남학생이 3명 있다.
312 3급	南 nán	명 남, 남쪽	我从小在南方长大，所以没有见过雪。 Wǒ cóngxiǎo zài nánfāng zhǎngdà, suǒyǐ méiyǒu jiànguo xuě. 나는 어렸을 때 남쪽 지역에서 자라서, 눈을 본 적이 없다.
313 3급	难 nán	형 어렵다	今天的英语考试特别难。 Jīntiān de Yīngyǔ kǎoshì tèbié nán. 오늘의 영어 시험은 매우 어려웠다.
314 3급	难过 nánguò	형 괴롭다, 슬프다	弟弟难过地哭了。 Dìdi nánguò de kū le. 남동생은 슬프게 울었다.
315 1급	呢 ne	조 [의문문 끝에 쓰여 의문의 어기를 나타냄]	你在做什么呢？ Nǐ zài zuò shénme ne? 당신은 무엇을 하는 중인가요?

✏️ 잘 외워지지 않는 단어 써 보기

Day 22

316 1급	能 néng	조동 ~할 수 있다		这部电脑又不能用了。 Zhè bù diànnǎo yòu bù néng yòng le. 이 컴퓨터는 또 사용할 수 없다.
317 1급	你 nǐ	대 너, 당신		你有时间就来找我吧。 Nǐ yǒu shíjiān jiù lái zhǎo wǒ ba. 당신은 시간이 있으면 저를 찾아 오세요.
318 1급	年 nián	명 년		送走鸡年，迎来狗年。 Sòngzǒu jī nián, yínglái gǒu nián. 닭의 해를 보내고, 개의 해를 맞이한다.
319 3급	年级 niánjí	명 학년		你现在上几年级？ Nǐ xiànzài shàng jǐ niánjí? 당신은 지금 몇 학년인가요?
★320 3급	年轻 niánqīng	형 젊다, 어리다		这家公司的经理很年轻。 Zhè jiā gōngsī de jīnglǐ hěn niánqīng. 이 회사의 사장은 젊다.
321 3급	鸟 niǎo	명 새		小鸟是非常聪明的动物。 Xiǎoniǎo shì fēicháng cōngming de dòngwù. 새는 매우 똑똑한 동물이다.
322 2급	您 nín	대 당신		您是哪国人？ Nín shì nǎ guó rén? 당신은 어느 나라 사람인가요?
323 2급	牛奶 niúnǎi	명 우유		每天睡觉前我都喝一杯牛奶。 Měi tiān shuìjiào qián wǒ dōu hē yì bēi niúnǎi. 매일 자기 전에 나는 우유 한 컵을 마신다.
★324 3급	努力 nǔlì	동 노력하다, 열심히 하다		我儿子学习很努力，所以成绩很好。 Wǒ érzi xuéxí hěn nǔlì, suǒyǐ chéngjì hěn hǎo. 내 아들은 공부를 열심히 해서 성적이 좋다.
325 2급	女 nǚ	명 여자, 여성		请问，女洗手间在几楼？ Qǐngwèn, nǚ xǐshǒujiān zài jǐ lóu? 말씀 좀 여쭙겠습니다. 여자 화장실은 몇 층에 있나요?
326 1급	女儿 nǚ'ér	명 딸		今天是我女儿第一天上学。 Jīntiān shì wǒ nǚ'ér dì yī tiān shàngxué. 오늘은 내 딸이 학교에 가는 첫 날이다.
★327 3급	爬山 páshān	동 등산하다		下周末我们一起去爬山吧。 Xià zhōumò wǒmen yìqǐ qù páshān ba. 다음 주말에 우리 함께 등산을 갑시다.
328 3급	盘子 pánzi	명 쟁반		请帮我拿一下盘子。 Qǐng bāng wǒ ná yíxià pánzi. 나를 도와서 쟁반을 좀 들어 주세요.
329 2급	旁边 pángbiān	명 옆, 곁		图书馆旁边有个公园。 Túshūguǎn pángbiān yǒu ge gōngyuán. 도서관 옆에 공원이 있다.
330 3급	胖 pàng	형 살찌다, 뚱뚱하다		我最近胖了六公斤，新买的裙子都不能穿了。 Wǒ zuìjìn pàng le liù gōngjīn, xīn mǎi de qúnzi dōu bù néng chuān le. 나는 최근에 6kg이 쪄서 새로 산 치마를 모두 입을 수 없다.

✎ 잘 외워지지 않는 단어 써 보기

Day 23

● track 0-23 (VOCA)

#	单词	词性/뜻	例句
331 2급	跑步 pǎobù	동 달리다	我一个多星期没跑步了。 Wǒ yí ge duō xīngqī méi pǎobù le. 나는 일주일 이상 달리기를 하지 않았다.
332 1급	朋友 péngyou	명 친구	她是我最好的朋友。 Tā shì wǒ zuì hǎo de péngyou. 그녀는 나의 가장 친한 친구이다.
333 3급	皮鞋 píxié	명 구두	这双皮鞋贵不贵? Zhè shuāng píxié guì bu guì? 이 구두는 비싸니, 안 비싸니?
334 3급	啤酒 píjiǔ	명 맥주	你帮我把啤酒放到冰箱里,可以吗? Nǐ bāng wǒ bǎ píjiǔ fàng dào bīngxiāng li, kěyǐ ma? 나를 도와서 맥주를 냉장고에 넣어줄 수 있니?
335 2급	便宜 piányi	형 (값이) 싸다, 저렴하다	这条裤子太贵了,能便宜点儿吗? Zhè tiáo kùzi tài guì le, néng piányi diǎnr ma? 이 바지는 너무 비싼데, 좀 싸게 해 주실 수 있나요?
336 2급	票 piào	명 표	下个周日的票已经卖完了。 Xià ge zhōurì de piào yǐjīng màiwán le. 다음 주 일요일의 표는 이미 다 팔렸다.
337 1급	漂亮 piàoliang	형 예쁘다	这个包虽然很漂亮,但是有一点儿小。 Zhège bāo suīrán hěn piàoliang, dànshì yǒu yìdiǎnr xiǎo. 이 가방은 비록 예쁘지만 좀 작다.
338 1급	苹果 píngguǒ	명 사과	我今天早上只吃了半个苹果,所以现在很饿。 Wǒ jīntiān zǎoshang zhǐ chī le bàn ge píngguǒ, suǒyǐ xiànzài hěn è. 나는 오늘 아침에 사과를 반 개만 먹어서 지금 배가 고프다.
339 3급	瓶子 píngzi	명 병	这是我用饮料瓶子做的花瓶。 Zhè shì wǒ yòng yǐnliào píngzi zuò de huāpíng. 이것은 내가 음료수 병으로 만든 꽃병이다.
340 1급	七 qī	수 7, 일곱	我们班有七个韩国学生。 Wǒmen bān yǒu qī ge Hánguó xuésheng. 우리 반에는 한국인 학생이 7명 있다.
341 2급	妻子 qīzi	명 아내	我妻子在一家中国公司工作。 Wǒ qīzi zài yì jiā Zhōngguó gōngsī gōngzuò. 나의 아내는 중국 회사에서 일한다.
342 3급	其实 qíshí	부 사실	其实,学英语没有那么难。 Qíshí, xué Yīngyǔ méiyǒu nàme nán. 사실, 영어를 배우는 것은 그렇게 어렵지 않다.
343 3급	其他 qítā	대 기타, 그 밖, 그 외	我想去其他国家看看。 Wǒ xiǎng qù qítā guójiā kànkan. 나는 다른 나라에 가서 좀 보고 싶다.
★ 344 3급	奇怪 qíguài	형 기이하다, 이상하다	奇怪,我把钱包放在哪儿了? Qíguài, wǒ bǎ qiánbāo fàng zài nǎr le? 이상하네. 내가 지갑을 어디에 두었지?
★ 345 3급	骑 qí	동 (동물·자전거 등에) 타다	骑自行车是对身体好的运动。 Qí zìxíngchē shì duì shēntǐ hǎo de yùndòng. 자전거를 타는 것은 몸에 좋은 운동이다.

✎ 잘 외워지지 않는 단어 써 보기

Day 24

● track 0-24 (VOCA)

346 2급	起床 qǐchuáng	동 (잠자리에서) 일어나다	爸爸每天早上七点起床运动。 Bàba měi tiān zǎoshang qī diǎn qǐchuáng yùndòng. 아빠는 매일 아침 7시에 일어나서 운동을 한다.	
347 3급	起飞 qǐfēi	동 이륙하다	我们坐的飞机马上就要起飞了。 Wǒmen zuò de fēijī mǎshàng jiù yào qǐfēi le. 우리가 탄 비행기는 곧 이륙한다.	
348 3급	起来 qǐlai	동 (잠자리에서) 일어나다 동 [동사 뒤에 쓰여, 위로 향함을 나타냄]	你起来以后，一定要给我打电话。 Nǐ qǐlai yǐhòu, yídìng yào gěi wǒ dǎ diànhuà. 너는 일어난 후에, 꼭 나에게 전화를 해야 한다.	
349 2급	千 qiān	수 1000, 천	这种手机大概三千多块钱。 Zhè zhǒng shǒujī dàgài sānqiān duō kuài qián. 이런 종류의 핸드폰은 대략 3천여 위안이다.	
350 2급	铅笔 qiānbǐ	명 연필	开始时，可以用铅笔写。 Kāishǐ shí, kěyǐ yòng qiānbǐ xiě. 시작할 때 연필로 쓸 수 있다.	
351 1급	前面 qiánmiàn	명 앞쪽	地铁站前面有一家咖啡厅。 Dìtiězhàn qiánmiàn yǒu yì jiā kāfēitīng. 지하철역 앞에 카페가 하나 있다.	
352 1급	钱 qián	명 돈	我没带钱包，所以现在没有钱。 Wǒ méi dài qiánbāo, suǒyǐ xiànzài méiyǒu qián. 나는 지갑을 안 가져와서, 지금 돈이 없다.	
★353 3급	清楚 qīngchu	형 알다, 이해하다	老师写的字我看不清楚。 Lǎoshī xiě de zì wǒ kàn bu qīngchu. 선생님께서 쓰신 글씨를 나는 잘 못 알아보겠다.	
354 2급	晴 qíng	형 하늘이 맑다	虽然昨天下雨了，但是今天天气很晴。 Suīrán zuótiān xiàyǔ le, dànshì jīntiān tiānqì hěn qíng. 비록 어제 비가 왔지만, 오늘 날씨는 맑다.	
355 1급	请 qǐng	동 부탁하다	请帮我找一下李老师。 Qǐng bāng wǒ zhǎo yíxià Lǐ lǎoshī. 나를 도와 리[李] 선생님을 찾아 주세요.	
356 3급	请假 qǐngjià	동 휴가를 내다, 휴가를 신청하다	姐姐有点儿不舒服，想跟经理请假。 Jiějie yǒudiǎnr bù shūfu, xiǎng gēn jīnglǐ qǐngjià. 언니는 조금 아파서, 사장님께 휴가를 신청하고 싶다.	
357 3급	秋 qiū	명 가을	首尔的秋天是最美的季节。 Shǒu'ěr de qiūtiān shì zuì měi de jìjié. 서울의 가을은 가장 아름다운 계절이다.	
358 1급	去 qù	동 가다	她想跟朋友一起去看电影。 Tā xiǎng gēn péngyou yìqǐ qù kàn diànyǐng. 그녀는 친구와 함께 영화를 보러 가고 싶다.	
359 2급	去年 qùnián	명 작년, 지난해	丽丽是去年开始学习汉语的。 Lìli shì qùnián kāishǐ xuéxí Hànyǔ de. 리리[丽丽]는 작년에 중국어 공부를 시작했다.	
360 3급	裙子 qúnzi	명 치마	这条裙子是我昨天新买的。 Zhè tiáo qúnzi shì wǒ zuótiān xīn mǎi de. 이 치마는 내가 어제 새로 산 것이다.	

✎ 잘 외워지지 않는 단어 써 보기

Day 25

#	단어	품사/뜻	예문
361 / 3급	然后 ránhòu	접 그런 후에, 그다음에	我们先打扫房间，然后出去吧。 Wǒmen xiān dǎsǎo fángjiān, ránhòu chūqù ba. 우리는 먼저 방을 청소한 후에 나가자.
362 / 2급	让 ràng	동 ~하게 하다	哥哥让我去超市买牛奶。 Gēge ràng wǒ qù chāoshì mǎi niúnǎi. 형은 나한테 슈퍼마켓에 가서 우유를 사오라고 시켰다.
363 / 1급	热 rè	형 뜨겁다, 덥다	我觉得最近天气越来越热。 Wǒ juéde zuìjìn tiānqì yuèláiyuè rè. 나는 최근 날씨가 점점 더워지는 것 같다.
★ 364 / 3급	热情 rèqíng	형 열정적이다, 친절하다	我们的老师又漂亮，又热情。 Wǒmen de lǎoshī yòu piàoliang, yòu rèqíng. 우리 선생님은 예쁘고, 열정적이시다.
365 / 1급	人 rén	명 사람, 인간	很多中国人都喜欢韩国电影。 Hěn duō Zhōngguórén dōu xǐhuan Hánguó diànyǐng. 많은 중국인들은 한국 영화를 좋아한다.
366 / 1급	认识 rènshi	동 알다	我们已经认识二十多年了。 Wǒmen yǐjīng rènshi èrshí duō nián le. 우리는 이미 안 지 20여 년이 되었다.
367 / 3급	认为 rènwéi	동 여기다, 생각하다	她认为这件事有问题。 Tā rènwéi zhè jiàn shì yǒu wèntí. 그녀는 이 일에 문제가 있다고 생각한다.
★ 368 / 3급	认真 rènzhēn	형 진지하다, 성실하다	老师们都非常认真地工作。 Lǎoshīmen dōu fēicháng rènzhēn de gōngzuò. 선생님들 모두 매우 성실하게 일하신다.
369 / 2급	日 rì	명 (특정한) 날, 일	弟弟告诉我，他可能5月3日回韩国。 Dìdi gàosu wǒ, tā kěnéng wǔ yuè sān rì huí Hánguó. 남동생은 5월 3일에 한국으로 돌아간다고 나에게 알려줬다.
★ 370 / 3급	容易 róngyì	형 쉽다	同学们都觉得这次考试很容易。 Tóngxuémen dōu juéde zhè cì kǎoshì hěn róngyì. 학우들은 모두 이번 시험이 쉬웠다고 생각한다.
★ 371 / 3급	如果 rúguǒ	접 만약, 만일	如果你有时间，欢迎来我家玩儿。 Rúguǒ nǐ yǒu shíjiān, huānyíng lái wǒ jiā wánr. 만약 네가 시간이 있으면, 우리 집에 와서 노는 것을 환영한다.
372 / 1급	三 sān	수 3, 셋	妹妹昨天在书店买了三本书。 Mèimei zuótiān zài shūdiàn mǎi le sān běn shū. 여동생은 어제 서점에서 책을 3권 샀다.
373 / 3급	伞 sǎn	명 우산	这把黄色的伞是老师借给我的。 Zhè bǎ huángsè de sǎn shì lǎoshī jiè gěi wǒ de. 이 노란색 우산은 선생님이 나에게 빌려준 것이다.
374 / 1급	商店 shāngdiàn	명 상점, 가게	我家附近有一家商店和两家咖啡厅。 Wǒ jiā fùjìn yǒu yì jiā shāngdiàn hé liǎng jiā kāfēitīng. 우리 집 근처에는 상점 한 곳과 카페 두 곳이 있다.
375 / 1급	上 shang / shàng	명 위 동 ~위로 향하다 [동사 뒤에 쓰여, 낮은 곳부터 위로 향하는 것을 나타냄]	桌子上有一本韩语书。 Zhuōzi shang yǒu yì běn Hányǔ shū. 책상 위에 한국어 책이 한 권 있다.

✎ 잘 외워지지 않는 단어 써 보기

Day 26

track 0-26 (VOCA)

376 2급	上班 shàngbān	동 출근하다	小李生病了，所以他今天没来上班。 Xiǎo Lǐ shēngbìng le, suǒyǐ tā jīntiān méi lái shàngbān. 샤오리[小李]는 병이 나서, 오늘 출근을 하지 않았다.
377 3급	上网 shàngwǎng	동 인터넷하다	女朋友每天都上网买东西。 Nǚpéngyou měi tiān dōu shàngwǎng mǎi dōngxi. 여자 친구는 매일 인터넷으로 물건을 산다.
378 1급	上午 shàngwǔ	명 오전	我今天上午9点半有课。 Wǒ jīntiān shàngwǔ jiǔ diǎn bàn yǒu kè. 나는 오늘 오전 9시 반에 수업이 있다.
379 1급	少 shǎo	형 적다	我们公司的女职员很少。 Wǒmen gōngsī de nǚzhíyuán hěn shǎo. 우리 회사의 여자 직원은 적다.
380 1급	谁 shéi	대 누구	你知道刚才走过去的人是谁吗？ Nǐ zhīdào gāngcái zǒu guòqù de rén shì shéi ma? 너는 방금 지나간 사람이 누군지 아니?
381 2급	身体 shēntǐ	명 몸, 신체	爷爷最近身体不舒服，我有点儿担心。 Yéye zuìjìn shēntǐ bù shūfu, wǒ yǒudiǎnr dānxīn. 할아버지는 최근에 몸이 불편해서, 나는 좀 걱정된다.
382 1급	什么 shénme	대 어느	你周末一般做什么？ Nǐ zhōumò yìbān zuò shénme? 너는 주말에 보통 무엇을 하니?
★ 383 2급	生病 shēngbìng	동 병이 나다	妹妹生病的时候，我一直在照顾她。 Mèimei shēngbìng de shíhou, wǒ yìzhí zài zhàogù tā. 여동생이 병이 났을 때, 나는 계속 그녀를 돌본다.
★ 384 3급	生气 shēngqì	동 화내다	为了我们的健康，不要经常生气。 Wèile wǒmen de jiànkāng, búyào jīngcháng shēngqì. 우리의 건강을 위해, 자주 화를 내지 마라.
★ 385 2급	生日 shēngrì	명 생일	这个星期三是我奶奶的生日。 Zhège xīngqīsān shì wǒ nǎinai de shēngrì. 이번 주 수요일은 우리 할머니의 생신이다.
386 3급	声音 shēngyīn	명 소리, 목소리	电视的声音太大了，能不能关小点儿？ Diànshì de shēngyīn tài dà le, néng bu néng guān xiǎo diǎnr? 텔레비전 소리가 너무 크데, 좀 작게 할 수 있니?
387 1급	十 shí	수 10, 열	你点了十个菜，但是我们吃得完吗？ Nǐ diǎn le shí ge cài, dànshì wǒmen chī de wán ma? 당신이 요리를 열 개나 주문했는데 우리는 다 먹을 수 있을까요?
388 1급	时候 shíhou	명 때, 시각	妈妈不工作的时候，就在家休息。 Māma bù gōngzuò de shíhou, jiù zài jiā xiūxi. 엄마는 일을 하지 않을 때 집에서 쉬신다.
389 2급	时间 shíjiān	명 시간	从学校走到地铁站要多长时间？ Cóng xuéxiào zǒu dào dìtiězhàn yào duō cháng shíjiān? 학교에서 지하철역까지 가는데 시간이 얼마나 걸리나요?
390 3급	世界 shìjiè	명 세계	今天我们有一节世界历史课。 Jīntiān wǒmen yǒu yì jié shìjiè lìshǐ kè. 오늘 우리는 세계사 수업이 하나 있다.

✎ 잘 외워지지 않는 단어 써 보기

Day 27

391 2급	事情 shìqing	몡 일, 사건	你觉得这件事情我做错了吗? Nǐ juéde zhè jiàn shìqing wǒ zuòcuò le ma? 네 생각에 이 일은 내가 잘못한 거니?
392 3급	试 shì	동 시험 삼아 해 보다	我可以试一下这条裙子吗? Wǒ kěyǐ shì yíxià zhè tiáo qúnzi ma? 제가 이 치마를 한번 입어 봐도 되나요?
393 1급	是 shì	동 ~이다	他们是我爸爸的中国客人。 Tāmen shì wǒ bàba de Zhōngguó kèrén. 그들은 우리 아빠의 중국 손님이다.
394 2급	手表 shǒubiǎo	몡 손목시계	男朋友给我买了一块儿手表。 Nánpéngyou gěi wǒ mǎi le yí kuàir shǒubiǎo. 남자 친구는 나에게 손목시계를 하나 사줬다.
395 2급	手机 shǒujī	몡 핸드폰	我妈妈今天出去时没带手机。 Wǒ māma jīntiān chūqù shí méi dài shǒujī. 우리 엄마는 오늘 나갈 때 핸드폰을 안 챙겼다.
396 3급	瘦 shòu	형 마르다, 여위다	我觉得你比去年瘦多了。 Wǒ juéde nǐ bǐ qùnián shòu duō le. 나는 네가 작년보다 더 말랐다고 생각한다.
397 1급	书 shū	몡 책	这本书不是买的, 而是我在图书馆借的。 Zhè běn shū bú shì mǎi de, érshì wǒ zài túshūguǎn jiè de. 이 책은 산 것이 아니라, 내가 도서관에서 빌린 것이다.
398 3급	叔叔 shūshu	몡 삼촌	叔叔在中国公司工作, 他汉语说得很好。 Shūshu zài Zhōngguó gōngsī gōngzuò, tā Hànyǔ shuō de hěn hǎo. 삼촌은 중국 회사에서 일하고 중국어를 잘한다.
★399 3급	舒服 shūfu	형 (몸·마음이) 편안하다	看起来, 老师今天有点儿不舒服。 Kàn qǐlái, lǎoshī jīntiān yǒudiǎnr bù shūfu. 선생님은 오늘 좀 아파 보인다.
400 3급	树 shù	몡 나무	山上有很多苹果树。 Shān shang yǒu hěn duō píngguǒ shù. 산 위에 사과 나무가 많이 있다.
401 3급	数学 shùxué	몡 수학	今天的数学作业太多了, 我做不完。 Jīntiān de shùxué zuòyè tài duō le, wǒ zuòbuwán. 오늘의 수학 숙제가 너무 많아서 나는 다 끝내지 못했다.
402 3급	刷牙 shuāyá	동 이를 닦다	睡觉前刷牙是好习惯。 Shuìjiào qián shuāyá shì hǎo xíguàn. 자기 전에 양치하는 것은 좋은 습관이다.
403 3급	双 shuāng	양 짝, 켤레	这双筷子是朋友从中国带来的。 Zhè shuāng kuàizi shì péngyou cóng Zhōngguó dàilái de. 이 젓가락 한 쌍은 친구가 중국에서 가져온 것이다.
404 1급	水 shuǐ	몡 물	她运动后, 一直喝水。 Tā yùndòng hòu, yìzhí hē shuǐ. 그녀는 운동 후에 계속 물을 마신다.
405 1급	水果 shuǐguǒ	몡 과일	冰箱里有很多水果。 Bīngxiāng li yǒu hěn duō shuǐguǒ. 냉장고에 과일이 많이 있다.

✎ 잘 외워지지 않는 단어 써 보기

Day 28

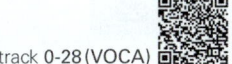

● track 0-28 (VOCA)

#	단어	품사/뜻	예문
406 3급	水平 shuǐpíng	몡 수준	我认为你画画儿的水平提高了。 Wǒ rènwéi nǐ huà huàr de shuǐpíng tígāo le. 나는 너의 그림 그리는 수준이 향상됐다고 생각한다.
407 1급	睡觉 shuìjiào	동 잠을 자다	爸爸昨天睡觉时忘关电视了。 Bàba zuótiān shuìjiào shí wàng guān diànshì le. 아빠는 어제 잘 때 텔레비전 끄는 것을 잊었다.
408 1급	说 shuō	동 말하다	爸爸说下个月要去中国出差。 Bàba shuō xià ge yuè yào qù Zhōngguó chūchāi. 아빠는 다음 달에 중국으로 출장을 가야 한다고 말한다.
409 2급	说话 shuōhuà	동 말하다, 이야기하다	那个说话的人是谁? Nàge shuōhuà de rén shì shéi? 저 말을 한 사람은 누구니?
410 3급	司机 sījī	몡 (자동차·전차·기차 등의) 운전사, 기관사	这位司机开车开得很快。 Zhè wèi sījī kāichē kāi de hěn kuài. 이 운전사는 운전을 빠르게 한다.
411 1급	四 sì	수 4, 넷	四年前，我去中国留学了。 Sì nián qián, wǒ qù Zhōngguó liúxué le. 4년 전에, 나는 중국에 유학을 갔었다.
★ 412 2급	送 sòng	동 배웅하다 동 선물하다, 주다	妈妈让我开车送弟弟去机场。 Māma ràng wǒ kāichē sòng dìdi qù jīchǎng. 엄마는 나에게 운전해서 남동생을 공항에 배웅하라고 했다.
★ 413 2급	虽然A但是B suīrán A dànshì B	비록 A하지만, 그러나 B하다	我家虽然很小，但是很干净。 Wǒ jiā suīrán hěn xiǎo, dànshì hěn gānjìng. 우리 집은 비록 작지만, 깨끗하다.
414 1급	岁 suì	몡 살, 세 [나이를 세는 단위]	我姐姐今年二十七岁了。 Wǒ jiějie jīnnián èrshíqī suì le. 우리 언니는 올해 27살이다.
415 1급	他 tā	대 그, 그 사람	他总是因为一些小事哭。 Tā zǒngshì yīnwèi yìxiē xiǎoshì kū. 그는 늘 작은 일들 때문에 운다.
416 2급	它 tā	대 그, 그것	我有一只小狗，它非常可爱。 Wǒ yǒu yì zhī xiǎogǒu, tā fēicháng kě'ài. 나는 강아지가 한 마리 있는데, 매우 귀엽다.
417 1급	她 tā	대 그녀, 그 여자	她的习惯和我的不一样。 Tā de xíguàn hé wǒ de bù yíyàng. 그녀의 습관은 나와 같지 않다.
418 1급	太 tài	부 너무, 매우	妈妈今天买的蛋糕太甜了。 Māma jīntiān mǎi de dàngāo tài tián le. 엄마가 오늘 산 케이크는 너무 달다.
419 3급	太阳 tàiyáng	몡 태양	今天的太阳这么好，我们出去走走吧! Jīntiān de tàiyáng zhème hǎo, wǒmen chūqù zǒuzou ba! 오늘 해가 이렇게 좋으니까, 우리는 나가서 좀 걷자!
420 3급	特别 tèbié	부 아주, 매우 부 특히	我弟弟从小就特别喜欢画画儿。 Wǒ dìdi cóngxiǎo jiù tèbié xǐhuan huà huàr. 내 남동생은 어렸을 때부터 그림 그리는 것을 아주 좋아했다.

✎ 잘 외워지지 않는 단어 써 보기

Day 29

○ track 0-29 (VOCA)

#	단어	품사/뜻	예문
★ 421 3급	疼 téng	형 아프다	叔叔最近一直头疼，所以今天去了医院。 Shūshu zuìjìn yìzhí tóu téng, suǒyǐ jīntiān qù le yīyuàn. 삼촌은 최근에 계속 머리가 아파서, 오늘 병원에 갔다.
★ 422 2급	踢足球 tī zúqiú	축구를 하다	昨天放学后，我和同学们去踢足球了。 Zuótiān fàngxué hòu, wǒ hé tóngxuémen qù tī zúqiú le. 어제 학교가 끝나고, 나와 친구들은 축구를 하러 갔다.
★ 423 3급	提高 tígāo	동 (위치·수준·질·수량 등을) 제고하다, 높이다	去了中国以后，他的汉语水平提高了很多。 Qù le Zhōngguó yǐhòu, tā de Hànyǔ shuǐpíng tígāo le hěn duō. 중국에 간 이후로, 그의 중국어 수준이 많이 향상되었다.
424 2급	题 tí	명 문제	作业里有两道题我看不懂。 Zuòyè li yǒu liǎng dào tí wǒ kànbudǒng. 숙제에서 두 문제를 나는 이해할 수 없다.
425 3급	体育 tǐyù	명 체육	我爸爸对体育非常感兴趣。 Wǒ bàba duì tǐyù fēicháng gǎn xìngqù. 우리 아빠는 체육에 대해 매우 흥미가 있다.
426 1급	天气 tiānqì	명 날씨	我听说下个星期的天气非常好。 Wǒ tīngshuō xià ge xīngqī de tiānqì fēicháng hǎo. 내가 듣자 하니 다음 주의 날씨는 매우 좋다.
427 3급	甜 tián	형 달다	这些水果真甜，你在哪儿买的? Zhè xiē shuǐguǒ zhēn tián, nǐ zài nǎr mǎi de? 이 과일들은 정말 단데, 너는 어디에서 샀니?
428 3급	条 tiáo	양 [가늘고 긴 것을 세는 단위] 양 벌 [바지·치마를 세는 단위]	这条裤子是她去年在中国买的。 Zhè tiáo kùzi shì tā qùnián zài Zhōngguó mǎi de. 이 바지는 그녀가 작년에 중국에서 산 것이다.
429 2급	跳舞 tiàowǔ	동 춤을 추다	她和姐姐跳舞跳得都非常好。 Tā hé jiějie tiàowǔ tiào de dōu fēicháng hǎo. 그녀와 언니는 춤을 매우 잘 춘다.
430 1급	听 tīng	동 듣다	我听不懂你说的话。 Wǒ tīngbudǒng nǐ shuō de huà. 나는 너의 말을 못 알아 듣겠어.
431 3급	同事 tóngshì	명 동료	那个孩子是我同事的儿子。 Nàge háizi shì wǒ tóngshì de érzi. 저 아이는 내 동료의 아들이다.
432 1급	同学 tóngxué	명 학교 친구, 동급생	我的同学是韩国人。 Wǒ de tóngxué shì Hánguórén. 나의 학우는 한국인이다.
★ 433 3급	同意 tóngyì	동 동의하다	妈妈不同意我去中国留学。 Māma bù tóngyì wǒ qù Zhōngguó liúxué. 엄마는 내가 중국으로 유학 가는 것에 동의하지 않으신다.
434 3급	头发 tóufa	명 머리카락	这是我第一次在韩国剪的头发。 Zhè shì wǒ dì yī cì zài Hánguó jiǎn de tóufa. 이것은 내가 한국에서 처음으로 자른 머리카락이다.
435 3급	突然 tūrán	부 갑자기	下班的时候，外面突然下起雨来了。 Xiàbān de shíhou, wàimiàn tūrán xiàqi yǔ lái le. 퇴근할 때, 밖에 갑자기 비가 내리기 시작했다.

✏️ 잘 외워지지 않는 단어 써 보기

Day 30

track 0-30 (VOCA)

#	단어	품사/뜻	예문
436 ★ 3급	图书馆 túshūguǎn	명 도서관	我们学校的图书馆环境非常好。 Wǒmen xuéxiào de túshūguǎn huánjìng fēicháng hǎo. 우리 학교 도서관의 환경은 매우 좋다.
437 3급	腿 tuǐ	명 다리	弟弟的腿从昨天到现在一直在疼。 Dìdi de tuǐ cóng zuótiān dào xiànzài yìzhí zài téng. 남동생의 다리는 어제부터 지금까지 계속 아프다.
438 2급	外 wài	명 밖, 바깥	爸爸今天和同事在外面吃饭。 Bàba jīntiān hé tóngshì zài wàimiàn chī fàn. 아빠는 오늘 동료와 밖에서 밥을 먹는다.
439 2급	完 wán	동 마치다, 끝내다, 완성하다	你等我一下，我马上就吃完了。 Nǐ děng wǒ yíxià, wǒ mǎshàng jiù chīwán le. 너는 잠깐만 나를 좀 기다려줘, 나는 곧 밥을 다 먹어.
440 3급	完成 wánchéng	동 (예정대로) 끝내다, 완성하다	小李完成今天的工作才能下班。 Xiǎo Lǐ wánchéng jīntiān de gōngzuò cái néng xiàbān. 샤오리[小李]는 오늘의 업무를 끝내야만 비로소 퇴근할 수 있다.
441 2급	玩 wán	동 놀다	你总是一回家就玩儿游戏。 Nǐ zǒngshì yì huí jiā jiù wánr yóuxì. 너는 항상 집에 가기만 하면 게임을 해.
442 2급	晚上 wǎnshang	명 저녁	今天晚上爸爸的客人会来我家吃饭。 Jīntiān wǎnshang bàba de kèrén huì lái wǒ jiā chī fàn. 오늘 저녁에 아빠의 손님이 우리 집에 와서 식사를 할 것이다.
443 3급	碗 wǎn	명 공기, 사발 양 그릇	姐姐洗碗洗得非常干净。 Jiějie xǐ wǎn xǐ de fēicháng gānjìng. 누나는 설거지를 매우 깨끗하게 한다.
444 3급	万 wàn	수 10000, 만	昨天爸爸跑了一万米，所以非常累。 Zuótiān bàba pǎo le yí wàn mǐ, suǒyǐ fēicháng lèi. 어제 아빠는 10,000m를 달렸고, 그래서 매우 피곤하시다.
445 2급	往 wǎng	개 ~쪽으로	你从地铁站出来后，一直往前走就能看到一家中国餐厅。 Nǐ cóng dìtiězhàn chūlái hòu, yìzhí wǎng qián zǒu jiù néng kàndào yì jiā Zhōngguó cāntīng. 당신은 지하철역에서 나온 뒤에, 계속 앞으로 가다 보면 중국 식당을 볼 수 있다.
446 3급	忘记 wàngjì	동 잊어버리다, 까먹다	出来的时候，好像忘记关电视了。 Chūlái de shíhou, hǎoxiàng wàngjì guān diànshì le. 나올 때 TV 끄는 것을 잊어버린 것 같다.
447 3급	为 wèi	개 ~를 위하여	这是我为爸爸和妈妈准备的礼物。 Zhè shì wǒ wèi bàba hé māma zhǔnbèi de lǐwù. 이것은 내가 부모님을 위해 준비한 선물이다.
448 3급	为了 wèile	개 ~를 하기 위하여	为了欢迎我的中国朋友，妈妈准备了很多好吃的饭菜。 Wèile huānyíng wǒ de Zhōngguó péngyou, māma zhǔnbèi le hěn duō hǎochī de fàncài. 나의 중국 친구를 환영하기 위하여, 엄마는 맛있는 음식을 많이 준비하셨다.
449 2급	为什么 wèi shénme	대 왜	你昨天为什么没来上课？哪儿不舒服？ Nǐ zuótiān wèi shénme méi lái shàngkè? Nǎr bù shūfu? 너는 어제 왜 수업에 오지 않았니? 어디 아파?
450 3급	位 wèi	양 분, 명 [공경의 뜻을 내포함]	南老师是一位很有名的老师。 Nán lǎoshī shì yí wèi hěn yǒumíng de lǎoshī. 남[南] 선생님은 유명한 선생님이다.

✎ 잘 외워지지 않는 단어 써 보기

Day 31

● track 0-31 (VOCA)

#	单词	词性/释义	例句
451 1급	喂 wéi	감 (전화상에서) 여보세요	喂，请问玛丽在家吗？ Wéi, qǐngwèn Mǎlì zài jiā ma? 여보세요, 마리[玛丽]는 집에 있나요?
★ 452 3급	文化 wénhuà	명 문화	很多外国学生都对中国文化有兴趣。 Hěn duō wàiguó xuésheng dōu duì Zhōngguó wénhuà yǒu xìngqù. 많은 외국 학생들은 중국 문화에 대해 흥미가 있다.
453 2급	问 wèn	동 묻다, 여쭙다, 질문하다	我不太清楚，你再问一下别人吧。 Wǒ bú tài qīngchu, nǐ zài wèn yíxià biérén ba. 나는 정확히 모르겠네. 너는 다른 사람에게 한번 물어봐.
454 2급	问题 wèntí	명 문제	上次出现的问题，公司还没解决。 Shàngcì chūxiàn de wèntí, gōngsī hái méi jiějué. 지난번에 발생한 문제는 회사에서 아직 해결하지 못했다.
455 1급	我 wǒ	대 나	我女儿不喜欢学习历史，她更喜欢数学。 Wǒ nǚ'ér bù xǐhuan xuéxí lìshǐ, tā gèng xǐhuan shùxué. 나의 딸은 역사 공부하는 것을 좋아하지 않고, 수학을 더 좋아한다.
456 1급	我们 wǒmen	대 우리	动物园离这儿很远，我们坐公共汽车去吧。 Dòngwùyuán lí zhèr hěn yuǎn, wǒmen zuò gōnggòng qìchē qù ba. 동물원은 여기에서 멀어. 우리 버스를 타고 가자.
457 1급	五 wǔ	수 5, 다섯	我今天带了五支铅笔，都借给别的同学了。 Wǒ jīntiān dàile wǔ zhī qiānbǐ, dōu jiè gěi biéde tóngxué le. 나는 오늘 연필 다섯 자루를 가져왔는데, 다른 학우에게 모두 빌려줬어.
458 3급	西 xī	명 서쪽	请问，从这儿到学校西门的超市怎么走？ Qǐngwèn, cóng zhèr dào xuéxiào xīmén de chāoshì zěnme zǒu? 저기요, 여기에서 학교 서문의 슈퍼까지 어떻게 가나요?
459 2급	西瓜 xīguā	명 수박	今天买的西瓜特别甜，你要不要尝尝？ Jīntiān mǎi de xīguā tèbié tián, nǐ yàobuyào chángchang? 오늘 산 수박은 매우 달아. 너 좀 먹어 볼래?
460 2급	希望 xīwàng	동 바라다, 희망하다 명 희망	老师希望学生们都能找到满意的工作。 Lǎoshī xīwàng xuéshengmen dōu néng zhǎodào mǎnyì de gōngzuò. 선생님은 학생 모두가 만족하는 직업을 찾을 수 있기를 바란다.
461 3급	习惯 xíguàn	명 습관 동 익숙해지다	吃饭以后马上躺下的习惯对身体很不好。 Chī fàn yǐhòu mǎshàng tǎngxià de xíguàn duì shēntǐ hěn bù hǎo. 밥을 먹은 후에 바로 눕는 습관은 몸에 좋지 않다.
462 2급	洗 xǐ	동 씻다	吃水果时，一定要把水果洗干净。 Chī shuǐguǒ shí, yídìng yào bǎ shuǐguǒ xǐ gānjìng. 과일을 먹을 때, 반드시 과일을 깨끗이 씻어야 한다.
463 3급	洗手间 xǐshǒujiān	명 화장실	出门前，别忘了关洗手间的灯。 Chūmén qián, bié wàng le guān xǐshǒujiān de dēng. 외출하기 전에 화장실 등 끄는 것을 잊지 마세요.
464 3급	洗澡 xǐzǎo	동 목욕하다	我刚才在洗澡，所以没听见你来电话。 Wǒ gāngcái zài xǐzǎo, suǒyǐ méi tīngjiàn nǐ lái diànhuà. 나는 방금 목욕하느라 너의 전화를 듣지 못했어.
465 1급	喜欢 xǐhuan	동 좋아하다	我不喜欢打篮球，但是我喜欢看篮球比赛。 Wǒ bù xǐhuan dǎ lánqiú, dànshì wǒ xǐhuan kàn lánqiú bǐsài. 나는 농구하는 것을 좋아하지 않지만, 농구 경기 보는 것을 좋아한다.

✏️ 잘 외워지지 않는 단어 써 보기

Day 32

 track 0-32 (VOCA)

#	단어	품사/뜻	예문
466 1급	下 xià	명 아래 명 다음, 나중	朋友说下次会跟我一起去中国旅行。 Péngyou shuō xiàcì huì gēn wǒ yìqǐ qù Zhōngguó lǚxíng. 친구는 다음번에 나와 함께 중국에 여행을 갈 수 있다고 말했다.
467 1급	下午 xiàwǔ	명 오후	你一定看错了，我下午一直在这儿。 Nǐ yídìng kàncuò le, wǒ xiàwǔ yìzhí zài zhèr. 네가 분명 잘못 본 거야. 나는 오후에 계속 이곳에 있었어.
468 1급	下雨 xiàyǔ	동 비가 오다	外面下雨了，你带雨伞了吗？ Wàimiàn xiàyǔ le, nǐ dài yǔsǎn le ma? 밖에 비가 내려. 너는 우산을 챙겼니?
469 3급	夏 xià	명 여름	夏天到了，计划减肥的人也越来越多了。 Xiàtiān dào le, jìhuà jiǎnféi de rén yě yuèláiyuè duō le. 여름이 왔다. 다이어트를 계획하는 사람들도 갈수록 많아진다.
470 3급	先 xiān	부 먼저, 우선	运动会结束以后，请学生们先回教室。 Yùndònghuì jiéshù yǐhòu, qǐng xuéshengmen xiān huí jiàoshì. 운동회가 끝난 후에, 학생들은 우선 교실로 돌아가 주세요.
471 1급	先生 xiānsheng	명 선생, 씨 [성인 남성에 대한 경칭]	先生，这是您的皮鞋，请拿好。 Xiānsheng, zhè shì nín de píxié, qǐng náhǎo. 선생님, 이것은 당신의 구두입니다. 잘 가져가세요.
472 1급	现在 xiànzài	명 지금, 현재	对我来说，现在最重要的就是找工作。 Duì wǒ lái shuō, xiànzài zuì zhòngyào de jiùshì zhǎo gōngzuò. 나에게 있어서 지금 제일 중요한 것은 일을 찾는 것이다.
473 3급	相信 xiāngxìn	동 믿다, 신뢰하다	一个不相信自己的人，是很难把事情做好的。 Yí ge bù xiāngxìn zìjǐ de rén, shì hěn nán bǎ shìqing zuòhǎo de. 자기를 믿지 못하는 사람은 일을 잘하기 매우 어렵다.
★ 474 3급	香蕉 xiāngjiāo	명 바나나	网上说这个地方的香蕉非常有名。 Wǎngshang shuō zhège dìfang de xiāngjiāo fēicháng yǒumíng. 인터넷에서 말하기를 이 지역의 바나나는 매우 유명하다.
475 1급	想 xiǎng	조동 ~하고 싶다 동 생각하다	经理想把这个箱子搬到办公室里。 Jīnglǐ xiǎng bǎ zhège xiāngzi bāndào bàngōngshì li. 사장님은 이 상자를 사무실 안으로 옮기고 싶어 한다.
476 3급	向 xiàng	개 ~에게	朋友一进来，就向我们介绍了她的男朋友。 Péngyou yí jìnlái, jiù xiàng wǒmen jièshào le tā de nánpéngyou. 친구는 들어오자마자 바로 우리에게 그녀의 남자 친구를 소개해 주었다.
477 3급	像 xiàng	동 닮다 동 ~와 같다	小时候的你跟现在不太像。 Xiǎoshíhòu de nǐ gēn xiànzài bú tài xiàng. 어렸을 때의 너는 지금과 그다지 닮지 않았다.
478 1급	小 xiǎo	형 작다	我看到河里有一条小船。 Wǒ kàndào hé li yǒu yì tiáo xiǎochuán. 나는 강에 작은 배 한 척이 있는 것을 보았다.
479 1급	小姐 xiǎojiě	명 아가씨	下班时，李小姐告诉我，明天可能下雨。 Xiàbān shí, Lǐ xiǎojiě gàosu wǒ, míngtiān kěnéng xiàyǔ. 퇴근할 때, 리[李] 아가씨는 나에게 내일 아마도 비가 올 것 같다고 알려 줬다.
480 2급	小时 xiǎoshí	명 시간	还有一个小时考试就要开始了。 Hái yǒu yí ge xiǎoshí kǎoshì jiùyào kāishǐ le. 한 시간 더 있으면 시험이 곧 시작될 것이다.

✏️ 잘 외워지지 않는 단어 써 보기

Day 33

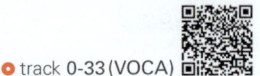
track 0-33 (VOCA)

481 3급	小心 xiǎoxīn	동 조심하다	现在雨下得很大，你开车一定要小心。 Xiànzài yǔ xià de hěn dà, nǐ kāichē yídìng yào xiǎoxīn. 지금 비가 많이 와. 너는 반드시 운전을 조심히 해야 해.
482 3급	校长 xiàozhǎng	명 학교장	张校长正在开会，但马上就结束了，请等一下。 Zhāng xiàozhǎng zhèngzài kāihuì, dàn mǎshàng jiù jiéshù le, qǐng děng yíxià. 장[张] 교장 선생님은 지금 회의 중이신데, 곧 끝날 거예요. 좀 기다려 주세요.
483 2급	笑 xiào	동 웃다	所有人都喜欢常常笑的人。 Suǒyǒu rén dōu xǐhuan chángcháng xiào de rén. 모든 사람들은 자주 웃는 사람을 좋아한다.
484 1급	些 xiē	양 조금, 약간	这些礼物都是我生日时收到的。 Zhèxiē lǐwù dōu shì wǒ shēngrì shí shōudào de. 이 선물들은 모두 내 생일 때 받았던 것이다.
485 1급	写 xiě	동 (글씨를) 쓰다, 적다	姐姐汉字写得很漂亮。 Jiějie Hànzì xiě de hěn piàoliang. 언니는 한자를 예쁘게 쓴다.
486 1급	谢谢 xièxie	동 고맙다, 감사하다	能给我介绍一下这是什么吗？谢谢。 Néng gěi wǒ jièshào yíxià zhè shì shénme ma? Xièxie. 저에게 이것이 무엇인지 알려줄 수 있나요? 감사합니다.
487 2급	新 xīn	형 새것의 부 새로이, 갓	新房子虽然有点儿贵，但是我非常满意。 Xīn fángzi suīrán yǒudiǎnr guì, dànshì wǒ fēicháng mǎnyì. 새 집은 비록 좀 비싸지만, 나는 매우 만족한다.
488 3급	新闻 xīnwén	명 뉴스	我看完新闻再吃饭，行吗？ Wǒ kànwán xīnwén zài chī fàn, xíng ma? 나는 뉴스를 다 보고 밥을 먹고 싶어. 괜찮아?
★ 489 3급	新鲜 xīnxiān	형 신선하다	我家附近的山里空气很新鲜。 Wǒ jiā fùjìn de shān li kōngqì hěn xīnxiān. 우리 집 근처 산의 공기는 매우 신선하다.
490 3급	信用卡 xìnyòngkǎ	명 신용카드	最近，大学生也可以在银行办信用卡。 Zuìjìn, dàxuéshēng yě kěyǐ zài yínháng bàn xìnyòngkǎ. 요즘은 대학생들도 은행에서 신용카드를 만들 수 있다.
491 1급	星期 xīngqī	명 주, 주일	老师感冒都快一个星期了，可是还没好呢。 Lǎoshī gǎnmào dōu kuài yí ge xīngqī le, kěshì hái méi hǎo ne. 선생님은 감기에 걸린 지 일주일이 다 되었지만, 아직 낫지 않았다.
★ 492 3급	行李箱 xínglǐxiāng	명 트렁크, 여행용 가방	我只有一个行李箱，自己坐出租车就行。 Wǒ zhǐ yǒu yí ge xínglǐxiāng, zìjǐ zuò chūzūchē jiù xíng. 나는 트렁크가 하나뿐이라서 혼자 택시를 타도 괜찮아.
493 2급	姓 xìng	동 성이 ~이다	我姓王，叫银珍，大家都叫我小王。 Wǒ xìng Wáng, jiào Yínzhēn, dàjiā dōu jiào wǒ Xiǎo Wáng. 나의 성은 왕[王]이고 이름은 은진[银珍]이다. 모두 나를 '샤오왕[小王]' 이라고 부른다.
★ 494 3급	熊猫 xióngmāo	명 판다	如果能去中国的话，我一定要去看熊猫。 Rúguǒ néng qù Zhōngguó de huà, wǒ yídìng yào qù kàn xióngmāo. 만약에 중국에 갈 수 있다면, 나는 반드시 판다를 보러 갈 것이다.
495 2급	休息 xiūxi	동 쉬다, 휴식하다	妈妈周末一般在家休息，有时候会见朋友。 Māma zhōumò yìbān zài jiā xiūxi, yǒushíhou huì jiàn péngyou. 엄마는 주말에 보통 집에서 쉬시고, 가끔씩 친구를 만나러 가신다.

✎ 잘 외워지지 않는 단어 써 보기

Day 34

● track 0-34 (VOCA)

496 3급	需要 xūyào	동 필요로 하다, 요구되다	行李我都准备好了，你看看还需要带什么？ Xíngli wǒ dōu zhǔnbèi hǎo le, nǐ kànkan hái xūyào dài shénme? 짐은 내가 다 준비했는데, 너는 더 가져가야 할 것이 있어?
★ 497 3급	选择 xuǎnzé	동 고르다, 선택하다	旅行时，你可以选择住在火车站附近的宾馆。 Lǚxíng shí, nǐ kěyǐ xuǎnzé zhù zài huǒchēzhàn fùjìn de bīnguǎn. 여행할 때 너는 기차역 근처의 호텔에서 숙박하는 것을 선택할 수 있어.
498 1급	学生 xuésheng	명 학생	每次上课时，总会有学生忘带书。 Měi cì shàngkè shí, zǒng huì yǒu xuésheng wàngdài shū. 매번 수업할 때, 책을 잊고 오는 학생이 꼭 있다.
499 1급	学习 xuéxí	동 학습하다	弟弟总是一学习就想睡觉。 Dìdi zǒngshì yì xuéxí jiù xiǎng shuìjiào. 남동생은 항상 공부만 하면 자고 싶어 한다.
500 1급	学校 xuéxiào	명 학교	老李的儿子和我女儿在一个学校上学。 Lǎo Lǐ de érzi hé wǒ nǚ'ér zài yí ge xuéxiào shàngxué. 리[李] 씨의 아들은 내 딸과 한 학교에 다닌다.
501 2급	雪 xuě	명 눈	从昨天晚上开始外面就一直在下雪。 Cóng zuótiān wǎnshang kāishǐ wàimiàn jiù yìzhí zài xiàxuě. 어제저녁부터 밖에는 줄곧 눈이 내리기 시작했다.
502 2급	颜色 yánsè	명 색, 색깔	朋友新买的裙子颜色很漂亮。 Péngyou xīn mǎi de qúnzi yánsè hěn piàoliang. 친구가 새로 산 치마는 색깔이 아주 예쁘다.
503 2급	眼睛 yǎnjing	명 눈	你看书的时候，眼睛离书太近了。 Nǐ kàn shū de shíhou, yǎnjing lí shū tài jìn le. 너는 책을 볼 때, 눈이 책과 너무 가깝다.
504 2급	羊肉 yángròu	명 양고기	我们在中国饭馆儿吃了很多羊肉。 Wǒmen zài Zhōngguó fànguǎnr chī le hěn duō yángròu. 우리는 중국 식당에서 양고기를 많이 먹었다.
505 3급	要求 yāoqiú	명 요구, 요망 동 요구하다	明天的考试要求带身份证和铅笔。 Míngtiān de kǎoshì yāoqiú dài shēnfènzhèng hé qiānbǐ. 내일 시험은 신분증과 연필을 가져올 것을 요구한다.
506 2급	药 yào	명 약	你的感冒越来越严重了，应该吃点儿药。 Nǐ de gǎnmào yuèláiyuè yánzhòng le, yīnggāi chī diǎnr yào. 너의 감기가 갈수록 심해지고 있어, 약을 좀 먹어야겠다.
507 2급	要 yào	조동 ~할 것이다 조동 ~하려 하다 동 원하다	你要不要跟我一起看电影？ Nǐ yào bu yào gēn wǒ yìqǐ kàn diànyǐng? 너는 나랑 같이 영화 볼래?
508 3급	爷爷 yéye	명 할아버지	哥哥吃饭的时候总是喜欢坐在爷爷旁边。 Gēge chī fàn de shíhou zǒngshì xǐhuan zuò zài yéye pángbiān. 형은 밥을 먹을 때 늘 할아버지 옆에 앉는 것을 좋아한다.
509 2급	也 yě	부 ~도 또한, ~도 역시	休息一下吧，我现在腿也疼，脚也疼。 Xiūxi yíxià ba, wǒ xiànzài tuǐ yě téng, jiǎo yě téng. 잠깐 쉬자. 나는 지금 다리도 아프고, 발도 아파.
510 1급	一 yī	수 1, 하나	我家只有我一个孩子，我没有兄弟姐妹。 Wǒ jiā zhǐ yǒu wǒ yí ge háizi, wǒ méiyǒu xiōngdì jiěmèi. 우리 집에 아이는 나 한 명뿐이야, 나는 형제자매가 없어.

✏ 잘 외워지지 않는 단어 써 보기

Day 35

● track 0-35 (VOCA)

#	단어	품사	뜻	예문
511 3급	一般 yìbān	형	보통이다, 일반적이다	你一般在家吃早饭吗? Nǐ yìbān zài jiā chī zǎofàn ma? 너는 보통 집에서 아침밥을 먹니?
512 3급	一边 yìbiān	부	~하면서 ~하다	你不要一边走路一边看手机，这样很危险。 Nǐ búyào yìbiān zǒulù yìbiān kàn shǒujī, zhèyàng hěn wēixiǎn. 너는 걸으면서 핸드폰을 보지 마. 이러면 매우 위험해.
513 1급	一点儿 yìdiǎnr	수량 수량	약간, 좀 조금도, 전혀	哥哥比我矮一点儿，但是他比我帅。 Gēge bǐ wǒ ǎi yìdiǎnr, dànshì tā bǐ wǒ shuài. 형은 나보다 조금 작지만 나보다 잘생겼어.
514 3급	一定 yídìng	부	반드시, 꼭	男朋友说他爸爸一定会喜欢我的。 Nánpéngyou shuō tā bàba yídìng huì xǐhuan wǒ de. 남자 친구는 그의 아빠가 반드시 나를 좋아할 것이라고 말한다.
515 3급	一共 yígòng	부	모두, 전부	我们班这次一共有8个人去中国旅行。 Wǒmen bān zhè cì yígòng yǒu bā ge rén qù Zhōngguó lǚxíng. 우리 반은 이번에 총 8명이 중국에 여행을 간다.
516 3급	一会儿 yíhuìr	수량 부	잠시 잠시	我们休息一会儿吧。 Wǒmen xiūxi yíhuìr ba. 우리는 잠시 쉬자.
517 2급	一起 yìqǐ	부	함께, 같이	朋友们决定明天一起去医院看老李。 Péngyoumen juédìng míngtiān yìqǐ qù yīyuàn kàn Lǎo Lǐ. 친구들은 내일 함께 리[李] 씨의 병문안을 가기로 결정했다.
518 2급	一下 yíxià	수량	[동사 뒤에 쓰여 '시험 삼아 해 보다' 또는 '좀 ~하다'의 뜻을 나타냄]	你先休息一下，今天我来做饭。 Nǐ xiān xiūxi yíxià, jīntiān wǒ lái zuò fàn. 너는 먼저 좀 쉬고 있어. 오늘은 내가 밥을 할게.
519 3급	一样 yíyàng	형	같다, 동일하다	中国人的很多习惯都和韩国人一样。 Zhōngguórén de hěn duō xíguàn dōu hé Hánguórén yíyàng. 중국인의 많은 습관은 모두 한국인과 같다.
520 3급	一直 yìzhí	부	계속, 줄곧	南老师一直都很受学生们的欢迎。 Nán lǎoshī yìzhí dōu hěn shòu xuéshengmen de huānyíng. 남[南] 선생님은 줄곧 학생들에게 환영을 받고 있다.
521 1급	衣服 yīfu	명	옷, 의복	姐姐洗衣服洗得非常干净。 Jiějie xǐ yīfu xǐ de fēicháng gānjìng. 누나는 옷을 매우 깨끗하게 빤다.
522 1급	医生 yīshēng	명	의사	医生说爷爷的病还没好，现在不能出院。 Yīshēng shuō yéye de bìng hái méi hǎo, xiànzài bù néng chūyuàn. 의사는 할아버지의 병이 아직 낫지 않아서 지금은 퇴원할 수 없다고 말한다.
523 1급	医院 yīyuàn	명	병원	我不敢一个人去医院，你能跟我一起去吗? Wǒ bùgǎn yí ge rén qù yīyuàn, nǐ néng gēn wǒ yìqǐ qù ma? 나는 혼자 병원에 가기 무서운데, 너는 나랑 같이 가 줄 수 있어?
524 2급	已经 yǐjīng	부	이미, 벌써	她已经跟我学了三年汉语了。 Tā yǐjīng gēn wǒ xué le sān nián Hànyǔ le. 그녀는 벌써 나와 중국어를 공부한 지 3년이 되었어.
525 3급	以前 yǐqián	명	과거, 이전	我以前在这家餐厅打过工。 Wǒ yǐqián zài zhè jiā cāntīng dǎguo gōng. 나는 전에 이 식당에서 아르바이트를 한 적이 있다.

✎ 잘 외워지지 않는 단어 써 보기

Day 36

526 1급	椅子 yǐzi	명 의자	我想把家里的椅子都换成新的。 Wǒ xiǎng bǎ jiā li de yǐzi dōu huànchéng xīn de. 나는 집에 있는 의자를 모두 새것으로 바꾸고 싶어.
527 2급	意思 yìsi	명 의미, 뜻	能告诉我你说的汉语是什么意思吗？ Néng gàosu wǒ nǐ shuō de Hànyǔ shì shénme yìsi ma? 네가 중국어로 말한 것이 무슨 뜻인지 나에게 알려 줄 수 있어?
528 2급	因为A, 所以B yīnwèi A, suǒyǐ B	A하기 때문에 그래서 B하다	因为明天有客人来我家，所以今天要打扫一下。 Yīnwèi míngtiān yǒu kèrén lái wǒ jiā, suǒyǐ jīntiān yào dǎsǎo yíxià. 내일 손님이 우리 집에 오기 때문에 오늘 청소를 좀 해야 해.
529 2급	阴 yīn	형 흐리다	今天天气一直很阴，你出去的时候记得带雨伞。 Jīntiān tiānqì yìzhí hěn yīn, nǐ chūqù de shíhou jìde dài yǔsǎn. 오늘 날씨가 계속 흐리네. 나갈 때 우산 챙기는 것을 기억하렴.
530 3급	音乐 yīnyuè	명 음악	我喜欢一边跑步，一边听音乐。 Wǒ xǐhuan yìbiān pǎobù, yìbiān tīng yīnyuè. 나는 달리면서 음악 듣는 것을 좋아한다.
531 3급	银行 yínháng	명 은행	请问这附近有中国银行吗？ Qǐngwèn zhè fùjìn yǒu Zhōngguó Yínháng ma? 혹시 여기 근처에 중국은행이 있나요?
532 3급	饮料 yǐnliào	명 음료	这种饮料很受韩国人欢迎。 Zhè zhǒng yǐnliào hěn shòu Hánguórén huānyíng. 이 음료는 한국인들에게 매우 환영을 받았다.
533 3급	应该 yīnggāi	조동 (마땅히) ~해야 한다	你儿子在学校应该是个子最高的吧？ Nǐ érzi zài xuéxiào yīnggāi shì gèzi zuì gāo de ba? 너의 아들은 학교에서 아마 키가 제일 크지?
534 3급	影响 yǐngxiǎng	동 영향을 주다	这种药饭后吃会影响药的作用。 Zhè zhǒng yào fàn hòu chī huì yǐngxiǎng yào de zuòyòng. 이 약은 식후에 먹어야 약의 효과에 영향을 준다.
535 3급	用 yòng	동 사용하다 개 ~로써	韩国人和中国人吃饭的时候都用筷子。 Hánguórén hé Zhōngguórén chī fàn de shíhou dōu yòng kuàizi. 한국인과 중국인은 밥을 먹을 때 모두 젓가락을 사용한다.
★536 3급	游戏 yóuxì	명 게임	你玩儿游戏没关系，但是声音太大了。 Nǐ wánr yóuxì méi guānxi, dànshì shēngyīn tài dà le. 네가 게임하는 것은 상관없지만 소리가 너무 커.
537 2급	游泳 yóuyǒng	명 수영	听说昨天的游泳比赛他得了第一名。 Tīngshuō zuótiān de yóuyǒng bǐsài tā dé le dì yī míng. 듣자 하니 어제 수영 경기에서 그가 1등을 했다고 한다.
538 1급	有 yǒu	동 있다	我快饿死了，有什么吃的东西吗？ Wǒ kuài è sǐ le, yǒu shénme chī de dōngxi ma? 나는 배고파서 죽을 것 같아. 뭐 좀 먹을 것이 있니?
539 3급	有名 yǒumíng	형 유명하다	这几个都是我们店最有名的菜。 Zhè jǐ ge dōu shì wǒmen diàn zuì yǒumíng de cài. 이 몇 가지는 모두 우리 가게에서 제일 유명한 요리들입니다.
540 3급	又 yòu	부 또한, 한편	你怎么又一吃完饭就躺下了？ Nǐ zěnme yòu yì chīwán fàn jiù tǎngxià le? 너는 어째서 또 먹고 나서 바로 눕는 거니?

✎ 잘 외워지지 않는 단어 써 보기

Day 37

track 0-37 (VOCA)

번호/급	단어	품사/뜻	예문
541 / 2급	右边 yòubian	명 오른쪽	这张照片中，最右边的人是我姐姐。 Zhè zhāng zhàopiàn zhōng, zuì yòubian de rén shì wǒ jiějie. 이 사진에서 가장 오른쪽에 있는 사람은 나의 누나야.
542 / 2급	鱼 yú	명 물고기	听老师们说，这家饭馆儿的鱼不错。 Tīng lǎoshīmen shuō, zhè jiā fànguǎnr de yú búcuò. 선생님들이 저 식당의 생선 요리가 괜찮다고 하시더라.
★543 / 3급	遇到 yùdào	동 부딪치다, 마주치다	在学习中遇到问题时，不要太着急。 Zài xuéxí zhōng yùdào wèntí shí, búyào tài zháojí. 공부하다가 문제에 마주쳤을 때, 너무 조급해할 필요 없다.
544 / 3급	元 yuán	양 위안[중국의 화폐 단위]	这是您要的葡萄，一共十五元八角。 Zhè shì nín yào de pútáo, yígòng shíwǔ yuán bā jiǎo. 이것은 당신이 원하신 포도입니다. 총 15.8위안입니다.
545 / 2급	远 yuǎn	형 멀다	这家书店离公共汽车站有点儿远。 Zhè jiā shūdiàn lí gōnggòng qìchēzhàn yǒudiǎnr yuǎn. 이 서점은 버스 정류장에서 조금 멀다.
546 / 3급	愿意 yuànyì	동 (~하기를) 바라다, 희망하다	爸爸不愿意一个人吃饭。 Bàba bú yuànyì yí ge rén chī fàn. 아빠는 혼자 식사하는 것을 원하지 않는다.
547 / 1급	月 yuè	명 달, 월	我家离公司太远，所以我想下个月搬家。 Wǒ jiā lí gōngsī tài yuǎn, suǒyǐ wǒ xiǎng xià ge yuè bānjiā. 우리 집은 회사에서 너무 멀어서 나는 다음 달에 이사를 하고 싶다.
548 / 3급	月亮 yuèliang	명 달	今天的月亮像香蕉一样。 Jīntiān de yuèliang xiàng xiāngjiāo yíyàng. 오늘의 달은 마치 바나나 같다.
549 / 3급	越 yuè	부 ~하면 할수록 ~하다 부 점점, 더욱더	我觉得汉语越学越有意思。 Wǒ juéde Hànyǔ yuè xué yuè yǒu yìsi. 나는 중국어가 배울수록 재미있다고 생각한다.
550 / 2급	运动 yùndòng	명 운동	你每天都这么忙，有时间去运动吗？ Nǐ měi tiān dōu zhème máng, yǒu shíjiān qù yùndòng ma? 너는 매일 이렇게 바쁜데 운동 갈 시간이 있니?
551 / 2급	再 zài	부 다시 부 ~하고 나서	能把你刚才写的笔记再给我看一下吗？ Néng bǎ nǐ gāngcái xiě de bǐjì zài gěi wǒ kàn yíxià ma? 네가 방금 쓰던 필기를 다시 나에게 좀 보여줄 수 있니?
552 / 1급	再见 zàijiàn	동 또 뵙겠습니다, 안녕히 계세요	再见！记得要常常跟我联系。 Zàijiàn! Jìde yào chángcháng gēn wǒ liánxì. 잘 가! 나와 자주 연락하는 것 기억해야 해.
553 / 1급	在 zài	동 ~에 있다 부 ~하고 있는 중이다 개 ~에(서)	不工作的时候，我一般会在家休息。 Bù gōngzuò de shíhou, wǒ yìbān huì zài jiā xiūxi. 일을 하지 않을 때, 나는 보통 집에서 쉰다.
554 / 2급	早上 zǎoshang	명 아침	爸爸明天早上要去中国出差。 Bàba míngtiān zǎoshang yào qù Zhōngguó chūchāi. 아빠는 내일 아침에 중국에 출장을 가셔야 한다.
555 / 1급	怎么 zěnme	대 어째서, 왜, 어떻게	小丽最近怎么一直没来上课？ Xiǎo Lì zuìjìn zěnme yìzhí méi lái shàngkè? 샤오리[小丽]는 요즘 왜 계속 수업에 나오지 않니?

✎ 잘 외워지지 않는 단어 써 보기

Day 38

track 0-38 (VOCA)

556 1급	怎么样 zěnmeyàng	대 어떻다, 어떠하다	你在南方留学的时候觉得那里怎么样? Nǐ zài nánfāng liúxué de shíhou juéde nàli zěnmeyàng? 네가 남쪽에서 유학했을 때 그곳은 어땠어?
557 3급	站 zhàn	동 서다, 일어서다 명 정류장, 정류소	你就站在这儿吧，我给你照张相。 Nǐ jiù zhàn zài zhèr ba, wǒ gěi nǐ zhào zhāng xiàng. 너는 여기 서 있어 봐. 내가 사진을 찍어 줄게.
558 3급	张 zhāng	양 [종이 등을 세는 단위] 양 [책상이나 탁자 등을 세는 단위]	姐姐家里有一张新桌子，我非常喜欢。 Jiějie jiā li yǒu yì zhāng xīn zhuōzi, wǒ fēicháng xǐhuan. 언니 집에 새로운 책상 하나가 있는데, 내가 아주 좋아한다.
559 3급	长 zhǎng	동 자라다, 생기다	大家都说我长得很像韩国人。 Dàjiā dōu shuō wǒ zhǎng de hěn xiàng Hánguórén. 모두들 내가 한국인같이 생겼다고 말한다.
560 2급	丈夫 zhàngfu	명 남편	丈夫给我介绍了他的朋友。 Zhàngfu gěi wǒ jièshào le tā de péngyou. 남편은 나에게 그의 친구를 소개했다.
★ 561 3급	着急 zháojí	동 조급해하다	妈妈总是为我的工作着急。 Māma zǒngshì wèi wǒ de gōngzuò zháojí. 엄마는 항상 나의 일 때문에 조급해하신다.
562 2급	找 zhǎo	동 찾다, 구하다	我找了半天，也没找到你说的书店。 Wǒ zhǎo le bàntiān, yě méi zhǎodào nǐ shuō de shūdiàn. 내가 반나절 동안 찾아봤는데, 아직도 네가 말한 서점을 찾지 못했어.
★ 563 3급	照顾 zhàogù	동 보살피다, 돌보다	你到中国以后，自己要好好照顾自己。 Nǐ dào Zhōngguó yǐhòu, zìjǐ yào hǎohāo zhàogù zìjǐ. 너는 중국에 도착한 뒤에, 스스로 자신을 잘 돌봐야 해.
564 3급	照片 zhàopiàn	명 사진	这张照片是什么时候照的? Zhè zhāng zhàopiàn shì shénme shíhou zhào de? 이 사진은 언제 찍은 거니?
565 3급	照相机 zhàoxiàngjī	명 사진기, 카메라	你看见我的照相机了吗? Nǐ kànjiàn wǒ de zhàoxiàngjī le ma? 너는 내 카메라를 봤니?
566 1급	这 zhè	대 이, 이것	这条裤子很漂亮，在哪儿买的? Zhè tiáo kùzi hěn piàoliang, zài nǎr mǎi de? 이 바지 참 예쁘다. 어디서 샀어?
567 2급	着 zhe	조 ~하면서	女儿一直看着我手里的礼物。 Nǚ'ér yìzhí kànzhe wǒ shǒu li de lǐwù. 딸은 계속 내 손에 있는 선물을 보고 있다.
568 2급	真 zhēn	부 확실히, 진정으로	我真不知道你为什么哭。 Wǒ zhēn bù zhīdào nǐ wèi shénme kū. 나는 정말 네가 왜 우는지 모르겠다.
569 2급	正在 zhèngzài	부 지금 ~하고 있는 중이다	我正在上课，等一下给你打电话好吗? Wǒ zhèngzài shàngkè, děng yíxià gěi nǐ dǎ diànhuà hǎo ma? 나는 지금 수업하고 있어. 이따가 너에게 전화할게, 괜찮지?
570 2급	只 zhī	양 마리 [짐승을 세는 단위]	黑板上的这只鸟是谁画的? Hēibǎn shang de zhè zhī niǎo shì shéi huà de? 칠판에 이 새 그림은 누가 그린 거야?

✏️ 잘 외워지지 않는 단어 써 보기

Day 39

● track 0-39 (VOCA)

#	단어	품사/뜻	예문
571 2급	知道 zhīdào	동 알다, 이해하다	你知道我们的老师姓什么吗? Nǐ zhīdào wǒmen de lǎoshī xìng shénme ma? 너는 우리 선생님의 성이 무엇인지 알고 있니?
572 3급	只 zhǐ	부 단지, 겨우	虽然只有我一个人在家，但我觉得很有意思。 Suīrán zhǐ yǒu wǒ yí ge rén zài jiā, dàn wǒ juéde hěn yǒu yìsi. 비록 나 혼자만 집에 있지만, 나는 매우 재미있다고 느낀다.
573 3급	只有A，才B zhǐyǒu A, cái B	A해야만 비로소 B하다	只有多说，你的汉语水平才能提高。 Zhǐyǒu duō shuō, nǐ de Hànyǔ shuǐpíng cái néng tígāo. 많이 말해야만, 너의 중국어 수준을 비로소 높일 수 있다.
574 1급	中国 Zhōngguó	고유 중국	听说很多韩国人都喜欢喝中国茶。 Tīngshuō hěn duō Hánguórén dōu xǐhuan hē Zhōngguó chá. 듣자 하니 많은 한국 사람들은 중국 차 마시는 것을 좋아한다고 한다.
575 3급	中间 zhōngjiān	명 가운데, 중심	中间这个穿裙子的人是谁? Zhōngjiān zhège chuān qúnzi de rén shì shéi? 가운데 이 치마를 입은 사람은 누구야?
576 3급	中文 Zhōngwén	고유 중국어, 중문	我去中国是为了学习中文。 Wǒ qù Zhōngguó shì wèile xuéxí Zhōngwén. 내가 중국에 가는 것은 중국어를 배우기 위해서이다.
577 1급	中午 zhōngwǔ	명 점심, 정오	你今天中午想吃什么? Nǐ jīntiān zhōngwǔ xiǎng chī shénme? 너는 오늘 점심에 무엇을 먹고 싶니?
578 3급	终于 zhōngyú	부 결국, 마침내	考试终于结束了，我可以去旅游了。 Kǎoshì zhōngyú jiéshù le, wǒ kěyǐ qù lǚyóu le. 시험이 마침내 끝나서 나는 여행을 갈 수 있다.
579 3급	种 zhǒng	양 종류	你也喜欢这种电视节目吗? Nǐ yě xǐhuan zhè zhǒng diànshì jiémù ma? 너도 이런 종류의 TV 프로그램을 좋아하니?
★580 3급	重要 zhòngyào	형 중요하다	生病了要注意休息，因为健康最重要。 Shēngbìng le yào zhùyì xiūxi, yīnwèi jiànkāng zuì zhòngyào. 병이 나면 휴식에 주의해야 한다. 왜냐하면 건강이 제일 중요하기 때문이다.
★581 3급	周末 zhōumò	명 주말	周末的时候，我一般会在家看电视。 Zhōumò de shíhou, wǒ yìbān huì zài jiā kàn diànshì. 주말에 나는 보통 집에서 텔레비전을 본다.
582 3급	主要 zhǔyào	형 주요하다, 주되다	你的成绩不好主要是因为你对学习不感兴趣。 Nǐ de chéngjì bù hǎo zhǔyào shì yīnwèi nǐ duì xuéxí bù gǎn xìngqù. 너의 성적이 좋지 않은 주된 이유는 네가 공부에 흥미가 없기 때문이다.
583 1급	住 zhù	동 살다, 거주하다	我住六零七号房，请给我送一份晚餐，谢谢。 Wǒ zhù liù líng qī hào fáng, qǐng gěi wǒ sòng yí fèn wǎncān, xièxie. 저는 607호에 묵고 있습니다. 저에게 저녁 식사 1인분을 보내 주세요. 고맙습니다.
584 3급	注意 zhùyì	동 주의하다, 조심하다	写作业的时候，应该注意汉字的写法。 Xiě zuòyè de shíhou, yīnggāi zhùyì Hànzì de xiěfǎ. 숙제를 할 때 한자를 쓰는 법에 주의해야 한다.
585 2급	准备 zhǔnbèi	동 준비하다	姐姐正在准备明天的考试。 Jiějie zhèngzài zhǔnbèi míngtiān de kǎoshì. 언니는 내일 있을 시험을 준비하고 있다.

✎ 잘 외워지지 않는 단어 써 보기

Day 40

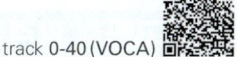 track 0-40 (VOCA)

#	단어	품사	뜻	예문
586 / 1급	桌子 zhuōzi	명	탁자, 테이블	桌子上的那本汉语字典是谁的？ Zhuōzi shang de nà běn Hànyǔ zìdiǎn shì shéi de? 탁자 위에 그 중국어 사전은 누구의 것이야?
587 / 3급	自己 zìjǐ	대	자기, 자신, 스스로	以前我不去补习班学习，自己在家学习汉语。 Yǐqián wǒ bú qù bǔxíbān xuéxí, zìjǐ zài jiā xuéxí Hànyǔ. 예전에 나는 학원에 가지 않고 스스로 집에서 중국어를 공부했다.
588 / 3급	自行车 zìxíngchē	명	자전거	骑自行车是我最大的爱好。 Qí zìxíngchē shì wǒ zuì dà de àihào. 자전거를 타는 것은 나의 가장 큰 취미이다.
589 / 1급	字 zì	명	글자	黑板上的字太小，我看不清楚。 Hēibǎn shang de zì tài xiǎo, wǒ kàn bu qīngchu. 칠판에 글자가 너무 작아서 정확히 보이지 않아.
590 / 3급	总是 zǒngshì	부	늘, 줄곧	她最近工作很忙，总是很晚才回家。 Tā zuìjìn gōngzuò hěn máng, zǒngshì hěn wǎn cái huí jiā. 그녀는 요즘 일이 너무 바빠서 항상 집에 늦게 간다.
591 / 2급	走 zǒu	동	걷다	时间不早了，我先走了。 Shíjiān bù zǎo le, wǒ xiān zǒu le. 시간이 늦었어, 나 먼저 갈게.
592 / 3급	嘴 zuǐ	명	입	我对我的嘴不太满意，因为我的嘴很大。 Wǒ duì wǒ de zuǐ bú tài mǎnyì, yīnwèi wǒ de zuǐ hěn dà. 나는 내 입에 그다지 만족하지 않는다. 왜냐하면 내 입은 너무 크기 때문이다.
593 / 2급	最 zuì	부	가장, 제일	考试成绩不是最重要的，你别那么难过。 Kǎoshì chéngjī búshì zuì zhòngyào de, nǐ bié nàme nánguò. 시험 성적이 제일 중요한 것은 아니야, 그렇게 슬퍼하지 마.
594 / 3급	最后 zuìhòu	명	맨 마지막	今天是考试前的最后一节课，我一定要去。 Jīntiān shì kǎoshì qián de zuìhòu yì jié kè, wǒ yídìng yào qù. 오늘은 시험 전 마지막 수업이라서 나는 반드시 가야 한다.
595 / 3급	最近 zuìjìn	명	최근, 요즘	最近我常常因为工作去中国出差。 Zuìjìn wǒ chángcháng yīnwèi gōngzuò qù Zhōngguó chūchāi. 요즘 나는 일 때문에 자주 중국으로 출장을 간다.
596 / 1급	昨天 zuótiān	명	어제	昨天我参加了一个重要的会议。 Zuótiān wǒ cānjiā le yí ge zhòngyào de huìyì. 어제 나는 중요한 회의에 참석했다.
597 / 2급	左边 zuǒbian	명	왼쪽	坐在左边的那个人是我的汉语老师。 Zuò zài zuǒbian de nàge rén shì wǒ de Hànyǔ lǎoshī. 왼쪽에 앉아 있는 그 사람은 나의 중국어 선생님이다.
598 / 3급	作业 zuòyè	명	숙제	这个星期补习班的作业很多。 Zhège xīngqī bǔxíbān de zuòyè hěn duō. 이번 주는 학원 숙제가 너무 많다.
599 / 1급	坐 zuò	동	앉다 (교통수단을) 타다	这个时间坐地铁去学校可能更快。 Zhège shíjiān zuò dìtiě qù xuéxiào kěnéng gèng kuài. 이 시간에는 지하철을 타고 학교에 가는 게 아마 더 빠를 것이다.
600 / 1급	做 zuò	동	~하다	我做完作业就能去，你先等我一下。 Wǒ zuòwán zuòyè jiù néng qù, nǐ xiān děng wǒ yíxià. 나는 숙제를 다하고 나서야 갈 수 있어, 너는 우선 나를 좀 기다려 줘.

✏ 잘 외워지지 않는 단어 써 보기

3급 고득점 합격을 위한 보충 어휘 리스트

 track 0-41 (VOCA)

HSK 3급 시험이라고 해서 시험에 나오는 어휘가 모두 '(汉办 지정)HSK 1~3급 필수 어휘'에서 나오는 것은 아니다. 아래에 정리된 단어들은 3급에 자주 등장한 '3급 이상 단어'와 '급수 외 단어'이다. '고득점' 합격을 노린다면 아래에 정리된 단어까지 꼼꼼하게 외우자.

01	班级 bānjí	명 반, 학급
02	办 bàn	동 처리하다
03	办公楼 bàngōnglóu	오피스텔, 사무실 빌딩
04	边 bian/biān	접미 ~쪽 명 가장자리, 변두리
05	变 biàn	동 변화하다
06	表演 biǎoyǎn	명 공연, 연기 동 공연하다, 연출하다
07	草地 cǎodì	명 풀밭
08	查 chá	동 찾아보다, 조사하다
09	差点儿 chàdiǎnr	부 하마터면, 자칫하면
10	常 cháng	부 자주, 늘, 언제나
11	春季 chūnjì	명 봄 [= 春天 chūntiān]
12	词 cí	명 단어
13	电影节 Diànyǐngjié	영화제
14	电子 diànzǐ	명 전자
15	电子词典 diànzǐ cídiǎn	전자사전
16	电子邮箱 diànzǐ yóuxiāng	명 이메일, 전자우편
17	电子游戏 diànzǐ yóuxì	컴퓨터 게임
18	东北 dōngběi	명 동북, 중국의 동북 지방
19	放学 fàngxué	동 수업을 마치다
20	该 gāi	조동 ~해야 한다
21	敢 gǎn	조동 감히 ~하다
22	刮 guā	동 불다
23	黄 huáng	형 노랗다
24	河 hé	명 강
25	花瓶 huāpíng	명 꽃병
26	花园 huāyuán	명 화원
27	(一)会儿 (yí)huìr	수량 잠시
28	会议室 huìyìshì	명 회의실
29	记 jì	동 기억하다
30	叫 jiào	동 (~라고) 하다, 불리다 동 부르다, 외치다 동 ~하게 하다 [= 让 ràng]
31	街 jiē	명 거리
32	节 jié	명 기념일, 명절

33	斤 jīn 양 근, 500g
34	酒 jiǔ 명 술
35	举行 jǔxíng 동 개최하다, 거행하다
36	开会 kāihuì 동 회의를 하다
37	楼梯 lóutī 명 계단
38	门口 ménkǒu 명 입구
39	名单 míngdān 명 명단
40	名人 míngrén 명 유명 인사
41	南方 nánfāng 명 남쪽 지역, 남방
42	葡萄 pútáo 명 포도
43	前年 qiánnián 명 재작년
44	钱包 qiánbāo 명 지갑
45	山 shān 명 산
46	使 shǐ 동 ~하게 하다
47	书包 shūbāo 명 책가방
48	太阳镜 tàiyángjìng 명 선글라스
49	体育馆 tǐyùguǎn 명 체육관
50	头 tóu 명 머리
51	外地 wàidì 명 외지, 타지
52	网 wǎng 명 인터넷
53	忘 wàng 동 잊다
54	夏天 xiàtiān 명 여름
55	相机 xiàngjī 명 사진기
56	相同 xiāngtóng 형 서로 같다
57	箱子 xiāngzi 명 상자
58	校园 xiàoyuán 명 교정, 캠퍼스
59	鞋 xié 명 신발
60	行李 xíngli 명 짐
61	兴趣 xìngqù 명 흥미
62	选 xuǎn 동 고르다
63	牙 yá 명 이, 치아
64	以后 yǐhòu 명 이후
65	游客 yóukè 명 관광객, 여행객
66	雨季 yǔjì 명 장마, 우기
67	雨伞 yǔsǎn 명 우산
68	遇见 yùjiàn 동 마주치다, 우연히 만나다

69	运动会 yùndònghuì 명 운동회
70	运动鞋 yùndòngxié 명 운동화
71	怎么办 zěnme bàn 어떻다
72	照相 zhàoxiàng 통 사진을 찍다
73	照相馆 zhàoxiàngguǎn 명 사진관
74	周 zhōu 명 주
75	周日 zhōurì 명 일요일 [=星期天 xīngqītiān, 星期日 xīngqīrì]
76	祝 zhù 통 기원하다, 축하하다
77	字典 zìdiǎn 명 자전, 사전
78	做客 zuòkè 통 손님이 되다, 방문하다
79	作用 zuòyòng 명 작용, 영향, 효과

다락원 홈페이지에서
▶ MP3 파일 다운로드 및 실시간 재생
▶ 받아쓰기 PDF 다운로드

3rd Edition
HSK 3급 필수단어장
한권으로 끝내기

지은이 남미숙
펴낸이 정규도
펴낸곳 (주)다락원

편집장 이상윤
편집 김보경, 김혜민
디자인 김나경, 김예지, 정규옥
성우 曹红梅, 朴龙君, 허강원

다락원 경기도 파주시 문발로 211
전화 (02)736-2031(내선 250~252/내선 430, 560)
팩스 (02)732-2037
출판등록 1977년 9월 16일 제406-2008-000007호

Copyright ⓒ 2025, 남미숙

저자 및 출판사의 허락 없이 이 책의 일부 또는 전부를 무단 복제·전재·발췌할 수 없습니다. 구입 후 철회는 회사 내규에 부합하는 경우에 가능하므로 구입처에 문의하시기 바랍니다. 분실·파손 등에 따른 소비자 피해에 대해서는 공정거래위원회에서 고시한 소비자 분쟁 해결 기준에 따라 보상 가능합니다. 잘못된 책은 바꿔 드립니다.

ISBN 978-89-277-2352-3 14720
978-89-277-2341-7 (set)

www.darakwon.co.kr
다락원 홈페이지를 방문하시면 상세한 출판 정보와 함께 동영상 강좌, MP3 자료 등 다양한 어학 정보를 얻으실 수 있습니다.

3rd Edition

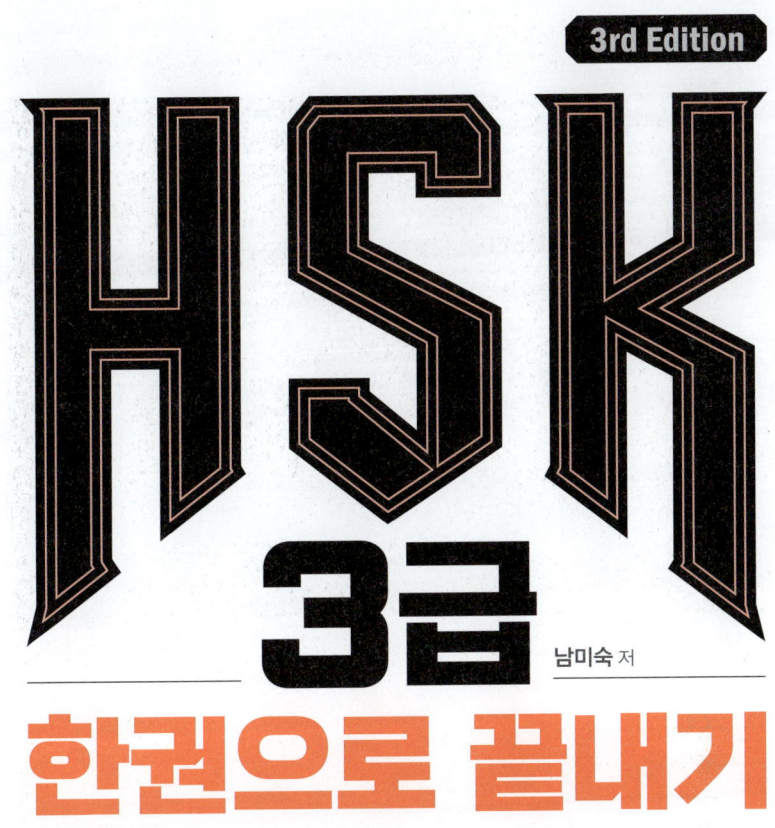

남미숙 저

해설서

다락원

차례

실력 다지기 해설
듣기 — 4
독해 — 56
쓰기 — 105

실전 모의고사 해설
Mini 모의고사 1 — 170
Mini 모의고사 2 — 185

듣기 제1부분
01 사물·동물

본서 pp.28~29

● track 09

● Day 03 1 C 2 A 3 E 4 B 5 D

1

C 여자가 남자에게 '이것은 내가 너에게 주는 선물이야(这是我送给你的礼物)'라고 말하면서 남자의 생일을 축하하고 있으므로, 선물을 들고 있는 사진 C가 정답임을 알 수 있다. 3급 듣기 영역에서는 사진 속 사물의 단어가 녹음에서 그대로 들리는 경우가 많다. 보기의 사진을 보고 미리 관련 어휘를 유추하자!

| 女: 这是我送给你的礼物，祝你生日快乐! | 여: 이것은 내가 너에게 주는 선물이야. 생일 축하해! |
| 男: 谢谢，我能打开看看吗? | 남: 고마워, 내가 좀 열어 봐도 될까? |

送 sòng 동 주다, 선물하다 | 给 gěi 개 ~에게 | ★礼物 lǐwù 명 선물 | 祝 zhù 동 축하하다 | 生日 shēngrì 명 생일 | 快乐 kuàilè 형 즐겁다, 행복하다 | 谢谢 xièxie 동 고맙습니다 | 能 néng 조동 ~해도 된다 | 打开 dǎkāi 동 열다 | 看看 kànkan 좀 살펴보다

 축하를 나타내는 표현 '快乐'

특별한 날에 축하를 나타내는 표현으로 '기념일 + 快乐!'가 자주 쓰인다. 듣기 영역뿐만 아니라 실제 회화에도 자주 쓰이므로 함께 익혀 두자.

生日快乐! Shēngrì kuàilè! 생일 축하해! | **新年快乐!** Xīnnián kuàilè! 새해 복 많이 받으세요! | **中秋节快乐!** Zhōngqiūjié kuàilè! 즐거운 추석 보내세요!

2

A 무엇을 먹었냐는 남자의 질문에 여자가 우유(牛奶), 달걀(鸡蛋), 빵(面包)을 먹었다고 했으므로, 우유, 달걀, 빵이 있는 A가 정답이다.

| 男: 今天早饭你吃了什么? | 남: 오늘 아침밥으로 뭐 먹었어? |
| 女: 我喝了一杯牛奶，还吃了鸡蛋和面包。你呢? | 여: 나는 우유 한 잔을 마셨고, 달걀하고 빵도 먹었어. 너는? |

今天 jīntiān 명 오늘 | 早饭 zǎofàn 명 아침밥 | 喝 hē 동 마시다 | 杯 bēi 양 잔 | 牛奶 niúnǎi 명 우유 | 还 hái 부 또 | 鸡蛋 jīdàn 명 달걀 | 和 hé 접 ~와 | ★面包 miànbāo 명 빵

3

E 여자가 남자에게 '개가 정말 귀엽다(狗真可爱)'라고 하였으므로, 개(狗)를 안고 있는 사진 E와 관련된 내용임을 알 수 있다.

| 女：你的狗真可爱，它叫什么名字？ | 여: 너의 개는 정말 귀엽다. 이름이 뭐야? |
| 男：朋友们都叫它天天[Tiāntiān]。 | 남: 친구들이 모두 티엔티엔[天天]이라고 불러. |

狗 gǒu 명 개 | 真 zhēn 부 정말 | ★可爱 kě'ài 형 귀엽다 | 它 tā 대 그것 | 叫 jiào 동 부르다 | 名字 míngzi 명 이름 | 朋友 péngyou 명 친구 | 都 dōu 부 모두

4  **B** 쇼핑 중에 여자가 남자에게 '이 모자 어때?(这个帽子怎么样?)'라고 물었으므로 모자(帽子)를 들고 있는 사진 B를 선택할 수 있다. 문제를 듣기 전에 사진을 보고 사물을 미리 체크하자!

| 女：这个帽子怎么样？和那个黄色的比，哪个更好？ | 여: 이 모자 어때? 저 노란색이랑 비교해서 어떤 게 더 괜찮아? |
| 男：那个更漂亮，还是买那个吧。 | 남: 그게 더 예뻐. 아무래도 그걸 사는 게 낫겠어. |

★帽子 màozi 명 모자 | 怎么样 zěnmeyàng 대 어떻다 | 和A比 hé A bǐ A와 비교해서 | 黄色 huángsè 명 노란색 | 哪个 nǎge 대 어느(어떤) 것 | ★更 gèng 부 더 | 漂亮 piàoliang 형 예쁘다 | 还是……吧 háishi …… ba ~하는 편이 낫다 | 买 mǎi 동 사다

5  **D** 남자가 '집에 등(灯)이 고장 나서 새것으로 바꾼다(换个新的)'고 말하고 있으므로, D가 정답이다. 사진에 나오는 사물이나 인물의 동작에 관련된 단어를 중국어로 먼저 떠올리고 녹음을 들으면 정답을 찾을 때 도움이 된다.

| 女：你爬这么高做什么？小心点儿！ | 여: 너 이렇게 높이 올라가서 뭐해? 조심해! |
| 男：家里灯坏了，我要换个新的。 | 남: 집에 등이 고장 나서, 새것으로 바꾸려고. |

爬 pá 동 오르다 | 这么 zhème 대 이렇게 | 高 gāo 형 높다 | 做 zuò 동 하다 | ★小心 xiǎoxīn 동 조심하다 | 点儿 diǎnr 수량 좀, 약간 | ★灯 dēng 명 등 | ★坏 huài 동 고장 나다 | 要 yào 조동 ~하려고 하다 | ★换 huàn 동 바꾸다 | 新的 xīn de 새것

○ track 10

● Day 04　　6 E　　7 B　　8 A　　9 C　　10 D

6  **E** 두 사람이 '신발(鞋)'에 대해 이야기를 나누고 있으므로 여자가 신발 두 켤레(两双鞋)를 들고 있는 사진 E가 정답이다. 녹음을 듣기 전에 사진 속 핵심이 되는 사물을 미리 체크하자!

| 女：这两双鞋，你觉得哪一双更漂亮？ | 여: 이 신발 두 켤레 중에 너는 어느 신발이 더 예쁜 것 같아? |
| 男：都很漂亮。你如果喜欢就两双都买吧。 | 남: 모두 예뻐. 네가 만약 좋으면 두 켤레 모두 사. |

两 liǎng ㈜ 2, 둘 | ★ **双** shuāng ⑱ 켤레, 쌍 | **鞋** xié ⑲ 신발 | **觉得** juéde ⑧ ~라고 생각하다 | ★ **更** gèng ⑨ 더 | **漂亮** piàoliang ⑲ 예쁘다 | **都** dōu ⑨ 모두 | **如果A就B** rúguǒ A jiù B 만약 A하다면 B하다 | **喜欢** xǐhuan ⑧ 좋아하다 | **买** mǎi ⑧ 사다 | **吧** ba ㉜ ~하자[상의·제의·청유·기대·명령 등의 어기를 나타냄]

> **tip** 양사 '双'
> 양사는 사물의 수량을 세는 단위를 나타내며, 양사 '双'은 두 개가 한 쌍인 사물에 쓰인다. 사물마다 세는 단위가 다르므로, 다양한 양사 표현을 알아 두자!
> **两双鞋** liǎng shuāng xié 신발 두 켤레 | **一双筷子** yì shuāng kuàizi 젓가락 한 쌍

---

7  **B** 남자가 여자에게 카메라(照相机)를 또 바꿨는지 물어보고 있으므로, 카메라를 들고 있는 B와 관련된 내용임을 알 수 있다. 녹음의 대화 내용을 다 알아듣지 못해도 사진 속 사물과 녹음의 핵심 단어만 들으면 답을 찾을 수 있다.

| 男：不会吧？你又换照相机了吗？ | 남: 그럴 리가? 너는 또 카메라를 바꿨어? |
| 女：没换啊，还是以前的那个。 | 여: 안 바꿨어. 아직 예전의 그거야. |

不会 bú huì ~일 리 없다 | **吧** ba ㉜ ~지? [가능·추측의 어기를 나타냄] | ★ **又** yòu ⑨ 또, 다시 | ★ **换** huàn ⑧ 바꾸다 | ★ **照相机** zhàoxiàngjī ⑲ 카메라 | ★ **啊** a ㉜ [문장 끝에 쓰여 감탄·찬탄을 나타냄] | ★ **还是** háishi ⑨ 아직, 여전히 | ★ **以前** yǐqián ⑲ 이전

---

8  **A** 사진 속의 사물을 미리 체크하자! 여자는 남자에게 상자(箱子) 안의 물건들을 조심하라고 했으므로, 남자가 상자를 들고 있는 사진 A가 정답이다.

| 女：这两个箱子里有筷子和碗什么的，你一定要小心。 | 여: 이 두 상자 안에 젓가락과 그릇 등이 있으니, 반드시 조심해야 해. |
| 男：我知道，别担心，我会小心的。 | 남: 알아. 걱정하지 마, 조심할게. |

箱子 xiāngzi ⑲ 상자 | ★ **筷子** kuàizi ⑲ 젓가락 | **和** hé ㉝ ~와 | ★ **碗** wǎn ⑲ 그릇, 사발 | **什么的** shénme de ㉓ (나열하는 말 마지막에 쓰여) ~등, 기타 등등 | ★ **一定** yídìng ⑨ 반드시 | **要** yào ⑧ ~해야 한다 | ★ **小心** xiǎoxīn ⑧ 조심하다 | **知道** zhīdào ⑧ 알다 | **别** bié ⑨ ~하지 마라 | ★ **担心** dānxīn ⑧ 걱정하다 | **会** huì ⑧ ~할 것이다

9  C '비가 올지도 모른다'는 여자의 말에, 남자는 '우산을 챙겼다(带伞了)'고 대답했다. 그러므로 남자가 우산을 들고 있는 사진 C가 정답임을 알 수 있다.

女: 上午还是晴天，现在天就阴了，不知道一会儿会不会下雨。 男: 别担心，我带伞了。	여: 오전까지만 해도 맑았는데 지금은 날이 흐려졌어. 이따가 비가 올지도 몰라. 남: 걱정하지 마. 나는 우산을 챙겼어.

上午 shàngwǔ 명 오전 | **晴天** qíngtiān 명 맑은 날 | **现在** xiànzài 명 지금 | **天** tiān 명 날 | **就** jiù 부 곧, 바로 | **阴** yīn 형 흐리다 | ★**一会儿** yíhuìr 부 이따가, 잠시 | **下雨** xiàyǔ 동 비가 내리다 | ★**带** dài 동 챙기다 | ★**伞** sǎn 명 우산

10  D '과일주스(果汁)가 너무 맛있다'는 남자의 칭찬에 여자는 '내가 직접 만들었다(是我自己做的)'고 대답했다. 따라서 여자가 과일주스를 들고 컵에 따르는 사진 D와 관련된 내용임을 알 수 있다.

男: 这果汁太好喝了。你在哪儿买的？ 女: 这不是买的，是我自己做的。	남: 이 과일주스는 너무 맛있어. 어디에서 산 거야? 여: 이것은 산 게 아니고, 내가 직접 만든 거야.

果汁 guǒzhī 명 과일주스 | **太** tài 부 너무, 매우 | **好喝** hǎohē 형 (음료 따위가) 맛있다 | **在** zài 개 ~에서 | **哪儿** nǎr 대 어디 | ★**自己** zìjǐ 대 직접, 스스로 | **做** zuò 동 만들다

듣기 제1부분
02 행동 · 상태

본서 pp.35~36

● track 15

● Day 06   1 B   2 A   3 C   4 E   5 D

1  B '왜 이렇게 많은 물건을 옮겨? 내가 도와줄게(你怎么搬这么多东西？我来帮你吧)'라는 여자의 말을 통해 남자가 들고 있는 짐을 여자가 들려고 하는 사진 B가 정답임을 알 수 있다. 사진 속 인물의 행동을 미리 체크하고 들으면 쉽게 정답을 찾을 수 있다.

| 女: 你怎么搬这么多东西？我来帮你吧。 | 여: 너는 왜 이렇게 많은 물건을 옮기는 거야? 내가 도와줄게. |
| 男: 没关系，我自己可以。你帮我关一下门吧。 | 남: 괜찮아. 나 혼자서도 할 수 있어. 너는 나를 도와 문 좀 닫아 줘. |

怎么 zěnme 대 왜, 어째서 | ★搬 bān 동 옮기다 | 这么 zhème 대 이렇게 | 东西 dōngxi 명 물건 | 来 lái 동 [다른 동사 앞에 쓰여 어떠한 일을 하려는 것을 나타냄] | 帮 bāng 동 돕다 | 吧 ba 조 ~하자 [권유·제의·청유·기대·명령 등의 어기를 나타냄] | 没关系 méi guānxi 괜찮다 | ★自己 zìjǐ 대 혼자, 스스로 | 可以 kěyǐ 조동 ~할 수 있다 | ★关 guān 동 닫다 | 一下 yíxià 수량 (동사 뒤에 쓰여) 좀 ~하다 | 门 mén 명 문

2  **A** 여자는 남자에게 선생님의 그림(画) 실력이 어떤지 묻고 있으므로, 그림(画儿)을 그리고 있는 사진 A가 정답이다. 핵심 단어를 통해 정답을 찾을 수 있으므로, 미리 사진 속 인물의 행동을 체크하자!

| 女: 你觉得老师画得怎么样？ | 여: 네 생각에 선생님의 그림 그리는 실력이 어때? |
| 男: 她画画儿画得特别好。我已经跟她学了两年了。 | 남: 선생님은 그림을 아주 잘 그리셔. 나는 이미 선생님께 2년째 배우고 있어. |

觉得 juéde 동 ~라고 생각하다 | 老师 lǎoshī 명 선생님 | ★画 huà 동 (그림을) 그리다 | 得 de 조 ~하는 정도가 ~하다 | 怎么样 zěnmeyàng 대 어떻다 | 画儿 huàr 명 그림 | ★特别 tèbié 부 아주, 특히 | 已经……了 yǐjīng …… le 이미 ~했다 | ★跟 gēn 개 ~에게 | 学 xué 동 배우다 | 两 liǎng 수 2, 둘

3  **C** '감기 걸렸냐(感冒了)'고 묻는 남자의 말을 듣고, 여자가 '그렇다(对啊)'고 대답했으므로, 여자가 코를 풀고 있는 사진 C가 정답이다.

| 男: 你的脸色很不好，感冒了吗？ | 남: 너 안색이 너무 안 좋아. 감기 걸렸어? |
| 女: 对啊，我感冒都快两个星期了，可是还没好。 | 여: 응. 감기 걸린 지 이미 2주가 되어 가는데 아직 안 나았어. |

脸色 liǎnsè 명 안색, 얼굴색 | ★感冒 gǎnmào 동 감기에 걸리다 | 对 duì 형 맞다 | ★啊 a 조 [문장 끝에 쓰여 긍정을 나타냄] | 都 dōu 부 모두, 다, 이미 | 快……了 kuài …… le 곧 ~하려 한다 | 星期 xīngqī 명 주 | 可是 kěshì 접 그러나 | 还 hái 부 아직

4  **E** 남자가 여자에게 재미있는 프로그램(节目)을 같이 보자며, '책을 보지 마(别看书了)'라고 말한 것에서, 여자가 책을 읽고 있는 것을 알 수 있다. 그러므로 여자가 책을 읽고 있는 사진 E를 고른다. 리모컨을 들고 있는 남자의 모습도 힌트가 된다.

男: 这个节目很有意思, 你也一起看吧。**别看书了**。	남: 이 프로그램 정말 재밌는데, 너도 같이 보자. 책을 보지 마.
女: 好的, 我看完这一页就不看了。	여: 좋아. 이 페이지만 보고 안 볼게.

★ **节目** jiémù 명 프로그램 | **有意思** yǒu yìsi 재미있다 | **也** yě 부 ~도 | **一起** yìqǐ 부 같이 | **看** kàn 동 보다 | **别** bié 부 ~하지 마라 | **看书** kàn shū 동 책을 보다 | **完** wán 동 (동사 뒤에 보어로 쓰여) 다하다, 끝나다 | **页** yè 양 페이지 | **就** jiù 부 바로

5  **D** 매일 달리기(跑)를 하겠다는 여자의 말에 남자가 '그러면 나도 너와 함께 달리기할래(那我跟你一起跑吧)'라고 대답했으므로 남녀가 함께 달리는 사진 D가 정답이다.

女: 我决定从现在开始每天跑两千米。	여: 나는 지금부터 매일 2km를 달리기로 결심했어.
男: 真的? 那我跟你一起跑吧!	남: 정말? 그러면 나도 너와 함께 달리기할래!

★ **决定** juédìng 동 결심하다, 결정하다 | **从** cóng 개 ~로부터 | **现在** xiànzài 명 지금 | **开始** kāishǐ 동 시작하다 | **每天** měi tiān 명 매일 | **跑** pǎo 동 달리다 | **千** qiān 수 1000, 천 | ★ **米** mǐ 양 미터(m) | **真** zhēn 부 정말 | **那** nà 접 그러면 | ★ **跟** gēn 개 ~와

● track 16

● Day 07   6 **B**   7 **D**   8 **A**   9 **C**   10 **E**

6  **B** '왜 아직 안 자냐'는 여자의 말에 남자는 '시험이 있어서 복습(复习)을 좀 더 해야 한다'고 했다. 그러므로 남자가 책을 보고 공부하고 있는 사진 B가 정답이다.

女: 都那么晚了, 你怎么还没睡觉?	여: 이미 그렇게 늦었는데 왜 아직 잠을 안 자는 거니?
男: 明天有考试, 我还得复习一下, 你先睡吧。	남: 내일 시험이 있어서 복습을 좀 더 해야 해요. 먼저 주무세요.

都……了 dōu …… le 이미 ~했다 | **那么** nàme 대 그렇게 | **晚** wǎn 형 늦다 | **怎么** zěnme 대 왜, 어째서 | **还** hái 부 아직 | **睡觉** shuìjiào 동 잠을 자다 | **明天** míngtiān 명 내일 | **考试** kǎoshì 명 시험 | **得** děi 조동 ~해야 한다 | ★ **复习** fùxí 동 복습하다 | **一下** yíxià 수량 (동사 뒤에 쓰여) 좀 ~하다 | ★ **先** xiān 부 먼저 | **睡** shuì 동 (잠을) 자다 | **吧** ba 조 ~하자 [상의·제의·청유·기대·명령 등의 어기를 나타냄]

7  **D** '아직도 게임하는(玩儿游戏) 중이냐'는 여자의 질문에, 남자는 인터넷에서(在网上) 표를 사고 있다'고 대답했으므로, 노트북을 사용하고 있는 사진 D가 정답이다. 이 문제는 관련 어휘를 알아야 풀 수 있는 난이도 '상' 문제이다.

女: 你还在上网玩儿游戏吗?	여: 아직도 인터넷으로 게임하는 중이니?
男: 不是，我正在网上买火车票，我明天要去旅游。	남: 아니요, 인터넷에서 기차표를 사는 중이야. 나는 내일 여행 가려고.

在 zài 부 ~하고 있는 중(이다) 개 ~에서 | ★上网 shàngwǎng 동 인터넷을 하다 | 玩儿 wánr 동 (게임·운동 따위 등) 하다 | ★游戏 yóuxì 명 게임 | 正 zhèng 부 ~하고 있는 중이다 | 网上 wǎngshàng 명 인터넷, 온라인 | 买 mǎi 동 사다 | 火车票 huǒchēpiào 명 기차표 | 要 yào 조동 ~하려고 하다 | 旅游 lǚyóu 동 여행하다

8 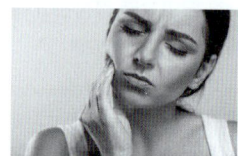 **A** 사탕을 먹어 보라는 남자의 권유에 여자는 '이가 아프다(牙疼)'고 대답했으므로, 여자가 턱을 잡고 아파하는 A가 정답이다.

男: 吃点儿糖吧? 特别好吃。	남: 사탕 좀 먹어 볼래? 정말 맛있어.
女: 谢谢你，但我最近牙疼，不敢再吃甜的了。	여: 고마워, 근데 요즘 이가 아파서 감히 단것을 더는 못 먹겠어.

点儿 diǎnr 수량 좀, 약간 | 糖 táng 명 사탕 | ★特别 tèbié 부 아주, 특히 | 好吃 hǎochī 형 맛있다 | 谢谢 xièxie 동 고맙습니다 | 但 dàn 접 그러나 | ★最近 zuìjìn 명 요즘 | 牙疼 yá téng 이가 아프다 | 敢 gǎn 조동 과감하게 ~하다 | 再 zài 부 더 | ★甜 tián 형 달다

9  **C** 남자는 '뭐 맛있는 것을 만드냐(做什么好吃的)'고 여자에게 묻고 있다. 따라서 여자가 요리하는 중임을 알 수 있으므로, 여자가 요리하는 사진 C가 정답이다.

男: 你在做什么好吃的呢?	남: 너는 지금 뭐 맛있는 것을 만들고 있니?
女: 等一会儿你就知道了，先帮我拿一个面包过来。	여: 조금만 기다리면 바로 알게 될 거야. 우선 나를 도와 빵 하나를 좀 가져와 줘.

做 zuò 동 만들다 | 等 děng 동 기다리다 | ★一会儿 yíhuìr 수량 잠시 | 就 jiù 부 바로 | 知道 zhīdào 알다 | 帮 bāng 동 돕다 | ★拿 ná 동 (손으로) 가지다, 쥐다 | ★面包 miànbāo 명 빵 | 过来 guòlai 동 오다

10  **E** 여자는 핸드폰을 책가방 안에 둔 것(放在书包里)으로 기억하지만, 남자가 더 찾아 보라고(找) 했다. 대화의 내용으로 보아 여자가 책가방 안에 손을 넣어 무언가를 찾고 있는 E가 정답이다.

女：奇怪，手机怎么找不到了？我记得放在书包里了。 男：你再找一找，不要着急，你是不是放在教室里了？	여: 이상하네. 핸드폰을 왜 못 찾겠지? 내 기억에는 책가방 안에 두었는데. 남: 다시 한번 찾아봐. 조급해하지 말고. 너는 교실에 둔 거 아니야?

★**奇怪** qíguài 형 이상하다 | **手机** shǒujī 명 핸드폰 | **怎么** zěnme 대 왜 | **找** zhǎo 동 찾다 | **到** dào 동 (동사 뒤에 쓰여) ~했다 | ★**记得** jìde 동 기억하고 있다 | ★**放** fàng 동 놓다 | **书包** shūbāo 명 책가방 | **再** zài 부 다시 | **不要** búyào 부 ~하지 마라 | ★**着急** zháojí 동 조급해하다 | **教室** jiàoshì 명 교실

듣기 제1부분 03 상황

본서 pp.43~44

track 21

● Day 22   1 C   2 E   3 B   4 A   5 D

1 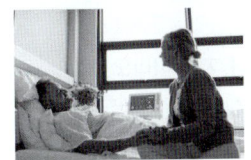 **C** 남자는 여자에게 의사(医生)가 뭐라 말했는지 물었고, 이에 여자는 '병원에서 2주 더 있어야 한다(在医院再住两个星期)'라는 의사의 말을 전한다. 그러므로 남자가 병원 침대에 누워서 대화를 나누는 사진 C가 정답이다.

男：医生是怎么说的？她同意我出院吗？ 女：医生说还不可以，你还要在医院再住两个星期。	남: 의사가 뭐라고 말했어? 내가 퇴원하는 걸 동의하셔? 여: 의사가 아직 안 된다고 했어. 당신은 병원에서 2주 더 있어야 해.

医生 yīshēng 명 의사 | **怎么** zěnme 대 뭐, 어떻게 | **说** shuō 동 말하다 | ★**同意** tóngyì 동 동의하다 | **出院** chūyuàn 동 퇴원하다 | **还** hái 부 아직, 더 | **可以** kěyǐ 조동 ~할 수 있다 | **要** yào 조동 ~해야 한다 | **在** zài 개 ~에서 | **医院** yīyuàn 명 병원 | **再** zài 부 더 | **住** zhù 동 머물다, 살다 | **两** liǎng 수 2, 둘 | **星期** xīngqī 명 주

2  **E** 영화에 늦을(迟到)까 봐 걱정하고 있으므로, 시간에 관한 대화를 나누는 상황임을 유추할 수 있다. 여자가 손목시계를 보고 있는 E가 정답이다.

| 女: 还有五分钟电影就开始了，不会迟到吗？ | 여: 5분 더 있으면 영화가 시작돼. 늦지는 않겠지? |
| 男: 不会的，从这儿走过去只要三分钟。 | 남: 그럴 리 없어. 여기에서 걸어가면 겨우 3분이면 돼. |

还 hái 튀 더 | 分钟 fēnzhōng 명 분 | 电影 diànyǐng 명 영화 | 就……了 jiù…… le 곧 ~하려 하다 | 开始 kāishǐ 동 시작하다 | 不会 bú huì ~일 리 없다 | ★迟到 chídào 동 지각하다 | 从 cóng 개 ~에서, ~로부터 | 走 zǒu 동 걷다 | ★过去 guòqù 동 지나가다 | ★只 zhǐ 튀 겨우 | 要 yào 동 걸리다

3  **B** 핵심 단어 '메뉴판(菜单)', '주문하다(点)'를 통해 식당에서 음식을 주문하는 상황임을 유추할 수 있다. 따라서 여자 종업원이 서서 남자에게 설명하는 사진 B가 정답이다. 성별에 주의해서 들으면 답을 찾는 데 더 도움이 된다.

| 女: 先生，这是菜单。这几个都是我们店很有名的菜。 | 여: 선생님, 여기 메뉴판이요. 이 몇 가지는 모두 우리 가게에서 매우 유명한 요리예요. |
| 男: 好，那我先看一下再点。 | 남: 좋아요. 그러면 제가 먼저 좀 본 다음에 주문할게요. |

先生 xiānsheng 명 (성인 남자) 선생님, 씨 | ★菜单 càidān 명 메뉴판 | 都 dōu 튀 모두 | 店 diàn 명 가게 | ★有名 yǒumíng 형 유명하다 | 菜 cài 명 요리 | 那 nà 접 그러면 | ★先 xiān 튀 먼저 | 看 kàn 동 보다 | 一下 yíxià 수량 (동사 뒤에 쓰여) 좀 ~하다 | 再 zài 튀 다시 | 点 diǎn 동 주문하다

4  **A** '이쪽입니다(在这边)', '따라오세요(请跟我来)'라는 말을 통해 남자가 길을 안내하는 상황임을 알 수 있다. 유니폼을 입은 남자가 손으로 안내하는 사진 A가 정답이다. 특정한 장소에서의 대화는 그림 속 배경이나 옷이 힌트가 될 수 있다.

| 男: 您的房间在这边，请跟我来。 | 남: 당신의 방은 이쪽입니다. 저를 따라오세요. |
| 女: 谢谢，你们的服务真是太热情了。 | 여: 고맙습니다. 서비스가 정말 친절하네요. |

您 nín 대 당신 | 房间 fángjiān 명 방 | 在 zài 동 ~에 있다 | 这边 zhèbiān 대 이곳 | 请 qǐng 동 ~해 주세요 | ★跟 gēn 동 따라가다, 뒤따르다 | 来 lái 동 [동사 뒤에 쓰여 동작이 화자가 있는 곳으로 향함을 나타냄] | 谢谢 xièxie 동 고맙습니다 | 服务 fúwù 동 서비스하다 | 真是 zhēnshì 튀 정말 | 太 tài 튀 너무, 매우 | ★热情 rèqíng 형 친절하다

5  **D** 여자가 숙제(作业)를 하다가 못 푼 문제를 남자에게 물어보고 있다. 이 대화로 둘은 학생이며, 남녀가 교실에 앉아서 이야기하는 사진 D가 정답임을 알 수 있다.

| 女：你的作业写完了吗？我有一个题不会，
可以问问你吗？
男：好的，哪一个题？ | 여: 너는 숙제를 다했어? 나는 못 푸는 문제가 있는데 너에게 물어봐도 될까?
남: 그래. 어떤 문제야? |

★**作业** zuòyè 몡 숙제 | **写** xiě 통 쓰다 | **完** wán 통 (동사 뒤에 보어로 쓰여) 다하다, 끝내다 | **题** tí 몡 문제 | **会** huì 조동 ~할 줄 알다 | **可以** kěyǐ 조동 ~해도 된다 | **问** wèn 통 묻다 | **哪** nǎ 대 어떤

● track 22

● Day 23   6 E   7 B   8 A   9 D   10 C

6  **E** 녹음을 듣기 전 사진 속 상황을 파악하고 들으면 조금 더 쉽게 정답을 고를 수 있다. 남녀가 '사진(照片)'에 대해 얘기하고 있으므로, 앨범으로 보이는 책자를 함께 보고 있는 사진 E가 정답이다.

| 男：这是球赛结束以后，我们班照的照片，你看看照得怎么样？
女：照得真不错。看起来你们那天很开心。 | 남: 이건 구기 경기가 끝나고 우리 반이 찍었던 사진이야. 봐 봐, 찍은 거 어때?
여: 정말 잘 찍었네. 너희들 그날 즐거워 보인다. |

球赛 qiúsài 몡 구기 경기 | ★**结束** jiéshù 통 끝나다 | **以后** yǐhòu 몡 이후 | ★**班** bān 몡 반 | **照** zhào 통 찍다 | ★**照片** zhàopiàn 몡 사진 | **看** kàn 통 보다 | **得** de 조 ~하는 정도가 ~하다 | **怎么样** zěnmeyàng 대 어떻다 | **真** zhēn 부 정말 | **不错** búcuò 형 좋다 | **看起来** kàn qǐlái 보기에 ~하다 | **天** tiān 몡 날 | **开心** kāixīn 형 즐겁다

7  **B** 남자가 '얼마 동안 책을 빌릴(借) 수 있는지' 물어봤으므로, 책상 위에 여러 권의 책(书)이 있는 사진 B가 정답이다. '책(书)을 빌리다(借)'는 말을 통해 대화 장소가 도서관임을 유추할 수 있다.

| 男：这几本书我能借多长时间？
女：两个月。如果看不完，你可以再过来借。 | 남: 이 책들을 제가 얼마 동안 빌릴 수 있나요?
여: 두 달입니다. 만약 다 보지 못했다면 다시 와서 빌릴 수 있어요. |

本 běn 양 권 [책을 세는 단위] | **书** shū 몡 책 | **能** néng 조동 ~할 수 있다 | ★**借** jiè 통 빌리다 | **多长时间** duō cháng shíjiān 얼마 동안 | **两** liǎng 주 2, 둘 | **月** yuè 몡 달, 월 | ★**如果** rúguǒ 접 만약 | **完** wán 통 (동사 뒤에 보어로 쓰여) 다하다, 끝내다 | **可以** kěyǐ 조동 ~해도 된다 | **再** zài 부 다시 | **过来** guòlái 통 오다

8  **A** '말씀 좀 여쭙겠습니다(请问)', '어떻게 가나요(怎么走)', '앞으로 걸어가다(往前走)'라는 표현을 통해 여자가 길을 묻고 남자가 길을 안내하는 상황임을 알 수 있다. 남자가 손을 뻗어 앞을 가리키며 설명하고 있는 사진 A가 정답이다.

女: 您好，请问中国银行怎么走？ 男: 你一直往前走3分钟就能看到了。	여: 안녕하세요. 말씀 좀 여쭙겠습니다. 중국은행에 어떻게 가나요? 남: 3분 동안 계속 앞으로 걸어가면 바로 보일 거예요.

您 nín 대 당신 | **请问** qǐngwèn 통 말씀 좀 여쭙겠습니다 | **中国银行** Zhōngguó Yínháng 고유 중국은행 | **怎么** zěnme 대 어떻게 | **走** zǒu 통 가다, 걷다 | ★**一直** yìzhí 부 계속 | **往** wǎng 개 ~를 향해 | **前** qián 명 앞 | **分钟** fēnzhōng 명 분 | **就** jiù 부 바로 | **能** néng 조동 ~할 수 있다 | **看到** kàndào 통 보(이)다

9  **D** '두 사람(两个人)은 누구냐'는 여자의 질문에 남자는 '여자 친구와 그녀의 언니야(女朋友和她的姐姐)'라고 대답했으므로, 여자 두 명이 있는 사진 D가 정답이다. 또한 대화 중 '오른쪽에 저 짧은 머리(右边那个短头发)'도 정답을 찾는 힌트가 될 수 있다.

女: 那两个人是谁？ 男: 是我女朋友和她的姐姐，右边那个短头发的是我女朋友。	여: 저 두 사람은 누구야? 남: 내 여자 친구와 그녀의 언니야. 오른쪽에 저 짧은 머리가 내 여자 친구야.

女朋友 nǚpéngyou 명 여자 친구 | **和** hé 접 ~와 | **姐姐** jiějie 명 언니, 누나 | **右边** yòubian 명 오른쪽 | ★**短** duǎn 형 짧다 | ★**头发** tóufa 명 머리카락

10  **C** '비가 갈수록 많이 오네(雨下得越来越大了)'라는 말을 통해 현재 비가 오고 있는 상황임을 알 수 있으므로, 우산을 들고 있는 사진 C가 정답이다. 비(雨)와 우산(伞)은 자주 함께 나오니 같이 기억해 두자!

女: 雨下得越来越大了，我们回家吧。 男: 再玩儿会儿吧。	여: 비가 갈수록 많이 오네. 우리 집으로 돌아가자. 남: 조금만 더 놀자.

雨 yǔ 명 비 | **下** xià 통 (비가) 내리다 | **越来越** yuèláiyuè 부 갈수록, 더욱더 | **大** dà 형 (수량이) 많다 | **回家** huí jiā 집으로 돌아가다 | **吧** ba 조 ~하자[상의·제의·청유·기대·명령 등의 어기를 나타냄] | **再** zài 부 더 | **玩儿** wánr 통 놀다 | ★**会儿** huìr 수량 잠시

정보 획득

듣기 제2부분 01

본서 p.50

○ track 28

● Day 09   1 √   2 X   3 X   4 √   5 X

1 √ 제시문을 먼저 읽고 국가도서관의 거리에 주의하며 녹음을 듣는다. '국가도서관은 여기에서 매우 가깝다(非常近)'고 말했으므로, 제시문의 '不远(멀지 않다)'과 의미가 일치한다. 반의어를 부정해서 비슷한 의미를 나타낼 수 있으므로 관련 반의어를 외워 두자. 반의어는 문제를 푸는 열쇠다.

国家图书馆离这儿非常近，看见前面的路口了吗？你从那里向右走三百米，就会看见一个黑色的大楼，那个楼就是。	국가도서관은 여기에서 매우 가까워. 앞에 교차로가 보이니? 너는 거기서 오른쪽으로 300m 걸어가면, 검은색 큰 건물이 보이는데, 바로 그 건물이야.
★ 国家图书馆离这儿不远。(√)	★ 국가도서관은 여기에서 멀지 않다. (√)

国家图书馆 Guójiā túshūguǎn 고유 국가도서관 | **离** lí 개 ~에서 | **非常** fēicháng 분 매우 | **近** jìn 형 (거리가) 가깝다 | **看见** kànjiàn 동 보(이)다 | **前面** qiánmiàn 명 앞 | **路口** lùkǒu 명 교차로 | **从** cóng 개 ~에서, ~로부터 | ★**向** xiàng 개 ~를 향하여 | **右** yòu 명 오른쪽 | **走** zǒu 동 걷다 | **百** bǎi 수 100, 백 | ★**米** mǐ 양 미터(m) | **就** jiù 분 바로 | **会** huì 조동 ~할 것이다 | **黑色** hēisè 명 검은색 | ★**楼** lóu 명 건물 | **远** yuǎn 형 (거리가) 멀다

2 X 제시문에서 '그 책은 음악을 소개한다(介绍音乐)'고 했고, 녹음에서는 '많은 국가의 기념일(很多国家的节日)에 대해 소개한다'고 했으므로 내용이 일치하지 않는다.

那本书可以买来给孩子们读，它介绍了很多国家的节日，可以让孩子们了解不同国家的文化。	그 책은 사서 아이들에게 읽으라고 할 만합니다. 그 책은 많은 국가의 기념일을 소개해서, 아이들에게 서로 다른 국가의 문화를 이해하게 할 수 있습니다.
★ 那本书主要是介绍音乐的。(X)	★ 그 책은 주로 음악을 소개한다. (X)

本 běn 양 권 [책을 세는 단위] | **书** shū 명 책 | **可以** kěyǐ 조동 ~할 수 있다 | **买** mǎi 동 사다 | **给** gěi 개 ~에게 | **孩子** háizi 명 아이 | **读** dú 동 읽다 | **它** tā 대 그것 | **介绍** jièshào 동 소개하다 | ★**国家** guójiā 명 국가 | ★**节日** jiérì 명 기념일 | **让** ràng 동 ~하게 하다 | ★**了解** liǎojiě 동 이해하다 | **不同** bùtóng 형 다르다 | ★**文化** wénhuà 명 문화 | ★**主要** zhǔyào 분 주로 | ★**音乐** yīnyuè 명 음악

3 X 제시문에서 '회의는 이미 끝났다(会议已经结束了)'라고 했으므로, 시점에 주의해서 들어야 한다. 녹음에서는 '지금 회의를 하고 있는 중(现在正在开会)'이라 했으므로 내용이 일치하지 않는다.

我现在正在开会，不方便说话，会议一结束，我马上就给你打电话。	나는 지금 회의를 하고 있는 중이라 말하기 불편해. 회의가 끝나자마자 내가 바로 너에게 전화할게.
★ 会议已经结束了。(X)	★ 회의는 이미 끝났다. (X)

现在 xiànzài 명 지금 | 正在 zhèngzài 부 지금 ~하고 있다 | 开会 kāihuì 동 회의를 하다 | ★方便 fāngbiàn 형 편리하다 | 说话 shuōhuà 동 말하다 | ★会议 huìyì 명 회의 | 一A就B yī A jiù B A하자마자 B하다 | ★结束 jiéshù 동 끝나다, 마치다 | ★马上 mǎshàng 부 곧 | 给 gěi 개 ~에게 | 打电话 dǎ diànhuà 전화하다 | 已经……了 yǐjīng …… le 이미 ~했다

4 제시문을 보면 의사는 '어머니의 귀에 문제가 없다고 생각한다(认为)'고 했고, 녹음에서는 '어머니의 귀에 문제가 없다고 말했으므로(说)' 내용이 일치한다. 유사한 의미를 가진 어휘에 유의하며 들어야 한다.

最近，妈妈一直说耳朵很疼。我带她去了医院，可是医生说她的耳朵没有问题，不需要吃药，多喝点儿水就可以了。	요즘 어머니는 계속 귀가 아프다고 하셨다. 나는 어머니를 모시고 병원에 갔지만 의사는 어머니의 귀에 문제가 없으니 약을 먹을 필요는 없고, 물을 좀 많이 마시면 된다고 말했다.
★医生认为妈妈的耳朵没问题。（ ✓ ）	★의사는 어머니의 귀에 문제가 없다고 생각한다. (✓)

★最近 zuìjìn 명 요즘 | ★一直 yìzhí 부 계속 | 说 shuō 동 말하다 | ★耳朵 ěrduo 명 귀 | ★疼 téng 형 아프다 | ★带 dài 동 데리다, 이끌다 | 医院 yīyuàn 명 병원 | 可是 kěshì 접 그러나 | 医生 yīshēng 명 의사 | 问题 wèntí 명 문제 | ★需要 xūyào 동 필요하다 | 吃药 chī yào 동 약을 먹다 | 喝 hē 동 마시다 | 点儿 diǎnr 수량 좀, 약간 | 可以 kěyǐ 형 좋다, 괜찮다 | ★认为 rènwéi 동 여기다, 생각하다

> **tip** 생각이나 의견을 표현하는 '觉得 juéde' '说 shuō'와 '认为 rènwéi', '想 xiǎng' 등을 함께 익히자!

5 제시문에서는 '핸드폰의 역할이 크지 않다(不大)'고 했고, 녹음에서는 '핸드폰의 역할이 갈수록 커진다(越来越大了)'고 했으므로, 내용이 일치하지 않는다.

手机的作用越来越大了，除了可以打电话以外，我们还能用手机在网上看地图。这样，出去玩儿时就不会担心找不到东南西北了。	핸드폰의 역할이 갈수록 커지고 있다. 전화를 할 수 있는 것 외에도, 우리는 핸드폰으로 인터넷에서 지도도 볼 수 있다. 이렇다 보니 나가서 놀 때 동서남북을 찾지 못할 걱정은 하지 않는다.
★他认为手机作用不大。（ ✗ ）	★그는 핸드폰의 역할이 크지 않다고 생각한다. (✗)

手机 shǒujī 명 핸드폰 | 作用 zuòyòng 명 역할, 작용 | 越来越 yuèláiyuè 갈수록, 더욱더 | 除了A以外，还B chúle A yǐwài, hái B A 외에 또 B하다 | 能 néng 조동 ~할 수 있다 | ★用 yòng 개 ~로 | 在 zài 개 ~에서 | 网上 wǎngshàng 명 인터넷 | 看 kàn 동 보다 | ★地图 dìtú 명 지도 | 这样 zhèyàng 대 이렇다, 이렇게 | 出去 chūqù 동 나가다 | 玩儿 wánr 동 놀다 | 时 shí 명 때 | 不会 bú huì ~일 리 없다 | ★担心 dānxīn 동 걱정하다 | 找 zhǎo 동 찾다 | 到 dào 동 (동사 뒤에 쓰여) ~했다 | 东南西北 dōngnánxīběi 동서남북

> **tip** 부정부사(不/没)를 조심하자!
> 중국어는 부정부사 하나로 정반대의 의미가 되기도 한다. 제시문에 부정부사가 있다면 꼭 체크하고 듣자!

● track 29

| ● Day 10 | 6 X | 7 √ | 8 X | 9 √ | 10 √ |

6 X 제시문에서 '이웃(邻居)은 노인(老人)'이라고 했으나, 녹음에서 '이웃(邻居)은 젊은 선생님(年轻的老师)'이라고 했으므로 내용이 일치하지 않는다. 반의어에 주의하며 듣자!

邻居是一位年轻的老师，他特别热情，而且喜欢帮助别人，所以我们有什么问题，都愿意请他帮忙。

이웃은 젊은 선생님이다. 그는 아주 친절하고, 게다가 다른 사람 돕기를 좋아한다. 그래서 우리는 무슨 문제가 생기면 모두 그에게 도움을 청하기를 원한다.

★ 邻居是位老人。（ X ）

★ 이웃은 노인이다. (X)

★ 邻居 línjū 몡 이웃 | ★ 位 wèi 양 분, 명 [공경의 뜻을 내포함] | ★ 年轻 niánqīng 혱 젊다 | 老师 lǎoshī 몡 선생님 | ★ 特别 tèbié 분 아주, 특히 | ★ 热情 rèqíng 혱 친절하다 | ★ 而且 érqiě 접 게다가 | 喜欢 xǐhuan 동 좋아하다 | 帮助 bāngzhù 동 돕다 | ★ 别人 biérén 대 다른 사람 | 所以 suǒyǐ 접 그래서 | 问题 wèntí 몡 문제 | 都 dōu 분 모두 | ★ 愿意 yuànyì 조동 ~하길 원하다 | 请 qǐng 동 청하다 | ★ 帮忙 bāngmáng 동 일을 돕다 | 老人 lǎorén 몡 노인

7 √ 제시문에서 '교장 선생님(校长)은 말랐다(瘦)'고 했고, 녹음에서 새로 오신 교장 선생님에 대해 이야기하면서 '그녀는 말랐다(她很瘦)'고 설명하고 있으므로, 내용이 일치한다.

我们学校新来的校长不是左边这个，而是站在中间的这个人，她很瘦，今年才三十八岁。

우리 학교에 새로 오신 교장 선생님은 왼쪽 분이 아니라, 가운데 서 계신 이 분이야. 그녀는 말랐고, 올해 겨우 38살이셔.

★ 校长很瘦。（ √ ）

★ 교장 선생님은 말랐다. (√)

学校 xuéxiào 몡 학교 | 新 xīn 분 새로이 | ★ 校长 xiàozhǎng 몡 교장 선생님 | 不是A，而是B búshì A, érshì B A가 아니라 B이다 | 左边 zuǒbian 몡 왼쪽 | ★ 站 zhàn 동 서다 | 在 zài 개 ~에서 | ★ 中间 zhōngjiān 몡 중간 | ★ 瘦 shòu 혱 마르다, 여위다 | 今年 jīnnián 몡 올해 | ★ 才 cái 분 겨우, 비로소 | 岁 suì 양 살, 세 [나이를 세는 단위]

8 X 제시문에서 '손목시계(手表)를 찾았다(找到了)'고 했다. 그러나 녹음에서는 '보이지 않는다(不见了)'고 했으므로 제시문과 내용이 일치하지 않는다.

那块儿手表是奶奶送给她的，她昨天晚上洗澡的时候才发现手表不见了，这让她非常难过。

그 손목시계는 할머니가 그녀에게 주신 것인데, 그녀는 어제저녁에 목욕할 때가 되서야 손목시계가 보이지 않는다는 것을 알게 되었다. 이것은 그녀를 매우 슬프게 했다.

★ 她找到手表了。（ X ）

★ 그녀는 손목시계를 찾았다. (X)

块儿 kuàir 양 덩이 [덩이로 된 물건을 세는 단위] | 手表 shǒubiǎo 몡 손목시계 | ★ 奶奶 nǎinai 몡 할머니 | 送 sòng 동 주다, 선물하다 | 给 gěi 개 ~에게 | 昨天 zuótiān 몡 어제 | 晚上 wǎnshang 몡 저녁 | ★ 洗澡 xǐzǎo 동 목욕하다 | ……的时候 …… de shíhou ~할 때 | ★ 发现 fāxiàn 동 알아차리다 | 不见 bújiàn 동 보이지 않다, 찾을 수가 없다 | 让 ràng 동 ~하게 하다 | 非常 fēicháng 분 매우 | ★ 难过 nánguò 혱 슬프다, 고통스럽다 | 找 zhǎo 동 찾다 | 到 dào 동 (동사 뒤에 쓰여) ~했다

9 ✓ 제시문에서 '카메라(照相机)를 챙기지 않았다'고 했으므로, 카메라를 잘 챙겼는지 주의하며 듣는다. 녹음에서 '만약 카메라를 가져왔다면 좋았을 텐데(如果带上相机就好了)'라는 말을 통해 카메라를 챙기지 않았음을 알 수 있으므로 내용이 일치한다.

春天到了，街上的花儿都开了。如果带上相机就好了，那样我们就能拍很多照片了。	봄이 와서 길가의 꽃이 모두 피었다. 만약 카메라를 가져왔다면 좋았을 텐데. 그러면 우리는 많은 사진을 찍을 수 있었을 것이다.
★ 她没带照相机。(✓)	★ 그녀는 카메라를 챙기지 않았다. (✓)

春天 chūntiān 명 봄 | **到** dào 동 이르다, 도달하다 | **街** jiē 명 거리 | ★ **花儿** huār 명 꽃 | **开** kāi 동 (꽃이) 피다 | **如果A就B** rúguǒ A jiù B A하다면, B하다 | ★ **带** dài 동 챙기다 | ★ **(照)相机** (zhào)xiàngjī 명 카메라 | **那样** nàyàng 대 그러면 | **能** néng 조동 ~할 수 있다 | **拍** pāi 동 찍다 | ★ **照片** zhàopiàn 명 사진

10 ✓ 제시문에서 그들은 '더 주문하려 한다(还要点菜)'고 했고, 녹음에서 '요리를 하나 더 주문할 것(要再点一个菜)'이라고 말했으므로, 제시문과 녹음의 내용이 일치한다.

服务员，我们这里少了两个碗和两双筷子。还有，请把菜单拿过来，我们要再点一个菜。	종업원님, 여기 그릇 2개와 젓가락 두 쌍이 부족해요. 그리고 메뉴판도 가져다주세요. 저희는 요리를 하나 더 주문할 거예요.
★ 他们还要点菜。(✓)	★ 그들은 더 주문하려 한다. (✓)

服务员 fúwùyuán 명 종업원 | **少** shǎo 형 부족하다, 모자라다 | **两** liǎng 수 2, 둘 | ★ **碗** wǎn 명 그릇, 사발 | **和** hé 접 ~와 | ★ **双** shuāng 양 쌍, 컬레 | **筷子** kuàizi 명 젓가락 | **还有** háiyǒu 접 그리고, 또한 | **请** qǐng 동 ~해 주세요 | ★ **把** bǎ 개 [목적어를 술어 앞으로 끌어내어 처치를 나타냄] | **菜单** càidān 명 메뉴판 | ★ **拿** ná 동 가지다 | **过来** guòlái 동 오다 | **要** yào 조동 ~하려고 하다 | **再** zài 부 더 | **点菜** diǎn cài 요리를 주문하다 | **还** hái 부 더

> **tip** 제시문을 먼저 확인하자!
> 녹음을 듣기 전에 빠르게 제시문을 읽자. 제시문의 핵심 어휘를 체크한 후에 들으면 선택적 집중이 쉬워진다.

02 유추 판단

듣기 제2부분

본서 p.57

● track 34

● Day 25   1 √   2 √   3 X   4 √   5 √

1 √ 제시문에서 '그는 공원(公园)에 가서 책 보는 것(看书)을 좋아한다'고 했고, 녹음에서 '나는 자주(常) 학교 근처 공원의 잔디밭에서 책을 읽는다(读书)'고 했으므로, 두 내용이 일치한다.

我的学校附近有一个公园，我常在那儿的草地上读书，那里人非常少，也很安静。	우리 학교 근처에는 공원이 하나 있는데, 나는 자주 그 잔디밭에서 책을 읽는다. 거기는 사람이 적고, 조용하기도 하다.
★ 他喜欢去公园看书。 (√)	★ 그는 공원에 가서 책 보는 것을 좋아한다. (√)

学校 xuéxiào 명 학교 | ★ **附近** fùjìn 명 근처 | ★ **公园** gōngyuán 명 공원 | **常** cháng 부 자주, 늘 | **在** zài 개 ~에서 | **草地** cǎodì 명 잔디밭 | **读书** dúshū 동 책을 읽다 | **非常** fēicháng 부 매우 | **少** shǎo 형 적다 | **也** yě 부 ~도 | ★ **安静** ānjìng 형 조용하다 | **喜欢** xǐhuan 동 좋아하다 | **看书** kàn shū 동 책을 보다

2 √ 제시문을 먼저 읽고 저녁 식사(晚饭)를 준비하고 있는지 주의하며 듣는다. 녹음에서 달걀(鸡蛋)을 꺼내 달라 하며, '저녁(晚上)에 요리를 몇 개 더 만들자(多做两个菜)'고 했으므로, 내용이 일치한다.

帮我从冰箱里拿五个鸡蛋吧。晚上我们多做两个菜。	나를 도와 냉장고에서 달걀 5개를 꺼내 줘. 저녁에 우리 요리를 몇 개 더 만들자.
★ 她在准备晚饭。 (√)	★ 그녀는 저녁 식사를 준비하고 있다. (√)

帮 bāng 동 돕다 | **从** cóng 개 ~에서, ~로부터 | ★ **冰箱** bīngxiāng 명 냉장고 | ★ **拿** ná 동 가지다 | **鸡蛋** jīdàn 명 달걀 | **吧** ba 조 ~하자 (상의·제의·청유·기대·명령 등의 어기를 나타냄) | **晚上** wǎnshang 명 저녁 | **做菜** zuò cài 동 요리를 하다 | **两** liǎng 수 몇몇 | **在** zài 부 ~하고 있는 중(이다) | **准备** zhǔnbèi 동 준비하다 | **晚饭** wǎnfàn 명 저녁 식사

3 X 제시문에서 '친구가 병이 났다(朋友生病了)'고 했고, 녹음에서 '친한 친구라면 취미(爱好)도 같아질 것'이라고 했으므로, 내용이 전혀 일치하지 않는다. 지문에 언급되지 않은 내용도 불일치로 간주한다.

人对人的影响是特别大的，如果两个人是好朋友，那么他们的爱好也可能会越来越像。	사람이 사람에게 주는 영향은 아주 커서, 만약 두 사람이 친한 친구라면, 취미도 아마 갈수록 같아질 것이다.
★ 朋友生病了。 (X)	★ 친구가 병이 났다. (X)

对 duì 개 ~에게 | ★ **影响** yǐngxiǎng 명 영향 | ★ **特别** tèbié 부 아주, 특히 | **如果A，那么B** rúguǒ A, nàme B 만약 A라면, B하다 | **两** liǎng 수 2, 둘 | **朋友** péngyou 명 친구 | ★ **爱好** àihào 명 취미 | **可能** kěnéng 부 아마 | **会** huì 조동 ~할 것이다 | **越来越** yuèláiyuè 부 갈수록, 더욱더 | ★ **像** xiàng 동 같다, 비슷하다 | **生病** shēngbìng 동 병이 나다

02 유추 판단   19

4 ✓ 녹음을 듣기 전 제시문을 읽고 '길(路)'에 대한 내용이 나올 것을 예상해야 한다. 제시문에서는 '길은 사람이 걸어서 생긴다(人走出来)'고 했고, 녹음에서는 '걷는 사람이 많아진 뒤에야 길이 생겼다(走的人多了，才有了路)'고 했다. 동일한 내용을 다르게 표현했을 뿐, 두 문장의 내용은 일치한다.

开始时，世界上没有路，走的人多了，才有了路。	처음에는 세상에 길이 없었는데, 걷는 사람이 많아진 뒤에야 길이 생겼다.
★ 路是人走出来的。（ ✓ ）	★ 길은 사람이 걸어서 생긴 것이다. (✓)

开始 kāishǐ 图 시작하다 | 时 shí 图 때 | ★ 世界 shìjiè 图 세계 | 路 lù 图 길 | 走 zǒu 图 걷다 | ★ 才 cái 图 비로소 | 出来 chūlai 图 생기다

5 ✓ 녹음에서 '예전에는 모두 손목시계로 시간을 봤지만, 핸드폰(手机)이 나온 이후 많은 사람들(不少人)이 이미 손목시계를 사용하지 않게 되었다'고 했다. 즉, '손목시계(手表)가 예전처럼 중요하지 않다'는 제시문의 내용을 풀어서 설명하고 있다.

人们以前都用手表来看时间，手机出现以后，人们发现用手机来看时间也特别方便，所以现在不少人已经不用手表了。	사람들은 예전에 모두 손목시계로 시간을 봤다. 핸드폰이 나온 이후 사람들은 핸드폰으로 시계를 보는 것이 훨씬 편리하다는 것을 알게 되어, 현재 많은 사람들이 이미 손목시계를 사용하지 않게 되었다.
★ 手表不像以前那么重要了。（ ✓ ）	★ 손목시계는 예전처럼 그렇게 중요하지 않다. (✓)

★ 以前 yǐqián 图 예전, 이전 | 都 dōu 图 모두 | ★ 用 yòng 게 ~로 | 手表 shǒubiǎo 图 손목시계 | 来 lái 图 [다른 동사 앞에 쓰여 어떠한 일을 하려는 것을 나타냄] | 看 kàn 图 보다 | 时间 shíjiān 图 시간 | 手机 shǒujī 图 핸드폰 | 出现 chūxiàn 图 나타나다 | 以后 yǐhòu 图 이후 | ★ 发现 fāxiàn 图 알아차리다 | ★ 方便 fāngbiàn 图 편리하다 | 所以 suǒyǐ 图 그래서 | 现在 xiànzài 图 지금 | 不少 bùshǎo 图 적지 않다, 많다 | 已经……了 yǐjīng…… le 이미 ~했다 | 那么 nàme 데 그렇게 | ★ 重要 zhòngyào 图 중요하다

● track 35

● Day 26   6 ✗   7 ✓   8 ✓   9 ✗   10 ✗

6 ✗ 녹음을 듣기 전에 제시문을 읽고 '그가 동물을 무서워하는지' 주의하며 듣는다. 녹음에서 '나는 매일 「사람과 동물」이라는 프로그램을 보고 많은 동물(动物)들을 알았다'는 말로는 그가 동물을 무서워하는지(害怕)까지는 알 수 없으므로, 제시문과 녹음은 일치하지 않는다.

我到现在也很清楚地记得，小时候，天天都要看《人与动物》这个节目，这个节目让我认识了很多动物。	나는 지금까지도 분명히 기억하는데, 어렸을 때 매일「사람과 동물」이라는 프로그램을 봤고, 이 프로그램은 나에게 많은 동물들을 알게 해 주었다.
★ 他害怕动物。（ ✗ ）	★ 그는 동물을 무서워한다. (✗)

到 dào 게 ~까지 | 现在 xiànzài 图 지금 | 也 yě 图 ~도 | ★ 清楚 qīngchu 图 분명하다 | ★ 地 de 图 ~하게, ~히 | ★ 记得 jìde 图 기억하고 있다 | 小时候 xiǎoshíhou 图 어렸을 때 | 天天 tiāntiān 图 매일 | 都 dōu 图 모두 | 要 yào 图图 ~하려고 하다 | 看 kàn 图 보다 | 与 yǔ 图 ~와 | 动物 dòngwù 图 동물 | ★ 节目 jiémù 图 프로그램 | 让 ràng 图 ~하게 하다 | 认识 rènshi 图 알다 | ★ 害怕 hàipà 图 무서워하다

7 ✓ 제시문을 읽고 북방과 남방의 날씨(天气)에 주의하며 듣는다. 녹음에서 '북방의 여름은 아주 덥진 않고(不是特别热), 남방의 겨울은 춥지 않다(不会很冷)'고 했으므로, 북방과 남방의 날씨가 다른 것을 알 수 있다.

到了夏天，很多人都喜欢到北方旅游，因为那时候北方不是特别热；冬天的时候，人们就更喜欢到南方旅游，<u>因为南方的冬天不会很冷</u>。	여름이 되면 많은 사람들은 북방으로 여행 가기를 좋아한다. 왜냐하면 그때 북방은 아주 덥진 않기 때문이다. 겨울일 때 사람들은 남방으로 여행 가는 것을 더 좋아한다. 왜냐하면 남방의 겨울은 춥지 않기 때문이다.
★ 北方和南方的<u>天气</u>不一样。（ ✓ ）	★ 북방은 남방의 날씨와 다르다. (✓)

到 dào 동 이르다, 도달하다 | 夏天 xiàtiān 명 여름 | 喜欢 xǐhuan 동 좋아하다 | ★北方 běifāng 명 북방 | 旅游 lǚyóu 동 여행하다 | 因为 yīnwèi 접 왜냐하면 | 时候 shíhou 명 때 | ★特别 tèbié 부 아주, 특히 | 热 rè 형 덥다 | 冬天 dōngtiān 명 겨울 | ……的时候 …… de shíhou ~할 때 | 就 jiù 부 바로 | ★更 gèng 부 더 | 南方 nánfāng 명 남방 | 不会 bú huì ~일 리 없다 | 冷 lěng 형 춥다 | 和 hé 개 ~와 | 天气 tiānqì 명 날씨 | ★一样 yíyàng 형 똑같다

8 ✓ 제시문에서 '그는 지금 전화를 하는 중'이라고 했으므로, 전화하는 상황인지 주의하며 듣는다. 녹음 첫 부분에서 '여보세요?(喂?)'라는 말을 통해 현재 전화를 하는 중인지 알 수 있으므로 내용이 일치한다.

喂？哥，我刚才去外面接了一位客人，没带手机。现在才看见你的电话，你找我有什么事吗？	여보세요? 형, 나 방금 밖에 손님 한 분을 마중하러 갔는데, 핸드폰을 안 챙겼어. 이제서야 형의 전화를 봤는데, 무슨 일로 나를 찾은 거야?
★ 他正在打电话。（ ✓ ）	★ 그는 지금 전화를 하는 중이다. (✓)

喂 wéi 감 (전화상에서) 여보세요 | 哥 gē 명 형 | ★刚才 gāngcái 명 방금 | 外面 wàimiàn 명 밖 | ★接 jiē 동 마중하다 | ★位 wèi 양 분, 명 [공경의 뜻을 내포함] | ★客人 kèrén 명 손님 | ★带 dài 동 챙기다 | 手机 shǒujī 명 핸드폰 | ★才 cái 부 비로소 | 看见 kànjiàn 동 보(이)다 | 电话 diànhuà 명 전화 | 找 zhǎo 동 찾다 | 事 shì 명 일 | 正在 zhèngzài 부 지금 ~하고 있다 | 打电话 dǎ diànhuà 전화하다

9 ✗ 제시문에서 '아들의 성적이 올랐다'고 했고, 녹음에서 나와 남편이 걱정(担心)하는 이유는 '아들이 매일 컴퓨터 게임을 해서 성적에 영향을 미치기(玩儿电脑游戏，影响了成绩) 때문'이라고 했으므로 내용이 일치하지 않는다.

儿子最近每天都上网玩儿电脑游戏，<u>影响了成绩</u>，我和丈夫都非常头疼，每天都为他担心。	아들은 요즘 매일 인터넷으로 컴퓨터 게임을 해서, 성적에 영향을 미친다. 나와 남편은 매우 머리가 아프고, 매일 아들 때문에 걱정이다.
★ 儿子的<u>成绩提高了</u>。（ ✗ ）	★ 아들의 성적이 올랐다. (✗)

儿子 érzi 명 아들 | ★最近 zuìjìn 명 요즘 | 每天 měi tiān 매일 | ★上网 shàngwǎng 동 인터넷을 하다 | 玩儿 wánr 동 (게임·운동 따위 등) 하다 | 电脑 diànnǎo 명 컴퓨터 | ★游戏 yóuxì 명 게임 | ★影响 yǐngxiǎng 동 영향을 주다 | ★成绩 chéngjì 명 성적 | 和 hé 접 ~와 | 丈夫 zhàngfu 명 남편 | 非常 fēicháng 부 매우 | 头疼 tóuténg 동 머리가 아프다, 골치가 아프다 | ★为 wèi 개 ~때문에 | ★担心 dānxīn 동 걱정하다 | ★提高 tígāo 동 향상시키다

10 제시문에서 '그는 이미(已经) 책을 반납했다'고 했지만, 녹음에서는 '내일 반납할 예정(打算)'이라 했으므로, 시점이 일치하지 않는다. 시제 표현에 주의하며 듣자!

上个星期，我在图书馆借了三本书。现在都看完了，<u>我打算明天上午去把它们还了</u>。	지난주에 나는 도서관에서 책을 세 권 빌렸다. 지금은 모두 다 봤고, <u>내일 오전에 가서 그것들을 반납할 예정이다</u>.
★ 他已经把书还了。（ X ）	★ 그는 이미 책을 반납했다.（ X ）

上 shàng 형 앞의, 먼저의 | **星期** xīngqī 명 주 | **在** zài 개 ~에서 | ★**图书馆** túshūguǎn 명 도서관 | ★**借** jiè 동 빌리다 | **本** běn 양 권 [책을 세는 단위] | **书** shū 명 책 | **完** wán (동사 뒤에 보어로 쓰여) 다하다, 끝나다 | ★**打算** dǎsuàn 동 ~할 예정이다 | **明天** míngtiān 명 내일 | **上午** shàngwǔ 명 오전 | ★**把** bǎ 개 [목적어를 술어 앞으로 끌어내어 처치를 나타냄] | **它** tā 대 그것 | ★**还** huán 동 반납하다, 돌려주다 | **已经……了** yǐjīng …… le 이미 ~했다

> **tip 시제 표현**
> 已经……了 yǐjīng …… le 이미 ~했다 | (正)在……呢 (zhèng)zài …… ne 지금 ~하는 중이다 | 打算 dǎsuàn ~할 예정이다 | (就)要……了 (jiù)yào …… le 곧 ~하려 한다 | (快)要……了 (kuài)yào …… le 막 ~하려 하다

듣기 제3·4부분 01 인물·장소

본서 pp.63~64

● track 42

● Day 12　　1 C　　2 B　　3 B　　4 C　　5 B

1 C 보기를 통해 장소를 묻는 문제임을 알 수 있다. 녹음에서 남자는 '도서관에 어떻게 가는지(图书馆怎么走)' 물어봤으므로, 남자가 가려는 곳이 C '도서관'임을 알 수 있다. 주로 '일상'을 소재로 한 내용이 70% 이상 출제된다.

男：您好，<u>您知道图书馆怎么走吗</u>? 女：对不起，我不知道，你再问一下其他人吧。	남: 안녕하세요. 도서관에 어떻게 가는지 아세요? 여: 죄송합니다만 모르겠어요. 다른 사람에게 다시 한번 물어보세요.
问：男的要去哪儿? A 教室　　B 办公室　　**C 图书馆**	질문: 남자는 어디에 가려고 하는가? A 교실　　B 사무실　　**C 도서관**

您 nín 대 당신, 선생님 | **知道** zhīdào 동 알다 | ★**图书馆** túshūguǎn 명 도서관 | **怎么** zěnme 대 어떻게 | **走** zǒu 동 가다, 걷다 | **对不起** duìbuqǐ 동 죄송합니다 | **再** zài 부 다시 | **问** wèn 동 묻다 | **一下** yíxià 수량 (동사 뒤에 쓰여) 좀 ~하다 | ★**其他** qítā 대 기타, 다른 사람 | **吧** ba 조 ~하자 [상의·제의·청유·기대·명령 등의 어기를 나타냄] | **要** yào 조동 ~하려고 하다 | **哪儿** nǎr 대 어디 | **教室** jiàoshì 명 교실 | ★**办公室** bàngōngshì 명 사무실

2 B 여자가 '학생과 함께 동물원에 간다(跟学生一起去动物园)'고 하였다. 학생을 인솔하는 그녀의 직업으로 가장 가능성이 높은 것은 '선생님(老师)'이므로 정답은 B이다.

男：你这个周六要去哪儿？ 女：我要跟学生一起去动物园看大熊猫。你要一起去吗？	남: 너는 이번 주 토요일에 어디 가니? 여: 나는 학생과 함께 동물원에 가서 판다를 보려고 해. 너도 같이 갈래?
问：女的最可能是做什么的？ A 经理　　**B 老师**　　C 医生	질문: 여자는 어떤 일을 할 가능성이 가장 높은가? A 사장　　**B 선생님**　　C 의사

周六 zhōuliù 명 토요일 | ★ 跟 gēn 개 ~와 | 学生 xuésheng 명 학생 | 一起 yìqǐ 부 함께 | ★ 动物园 dòngwùyuán 명 동물원 | 看 kàn 동 보다 | 大熊猫 dàxióngmāo 명 판다 | 最 zuì 부 가장 | 可能 kěnéng 부 아마도 (~일지도 모른다) | 做 zuò 동 하다 | ★ 经理 jīnglǐ 명 사장 | 老师 lǎoshī 명 선생님 | 医生 yīshēng 명 의사

3 B 보기를 통해 '장소' 관련 문제임을 유추할 수 있다. 남자가 '30분 뒤에 비행기를 타야 해(上飞机)'라고 했으므로, 대화 장소가 공항(机场)임을 알 수 있다. 따라서 정답은 B이다.

女：去喝咖啡怎么样？我们可以一边喝一边等。 男：别去了，现在九点半，再有三十分钟就要上飞机了。	여: 커피를 마시러 가는 거 어때? 우리는 마시면서 기다릴 수 있어. 남: 가지 말자. 지금 9시 반이야. 30분 뒤에 비행기를 타야 해.
问：他们最可能在哪儿？ A 公司　　**B 机场**　　C 公园	질문: 그들은 어디에 있을 가능성이 가장 큰가? A 회사　　**B 공항**　　C 공원

喝 hē 동 마시다 | 咖啡 kāfēi 명 커피 | 怎么样 zěnmeyàng 대 어떻다 | 可以 kěyǐ 조동 ~할 수 있다 | 一边A一边B yìbiān A yìbiān B A하면서 B하다 | 等 děng 동 기다리다 | 别 bié 부 ~하지 마라 | 现在 xiànzài 명 지금 | 点 diǎn 양 시 | ★ 半 bàn 수 반, 30분 | 再 zài 부 더 | 分钟 fēnzhōng 명 분 | 就要……了 jiùyào ……le 곧 ~하려 한다 | 上飞机 shàng fēijī 비행기를 타다 | 在 zài 동 ~에 있다 | 公司 gōngsī 명 회사 | 机场 jīchǎng 명 공항 | ★ 公园 gōngyuán 명 공원

4 C '화장실 불이 왜 켜져 있냐'는 남자의 질문에, 여자는 '딸(女儿)이 목욕할 것이다'라고 대답했다. 두 사람의 대화를 통해 가장 적절한 관계는 부부(夫妻)임을 알 수 있으므로, 정답은 C이다.

男：洗手间的灯怎么开着啊？ 女：女儿说要洗澡，她去拿衣服了。	남: 화장실 불이 왜 켜져 있지? 여: 딸이 목욕하겠다 하고, 지금 옷을 가지러 갔어.
问：他们最可能是什么关系？ A 朋友　　B 老师和学生　　**C 夫妻**	질문: 그들은 어떤 관계일 가능성이 가장 높은가? A 친구　　B 선생님과 학생　　**C 부부**

★ 洗手间 xǐshǒujiān 명 화장실 | 灯 dēng 명 등 | 开 kāi 동 켜다 | 着 zhe 조 ~하고 있다 | ★ 啊 a 조 [문장 끝에 쓰여 의문을 나타냄] | 女儿 nǚ'ér 명 딸 | 说 shuō 동 말하다 | 洗澡 xǐzǎo 동 목욕하다 | ★ 拿 ná 동 (손으로) 가지다 | 衣服 yīfu 명 옷 | ★ 关系 guānxì 명 관계 | 朋友 péngyou 명 친구 | 夫妻 fūqī 명 부부

01 인물·장소

5 **B** 보기 3개가 모두 장소이므로, 장소를 묻는 문제임을 알 수 있다. 장소에 주의하여 듣자. '어디에서 만나냐'는 남자의 질문에 여자는 '너희 집 근처에 있는 카페(咖啡店)에서 만나자'라고 했으므로, 정답은 B이다. 두 사람의 대화 중 장소가 그대로 언급되는 유형이 90% 이상을 차지한다.

男：明天下课后在哪儿见面？ 女：在你家附近的咖啡店见吧。我一下课就去那儿找你。	남: 내일 수업이 끝나고 어디서 만날까? 여: 너희 집 근처 카페에서 만나자. 내가 수업 끝나자마자 거기로 가서 널 찾을게.
问：他们在哪儿见面？ A 公园　　B 咖啡店　　C 书店	질문: 그들은 어디서 만날 것인가? A 공원　　B 카페　　C 서점

明天 míngtiān 명 내일 | 下课 xiàkè 동 수업이 끝나다 | 后 hòu 명 후, 뒤 | 在 zài 개 ~에서 | ★见面 jiànmiàn 동 만나다 | ★附近 fùjìn 명 근처 | 咖啡店 kāfēidiàn 명 카페 | 见 jiàn 동 보다 | 一A就B yī A jiù B A하자마자 B하다 | 找 zhǎo 동 찾다 | 书店 shūdiàn 명 서점

● track 43

● Day 13　　6 B　　7 A　　8 B　　9 B　　10 C

6 **B** 여자와 남자가 '우선 의자와 책상을 보고(看), 다른 것도 더 보자(再看一下别的吧)'고 이야기하고 있으므로, 그들은 B '상점'에 있을 가능성이 가장 높다.

女：这张桌子有点儿高，不太舒服。 男：没关系，我们上四层去看一下，那里也有。 女：还有椅子，也一起换了吧。 男：好啊。我们先看椅子和桌子，然后再看一下别的吧。	여: 이 책상은 조금 높아서 그다지 편하지 않아. 남: 괜찮아. 우리 4층에 가서 한번 보자. 거기에도 있어. 여: 그리고 의자도 있어. 같이 바꾸자. 남: 좋아. 우리 우선 의자와 책상을 보고, 그다음에 다른 것도 더 보자.
问：他们最可能在哪儿？ A 公园　　B 商店　　C 街上	질문: 그들은 어디에 있을 가능성이 가장 높은가? A 공원　　B 상점　　C 거리

★张 zhāng 양 [책상·탁자 등을 세는 단위] | 桌子 zhuōzi 명 책상 | 有点儿 yǒudiǎnr 부 조금 | 高 gāo 형 높다 | 不太 bú tài 그다지 ~하지 않다 | ★舒服 shūfu 형 편안하다 | 没关系 méi guānxi 괜찮다 | 上 shàng 동 오르다 | ★层 céng 양 층 | 看 kàn 동 보다 | 一下 yíxià 수량 (동사 뒤에 쓰여) 좀 ~하다 | 也 yě 부 ~도 | 还 hái 부 또, 더 | 椅子 yǐzi 명 의자 | 一起 yìqǐ 부 함께 | ★换 huàn 동 바꾸다 | 吧 ba 조 ~하자 [상의·제의·청유·기대·명령 등의 어기를 나타냄] | ★啊 a 조 [문장 끝에 쓰여 감탄·찬탄을 나타냄] | ★先 xiān 부 우선, 먼저 | 和 hé 접 ~와 | ★然后 ránhòu 접 그런 후에 | 再 zài 부 더 | 别的 biéde 대 다른 것 | 最 zuì 부 가장 | 可能 kěnéng 부 아마도 (~일지도 모른다) | 在 zài 동 ~에 있다 | 哪儿 nǎr 대 어디 | ★公园 gōngyuán 명 공원 | 商店 shāngdiàn 명 상점 | 街 jiē 명 거리

7 A 남자가 여자에게 만난 사람이 '고등학교 다닐 때 친했던 친구(上高中时的好朋友)'인지 묻자 여자가 '맞다(对)'고 대답했으므로, 정답은 A임을 알 수 있다.

女：昨天我在公司前遇到王丽[Wáng Lì]了。 男：就是你上高中时的好朋友？ 女：对，她比以前瘦多了，头发也长了。 男：这么多年没见，当然会有变化。	여: 어제 나는 회사 앞에서 왕리[王丽]를 만났어. 남: 네가 고등학교 다닐 때 친했던 친구? 여: 맞아. 걔는 예전보다 많이 마르고, 머리카락도 길었더라. 남: 이렇게 오랫동안 안 봤는데, 당연히 변화가 있을 수 있지.
问：女的遇见谁了？ **A 高中同学** B 马先生 C 同学的妻子	질문: 여자는 누구를 우연히 만났는가? **A 고등학교 동창** B 매[마] 선생 C 동창의 아내

昨天 zuótiān 몡 어제 | **在** zài 게 ~에서 | **公司** gōngsī 몡 회사 | **前** qián 몡 앞 | ★ **遇到** yùdào 동 만나다 | **就** jiù 児 바로 | **上** shàng 동 다니다, 가다 | **高中** gāozhōng 몡 고등학교 | **时** shí 몡 때 | **朋友** péngyou 몡 친구 | **对** duì 형 맞다 | **比** bǐ 개 ~보다, ~에 비해 | ★ **以前** yǐqián 몡 예전 | ★ **瘦** shòu 형 마르다 | ★ **头发** tóufa 몡 머리카락 | **长** cháng 형 (길이가) 길다 | **这么** zhème 데 이렇게 | **多年** duō nián 몡 오랜 세월, 여러 해 | **见** jiàn 동 만나다 | ★ **当然** dāngrán 児 당연히 | **会** huì 조동 ~할 것이다 | ★ **变化** biànhuà 몡 변화 | **遇见** yùjiàn 동 우연히 만나다 | **同学** tóngxué 몡 동창, 학우 | **马** Mǎ 고유 마[씨] | **先生** xiānsheng 몡 (성인 남자) 선생님, 씨 | **妻子** qīzi 몡 아내

8 B 여자가 대화 중에 '엄마가 우산을 내 가방에 넣어 주셨다(是妈妈把伞放我包里的)'라고 직접 언급했으므로, 정답은 B이다.

男：刚才还有太阳，现在就下雨了。 女：是啊，最近天气总是一会儿晴一会儿阴的。 男：你怎么会带雨伞呢？ 女：是妈妈把伞放我包里的。	남: 방금 전까지 해가 있었는데, 지금 비가 와. 여: 맞아. 요즘 날씨가 항상 맑았다가 금방 흐렸다가 해. 남: 너는 어떻게 우산을 가져온 거야? 여: 엄마가 우산을 내 가방에 넣어 주셨어.
问：谁把雨伞放包里了？ A 校长 **B 她妈妈** C 他的学生	질문: 누가 우산을 가방에 넣었는가? A 교장 선생님 **B 그녀의 엄마** C 그의 학생

★ **刚才** gāngcái 몡 방금 | **还** hái 児 ~까지도 | ★ **太阳** tàiyáng 몡 태양 | **现在** xiànzài 몡 지금 | **就** jiù 児 바로 | **下雨** xiàyǔ 동 비가 내리다 | ★ **啊** a 조 [문장 끝에 쓰여 긍정을 나타냄] | **最近** zuìjìn 몡 요즘 | **天气** tiānqì 몡 날씨 | ★ **总是** zǒngshì 児 항상, 늘 | **一会儿A一会儿B** yíhuìr A yíhuìr B A했다가 B했다가 | **晴** qíng 형 (날이) 맑다 | **阴** yīn 형 흐리다 | **怎么会A呢?** zěnme huì A ne? 어떻게 A할 수가 있어? | ★ **带** dài 동 가지다 | **雨伞** yǔsǎn 몡 우산 | ★ **把** bǎ 개 [목적어를 술어 앞으로 끌어내어 처치를 나타냄] | ★ **伞** sǎn 몡 우산 | ★ **放** fàng 동 넣다, 놓다 | ★ **包** bāo 몡 가방 | ★ **校长** xiàozhǎng 몡 교장 선생님 | **学生** xuésheng 몡 학생

9 B 남자가 여자에게 '병원에 가 보라(去医院看看)'고 하자, 여자는 '금요일(星期五)에 좀 가 보려고 한다'라고 말했으므로, 여자가 금요일에 가려고 하는 곳은 B '병원'이다.

男: 你的感冒还没好吗？ 女: 还没呢，吃了药也不起作用。 男: 有一个多星期了吧？这么长时间了，你去医院看看吧。 女: 是啊，我打算星期五去看看。	남: 감기는 아직 안 나았니? 여: 아직이야. 약을 먹어도 효과가 없어. 남: 일주일 남짓 됐지? 이렇게 시간이 많이 흘렀는데, 병원에 좀 가 봐. 여: 알았어. 금요일에 좀 가 보려고.
问: 女的星期五要去哪里？ A 超市　　**B 医院**　　C 银行	질문: 여자는 금요일에 어디에 가려고 하는가? A 슈퍼마켓　　**B 병원**　　C 은행

★ **感冒** gǎnmào 명 감기 | **还** hái 부 아직 | **呢** ne 조 [사실 확인 및 과장된 어투를 나타냄] | **吃药** chī yào 통 약을 먹다 | **起作用** qǐ zuòyòng 효과가 나타나다 | **多** duō 수 (수량사 뒤에 쓰여) ~남짓 | **星期** xīngqī 명 주 | **吧** ba 조 ~지? [가능·추측의 어기를 나타냄] | **长** cháng 형 (시간이) 길다 | **时间** shíjiān 명 시간 | **医院** yīyuàn 명 병원 | **看看** kànkan 좀 살펴보다 | ★ **打算** dǎsuàn ~하려고 하다 | **星期五** xīngqīwǔ 명 금요일 | **要** yào 조동 ~하려고 하다 | **哪里** nǎlǐ 대 어디 | ★ **超市** chāoshì 명 슈퍼마켓 | ★ **银行** yínháng 명 은행

10 C 보기를 통해 인물에 대한 문제임을 알 수 있다. 녹음에서 남녀는 '삼촌과 이모(叔叔和阿姨)가 처음 상하이에 온다'고 말했으므로, 그들이 기다리는(等) 사람은 C '삼촌과 이모'임을 알 수 있다. 가족 관련 어휘는 시험에 자주 출제된다.

男: 看看手表，现在几点了？ 女: 两点一刻。说两点半到，还差十五分钟呢，再等一下吧。 男: 叔叔和阿姨第一次来上海，是不是走错路了？ 女: 我再打个电话问一下。	남: 시계 좀 봐 봐. 지금 몇 시야? 여: 2시 15분이야. 2시 반에 도착한다고 했으니 아직 15분 남았어. 좀 더 기다려 보자. 남: 삼촌과 이모는 상하이에 처음 오시는데, 길을 잘못 찾으신 거 아니야? 여: 내가 다시 전화해서 한번 물어볼게.
问: 他们在等谁？ A 妈妈　　B 奶奶　　**C 叔叔和阿姨**	질문: 그들은 누구를 기다리고 있는가? A 엄마　　B 할머니　　**C 삼촌과 이모**

手表 shǒubiǎo 명 손목시계 | **点** diǎn 양 시 | **两** liǎng 수 2, 둘 | ★ **刻** kè 양 15분 | **说** shuō 통 말하다 | ★ **半** bàn 수 반, 30분 | **到** dào 통 이르다, 도달하다 | ★ **差** chà 통 부족하다, 모자라다 | **分钟** fēnzhōng 명 분 | **再** zài 부 더 | **等** děng 통 기다리다 | ★ **叔叔** shūshu 명 삼촌 | **和** hé 접 ~와 | ★ **阿姨** āyí 명 이모 | **第一次** dì yī cì 명 처음 | **上海** Shànghǎi 고유 상하이 | **走错** zǒucuò 통 길을 잘못 들다 | **路** lù 명 길 | **打电话** dǎ diànhuà 전화하다 | **问** wèn 통 묻다 | **在** zài 부 ~하고 있는 중(이다) | ★ **奶奶** nǎinai 명 할머니

● Day 14　11 C　12 A　13 B　14 A　15 C

11 C 보기를 통해 인물에 대한 문제임을 알 수 있다. '누가 개를 돌보냐(谁来照顾狗呢)'는 남자의 물음에 여자는 '이웃(邻居)에게 개를 돌봐 달라고 부탁할(请) 것'이라고 대답했으므로, 정답은 C이다.

男：你们去北京旅游的话，谁来照顾狗呢？
女：我们要把它放在邻居家，请邻居帮我们照顾它，邻居也非常喜欢它。

남: 너희가 베이징으로 여행을 가면, 누가 개를 돌보지?
여: 개를 이웃집에 두고, 이웃에게 우리를 도와 개를 돌봐 달라고 부탁하려고. 이웃도 개를 매우 좋아해.

问：女的会请谁来照顾她的狗？
A 爷爷　　B 妈妈　　**C 邻居**

질문: 여자는 그녀의 개를 누구에게 돌봐 달라고 부탁할 예정인가?
A 할아버지　　B 엄마　　**C 이웃**

北京 Běijīng 고유 베이징 | 旅游 lǚyóu 동 여행하다 | ……的话 …… dehuà 조 ~한다면 | 来 lái 동 [다른 동사 앞에 쓰여 어떠한 일을 하려는 것을 나타냄] | ★ 照顾 zhàogù 동 돌보다 | 狗 gǒu 명 개 | 要 yào 조동 ~하려고 하다 | ★ 把 bǎ 개 [목적어를 술어 앞으로 끌어내어 처치를 나타냄] | 它 tā 대 그것 | ★ 放 fàng 동 놓다 | 在 zài 개 ~에서 | ★ 邻居 línjū 명 이웃 | 请 qǐng 동 부탁하다 | 帮 bāng 동 돕다 | 也 yě 부 ~도 | 非常 fēicháng 부 매우 | 喜欢 xǐhuan 동 좋아하다 | 会 huì 조동 ~할 것이다 | ★ 爷爷 yéye 명 할아버지

12 A 여자가 '지금 주문하시겠어요?(您现在要点菜吗?)'라고 말했으므로 현재 장소가 식당(饭馆儿)임을 알 수 있다. 정답은 A이다. 관련 어휘를 통해 장소를 유추하는 문제가 많이 출제된다.

女：先生，您好，您现在要点菜吗？
男：还有一个朋友没来，等她来了后再点。

여: 선생님, 안녕하세요. 지금 주문하시겠어요?
남: 아직 안 온 친구가 한 명 더 있어서요. 그녀가 오길 기다린 후에 다시 주문할게요.

问：他们现在在哪儿？
A 饭馆儿　　B 教室　　C 地铁站

질문: 그들은 현재 어디에 있는가?
A 식당　　B 교실　　C 지하철역

先生 xiānsheng 명 (성인 남자) 선생님, 씨 | 您 nín 대 선생님, 당신 | 现在 xiànzài 명 지금 | 要 yào 조동 ~할 것이다 | 点菜 diǎn cài 동 요리를 주문하다 | 还 hái 부 아직 | 朋友 péngyou 명 친구 | 等 děng 동 기다리다 | 后 hòu 명 후, 뒤 | 再 zài 부 다시 | 点 diǎn 동 주문하다 | 在 zài 동 ~에 있다 | 哪儿 nǎr 대 어디 | 饭馆儿 fànguǎnr 명 식당 | 教室 jiàoshì 명 교실 | 地铁站 dìtiězhàn 명 지하철역

13 B 여자는 '자신이 일을 막 시작해서 잘 모르니, 장 사장님(张经理)께 가서 물어보라'고 말했으므로, B가 정답이다.

女：我上周才开始工作，对这件事不太了解。你去问问张[Zhāng]经理吧。
男：好，谢谢您。

여: 저는 지난주에 막 일을 시작해서, 이 일에 대해서는 잘 몰라요. 당신은 쟁[张] 사장님께 가서 물어봐요.
남: 네, 고맙습니다.

问：女的让男的去问谁？	질문: 여자는 남자에게 누구한테 가서 물어보라 하는가?
A 黄[Huáng]医生	A 황[黄] 의사
B 张[Zhāng]经理	**B 장[张] 사장님**
C 李[Lǐ]校长	C 리[李] 교장 선생님

上 shàng 형 앞의, 먼저의 | **周** zhōu 명 주 | ★**才** cái 부 막 | **开始** kāishǐ 동 시작하다 | **工作** gōngzuò 명 일 | **对** duì 개 ~에 대해 | **件** jiàn 양 건, 개 [일·사건 등을 단위] | **事** shì 명 일 | **不太** bú tài 그다지 ~하지 않다 | **了解** liǎojiě 동 이해하다 | **问** wèn 동 묻다, 질문하다 | **张** Zhāng 고유 장 [성씨] | ★**经理** jīnglǐ 명 사장 | **谢谢** xièxie 동 고맙습니다 | **让** ràng 동 ~하게 하다 | **黄** Huáng 고유 황 [성씨] | **医生** yīshēng 명 의사 | **李** Lǐ 고유 리 [성씨] | ★**校长** xiàozhǎng 명 교장 선생님

14 A 보기를 통해 장소를 묻는 문제임을 알 수 있다. 녹음에서 남자가 '왕 교장 선생님(王校长)'의 사무실이 어디 있냐'고 묻고 있다. 대화 장소가 학교(学校)임을 유추할 수 있으므로 정답은 A이다. 대화 속 인물의 직업이 장소를 찾는 힌트가 된다.

男：请问一下，王[Wáng]校长的办公室在哪儿？	남: 실례지만, 왕[王] 교장 선생님의 사무실은 어디에 있나요?
女：就在那儿，右边第一个办公室。	여: 바로 저쪽에 있어요. 오른쪽 첫 번째 사무실입니다.
问：他们现在在哪儿？	질문: 그들은 현재 어디에 있는가?
A 学校　　B 路上　　C 图书馆	**A 학교**　　B 길　　C 도서관

请问 qǐngwèn 동 말씀 좀 여쭙겠습니다 | **一下** yíxià 수량 (동사 뒤에 쓰여) 좀 ~하다 | **王** Wáng 고유 왕 [성씨] | ★**办公室** bàngōngshì 명 사무실 | **就** jiù 부 바로 | **右边** yòubian 명 오른쪽 | **第一** dì yī 수 첫 번째 | **学校** xuéxiào 명 학교 | **路** lù 명 길 | ★**图书馆** túshūguǎn 명 도서관

15 C 남자는 종업원(服务员)에게 '방을 바꿀 수(换一个房间) 있는지' 묻고 있으므로, 보기 중 대화 장소로 가장 가능성이 높은 곳은 C '호텔(宾馆)'이다.

男：服务员，请问我可以换一个房间吗？我房间的灯坏了。	남: 종업원님, 실례지만 방을 좀 바꿀 수 있을까요? 방에 등이 고장 났어요.
女：好的，先生。我先看看有没有房间。	여: 네, 선생님. 제가 우선 빈방이 있는지 볼게요.
问：他们最可能在哪里？	질문: 그들은 어디에 있을 가능성이 가장 높은가?
A 教室　　B 机场　　**C 宾馆**	A 교실　　B 공항　　**C 호텔**

服务员 fúwùyuán 명 종업원 | **可以** kěyǐ 조동 ~할 수 있다 | ★**换** huàn 동 바꾸다 | **房间** fángjiān 명 방 | ★**灯** dēng 명 등 | ★**坏** huài 동 고장 나다 | ★**先** xiān 부 우선, 먼저 | **看** kàn 동 보다 | **最** zuì 부 가장 | **可能** kěnéng 부 아마도 (~일지도 모른다) | **哪里** nǎlǐ 대 어디 | **机场** jīchǎng 명 공항 | **宾馆** bīnguǎn 명 호텔

● track 45

● Day 15　　16 C　　17 A　　18 A　　19 B　　20 B

16 C 보기를 통해 장소에 대한 문제임을 알 수 있다. 녹음에서 '어디냐'는 여자의 질문에 남자가 '엘리베이터(电梯)를 탔다'고 말했으므로, 정답은 C이다.

女: 喂，你到哪儿了？ 男: 已经进电梯了。 女: 这么快，我还想让你买些苹果上来呢。 男: 我已经到了，一会儿再去。	여: 여보세요. 어디쯤 왔어? 남: 이미 엘리베이터를 탔어. 여: 이렇게 빨리? 사과를 좀 사 오라고 하려 했는데. 남: 이미 도착했어. 이따가 다시 갈게.
问: 男的现在在哪儿? A 银行　　B 机场　　**C 电梯里**	질문: 남자는 지금 어디에 있는가? A 은행　　B 공항　　**C 엘리베이터 안**

喂 wéi 감 (전화상에서) 여보세요 | 到 dào 동 도착하다, 이르다 | 哪儿 nǎr 대 어디 | 已经……了 yǐjīng …… le 이미 ~했다 | 进 jìn 동 (밖에서 안으로) 들다 | ★电梯 diàntī 명 엘리베이터 | 这么 zhème 대 이렇게 | 快 kuài 형 빠르다 | 还 hái 부 더 | 想 xiǎng 조동 ~하려고 하다 | 让 ràng 동 ~하게 하다 | 买 mǎi 동 사다 | 些 xiē 양 조금, 약간 | 苹果 píngguǒ 명 사과 | 上来 shànglai 동 올라오다 | 呢 ne 조 [사실 확인 및 과장된 어투를 나타냄] | 一会儿 yíhuìr 수량 잠시, 짧은 시간 | 再 zài 부 다시 | 现在 xiànzài 명 지금 | 在 zài 동 ~에 있다 | ★银行 yínháng 명 은행 | 机场 jīchǎng 명 공항

17 A 남자가 '손님이 언제 도착하는지(客人什么时候到)' 묻는 것은 손님의 도착 여부를 알고 싶어 하는 것이므로, 남자가 손님을 기다리고 있음을 알 수 있다. 따라서 정답은 A이다.

女: 经理，有您的信。 男: 先放在那个桌子上吧。客人什么时候到？ 女: 他们已经下飞机了，两个小时以后就到公司。 男: 知道了，等他们到了就告诉我。	여: 사장님, 편지가 있습니다. 남: 우선 그 탁자 위에 두세요. 손님은 언제 도착합니까? 여: 그들은 이미 비행기에서 내려서, 2시간 후면 회사에 도착합니다. 남: 알았어요. 그들을 기다렸다가 도착하면 바로 저에게 알려 주세요.
问: 男的在等谁? **A 客人**　　B 妹妹　　C 李先生	질문: 남자는 누구를 기다리고 있는가? **A 손님**　　B 여동생　　C 리[李] 선생

经理 jīnglǐ 명 사장 | 您 nín 대 당신 | 信 xìn 명 편지 | ★先 xiān 부 우선 | ★放 fàng 동 놓다 | 在 zài 개 ~에서 | 桌子 zhuōzi 명 탁자 | 吧 ba 조 ~하자 [상의·제의·청유·명령 등의 어기를 나타냄] | ★客人 kèrén 명 손님 | 什么时候 shénme shíhou 언제 | 下飞机 xià fēijī 비행기에서 내리다 | 两 liǎng 수 2, 둘 | 小时 xiǎoshí 명 시간 | 以后 yǐhòu 명 이후 | 就 jiù 부 바로, 곧 | 公司 gōngsī 명 회사 | 知道 zhīdào 동 알다, 이해하다 | 等 děng 동 기다리다 | 告诉 gàosu 동 알리다, 말하다 | 在 zài 부 ~하고 있는 중(이다) | 妹妹 mèimei 명 여동생 | 李 Lǐ 고유 리 [성씨] | 先生 xiānsheng 명 (성인 남자) 선생님, 씨

> **tip** 듣기 제3·4부분은 직업·장소를 묻는 문제를 좋아한다!
> 듣기 제3·4부분에서는 일반적으로 직업·장소를 묻는 문제가 가장 많이 출제된다. 이런 문제는 상대방을 부르는 호칭, 행동 관련 동사 등 핵심 어휘만 듣고도 빠르게 정답을 고를 수 있다.

18 A '샤오마는 집에 있냐'라는 남자의 물음에 여자는 '집 근처 슈퍼마켓(超市)에 물건을 사러 갔다'고 말했으므로, 샤오마는 슈퍼마켓에 있을 가능성이 가장 높다. 정답은 A이다.

男：喂，请问小马[Xiǎo Mǎ]在家吗？ 女：她去附近的超市买东西了。你是哪位？ 男：我是她的同学。那她什么时候回来？ 女：可能十五分钟就回来了。	남: 여보세요? 샤오마[小马]는 집에 있나요? 여: 집 근처 슈퍼마켓에 물건을 사러 갔어요. 누구세요? 남: 저는 샤오마의 학교 친구예요. 그러면 그녀는 언제쯤 올까요? 여: 아마 15분 정도면 올 거예요.
问：小马现在最可能在哪儿？ **A 超市**　　B 银行　　C 办公室	질문: 샤오마는 현재 어디에 있을 가능성이 높은가? **A 슈퍼마켓**　　B 은행　　C 사무실

请问 qǐngwèn 동 말씀 좀 여쭙겠습니다 | ★**附近** fùjìn 명 근처 | ★**超市** chāoshì 명 슈퍼마켓 | **东西** dōngxi 명 물건 | ★**位** wèi 양 분, 명 [공경의 뜻을 내포함] | **同学** tóngxué 명 학우 | **那** nà 접 그러면 | **回来** huílái 동 돌아오다 | **可能** kěnéng 부 아마도 (~일지도 모른다) | **分钟** fēnzhōng 명 분 | **最** zuì 부 가장 | **可能** kěnéng 부 아마도 (~일지도 모른다) | ★**办公室** bàngōngshì 명 사무실

19 B 남자가 '여권(护照)을 찾아 달라'고 여자에게 부탁하자 여자는 남자의 '책가방(书包)'에서 여권을 찾아 주었으므로, 정답은 B이다.

男：你看见我的护照了吗？ 女：没有啊。你放哪儿了？ 男：我记得给你了。你帮我找找。 女：你看，在你自己的书包里呢！	남: 당신은 내 여권을 봤어요? 여: 아니요. 어디에 두었는데요? 남: 내 기억엔 당신한테 준 것 같은데, 나를 도와 찾아줘요. 여: 봐요. 당신 책가방 안에 있잖아요!
问：男人的护照在哪儿？ A 衬衫里　　**B 书包里**　　C 椅子上	질문: 남자의 여권은 어디에 있는가? A 셔츠 안　　**B 책가방 안**　　C 의자 위

看见 kànjiàn 동 보(이)다 | ★**护照** hùzhào 명 여권 | ★**啊** a 조 [문장 끝에 쓰여 강조를 나타냄] | ★**记得** jìde 동 기억하고 있다 | **给** gěi 동 ~를 주다 | **帮** bāng 돕다 | **找** zhǎo 동 찾다 | **看** kàn 동 보다 | ★**自己** zìjǐ 대 자신 | **书包** shūbāo 명 책가방 | ★**衬衫** chènshān 명 셔츠, 블라우스 | **椅子** yǐzi 명 의자

20 B 보기를 통해 인물의 직업에 대한 문제임을 알 수 있다. '베이징 공원에 가려고 한다(我要去北京公园)'는 여자의 요청에 남자가 '문제없다'고 하며 소요 시간을 안내해 주는 것을 통해 남자의 직업이 '택시 기사(出租车司机)'임을 알 수 있다. 정답은 B이다.

女：您好，我要去北京公园。 男：好，没问题。 女：从这儿到北京公园远吗？要多长时间？ 男：不远，半个小时吧。	여: 안녕하세요. 베이징 공원에 가려고 합니다. 남: 네, 문제없습니다. 여: 여기서 베이징 공원까지 멀어요? 얼마나 걸리나요? 남: 안 멀어요. 30분 걸려요.

问：男的是做什么的？
A 老师　　B 出租车司机　　C 经理

질문: 남자는 무슨 일을 하고 있는가?
A 선생님　　B 택시 기사　　C 사장

要 yào 조동 ~하려고 하다 동 (시간이) 걸리다 | **北京公园** Běijīng gōngyuán 고유 베이징 공원 | **没问题** méi wèntí 문제없다 | **从A 到B** cóng A dào B A에서 B까지 | **远** yuǎn 형 (거리가) 멀다 | **多长时间** duō cháng shíjiān 얼마 동안 | **半** bàn 명 반, 30분 | **老师** lǎoshī 명 선생님 | **出租车** chūzūchē 명 택시 | ★ **司机** sījī 명 운전기사

02 행동·원인

본서 pp.70~71

● track 52

● Day 17　　1 A　　2 C　　3 C　　4 A　　5 B

1 A 보기에 행동 관련 단어가 제시되었으므로, 인물의 행동에 주의해서 들어야 한다. 녹음에서 남자가 여자에게 '좀 천천히 운전해(开慢一点儿)'라고 하였으므로, 여자는 운전을 하고(开车) 있을 가능성이 가장 크다. 정답은 A이다.

男：前边是学校，学生非常多，你开慢一点儿。
女：知道了，我会注意的。

남: 앞쪽은 학교라서 학생이 매우 많아. 좀 천천히 운전해.
여: 알겠어. 조심할게.

问：女的最可能在做什么？
A 开车　　B 爬山　　C 游泳

질문: 여자는 무엇을 하고 있을 가능성이 가장 큰가?
A 운전　　B 등산　　C 수영

前边 qiánbian 명 앞, 앞쪽 | **学校** xuéxiào 명 학교 | **学生** xuésheng 명 학생 | **非常** fēicháng 부 매우 | **开** kāi 동 운전하다 | **慢** màn 형 느리다 | **一点儿** yìdiǎnr 수량 좀, 약간 | **知道** zhīdào 동 알다, 이해하다 | **会……的** huì …… de ~할 것이다 | ★ **注意** zhùyì 동 주의하다 | **最** zuì 부 가장 | **可能** kěnéng 부 아마도 (~일지도 모른다) | **在** zài 부 ~하고 있는 중(이다) | **做** zuò 동 하다 | **开车** kāichē 동 운전을 하다 | ★ **爬山** páshān 동 등산하다 | **游泳** yóuyǒng 동 수영하다

2 C '오전에 왜 회사에 안 왔냐'는 남자의 질문에 여자는 '딸이 열이 나서(女儿发烧了) 한참을 돌봤다'고 했으므로 정답은 C이다. '发烧(열이 나다)'와 '生病(병이 나다)'처럼 질병과 관련된 어휘가 녹음과 보기에 각각 제시될 수 있다.

男：你上午怎么没来公司？
女：我女儿发烧了，我在家照顾了她半天。

남: 오전에 왜 회사에 안 왔어?
여: 딸이 열이 나서, 내가 집에서 딸을 한참 돌봤어.

问: 女的上午为什么没来上班? | 질문: 여자는 오전에 왜 출근을 하지 않았는가?
A 去中国了 | A 중국에 갔다
B 去看电影了 | B 영화를 보러 갔다
C 女儿生病了 | **C 딸이 병이 났다**

上午 shàngwǔ 명 오전 | **怎么** zěnme 대 왜, 어째서 | **公司** gōngsī 명 회사 | **女儿** nǚ'ér 명 딸 | ★**发烧** fāshāo 동 열이 나다 | **在** zài 개 ~에서 | ★**照顾** zhàogù 동 돌보다 | **半天** bàntiān 명 한참, 한나절 | **为什么** wèi shénme 대 왜, 어째서 | **上班** shàngbān 동 출근하다 | **中国** Zhōngguó 고유 중국 | **看** kàn 동 보다 | **电影** diànyǐng 명 영화 | **生病** shēngbìng 동 병이 나다

3 C 남자는 '이메일(邮件)을 곧 다 쓴다'고 했고, 여자는 '먼저 책을 위층에 올려 둔다'고 했으므로 정답은 C이다. 남녀의 행동을 잘 구분해서 듣자!

男: 你等我一会儿，我马上就写完这个邮件了。 | 남: 너는 잠시만 나를 기다려 줘. 나는 이 이메일을 곧 다 써.
女: 好，那我先把书拿到楼上去。 | 여: 알겠어. 그럼 나는 먼저 책을 위층에 올려 두러 갈게.

问: 男的正在做什么? | 질문: 남자는 무엇을 하고 있는가?
A 看书 | A 독서
B 玩儿电脑游戏 | B 컴퓨터 게임하기
C 写电子邮件 | **C 이메일 쓰기**

等 děng 동 기다리다 | ★**一会儿** yíhuìr 수량 잠시 | ★**马上** mǎshàng 부 곧, 즉시 | **就……了** jiù……le 곧 ~하려 하다 | **写** xiě 동 쓰다 | **完** wán 동 (동사 뒤에 보어로 쓰여) 다하다, 끝나다 | **邮件** yóujiàn 명 이메일 | ★**先** xiān 부 먼저 | ★**把** bǎ 개 [목적어를 술어 앞으로 끌어내어 처치를 나타냄] | **书** shū 명 책 | ★**拿** ná 동 (손으로) 가지다, 쥐다 | **到** dào 개 ~에, ~까지 | **楼上** lóushàng 위층 | **正在** zhèngzài 부 지금 ~하고 있다 | **看书** kàn shū 동 독서하다, 책을 보다 | **玩儿** wánr 동 (게임·운동 따위 등을) 하다 | **电脑** diànnǎo 명 컴퓨터 | ★**游戏** yóuxì 명 게임 | ★**电子邮件** diànzǐ yóujiàn 명 이메일

4 A '자전거(自行车)를 빌려줄 수 있냐'는 여자의 물음에 남자는 '오늘 택시를 타고 왔다(今天打出租车来的)'고 자신의 행동을 직접적으로 대답했으므로 정답은 A이다.

女: 一会儿我要出去办点儿事，可以把你的自行车借我用一下吗? | 여: 이따가 내가 일을 처리하러 갈 건데, 자전거 좀 빌려줄 수 있어?
男: 我今天打出租车来的，没骑车。你再问一下小王[Xiǎo Wáng]吧。 | 남: 나는 오늘 택시를 타고 와서 자전거를 안 타고 왔어. 너는 샤오왕[小王]에게 다시 물어봐.

问: 男的今天是怎么来的? | 질문: 남자는 오늘 어떻게 왔는가?
A 打车 | **A 택시를 타고**
B 骑自行车 | B 자전거를 타고
C 坐火车 | C 기차를 타고

要 yào 조동 ~해야 한다 | **出去** chūqù 동 나가다 | **办** bàn 동 처리하다 | **事** shì 명 일 | **可以** kěyǐ 조동 ~할 수 있다 | ★**自行车** zìxíngchē 명 자전거 | ★**借** jiè 동 빌리다 | ★**用** yòng 동 사용하다, 쓰다 | **一下** yíxià 수량 (동사 뒤에 쓰여) 좀 ~하다 | **今天** jīntiān 명 오늘 | **打(出租)车** dǎ (chūzū)chē 동 택시를 타다 | ★**骑** qí 동 (동물·자전거 등에) 타다 | **再** zài 부 다시 | **问** wèn 동 묻다, 질문하다 | **吧** ba 조 ~하자 [상의·제의·청유·기대·명령 등의 어기를 나타냄] | **坐** zuò 동 (교통수단을) 타다 | **火车** huǒchē 명 기차

5 **B** 남자는 '지갑을 안 가지고 왔다(没带钱包)'고 말했으므로, 남자가 다시 돌아온 이유는 B이다.

女：你怎么还在家？我以为你已经去学校了。
男：我都走到地铁站了，才发现没带钱包。

여: 왜 아직 집에 있는 거야? 나는 네가 이미 학교에 간 줄 알았어.
남: 이미 지하철역에 도착했는데, 그제서야 지갑을 안 가지고 온 걸 알았어.

问：男的为什么又回来了？
A 没带雨伞
B 忘拿钱包了
C 天晴了

질문: 남자는 왜 다시 돌아왔는가?
A 우산을 안 가져갔다
B 지갑 가져가는 것을 잊었다
C 날이 맑아졌다

还 hái 튀 아직 | 在 zài 동 ~에 있다 | 以为 yǐwéi 동 여기다, 생각하다 [주로 주관적인 판단이나 예상이 실제와 부합하지 않는 경우에 쓰임] | 已经……了 yǐjīng ……le 이미 ~했다 | 学校 xuéxiào 명 학교 | 都 dōu 튀 이미, 벌써 | 走 zǒu 동 걷다, 가다 | 到 dào 동 도착하다, 이르다 | 地铁站 dìtiězhàn 지하철역 | ★才 cái 튀 이제서야 | ★发现 fāxiàn 동 알아차리다 | ★带 dài 동 가지다, 챙기다 | 钱包 qiánbāo 명 지갑 | ★又 yòu 튀 또, 다시 | 回来 huílái 동 돌아오다 | 雨伞 yǔsǎn 명 우산 | 忘 wàng 동 잊다 | 天 tiān 명 날 | 晴 qíng 형 (날이) 맑다

● track 53

● Day 18   6 B   7 C   8 C   9 A   10 B

6 **B** 보기를 통해 교통수단에 대한 질문이 나올 것을 예상할 수 있다. 녹음에서 여자가 '베이징으로 가는 기차표(火车票)가 있냐'고 물었으므로, 여자는 베이징에 '기차를 타고' 갈 예정이다. 따라서 정답은 B이다.

女：请问有今天晚上去北京的火车票吗？
男：有，晚上九点的。行吗？
女：好的，我要三张。
男：三张一共六百九十块。

여: 오늘 저녁에 베이징으로 가는 기차표가 있나요?
남: 있어요. 저녁 9시입니다. 괜찮아요?
여: 좋아요. 3장 주세요.
남: 3장에 모두 690위안이에요.

问：女的打算怎么去北京？
A 开车
B 坐火车
C 坐飞机

질문: 여자는 어떻게 베이징에 갈 예정인가?
A 운전해서
B 기차를 타고
C 비행기를 타고

请问 qǐngwèn 동 말씀 좀 여쭙겠습니다 | 今天 jīntiān 명 오늘 | 晚上 wǎnshang 명 저녁 | 北京 Běijīng 고유 베이징 | 火车票 huǒchē piào 명 기차표 | 点 diǎn 양 시 | 行 xíng 동 좋다 | 要 yào 동 필요로 하다, 원하다 | ★张 zhāng 양 장 [종이나 가죽 등을 세는 단위] | ★一共 yígòng 튀 모두 | 百 bǎi 준 100, 백 | 块 kuài 양 위안 [중국의 화폐 단위] | ★打算 dǎsuàn 동 ~할 예정이다 | 怎么 zěnme 대 어떻게 | 开车 kāichē 동 운전을 하다 | 坐 zuò 동 (교통수단) 타다 | 火车 huǒchē 명 기차 | 飞机 fēijī 명 비행기

7 C 남자가 '곧(一会儿) 친구들과 축구를 하러(踢足球) 갈 것'이라고 말했으므로 남자가 하고자 하는 것은 축구(踢足球)이다. 따라서 정답은 C이다.

男：外面还在刮风吗？ 女：是的，刮得非常大，你要出去吗？ 男：我一会儿要跟同学去踢足球，也不知道能不能踢。 女：还是明天吧，明天天气会好一些。	남: 밖에 아직 바람이 부니? 여: 응, 아주 세게 불어. 나가야 해? 남: 나는 곧 친구들과 축구를 하러 갈 건데, 축구를 할 수 있을지 없을지 모르겠어. 여: 아무래도 내일 하는 게 낫겠어. 내일은 날씨가 좀 좋아질거야.
问：男的想去做什么？ A 读书 B 买东西 **C 踢足球**	질문: 남자는 무엇을 하러 가고자 하는가? A 책 읽기 B 물건 사기 **C 축구 하기**

外面 wàimiàn 명 밖 | **还** hái 부 아직 | **在** zài 부 ~하고 있는 중(이다) | ★**刮风** guāfēng 동 바람이 불다 | ★**刮** guā 동 불다 | **得** de 조 ~하는 정도가 ~하다 | **非常** fēicháng 부 아주 | **要** yào 조동 ~해야 한다 | **出去** chūqù 동 나가다 | ★**一会儿** yíhuìr 곧, 잠깐 동안 | ★**跟** gēn 개 ~와 | **同学** tóngxué 명 학우 | **踢足球** tī zúqiú 축구를 하다 | **也** yě 부 ~도 | **知道** zhīdào 동 알다, 이해하다 | **能** néng 조동 ~할 수 있다 | **还是……吧** háishi …… ba ~하는 편이 낫다 | **明天** míngtiān 명 내일 | **天气** tiānqì 명 날씨 | **会** huì 조동 ~할 것이다 | **一些** yìxiē 수량 조금, 약간 | **想** xiǎng 조동 ~하고 싶다 | **做** zuò 동 하다 | **读书** dúshū 동 책을 읽다 | **买** mǎi 동 사다 | **东西** dōngxi 명 물건

8 C 남자가 '생일에는 국수를 먹어야 한다(过生日的时候要吃面条儿)'며 직접 만든 국수를 권하고 있으므로, 정답은 C이다. 3급에서는 들리는 표현 그대로가 답인 경우가 많다.

男：祝您生日快乐！ 女：谢谢你。 男：过生日的时候要吃面条儿，这是我做的面条儿，您尝尝。 女：一看就知道会很好吃。	남: 생일 축하 드립니다! 여: 고마워. 남: 생일에는 국수를 먹어야 해요. 이것은 제가 만든 국수예요. 한번 맛보세요. 여: 보기만 해도 맛있을 것 같아.
问：男的为什么要做面条儿？ A 水果吃完了 B 没有面包了 **C 女的过生日**	질문: 남자는 왜 국수를 만들었는가? A 과일을 다 먹어서 B 빵이 없어서 **C 여자가 생일이라서**

祝 zhù 동 축하하다 | **您** nín 대 당신 | **生日** shēngrì 명 생일 | **快乐** kuàilè 형 즐겁다, 행복하다 | **谢谢** xièxie 동 고맙습니다 | ★**过** guò 동 (시점을) 지내다, 보내다 | **……的时候** …… de shíhou ~할 때 | **面条儿** miàntiáor 명 국수 | **做** zuò 동 만들다 | **尝** cháng 동 맛보다 | **好吃** hǎochī 형 맛있다 | **一A就B** yī A jiù B A하자마자 B하다 | **看** kàn 동 보다 | **为什么** wèi shénme 대 왜 | **水果** shuǐguǒ 명 과일 | **完** wán 동 (동사 뒤에 보어로 쓰여) 다하다, 끝내다 | ★**面包** miànbāo 명 빵

9 A 보기를 통해 행동 관련 문제임을 알 수 있다. 녹음에서 여자는 남자에게 '내 물고기 돌보는 것(照顾我的鱼)'을 잊지 말라'고 말했으므로 정답은 A이다. 행동을 묻는 문제는 특정 인물의 행동과 상대방에게 시킨 행동에 주의해서 들어야 한다.

女：我不在家这两天，你别忘了照顾我的鱼。
男：没问题，你放心吧。
女：要记得给它吃饭。
男：好的，我记住了。

问：女的让男的做什么？
A 照顾她的鱼
B 再买两只鸟
C 打扫房间

여: 내가 요 며칠간 집에 없는 동안 내 물고기 돌보는 것을 잊지 마.
남: 문제없어. 안심해.
여: 먹이 주는 것을 기억해야 돼.
남: 알겠어, 기억할게.

질문: 여자는 남자에게 무엇을 하라고 하는가?
A 그녀의 물고기 돌보기
B 다시 새 두 마리 사기
C 방 청소하기

在 zài 동 ~에 있다 | 两 liǎng 수 2, 둘 | 天 tiān 명 날 | 别 bié 부 ~하지 마라 | 忘 wàng 동 잊다 | ★照顾 zhàogù 동 돌보다, 보살피다 | 鱼 yú 명 물고기 | 没问题 méi wèntí 문제없다 | ★放心 fàngxīn 동 안심하다 | 吧 ba 조 ~하자 [상의·제의·청유·기대·명령 등의 어기를 나타냄] | ★记得 jìde 동 기억하고 있다 | 给 gěi 개 ~에게 | 它 tā 대 그것 | 吃饭 chī fàn 밥을 먹다 | 记住 jìzhù 동 기억해 두다 | 让 ràng 동 ~하게 하다 | 再 zài 부 다시 | 买 mǎi 동 사다 | ★只 zhī 양 마리 [동물을 세는 단위] | ★鸟 niǎo 명 새 | ★打扫 dǎsǎo 동 청소하다 | 房间 fángjiān 명 방

10 B 남자가 지난 대회에 참가하지 않은 이유로 '그림 그리는 것에 흥미가 없다(对画画儿没什么兴趣)'고 말했으므로 정답은 B이다.

女：上次比赛你们班有多少人参加了？
男：不太多，只有四个人。
女：你也参加了吗？
男：我对画画儿没什么兴趣，所以没参加。

问：男的为什么没参加比赛？
A 在学习
B 没兴趣
C 不会唱歌

여: 지난 대회에 너희 반은 몇 명이 참가했니?
남: 그렇게 많지는 않고, 4명뿐이었어.
여: 너도 참가했어?
남: 나는 그림 그리는 것에 그다지 흥미가 없어서 참가하지 않았어.

질문: 남자는 왜 대회에 참가하지 않았는가?
A 공부 중이어서
B 흥미가 없어서
C 노래를 못 불러서

上次 shàngcì 명 지난번 | ★比赛 bǐsài 명 대회, 경기 | ★班 bān 명 반, 학급 | 多少 duōshao 대 몇, 얼마 | ★参加 cānjiā 동 참가하다, 참여하다 | 不太 bú tài 그다지 ~하지 않다 | ★只 zhǐ 부 오직, 겨우 | 对A(有)兴趣 duì A (yǒu) xìngqù A에 흥미가 있다 | ★画 huà 동 (그림을) 그리다 | 画儿 huàr 명 그림 | 兴趣 xìngqù 명 흥미 | 所以 suǒyǐ 접 그래서 | 学习 xuéxí 동 공부하다, 배우다 | 会 huì 조동 ~할 줄 알다 | 唱歌 chàng gē 동 노래 부르다

● track 54

● Day 27　　11 B　　12 B　　13 A　　14 A　　15 B

11 B 3급은 들리는 것이 정답일 경우가 많다. 녹음에서 여자가 남자에게 '엘리베이터(电梯)가 왔으니 서두르라'고 했으므로, 그들이 엘리베이터를 기다리고 있음을 알 수 있다. 그러므로 정답은 B이다.

女: 好了吗? 电梯来了, 你快一点儿。 男: 我很快就好。等一下。	여: 다 했어? 엘리베이터가 왔어. 서둘러. 남: 곧 다 해. 잠시만 기다려 줘.
问: 他们在做什么? A 跑步 B 等电梯 C 做数学题	질문: 그들은 무엇을 하고 있는가? A 달리기 B 엘리베이터 기다리기 C 수학 문제 풀기

★ **电梯** diàntī 명 엘리베이터 | **快** kuài 형 빠르다 | **一点儿** yìdiǎnr 수량 좀, 약간 | **就** jiù 부 곧, 바로 | **等** děng 동 기다리다 | **一下** yíxià 수량 (동사 뒤여 쓰여) 좀 ~하다 | **在** zài 부 ~하고 있는 중(이다) | **做** zuò 동 하다 동 문제를 풀다 | **跑步** pǎobù 동 달리다 | **数学题** shùxué tí 명 수학 문제

12 B 남자가 여자에게 '할인하는 비행기 표(机票)를 좀 봐 줄 수 있냐'고 물었고, 여자가 '청소를 다하고 찾아본다(查)'고 하였으므로 정답은 B이다.

男: 你能帮我在网上看看有没有打折机票吗? 女: 好, 我打扫完就帮你查。	남: 너는 나를 도와 인터넷에서 할인하는 비행기표가 있는지 없는지 좀 봐 줄 수 있어? 여: 응. 나는 청소를 다하고 찾아볼게.
问: 男的要女的帮什么忙? A 打扫 B 查机票 C 去机场接人	질문: 남자는 여자의 어떤 도움이 필요한가? A 청소하기 B 비행기표 찾기 C 공항에 가서 마중하기

能 néng 조동 ~할 수 있다 | **帮** bāng 동 돕다 | **在** zài 개 ~에서 | **网上** wǎngshàng 명 인터넷 | **看看** kànkan 좀 살펴보다 | **打折** dǎzhé 동 할인하다 | **机票** jīpiào 명 비행기 표 | ★ **打扫** dǎsǎo 동 청소하다 | **完** wán 동 (동사 뒤에 보어로 쓰여) 다하다, 끝내다 | **查** chá 동 찾아보다 | **要** yào 동 필요로 하다 | ★ **帮忙** bāngmáng 동 일을 돕다 | **机场** jīchǎng 명 공항 | ★ **接** jiē 동 마중하다

13 A 보기를 통해 행동 관련 문제임을 알 수 있다. 녹음에서 여자가 핸드폰(手机)을 찾자(找) 남자는 '전화해(打电话) 보면 어디에 두었는지 바로 알 수 있을 것'이라고 했으므로, 전화를 하려고 한 이유는 A이다.

女: 真奇怪, 我记得把手机放在包里了, 为什么找不到了? 男: 不要着急, 我现在给你打电话, 就能知道放在哪儿了。	여: 정말 이상하네. 내가 기억하기로는 핸드폰을 가방 안에 넣었는데, 왜 못 찾겠지? 남: 조급해하지 마. 내가 지금 너에게 전화해 볼게. 그럼 어디에 두었는지 바로 알 수 있을 거야.

问：男的为什么要给女的打电话？
A 找手机
B 他已经结婚了
C 他要去医院

질문: 남자는 왜 여자에게 전화를 하려고 하는가?
A 핸드폰을 찾으려고
B 그가 이미 결혼해서
C 그가 병원에 가려고 해서

真 zhēn 튄 정말 | ★**奇怪** qíguài 혱 이상하다 | ★**记得** jìde 동 기억하고 있다 | ★**把** bǎ 개 [목적어를 술어 앞으로 끌어내어 처치를 나타냄] | **手机** shǒujī 명 핸드폰 | ★**放** fàng 동 넣다 | ★**包** bāo 명 가방 | **为什么** wèi shénme 대 왜, 어째서 | **找** zhǎo 동 찾다 | **到** dào 동 (동사 뒤에 쓰여) ~했다 | **不要** búyào 튄 ~하지 마라 | ★**着急** zháojí 동 조급해하다 | **现在** xiànzài 명 지금 | **给** gěi 개 ~에게 | **打电话** dǎ diànhuà 전화하다 | **知道** zhīdào 동 알다, 이해하다 | **哪儿** nǎr 대 어디 | **要** yào 조동 ~하려고 하다 | **已经……了** yǐjīng …… le 이미 ~했다 | ★**结婚** jiéhūn 동 결혼하다 | **医院** yīyuàn 명 병원

14 A 녹음에서 남자가 '텔레비전이 오래됐으니, 새것을 사자(买个新的吧)'고 했고, 여자가 '좋다(好)'고 동의했으므로 정답은 A이다.

男：这个电视太旧了，我们买个新的吧。
女：好，去年我就跟你说应该换个新的了。

남: 이 텔레비전은 너무 오래됐다. 우리 새것을 사자.
여: 좋아. 작년에 너에게 새것으로 바꿔야 한다고 말했잖아.

问：女的希望怎么样？
A 买个新的
B 买个贵的
C 先借一个

질문: 여자는 어떻게 하길 원하는가?
A 새것을 사자
B 비싼 것을 사자
C 우선 빌리자

电视 diànshì 명 텔레비전 | **太** tài 튄 너무, 매우 | ★**旧** jiù 혱 오래되다, 낡다 | **买** mǎi 동 사다 | **新的** xīn de 새것 | **吧** ba 조 ~하자 [상의·제의·청유·기대·명령 등의 어기를 나타냄] | **去年** qùnián 명 작년 | ★**跟** gēn 개 ~에게 | **说** shuō 동 말하다 | ★**应该** yīnggāi 조동 (반드시) ~해야 한다 | ★**换** huàn 동 바꾸다 | **希望** xīwàng 동 원하다, 바라다 | **怎么样** zěnmeyàng 대 어떻다 | **贵** guì 혱 비싸다 | ★**先** xiān 튄 우선, 먼저 | ★**借** jiè 동 빌리다

15 B 남자가 아직 회사에 있는 이유는 '사장님이 찾으셔서서(经理找我)'라고 대답했기 때문에 정답은 B이다.

女：你怎么还在公司？
男：刚才经理找我有点儿事，我现在就回去。

여: 너는 왜 아직도 회사에 있어?
남: 방금 사장님이 일이 있어서 나를 찾으셨어. 나는 지금 바로 갈 거야.

问：男的为什么还没回家？
A 等朋友
B 经理找他了
C 在写电子邮件

질문: 남자는 왜 아직 집에 가지 않았는가?
A 친구를 기다려서
B 사장님이 그를 찾아서
C 이메일을 쓰는 중이라서

怎么 zěnme 대 왜, 어째서 | **还** hái 튄 아직 | **在** zài 동 ~에 있다 | **公司** gōngsī 명 회사 | ★**刚才** gāngcái 명 방금 | ★**经理** jīnglǐ 명 사장 | **点儿** diǎnr 수량 조금, 약간 | **事** shì 명 일 | **回去** huíqù 동 돌아가다 | **回家** huí jiā 집으로 돌아가다 | **朋友** péngyou 명 친구 | ★**电子邮件** diànzǐ yóujiàn 명 이메일

● track 55

● Day 28　　16 **A**　　17 **A**　　18 **B**　　19 **A**　　20 **C**

16 A '점심(午饭)을 먹고 나서 가자'라는 여자의 말에 남자가 '간단하게 빵(面包)만 조금 먹어도 괜찮다'고 말했으므로 정답은 A이다. 보기를 통해 음식 관련 문제임을 파악하고 음식에 주의하며 듣자!

女：吃完午饭再去吧，我做两个菜，很快的。 男：<u>简单吃点儿面包就可以了</u>。 女：好，那我去拿，你先喝杯茶。 男：要不要我帮忙啊？	여: 점심을 먹고 나서 가자. 내가 요리 두 개를 빨리 만들게. 남: <u>간단하게 빵만 조금 먹어도 괜찮아.</u> 여: 좋아. 그러면 내가 가져 올게. 차부터 한 잔 마시고 있어. 남: 내 도움이 필요하니?
问：男的想吃什么？ **A** 面包　　B 果汁　　C 茶	질문: 남자는 무엇을 먹고 싶은가? **A** 빵　　B 과일주스　　C 차

完 wán 통 (동사 뒤에 보어로 쓰여) 다하다, 끝내다 | **午饭** wǔfàn 명 점심밥 | **再** zài 부 다시 | **吧** ba 조 ~하자 [상의·제의·청유·기대·명령 등의 어기를 나타냄] | **做菜** zuò cài 요리를 하다 | **两** liǎng 수 2, 둘 | **快** kuài 형 빠르다 | ★**简单** jiǎndān 형 간단하다 | **点儿** diǎnr 수량 좀, 약간 | ★**面包** miànbāo 명 빵 | **就** jiù [사실을 강조함] | **可以** kěyǐ 형 괜찮다, 좋다 | **那** nà 접 그러면 | ★**拿** ná 통 (손으로) 가지다 | ★**先** xiān 부 먼저 | **喝** hē 통 마시다 | **杯** bēi 양 잔, 컵 | **茶** chá 명 차 | **要** yào 통 필요하다 | ★**帮忙** bāngmáng 통 도움을 주다 | ★**啊** a 조 [문장 끝에 쓰여 의문을 나타냄] | **想** xiǎng 조동 ~하고 싶다 | **果汁** guǒzhī 명 과일주스

17 A 남자가 여자에게 '내일 등산 가려고 한다(明天要去爬山)'고 말했으므로 정답은 A이다. 3급에서는 일반적으로 인물의 행동을 직접적으로 말해 주는 경우가 많다. 이 경우, 들리는 단어나 문장이 바로 정답이 된다.

男：明天是阴天还是晴天？ 女：晴天，电视上说很热。怎么了？你要出去吗？ 男：<u>我们明天要去爬山</u>。 女：爬山时一定要注意安全。	남: 내일은 날이 흐리니 아니면 맑니? 여: 맑아. TV에서 덥다고 했어. 왜? 너 나가려고? 남: <u>우리는 내일 등산 가려고 해.</u> 여: 등산할 때는 꼭 안전에 신경을 써야 해.
问：男的明天要做什么？ **A** 爬山　　B 骑自行车　　C 买裤子	질문: 남자는 내일 무엇을 하려고 하는가? **A** 등산하기　　B 자전거 타기　　C 바지 사기

明天 míngtiān 명 내일 | **阴天** yīntiān 명 흐린 날 | ★**还是** háishi 접 또는, 아니면 | **晴天** qíngtiān 명 맑은 날 | **电视** diànshì 명 TV, 텔레비전 | **说** shuō 통 말하다 | **热** rè 형 덥다 | **怎么了** zěnme le 무슨 일이야 | **要** yào 조동 ~하려고 하다, ~해야 한다 | **出去** chūqù 통 나가다 | ★**爬山** páshān 통 등산하다 | **时** shí 명 때 | ★**一定** yídìng 부 꼭, 반드시 | ★**注意** zhùyì 통 주의하다 | **安全** ānquán 형 안전하다 | **做** zuò 통 하다 | ★**骑** qí 통 (동물·자전거 등에) 타다 | ★**自行车** zìxíngchē 명 자전거 | **买** mǎi 통 사다 | ★**裤子** kùzi 명 바지

18 B 남자는 여자를 방금 사무실(办公室)에서 봤는데, 여자가 사무실이 아닌 여기(这儿)에서 커피를 마시고 있으니 '이상하다(奇怪)'고 말했으므로 정답은 B이다.

男：奇怪，你怎么在这儿喝咖啡呢？
女：我在这儿喝咖啡很奇怪吗？
男：我刚才看见你在办公室里。
女：不可能，你看错了，我一直在这儿。

问：男的为什么觉得奇怪？
A 他又累了
B 女的应该在办公室
C 果汁太甜了

남: 이상하네. 너는 왜 여기서 커피를 마시고 있는 거야?
여: 내가 여기서 커피를 마시는 게 이상해?
남: 내가 방금 너를 사무실에서 봤거든.
여: 그럴 리가. 네가 잘못 본 거야. 나는 계속 여기에 있었어.

질문: 남자는 왜 이상하다고 생각하는가?
A 그는 또 피곤해서
B 여자가 분명 사무실에 있어야 해서
C 과일주스가 너무 달아서

★**奇怪** qíguài 형 이상하다 | **怎么A呢?** zěnme A ne? 어떻게 A하고 있어? | **在** zài 개 ~에서 | **咖啡** kāfēi 명 커피 | ★**刚才** gāngcái 방금 | **看见** kànjiàn 동 보(이)다 | ★**办公室** bàngōngshì 명 사무실 | **可能** kěnéng 형 가능하다 | **看** kàn 동 보다 | **错** cuò 형 틀리다 | ★**一直** yìzhí 분 계속 | **在** zài 동 ~에 있다 | **为什么** wèi shénme 대 왜, 어째서 | **觉得** juéde 동 ~라고 생각하다 | ★**又** yòu 분 또, 다시 | **累** lèi 형 피곤하다 | ★**应该** yīnggāi 조동 (반드시) ~해야 한다 | **太** tài 분 너무, 매우 | ★**甜** tián 형 달다

19 **A** 여자가 남자에게 '설거지(洗碗)나 청소(打扫) 중에 어떤 것을 선택할 것인지' 묻자 남자는 '설거지를 하는 게 낫겠다(我还是洗碗吧)'라고 대답했으므로 정답은 A이다.

女：洗碗还是打扫，你选择哪一个？
男：让我想想，我还是洗碗吧。
女：好，那现在你去厨房吧。
男：你让我看完球赛再去洗，可以吗？

问：男的选择了什么？
A 洗碗　　B 学习　　C 踢球

여: 설거지 아니면 청소, 너는 어떤 것을 선택할래?
남: 내가 생각해 보니 나는 설거지를 하는 게 낫겠어.
여: 좋아, 그럼 너는 지금 주방으로 가.
남: 나 구기 경기만 다 보고 나서 설거지해도 될까?

질문: 남자는 어떤 것을 선택했는가?
A 설거지하기　　B 공부하기　　C 축구하기

洗碗 xǐ wǎn 설거지하다 | ★**打扫** dǎsǎo 동 청소하다 | ★**选择** xuǎnzé 동 고르다, 선택하다 | **哪** nǎ 대 어떤 | **让** ràng 동 ~하게 하다 | **想** xiǎng 동 생각하다 | **还是……吧** háishi……ba ~하는 편이 낫다 | **现在** xiànzài 명 지금 | **厨房** chúfáng 명 주방 | **球赛** qiúsài 명 구기 경기 | **洗** xǐ 동 씻다, 빨다 | **可以** kěyǐ 조동 ~해도 된다 | **学习** xuéxí 동 공부하다 | **踢球** tī qiú 축구를 하다

20 **C** '단것(甜的东西)을 자주 먹으면 쉽게 살이 찐다(容易变胖)'는 남자의 말에 여자가 동의(同意)했으므로 여자가 설탕을 먹지 않는 이유는 C이다.

男：经常吃甜的东西很容易变胖。
女：对，我也同意，所以我不吃糖。
男：那你现在为什么吃蛋糕？
女：这个蛋糕没放糖，不甜。

남: 단것을 자주 먹으면 쉽게 살이 쪄.
여: 맞아, 나도 동의해. 그래서 나는 설탕을 먹지 않아.
남: 그럼 너는 지금 왜 케이크를 먹는 거야?
여: 이 케이크는 설탕을 넣지 않아서 달지 않아.

问: 女的为什么不吃糖?
A 饿了
B 很高兴
C 不愿意变胖

질문: 여자는 왜 설탕을 먹지 않는가?
A 배가 고파서
B 매우 기뻐서
C 살이 찌고 싶지 않아서

★ 经常 jīngcháng 부 자주 | ★ 甜 tián 형 달다 | 东西 dōngxi 명 (구체적·추상적인) 것 | ★ 容易 róngyì 형 쉽다 | 变 biàn 동 변화하다 | ★ 胖 pàng 형 뚱뚱하다 | 对 duì 형 맞다 | 也 yě 부 ~도 | ★ 同意 tóngyì 동 동의하다 | 所以 suǒyǐ 접 그래서 | 糖 táng 명 설탕 | ★ 蛋糕 dàngāo 명 케이크 | ★ 放 fàng 동 넣다 | ★ 饿 è 형 배고프다 | 高兴 gāoxìng 형 기쁘다, 즐겁다 | ★ 愿意 yuànyì 조동 바라다, ~하길 원하다

듣기 제3·4부분 03 상태·상황

본서 p.76

○ track 62

● Day 30   1 C   2 B   3 B   4 C   5 A

1 C 남자가 '공항에 왔을 때야 여권을 안 가져온 것(没带护照)을 알았다'고 했으므로 정답은 C이다. 핵심 단어가 힌트가 될 수 있으니 보기를 꼭 먼저 읽고 풀자!

女: 你终于来了, 都六点半了。
男: 真抱歉, 来机场的时候才发现没带护照。

여: 너 마침내 왔구나. 벌써 여섯 시 반이야.
남: 정말 미안해요. 공항에 왔을 때야 여권을 안 가져 온 것을 알았어요.

问: 男的怎么了?
A 感冒了
B 迟到了
C 忘带护照了

질문: 남자는 어떠한가?
A 감기에 걸렸다
B 지각했다
C 여권 가져오는 것을 잊었다

★ 终于 zhōngyú 부 마침내, 결국 | 都 dōu 부 벌써, 이미 | 点 diǎn 양 시 | ★ 半 bàn 수 반, 30분 | 真 zhēn 부 정말 | 抱歉 bàoqiàn 형 미안해하다 | 机场 jīchǎng 명 공항 | ……的时候 …… de shíhou ~할 때 | ★ 才 cái 부 이제서야 | ★ 发现 fāxiàn 동 알아차리다, 발견하다 | ★ 带 dài 동 챙기다, 지니다 | ★ 护照 hùzhào 명 여권 | 怎么了 zěnme le 어떻게 된 거야? | ★ 感冒 gǎnmào 동 감기에 걸리다 | ★ 迟到 chídào 동 지각하다 | 忘 wàng 동 잊다

2 B 남자가 사진을 보고 '좀 너 같지 않다(有点儿不太像你)'고 하며, 여자가 현재와 머리 길이가 다르다고 대답했다. 이에 여자의 머리가 짧아졌다(头发短了)는 것을 알 수 있다. 정답은 B이다.

男：你那张照片是什么时候照的？有点儿不太像你。 女：去年夏天照的，那时是长头发，而且比较胖。	남: 그 사진은 언제 찍은 거야? 좀 너 같지가 않아. 여: 작년 여름에 찍은 거야. 그때는 머리가 길었을 뿐만 아니라 좀 뚱뚱하기도 했지.
问：关于女的，哪个是对的？ A 爱上网 B 头发短了 C 没有变化	질문: 여자에 관해 어떤 것이 옳은가? A 인터넷 하는 것을 좋아한다 B 머리가 짧아졌다 C 변화가 없다

★ 张 zhāng 양 장 [종이나 가죽 등을 세는 단위] | 照片 zhàopiàn 명 사진 | 什么时候 shénme shíhou 언제 | 照 zhào 동 찍다 | 有点儿 yǒudiǎnr 분 조금, 약간 | 不太 bú tài 그다지 ~하지 않다 | ★ 像 xiàng 동 닮다 | 去年 qùnián 명 작년 | 夏天 xiàtiān 명 여름 | 那时 nàshí 그 때 | 长 cháng 형 길다 | ★ 头发 tóufa 명 머리카락 | 而且 érqiě 접 ~뿐만 아니라, 게다가 | 比较 bǐjiào 분 비교적 | ★ 胖 pàng 형 뚱뚱하다 | 关于 guānyú 개 ~에 관하여 | 哪 nǎ 대 어느, 어떤 | 对 duì 형 옳다, 맞다 | 爱 ài 동 ~하는 것을 좋아하다 | ★ 上网 shàngwǎng 동 인터넷을 하다 | ★ 短 duǎn 형 짧다 | ★ 变化 biànhuà 명 변화

3 **B** 남자가 '회사 문 앞에 저 차는 네가 새로 산 것이냐'고 묻자 여자는 '전에 그 차를 팔고 새 차로 바꿨다(换了辆新的)'고 대답했으므로, 여자에 대해 알 수 있는 것은 B이다.

男：王[Wáng]小姐，公司门前那辆车是你新买的？ 女：是，以前那辆被我卖了，换了辆新的。	남: 왕[王] 씨, 회사 문 앞에 저 차는 네가 새로 산 거야? 여: 응. 전에 그 차를 팔고 새 차로 바꿨어.
问：关于女的，可以知道什么？ A 来接丈夫 B 买新车了 C 是出租车司机	질문: 여자에 관해 무엇을 알 수 있는가? A 남편을 마중한다 B 새 차를 샀다 C 택시 기사이다

王 Wáng 고유 왕 [성씨] | 小姐 xiǎojiě 명 아가씨 | 公司 gōngsī 명 회사 | 门 mén 명 문 | 前 qián 명 앞 | ★ 辆 liàng 양 대, 량 [차량을 세는 단위] | 车 chē 명 자동차 | 新 xīn 분 새로이, 갓 | 买 mǎi 동 사다, 구매하다 | ★ 以前 yǐqián 명 예전, 이전 | ★ 被 bèi 개 ~에 의해, ~에게 | 卖 mài 동 팔다 | ★ 换 huàn 동 바꾸다 | 可以 kěyǐ 조동 ~할 수 있다 | 知道 zhīdào 동 알다, 이해하다 | ★ 接 jiē 동 마중하다 | 丈夫 zhàngfu 명 남편 | 出租车 chūzūchē 명 택시 | ★ 司机 sījī 명 기사, 운전사

4 **C** 녹음에서 남자가 여자에게 '이야기(故事)를 들어 본 적이 있는지' 묻자, 여자는 '처음 듣는데 매우 재미있다(非常有意思)'고 대답했다. 정답은 C이다.

男：你以前听过这个故事吗？ 女：没听过，这是第一次听你讲，非常有意思。	남: 예전에 너는 이 이야기를 들어 본 적 있니? 여: 들어 본 적 없어. 이번에 처음으로 네가 이야기하는 것을 듣는 건데, 정말 재미있다.

问：关于女的，可以知道什么?
A 不懂英语
B 写作业
C 觉得故事很好

질문: 여자에 관해 무엇을 알 수 있는가?
A 영어를 이해하지 못한다
B 숙제를 한다
C 이야기가 매우 좋다고 생각한다

听 tīng 동 듣다 | 过 guo 조 ~한 적이 있다 | ★ 故事 gùshi 명 이야기 | 第一次 dì yī cì 명 처음 | ★ 讲 jiǎng 동 이야기하다, 말하다 | 非常 fēicháng 부 매우, 대단히 | 有意思 yǒu yìsi 재미있다 | 懂 dǒng 동 이해하다 | 英语 Yīngyǔ 고유 영어 | 写 xiě 동 쓰다 | ★ 作业 zuòyè 명 숙제, 과제 | 觉得 juéde 동 ~라고 생각하다

5 **A** 3급 듣기 영역은 들리는 게 답인 경우가 많다. 남자가 할머니에게 '목이 마르다(我有点儿渴)'고 직접적으로 말했으므로 남자의 상태를 알 수 있다. 정답은 A이다.

男：奶奶，我有点儿渴，有什么喝的吗?
女：冰箱里有果汁和牛奶，你自己拿吧。

남: 할머니, 저 목이 좀 마른데 뭐 마실 것이 있어요?
여: 냉장고 안에 과일주스랑 우유가 있어. 네가 가져오렴.

问：男的怎么了?
A 渴了
B 饿了
C 长胖了

질문: 남자는 어떠한가?
A 목마르다
B 배고프다
C 살이 쪘다

★ 奶奶 nǎinai 명 할머니 | 有点儿 yǒudiǎnr 부 좀, 약간 | ★ 渴 kě 형 목마르다 | 喝 hē 동 마시다 | ★ 冰箱 bīngxiāng 명 냉장고 | 果汁 guǒzhī 명 과일주스 | 和 hé 접 ~와 | 牛奶 niúnǎi 명 우유 | ★ 自己 zìjǐ 대 직접, 스스로 | ★ 拿 ná 동 (손으로) 가지다, 쥐다 | 吧 ba 조 ~하자 [상의·제의·청유·기대·명령 등의 어기를 나타냄] | ★ 饿 è 형 배고프다 | ★ 长 zhǎng 동 생기다, 자라다 | ★ 胖 pàng 형 뚱뚱하다

track 63

● Day 31   6 C   7 A   8 B   9 B   10 C

6 **C** 남자가 여자에게 '내일 쉰다(明天休息)'며 데려다주겠다'고 자신의 상황을 직접 말했으므로 정답은 C이다.

男：你明天几点的飞机? 行李不多吗?
女：晚上九点的，有两个行李箱。
男：我明天休息，去送你吧。
女：太好了，我正担心一个人没办法去机场呢。

남: 내일 몇 시 비행기야? 짐이 많지 않아?
여: 저녁 9시야. 트렁크가 2개 있어.
남: 나 내일 쉬어. 내가 데려다 줄게.
여: 정말 잘됐다. 마침 혼자서 공항에 갈 방법이 없어서 걱정하고 있었어.

问：关于男的，可以知道什么?
A 没拿行李
B 去留学
C 明天休息

질문: 남자에 관해 무엇을 알 수 있는가?
A 짐을 가지고 오지 않았다
B 유학 간다
C 내일 쉰다

明天 míngtiān 몡 내일 | 点 diǎn 양 시 | 飞机 fēijī 몡 비행기 | 行李 xíngli 몡 짐 | 晚上 wǎnshang 몡 저녁 | 两 liǎng 수 2, 둘 | ★行李箱 xínglǐxiāng 몡 트렁크, 여행용 가방 | 休息 xiūxi 동 쉬다, 휴식하다 | 送 sòng 동 배웅하다 | 吧 ba 조 ~하자 [상의·제의·청유·기대·명령 등의 어기를 나타냄] | 太 tài 부 너무, 매우 | 正……呢 zhèng……ne 지금 ~하는 중이다 | ★担心 dānxīn 동 걱정하다 | ★办法 bànfǎ 몡 방법 | 机场 jīchǎng 몡 공항 | ★关于 guānyú 개 ~에 관해 | 可以 kěyǐ 조동 ~할 수 있다 | 知道 zhīdào 동 알다, 이해하다 | 拿 ná 동 (손으로) 가지다, 쥐다 | ★留学 liúxué 동 유학하다

---

7 **A** 보기를 통해 상황 관련 문제임을 알 수 있다. 여자가 남자에게 책을 빌렸고, 여자가 '주말에 돌려줘도(还) 괜찮냐'고 물었으므로 정답은 A이다.

男: 小李[Xiǎo Lǐ]，我借你的那三本书怎么样？ 女: 非常好看。<u>我还在看呢，周末还你可以吗？</u> 男: 别着急。我这里还有很多书，想看就找我吧。 女: 好。谢谢你。	남: 샤오리[小李], 내가 빌려준 그 책 세 권은 어때? 여: 아주 재미있어. <u>아직 보고 있는데, 주말에 돌려줘도 괜찮을까?</u> 남: 조급해하지 마. 나한테 책이 많이 있으니까 보고 싶으면 나를 찾아와. 여: 알겠어. 고마워.
问: 关于女的，可以知道什么？ **A 打算周末还书** B 正在骑自行车 C 下午没课	질문: 여자에 관해 무엇을 알 수 있는가? **A 주말에 책을 돌려줄 예정이다** B 자전거를 타는 중이다 C 오후에 수업이 없다

★借 jiè 동 빌려주다, 빌리다 | 本 běn 양 권 [책을 세는 단위] | 书 shū 몡 책 | 怎么样 zěnmeyàng 대 어떻다 | 非常 fēicháng 부 아주 | 好看 hǎokàn 형 (내용이) 재미있다 | 还 hái 부 아직, 여전히 | 在 zài 부 ~하고 있는 중(이다) | 看 kàn 동 보다 | 呢 ne 조 [동작의 지속을 나타냄] | ★周末 zhōumò 몡 주말 | 还 huán 동 돌려주다, 반납하다 | 可以 kěyǐ 조동 ~해도 된다 | 别 bié ~하지 마라 | ★着急 zháojí 형 조급해하다 | 想 xiǎng 조동 ~하고 싶다 | 就 jiù 부 바로 | 找 zhǎo 동 찾다 | 谢谢 xièxie 고맙습니다 | ★打算 dǎsuan 동 ~할 예정이다 | 正在 zhèngzài 부 지금 ~하고 있다 | 骑 qí 동 (동물·자전거 등을) 타다 | 自行车 zìxíngchē 몡 자전거 | 下午 xiàwǔ 몡 오후 | 课 kè 몡 수업

---

8 **B** 여자는 '열이 나서(发烧) 좀 일찍 자고 싶다(想早点儿睡觉)'고 말했으므로, 몸이 안 좋은(身体不舒服) 상태임을 알 수 있다. 따라서 정답은 B이다.

男: 我洗了点儿葡萄，你来吃一些吧。 女: 我刷完牙了，你吃吧。 男: 你怎么了？看起来很不舒服。 女: <u>我有些发烧，想早点儿睡觉。</u>	남: 내가 포도를 좀 씻었어. 와서 좀 먹어. 여: 나 양치했어. 너 먹어. 남: 왜 그래? 너 아파 보여. 여: <u>열이 조금 나서 좀 일찍 자고 싶어.</u>
问: 女的怎么了？ A 瘦了 **B 身体不舒服** C 没写完作业	질문: 여자는 어떠한가? A 살이 빠졌다 **B 몸이 안 좋다** C 숙제를 다 못했다

洗 xǐ 동 씻다 | 点儿 diǎnr 수량 좀, 약간 | 葡萄 pútao 몡 포도 | 些 xiē 양 조금, 약간 | ★刷牙 shuāyá 동 양치질하다, 이를 닦다 | 完 wán 동 (동사 뒤에 보어로 쓰여) 다하다, 끝내다 | 怎么了 zěnme le 무슨 일이야? | 看起来 kàn qǐlái 보기에 ~하다 | 不舒服 bù shūfu 불편하다, (몸이) 아프다 | 有些 yǒuxiē 부 조금, 약간 | ★发烧 fāshāo 동 열이 나다 | 早 zǎo 형 이르다 | 睡觉 shuìjiào 동 잠을 자다 | 瘦 shòu 형 마르다 | 身体 shēntǐ 몡 몸, 건강 | 写 xiě 동 쓰다 | ★作业 zuòyè 몡 숙제, 과제

9 B 여자는 어제 산 가방이 언제 배송되는지 찾아보고 싶어서 남자에게 '인터넷을 하는(上网) 중이냐'고 물었으므로 여자가 컴퓨터를 사용하고 싶어 한다는 것(想用电脑)을 알 수 있다. 따라서 정답은 B이다.

女：你在上网吗？	여: 너는 인터넷 하는 중이니?
男：对，我正在看新闻呢，你要用电脑吗？	남: 응, 나는 뉴스를 보고 있어. 너 컴퓨터 써야 해?
女：我昨天在网上买了一个包，想查查哪天能送到。	여: 나는 어제 인터넷에서 가방을 하나 샀는데, 언제 배송되는지 좀 찾아보려고.
男：那还是你先用吧。	남: 그럼 네가 먼저 써.
问：关于女的，可以知道什么？	질문: 여자에 관해 무엇을 알 수 있는가?
A 想买衣服	A 옷을 사고 싶다
B 想用电脑	**B 컴퓨터를 사용하고 싶다**
C 对衣服不满意	C 옷에 만족하지 못한다

★ **上网** shàngwǎng 통 인터넷을 하다 | **对** duì 형 맞다 깨 ~에 대해 | ★ **新闻** xīnwén 명 뉴스 | **要** yào 조동 ~해야 한다 | ★ **用** yòng 통 쓰다, 사용하다 | **电脑** diànnǎo 명 컴퓨터 | **昨天** zuótiān 명 어제 | **网上** wǎngshang 명 인터넷 | **买** mǎi 통 사다 | ★ **包** bāo 명 가방 | **查** chá 통 찾아보다, 조사하다 | **哪天** nǎ tiān 언제 | **能** néng 조동 ~할 수 있다 | **送** sòng 통 배송하다 | **到** dào 통 (동사 뒤에 쓰여) ~했다 | **那** nà 접 그러면 | **还是……吧** háishi …… ba ~하는 편이 낫다 | ★ **先** xiān 분 먼저 | **衣服** yīfu 명 옷 | ★ **满意** mǎnyì 형 만족하다

10 C 남자는 여자에게 방금 그 사람이 '리 씨(姓李)'냐고 물었지만, 여자가 '아니다(不是)'라고 했으므로 남자가 사람을 잘못 본 것이다. 정답은 C이다.

男：刚才跟你说话的那个人是谁？	남: 방금 너랑 말한 그 사람은 누구야?
女：我朋友的妻子。你认识她吗？	여: 내 친구의 아내야. 그녀를 알아?
男：我应该在哪儿见过她，她是不是姓李[Lǐ]？	남: 분명 어디선가 본 적이 있어. 성이 리[李] 씨 아니야?
女：不是，她姓白[Bái]。	여: 아니야. 바이[白] 씨야.
问：男的怎么了？	질문: 남자는 어떠한가?
A 没吃饭	A 밥을 먹지 않았다
B 写错名字了	B 이름을 잘못 썼다
C 认错人了	**C 사람을 잘못 봤다**

★ **刚才** gāngcái 명 방금 | ★ **跟** gēn 깨 ~와 | **说话** shuōhuà 통 말하다 | **朋友** péngyou 명 친구 | **妻子** qīzi 명 아내 | **认识** rènshi 통 알다, 인식하다 | ★ **应该** yīnggāi 조동 (아마도) ~일 것이다 | **在** zài 깨 ~에서 | **哪儿** nǎr 대 어디 | **见** jiàn 통 보다 | **过** guo 조 ~한 적이 있다 | **姓** xìng 명 성, 성씨 | **李** Lǐ 고유 리 [성씨] | **白** Bái 고유 바이 [성씨] | **吃饭** chī fàn 통 밥을 먹다 | **写** xiě 통 쓰다 | **错** cuò 형 틀리다 | **名字** míngzi 명 이름 | **认错** rèncuò 통 잘못 보다, 잘못 알다

● track 64

| ● Day 32 | 11 B | 12 B | 13 A | 14 C | 15 B |

11 B 보기가 모두 상황에 관한 설명이므로 상황 관련 문제임을 알 수 있다. '조급하게 어디를 가려고 하냐'는 남자의 질문에 여자가 '교실에 모자를 둔 것을 잊었다(把帽子忘在教室了)'고 대답했으므로, 정답은 B이다.

男: 你那么着急, 要去哪儿啊?
女: 我突然想起来我把帽子忘在教室了。
男: 那你快去看一下吧。
女: 好的, 一会儿见吧。

问: 女的怎么了?
A 脚疼
B 忘拿帽子了
C 找不到手机了

남: 그렇게 조급하게 어디를 가려고 하니?
여: 내가 교실에 모자를 둔 것을 잊었다는 게 갑자기 생각났어.
남: 그러면 얼른 가서 한번 봐.
여: 알겠어. 잠시 후에 보자.

질문: 여자는 왜 그러는가?
A 발이 아프다
B 모자를 챙기는 것을 잊었다
C 핸드폰을 못 찾았다

那么 nàme 대 그렇게 | ★着急 zháojí 동 조급해하다 | 要 yào 조동 ~하려고 하다 | 哪儿 nǎr 대 어디 | ★啊 a 조 [의문의 어기를 나타냄] | ★突然 tūrán 부 갑자기 | 想起来 xiǎng qǐlái 생각이 나다 | ★把 bǎ 개 [목적어를 술어 앞으로 끌어내어 처치를 나타냄] | ★帽子 màozi 명 모자 | ★忘 wàng 동 잊다 | 在 zài 개 ~에서 | 教室 jiàoshì 명 교실 | 那 nà 접 그러면 | 快 kuài 부 빨리 | 看 kàn 동 보다 | 一下 yíxià 수량 (동사 뒤에 쓰여) 좀 ~하다 | 吧 ba 조 ~하자 [상의·제의·청유·기대·명령 등의 어기를 나타냄] | ★一会儿 yíhuìr 부 잠시 | 见 jiàn 동 보다 | 怎么了 zěnme le 어떻게 된 거야? | ★脚 jiǎo 명 발 | ★疼 téng 형 아프다 | ★拿 ná 동 (손으로) 가지다 | 找 zhǎo 동 찾다 | 到 dào 동 (동사 뒤에 쓰여) ~했다 | 手机 shǒujī 명 핸드폰

12 B 여자가 '사람을 불러서 에어컨(空调)을 한번 점검하자'고 하자, 남자는 '너무 낡았으니(旧了) 내일 새것으로 사자(买)'고 했으므로, 정답은 B이다.

女: 你听听, 这是什么声音?
男: 应该是空调的声音。
女: 空调是不是坏了? 找人检查一下吧。
男: 这个空调太旧了, 明天我们去买个新的吧。

问: 男的认为空调怎么了?
A 太贵了
B 该换了
C 放得太高了

여: 잘 들어 봐. 이게 무슨 소리지?
남: 분명 에어컨 소리일 거야.
여: 에어컨이 고장 난 거 아니야? 사람을 불러서 한번 점검해 보자.
남: 이 에어컨은 너무 낡았어. 내일 우리 가서 새것으로 하나 사자.

질문: 남자는 에어컨이 어떻다고 생각하는가?
A 너무 비싸다
B 바꿔야 한다
C 너무 높이 달았다

听 tīng 동 듣다 | ★声音 shēngyīn 명 소리 | ★应该 yīnggāi 조동 반드시 ~할 것이다 | ★空调 kōngtiáo 명 에어컨 | ★坏 huài 동 고장 나다 | ★检查 jiǎnchá 동 검사하다, 점검하다 | 太 tài 부 너무, 매우 | ★旧 jiù 형 낡다, 오래되다 | 明天 míngtiān 명 내일 | 买 mǎi 동 사다 | 新的 xīn de 새것 | ★认为 rènwéi 동 여기다, 생각하다 | 贵 guì 형 비싸다 | 该 gāi 조동 ~해야 한다 | ★换 huàn 동 바꾸다 | ★放 fàng 동 놓다 | 得 de 조 ~한 정도가 ~하다 | 高 gāo 형 높다

03 상태·상황　45

13 A 남자가 '빨간색 셔츠(红色的衬衫)'에 대해 물어보자 여자는 '내가 빨았다(我洗了)'고 했으므로 정답은 A이다.

男：我那件红色的衬衫呢？	남: 내 그 빨간색 셔츠는?
女：我洗了，你穿别的衬衫吧。	여: 내가 빨았어. 너는 다른 셔츠를 입어.
男：那件衬衫我还没穿过呢。	남: 그 셔츠는 아직 안 입어 봤는데.
女：是吗？我看你放在椅子上，以为你已经穿过了。	여: 그래? 네가 의자에 놨길래 입었던 건 줄 알았어.
问：关于那件衬衫，可以知道什么？	질문: 그 셔츠에 관해 무엇을 알 수 있는가?
A 被女人洗了	A 여자가 빨았다
B 是蓝色的	B 파란색이다
C 是旧的	C 낡았다

件 jiàn 양 벌 [옷 등을 세는 단위] | 红色 hóngsè 명 빨간색 | ★衬衫 chènshān 명 셔츠 | 洗 xǐ 동 빨다, 씻다 | 穿 chuān 동 (옷·신발 등을) 입다 | 别的 biéde 대 다른 것 | 还没A过 hái méi A guò 아직 A하지 않았다 | 在 zài 개 ~에서 | 椅子 yǐzi 명 의자 | 以为 yǐwéi 동 여기다, 생각하다 | 已经……了 yǐjīng……le 이미 ~했다 | ★关于 guānyú 개 ~에 관해 | 可以 kěyǐ 조동 ~할 수 있다 | 知道 zhīdào 동 알다 | ★被 bèi 개 ~에게 ~를 당하다 | 蓝色 lánsè 명 파란색

> **양사 '件'**
> 양사는 사물의 수량 단위를 나타내는 것으로, 양사 '件'은 일·사건·옷 등을 셀 때 쓰인다.
> **一件事情** yí jiàn shìqing 한 가지 사건 | **一件衣服** yí jiàn yīfu 옷 한 벌

14 C 남자가 '회사에 일이 많으면 아마 좀 늦게 집에 올 것이다(晚点儿回家)'라고 말했다. 그러므로 남자에 대해 알 수 있는 것은 정답 C이다.

女：开会时你要穿哪件衬衫？	여: 회의할 때 어떤 셔츠를 입을 거야?
男：白色的。如果公司事情很多，我可能会晚点儿回家。	남: 흰색. 만약 회사에 일이 많으면 아마 좀 늦게 집에 올 거야.
女：好的。外面下雪了，路上开车要小心。	여: 알겠어. 밖에 눈이 와. 길에서 운전 조심하고.
男：别担心，我会慢慢开的。	남: 걱정하지 마. 천천히 운전할게.
问：关于男的，可以知道什么？	질문: 남자에 관해 무엇을 알 수 있는가?
A 非常有名	A 매우 유명하다
B 是司机	B 운전기사이다
C 可能晚回家	C 아마 늦게 집에 갈 것이다

开会 kāihuì 동 회의를 하다 | 时 shí 명 때 | 哪 nǎ 대 어떤 | 白色 báisè 명 흰색 | ★如果 rúguǒ 접 만약 | 公司 gōngsī 명 회사 | 事情 shìqing 명 일 | 可能 kěnéng 부 아마도 (~일 것이다) | 会 huì 조동 ~할 것이다 | 晚 wǎn 형 늦다 | 点儿 diǎnr 수량 좀, 약간 | 回家 huí jiā 집으로 돌아가다 | 外面 wàimiàn 명 밖 | 下雪 xiàxuě 동 눈이 내리다 | 路上 lùshang 명 길 | 开(车) kāi(chē) 동 운전을 하다 | 要 yào 조동 ~해야 한다 | ★小心 xiǎoxīn 동 조심하다 | 别 bié 부 ~하지 마라 | ★担心 dānxīn 동 걱정하다 | 慢慢 mànmàn 천천히 | 非常 fēicháng 부 매우 | ★有名 yǒumíng 형 유명하다 | ★司机 sījī 명 운전기사

15 B '안경(眼镜) 챙기는 걸 잊어버렸다'는 남자의 말로, 정답이 B임을 알 수 있다. '챙기는 걸 잊었다(忘带)'와 '가져 오지 않았다(没拿)'는 유의 표현이다. 유의 표현을 알아 두면 쉽게 정답을 찾을 수 있다.

男：我忘带眼镜了。 女：那老师写的字你能看清吗？ 男：有点儿看不清楚，我们坐前面吧？ 女：好的。	남: 나는 안경 챙기는 걸 잊어버렸어. 여: 그럼 선생님이 쓴 글자는 잘 보여? 남: 조금 잘 안 보여. 우리 앞에 앉을래? 여: 그래.
问：男的怎么了？ A 没带铅笔 **B 没拿眼镜** C 不想坐右边	질문: 남자는 어떠한가? A 연필을 챙기지 않았다 **B 안경을 가져오지 않았다** C 오른쪽에 앉고 싶지 않다

★ **带** dài 통 가지다, 챙기다 | **眼镜** yǎnjìng 명 안경 | **老师** lǎoshī 명 선생님 | **写** xiě 통 쓰다 | **字** zì 명 글자 | **能** néng 조동 ~할 수 있다 | **清** qīng 형 뚜렷하다 | **有点儿** yǒudiǎnr 부 조금, 약간 | ★ **清楚** qīngchu 형 분명하다 | **坐** zuò 통 앉다 | **前面** qiánmiàn 명 앞 | **铅笔** qiānbǐ 명 연필 | **右边** yòubian 명 오른쪽

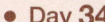

04 평가 · 의미

본서 p.81

● track 71

● Day 34   1 C   2 A   3 A   4 C   5 B

1 C 여자가 '네가 보기에 나 또 살찐 것(胖) 같지 않냐'고 묻자 남자는 '예전과 같고, 어떤 변화도 없다(没什么变化)'고 대답했다. 그러므로 정답은 C이다. 의미를 파악하는 문제는 문맥을 파악해야 한다.

女：你看我是不是又胖了？ 男：没有，你和以前一样，没什么变化。	여: 네가 보기에 나 또 살찐 것 같지 않아? 남: 아니야. 너는 예전과 같고, 어떤 변화도 없어.
问：男的是什么意思？ A 饿了 B 胖了 **C 女的没变化**	질문: 남자는 무슨 의미인가? A 배고파졌다 B 살이 쪘다 **C 여자는 변화가 없다**

看 kàn 통 보다 | ★ **又** yòu 부 또, 다시 | ★ **胖** pàng 형 뚱뚱하다 | **和A一样** hé A yíyàng A와 같다 | ★ **以前** yǐqián 명 예전 | ★ **变化** biànhuà 명 변화 | **意思** yìsi 명 의미 | ★ **饿** è 형 배고프다

2 **A** 크기나 상태를 나타내는 형용사가 보기로 제시되었으므로 평가 유형의 문제임을 유추할 수 있다. 여자가 '생선이 정말 크다(大)'고 했으므로, 정답은 A이다.

女: 这条鱼真大啊, 你在哪儿买的? 男: 我在那边的超市买的, 六斤多呢。	여: 이 생선은 정말 크다. 너는 어디에서 샀어? 남: 저쪽에 있는 슈퍼마켓에서 산 거야. 3kg 정도야.
问: 女的觉得那条鱼怎么样? **A 很大** B 很小 C 很好看	질문: 여자는 그 생선이 어떻다고 생각하는가? **A 크다** B 작다 C 보기 좋다

★ **条** tiáo 양 마리 [물고기를 세는 단위] | **鱼** yú 명 생선, 물고기 | **真** zhēn 부 정말 | ★ **啊** a 조 [문장 끝에 쓰여 감탄·찬탄을 나타냄] | **在** zài 개 ~에서 | **哪儿** nǎr 대 어디 | **买** mǎi 동 사다, 구매하다 | **那边** nàbiān 명 저쪽 | ★ **超市** chāoshì 명 슈퍼마켓 | **斤** jīn 양 근, 500g | **多** duō 수 (수량사 뒤에 쓰여) 정도, ~쯤 | **呢** ne 조 [사실 확인 및 과장된 어투를 나타냄] | **觉得** juéde 동 ~라고 생각하다 | **怎么样** zěnmeyàng 대 어떻다 | **好看** hǎokàn 형 보기 좋다

3 **A** 남자가 기차표(火车票)를 사려고 했으나 여자는 '표가 없다(没有)'고 했다. 문맥상 '표가 없다'는 말은 '다 팔렸다(卖完了)'는 의미이므로 정답은 A이다.

男: 您好, 我要两张七月八号去北京的火车票。 女: 十号以前的火车票都没有了。	남: 안녕하세요. 7월 8일 베이징으로 가는 기차표를 2장 주세요. 여: 10일 이전의 기차표는 모두 없어요.
问: 女的是什么意思? **A 票卖完了** B 别看电视了 C 一分钱也没有了	질문: 여자는 무슨 의미인가? **A 표가 다 팔렸다** B TV를 보지 마라 C 돈이 한 푼도 없다

您 nín 대 당신, 선생님 | **要** yào 동 필요하다 | **两** liǎng 수 2, 둘 | ★ **张** zhāng 양 장 [종이나 가죽 등을 세는 단위] | **月** yuè 명 월 | **号** hào 명 일 [날짜를 가리킴] | **北京** Běijīng 고유 베이징 | **火车票** huǒchēpiào 명 기차표 | **都** dōu 부 모두, 다 | **票** piào 명 표 | **卖** mài 동 팔다 | **完** wán 동 (동사 뒤에 보어로 쓰여) 다하다, 끝내다 | **别** bié 부 ~하지 마라 | **电视** diànshì 명 TV, 텔레비전 | **一分钱** yì fēn qián 돈 한 푼 | **也** yě 부 ~도

4 **C** '윈난(云南)에 가 본 적이 있냐'는 여자의 질문에 남자는 '가 본 적은 없지만 듣자 하니 환경이 좋다며(环境很不错)'라고 했으므로, 정답은 C이다.

女: 你以前去过云南吗? 男: 没去过, 但听说那里环境很不错, 以后有机会我一定要去那里旅游。	여: 너는 예전에 윈난[云南]에 가 본 적이 있니? 남: 가 본 적이 없어. 그런데 듣자 하니 그곳 환경이 좋다며. 나중에 기회가 되면 나는 꼭 여행하러 그곳에 갈 거야.
问: 男的觉得云南怎么样? A 非常安静 B 节日很多 **C 环境好**	질문: 남자는 윈난[云南]이 어떻다고 생각하는가? A 매우 조용하다 B 기념일이 많다 **C 환경이 좋다**

过 guo 조 ~한 적이 있다 | 云南 Yúnnán 고유 윈난 | 没A过 méi A guo A해 본 적 없다 | 但 dàn 접 그러나 | 听说 tīngshuō 동 듣자 하니 | ★环境 huánjìng 명 환경 | 不错 búcuò 형 좋다 | 以后 yǐhòu 명 이후 | ★机会 jīhuì 명 기회 | ★一定 yídìng 부 꼭, 반드시 | 要 yào 조동 ~할 것이다 | 旅游 lǚyóu 동 여행하다 | 非常 fēicháng 부 매우 | ★安静 ānjìng 형 조용하다 | ★节日 jiérì 명 기념일

5 **B** 여자가 달리기하러(跑步) 갈 건지 물어보자 남자는 '집에서 쉬고(休息) 싶다'고 했다. 남자의 말은 '운동을 하지 않겠다(不锻炼了)'는 의미이다. 정답은 B이다.

女: 外面的风刮得很大, 你还要去跑步吗?
男: 今天不去了, 我想在家休息。

问: 男的是什么意思?
A 要去公司
B 不锻炼了
C 现在要睡觉

여: 밖에 바람이 많이 불어. 너는 그래도 달리기하러 갈 거니?
남: 오늘은 안 갈래. 나는 집에서 쉬고 싶어.

질문: 남자는 무슨 의미인가?
A 회사에 가려고 한다
B 운동을 하지 않겠다
C 지금 잠을 자겠다

外面 wàimiàn 명 밖 | 风 fēng 명 바람 | 刮 guā 동 불다 | 得 de 조 ~하는 정도가 ~하다 | 大 dà 형 (힘·강도 등이) 세다 | 还 hái 부 그래도 | 要 yào 조동 ~하려고 하다 | 跑步 pǎobù 동 달리다 | 今天 jīntiān 명 오늘 | 想 xiǎng 조동 ~하고 싶다 | 休息 xiūxi 동 쉬다, 휴식하다 | 公司 gōngsī 명 회사 | ★锻炼 duànliàn 동 단련하다 | 现在 xiànzài 명 지금 | 睡觉 shuìjiào 동 잠을 자다

track 72

● Day 35   6 A   7 C   8 A   9 A   10 B

6 **A** 여자가 남자가 빌린 이야기책(故事书)은 어떤지 묻자 남자가 '아주 재미있다(特别有意思)'고 대답했다. 문맥상 '재미있다'는 긍정적인 '좋다(不错)'의 의미로 이해할 수 있다. 정답은 A이다.

女: 你上次借的故事书还了吗?
男: 还没, 你也想看吗?
女: 对啊, 你觉得那本故事书怎么样?
男: 特别有意思, 我两天就把它读完了。

问: 男的觉得那本书怎么样?
A 很不错
B 没有意思
C 后面写得很好

여: 너는 지난번에 빌린 이야기책을 반납했니?
남: 아직. 너도 보고 싶어?
여: 응. 네 생각에 그 이야기책은 어때?
남: 아주 재미있어. 이틀 만에 바로 그것을 다 읽었어.

질문: 남자는 그 책이 어떻다고 생각하는가?
A 매우 좋다
B 재미없다
C 뒷부분을 정말 잘 썼다

上次 shàngcì 명 지난번 | ★借 jiè 동 빌리다 | ★故事 gùshi 명 이야기 | 书 shū 명 책 | ★还 huán 동 반납하다, 돌려주다 | 还 hái 부 아직 | 也 yě 부 ~도 | 想 xiǎng 조동 ~하고 싶다 | 看 kàn 동 보다 | 对 duì 형 맞다 | ★啊 a [문장 끝에 쓰여 긍정을 나타냄] | 觉得 juéde 동 ~라고 생각하다 | 本 běn 양 권 [책을 세는 단위] | 怎么样 zěnmeyàng 대 어떻다 | ★特别 tèbié 부 아주, 특히 | 有意思 yǒu yìsi 재미있다 | 两 liǎng 수 2, 둘 | 天 tiān 명 날 | 就 jiù 부 바로 | ★把 bǎ 개 [목적어를 술어 앞으로 끌어내어 처치를 나타냄] | 它 tā 대 그것 | 读 dú 동 읽다 | 完 wán 동 (동사 뒤에 보어로 쓰여) 다하다, 끝내다 | 不错 búcuò 형 좋다 | 没有意思 méiyǒu yìsi 재미없다 | 后面 hòumiàn 명 뒤 | 写 xiě 동 쓰다 | 得 de 조 ~하는 정도가 ~하다

7 **C** 남녀가 새로 생긴 식당(饭馆儿)에 대해 이야기하고 있다. 여자가 '언제(哪天) 같이 가서 먹자(吃)'고 하자 남자가 '지금 바로 가는(现在就去) 건 어떠냐'고 물어봤으므로 정답은 C이다.

女: 旁边那条街上新开了一家饭馆儿, 你去过吗?
男: 还没, 但是我上午经过的时候看到了, 一共有四层, 很大。
女: 是的, 听说那里的鱼很不错, 哪天我们一起去吃吧。
男: 好的, 或者我们现在就去, 怎么样?

问: 男的是什么意思?
A 天晴了
B 先买西瓜
C 现在去吃

여: 옆의 그 거리에 새로 식당이 생겼어. 너는 가 봤니?
남: 아직 안 가 봤어. 하지만 오전에 지나갈 때 봤어. 총 4층이고 크던데.
여: 맞아. 듣자 하니 그곳의 생선이 정말 맛있다던데. 언제 우리 같이 가서 먹자.
남: 좋아. 아니면 우리 지금 바로 가는 건 어때?

질문: 남자는 무슨 의미인가?
A 날이 맑아졌다
B 먼저 수박을 사겠다
C 지금 가서 먹자

旁边 pángbiān 명 옆 | 条 tiáo 양 [가늘고 긴 것을 세는 단위] | 街 jiē 명 거리 | 新 xīn 부 새로이, 갓 | 开 kāi 동 개업하다 | 家 jiā 양 [집·점포 등을 세는 단위] | 饭馆儿 fànguǎnr 명 식당 | 过 guo 조 ~한 적이 있다 | 但是 dànshì 접 그러나 | 上午 shàngwǔ 명 오전 | ★经过 jīngguò 동 지나가다 | ……的时候 …… de shíhou ~할 때 | 看到 kàndào 동 보(이)다 | ★一共 yígòng 부 모두 | ★层 céng 양 층 | 听说 tīngshuō 듣자 하니 | 鱼 yú 명 생선, 물고기 | 哪天 nǎ tiān 언제 | 一起 yìqǐ 부 같이 | 吧 ba 조 ~하자 | [상의·제의·청유·기대·명령 등의 어기를 나타냄] | ★或者 huòzhě 접 또는, 아니면 | 现在 xiànzài 명 지금 | 就 jiù 부 바로 | 意思 yìsi 명 의미 | 天 tiān 명 날 | 晴 qíng 형 (날이) 맑다 | ★先 xiān 부 먼저 | 买 mǎi 동 사다 | 西瓜 xīguā 명 수박

8 **A** 여자는 남자에게 '내일 왜 일찍 일어나는지' 물었고, 남자는 '친구와 농구하러 갈 것(去打篮球)'이라고 했으므로 정답은 A이다.

男: 姐, 明天七点半叫我起床。
女: 明天又不上课, 怎么起这么早?
男: 我和朋友说好一起去打篮球。
女: 好的, 那你快洗洗睡觉吧。

问: 男的明天要去做什么?
A 打篮球
B 跳舞
C 骑自行车

남: 누나, 내일 7시 반에 나 좀 깨워 줘.
여: 내일 수업도 없는데 왜 이렇게 일찍 일어나?
남: 친구랑 같이 농구하러 가기로 했어.
여: 알겠어. 그럼 얼른 씻고 자.

질문: 남자는 내일 무엇을 하러 가려고 하는가?
A 농구를 하러
B 춤을 추러
C 자전거를 타러

姐 jiě 명 누나, 언니 | 明天 míngtiān 명 내일 | 点 diǎn 양 시 | ★半 bàn 수 반, 30분 | 叫 jiào 동 부르다 | 起床 qǐchuáng 동 (잠자리에서) 일어나다 | ★又 yòu 부 ~도 | 上课 shàngkè 동 수업을 하다 | 怎么 zěnme 대 왜, 어째서 | 起 qǐ 동 일어나다 | 这么 zhème 대 이렇게 | 早 zǎo 형 이르다 | 和 hé 개 ~와 | 朋友 péngyou 명 친구 | 说 shuō 동 말하다 | 打篮球 dǎ lánqiú 농구를 하다 | 那 nà 접 그러면 | 快 kuài 부 빨리 | 洗 xǐ 동 씻다 | 睡觉 shuìjiào 동 잠을 자다 | 要 yào 조동 ~하려고 하다 | 做 zuò 동 하다 | 跳舞 tiàowǔ 동 춤을 추다 | ★骑 qí 동 (동물·자전거 등에) 타다 | ★自行车 zìxíngchē 명 자전거

9 **A** 여자가 '여동생의 책가방(书包)이 너무 오래됐다(旧)'라고 직접적으로 자신의 생각을 말했으므로 정답은 A이다.

女：你看，这个书包怎么样？
男：很好看。
女：我想给妹妹买一个，她那个书包太旧了。
男：好啊，我觉得她一定会喜欢的。

问：女的觉得妹妹的书包怎么样？
A 太旧了
B 很一般
C 很便宜

여: 봐 봐, 이 책가방 어때?
남: 예뻐.
여: 나는 여동생에게 하나 사 주고 싶어. 여동생의 그 책가방은 너무 오래됐어.
남: 좋아. 내 생각에는 그녀가 분명 좋아할 거야.

질문: 여자는 여동생의 책가방이 어떻다고 생각하는가?
A 너무 오래됐다
B 일반적이다
C 싸다

书包 shūbāo 명 책가방 | 好看 hǎokàn 형 예쁘다, 보기 좋다 | 给 gěi 개 ~에게 | 妹妹 mèimei 명 여동생 | 太 tài 부 너무, 매우 | ★旧 jiù 형 오래되다, 낡다 | ★一定 yídìng 부 분명히, 반드시 | 会 huì 조동 ~할 것이다 | 喜欢 xǐhuan 동 좋아하다 | ★一般 yìbān 형 일반적이다 | 便宜 piányi 형 (값이) 싸다

10 **B** 남자가 '날이 짧다(天"短"了)'는 게 무슨 뜻인지 물어보자 여자는 '어두워지는 시간이 빨라졌다(天黑的时间 早了)'고 했다. 따라서 '날이 빨리 어두워진다(天黑得早了)'는 의미와 같으므로 정답은 B이다.

女：现在天"短"了。
男：天"短"了是什么意思？我听不懂。
女：就是白天的时间短了，天黑的时间早了。
男：明白了，就是晚上的时间长了，白天的时间短了。

问：天"短"了表示什么意思？
A 夏天来了
B 天黑得早了
C 月亮出来了

여: 요즘 날이 짧아졌어.
남: 날이 짧아졌다는 게 무슨 뜻이야? 나는 알아들을 수가 없어.
여: 그건 낮 시간이 짧아졌다는 거야. 어두워지는 시간이 빨라졌어.
남: 이해했어. 그건 저녁 시간이 길어지고, 낮 시간이 짧아졌다는 거구나.

질문: 날이 짧아졌다는 것은 어떤 의미를 나타내는가?
A 여름이 왔다
B 날이 빨리 어두워진다
C 달이 떴다

★短 duǎn 형 짧다 | 听不懂 tīngbudǒng 알아들을 수가 없다 | 白天 báitiān 명 낮 | 时间 shíjiān 명 시간 | 黑 hēi 형 어둡다 | ★明白 míngbai 동 이해하다 | 晚上 wǎnshang 명 저녁 | 长 cháng 형 (시간이) 길다 | 表示 biǎoshì 동 나타내다 | 夏天 xiàtiān 명 여름 | ★月亮 yuèliang 명 달 | 出来 chūlái 동 나오다

05 대상·숫자

듣기 제3·4부분

본서 p.87

● track 79

● Day 37　　1 C　　2 C　　3 B　　4 A　　5 B

1 C '올해 눈이 몇 번째(第几次) 내리냐'는 남자의 질문에 여자는 '이미 세 번 내렸다(已经是第三次了)'고 했으므로, 정답은 C이다. 작년에 눈이 내린 횟수와 헷갈리지 않도록 시점에도 주의하며 듣자!

男：又下雪了！这是今年第几次下雪了？ 女：已经是第三次了，去年下了两次。	남: 또 눈이 내렸네! 올해 눈이 몇 번째 내리는 거야? 여: 이미 세 번 내렸고, 작년에는 두 번 내렸어.
问：今年下了几次雪了？ A 一次　　B 两次　　**C 三次**	질문: 올해 눈이 몇 번 내렸는가? A 한 번　　B 두 번　　**C 세 번**

★ 又 yòu 🄫 또, 다시 | 下雪 xiàxuě 🄲 눈이 내리다 | 今年 jīnnián 🄝 올해 | 第 dì 🄒 (수사 앞에서) 제 | 次 cì 🄛 번, 회 | 已经……了 yǐjīng …… le 이미 ~했다 | 去年 qùnián 🄝 작년 | 两 liǎng 🄢 2, 둘

2 C 보기를 통해 사물 관련 문제임을 알 수 있다. 남자가 동생에게 '중국어 자전(汉语字典)'을 사 줬다고 했으므로 정답은 C이다.

男：明天是弟弟的生日，我给他买了一本汉语字典。 女：你怎么知道他正在学汉语？我以为你不关心他的学习呢。	남: 내일은 남동생의 생일이야. 나는 동생에게 중국어 자전 한 권을 사 줬어. 여: 너는 동생이 중국어를 배우고 있는지 어떻게 알았어? 나는 네가 동생의 공부에 관심이 없는 줄 알았어.
问：男的要送弟弟什么？ A 衣服　　B 数学书　　**C 汉语字典**	질문: 남자는 남동생에게 무엇을 선물하려 하는가? A 옷　　B 수학책　　**C 중국어 자전**

明天 míngtiān 🄝 내일 | 弟弟 dìdi 🄝 남동생 | 生日 shēngrì 🄝 생일 | 给 gěi 🄒 ~에게 | 买 mǎi 🄲 사다 | 本 běn 🄛 권 [책을 세는 단위] | 汉语 Hànyǔ 🄞 중국어 | 字典 zìdiǎn 🄝 자전 | 怎么 zěnme 🄖 어떻게 | 知道 zhīdào 🄲 알다 | 正在 zhèngzài 🄫 지금 ~하고 있다 | 学 xué 🄲 배우다 | 以为 yǐwéi 🄲 여기다, 생각하다 | ★ 关心 guānxīn 🄲 관심을 갖다 | 学习 xuéxí 🄲 공부하다 | 呢 ne 🄤 [사실 확인 및 과장된 어투를 나타냄] | 要 yào 🄠 ~하려고 하다 | 送 sòng 🄲 선물하다, 주다 | 衣服 yīfu 🄝 옷 | ★ 数学 shùxué 🄝 수학 | 书 shū 🄝 책

3 B 여자가 남자에게 '내일 우리 같이 등산(爬山) 가자'고 했지만, 남자는 '주말(周末)에 가자'고 했으므로, 정답은 B이다. 남자의 말까지 꼼꼼히 듣지 못했다면 헷갈릴 수 있는 문제이다.

女：明天我们一起去爬山，好吗？ 男：明天会刮风，周末我们再去吧，周末天气很好。	여: 내일 우리 같이 등산 가자. 어때? 남: 내일은 바람이 불 거야. 주말에 우리 다시 가자. 주말에는 날씨가 좋아.

问: 男的想什么时候去爬山?	질문: 남자는 언제 등산하러 가고 싶어 하는가?
A 明天下午　　B 这个周末　　C 下周一	A 내일 오후　　B 이번 주말　　C 다음주 월요일

一起 yìqǐ 튄 함께 | ★爬山 páshān 통 등산하다 | 会 huì 조통 ~할 것이다 | ★刮风 guāfēng 통 바람이 불다 | ★周末 zhōumò 명 주말 | 再 zài 튄 다시 | 吧 ba 조 ~하자 [상의·제의·청유·기대·명령 등의 어기를 나타냄] | 天气 tiānqì 명 날씨 | 想 xiǎng 조통 ~하고 싶다 | 什么时候 shénme shíhou 언제 | 下午 xiàwǔ 명 오후 | 下 xià 명 다음 | 周一 zhōuyī 명 월요일

4　A 남자가 여자에게 '지금과 달라 보이는데 언제 찍은 사진(照片)이냐'고 묻자, 여자가 '작년 여름(去年夏天)에 찍은 것'이라고 말했으므로, 정답은 A이다.

男: 你的照片是什么时候照的，看上去跟现在很不一样。 女: 是去年夏天照的，那时很胖，而且是长头发。	남: 너의 사진은 언제 찍은 거니? 지금이랑 너무 달라 보여. 여: 작년 여름에 찍은 거야. 그때는 뚱뚱했고, 게다가 머리카락도 길었어.
问: 照片是什么时候照的? A 去年夏天　　B 今年春天　　C 上个星期	질문: 사진은 언제 찍은 것인가? A 작년 여름　　B 올해 봄　　C 지난주

★照片 zhàopiàn 명 사진 | 照 zhào 통 찍다 | 看上去 kàn shàngqu 보아하니 ~하다 | 跟A一样 gēn A yíyàng A와 같다 | 现在 xiànzài 명 지금 | 去年 qùnián 명 작년 | ★夏天 xiàtiān 명 여름 | 那时 nà shí 그때 | ★胖 pàng 형 뚱뚱하다 | ★而且 érqiě 접 게다가 | 长 cháng 형 (길이가) 길다 | ★头发 tóufa 명 머리카락 | 春天 chūntiān 명 봄 | 上 shàng 형 앞의, 먼저의 | ★星期 xīngqī 명 주

5　B 녹음에서 여자가 남자에게 '생일 선물(礼物)을 줘서 고맙다'며 치마(裙子)에 대해 이야기하고 있으므로 남자가 여자에게 준 선물이 치마임을 알 수 있다. 정답은 B이다.

女: 谢谢你送给我的生日礼物! 这条裙子我太喜欢了。 男: 不客气，祝你生日快乐!	여: 나에게 생일 선물을 줘서 고마워! 이 치마는 내가 너무 마음에 든다. 남: 천만에. 생일 축하해!
问: 男的送什么礼物了? A 包　　B 裙子　　C 裤子	질문: 남자는 무슨 선물을 줬는가? A 가방　　B 치마　　C 바지

谢谢 xièxie 통 고맙습니다 | ★礼物 lǐwù 명 선물 | ★条 tiáo 양 벌 [바지·치마를 세는 단위] | ★裙子 qúnzi 명 치마 | 太 tài 튄 너무, 매우 | 喜欢 xǐhuan 통 좋아하다 | 不客气 bú kèqi 천만에요 | 祝 zhù 통 축하하다 | 快乐 kuàilè 형 즐겁다, 행복하다 | ★包 bāo 명 가방 | ★裤子 kùzi 명 바지

● Day 38   6 C   7 B   8 A   9 B   10 B

track 80

6 C 보기를 통해 색상 관련 문제임을 알 수 있다. 여자가 '노란색(黄色)으로 사는 게 어떨지' 물어보자 남자는 '빨간색(红色)이 더 좋을 것 같다'고 했다. 질문에서 '여자가 무슨 색을 원하는지' 묻고 있으므로 정답은 C이다.

女：我们买一辆车吧。 男：你怎么突然想买车了？ 女：有车会更方便，我们可以买辆五万左右的。买辆黄色的，怎么样？ 男：我觉得红色的更好。	여: 우리 자동차 한 대 사자. 남: 왜 갑자기 자동차가 사고 싶어? 여: 자동차가 있으면 더 편리할 거야. 우리는 5만 위안 내외로 살 수 있어. 노란색으로 사는 게 어때? 남: 내 생각엔 빨간색이 더 좋을 것 같아.
问：女的想买哪种颜色的车？ A 红色　　B 白色　　**C 黄色**	질문: 여자는 어떤 색깔의 자동차를 사고 싶은가? A 빨간색　　B 흰색　　**C 노란색**

买 mǎi 동 사다 | ★辆 liàng 양 대, 량 [차량을 세는 단위] | 车 chē 명 자동차 | 吧 ba 조 ~하자 [상의·제의·청유·기대·명령 등의 어기를 나타냄] | 怎么 zěnme 대 왜, 어째서 | ★突然 tūrán 부 갑자기 | 想 xiǎng 조동 ~하고 싶다 | 会 huì 조동 ~할 것이다 | ★更 gèng 부 더 | ★方便 fāngbiàn 형 편리하다 | 可以 kěyǐ 조동 ~할 수 있다 | ★万 wàn 수 10000, 만 | 左右 zuǒyòu 명 내외, 안팎 | 黄色 huángsè 명 노란색 | 怎么样 zěnmeyàng 대 어떻다 | 觉得 juéde 동 ~라고 생각하다 | 红色 hóngsè 명 빨간색 | 哪 nǎ 대 어느 | ★种 zhǒng 양 종, 종류 | 颜色 yánsè 명 색깔 | 白色 báisè 명 흰색

7 B 여자가 남자에게 '다음 주(下星期)에 바로 귀국하는지' 물어보자 남자는 '다음 주 일요일(下周日) 비행기야'라고 대답했으므로 정답은 B이다.

女：你下星期就回国了？ 男：是的，下周日的机票，已经买好了。 女：回国后你有什么打算？ 男：我有可能先休息。但还没决定呢。	여: 너는 다음 주에 바로 귀국해? 남: 응. 다음 주 일요일 비행기야. 이미 샀어. 여: 귀국 후에 너는 어떤 계획이 있어? 남: 나는 아마 우선 쉴 거야. 하지만 아직 결정된 건 아니야.
问：男的哪天回国？ A 春节后　　**B 下星期日**　　C 半个月后	질문: 남자는 언제 귀국하는가? A 춘절 후　　**B 다음 주 일요일**　　C 보름 후

下 xià 명 다음, 나중 | 星期 xīngqī 명 주 | 就……了 jiù …… le 곧 ~하려 하다 | 回国 huíguó 동 귀국하다 | 周日 zhōurì 명 일요일 | 机票 jīpiào 명 비행기 표 | 已经……了 yǐjīng …… le 이미 ~했다 | 好 hǎo 형 (동사 뒤에 쓰여) 다 잘 ~하다 | 后 hòu 명 뒤, 후 | ★打算 dǎsuàn 명 계획 | 可能 kěnéng 부 아마도 | ★先 xiān 부 우선, 먼저 | 休息 xiūxi 동 쉬다 | 但 dàn 접 하지만, 그러나 | 还没A呢 hái méi A ne 아직 A가 안 됐어 | ★决定 juédìng 동 결정하다 | 哪天 nǎ tiān 언제 | 春节 Chūnjié 고유 춘절 | ★半 bàn 수 절반, 2분의 1 | 星期日 xīngqīrì 명 일요일 | 日 yuè 명 월, 달

8 A 보기를 통해 숫자 관련 문제임을 알 수 있다. 여자가 '기차표(火车票)는 한 장에 얼마인지' 물은 후, '세 장 살 것(要买三张)'이라고 말했으므로 정답은 A이다.

女: 火车票多少钱一张?	여: 기차표는 한 장에 얼마인가요?
男: 一百块。	남: 100위안입니다.
女: 好的，我要买三张。	여: 네. 세 장 살게요.
男: 您要买几点的?	남: 몇 시 표로 드릴까요?

问: 女的要买几张火车票?	질문: 여자는 기차표를 몇 장 사려고 하는가?
A 3张　　B 5张　　C 12张	**A** 3장　　B 5장　　C 12장

火车票 huǒchēpiào 몡 기차표 | **多少** duōshao 때 얼마, 몇 | **钱** qián 몡 돈 | ★**张** zhāng 양 장 [종이나 가죽 등을 세는 단위] | **百** bǎi 㒳 100, 백 | **块** kuài 양 위안 [중국의 화폐 단위] | **要** yào 동 원하다 조동 ~하려고 하다 | **您** nín 때 당신, 선생님 | **点** diǎn 양 시

9　B　대화의 화제를 물어보는 문제이다. 남자는 여자에게 인화(洗) 사진(照片)을 보여 주고, 사진에 대해 이야기하고 있으므로 정답은 B이다.

男: 这是你们参加表演的照片，我选了几张洗出来了。	남: 이건 너희들이 공연에 참가했을 때 사진이야. 내가 몇 장 골라서 인화했어.
女: 是吗? 太好了，我看看。	여: 그래? 너무 잘됐다. 내가 좀 볼게.
男: 照得不错，你们都是一个年级的?	남: 잘 찍었다. 너희들은 모두 한 학년이니?
女: 不是，左边的两个人是二年级的，中间那个人是我们班的。	여: 아니, 왼쪽에 두 사람은 2학년이야. 가운데 그 사람은 우리 반이야.

问: 他们在说什么?	질문: 그들은 무엇에 대해 말하고 있는가?
A 护照　　**B** 照片　　C 练习题	A 여권　　**B** 사진　　C 연습 문제

★**参加** cānjiā 동 참가하다, 참석하다 | **表演** biǎoyǎn 몡 공연, 연기 | ★**照片** zhàopiàn 몡 사진 | **选** xuǎn 동 고르다, 선택하다 | **洗** xǐ 동 인화하다 | **出来** chūlai 동 [동사 뒤에 쓰여 동작이 안에서 바깥으로 향해지는 것을 나타냄] | **太** tài 부 너무, 매우 | **看看** kànkan 좀 살펴보다 | **照** zhào 동 찍다 | **得** de 조 ~하는 정도가 ~하다 | **不错** búcuò 형 좋다 | **都** dōu 부 모두 | ★**年级** niánjí 몡 학년 | ★**左边** zuǒbian 몡 왼쪽 | **两** liǎng 주 2, 둘 | ★**中间** zhōngjiān 몡 중간 | ★**班** bān 몡 반, 학급 | **在** zài 부 ~하고 있는 중(이다) | **说** shuō 동 말하다 | ★**护照** hùzhào 몡 여권 | **练习** liànxí 몡 연습 | **题** tí 몡 문제

10　B　보기를 통해 '가격'을 물어보는 문제임을 유추할 수 있다. 남자가 '바나나(香蕉)는 한 근(一斤)에 얼마인지' 물어보자 여자는 '4.8위안(四块八)'이라고 대답했으므로 정답은 B이다.

男: 香蕉多少钱一斤?	남: 바나나는 한 근에 얼마예요?
女: 四块八。您要多少?	여: 4.8위안이요. 얼마나 필요해요?
男: 给我三斤吧。	남: 세 근 주세요.
女: 好。	여: 네.

问: 香蕉多少钱一斤?	질문: 바나나는 한 근에 얼마인가?
A 4角8分　　**B** 4元8角　　C 3元	A 0.48위안　　**B** 4위안 8마오　　C 3위안

★**香蕉** xiāngjiāo 몡 바나나 | **斤** jīn 양 근, 500g | **给** gěi 동 ~를 주다 | ★**角** jiǎo 양 자오 [0.1위안] | ★**分** fēn 양 편 [0.01위안] | ★**元** yuán 양 위안 [중국의 화폐 단위]

독해 제1부분
01 의문·제안 파악

본서 p.100

● track yuedu 01

● Day 03   1 E   2 A   3 B   4 C   5 D

A 坐出租车要30多分钟吧。 택시를 타면 30분 정도 걸려요.
B 还不能，电脑还是有很多问题。 아직 할 수 없어요. 컴퓨터에 여전히 많은 문제가 있어요.
C 没有，但是我给他打了电话，他说公司同意了我们的要求。
　 아니. 근데 내가 그에게 전화를 했는데, 회사에서 우리의 요구 사항에 동의했다고 그가 말했어.
D 我想去买一本英语词典，你有没有时间？跟我一起去吧。
　 나는 영어 사전을 한 권 사러 가고 싶은데, 너는 시간 있어? 나랑 같이 가자.
E 是的，我是刚才打扫房间的时候发现的，就在椅子下面。
　 응. 방금 방 청소를 할 때 발견했어. 바로 의자 아래에 있었어.

---

1 E [找到 찾아내다 ≒ 发现 발견했다] '손목시계를 찾았니(找到了)'라는 질문에 대한 대답을 찾아야 한다. 청소할 때 발견했다며(发现) 의자 아래에 있다고 말하는 E가 대답으로 가장 적절하다. 의문문이 제시되고, 그에 대한 대답을 찾는 문제가 많이 출제된다.

A: 你的手表找到了？
B: (E 是的，我是刚才打扫房间的时候发现的，就在椅子下面。)

A: 너의 손목시계는 찾았니?
B: (E 응. 방금 방 청소를 할 때 발견했어. 바로 의자 아래에 있었어.)

手表 shǒubiǎo 명 손목시계 | 找 zhǎo 동 찾다 | 到 dào 동 (동사 뒤에 쓰여) ~했다 | ★刚才 gāngcái 명 방금 | ★打扫 dǎsǎo 동 청소하다 | 房间 fángjiān 명 방 | ……的时候 …… de shíhou ~할 때 | ★发现 fāxiàn 동 발견하다 | 就 jiù 부 바로 | 在 zài 동 ~에 있다 | 椅子 yǐzi 명 의자 | 下面 xiàmiàn 명 아래

---

2 A [多 + 형용사? 얼마나 ~하는가?] '얼마나 먼가요(多远)'라고 질문했으므로 '택시를 타면 30분 정도 걸린다 (要30多分钟吧)'는 A가 대답으로 가장 적절하다. 의문문을 먼저 보고, 그 질문에 대한 답을 찾으면 시간을 절약할 수 있다.

A: 火车站离这儿有多远？
B: (A 坐出租车要30多分钟吧。)

A: 기차역은 여기서 얼마나 먼가요?
B: (A 택시를 타면 30분 정도 걸려요.)

火车站 huǒchēzhàn 명 기차역 | 离 lí 개 ~에서 | 多 duō 대 얼마나 주 (수량사 뒤에 쓰여) 정도, 남짓 | 远 yuǎn 형 (거리가) 멀다 | 坐 zuò 동 (교통수단을) 타다 | 出租车 chūzūchē 명 택시 | 要 yào 동 걸리다, 필요하다 | 分钟 fēnzhōng 명 분 | 吧 ba 조 ~하자[상의·제의·청유·기대·명령 등의 어기를 나타냄]

3 **B** [可以 + 동사 + 吗? ~할 수 있나요?]　가능을 묻는 질문 '可以……吗?'에는 가능하면 '可以'로, 불가능하면 '不能' 또는 '不行'으로 대답한다. 제시문의 '인터넷을 하다(上网)'와 보기 D의 '컴퓨터(电脑)'로 서로 관련 있는 대화임을 유추할 수 있다. 따라서 정답은 B이다. 관련 어휘를 함께 외우자!

A: 现在可以上网吗? 　　　~할 수 있나요? B: (B 还不能, 电脑还是有很多问题。) 　　　　　　　　　　　문제가 있다	A: 지금 인터넷을 할 수 있나요? B: (B 아직 할 수 없어요. 컴퓨터에 여전히 많은 문제가 있어요.)

现在 xiànzài 명 지금 | 可以 kěyǐ 조동 ~할 수 있다 | ★上网 shàngwǎng 통 인터넷을 하다 | 还 hái 부 아직, 여전히 | 能 néng 조동 ~할 수 있다 | 电脑 diànnǎo 명 컴퓨터 | ★还是 háishi 부 여전히, 아직 | 问题 wèntí 명 문제

4 **C** [没有 아니다]　'리 사장님을 만났냐(见到)'는 질문에 적절한 답을 찾아야 하므로, '만나지 않았고(没有), 그에게 전화를 했다(给他打了电话)'라고 말한 C가 가장 적절하다.

A: 怎么样? 你上午见到李[Lǐ]经理了吗? 　　　　　　　　만나다 B: (C 没有, 但是我给他打了电话, 他说公司 　　　　　　　　~에게 전화를 하다 　　　同意了我们的要求。) 　　　동의하다　　요구	A: 어때? 너는 오전에 리[李] 사장님을 만났어? B: (C 아니. 근데 내가 그에게 전화를 했는데, 회사에서 우리의 요구 사항에 동의했다고 그가 말했어.)

怎么样 zěnmeyàng 대 어떻다 | 上午 shàngwǔ 명 오전 | 见到 jiàndào 동 만나다, 보다 | 李 Lǐ 고유 리 [성씨] | ★经理 jīnglǐ 명 사장 | 但是 dànshì 접 그러나 | 给 gěi 개 ~에게 | 打电话 dǎ diànhuà 전화하다 | 说 shuō 동 말하다 | 公司 gōngsī 명 회사 | ★同意 tóngyì 동 동의하다 | ★要求 yāoqiú 명 요구

5 **D** [……吧 제안 - 好的 긍정]　'好的'는 제안에 대한 긍정적인 대답이므로, '나랑 같이 가자(跟我一起去吧)'고 제안하는 D가 가장 적절하다.

사러 가다 A: (D 我想去买一本英语词典, 你有没有时间? 　　　　　　　　　　　　정반의문문 　　　跟我一起去吧。) 　　　~와 함께 가다 B: 好的, 你等一会儿, 我换条裤子。 　　　　　잠시 ~하다	A: (D 나는 영어 사전을 한 권 사러 가고 싶은데, 　　　너는 시간 있어? 나랑 같이 가자.) B: 좋아. 좀 기다려. 바지 좀 갈아 입을게.

想 xiǎng 조동 ~하고 싶다 | 买 mǎi 동 사다 | 本 běn 양 권 [책을 세는 단위] | 英语 Yīngyǔ 고유 영어 | ★词典 cídiǎn 명 사전 | 时间 shíjiān 명 시간 | ★跟 gēn 개 ~와 | 一起 yìqǐ 부 같이 | 等 děng 동 기다리다 | ★一会儿 yíhuìr 수량 잠시 | ★换 huàn 동 바꾸다 | ★条 tiáo 양 벌 [바지·치마를 세는 단위] | 裤子 kùzi 명 바지

> **tip** 보기의 답은 한 문제당 한 개씩 들어가므로, 쉬운 문제부터 하나씩 제외시키는 방법으로 문제를 풀면 빠르고 정확하게 정답을 찾을 수 있다.

• Day 04　　6 B　　7 D　　8 A　　9 C　　10 E　　　○ track yuedu 02

A 不太远，就在那条街的前面。 그다지 멀지 않아. 바로 저 길 앞에 있어.
B 冰箱里有啤酒和咖啡，还有果汁，你要哪个？
　냉장고에 맥주와 커피가 있고, 또 과일주스가 있어. 너는 어떤 것을 원하니?
C 把菜单给我，我们喝杯红茶吧。 메뉴판을 나에게 줘. 우리 홍차 한 잔 마시자.
D 这双鞋是新买的？多少钱？ 이 신발은 새로 산 거니? 얼마야?
E 你最喜欢看什么电视节目？ 너는 무슨 TV 프로그램 보는 것을 가장 좋아하니?

6 B [喝的 마실 것 ≒ 啤酒 맥주 / 咖啡 커피 / 果汁 과일주스] '마실 것이 있냐(有什么喝的吗)'는 질문에 대한 대답을 찾아야 한다. '냉장고에 맥주(啤酒)와 커피(咖啡) 등이 있다'고 말하는 B가 정답이다.

A: 外面真热啊，家里有什么喝的吗?
　　　　　　　　　　마실 것
B: (**B** 冰箱里有啤酒和咖啡，还有果汁，你要哪个?)
　　　　　　　　　　　　　　　　　　　　　~를 원하다

A: 밖은 정말 더워. 집에 뭐 마실 것이 있어?
B: (**B** 냉장고에 맥주와 커피가 있고, 또 과일주스가 있어. 너는 어떤 것을 원하니?)

外面 wàimiàn 몡 밖, 바깥 | 真 zhēn 閉 정말 | 热 rè 혱 덥다, 뜨겁다 | ★啊 a 조 [문장 끝에 쓰여 감탄·찬탄을 나타냄] | 喝 hē 동 마시다 | ★冰箱 bīngxiāng 몡 냉장고 | ★啤酒 píjiǔ 몡 맥주 | 和 hé 젭 ~와 | 咖啡 kāfēi 몡 커피 | 还 hái 閉 또, 더 | 果汁 guǒzhī 몡 과일주스 | 要 yào 동 원하다, 바라다

7 D [多少钱 얼마예요? / ……多块 ~위안 정도] '1,000위안 정도야(一千多块)'라고 가격을 말했으므로, 앞에 '얼마야?(多少钱?)'라고 물어보는 D가 정답으로 적절하다.

A: (**D** 这双鞋是新买的? 多少钱?)
　　　　　　　　　　　　얼마야?
B: 1000多块，虽然很贵，但是穿着特别舒服。
　　　　　　비록 ~하지만, 그러나 ~하다

A: (**D** 이 신발은 새로 산 거니? 얼마야?)
B: 1,000위안 정도야. 비싸긴 하지만 신으면 아주 편해.

★双 shuāng 양 짝, 켤레 | 鞋 xié 몡 신발 | 新 xīn 閉 새로이, 갓 | 买 mǎi 동 사다, 구매하다 | 多少 duōshao 대 얼마, 몇 | 钱 qián 몡 돈 | 多 duō 주 (수량사 뒤에 쓰여) 정도, ~쯤, 남짓 | 块 kuài 양 위안 [중국의 화폐 단위] | 虽然A, 但是B suīrán A, dànshì B 비록 A하지만 B하다 | 贵 guì 혱 비싸다 | 穿 chuān 동 (옷·신발 등을) 신다, 입다 | 着 zhe 조 ~하고 있다 | ★特别 tèbié 閉 아주, 특히 | ★舒服 shūfu 혱 편안하다

8 A [离A近 A에서 가깝다 / 近 ≒ 不太远] '여기에서 가깝니?(离这里近吗?)'라고 물었으므로, '그다지 멀지 않다(不太远)'라고 거리에 대한 대답을 하는 A가 정답이다.

58　독해 제1부분

A: 你们上次去的茶馆儿离这里近吗? ~에서 가깝다 B: (**A** 不太远，就在那条街的前面。)	A: 너희가 지난번에 간 찻집은 여기에서 가깝니? B: (**A** 그다지 멀지 않아. 바로 저 길 앞에 있어.)

上次 shàngcì 명 지난번 | **茶馆儿** cháguǎnr 명 찻집 | **离** lí 개 ~에서 | **近** jìn 형 (거리가) 가깝다 | **不太** bú tài 그다지 ~하지 않다 | **远** yuǎn 형 (거리가) 멀다 | **就** jiù 부 바로, 곧 | **在** zài 동 ~에 있다 | ★**条** tiáo 양 [가늘고 긴 것을 세는 단위] | **街** jiē 명 거리 | **前面** qiánmiàn 명 앞

9 C [喝杯红茶吧 홍차 한 잔 마시자 / 好的 좋아] '좋다(好的)'라는 말을 통해 앞에 상의하거나 제안하는 말이 올 것을 예측할 수 있다. '홍차 한 잔 마시자(喝杯红茶吧)'라는 제안에 '목이 좀 말랐는데 좋다'는 긍정의 대답을 할 수 있으므로 정답은 C이다.

A: (**C** 把菜单给我，我们喝杯红茶吧。) ~를 ~에게 주다 B: 好的，我也有点儿渴了。	A: (**C** 메뉴판을 나에게 줘. 우리 홍차 한 잔 마시자.) B: 좋아. 나도 목이 좀 말랐어.

★**把** bǎ 개 [목적어를 술어 앞으로 끌어내어 처치를 나타냄] | **菜单** càidān 명 메뉴판 | **给** gěi 동 ~를 주다 | **杯** bēi 양 잔, 컵 | **红茶** hóngchá 명 홍차 | **吧** ba 조 ~하자 [상의·제의·청유·기대·명령 등의 어기를 나타냄] | **也** yě 부 ~도 | **有点儿** yǒudiǎnr 부 조금, 약간 | ★**渴** kě 형 목마르다

> **tip** 제안, 청유를 파악하자!
> 제안, 청유 표현은 일반적으로 문장 끝에 '吧'를 넣어 '~하자'라고 말한다. 그렇기 때문에 자주 출제되는 수락(好的, 行) 거절(不好, 不用, 不可以) 표현 등을 알아 두면 답을 쉽게 고를 수 있다.

10 E [喜欢看…… ~보는 것을 좋아하다] '스포츠 경기(体育比赛)나 뉴스(新闻) 보는 것을 좋아한다(喜欢看)'고 대답하였으므로, '무엇을 보는 것을 좋아하니?(喜欢看什么?)'로 물어본 E가 정답이다.

A: (**E** 你最喜欢看什么电视节目?) B: 我最喜欢看体育比赛或者新闻。	A: (**E** 너는 무슨 TV 프로그램 보는 것을 가장 좋아하니?) B: 나는 스포츠 경기나 뉴스 보는 것을 가장 좋아해.

最 zuì 부 가장, 제일 | **喜欢** xǐhuan 동 좋아하다 | **看** kàn 동 보다 | **电视** diànshì 명 TV, 텔레비전 | ★**节目** jiémù 명 프로그램 | ★**体育** tǐyù 명 스포츠, 체육 | **比赛** bǐsài 명 경기, 시합 | ★**或者** huòzhě 접 ~거나 또는 ~다 | ★**新闻** xīnwén 명 뉴스

> **tip** 순서대로 문제를 풀지 않아도 된다!
> 독해 제1부분은 누구나 어려워하는 부분이다. 문제가 잘 안 풀린다면, 시험은 시간 싸움이므로 독해 제2·3부분을 먼저 푸는 것도 방법이다.

독해 제1부분 02 핵심 어휘 파악

본서 pp.106~107

● track yuedu 03

● Day 06   1 B   2 C   3 E   4 A   5 D

A 是啊，北方的冬天是很冷。 네, 북방의 겨울은 춥네요.
B 不知道，我正想查词典呢，查完后我告诉你。
  모르겠어. 나는 마침 사전을 찾으려던 중이었어. 찾고 나면 너에게 알려 줄게.
C 给四年级学生上体育课。 4학년 학생들에게 체육 수업을 한다.
D 妈妈，我们晚饭吃什么？ 엄마, 우리 저녁밥 뭐 먹어요?
E 这是我送您的花，您看一下喜欢不喜欢？ 이건 제가 드리는 꽃이에요. 한번 보세요. 마음에 드세요?

1 B [**字怎么读?** 글자를 어떻게 읽나요? / **查词典** 사전을 찾다] '칠판의 글자는 어떻게 읽냐(怎么读)'는 질문에는 어떻게 읽는지 정답을 알려 주거나 모른다고 대답하는 문장이 와야 한다. 그러므로 '모른다(不知道)'로 시작하는 B가 정답이다.

| A: 黑板上这个字怎么读？是"太阳"的"阳"吗？ | A: 칠판의 이 글자는 어떻게 읽는 거니? '태양'의 '양'이니? |
| B: (B 不知道，我正想查词典呢，查完后我告诉你。) 마침 ~하는 중이다 | B: (B 모르겠어. 나는 마침 사전을 찾으려던 중이었어. 찾고 나면 너에게 알려 줄게.) |

★ **黑板** hēibǎn 몡 칠판 | **字** zì 몡 글자 | **怎么** zěnme 때 어떻게 | **读** dú 동 읽다 | ★ **太阳** tàiyáng 몡 태양 | **知道** zhīdào 동 알다, 이해하다 | **正** zhèng 부 마침 | **想** xiǎng 조동 ~하려고 하다 | **查** chá 동 찾아보다, 조사하다 | ★ **词典** cídiǎn 몡 사전 | **呢** ne 조 [동작의 지속을 나타냄] | **完** wán 동 (동사 뒤에 보어로 쓰여) 다하다, 끝내다 | **后** hòu 몡 후, 뒤 | **告诉** gàosu 동 알리다

2 C [**老师** 선생님 / **上课** 수업을 하다] '그녀는 우리 학교의 선생님(老师)'이라는 문장 뒤에 선생님에 대한 부가 설명이 나올 것을 예상할 수 있으므로, '4학년 학생들에게 체육 수업을 한다(上体育课)'는 C가 정답이다.

| 她是我们学校的老师。(C 给四年级学生上体育课。) ~에게 수업을 하다 | 그녀는 우리 학교의 선생님이다. (C 4학년 학생들에게 체육 수업을 한다.) |

学校 xuéxiào 몡 학교 | **老师** lǎoshī 몡 선생님 | **给** gěi 개 ~에게 | ★ **年级** niánjí 몡 학년 | **学生** xuésheng 몡 학생 | **上课** shàngkè 동 수업을 하다 | ★ **体育** tǐyù 몡 체육

3 E [**节日** 기념일 / **送 + A(사람) + B(물건)** A에게 B를 주다] 할머니께 '기념일을 축하 드린다(祝您节日快乐)'고 한 뒤에 이어질 말로, '이건 제가 드리는 꽃이에요(这是我送您的花)'가 적절하다. 또한 존칭 표현 '您'을 통해 앞뒤 문장의 대상이 같음을 알 수 있으므로 정답은 E이다.

60 독해 제1부분

| 奶奶, 祝您节日快乐! （E 这是我送您的花, 您看一下喜欢不喜欢？） | 할머니, 기념일 축하 드려요! （E 이건 제가 드리는 꽃이에요. 한번 보세요. 마음에 드세요?） |

★奶奶 nǎinai 명 할머니 | 祝 zhù 동 축하하다 | 您 nín 대 당신 | ★节日 jiérì 명 기념일, 명절 | 快乐 kuàilè 형 즐겁다, 행복하다 | 送 sòng 동 주다, 선물하다 | ★花 huā 명 꽃 | 看 kàn 동 보다 | 一下 yíxià 수량 (동사 뒤에 쓰여) 좀 ~하다 | 喜欢 xǐhuan 동 좋아하다

4 A [天气 날씨 / 冬天 겨울 / 冷 춥다] '날씨(天气)에 적응이 안 되냐'고 물었으므로, 긍정의 대답(是)에 이어 '춥다(冷)'고 한 A가 정답이다.

| A: 王[Wáng]先生，您不习惯我们这儿的天气吧？ =北方
B: （A 是啊，北方的冬天是很冷。） | A: 왕[王] 선생님, 선생님은 이곳 날씨에 적응이 안 되시죠?
B: (A 네, 북방의 겨울은 춥네요.) |

王 Wáng 고유 왕 [성씨] | 先生 xiānsheng 명 (성인 남자) 선생님, 씨 | ★习惯 xíguàn 동 적응하다, 익숙해지다 | 天气 tiānqì 명 날씨 | 吧 ba 조 ~지? [가늠·추측의 어기를 나타냄] | ★啊 a [문장 끝에 쓰여 긍정을 나타냄] | ★北方 běifāng 명 북방, 북쪽 | 冬天 dōngtiān 명 겨울 | 冷 lěng 형 춥다

5 D [吃什么? 무엇을 먹는가? / 面包 빵] '슈퍼마켓에 가서 빵(面包)을 사 오라'는 답에 알맞은 질문은 '저녁밥으로 무엇을 먹냐(吃什么)'고 한 D가 정답이다.

| A: （D 妈妈，我们晚饭吃什么？）
B: 我今天太累了，你去超市买面包吧。 | A: （D 엄마, 우리 저녁밥 뭐 먹어요?）
B: 내가 오늘 너무 피곤한데, 네가 슈퍼마켓에 가서 빵 좀 사 와. |

晚饭 wǎnfàn 명 저녁밥 | 今天 jīntiān 명 오늘 | 太 tài 부 너무, 매우 | 累 lèi 형 피곤하다, 지치다 | ★超市 chāoshì 명 슈퍼마켓 | 买 mǎi 동 사다 | ★面包 miànbāo 명 빵 | 吧 ba 조 ~하자 [상의·제의·청유·기대·명령 등의 어기를 나타냄]

○ track yuedu 04

● Day 21   6 B   7 D   8 C   9 E   10 A

A 如果您喜欢它，可以穿上看一下，一定特别漂亮。
  만약 그게 맘에 드신다면, 입어 보실 수 있어요. 분명히 아주 예쁠 거예요.
B 我刚才在电梯里遇到李经理了。 나는 방금 엘리베이터 안에서 리[李] 사장님을 만났어.
C 你穿这条裙子会不会有点儿冷？ 너는 이 치마를 입으면 좀 춥지 않을까?
D 我觉得这家宾馆很不错，你呢？ 나는 이 호텔이 정말 괜찮다고 생각해. 너는?
E 有啊，冰箱里还有很多葡萄和香蕉呢。 있어. 냉장고 안에 아직 포도와 바나나가 많아.

6 B [李经理 리 사장님 / 公司 회사 / 会议室 회의실] 뒤 문장이 인칭대사인 '그녀(她)'로 시작하고 있으므로 앞 문장에 특정 인물이 나올 것임을 예측할 수 있다. 회의를 한다고 알려 주라고 한 사람은 '엘리베이터에서 만난 사장님(经理)'이다. 정답은 B이다.

(**B 我刚才在电梯里遇到李[Lǐ]经理了。**) 她让我告诉你，上午十点在公司会议室开会。 　　　　　　　　　　　　　　　　~에서	(**B 나는 방금 엘리베이터 안에서 리[李] 사장님을 만났어.**) 그녀가 나에게 오전 10시에 회사 회의실에서 회의를 한다고 너에게 알려 주라고 했어.

★ **刚才** gāngcái 명 방금 | **在** zài 개 ~에서 | ★ **电梯** diàntī 명 엘리베이터 | ★ **遇到** yùdào 동 만나다, 맞닥뜨리다 | **李** Lǐ 고유 리 [성씨] | ★ **经理** jīnglǐ 명 사장 | **让** ràng 동 ~하게 하다 | **告诉** gàosu 동 알리다, 말하다 | **上午** shàngwǔ 명 오전 | **点** diǎn 양 시 | **公司** gōngsī 명 회사 | **会议室** huìyìshì 명 회의실 | **开会** kāihuì 동 회의를 하다

7 D [宾馆 호텔 – 房间 방 / 住 묵다, 숙박하다] '이곳에서 머물자(住这里)'라는 말을 통해, 숙박 업체에 관한 대화임을 알 수 있다. '방이 깨끗하고 인터넷도 할 수 있다'고 긍정적으로 말하고 있으므로, '이 호텔(宾馆)은 괜찮은데 너는 어때?'라고 묻는 D가 정답이다. 일상생활과 관련된 상황이 자주 등장하므로 관련 어휘를 외워 두자!

A: (**D 我觉得这家宾馆很不错，你呢？**) B: 房间挺干净的，还可以上网，那我们先住这里吧。 　　　　아주 ~하다	A: (**D 나는 이 호텔이 정말 괜찮다고 생각해. 너는?**) B: 방이 아주 깨끗해. 그리고 인터넷도 할 수 있어. 그러면 우리 우선 이곳에서 머물자.

觉得 juéde 동 ~라고 생각하다 | **家** jiā 양 [집·점포 등을 세는 단위] | **宾馆** bīnguǎn 명 호텔 | **不错** búcuò 형 좋다 | **房间** fángjiān 명 방 | **挺** tǐng 부 매우, 아주 | ★ **干净** gānjìng 형 깨끗하다, 청결하다 | **还** hái 부 게다가, 또 | **可以** kěyǐ 조동 ~할 수 있다 | ★ **上网** shàngwǎng 동 인터넷을 하다 | **那** nà 접 그러면 | ★ **先** xiān 부 우선, 먼저 | **住** zhù 동 머물다 | **吧** ba 조 ~하자 [상의·제의·청유·기대·명령 등의 어기를 나타냄]

8 C [穿 + A(사물) A를 입다] '그럼 바지를 입는 게 좋겠다(那我穿裤子好了)'고 대답하였으므로 '이 치마 입으면(穿这条裙子) 좀 춥지 않을까'라고 질문한 C가 정답이다.

A: (**C 你穿这条裙子会不会有点儿冷？**) 　　　　　　　　　　　　조금 ~하다 B: 是吗？那我穿裤子好了。	A: (**C 너는 이 치마를 입으면 좀 춥지 않을까?**) B: 그래? 그럼 바지를 입는 게 좋겠어.

穿 chuān 동 (옷·신발 등을) 입다, 신다 | ★ **条** tiáo 양 벌 [바지·치마를 세는 단위] | ★ **裙子** qúnzi 명 치마 | **会** huì 조동 ~할 것이다 | **有点儿** yǒudiǎnr 부 조금, 약간 | **冷** lěng 형 춥다, 차다 | ★ **裤子** kùzi 명 바지

9 E [水果 과일 ≒ 葡萄 포도 / 香蕉 바나나] '과일(水果)이 있는지 없는지'를 질문하였으므로, '냉장고 안에 포도와 바나나가 있다(有啊)'고 말하는 E가 정답이다.

A: 爷爷，家里是不是没有水果了？
　　　　　　　정반의문문
B: (**E 有啊，冰箱里还有很多葡萄和香蕉呢。**)

A: 할아버지, 집에 과일이 없지 않아요?
B: (**E 있어. 냉장고 안에 아직 포도와 바나나가 많이 있어.**)

★**爷爷** yéye 명 할아버지 | **水果** shuǐguǒ 명 과일 | ★**啊** a 조 [문장 끝에 쓰여 긍정을 나타냄] | ★**冰箱** bīngxiāng 명 냉장고 | **还** hái 부 아직 | **葡萄** pútáo 명 포도 | **和** hé 접 ~와 | ★**香蕉** xiāngjiāo 명 바나나 | **呢** ne 조 [동작의 지속을 나타냄]

10 A [**这条裙子** 이 치마 / **穿** 입다] 치마(裙子)에 대해 이야기하고 있으므로 '입어 볼 수 있다(可以穿上看一下)'고 한 A가 정답이다.

这条裙子卖得非常好，而且才100块。(A 如果您喜欢它，可以穿上看一下，一定特别漂亮。)
　　　　　　　　　　　　　　　　　　　(좀)~하다

이 치마는 매우 잘 팔리고 게다가 겨우 100위안이에요. (**A** 만약 그게 맘에 드신다면, 입어 보실 수 있어요. 분명히 아주 예쁠 거예요.)

卖 mài 동 팔다, 판매하다 | **得** de 조 ~하는 정도가 ~하다 | **非常** fēicháng 부 매우, 대단히 | ★**而且** érqiě 접 게다가 | ★**才** cái 부 겨우 | **块** kuài 양 위안[중국의 화폐 단위] | ★**如果** rúguǒ 접 만약 | **您** nín 대 당신, 선생님 | **喜欢** xǐhuan 동 좋아하다 | **它** tā 대 그것 | **看** kàn 동 보다 | **一下** yíxià 수량 (동사 뒤에 쓰여) 좀 ~하다 | ★**一定** yídìng 부 분명히, 반드시 | ★**特别** tèbié 부 아주, 특히 | **漂亮** piàoliang 형 예쁘다

○ **track yuedu 05**

● **Day 22**　　11 **D**　　12 **B**　　13 **E**　　14 **A**　　15 **C**

A 我感冒了，而且有点儿发烧。 나는 감기에 걸렸어. 게다가 열이 조금 나.
B 可能要下雨了，下次再去吧。 아마 곧 비가 올 것 같아. 다음번에 다시 가자.
C 你听说过《七个小矮人》的故事吗？ 너는 「일곱 난쟁이」 이야기를 들어 본 적이 있니?
D 怎么现在还是开着的？ 어떻게 지금까지도 켜져 있지?
E 我今天饿坏了，还有什么吃的吗？ 나는 오늘 너무 배가 고픈데, 뭐 먹을 것이 있어요?

11 D [**关** 끄다, 닫다 ↔ **开** 켜다, 열다] 불을 '껐다(关了)'고 기억하는데 어떻게 '불이 켜져 있는지(开着)' 궁금해하는 내용으로 연결되는 것이 자연스러우므로 정답은 D이다. 반의어가 핵심 어휘를 파악하는 문제의 힌트가 될 수 있음을 기억하자!

我记得我离开公司的时候把灯关了啊。(D 怎么现在还是开着的？)
　　　　　　　　　　　　　　　　　　　　　　　켜져 있다

나는 내가 회사에서 떠날 때 불을 끈 걸로 기억해. (**D** 어떻게 지금까지도 켜져 있지?)

★**记得** jìde 동 기억하고 있다 | ★**离开** líkāi 동 떠나다 | **公司** gōngsī 명 회사 | **……的时候** …… de shíhou ~할 때 | ★**把** bǎ 개 [목적어를 술어 앞으로 끌어내어 처치를 나타냄] | **灯** dēng 명 등 | ★**关** guān 동 끄다, 닫다 | ★**啊** a 조 [문장 끝에 쓰여 긍정을 나타냄] | **怎么** zěnme 대 어떻게, 왜 | **现在** xiànzài 명 지금 | ★**还是** háishi 부 ~까지도, 여전히 | **开** kāi 동 켜다, 열다 | **着** zhe 조 ~하고 있다

12 B [阴天 흐린 날 ≒ 下雨 비가 오다] '왜 갑자기 날이 흐려졌지(怎么突然就阴天了)'라는 문장을 통해 날씨에 대한 대답을 예측할 수 있으므로, 보기의 B '아마 곧 비가 올 것 같아(可能要下雨了)'가 제시된 문장 다음에 올 말로 가장 적절하다. 날씨와 관련된 문제는 자주 출제되므로, 관련 어휘를 외워 두자!

A: 怎么突然就阴天了？我们还能去爬山吗？	A: 왜 갑자기 날이 흐려졌지? 우리 여전히 등산 갈 수 있을까?
B: (B 可能要下雨了，下次再去吧。)	B: (B 아마 곧 비가 올 것 같아. 다음번에 다시 가자.)

怎么 zěnme 대 왜, 어떻게 | ★突然 tūrán 부 갑자기, 문득 | 就 jiù 부 바로, 즉시 | 阴天 yīntiān 명 흐린 날 | 还 hái 부 여전히, 그래도 | 能 néng 조동 ~할 수 있다 | ★爬山 páshān 동 등산하다 | 可能 kěnéng 부 아마도 (~일지도 모른다) | 要 yào 조동 ~하려고 하다 | 下雨 xiàyǔ 동 비가 내리다 | 下次 xiàcì 명 다음번 | 再 zài 부 다시 | 吧 ba 조 ~하자 [상의·제의·청유·기대·명령 등의 어기를 나타냄]

13 E [吃的 먹을 것 ≒ 苹果 사과 / 面条儿 국수] '사과(苹果)를 먹으라'고 하고, '국수(面条儿)를 만들어 주겠다'고도 했으므로 '먹을 것(吃的)이 있냐'는 질문이 가장 적절하다. 정답은 E다.

A: (E 我今天饿坏了，还有什么吃的吗？)	A: (E 나는 오늘 너무 배가 고픈데, 뭐 먹을 것이 있어요?)
B: 你先吃个苹果，我给你做碗面条儿。	B: 너 우선 사과를 먹어, 내가 너한테 국수 한 그릇 만들어 줄게.

今天 jīntiān 명 오늘 | 饿 è 형 배고프다 | ★坏 huài 형 몹시, ~해 죽겠다 | 还 hái 부 더, 또 | ★先 xiān 부 우선, 먼저 | 苹果 píngguǒ 명 사과 | 给 gěi 개 ~에게 | 做 zuò 동 만들다 | ★碗 wǎn 양 [그릇, 공기 등을 세는 단위] | 面条儿 miàntiáor 명 국수

14 A [感冒 감기에 걸리다 / 发烧 열이 나다 – 休息 쉬다] 보기 중 '집에서 잘 쉬어(在家好好儿休息吧)'라는 말과 어울리는 내용은 '감기에 걸렸다(感冒)'는 A이다.

A: (A 我感冒了，而且有点儿发烧。)	A: (A 나는 감기에 걸렸어. 게다가 열이 조금 나.)
B: 那你在家好好儿休息吧。	B: 그러면 집에서 잘 쉬어.

★感冒 gǎnmào 동 감기에 걸리다 | ★而且 érqiě 접 뿐만 아니라, 게다가 | 有点儿 yǒudiǎnr 부 조금, 약간 | ★发烧 fāshāo 동 열이 나다 | 那 nà 접 그러면 | 在 zài 개 ~에서 | 好好儿 hǎohāor 부 잘 | 休息 xiūxi 동 쉬다, 휴식하다

15 C [故事 이야기 / 讲 이야기하다] '어렸을 때 할아버지께서 나에게 이야기해 주신 적(讲过)이 있다'는 말을 통해, 앞에 이야기(故事)에 대한 내용이 나올 것을 예측할 수 있으므로, '「일곱 난쟁이」이야기를 들어 본 적(听说过)이 있냐'고 묻는 C가 정답이다.

A: (C 你听说过《七个小矮人》的故事吗？)	A: (C 너는 「일곱 난쟁이」이야기를 들어 본 적이 있니?)
B: 小时候爷爷给我讲过，非常有名。	B: 어렸을 때 할아버지께서 나에게 이야기해 주신 적 있어. 매우 유명하지.

听说 tīngshuō 통 듣자 하니 | **过** guo 조 ~한 적이 있다 | **小矮人** xiǎo'ǎirén 명 난쟁이 | ★**故事** gùshi 명 이야기 | **小时候** xiǎoshíhou 어렸을 때 | ★**爷爷** yéye 명 할아버지 | ★**讲** jiǎng 통 이야기하다, 말하다 | **非常** fēicháng 부 매우 | ★**有名** yǒumíng 형 유명하다

독해 제1부분 03 의미 관계 파악

본서 pp.113~114

○ track yuedu 06

● Day 24   1 E   2 A   3 B   4 D   5 C

A 我们昨天已经见过面了。 우리는 어제 이미 만났어요.
B 医生说哥哥不能多吃甜的。 의사가 형은 단것을 많이 먹으면 안 된다고 말했어.
C 今天的考试要带铅笔。 오늘 시험에는 연필을 가져가야 해.
D 没关系，我觉得你这样很可爱。最重要的是健康。
  괜찮아. 나는 네가 이렇게 귀엽다고 생각해. 가장 중요한 건 건강이야.
E 我记得以前那儿都是一些矮房子，没有这么多高楼。
  나는 예전에 그곳은 모두 층이 낮은 집이었던 걸로 기억해. 이렇게 많은 고층 빌딩은 없었어.

1 E [**城市变化大** 도시 변화가 크다 → **以前没有高楼** 예전에는 고층빌딩이 없었다] '그 도시는 변화가 정말 크다(那个城市变化真大啊)'는 말 뒤에는 예전에 그곳이 어떤 모습이었는지 알려 주는 말이 적절하므로 정답은 E이다.

A: 那个城市变化**真**大**啊**!	A: 그 도시는 변화가 정말 크구나!
정말 ~하구나	B: (**E** 나는 예전에 그곳은 모두 층이 낮은 집이었던 걸로 기억해. 이렇게 많은 고층 빌딩은 없었어.)
B: (**E** 我记得以前**那儿**都是一些矮房子，没有这么多高楼。)	
=那个城市	

★**城市** chéngshì 명 도시 | ★**变化** biànhuà 명 변화 | **真** zhēn 부 정말 | ★**啊** a 조 [문장 끝에 쓰여 감탄·찬탄을 나타냄] | ★**记得** jìde 동 기억하고 있다 | ★**以前** yǐqián 명 예전, 이전 | **都** dōu 부 모두 | **一些** yìxiē 수량 조금, 약간 | ★**矮** ǎi 형 (높이가) 낮다 | **房子** fángzi 명 집, 건물 | **这么** zhème 대 이렇게 | **高楼** gāolóu 명 고층 건물, 빌딩

> **tip** 중국어에서 '대사'는 바로 앞에서 언급한 사람, 사물, 장소를 대신해서 쓸 수 있으므로 대사가 있으면 앞에 어떤 명사가 있는지 빠르게 파악하는 것이 중요하다.

2 **A** [给A介绍 A에게 소개를 하다] 동료 샤오리[小李]와 이모를 서로 소개시켜 주는(介绍) 말 뒤에 올 내용으로 보기 중 가장 적절한 것은 '우리는 이미 만난 적이 있다'는 A이다.

A: 我给你介绍一下，这是我的同事小李[Xiǎo lǐ]，这是我阿姨。 B: (**A** 我们昨天已经见过面了。)	A: 내가 당신에게 소개해 드릴게요. 이쪽은 제 동료 샤오리[小李]이고, 이쪽은 제 이모예요. B: (**A** 우리는 어제 이미 만났어요.)

给 gěi 개 ~에게 | 介绍 jièshào 동 소개하다 | 一下 yíxià 수량 (동사 뒤에 쓰여) 좀 ~하다 | ★ 同事 tóngshì 명 동료 | ★ 阿姨 āyí 명 이모, 아주머니 | 昨天 zuótiān 명 어제 | 已经……了 yǐjīng …… le 이미 ~했다 | ★ 见面 jiànmiàn 동 만나다 | 过 guo 조 ~한 적이 있다

3 **B** [多 많게 ↔ 少 적게] '그럼 설탕(糖)을 조금 넣자'는 말 앞에 올 내용으로 적절할 것은 '의사가 단것을 많이 먹으면 안 된다고 말했다'는 B이다.

A: (**B** 医生说哥哥不能多吃甜的。) B: 我差点儿忘了，那就少放点儿糖。	A: (**B** 의사가 형은 단것을 많이 먹으면 안 된다고 말했어.) B: 내가 하마터면 잊을 뻔했어. 그럼 설탕을 조금 넣자.

医生 yīshēng 명 의사 | 说 shuō 동 말하다 | 哥哥 gēge 명 형, 오빠 | 不能 bùnéng ~해서는 안 된다 | ★ 甜 tián 형 달다 | 差点儿 chàdiǎnr 부 하마터면, 간신히 | 忘 wàng 동 잊다 | 那 nà 접 그러면 | 就 jiù 부 바로, 즉시 | 少 shǎo 형 적다 | ★ 放 fàng 동 넣다 | 点儿 diǎnr 수량 좀, 약간 | 糖 táng 명 설탕

4 **D** [又胖了 또 살쪘다] '살이 쪘다(又胖了)'고 걱정하는 말에 대한 대답으로 가장 적절한 것은 '귀엽다(很可爱)'는 말과 함께 '건강이 가장 중요하다'고 말하고 있는 D이다.

A: 怎么办？我又胖了三公斤。 B: (**D** 没关系，我觉得你这样很可爱。最重要的是健康。)	A: 어떡하지? 나 또 3kg 쪘어. B: (**D** 괜찮아. 나는 네가 이렇게 귀엽다고 생각해. 가장 중요한 건 건강이야.)

怎么办 zěnme bàn 어쩌나, 어쩌지 | ★ 又 yòu 부 또, 다시 | ★ 胖 pàng 형 뚱뚱하다 | 公斤 gōngjīn 양 킬로그램(kg) | 没关系 méi guānxi 괜찮다 | 觉得 juéde 동 ~라고 생각하다 | 这样 zhèyàng 대 이렇다, 이렇게 | ★ 可爱 kě'ài 형 귀엽다 | 最 zuì 부 가장, 제일 | ★ 重要 zhòngyào 형 중요하다 | ★ 健康 jiànkāng 형 건강하다

5 **C** [要带铅笔 연필을 가져가야 한다 / 已经准备好了 이미 잘 준비하다] '이미 잘 준비했다(已经准备好了)'는 것으로 보아 챙겨야 할 것이 있음을 파악할 수 있다. 제시된 보기 중 '챙기다, 가져가다'의 의미를 포함하고 있는 것은 '오늘 시험에는 연필을 가져가야 한다(今天的考试要带铅笔)'는 C이다.

A: (C 今天的考试要带铅笔。)

B: 别担心，我昨晚就已经准备好了。
　　　　　　　　　　이미 ~했다

A: (C 오늘 시험에는 연필을 가져가야 해.)

B: 걱정하지 마. 나는 어제저녁에 이미 잘 준비해 뒀어.

今天 jīntiān 명 오늘 | 考试 kǎoshì 명 시험 | 要 yào 조동 ~해야 한다 | ★带 dài 동 가지다, 챙기다 | 铅笔 qiānbǐ 명 연필 | 别 bié 부 ~하지 마라 | ★担心 dānxīn 동 걱정하다 | 昨晚 zuówǎn 명 어제저녁 | 准备 zhǔnbèi 동 준비하다 | 好 hǎo 형 (동사 뒤에 결과보어로 쓰여) 다 잘 ~하다

● track yuedu 07

● Day 25　　6 C　　7 A　　8 B　　9 D　　10 E

A 跟朋友借钱后，你一定要按时还给他。 친구에게 돈을 빌린 후에, 너는 반드시 제때 그에게 갚아야 해.

B 你很了解她吗？这么快就跟她结婚了！ 너는 그녀를 잘 아니? 이렇게 빨리 그녀와 결혼하다니!

C 我们是去爬山，不是搬家，还是少拿一点儿吧。
   우리는 등산을 가는 거지, 이사를 하는 게 아니야. 조금만 가져가는 게 낫겠어.

D 爸爸教了我好几次。 아버지가 나에게 여러 번 가르쳐 주셨어.

E 她这么快就把这些数学题做完了？ 그녀는 이렇게 빨리 이 수학 문제를 다 풀었어?

6 **C** [还需要带什么 또 뭐를 가져가야 하지? → 还是少拿一点儿吧 조금만 가져가는 게 낫겠어] '또 뭐를 가져가야 하냐(还需要带什么?)'는 질문에 대한 대답으로 보기 중 가장 어울리는 것은 '조금 가져가는 게 낫겠다(还是少拿一点儿吧)'는 C이다. 빵과 물을 준비한 것으로 보아 보기 중 C의 '등산하다(爬山)'가 가장 관련이 있다.

A: 面包和水都准备好了，还需要带什么?
　　　　　　　　　　　잘 ~하다

B: (C 我们是去爬山，不是搬家，还是少拿一
　　　　　　　　　　　　　　　　조금 ~하다
　　点儿吧。) ~하는 편이 낫다

A: 빵과 물 모두 다 준비했어. 또 뭐를 가져가야 하지?

B: (C 우리는 등산 가는 거지, 이사를 하는 게 아니야. 조금만 가져가는 게 낫겠어.)

★面包 miànbāo 명 빵 | 和 hé 접 ~와 | 都 dōu 부 모두 | 准备 zhǔnbèi 동 준비하다 | 好 hǎo 형 (동사 뒤에 결과보어로 쓰여) 다 잘 ~하다 | 还 hái 부 또, 더 | ★需要 xūyào 동 필요하다 | 带 dài 동 가지다, 챙기다 | ★爬山 páshān 동 등산하다 | 搬家 bānjiā 동 이사하다 | ★还是……吧 háishi…… ba ~하는 편이 낫다 | 少 shǎo 형 적다 | ★拿 ná 동 (손으로) 가지다, 쥐다 | 一点儿 yìdiǎnr 수량 좀, 약간

7 **A** [借 빌리다 / 还 돌려주다] '빌리다(借), 돌려주다(还)' 두 단어들과 보기 중 문맥상 가장 어울리는 표현은 돈을 빌리고 갚는 내용이 있는 A가 가장 적합하다.

A: (A 跟朋友借钱后，你一定要按时还给他。)
　　~에게 ~를 빌리다

B: 对啊! 中国有这样一句话叫"有借有还，
　　再借不难"。

A: (A 친구에게 돈을 빌린 후에, 너는 반드시 제때 그에게 갚아야 해.)

B: 맞아! 중국에는 '빌렸다가 잘 돌려주면 다시 빌리는 것은 어렵지 않다'라는 말이 있어.

★跟 gēn 깨 ~에게 | 朋友 péngyou 명 친구 | ★借 jiè 동 빌리다 | 钱 qián 명 돈 | 后 hòu 명 뒤, 후 | 一定 yídìng 부 반드시 | 要 yào 조동 ~해야 한다 | 按时 ànshí 부 제때에 | ★还 huán 동 갚다 | 给 gěi 깨 ~에게 | 对 duì 형 옳다, 맞다 | ★啊 a [문장 끝에 쓰여 긍정을 나타냄] | 中国 Zhōngguó 고유 중국 | 这样 zhèyàng 대 이러한, 이와 같은 | 句 jù 양 마디, 편 [언어, 시문을 세는 단위] | 话 huà 명 말 | 再 zài 부 다시, 더 | ★难 nán 형 어렵다

8 B [跟A结婚 A와 결혼하다] '처음 봤을 때 좋아하게 되었다(喜欢上她了)'는 대답과 가장 잘 어울리는 말은 '이렇게 빨리 결혼하다니'라고 하는 B이다.

| A: (B 你很了解她吗? 这么快就跟她结婚了!)
잘 알다 ~와 결혼하다
B: 第一次见面时我就喜欢上她了。
~하기 시작하다 | A: (B 너는 그녀를 잘 아니? 이렇게 빨리 그녀와 결혼하다니!)
B: 처음 봤을 때 나는 그녀를 좋아하게 되었어. |

★了解 liǎojiě 동 이해하다, 알다 | 这么 zhème 대 이렇게 | 快 kuài 부 빨리, 급히 | 就 jiù 부 곧, 바로 | ★跟 gēn 깨 ~와 | ★结婚 jiéhūn 동 결혼하다 | 第一次 dì yī cì 명 처음 | ★见面 jiànmiàn 동 만나다 | 时 shí 명 때 | 喜欢 xǐhuan 동 좋아하다 | 上 shàng 동 ~하기 시작하다

9 D [水平提高 수준이 향상되다 / 教 가르치다] '수준이 향상되다(水平提高)'라는 표현에 대한 가장 적절한 대답은 '아버지가 나에게 여러 번 가르쳐 주셨다(爸爸教了我好几次)'고 하는 D이다.

| A: 最近你的游泳水平提高得真快啊。
수준이 향상되다
B: (D 爸爸教了我好几次。)
여러 번 가르치다 | A: 요즘 너의 수영 수준이 정말 빠르게 향상되는구나.
B: (D 아버지가 나에게 여러 번 가르쳐 주셨어.) |

★最近 zuìjìn 명 요즘, 최근 | 游泳 yóuyǒng 명 수영 | ★水平 shuǐpíng 명 수준 | ★提高 tígāo 동 향상시키다, 높이다 | 得 de 조 ~하는 정도로 ~하다 | 真 zhēn 부 정말 | 快 kuài 형 빠르다 | ★教 jiāo 동 가르치다 | 好几 hǎojǐ 수 여러, 몇 [양사 또는 시량사 앞에 쓰여 많거나 오래되었음을 나타냄]

10 E [这么快就把数学题做完了? 이렇게 빨리 수학 문제를 다 풀었어? → 聪明 똑똑하다] '모두들 그녀가 똑똑하다(聪明)고 생각한다'는 말과 가장 어울리는 내용은 '빨리 수학 문제(数学题)를 풀었다'는 E이다.

| A: (E 她这么快就把这些数学题做完了?)
수학 문제
B: 是啊, 大家都觉得她很聪明。她是我们班最聪明的学生。 | A: (E 그녀는 이렇게 빨리 이 수학 문제를 다 풀었어?)
B: 응. 모두들 그녀가 똑똑하다고 생각해. 그녀는 우리 반에서 가장 똑똑한 학생이야. |

★把 bǎ 깨 [목적어를 술어 앞으로 끌어내어 처치를 나타냄] | 数学题 shùxué tí 명 수학 문제 | 做 zuò 동 (문제를) 풀다 | 完 wán 동 (동사 뒤에 보어로 쓰여) 다하다, 끝내다 | 大家 dàjiā 대 모두 | 觉得 juéde 동 ~라고 생각하다 | ★聪明 cōngming 형 똑똑하다 | ★班 bān 명 반 | 最 zuì 부 가장, 제일 | 学生 xuésheng 명 학생

● track yuedu 08

● Day 26　　11 B　　12 A　　13 C　　14 E　　15 D

A 他们非常认真、努力地练习了很久。 그들은 매우 성실하고, 오랜 시간 열심히 연습했어.
B 她对自己画的画儿总是不满意。 그녀는 자신이 그린 그림에 대해 항상 만족하지 못해.
C 太好了！要我帮忙吗？ 너무 잘됐다! 내가 도와줄까?
D 你不是说给我带礼物了吗？是什么？让我看看。
　나에게 선물을 가져다준다 하지 않았어? 뭐야? 보여 줘.
E 我的同事们周末想去外地玩儿，但是他们都不会开车。
　내 동료들은 주말에 다른 지역으로 놀러 가고 싶어 하는데 그들은 모두 운전을 할 줄 몰라.

11 B [对A不满意 A에 만족하지 못하다] '자신에 대한 요구치(要求)가 너무 높다'는 말과 문맥상 가장 어울리는 것은 '자신의 그림에 항상 만족하지 못한다'고 하는 B이다.

A: (B 她对自己画的画儿总是不满意。)
B: 其实，主要是她对自己的要求太高了。

A: (B 그녀는 자신이 그린 그림에 대해 항상 만족하지 못해.)
B: 사실 대부분 그녀는 자기 자신에 대한 요구치가 너무 높아.

对 duì 깨 ~에게, ~에 대해 | ★自己 zìjǐ 때 자기, 자신 | ★画 huà 통 (그림을) 그리다 | 画儿 huàr 명 그림 | ★总是 zǒngshì 부 항상, 늘 | ★满意 mǎnyì 형 만족하다, 만족스럽다 | ★其实 qíshí 부 사실 | 主要 zhǔyào 부 대부분, 주로 | ★要求 yāoqiú 명 요구 | 太 tài 부 너무, 매우 | 高 gāo 형 높다

12 A [学生们 학생들 → 他们 그들] '학생들(学生们)의 공연이 정말 좋았다'는 말에 자연스럽게 연결될 말은 A '그들(他们)은 매우 성실하고 오랜 시간 열심히 연습했어'이다. 인칭대사가 누구를 지칭하는지 앞뒤 내용을 잘 파악하면 쉽게 문제를 풀 수 있다.

A: 你看昨天的节目了吗？学生们的表演好极了。
B: (A 他们非常认真、努力地练习了很久。)

A: 어제 프로그램 봤어? 학생들의 공연이 정말 좋았어.
B: (A 그들은 매우 성실하고, 오랜 시간 열심히 연습했어.)

看 kàn 통 보다 | 昨天 zuótiān 명 어제 | ★节目 jiémù 명 프로그램 | 学生 xuésheng 명 학생 | 表演 biǎoyǎn 명 공연 | ★极 jí 부 아주, 극히 | 非常 fēicháng 부 매우, 대단히 | ★认真 rènzhēn 형 성실하다, 열심히 하다 | ★努力 nǔlì 통 열심히 하다, 노력하다 | ★地 de 조 ~하게, ~히 | ★练习 liànxí 통 연습하다, 익히다 | ★久 jiǔ 형 오래다

13 C [搬家 이사하다 / 帮忙 도와주다] '마침내 내 집이 생겼어(终于有自己的房子了)'라는 말 뒤에 이어질 말로 가장 적절한 것은 C '너무 잘됐다(太好了)'이다. 다음 주에 이사한다는 말을 통해 '도와줄까?(帮忙吗?)'도 정답을 찾는 힌트가 될 수 있다.

03 의미 관계 파악　69

A: 我终于有自己的房子了，下个星期就能搬家了。
B: (C 太好了！要我帮忙吗？)

A: 나는 마침내 내 집이 생겼어. 다음 주에 바로 이사를 할 수 있어.
B: (C 너무 잘됐다! 내가 도와줄까?)

★ 终于 zhōngyú 튄 마침내, 결국 | 房子 fángzi 명 집, 건물 | 下 xià 명 다음 | 星期 xīngqī 명 주 | 就……了 jiù …… le 곧 ~하려 하다 | 能 néng 조동 ~할 수 있다 | 搬家 bānjiā 동 이사하다 | 要 yào 동 필요로 하다 | ★ 帮忙 bāngmáng 동 도움을 주다

14 E [开车 운전하다 / 司机 기사] 운전기사(司机)인 누나에게 시간이 있는지 물어본다는 말은 아무도 운전(开车)할 수 없다는 말에 대한 대답으로 어울린다. 정답은 E이다.

A: (E 我的同事们周末想去外地玩儿，但是他们都不会开车。)
B: 我姐是司机，我问问她，看她有没有时间。

A: (E 내 동료들이 주말에 다른 지역으로 놀러 가고 싶어 하는데 그들은 모두 운전을 할 줄 몰라.)
B: 우리 누나는 운전기사야. 내가 누나한테 시간이 있는지 물어볼게.

★ 同事 tóngshì 명 동료 | ★ 周末 zhōumò 명 주말 | 想 xiǎng 조동 ~하고 싶다 | 外地 wàidì 명 외지 | 玩儿 wánr 동 놀다 | 但是 dànshì 접 그러나, 그렇지만 | 都 dōu 튄 모두 | 会 huì 조동 ~할 줄 알다 | 开车 kāichē 동 운전을 하다 | 姐 jiě 명 언니, 누나 | ★ 司机 sījī 명 운전기사 | 问 wèn 동 묻다 | 时间 shíjiān 명 시간

15 D [给我带礼物 나에게 선물을 가져다주다] '여행용 가방(行李箱) 안에 있다'는 말을 통해 어떤 물건에 대해 말하고 있음을 알 수 있다. 보기 중 여행용 가방 안에 있을만한 물건에 대해 묻는 것은 '선물(礼物)을 준다 하지 않았냐'는 D뿐이다.

A: (D 你不是说给我带礼物了吗？是什么？让我看看。)
B: 在行李箱里呢，我来拿，还是你自己去拿？

A: (D 나에게 선물을 가져다준다 하지 않았어? 뭐야? 보여 줘.)
B: 여행용 가방 안에 있어. 내가 가져올게. 아니면 네가 직접 가지러 갈래?

说 shuō 동 말하다 | 给 gěi 개 ~에게 | ★ 带 dài 동 가지다, 챙기다 | ★ 礼物 lǐwù 명 선물 | 让 ràng 동 ~하게 하다 | 在 zài 개 ~에서 | ★ 行李箱 xínglǐxiāng 명 여행용 가방, 트렁크 | 呢 ne 조 [동작의 지속을 나타냄] | 来 lái 동 [다른 동사 앞에 쓰여 어떠한 일을 하려는 것을 나타냄] | ★ 拿 ná 동 (손으로) 가지다, 쥐다 | ★ 还是 háishi 접 아니면, 또는

● Day 27　　16 **B**　　17 **D**　　18 **E**　　19 **C**　　20 **A**

A 我知道这个机会特别好，但是我对自己的游泳成绩没有信心。
나는 이 기회가 아주 좋은 것인지는 알지만 내 수영 성적에 자신이 없어.

B 这主要是因为那里的学习环境很好。 이는 주로 그곳의 학습 환경이 좋기 때문이야.

C 别担心，我坐地铁去，20分钟就到学校了。 걱정하지 마. 지하철을 타고 가면 20분이면 학교에 도착할 거야.

D 他刚才打电话说，马上就到了，让我们再等一会儿。
그가 방금 전화를 걸어서, 곧 도착하니 우리에게 조금만 더 기다려 달라고 말했어.

E 现在用手机和电脑上网非常方便，年轻人都喜欢在网上聊天儿。
지금은 핸드폰과 컴퓨터로 인터넷에 접속하는 것이 아주 편해. 젊은이들은 모두 인터넷에서 채팅하는 것을 좋아해.

---

16 B [去图书馆 도서관에 가다 / 学习环境 학습 환경] '도서관(图书馆)에 가서 책 보는 것을 선택하는 것'은 그곳(那里)의 학습 환경이 좋기 때문이므로 정답은 B이다.

A: 很多学生都选择去图书馆看书。
　　　　　　　　　　　A에 가서 책을 보다
B: (**B** 这主要是因为那里的学习环境很好。)
　　　　주로 ~이기 때문이다　　환경이 좋다

A: 많은 학생들이 모두 도서관에 가서 책 보는 것을 선택해.
B: (**B** 이는 주로 그곳의 학습 환경이 좋기 때문이야.)

学生 xuésheng 몡 학생 | 都 dōu 囘 모두 | ★选择 xuǎnzé 됭 선택하다, 고르다 | ★图书馆 túshūguǎn 몡 도서관 | 看书 kàn shū 됭 책을 보다 | ★主要 zhǔyào 囘 주로, 대부분 | 因为 yīnwèi 젭 ~때문에, 왜냐하면 | 学习 xuéxí 됭 학습하다 | ★环境 huánjìng 몡 환경

---

17 D [除了A, 都 A를 제외하고 모두] '샤오리[小李] 빼고 다른 사람들은 모두 왔다'는 말을 통해 샤오리를 기다리고 있는 상황임을 알 수 있다. 문맥상 가장 어울리는 것은 '기다려(等) 달라'고 샤오리의 부탁을 전달하는 D가 정답이다.

A: 现在除了小李[Xiǎo Lǐ]，其他人都来了。
　　　　~를 제외하고 모두
B: (**D** 他刚才打电话说，马上就到了，让我们
　　　　전화를 걸다　　곧 ~하다
再等一会儿。)

A: 지금 샤오리[小李] 빼고 다른 사람들은 모두 왔어.
B: (**D** 그가 방금 전화를 걸어서, 곧 도착하니 우리에게 조금만 더 기다려 달라고 말했어.)

现在 xiànzài 몡 지금 | 除了A都B chúle A dōu B A를 제외하고 모두 B하다 | ★其他 qítā 때 기타, 그 외 | ★刚才 gāngcái 몡 방금 | 打电话 dǎ diànhuà 전화하다 | 说 shuō 됭 말하다 | ★马上 mǎshàng 囘 곧, 즉시 | 就 jiù 囘 곧, 바로 | 到 dào 됭 이르다, 도달하다 | 让 ràng 됭 ~하게 하다 | 再 zài 囘 더 | 等 děng 됭 기다리다 | ★一会儿 yíhuìr 주량 잠시, 짧은 시간

---

18 E [上网 인터넷을 하다 / 电子书 전자책] '신문보다 전자책(电子书) 보는 것을 더 좋아한다'는 것은 '인터넷(网上)에서 채팅하는 것을 좋아한다'는 말과 맥락을 같이 한다. 정답은 E이다. 최근에는 IT 관련 문제가 자주 출제된다.

03 의미 관계 파악　71

A: (E 现在用手机和电脑上网非常方便，年轻人都喜欢在网上聊天儿。) B: 看报纸的人也越来越少了，人们更愿意看电子书。	A: (E 지금은 핸드폰과 컴퓨터로 인터넷에 접속하는 것이 아주 편해. 젊은이들은 모두 인터넷에서 채팅하는 것을 좋아해.) B: 신문을 보는 사람들도 점점 줄어들었어. 사람들은 전자책 보는 것을 더 원해.

★ 用 yòng 개 ~로 | 手机 shǒujī 명 핸드폰 | 和 hé 접 ~와 | 电脑 diànnǎo 명 컴퓨터 | ★ 上网 shàngwǎng 동 인터넷을 하다 | 非常 fēicháng 부 매우, 대단히 | ★ 方便 fāngbiàn 형 편리하다 | 年轻人 niánqīngrén 명 젊은이 | 喜欢 xǐhuan 동 좋아하다 | 在 zài 개 ~에서 | 网上 wǎngshàng 명 인터넷 | ★ 聊天儿 liáotiānr 동 이야기하다 | 报纸 bàozhǐ 명 신문 | 也 yě 부 ~도 | 越来越 yuèláiyuè 부 점점, 갈수록 | 少 shǎo 형 적다 | ★ 更 gèng 부 더 | 愿意 yuànyì 조동 ~하길 원하다 | 电子 diànzǐ 명 전자 | 书 shū 명 책

19 C [就要A了 곧 A하려 하다] 시험에 늦을까 봐 걱정하는 말에 대한 대답으로 적절한 것은 '20분이면 도착하니 걱정하지 말라'고 하는 C이다.

A: 快点儿，再有40分钟就要考试了。 B: (C 别担心，我坐地铁去，20分钟就到学校了。)	A: 서둘러. 40분만 있으면 바로 시험이야. B: (C 걱정하지 마. 지하철을 타고 가면 20분이면 학교에 도착할 거야.)

快 kuài 형 빠르다 | 点儿 diǎnr 수량 좀, 약간 | 分钟 fēnzhōng 명 분 | 就要……了 jiùyào …… le 곧 ~하려 하다 | 考试 kǎoshì 동 시험을 치다 | 别 bié 부 ~하지 마라 | ★ 担心 dānxīn 동 걱정하다 | 坐 zuò 동 (교통수단을) 타다 | ★ 地铁 dìtiě 명 지하철 | 学校 xuéxiào 명 학교

20 A [参加比赛 경기에 참가하다] 각국의 운동선수(运动员)가 참가한 경기(比赛)에 대해 말하고 있으므로, 문맥상 자신의 수영(游泳) 성적에 대해 말하는 A가 정답이다.

A: 这次比赛，世界不少国家的运动员都来参加了。 B: (A 我知道这个机会特别好，但是我对自己的游泳成绩没有信心。)	A: 이번 경기는 세계 많은 국가의 운동선수가 모두 와서 참가했어. B: (A 나는 이 기회가 아주 좋은 것인지는 알지만 내 수영 성적에 자신이 없어.)

次 cì 양 번, 회 | ★ 比赛 bǐsài 명 경기, 시합 | ★ 世界 shìjiè 명 세계 | 不少 bùshǎo 형 적지 않다, 많다 | ★ 国家 guójiā 명 국가, 나라 | 运动员 yùndòngyuán 명 운동선수 | ★ 参加 cānjiā 동 참석하다, 참가하다 | 知道 zhīdào 동 알다, 이해하다 | ★ 机会 jīhuì 명 기회, 찬스 | ★ 特别 tèbié 부 아주, 특히 | 但是 dànshì 접 그러나, 그렇지만 | 对 duì 개 ~에게, ~에 대해 | ★ 自己 zìjǐ 대 스스로, 자신 | 游泳 yóuyǒng 명 수영 | ★ 成绩 chéngjì 명 성적 | 信心 xìnxīn 명 자신감

독해 제2부분 01 동사 어휘 선택

본서 p.121

● track yuedu 10

● Day 08   1 C   2 D   3 E   4 A   5 B

A 检查 jiǎnchá 통 검토하다, 검사하다
B 讲 jiǎng 통 말하다, 이야기하다
C 花 huā 통 쓰다, 소비하다
D 回答 huídá 통 대답하다
E 结束 jiéshù 통 끝나다, 마치다

1 C [花 + 钱 돈을 쓰다] 괄호 뒤에 동태조사 '了'가 있으므로 괄호는 술어 자리이고, '两万多块钱(2만여 위안 정도)'은 동사가 취하는 목적어이다. 제시된 보기 중 C '花'는 명사로는 '꽃'이라는 뜻이지만 동사로는 '쓰다, 소비하다'라는 뜻으로 '钱'과 함께 쓰여 '돈을 쓰다'라는 의미를 나타내므로 답은 C이다.

| 这次去旅游, 我一共去了9个城市, (C 花)了两万多块钱。 | 이번에 여행을 가서 나는 모두 9개의 도시에 갔고, 약 2만 위안 정도를 (C 썼다). |

次 cì 양 번, 회 | 旅游 lǚyóu 통 여행하다 | ★一共 yígòng 부 모두 | ★城市 chéngshì 명 도시 | ★花 huā 통 쓰다, 소비하다 | 两 liǎng 수 2, 둘 | ★万 wàn 수 10000, 만 | 多 duō 수 (수량사 뒤에 쓰여) 정도, ~쯤 | 块 kuài 양 위안 [중국의 화폐 단위] | 钱 qián 명 돈

tip '花 huā'는 동사로 쓰일 때 '~를 쓰다'라는 의미로, 주로 '钱 qián'이나 '时间 shíjiān'을 목적어로 가진다.

2 D [回答 + 问题 문제에 대답하다] '네가 ~해 봐'라는 의미인 '你来' 뒤에는 일반적으로 동사가 온다. 보기 중에서 '问题(문제)'를 목적어로 갖는 동사로 적절한 것은 D '回答'이다. 술어(동사)와 목적어(명사)를 짝꿍으로 함께 외우자!

| 想好了吗? 那请你来(D 回答)这几个问题。 | 다 생각했어? 그러면 이 몇 개의 문제에 (D 대답해) 봐. |

想 xiǎng 통 생각하다 | 好 hǎo 형 (동사 뒤에 결과보어로 쓰여) 다 잘 ~하다 | 那 nà 접 그러면, 그럼 | 请 qǐng 통 ~해 주세요 | 来 lái 통 [다른 동사 앞에 쓰여 어떠한 일을 하려는 것을 나타냄] | ★回答 huídá 통 대답하다 | 问题 wèntí 명 문제

tip 동사 앞에 쓰이는 '来 lái', '去 qù'
어떠한 행동을 하려 함을 나타내며, 주어나 행동을 강조하게 된다. 듣기와 독해 영역에 많이 등장하므로, 확실히 알아 두자.
你来介绍一下。Nǐ lái jièshào yíxià. 당신이 소개 좀 해 주세요.
自己去想办法。Zìjǐ qù xiǎng bànfǎ. 스스로 방법을 생각하세요.

3 E [会议 + 结束 회의를 끝내다] '조동사(能) + 동사' 어순이므로 '能' 뒤의 괄호는 동사 술어 자리임을 알 수 있다. 문맥상 주어 '会议'에 어울리는 술어로는 보기 중 E '结束'가 유일하다.

| 会议10点能(**E 结束**)吗? 公司外面有人找李[李]经理。 | 회의를 10시에 (**E 끝낼**) 수 있나요? 회사 밖에 리[李] 사장님을 찾는 사람이 있어요. |

★**会议** huìyì 명 회의 | **点** diǎn 양 시 | **能** néng 조동 ~할 수 있다 | ★**结束** jiéshù 동 끝나다, 마치다 | **公司** gōngsī 명 회사 | **外面** wàimiàn 명 밖 | **找** zhǎo 동 찾다 | **李** Lǐ 고유 리 [성씨] | ★**经理** jīnglǐ 명 사장

4 A [检查 + 题 문제를 검토하다] 괄호 뒤에 '一下'가 있으며, 일반적으로 '동사 + 一下(좀 ~하다)'의 어순이므로, 괄호에 동사가 위치한다. 또한 괄호 앞에 형용사 '好'가 중첩되어 부사어로 쓰인 것에서도 괄호가 술어 자리임을 알 수 있다. 제시된 보기 중 수학 문제를 다 풀고 나서 할 수 있는 행동은 '검토하다'라는 뜻의 A '检查'가 적절하다.

| 数学题写完了要好好儿(**A 检查**)一下, 注意别做错。 | 수학 문제를 풀고 나서 잘 좀 (**A 검토해야**) 해. 실수하지 않도록 주의해. |

数学题 shùxué tí 명 수학 문제 | **写** xiě 동 풀다, 쓰다 | **完** wán 동 (동사 뒤에 보어로 쓰여) 다하다, 끝내다 | **要** yào 조동 ~해야 한다 | **好好儿** hǎohāor 부 잘, 정성껏 | ★**检查** jiǎnchá 동 검토하다, 검사하다 | **一下** yíxià 수량 (동사 뒤에 쓰여) 좀 ~하다 | ★**注意** zhùyì 동 주의하다 | **别** bié 부 ~하지 마라 | **做** zuò 동 하다 | **错** cuò 형 틀리다

동사 + 一下
'一下'는 동사 뒤에서 '좀 ~하다'라는 의미를 나타내므로, 괄호 뒤에 '一下'가 있다면, 일반적으로 괄호는 동사 자리이다.

5 B [讲 + 普通话 표준어를 말하다] 구조조사 '得'는 술어가 되는 동사나 형용사 뒤에 위치하므로, 괄호에는 술어가 온다. 표준어(普通话)와 어울리는 동사 술어는 B '讲'이다.

| 和以前比, 我现在的普通话(**B 讲**)得更好了。 | 예전과 비교해서 나는 지금 표준어를 더 잘 (**B 한다**). |

和 hé 개 ~와 | ★**以前** yǐqián 명 예전, 이전 | **比** bǐ 개 ~에 비해 | **现在** xiànzài 명 지금 | **普通话** pǔtōnghuà 명 현대 표준 중국어 | ★**讲** jiǎng 동 말하다, 이야기하다 | **得** de 조 ~하는 정도가 ~하다 | ★**更** gèng 부 더

술어(동사) + 得 + 정도보어
구조조사 '得'는 술어 뒤에서 술어의 정도 및 상태를 나타내는 표현으로, 괄호 뒤에 '得'가 있다면, 괄호는 일반적으로 동사 자리이다.

● track yuedu 11

● Day 09　　6 D　　7 E　　8 B　　9 A　　10 C

A 打扫 dǎsǎo 동 청소하다　　　　B 教 jiāo 동 가르치다
C 相信 xiāngxìn 동 믿다, 신뢰하다　　D 迟到 chídào 동 지각하다
E 骑 qí 동 (동물·자전거 등에) 타다

6　D　[迟到 지각하다]　괄호 앞에 조동사 '会'가 있으므로 괄호가 동사 자리임을 알 수 있다. 제시된 단어 중 문맥상 '시간(小时)'과 가장 어울리는 동사는 '지각하다'라는 뜻을 가진 D '迟到'이다.

A: 现在几点了？我们考试不会(D 迟到)吧？
　　　　　　　　　　　　　~한 거 아니지?
B: 不会，才四点。还有两个多小时呢。
　　　　겨우 ~이다　　　　 ~시간 정도

A: 지금 몇 시야? 우리 시험에 (D 지각하는) 거 아니지?
B: 아니야. 겨우 4시야. 아직 2시간 정도 시간이 있어.

现在 xiànzài 명 지금 | 点 diǎn 양 시 | 考试 kǎoshì 명 시험 | 不会 bú huì ~일 리 없다 | ★迟到 chídào 동 지각하다 | 吧 ba 조 ~지? [가능·추측의 어기를 나타냄] | 才 cái 부 겨우, 고작 | 还 hái 부 아직 | 两 liǎng 수 2, 둘 | 多 duō 주 (수량사 뒤에 쓰여) 정도, ~여 | 小时 xiǎoshí 명 시간 | 呢 ne 조 [사실 확인 및 과장된 어투를 나타냄]

7　E　[骑 + A(동물·자전거) A를 타다]　괄호 뒤에 '말(马)'이 있으므로 제시된 단어 중 괄호에 들어갈 동사로 가장 어울리는 것은 '(동물이나 자전거를) 타다'라는 뜻의 E '骑'이다.

A: 照片上(E 骑)马的这个人是你妈妈吗？
　　　　　　　~를 타다　　　　A가 B인가?
B: 是啊，那时她特别年轻。

A: 사진에서 말을 (E 타고) 있는 이 사람은 너희 어머니니?
B: 맞아. 그때 어머니는 아주 젊으셨어.

★照片 zhàopiàn 명 사진 | ★骑 qí 동 (동물·자전거 등에) 타다 | 马 mǎ 명 말 | ★啊 a 조 [문장 끝에 쓰여 긍정을 나타냄] | 那时 nàshí 명 그때, 그 당시 | ★特别 tèbié 부 아주, 특히 | ★年轻 niánqīng 형 젊다

8　B　[教 + A(사람) (+ B) A에게 (B를) 가르쳐 주다]　괄호 앞에 '来'는 동사 앞에 쓰여 어떤 일을 하려는 것을 나타낼 수 있다. 괄호 뒤에 목적어가 나왔으므로 술어 자리라는 것을 알 수 있다. B의 말은 수학 문제를 어떻게 푸는지 물어보는 질문에 대한 대답이므로 괄호에는 '가르치다'라는 뜻을 가진 B '教'가 들어가야 한다.

A: 姐，刚才说的数学题怎么做啊？
　　　　　　　　수학 문제 어떻게 ~하는가?
B: 非常简单，我来(B 教)你。
　　　　　어떤 일을 하려는 것을 나타냄

A: 누나, 방금 말한 수학 문제는 어떻게 푸는 거야?
B: 아주 간단해. 내가 (B 가르쳐 줄게).

★姐 jiě 명 누나, 언니 | ★刚才 gāngcái 명 방금 | 说 shuō 동 말하다 | ★数学题 shùxué tí 명 수학 문제 | 怎么 zěnme 대 어떻게, 왜 | 做 zuò 동 (문제를) 풀다 | ★啊 a 조 [문장 끝에 쓰여 의문을 나타냄] | 非常 fēicháng 부 아주, 매우 | ★简单 jiǎndān 형 간단하다 | 来 lái 동 [다른 동사 앞에 쓰여 어떠한 일을 하려는 것을 나타냄] | ★教 jiāo 동 가르치다

9 **A** [打扫 + 房间 방을 청소하다] 괄호 앞뒤의 부사 '已经'과 동태조사 '了'를 통해, 괄호가 동사 자리임을 알 수 있다. '방이 깨끗하다'는 감탄의 말에 '이미 ~했다'고 대답하고 있으므로, 괄호에 어울리는 동사는 A '打扫'이다.

A: 你的房间 真 干净 啊! 　　　　정말 ~하다!(감탄) B: 当然，为了欢迎你，我 已经 (**A 打扫**) 　　　　　　　　　　　이미 ~했다 　了一个多小时了。 　　~시간 정도	A: 네 방은 정말 깨끗하구나! B: 당연하지. 너를 환영하기 위해 나는 이미 한 시간 정도 (**A 청소**)를 했어.

房间 fángjiān 몡 방 | 真 zhēn 凰 정말 | ★干净 gānjìng 톙 깨끗하다 | ★当然 dāngrán 톙 당연하다 | ★为了 wèile 게 ~를 하기 위하여 | ★欢迎 huānyíng 통 환영하다 | 已经……了 yījīng …… le 이미 ~했다 | ★打扫 dǎsǎo 통 청소하다

10 **C** [相信 + 自己 자신을 믿다] 괄호 뒤의 '自己下次会跑得更快'는 '주어 + 술어'로 이루어진 주술구이므로, 괄호가 '주술구를 목적어로 취하는 동사' 자리임을 알 수 있다. 주술구를 목적어로 취할 수 있으며, 문맥상으로도 어울리는 '믿다'라는 뜻의 동사 C '相信'이 정답이다. 짝꿍 표현인 '相信自己(자신을 믿다)'를 알면 문제를 더 쉽게 풀 수 있다. 주요 동사와 관련된 짝꿍 표현을 익혀 두자.

A: 你 对 自己的成绩 满意 吗? 　　~에 대해 만족하다 B: 还行，我 (**C 相信**) 自己下次会跑得更快。 　　　　　　A하는 게 B하다	A: 너는 네 성적에 대해 만족하니? B: 그럭저럭 괜찮아. 나는 내가 다음엔 더 빠르게 달릴 수 있을 거라고 (**C 믿어**).

对 duì 게 ~에 대해 | ★自己 zìjǐ 떼 자신, 스스로 | ★成绩 chéngjì 몡 성적 | ★满意 mǎnyì 톙 만족하다 | ★还 hái 凰 그럭저럭, 그런대로, 꽤 | 行 xíng 톙 좋다 | ★相信 xiāngxìn 통 믿다 | 下次 xiàcì 몡 다음번 | 会 huì 조동 ~할 수 있다 | 跑 pǎo 통 달리다 | 得 de 조 ~하는 정도가 ~하다 | ★更 gèng 凰 더 | 快 kuài 톙 빠르다

독해 제2부분 **02** 형용사 어휘 선택

본서 p.127

● track yuedu 12

● Day 11 　　1 C　　2 E　　3 A　　4 D　　5 B

A 干净 gānjìng 톙 깨끗하다　　B 渴 kě 톙 목마르다
C 简单 jiǎndān 톙 간단하다　　D 年轻 niánqīng 톙 젊다, 어리다
E 新鲜 xīnxiān 톙 신선하다

1 **C** [简单 간단하다 ↔ 不容易 쉽지 않다]   괄호 앞에 정도부사 '非常'이 있으므로 괄호는 형용사 자리이다. 또 뒷 문장과 접속사 '但是(그러나)'로 연결되므로 앞뒤에는 상반된 내용이 와야 한다. '但是' 뒤에 '不容易(쉽지 않다)'가 있으므로 괄호에는 반대 의미인 C '简单'이 온다.

| 有些事情看上去非常(**C** 简单)，但是要做好，其实很不容易。 | 어떤 일들은 보기엔 매우 (**C** 간단하게) 보이지만 잘하려면 사실 쉽지 않다. |

有些 yǒuxiē 대 어떤 | **事情** shìqing 명 일, 사건 | **看上去** kàn shàngqù 보아하니 ~하다 | **非常** fēicháng 부 매우 | ★ **简单** jiǎndān 형 간단하다 | **但是** dànshì 접 그러나 | **要** yào 조동 ~하려고 하다 | **做** zuò 동 하다 | **好** hǎo 형 (동사 뒤에 결과보어로 쓰여) 다 잘 ~하다 | ★ **其实** qíshí 부 사실 | ★ **容易** róngyì 형 쉽다

2 **E** [水果 + 新鲜 과일이 신선하다]   괄호 앞뒤의 '又A又B'는 두 가지 이상의 상황이나 성질이 동시에 존재함을 나타낸다. 일반적으로 A와 B에는 형용사가 온다. 주어 '水果(과일)'는 '~하기도 하고 저렴하다(便宜)'고 했으므로, 의미상 형용사 E '新鲜'이 정답이다

| 那个商店的水果又(**E** 新鲜)又便宜。我们去那儿买吧。 | 저 상점의 과일은 (**E** 신선하기)도 하고 저렴하기도 해. 우리 저기 가서 사자. |

商店 shāngdiàn 명 상점 | **水果** shuǐguǒ 명 과일 | ★ **又** yòu 부 (~하면서) 또한 동시에 (~하다) | ★ **新鲜** xīnxiān 형 신선하다 | **便宜** piányi 형 (값이) 싸다 | **买** mǎi 동 사다 | **吧** ba 조 ~하자 [상의·제의·청유·기대·명령 등의 어기를 나타냄]

3 **A** [洗 세탁하다 / 干净 깨끗하다]   괄호 앞에 동사 '是'가 있는 것으로 보아 뒤에 명사화된 단어가 들어가야 하지만, 단어에 명사가 없으면 형용사와 구조조사 '的'가 결합해서 명사화할 수 있다. '이 바지는 지난주에 세탁한(洗) 적이 있다'고 했으므로, 괄호에 어울리는 것은 A '干净'이다.

| 这条裤子上个星期洗过了，是(**A** 干净)的。 | 이 바지는 지난주에 세탁한 적이 있는(**A** 깨끗한) 것이다. |

★ **条** tiáo 양 벌 [바지·치마를 세는 단위] | ★ **裤子** kùzi 명 바지 | **上** shàng 형 앞의, 먼저의 | **星期** xīngqī 명 주, 요일 | **洗** xǐ 동 세탁하다, 빨다 | **过** guo 조 ~한 적이 있다 | ★ **干净** gānjìng 형 깨끗하다

4 **D** [年轻 + 人 젊은이]   괄호 앞에 구조조사 '的'는 일반적으로 명사나 대사 앞에 쓰인다. 괄호 뒤에 '人'은 제시된 단어 중 형용사 '年轻'과 함께 쓰여, 명사 '年轻人'이 되므로 정답은 D이다. '年轻人'은 한 단어로 외워 두자.

| 现在的(**D** 年轻)人睡觉越来越晚了。 | 요즘의 (**D** 젊은)이는 갈수록 잠을 늦게 잔다. |

现在 xiànzài 명 지금 | **年轻人** niánqīngrén 명 젊은이 | **睡觉** shuìjiào 동 잠을 자다 | **越来越** yuèláiyuè 부 더욱더, 점점 | **晚** wǎn 형 늦다

5 **B** [口渴 목이 마르다]　괄호 뒤에 조사 '了'가 있으므로 괄호는 술어 자리임을 알 수 있다. 물을 한 잔 마실 것인지 물어봤으므로, 문맥상 괄호에 어울리는 술어는 B '渴'임을 알 수 있다. 입을 나타내는 '口'와 목이 마르다는 뜻의 '渴'는 일반적으로 함께 쓰이므로 알아 두자.

你口（**B 渴**）了吗? 要喝杯水吗? ～를 한 잔 마시다	너 （**B 목마르**）니? 물 한 잔 마실래?

★ **口** kǒu 명 입 ｜ ★ **渴** kě 형 목마르다, 목이 타다 ｜ **喝** hē 동 마시다 ｜ **杯** bēi 양 잔, 컵

○ track yuedu 13

● Day 12　　6 D　　7 A　　8 E　　9 C　　10 B

A 久 jiǔ 형 오래다, 시간이 길다	B 饱 bǎo 형 배부르다
C 舒服 shūfu 형 (몸·마음이) 편안하다	D 满意 mǎnyì 형 만족하다
E 奇怪 qíguài 형 이상하다, 기이하다	

6 **D** [满意 만족하다 / 比以前好多了 예전보다 많이 좋아지다]　'吗'로 끝나는 의문문에 '很好(좋아)'라고 대답했으므로, 만족하는지 아닌지를 물었음을 알 수 있다. 또한 예전보다 더 잘 그렸다고 대답했으므로, 보기 중 문맥상 괄호에 들어갈 술어는 D '满意'이다.

A: 我画好了，您看一下，（**D 满意**）吗? 좀 ~하다 B: 很好，你画得比以前好多了。 A보다 많이 ~하다	A: 다 그렸어요. 한번 보세요. （**D 만족하세**）요? B: 좋아. 그림이 예전보다 많이 좋아졌어.

★ **画** huà 동 (그림을) 그리다 ｜ **好** hǎo 형 (동사 뒤에 결과보어로 쓰여) 다 잘 ~하다 ｜ **您** nín 대 당신, 선생님 ｜ **看** kàn 동 보다 ｜ **一下** yíxià 수량 (동사 뒤에 쓰여) 좀 ~하다 ｜ ★ **满意** mǎnyì 형 만족하다, 만족스럽다 ｜ **得** de 조 ~하는 정도가 ~하다 ｜ **比** bǐ 개 ~보다, ~에 비해 ｜ ★ **以前** yǐqián 명 예전, 이전

7 **A** [这么 + 술어(A) 이렇게 A하다]　괄호 앞에 지시대사 '这么'는 일반적으로 형용사와 함께 사용한다. '사람이 특히 많았다'고 대답했으므로, 문맥상 지시대사 '这么' 뒤에 올 형용사로 적절한 것은 A '久'이다.

A: 姐，你怎么去了这么（**A 久**）? B: 今天银行里人特别多。	A: 누나. 가서 왜 이렇게 （**A 오래**） 걸렸어? B: 오늘 은행에 사람이 특히 많았어.

姐 jiě 명 누나, 언니 ｜ **怎么** zěnme 대 왜, 어째서, 어떻게 ｜ **这么** zhème 대 이렇게 ｜ ★ **久** jiǔ 형 오래다, 시간이 길다 ｜ **今天** jīntiān 명 오늘 ｜ ★ **银行** yínháng 명 은행 ｜ ★ **特别** tèbié 부 아주, 특히

8 **E** [奇怪 이상하다] 괄호 앞뒤에 이어지는 내용이 없으므로 전체 문맥을 살펴야 하는 문제이다. 원래 있어야 하는 핸드폰이 보이지 않기 때문에 '내 핸드폰이 왜 안 보이지(不见了)'라고 말한 것이므로 문맥상 괄호에 가장 적절한 단어는 E '奇怪'이다.

A: (**E** 奇怪), 我的手机怎么不见了? 　　　　　　　　　어째서 ~하지? B: 刚才 在图书馆我还看见了, 你是不是离 　방금 전에 ~했다　　　　　　　　~인가 아닌가 　开的时候忘拿了? 　　~할 때 가져가는 것을 잊다	A: (**E** 이상하네). 내 핸드폰이 왜 안 보이지? B: 방금 도서관에서 내가 봤는데. 네가 나올 때 가져가는 것을 잊은 거 아니야?

★ **奇怪** qíguài 형 이상하다 | **手机** shǒujī 명 핸드폰 | **不见** bújiàn 동 보이지 않다, 잃어버리다 | ★ **刚才** gāngcái 명 방금 | **在** zài 개 ~에서 | ★ **图书馆** túshūguǎn 명 도서관 | **还** hái 부 [의외나 뜻밖이라는 어감을 더욱 두드러지게 함] | **看见** kànjiàn 동 보(이)다 | ★ **离开** líkāi 동 떠나다 | **……的时候** …… de shíhou ~할 때 | ★ **忘** wàng 동 잊다 | ★ **拿** ná 동 (손으로) 가지다, 쥐다

9 **C** [A(신체) + 舒服 A가 편하다] 괄호 앞에 '不太'는 부정부사와 정도부사가 결합한 것으로, 뒤에 일반적으로 형용사가 위치한다. 의사와 대화하는 상황에 어울리는 형용사는 C '舒服'이다.

A: 医生, 我这几天眼睛不太(**C** 舒服). 　　　　　　요 며칠 B: 请坐, 我给您检查检查. 　　　　　~에게 검사를 하다	A: 의사 선생님, 저는 요 며칠 눈이 그다지 (**C** 편하지) 않아요. B: 앉으세요. 검사 좀 해 봅시다.

医生 yīshēng 명 의사 | **天** tiān 명 날 | **眼睛** yǎnjing 명 눈 | **不太** bú tài 그다지 ~하지 않다 | ★ **舒服** shūfu 형 편안하다 | **请** qǐng 동 ~해 주세요 | **坐** zuò 동 앉다 | **给** gěi 개 ~에게 | ★ **检查** jiǎnchá 동 검사하다

10 **B** [米饭 밥 / 吃饱 배부르게 먹다] 괄호 앞에 동사 '吃'가 있으므로 괄호는 음식을 나타내는 목적어나 결과보어 자리임을 알 수 있다. 제시된 보기 중 목적어로 쓸 명사가 없으므로 괄호는 '보어' 자리이다. 보어에는 동사나 형용사 등이 쓰일 수 있다. 동사 '吃' 뒤에 알맞은 보어는 '배부르다'라는 뜻을 가진 B '饱'이다.

A: 再来一碗米饭, 怎么样? 　한번 더 ~하자 B: 不用了, 我已经吃(**B** 饱)了, 刚才吃了 　　　　　　이미 ~했다 　不少羊肉. 　=很多	A: 밥을 한 그릇 더 시키자. 어때? B: 아니, 필요 없어. 나는 이미 (**B** 배부르게) 먹었어. 방금 양고기를 많이 먹었어.

再 zài 부 다시, 더 | ★ **碗** wǎn 양 [그릇, 공기 등을 세는 단위] | **米饭** mǐfàn 명 쌀밥 | **怎么样** zěnmeyàng 대 어떻다 | **不用** búyòng 부 ~할 필요가 없다 | **已经……了** yǐjīng …… le 이미 ~했다 | ★ **饱** bǎo 형 배부르다 | **不少** bùshǎo 형 적지 않다, 많다 | **羊肉** yángròu 명 양고기

03 명사·대사 어휘 선택

독해 제2부분 　　　　　　　　　　　　　　　　　　　　　　　　　　본서 p.134

● track yuedu 14

● Day 14 　1 A　2 C　3 E　4 D　5 B

A 音乐 yīnyuè 명 음악　　　　　B 兴趣 xìngqù 명 흥미
C 附近 fùjìn 명 근처, 부근　　　D 感冒 gǎnmào 명 감기
E 其他 qítā 대 기타, 그 밖, 그 외

1　A [从小就喜欢…… 어릴 때부터 ~를 좋아하다] 괄호 앞에 관형어 '一位'가 있어, '수사 + 양사 + 명사' 어순에 의해 괄호는 명사 자리임을 알 수 있다. 남동생은 '어릴 때부터 노래 부르는 것(唱歌)을 좋아한다'고 했으므로, 문맥상 괄호에 들어갈 단어로 가장 적절한 것은 A '音乐'이다.

| 弟弟从小就很喜欢唱歌，现在他是一位（ A 音乐 ）老师。 | 남동생은 어릴 때부터 노래 부르는 것을 좋아했다. 지금 그는 (A 음악) 선생님이다. |

弟弟 dìdi 명 남동생 | 从小 cóngxiǎo 어릴 때부터, 어린 시절부터 | 就 jiù 부 곧, 바로 [사실을 강조] | 喜欢 xǐhuan 동 좋아하다 | 唱歌 chàng gē 동 노래 부르다 | 现在 xiànzài 명 지금 | ★位 wèi 양 분, 명 [공경의 뜻을 내포함] | ★音乐 yīnyuè 명 음악 | 老师 lǎoshī 명 선생님

2　C [附近 + 哪儿 근처 어디] 괄호 뒤에 장소를 묻는 의문대사 '哪儿'이 있으므로, 제시된 보기 중 문맥상 괄호에 어울리는 단어는 장소를 나타내는 명사 C '附近'이다.

| 你去问一下那个人（ C 附近 ）哪儿有卖中国地图的？ | 너는 저 사람에게 중국 지도를 파는 곳이 (C 근처) 어디에 있는지 한번 물어볼래? |

问 wèn 동 묻다, 질문하다 | 一下 yíxià 수량 (동사 뒤에 쓰여) 좀 ~하다 | ★附近 fùjìn 명 근처, 부근 | 哪儿 nǎr 대 어디 | 卖 mài 동 팔다, 판매하다 | 中国 Zhōngguó 고유 중국 | ★地图 dìtú 명 지도

3　E [……的 + A(명사) ~의 A] 구조조사 '的'가 앞에 있으므로 괄호가 명사나 대사 자리임을 알 수 있다. '역사를 제외하고 다른 성적이 모두 좋다'고 했으므로, 제시된 단어 중 문맥상 괄호에 들어갈 가장 적절한 단어는 E '其他'이다.

| 除了历史，妹妹的（ E 其他 ）成绩都不错。 | 역사를 제외하고 여동생의 (E 다른) 성적은 모두 좋다. |

除了A都B chúle A dōu B A를 제외하고 모두 B하다 | ★历史 lìshǐ 명 역사 | 妹妹 mèimei 명 여동생 | ★其他 qítā 대 다른, 기타, 그 외 | ★成绩 chéngjì 명 성적 | 都 dōu 부 모두 | 不错 búcuò 형 좋다

4 D [小心 + 感冒 감기 조심해] 괄호 앞에 동사 술어 '小心'이 있으므로, 괄호가 목적어 자리임을 알 수 있다. '눈이 내리니, 옷을 더 입고 회사에 가는 게 낫겠다'고 했으므로, 날씨와 옷차림을 관련지어 걱정스러움을 표현하기에 가장 적절한 단어는 D '感冒'이다. '小心感冒'는 자주 출제되는 짝꿍 표현이다.

| 下雪了，你还是多穿点儿衣服再去公司吧， 小心(D 感冒)。 ~하는 편이 더 좋겠다 | 눈이 내리니, 너는 아무래도 옷을 더 입고 회사에 가는 게 낫겠다. (D 감기) 조심해. |

下雪 xiàxuě 통 눈이 내리다 | 还是……吧 háishi …… ba ~하는 편이 낫다 | 穿 chuān 통 (옷·신발 등을) 입다 | 点儿 diǎnr 수량 좀, 약간 | 衣服 yīfu 명 옷 | 再 zài 부 더, 다시 | 公司 gōngsī 명 회사 | 吧 ba 조 ~하자 [상의·제의·청유·기대·명령 등의 어기를 나타냄] | ★小心 xiǎoxīn 통 조심하다 | ★感冒 gǎnmào 명 감기

5 B [对A有兴趣 A에 대해 흥미가 있다] 괄호 앞에 동사 술어 '有'가 있으므로 괄호가 목적어 자리라는 것을 알 수 있다. 그녀는 커서 운동과 관련 있는 일을 선택했다고 했으므로, 괄호에 들어갈 단어로 가장 적절한 단어는 B '兴趣'이다. '对A有兴趣'는 자주 출제되는 고정격식이므로 꼭 알아 두자!

| 她从小就对运动有(B 兴趣)，长大以后她选择了和运动有关的工作。 어렸을 때부터 ~에 대해 흥미가 있다 ~와 관련이 있다 | 그녀는 어렸을 때부터 운동에 (B 흥미)가 있어서, 커서는 운동과 관련 있는 일을 선택했다. |

对 duì 개 ~에 대해 | 运动 yùndòng 명 운동 | 兴趣 xìngqù 명 흥미, 취미 | 长大 zhǎngdà 통 자라다, 성장하다 | 以后 yǐhòu 명 이후 | ★选择 xuǎnzé 통 선택하다, 고르다 | 和 hé 개 ~와 | 有关 yǒuguān 통 관계가 있다 | 工作 gōngzuò 통 일, 업무

● track yuedu 15

● Day 15   6 C   7 E   8 A   9 B   10 D

A 地方 dìfang 명 곳, 장소
C 办法 bànfǎ 명 방법
E 礼物 lǐwù 명 선물
B 别人 biérén 대 다른 사람, 남
D 要求 yāoqiú 명 요구

6 C [想办法 방법을 생각하다] 괄호 앞에 동사 술어 '想'이 있으므로, 괄호는 목적어 자리가 되므로 명사가 온다는 것을 알 수 있다. '이 문제를 언제 해결할 것이냐'고 물었으므로, 문맥상 괄호에 들어갈 가장 적절한 단어는 C '办法'이다.

| A: 你准备什么时候解决这个问题? 문제를 해결하다 B: 我在想(C 办法)，明天应该能解决。 방법을 생각하다 | A: 너는 언제 이 문제를 해결하려고 하니? B: 나는 (C 방법)을 생각하고 있어. 내일이면 분명 해결할 수 있을 거야. |

准备 zhǔnbèi 통 ~하려고 하다, 준비하다 | 什么时候 shénme shíhou 언제 | ★解决 jiějué 통 해결하다 | 问题 wèntí 명 문제 | 在 zài 부 ~하고 있는 중(이다) | 想 xiǎng 통 생각하다 | ★办法 bànfǎ 명 방법 | 明天 míngtiān 명 내일 | ★应该 yīnggāi 조동 (마땅히) ~해야 한다 | 能 néng 조동 ~할 수 있다

7 **E** [生日 생일 / 给A买B A에게 B를 사 주다]　괄호 앞에 동사 술어 '买'가 있으므로, 괄호는 목적어 자리이며, 사물을 나타내는 명사가 와야 된다는 것을 알 수 있다. 며칠 지나면 어머니의 생신(生日)이라고 했으므로, 괄호에 들어갈 가장 적절한 단어는 E '礼物'이다.

A: 过几天是妈妈的生日。你给她买(**E** 礼物) 没? B: 我准备给她买个新电视。	A: 며칠 지나면 어머니의 생신이야. 너는 어머니에게 드릴 (**E** 선물)을 샀니? B: 나는 어머니에게 새로운 TV를 사 드릴 생각이야.

★ **过** guò 동 (시점을) 지나다, 지내다 | **天** tiān 명 날 | **生日** shēngrì 명 생일 | **给** gěi 개 ~에게 | **买** mǎi 동 사다 | ★ **礼物** lǐwù 명 선물 | **新** xīn 형 새롭다 | **电视** diànshì 명 TV, 텔레비전

8 **A** [去过 + 的 + A(장소) 가 본 적 있는 곳(A)]　괄호 앞에 관형어 '那个'가 있고, 동사 '去'와 과거의 경험을 나타내는 조사 '过'가 있으므로 괄호는 장소명사 자리임을 알 수 있다. 보기 중 장소명사는 '地方'이므로, 문맥상 가장 알맞은 것은 A '地方'이다.

A: 周五我们在哪儿见面? B: 就在刚才我们去过的那个(**A** 地方), 那里附近有一家饭馆儿菜很好吃。	A: 금요일에 우리는 어디서 만날까? B: 바로 방금 우리가 갔던 그 (**A** 곳)에서 보자. 거기 근처에 음식이 아주 맛있는 식당이 하나 있어.

周五 zhōuwǔ 명 금요일 | **在** zài 개 ~에서 | **哪儿** nǎr 대 어디 | ★ **见面** jiànmiàn 동 만나다 | **就** jiù 부 바로, 곧 | ★ **刚才** gāngcái 명 방금 | **过** guo 조 ~한 적이 있다 | ★ **地方** dìfang 명 곳, 장소 | ★ **附近** fùjìn 명 근처, 부근 | **家** jiā 양 [집·점포 등을 세는 단위] | **饭馆儿** fànguǎnr 명 식당 | **菜** cài 명 요리 | **好吃** hǎochī 형 맛있다

9 **B** [问 + 一下 + 대상(A) A에게 물어보다]　'问(묻다) + 묻는 대상'이므로, 괄호에는 질문을 받는 대상이 와야 한다. 제시된 보기 중 묻는 대상으로 적합한 어휘는 대사인 B '别人'이다.

A: 您好, 请问这儿附近有韩国银行吗? B: 对不起, 我不太清楚, 你再问一下(**B** 别人)吧。	A: 안녕하세요. 실례지만 여기 근처에 한국은행이 있나요? B: 죄송해요. 저는 잘 몰라요. (**B** 다른 사람)에게 다시 물어보세요.

您 nín 대 당신, 선생님 | **请问** qǐngwèn 동 말씀 좀 여쭙겠습니다 | **韩国银行** Hánguó Yínháng 고유 한국은행 | **对不起** duìbuqǐ 동 죄송합니다 | **不太** bú tài 그다지 ~하지 않다 | ★ **清楚** qīngchu 형 분명하다 | **再** zài 부 다시, 더 | **问** wèn 동 묻다, 질문하다 | **一下** yíxià 수량 (동사 뒤에 쓰여) 좀 ~하다 | ★ **别人** biérén 대 다른 사람, 남 | **吧** ba 조 ~하자 [상의·제의·청유·기대·명령 등의 어기를 나타냄]

10 D [**要求** 요구]   형용사 '简单'은 정도부사 '非常'의 수식을 받아 술어 역할을 하므로, 괄호가 주어 자리임을 알 수 있다. 뒤 문장에서 경기 규칙을 설명하고 있으므로, 문맥상 괄호에 들어갈 가장 적절한 단어는 D '**要求**'이다.

A: 比赛(**D 要求**)非常简单, 3分钟, 谁跑得最远, 谁就是第一。 B: 知道了, 开始吧。	A: 경기의 (**D 요구**) 사항은 매우 간단해. 3분이고, 가장 멀리 뛰는 사람이 바로 1등이야. B: 알겠어. 시작하자.

★比赛 bǐsài 몡 경기, 시합 | ★要求 yāoqiú 몡 요구 | 非常 fēicháng 뷔 매우, 대단히 | ★简单 jiǎndān 톙 간단하다 | 分钟 fēnzhōng 몡 분 | 跑 pǎo 통 달리다 | 得 de 조 ~하는 정도가 ~하다 | 最 zuì 뷔 가장, 제일 | 远 yuǎn 톙 (거리가) 멀다 | 第一 dì yī 囹 제1, 첫 (번)째 | 知道 zhīdào 통 알다, 이해하다 | 开始 kāishǐ 통 시작하다

독해 제2부분
04 부사·접속사 어휘 선택

본서 p.141

● track yuedu 16

● Day 29   1 C   2 E   3 A   4 B   5 D

A 经常 jīngcháng 뷔 자주, 늘
B 然后 ránhòu 젭 그 다음에, 그런 후에
C 一共 yígòng 뷔 모두, 전부
D 一直 yìzhí 뷔 계속, 줄곧
E 虽然 suīrán 젭 비록 ~하지만

1 C [**一共 + 술어(花) + 숫자(8)** 모두 8를 썼다]   괄호는 뒤에 동사 '花'가 있으므로 부사 자리일 수도 있고, 쉼표 바로 다음에 위치하고 있으므로 접속사 자리일 수도 있다. '8,000위안 정도를 썼다'고 했으므로 문맥상 괄호에 가장 적절한 단어는 '모두'라는 의미인 C '**一共**'이다.

我们去黄山玩儿了6天, (**C 一共**)花了8000多块。	우리는 황산[黄山]에 가서 6일 동안 놀았고, (**C 모두**) 8,000여 위안을 썼다.

黄山 Huángshān 고유 황산 | 玩儿 wánr 통 놀다 | 天 tiān 몡 일, 날 | ★一共 yígòng 뷔 모두, 전부 | ★花 huā 통 (돈·시간을) 쓰다, 소비하다 | 多 duō 주 (수량사 뒤에 쓰여) 정도, ~쯤 | 块 kuài 양 위안 [중국의 화폐 단위]

2 **E** [虽然A, 但是B 비록 A하지만, 그러나 B하다] 두 문장이 쉼표로 구분되어 '但是'로 이어져 있다. '但是'는 앞뒤에 상반된 내용을 이어 주는 접속사로, 접속사 '虽然'과 함께 쓰여 전환 관계를 나타내는 접속사 역할을 한다.

| 今天银行里(**E** 虽然)人很多, 但是很安静。 | 오늘 은행에는 (**E** 비록) 사람이 많지만 조용하다. |

今天 jīntiān 명 오늘 | ★银行 yínháng 명 은행 | 虽然A, 但是B suīrán A, dànshì B 비록 A하지만 그러나 B하다 | ★安静 ānjìng 형 조용하다

3 **A** [带A去B A를 데리고 B에 가다] 괄호 앞의 '奶奶'는 주어이고, 뒤에 '带'와 '去'는 동사 술어이므로 괄호는 부사 자리임을 알 수 있다. 어렸을 때 할머니가 나를 데리고 가서 놀아 주셨다고 했으므로, 보기 중 문맥상 가장 적절한 단어는 A '经常'이다.

| 小时候, 奶奶(**A** 经常)带我去那儿玩儿。 | 어렸을 때 할머니는 (**A** 자주) 나를 데리고 그곳에 가서 놀아 주셨다. |

小时候 xiǎoshíhou 명 어렸을 때 | ★奶奶 nǎinai 명 할머니 | ★经常 jīngcháng 부 자주, 늘 | ★带 dài 동 데리다, 지니다

4 **B** [先A, 然后B 먼저 A하고, (그다음) B하다] 앞 문장에서 '먼저(先) 회사에 간다'고 했으므로, 쉼표로 연결된 뒤 문장의 괄호에는 앞 문장의 '先'과 어울리는 '然后'가 와서 '先A然后B' 구문이 되는 것이 자연스럽다.

| 明天下午我先去公司, (**B** 然后)再去找他。 | 내일 오후에 나는 회사부터 갔다가, (**B** 그다음) 다시 그를 찾으러 갈 것이다. |

明天 míngtiān 명 내일 | 下午 xiàwǔ 명 오후 | ★先 xiān 부 먼저, 우선 | 公司 gōngsī 명 회사 | ★然后 ránhòu 접 그다음에, 그런 후에 | 再 zài 부 다시 | 找 zhǎo 동 찾다

5 **D** [一直 계속] 괄호 뒤에 부정부사 '没'와 술어 '看见'이 있으므로 괄호가 부사 자리임을 알 수 있다. 보기 중 문맥상 괄호에 적절한 부사는 D '一直'이다.

| 最近怎么(**D** 一直)没看见小李[Xiǎo Lǐ]? | 요즘 왜 (**D** 계속) 샤오리[小李]가 안 보이지? |

★最近 zuìjìn 명 요즘, 최근 | 怎么 zěnme 대 왜, 어째서 | ★一直 yìzhí 부 계속, 줄곧 | 看见 kànjiàn 동 보(이)다

● Day 30   6 B   7 E   8 D   9 A   10 C

A 多么 duōme 튄 얼마나
C 其实 qíshí 튄 사실
E 突然 tūrán 튄 갑자기
B 终于 zhōngyú 튄 드디어, 마침내
D 只有 zhǐyǒu 접 ~해야만 (~이다)

6 B [终于A了 드디어 A했다] 괄호 앞의 '你'는 주어이고, 괄호 뒤에 '来'는 동사 술어이므로 괄호는 부사 자리임을 알 수 있다. 보기 중 문맥상 가장 적절한 부사는 B '终于'이다.

A: 你(B 终于)来了, 买啤酒了吗?
B: 医生不让你喝酒, 所以我买了点儿果汁。

A: 너는 (B 드디어) 왔구나. 맥주 샀어?
B: 의사가 너에게 술을 마시지 말라고 했잖아. 그래서 과일주스를 좀 사 왔어.

★终于 zhōngyú 튄 드디어, 마침내 | 买 mǎi 동 사다 | ★啤酒 píjiǔ 명 맥주 | 医生 yīshēng 명 의사 | 让 ràng 동 ~하게 하다 | 喝 hē 동 마시다 | 酒 jiǔ 명 술 | 所以 suǒyǐ 접 그래서 | 点儿 diǎnr 수량 좀, 약간 | 果汁 guǒzhī 명 과일주스

7 E [突然A了 갑자기 A했다] 괄호 뒤에 동사 '找'가 있으므로, 괄호가 부사 자리임을 알 수 있다. 제시된 단어 중 차표를 찾을 수 없는 당황스러운 상황에 어울리는 부사는 '갑자기'라는 뜻의 E '突然'이다.

A: 我的车票呢? 怎么(E 突然)找不到了呢?
B: 是不是和书放一起了?

A: 내 차표는? 왜 (E 갑자기) 못 찾겠지?
B: 책이랑 같이 둔 거 아니야?

车票 chēpiào 명 차표 | 怎么 zěnme 대 왜, 어째서 | ★突然 tūrán 튄 갑자기, 문득 | 找 zhǎo 동 찾다 | 到 dào 동 (동사 뒤에 쓰여) ~했다 | 和 hé 개 ~와 | 书 shū 명 책 | ★放 fàng 동 놓다 | 一起 yìqǐ 튄 같이, 함께

8 D [只有A才B A해야만 비로소 B하다] 괄호 뒤에 열심히 공부하고 복습한다는 '조건'의 내용이 있고, 부사 '才' 뒤에 '결과'를 나타내는 내용이 나오므로, 보기 중 괄호에 들어갈 가장 적절한 단어는 조건을 나타내는 접속사 D '只有'이다.

A: 小王[Xiǎo Wáng], 你成绩一直很好, 有什么好办法吗?
B: 没有特别的。(D 只有)认真学习复习, 才能取得好成绩。

A: 샤오왕[小王], 너는 성적이 계속 좋은데 무슨 좋은 방법이 있는 거니?
B: 특별한 것은 없어. 열심히 공부하고 복습(D 해야만), 비로소 좋은 성적을 얻을 수 있어.

★一直 yìzhí 튄 계속 | ★成绩 chéngjì 명 성적 | 办法 bànfǎ 명 방법 | ★特别 tèbié 형 특별하다, 특이하다 | 只有A, 才B zhǐyǒu A, cái B A해야만 비로소 B하다 | ★认真 rènzhēn 형 열심히 하다 | 学习 xuéxí 동 공부하다 | ★复习 fùxí 동 복습하다 | 能 néng 조동 ~할 수 있다 | 取得 qǔdé 동 취득하다, 얻다

9 **A** [多么A啊! 얼마나 A한가!] 괄호 뒤에 형용사 '好'가 있으므로, 괄호가 부사 자리임을 알 수 있다. 제시된 단어 중 괄호에 적절한 부사는 A '多么'이다. '多么'는 문장 끝에 어기조사 '啊'와 함께 쓰여 감탄을 나타낸다.

A: 这是一个(A 多么)好的机会啊! 你一定要去。
B: 好的, 那我去试试吧!

A: 이게 (A 얼마나) 좋은 기회야! 너 꼭 가야 해.
B: 좋아. 그러면 내가 가서 시도해 볼게!

★多么 duōme 里 얼마나 | ★机会 jīhuì 명 기회, 찬스 | ★啊 a 조 [문장 끝에 쓰여 감탄을 나타냄] | ★一定 yídìng 부 꼭, 반드시 | 要 yào 조동 ~해야 한다 | 那 nà 접 그러면 | ★试 shì 동 시험 삼아 해 보다 | 吧 ba 조 ~하자 [상의·제의·청유·기대·명령 등의 어기를 나타냄]

10 **C** [只是 그저 / 听一下 좀 듣다] 괄호 뒤는 '나는 그저 이런 오래된 노래를 좀 듣고 싶었다'고 이야기하는 내용이므로, 보기 중 괄호에 들어갈 단어로 가장 적절한 것은 C '其实'이다. 일반적으로 부사는 주어 앞에 잘 위치하지 않지만 부사 '其实'는 '(그러나), 사실은'이라는 의미로 문장 맨 앞에 오기도 한다.

A: 你很喜欢这种音乐节目吗?
B: (C 其实)我只是想听一下这些老歌。

A: 너는 이런 음악 프로그램을 좋아하니?
B: (C 사실) 나는 그저 이런 오래된 노래를 좀 듣고 싶었을 뿐이야.

喜欢 xǐhuan 동 좋아하다 | ★种 zhǒng 양 종, 종류 | ★音乐 yīnyuè 명 음악 | ★节目 jiémù 명 프로그램 | ★其实 qíshí 부 사실 | ★只是 zhǐshì 부 단지, 다만 | 想 xiǎng 조동 ~하고 싶다 | 听 tīng 동 듣다 | 一下 yíxià 수량 (동사 뒤에 쓰여) 좀 ~하다 | 些 xiē 양 조금, 약간 | ★老 lǎo 형 오래된 | 歌 gē 명 노래

독해 제2부분 05 양사·개사 어휘 선택

본서 p.147

○ track yuedu 18

● Day 32   1 B   2 D   3 E   4 C   5 A

A 刻 kè 양 15분
B 种 zhǒng 양 종, 종류
C 为了 wèile 개 ~를 하기 위하여
D 双 shuāng 양 짝, 켤레
E 把 bǎ 개 ~를 [목적어를 술어 앞으로 끌어내어 처치를 나타냄]

1 **B** [수사 + 양사(种) + 명사]　괄호가 수사 '多'와 명사 '狗' 사이에 있으므로, 양사 자리임을 알 수 있다. 동물을 세는 단위는 '只'이지만, 제시된 보기 중 괄호에 가장 적절한 양사는 B '种'이다.

你知道吗？世界上一共有1400多(**B 种**)狗。	너는 아니? 세상에는 모두 1,400여(**B 종**)의 개가 있어.

知道 zhīdào 통 알다, 이해하다 | ★**世界** shìjiè 명 세계 | ★**一共** yígòng 부 모두, 전부 | **多** duō 수 (수량사 뒤에 쓰여) ~여, 남짓 | ★**种** zhǒng 양 종, 종류 | **狗** gǒu 명 개

2 **D** [지시대사(+ 수사) + 양사(双) + 명사]　괄호가 지시대사 '那'와 명사 '鞋' 사이에 있으므로, 양사 자리임을 알 수 있다. 신발은 두 짝이 한 켤레이므로 짝을 이루는 명사를 세는 단위 D '双'으로 센다.

我非常想买那(**D 双**)鞋，但问题是我的脚太大了。	나는 저 신발 한 (**D 켤레**)를 매우 사고 싶어. 그렇지만 문제는 내 발이 너무 크다는 것이지.

非常 fēicháng 부 매우, 대단히 | **想** xiǎng 조동 ~하고 싶다 | **买** mǎi 통 사다 | ★**双** shuāng 양 켤레, 짝 | **鞋** xié 명 신발 | **但** dàn 접 그러나 | **问题** wèntí 명 문제 | ★**脚** jiǎo 명 발 | **太** tài 부 너무, 매우

3 **E** [把 + 목적어 + 술어 + 기타 성분]　괄호 앞에 주어 '你'가 있고, 괄호 뒤에 목적어 '手机'와 술어 '关'이 있으므로, 목적어가 도치되었음을 알 수 있다. 제시된 보기 중 목적어를 도치할 수 있는 것은 개사 E '把'이다.

电影马上要开始了，你(**E 把**)手机关了吧。	영화가 곧 시작하려 해. 너는 핸드폰(**E 을**) 끄도록 해.

电影 diànyǐng 명 영화 | ★**马上** mǎshàng 부 곧, 즉시 | **要** yào 조동 ~하려고 하다 | **开始** kāishǐ 통 시작하다 | ★**把** bǎ 개 [목적어를 술어 앞으로 끌어내어 처치를 나타냄] | **手机** shǒujī 명 핸드폰 | ★**关** guān 통 끄다, 닫다 | **吧** ba 조 ~하자 [상의·제의·청유·기대·명령 등의 어기를 나타냄]

4 **C** [为了 + 목적, 행위]　괄호 뒤의 내용은 행위의 목적을 나타내므로, 제시된 보기 중 괄호에 들어갈 단어로 가장 적절한 것은 목적을 이끄는 개사 C '为了'이다.

(**C 为了**)更好地解决这个问题，你必须提高自己的英语水平。	이 문제를 더 잘 해결하기(**C 위해서**), 너는 반드시 자신의 영어 수준을 높여야 해.

★**为了** wèile 개 ~를 하기 위하여 | ★**更** gèng 부 더 | ★**地** de 조 ~하게, ~히 | ★**解决** jiějué 통 풀다, 해결하다 | ★**问题** wèntí 명 문제 | ★**必须** bìxū 부 반드시 (~해야 한다) | ★**提高** tígāo 통 높이다, 향상시키다 | ★**自己** zìjǐ 대 자신, 스스로 | **英语** Yīngyǔ 고유 영어 | ★**水平** shuǐpíng 명 수준

5　A [一刻 15분]　괄호 앞에 '两点(2시)'이라는 시간 표현이 나왔으므로, 괄호에는 시간 관련 단어가 올 것임을 알 수 있다. 제시된 보기 중 시간과 연관된 단어는 '15분'을 나타내는 A '刻'이다.

| 现在才两点一（ **A 刻** ），别担心，我们一定不会迟到的。 | 지금은 겨우 2시 (**A 15분**)이야. 걱정 마. 우리는 분명 늦지 않을 거야. |

现在 xiànzài 명 지금 | **两** liǎng 수 2, 둘 | **点** diǎn 양 시 | ★**刻** kè 양 15분 | **别** bié 부 ~하지 마라 | ★**担心** dānxīn 동 걱정하다 | ★**一定** yídìng 부 분명히, 반드시 | **会……的** huì …… de ~할 것이다 | ★**迟到** chídào 동 지각하다

● **Day 33**　　6 D　7 C　8 A　9 E　10 B　　● track yuedu 19

A 米 mǐ 양 미터(m)　　　　　　　　　　B 被 bèi 개 ~에게 ~를 당하다
C 为 wèi 개 ~를 위하여　　　　　　　　D 条 tiáo 양 벌[바지·치마를 세는 단위]
E 角 jiǎo 양 자오 [0.1위안]

6　D [条 치마, 바지를 세는 양사]　괄호 앞은 술어 '买'이고, 괄호 뒤는 목적어 '裙子'이므로, 괄호는 목적어를 수식하는 관형어 자리임을 알 수 있다. 관형어로는 명사, 대사, 수량사 등이 쓰이며, 제시된 보기 중 문맥상 괄호에 들어갈 가장 적절한 어휘는 치마를 세는 양사 D '条'이다.

| A: 夏天来了，天气越来越热了。
B: 是啊，我想明天去买（ **D 条** ）裙子。你去吗？ | A: 여름이 왔어. 날씨가 점점 더워지고 있어.
B: 맞아. 나는 내일 치마 한 (**D 벌**)을 사러 가고 싶어. 너도 갈래? |

夏天 xiàtiān 명 여름 | **天气** tiānqì 명 날씨 | **越来越** yuèláiyuè 부 점점, 갈수록 | **热** rè 형 덥다, 뜨겁다 | ★**啊** a 조 [문장 끝에 쓰여 긍정을 나타냄] | **想** xiǎng 조동 ~하고 싶다 | **明天** míngtiān 명 내일 | **买** mǎi 동 사다 | ★**条** tiáo 양 벌 [바지·치마를 세는 단위] | ★**裙子** qúnzi 명 치마

7　C [为A准备 A를 위해 준비하다]　'부사(特别) + 개사구(개사 + 대사) + 동사(准备)' 어순에 근거하여, 괄호가 개사 자리임을 알 수 있다. 제시된 단어 중 목적의 원인을 이끄는 개사인 C '为'가 정답이다.

| A: 这个包我拿着好看吗？
B: 好看极了，好像是特别（ **C 为** ）你准备的。
　　매우 ~하다　　　　　　　　~를 위해 준비하다 | A: 내가 이 가방을 들은 건 예쁘니?
B: 매우 예뻐. 마치 특별히 너를 (**C 위해**) 준비한 것 같아. |

★**包** bāo 명 가방 | ★**拿** ná 동 (손으로) 가지다, 쥐다 | **着** zhe 조 ~하고 있다 | **好看** hǎokàn 형 예쁘다, 보기 좋다 | ★**极** jí 부 아주, 극히 | **好像** hǎoxiàng 부 마치 ~와 같다 | ★**特别** tèbié 부 특별히, 아주 | ★**为** wèi 개 ~를 위하여 | **准备** zhǔnbèi 동 준비하다

8 **A** [수사 + 양사(米)] 괄호 앞에 숫자 1,000이 있으므로, 괄호가 양사 자리임을 알 수 있다. 제시된 단어 중 괄호에 들어갈 가장 적절한 단어는 길이를 세는 단위인 A '米'이다. '走 + 수사 + 米'는 '~미터(m)를 걷다'라는 의미로 시험에 자주 출제되는 표현이다.

A: 你好，请问这儿附近有超市吗？ B: 有，你从这儿向西走1000（ **A** 米），就有一家。 　　　　~를 향해 걷다	A: 안녕하세요, 말씀 좀 여쭙겠습니다. 여기 근처에 슈퍼마켓이 있나요？ B: 있어요. 여기에서 서쪽으로 1,000（ **A** 미터) 걸으면 바로 있어요.

请问 qǐngwèn 통 말씀 좀 여쭙겠습니다 | ★附近 fùjìn 명 근처 | ★超市 chāoshì 명 슈퍼마켓 | 从 cóng 개 ~에서, ~로부터 | ★向 xiàng 개 ~를 향하여 | ★西 xī 명 서쪽 | 走 zǒu 통 걷다, 가다 | ★米 mǐ 양 미터(m) | 就 jiù 부 곧, 즉시, 바로 [사실을 강조] | 家 jiā 양 [집·점포 등을 세는 단위]

9 **E** [角 자오(0.1위안)] '포도의 가격'에 대해 이야기를 하고 있으며, 괄호 앞에 숫자가 있는 것으로 보아, 괄호도 화폐를 세는 양사 자리임을 알 수 있다. 제시된 보기 중 괄호에 들어갈 양사로 가장 적절한 단어는 E '角'이다.

A: 你好，葡萄怎么卖？ B: 这种四块八一斤，那种便宜，三块五（ **E** 角 ）。	A: 안녕하세요. 포도는 어떻게 파나요？ B: 이 종류는 한 근에 4.8위안이고, 저 종류는 저렴해요. 3위안 5 (**E** 자오)예요.

葡萄 pútao 명 포도 | 怎么 zěnme 대 어떻게 | 卖 mài 통 팔다, 판매하다 | ★种 zhǒng 양 종, 종류 | 块 kuài 양 위안 [중국의 화폐 단위] | 斤 jīn 양 근, 500g | 便宜 piányi 형 (값이) 싸다 | ★角 jiǎo 양 자오 [0.1위안]

10 **B** [被 + A(행동 주체) + B(술어) + 기타 성분 A에게 B를 당하다] '내 수박을 봤냐'는 물음에 '동생이 먹었을 것'이라는 대답을 유추할 수 있으므로, 술어 앞에 있는 명사 '弟弟'와 함께 올 수 있는 단어로 가장 적절한 것은 피동을 나타내는 개사 B '被'이다.

A: 你看见我的西瓜了吗？ B: 没看见，一定是（ **B** 被 ）弟弟吃了。 　　　　분명히 ~일 것이다	A: 너 내 수박 봤어？ B: 못 봤어. 분명히 남동생（ **B** 이) 먹었을 거야.

看见 kànjiàn 통 보(이)다 | 西瓜 xīguā 명 수박 | ★一定 yídìng 부 분명히, 반드시 | ★被 bèi 개 ~에 의해 ~를 당하다 | 弟弟 dìdi 명 남동생

독해 제3부분 01 세부 내용 파악

본서 pp.154~157

● track yuedu 20

● Day 17   1 B   2 A   3 A   4 A   5 B

1 B [对A影响大 A에 영향이 크다] 지문에서 질문의 내용을 따라가면, 정답을 쉽게 찾을 수 있다. '장시간 핸드폰을 사용하면(长时间使用手机), 신체(身体)에 영향이 크다'고 하였다. '对……影响'은 '~에 영향을 주다'라는 의미로, 이는 '건강에 영향을 끼친다(影响健康)'는 의미를 나타낸다. 정답은 B이다.

虽然手机给我们的生活带来了很大的方便，但长时间使用手机，对我们的身体，特别是眼睛影响极大。

비록 핸드폰이 우리의 생활에 큰 편리함을 가져다주었지만, 장시간 핸드폰을 사용하면 우리의 몸에, 특히 눈에 매우 큰 영향을 준다.

★ 长时间用手机，会：
A 身体健康
B 影响健康
C 提高汉语水平

★ 장시간 핸드폰을 쓰면?
A 몸이 건강해진다
B 건강에 영향을 끼친다
C 중국어 수준이 향상된다

虽然A但B suīrán A dàn B 비록 A하지만 그러나 B하다 | **手机** shǒujī 명 핸드폰 | **给** gěi 개 ~에게 | **生活** shēnghuó 명 생활 | **带来** dàilái 동 가져오다, 가져다 주다 | **大** dà 형 (힘·강도 등이) 크다, 세다 | ★**方便** fāngbiàn 형 편의, 편리 | **长** cháng 형 (시간이) 길다 | **时间** shíjiān 명 시간 | **使用** shǐyòng 동 사용하다, 쓰다 | **对** duì 개 ~에 대해 | **身体** shēntǐ 명 몸, 건강 | ★**特别** tèbié 부 특히, 아주 | **眼睛** yǎnjing 명 눈 | ★**影响** yǐngxiǎng 명 영향 동 영향을 끼치다 | ★**极** jí 부 매우, 몹시 | **用** yòng 동 사용하다, 쓰다 | **会** huì 조동 ~할 것이다 | ★**健康** jiànkāng 형 건강하다 | ★**提高** tígāo 동 향상시키다 | **汉语** Hànyǔ 고유 중국어 | ★**水平** shuǐpíng 명 수준

2 A [敢 + A(동사) 대담하게 A하다 / 只有A才B A해야만 B하다] '어떻게 해야 수영을 배울 수 있는지'에 대한 물음에, '용감하게 해야만 비로소 배울 수 있다(只有敢做，才可以学会)'라고 했으므로 A '용감하게 물에 들어가야 한다(敢做下水)'가 정답이다.

不少人想学游泳，但又害怕下水，到了河边只是看别人游泳，不敢下水，是不能学会游泳的。只有敢做，才可以学会。

많은 사람들이 수영을 배우고 싶어 하지만, 물에 들어가는 것 또한 무서워한다. 강가에 와서 그저 다른 사람이 수영하는 것만 보고 물에 들어가려 하지 않으면 수영을 배울 수 없다. 용감하게 해야만 비로소 배울 수 있다.

★ 根据这段话，怎样才能学会游泳？
A 要敢下水
B 多喝水
C 一边看电视一边复习

★ 이 글에 따르면 어떻게 해야 비로소 수영을 배울 수 있는가?
A 용감하게 물에 들어가야 한다
B 물을 많이 마셔야 한다
C TV를 보면서 복습해야 한다

不少 bùshǎo 형 적지 않다, 많다 | **想** xiǎng 조동 ~하고 싶다 | **学** xué 동 배우다 | **游泳** yóuyǒng 명 수영 | **但** dàn 접 그러나 | ★ **又** yòu 부 또, 다시 | ★ **害怕** hàipà 동 무서워하다 | **下水** xiàshuǐ 동 물에 들어가다 | **到** dào 동 이르다, 도착하다 | **河边** hébiān 명 강가, 강변 | **只是** zhǐshì 부 겨우, 단지 | **看** kàn 동 보다 | ★ **别人** biérén 대 다른 사람 | **敢** gǎn 조동 과감하게 ~하다 | **能** néng 조동 ~할 수 있다 | **学会** xuéhuì 동 배워서 할 수 있게 되다 | ★ **只有A才B** zhǐyǒu A cái B A해야만 비로소 B하다 | **做** zuò 동 하다 | **可以** kěyǐ 조동 ~할 수 있다 | ★ **根据** gēnjù 개 ~에 근거하여 | ★ **段** duàn 양 단락 | **话** huà 명 말 | **怎样** zěnyàng 대 어떻다, 어떠하다 | **才** cái 부 비로소 | **要** yào 조동 ~해야 한다 | **喝** hē 동 마시다 | **一边A一边B** yìbiān A yìbiān B A하면서 B하다 | **电视** diànshì 명 TV, 텔레비전 | ★ **复习** fùxí 동 복습하다

---

3 A [便宜 싸다 ≒ 不贵 비싸지 않다] 질문에서 '식당(饭馆儿)'에 대해 묻고 있다. 지문에서 '이 식당의 음식은 저렴하다(便宜)'고 했으므로, A '음식이 비싸지 않다(菜不贵)'가 정답이다.

这家饭馆儿特别有名，来吃饭的人很多。这是因为这家饭馆儿的菜又便宜又好吃，所以人们都愿意来。

이 식당은 아주 유명해서, 식사하러 오는 사람이 많다. 이 식당의 음식은 저렴하면서 맛있기 때문에 사람들이 모두 오고 싶어 한다.

★ 那家饭馆儿:

A 菜不贵
B 菜不好吃
C 对客人要求不高

★ 그 식당은?

A 음식이 비싸지 않다
B 음식이 맛없다
C 손님에 대한 요구가 높지 않다

家 jiā 양 [집·점포 등을 세는 단위] | **饭馆儿** fànguǎnr 명 식당 | ★ **有名** yǒumíng 형 유명하다 | **吃饭** chī fàn 동 밥을 먹다 | **因为A所以B** yīnwèi A suǒyǐ B A때문에 그래서 B하다 | **菜** cài 명 요리 | **又A又B** yòu A yòu B A하기도 하고 B하기도 하다 | **便宜** piányi 형 (값이) 싸다 | **好吃** hǎochī 형 맛있다 | **都** dōu 부 모두 | **愿意** yuànyì 조동 ~하길 원하다 | **贵** guì 형 비싸다 | ★ **客人** kèrén 명 손님 | ★ **要求** yāoqiú 명 요구 | **高** gāo 형 높다

---

4 A [笑 웃다 / 快乐 즐겁다] 지문에서 '웃으면 10년은 젊어진다(笑一笑，十年少)'며 '우리는 자주 웃어야 한다(应经常笑)'고 말하고 있다. '웃는 것(笑)'과 '즐거운 것(快乐)'은 비슷한 의미로 볼 수 있으므로 정답은 A이다.

"笑一笑，十年少。"这是中国人经常说的一句话，意思是笑的作用非常大，笑一笑会让人们年轻10岁。我们应经常笑，这样才能让自己不容易变老、更年轻。

'웃으면 10년은 젊어진다.' 이 말은 중국인이 자주 하는 말이다. 의미는 웃음의 역할이 매우 커서, 웃으면 사람들이 10년은 젊어진다는 뜻이다. 우리는 자주 웃어야 한다. 이렇게 해야 비로소 스스로 쉽게 늙지 않고 더 젊어질 수 있다.

★ 根据这段话，可以知道:

A 人应该快乐
B 笑能让人不舒服
C 爱笑的人更认真

★ 이 글에 따르면 무엇을 알 수 있는가?

A 사람은 즐거워야 한다
B 웃음은 사람을 불편하게 만들 수 있다
C 잘 웃는 사람은 더 성실하다

笑 xiào 동 웃다 | **少** shào 형 젊다, 어리다 | **中国人** Zhōngguórén 고유 중국인 | ★ **经常** jīngcháng 부 자주, 항상 | **说** shuō 동 말하다 | **句** jù 양 마디, 편 [언어·시문을 세는 단위] | **意思** yìsi 명 의미 | **作用** zuòyòng 명 역할 | **非常** fēicháng 부 매우 | **会** huì 조동 ~할 수 있다 | **让** ràng 동 ~하게 하다 | ★ **年轻** niánqīng 형 젊다 | **岁** suì 명 살, 세 | **应** yīng 조동 ~해야 한다 | **这样** zhèyàng 대 이렇게 하면 | ★ **自己** zìjǐ 대 직접, 스스로 | **容易** róngyì 형 쉽다 | **变** biàn 동 변화하다 | **老** lǎo 형 늙다 | ★ **更** gèng 부 더 | **知道**

zhīdào 통 알다 | **快乐** kuàilè 형 즐겁다, 행복하다 | **不舒服** bù shūfu 불편하다, (몸이) 아프다 | **爱** ài 통 ~하는 것을 좋아하다 | ★**认真** rènzhēn 형 성실하다

---

5 **B** [**看表演** 공연을 보다] 질문에서 '맥주 축제(啤酒节)'에 대해 묻고 있고, 지문에서 '맥주 축제에서 맥주를 마시는 것 외에도 노래와 춤 공연(歌舞表演)을 잊을 수 없다'고 했으므로, 맥주 축제에서 공연을 볼 수 있음을 알 수 있다. 따라서 정답은 B이다.

每年夏季的8月21日，那个城市都会举行"啤酒节"，会有不少国家的人前来参加。啤酒节上，除了喝啤酒以外，那里的歌舞表演更让人难忘，人们还能在那里遇到不少名人。 ★ 在啤酒节上： 　A　能看电影 　**B　能看到表演** 　C　共有上百种啤酒	매년 여름 8월 21일, 그 도시는 '맥주 축제'를 개최해서, 많은 나라의 사람들이 참가하러 온다. 맥주 축제에서 맥주를 마시는 것 외에도 그곳의 노래와 춤 공연은 사람들로 하여금 더욱 잊지 못하게 하고, 사람들은 또한 그곳에서 많은 유명 인사들도 만날 수 있다. ★ 맥주 축제에서는? 　A　영화를 볼 수 있다 　**B　공연을 볼 수 있다** 　C　모두 100종이 넘는 맥주가 있다

每年 měi nián 명 매년 | **夏季** xiàjì 명 여름 | **月** yuè 명 월 | **日** rì 명 일 [날짜를 가리킴] | ★**城市** chéngshì 명 도시 | **会** huì 조동 ~하려고 하다 | **举行** jǔxíng 동 개최하다, 거행하다 | ★**啤酒** píjiǔ 명 맥주 | **节** jié 명 기념일 | ★**国家** guójiā 명 국가, 나라 | **前来** qiánlái 동 이쪽으로 오다 | ★**参加** cānjiā 동 참가하다, 참석하다 | ★**除了A以外，还B** chúle A yǐwài, hái B A외에 또 B하다 | **喝** hē 동 마시다 | **歌舞** gēwǔ 동 노래 부르고 춤을 추다 | **表演** biǎoyǎn 명 공연 | **难忘** nánwàng 동 잊을 수 없다 | **还** hái 부 또 | **在** zài 개 ~에서 | ★**遇到** yùdào 동 만나다 | **名人** míngrén 명 유명 인사 | **电影** diànyǐng 명 영화 | **共** gòng 부 모두 | **上** shàng 동 ~가 넘다 | ★**百** bǎi 수 100, 백 | ★**种** zhǒng 양 종, 종류

○ track yuedu 21

● Day 18　　6 B　　7 C　　8 B　　9 A　　10 A

6 **B** [**除了A还B** A외에, 또 B하다] 질문에서 '한 사람을 이해하려면(了解一个人)'이라고 물었으므로, 지문에서 그다음에 이어지는 내용을 파악해야 한다. '어떻게 하는지 봐야 한다(得看他怎么做)'고 했으므로 정답은 B이다.

想要了解一个人，除了得听他怎么说，还得看他怎么做。 ★ 了解一个人： 　A　要照顾他 　**B　要看他怎么做** 　C　不需要听他说什么	한 사람을 이해하고 싶다면 그가 어떻게 말하는지를 듣는 것 외에 그가 어떻게 하는지도 봐야 한다. ★ 한 사람을 이해하려면? 　A　그를 돌봐야 한다 　**B　그가 어떻게 하는지 봐야 한다** 　C　그가 무엇을 말하는지 들을 필요가 없다

想 xiǎng 조동 ~하고 싶다 | **要** yào 조동 ~하려고 하다 | ★**了解** liǎojiě 동 이해하다, 알다 | **除了A还B** chúle A hái B A외에 또 B하다 | **得** děi 조동 ~해야 한다 | **听** tīng 동 듣다 | **怎么** zěnme 대 어떻게, 왜 | **说** shuō 동 말하다 | **还** hái 부 또, 더 | **看** kàn 동 보다 | **做** zuò 동 하다 | ★**照顾** zhàogù 동 돌보다 | ★**需要** xūyào 동 필요하다

7 **C** [虽然A, 但是B 비록 A하지만, 그러나 B하다] 질문에서 '샤오왕[小王]'에 대해 물어봤고, 지문에서 '그는 아주 열심히 일하고(做事) 매우 착실하다(认真)'고 했으므로 C '일을 하고 있는지(参加工作了)' 알 수 있다.

小王[Xiǎo Wáng]是今年8月来公司的，虽然时间很短，但是他做事一直特别努力，特别认真，同事们都非常喜欢他。

- 是……的 강조 구문
- 항상, 줄곧
- 착실하다

★ 根据这段话，可以知道小王：
　A 爱迟到
　B 总是笑
　C 参加工作了

샤오왕[小王]은 올해 8월에 회사에 왔다. 비록 시간은 짧지만 그는 일을 항상 아주 열심히 하고 매우 착실하다. 동료들은 모두 그를 참 좋아한다.

★ 이 글에 따르면 샤오왕[小王]에 대해 알 수 있는 것은?
　A 자주 지각한다
　B 항상 웃는다
　C 일을 하고 있다

今年 jīnnián 명 올해 | 月 yuè 명 월 | 公司 gōngsī 명 회사 | 虽然A, 但是B suīrán A, dànshì B 비록 A하지만 그러나 B하다 | 时间 shíjiān 명 시간 | ★短 duǎn 형 짧다 | 做事 zuòshì 통 일하다 | ★一直 yìzhí 부 계속, 줄곧 | ★特别 tèbié 부 아주, 매우 | ★努力 nǔlì 통 열심히 하다, 노력하다 | ★认真 rènzhēn 형 착실하다 | ★同事 tóngshì 명 동료 | 都 dōu 부 모두 | 非常 fēicháng 부 매우 | 喜欢 xǐhuan 통 좋아하다 | ★根据 gēnjù 개 ~에 근거하여 | ★段 duàn 양 단락 | 话 huà 명 말 | 可以 kěyǐ 조동 ~할 수 있다 | 知道 zhīdào 통 알다, 이해하다 | 爱 ài 통 ~하는 것을 좋아하다 | ★迟到 chídào 통 지각하다 | ★总是 zǒngshì 부 항상, 늘 | 笑 xiào 통 웃다 | ★参加 cānjiā 통 참석하다, 참가하다 | 工作 gōngzuò 명 일, 업무

8 **B** [锻炼身体 신체를 단련하다 / 打+운동 (운동)하다] 지문에서 화자는 '매일 시간을 내서 신체를 단련하는데, 농구를 하거나 달리기를 한다(打篮球或者跑步)'고 했으므로 B '자주 운동한다(经常运动)'는 것을 알 수 있다.

虽然工作非常忙，但是我每天还是会找时间去锻炼身体，比如去打篮球或者跑步。周末，我还会和丈夫一起去爬山。

- 비록 ~하지만, 그러나
- 시간을 내다 신체를 단련하다
- 농구를 하다 ~이거나 ~이다
- ~와 함께

★ 关于说话人，可以知道什么?
　A 很热情
　B 经常运动
　C 很少哭

비록 일은 매우 바쁘지만, 나는 여전히 매일 시간을 내서 신체를 단련하는데 예를 들어 농구를 하거나 달리기를 한다. 주말에는 나는 또 남편과 함께 등산하러 간다.

★ 화자에 대해 무엇을 알 수 있는가?
　A 매우 친절하다
　B 자주 운동한다
　C 잘 울지 않는다

忙 máng 형 바쁘다 | 每天 měi tiān 명 매일 | ★还是 háishi 부 여전히 | 会 huì 조동 ~할 것이다 | 找 zhǎo 통 찾다 | 时间 shíjiān 명 시간 | ★锻炼 duànliàn 통 단련하다 | 身体 shēntǐ 명 몸, 건강 | 比如 bǐrú 접 예를 들어 | 打篮球 dǎ lánqiú 농구를 하다 | ★或者 huòzhě 접 ~나 또는 ~다 | 跑步 pǎobù 통 달리다 | 周末 zhōumò 명 주말 | 和 hé 개 ~와 | 丈夫 zhàngfu 명 남편 | 一起 yìqǐ 부 같이, 함께 | ★爬山 páshān 통 등산하다 | ★关于 guānyú 개 ~에 관해, ~에 대해 | 说话人 shuōhuàrén 명 화자 | ★热情 rèqíng 형 친절하다 | ★经常 jīngcháng 부 자주, 늘 | 运动 yùndòng 명 운동 | 少 shǎo 형 적다 | ★哭 kū 통 (소리 내어) 울다

9 **A** [不错 괜찮다, 좋다 ≒ 好吃 맛있다]   질문에서 물어본 대상, 즉 핵심 단어는 '饭馆儿(식당)'이므로, '饭馆儿'에 주의하며 지문을 읽는다. '생선을 한 마리 더 먹자며, 이 식당의 생선이 괜찮다(不错)'고 했다. 괜찮다는 것은 '맛있다(好吃)'와 의미가 같으므로 A가 정답이다.

服务员，把菜单拿过来，我们再点三个菜。今天再来一条鱼吧，这家饭馆儿的鱼很不错。
~를 가져오다

종업원님, 메뉴판 좀 가져다 주세요. 우리 음식 세 개 더 주문할게요. 오늘 생선을 한 마리 더 먹자. 이 식당의 생선이 괜찮아.

★ 那家饭馆儿：
  A 鱼很好吃
  B 没有牛肉
  C 肉不新鲜

★ 그 식당은?
  A 생선이 맛있다
  B 소고기가 없다
  C 고기가 신선하지 않다

点 diǎn 동 주문하다 | 菜 cài 명 요리 | 服务员 fúwùyuán 명 종업원 | ★把 bǎ 개 [목적어를 술어 앞으로 끌어내어 처치를 나타냄] | ★菜单 càidān 명 메뉴판 | ★拿 ná 동 (손으로) 가지다 | 过来 guòlái 동 오다 | 再 zài 부 다시, 더 | 今天 jīntiān 명 오늘 | 来 lái 동 [구체적인 동사를 대신해 사용함] | ★条 tiáo 양 마리 [물고기를 세는 단위] | 鱼 yú 명 물고기 | 吧 ba 조 ~하자 [상의·제의·청유·기대·명령 등의 어기를 나타냄] | 家 jiā 양 집·점포 등을 세는 단위 | 饭馆儿 fànguǎnr 명 식당 | 不错 búcuò 형 좋다 | 好吃 hǎochī 형 맛있다 | 牛肉 niúròu 명 소고기 | 肉 ròu 명 고기 | ★新鲜 xīnxiān 형 신선하다

10 **A** [放在 ~에 두다]   질문에서 '중국인의 이름(中国人的名字)'에 대해 물었다. 지문에 의하면 중국인의 성(姓)은 앞에 위치하므로, A가 정답이다.

我叫白明[Bái Míng]，第一个字是我的姓。中国人的名字和你们国家的不一样，我们的姓是放在前边的，而且一般是一个字。
~와 다르다
~에 놓다

나는 바이밍[白明]이라고 해. 첫 번째 글자는 나의 성이야. 중국인의 이름은 너희 나라와는 다른데, 우리의 성은 앞에 오고, 게다가 보통 한 글자야.

★ 根据这段话，中国人的名字：
  A 姓在前边
  B 都比较短
  C 一共两个字

★ 이 글에 따르면 중국인의 이름은?
  A 성이 앞에 온다
  B 모두 비교적 짧다
  C 모두 두 글자이다

叫 jiào 동 ~라고 부르다 | 第一 dì yī 수 첫 (번)째 | 字 zì 명 글자 | 姓 xìng 명 성, 성씨 | 中国人 Zhōngguórén 고유 중국인 | 名字 míngzi 명 이름 | 和 hé 개 ~와 | ★国家 guójiā 명 국가, 나라 | ★一样 yíyàng 형 똑같다 | ★放 fàng 동 놓다 | 在 zài 개 ~에서 | 前边 qiánbian 명 앞, 앞쪽 | ★而且 érqiě 접 게다가 | ★一般 yìbān 형 일반적이다 | ★比较 bǐjiào 부 비교적 | ★短 duǎn 형 짧다 | ★一共 yígòng 부 모두 | 两 liǎng 수 2, 둘

● Day 34　　11 B　　12 B　　13 B　　14 C　　15 C

track yuedu 22

11 B [几乎 거의]　새로 산 에어컨(空调)에 대해 물었다. 지문에서 '소리가 거의 없다(几乎没有声音)'고 했으므로 B '声音很小(소리가 작다)'가 정답이다.

新买的空调比以前那个好多了，它几乎没有声音，不会影响孩子们的休息和学习。	새로 산 에어컨은 예전의 그것보다 더 좋다. 소리가 거의 없고, 아이들의 휴식과 학습에 영향을 미치지 않는다.
★ 新空调怎么样？ 　A　用电很少 　B　声音很小 　C　出现了问题	★ 새로운 에어컨은 어떠한가? 　A　전력 소모가 매우 적다 　B　소리가 작다 　C　문제가 생겼다

新 xīn 형 새로이 | 买 mǎi 동 사다, 구매하다 | ★ 空调 kōngtiáo 명 에어컨 | 比 bǐ 개 ~보다, ~에 비해 | ★ 以前 yǐqián 명 예전, 이전 | 它 tā 대 그것 | ★ 几乎 jīhū 부 거의 | ★ 声音 shēngyīn 명 소리 | 不会 bú huì ~일 리 없다 | ★ 影响 yǐngxiǎng 동 영향을 주다 | 孩子 háizi 명 아이, 자녀 | 休息 xiūxi 동 쉬다, 휴식하다 | 和 hé 접 ~와 | 学习 xuéxí 동 배우다, 공부하다 | 怎么样 zěnmeyàng 대 어떠냐 | ★ 用 yòng 동 사용하다, 쓰다 | 电 diàn 명 전기 | 少 shǎo 형 적다 | 出现 chūxiàn 동 나타나다, 출현하다 | 问题 wèntí 명 문제

12 B [如果A就B 만약 A하면 바로 B하다]　지문에서 질문의 내용을 따라가면, 손 안에 있는 물건을 놓으면(放开) '다른 것을 선택할 기회가 생긴다(有机会选择别的)'고 했으므로, 정답은 B이다.

你手里拿着一件东西不放的时候，那么你就只有这一件东西，如果你可以放开，你就有机会选择别的。	당신이 손 안에 한 개의 물건을 쥐고 놓지 않으면, 이 한 가지 물건만 갖게 된다. 만약 손에서 놓는다면, 당신은 바로 다른 것을 선택할 기회가 생기게 된다.
★ 放开手中的东西，可以： 　A　更了解学生 　B　有更多选择 　C　更相信别人	★ 손 안에 있는 것을 놓으면 어떻게 되는가? 　A　학생을 더욱 잘 이해할 수 있다 　B　더 많은 선택권을 가질 수 있다 　C　다른 사람을 더욱 믿을 수 있다

手 shǒu 명 손 | ★ 拿 ná 동 쥐다, (손으로) 가지다 | 着 zhe 조 ~하고 있다 | 件 jiàn 양 개, 건 [일·사건 등을 세는 단위] | 东西 dōngxi 명 물건, (구체적·추상적인) 것 | ★ 放 fàng 동 놓다 | ……的时候 …… de shíhou ~할 때 | 那么 nàme 접 그러면, 그렇다면 | 就 jiù 부 곧, 바로 [사실을 강조] | ★ 只 zhǐ 부 오직, 겨우 | ★ 如果A就B rúguǒ A jiù B 만약 A하면 바로 B하다 | 可以 kěyǐ 조동 ~해도 된다 | ★ 放开 fàngkāi 동 놓다 | ★ 机会 jīhuì 명 기회 | ★ 选择 xuǎnzé 동 선택하다, 고르다 | 别的 biéde 대 다른 것 | ★ 更 gèng 부 더, 더욱 | ★ 了解 liǎojiě 동 이해하다 | 学生 xuésheng 명 학생 | ★ 相信 xiāngxìn 동 믿다, 신임하다 | ★ 别人 biérén 대 다른 사람

01 세부 내용 파악　95

13 B [表示 나타내다] 질문에서 '노란색(黄色)은 무엇을 표현하는지' 물었으므로, 지문에서 노란색을 찾아서 보기와 비교하면 쉽게 정답을 찾을 수 있다. '노란색으로 가을을 나타낸다(表示秋季)'고 했으므로 정답은 B이다.

不同的季节能用不同的颜色来表示, 人们用黄色来表示秋季, 那春天呢?	다른 계절은 다른 색으로 나타낼 수 있다. 사람들은 노란색으로 가을을 나타낸다. 그렇다면 봄은 어떤가?
★ 黄色常被用来表示: 　A　夏天 　**B　秋天** 　C　冬天	★ 노란색은 무엇을 표현하는 데 자주 쓰이는가? 　A　여름 　**B　가을** 　C　겨울

不同 bùtóng 형 다르다 | ★ 季节 jìjié 명 계절 | 能 néng 조동 ~할 수 있다 | 颜色 yánsè 명 색, 색깔 | 表示 biǎoshì 동 나타내다, 의미하다 | 用 yòng 개 ~로 | 黄色 huángsè 명 노란색 | 秋季 qiūjì 명 가을 | 那 nà 접 그렇다면, 그러면 | 春天 chūntiān 명 봄 | 常 cháng 부 자주 | ★ 被 bèi 개 ~에게 ~를 당하다 | 夏天 xiàtiān 명 여름 | 秋天 qiūtiān 명 가을 | 冬天 dōngtiān 명 겨울

14 C [因为A, 所以B A때문에 B하다] 질문에서 '선물(礼物)을 왜 지금(现在) 주는지' 물었으므로, 선물을 주는 상황임을 알 수 있다. '이번 주말에 베이징에 있지 않아서(这个周末不在北京) 공항으로 데려다줄 방법이 없을 것 같다'고 했으므로 정답은 C이다. 시점에 주의하면서 지문을 읽자.

听说你这个周末就要离开北京回国了? 因为我这个周末不在北京, 所以没办法送你去机场了, 这个熊猫送给你, 欢迎你以后再到北京来。	듣자 하니 너는 이번 주말에 베이징을 떠나 귀국한다며? 나는 이번 주말에 베이징에 있지 않기 때문에, 그래서 너를 공항으로 데려다줄 방법이 없어. 이 판다를 너에게 줄게. 다음에 다시 베이징에 오길 바라.
★ 他为什么现在送礼物? 　A　担心下雨 　B　想学汉语 　**C　周末不在北京**	★ 그는 왜 지금 선물을 주는가? 　A　비가 올까 걱정돼서 　B　중국어를 배우고 싶어서 　**C　주말에 베이징에 있지 않아서**

听说 tīngshuō 동 듣자 하니 | ★ 周末 zhōumò 명 주말 | 就要……了 jiùyào……le 곧 ~하려 하다 | ★ 离开 líkāi 동 떠나다 | 北京 Běijīng 고유 베이징 | 回国 huíguó 귀국하다 | 因为A所以B yīnwèi A suǒyǐ B A때문에 그래서 B하다 | 在 zài 동 ~에 있다 | ★ 办法 bànfǎ 명 방법 | 送 sòng 동 데려다주다 동 주다, 선물하다 | 机场 jīchǎng 명 공항 | ★ 熊猫 xióngmāo 명 판다 | 给 gěi 개 ~에게 | ★ 欢迎 huānyíng 동 환영하다 | 以后 yǐhòu 명 이후 | 再 zài 부 다시, 더 | 到 dào 동 이르다, 도착하다 | 为什么 wèishénme 대 왜, 어째서 | 现在 xiànzài 명 지금 | ★ 礼物 lǐwù 명 선물 | ★ 担心 dānxīn 동 걱정하다 | 下雨 xiàyǔ 동 비가 내리다 | 想 xiǎng 조동 ~하고 싶다 | 学 xué 동 배우다 | 汉语 Hànyǔ 고유 중국어

15 C [遇到问题 문제를 직면하다 / 帮助 돕다] 지문에서 질문의 핵심 내용을 보면, '그녀(她)는 내가 아플 때 나를 돌봐 준 적이 있고, 내가 문제에 직면했을 때 나를 도와준 적이 있다(帮助过我)'고 했다. 그러므로 C '나를 도와 문제를 해결해 줬다(解决问题)'가 정답이다.

她在我生病时照顾过我，在我遇到问题时帮助过我，在我心中，她是我最好的朋友。	그녀는 내가 병에 걸렸을 때 나를 돌봐 준 적이 있고, 내가 문제에 직면했을 때 나를 도와준 적이 있다. 내 마음속에 그녀는 나의 가장 좋은 친구이다.
★ 我遇到问题时，她： 　A 很难过 　B 身体好 　C 帮我解决问题	★ 내가 문제에 직면했을 때 그녀는? 　A 견디기 어렵다 　B 건강이 좋다 　C 나를 도와 문제를 해결해 줬다

在 zài 〔개〕 ~에서 | **生病** shēngbìng 〔동〕 병이 나다 | **时** shí 〔명〕 때 | ★ **照顾** zhàogù 〔동〕 돌보다, 보살피다 | **过** guo 〔조〕 ~한 적이 있다 | ★ **遇到** yùdào 〔동〕 맞닥뜨리다, 만나다 | **帮助** bāngzhù 〔동〕 돕다 | **心** xīn 〔명〕 마음 | **最** zuì 〔부〕 가장, 아주 | **朋友** péngyou 〔명〕 친구 | ★ **难过** nánguò 〔형〕 견디기 어렵다, 슬프다 | **身体** shēntǐ 〔명〕 몸, 건강 | **帮** bāng 〔동〕 돕다 | ★ **解决** jiějué 〔동〕 해결하다, 풀다

○ track yuedu 23

● Day 35　　16 A　　17 B　　18 A　　19 C　　20 C

16　A　[让 + A(대상) + B(술어) A로 하여금 B하게 하다 / 想起 생각나다]　'为什么'로 질문했으므로, '因为'에서 힌트를 찾을 수 있다. 《回家》라는 노래를 듣고 울었으며, 그 노래가 과거의 일(过去的事)을 기억나게 했다고 하였으므로 정답은 A이다.

没事，他哭是因为刚才听到有人在唱《回家》，这让他突然想起了不少过去的事。	괜찮아. 그가 우는 건 방금 어떤 사람이 「귀향」을 부르는 걸 들었기 때문이야. 이 노래는 그로 하여금 갑자기 많은 과거의 일을 생각나게 했어.
★ 他为什么哭? 　A 想起了过去 　B 眼睛不舒服 　C 不想上班	★ 그는 왜 우는가? 　A 과거가 생각나서 　B 눈이 불편해서 　C 출근하기 싫어서

没事 méishì 〔동〕 괜찮다, 별일 없다 | ★ **哭** kū 〔동〕 (소리 내어) 울다 | **因为** yīnwèi 〔개〕 ~때문에 | ★ **刚才** gāngcái 〔명〕 방금 | **听** tīng 〔동〕 듣다 | **到** dào 〔동〕 (동사 뒤에 쓰여) ~했다 | **有** yǒu 〔동〕 어떤 | **在** zài 〔부〕 ~하고 있는 중(이다) | **唱** chàng 〔동〕 노래 부르다 | **回家** huí jiā 집으로 돌아가다 | **让** ràng 〔동〕 ~하게 하다 | **突然** tūrán 〔부〕 갑자기 | **想** xiǎng 〔동〕 생각하다 | **起** qǐ 〔동〕 (동사 뒤에 쓰여) ~하기 시작하다 | **不少** bùshǎo 〔형〕 많다, 적지 않다 | ★ **过去** guòqù 〔명〕 과거 | **事** shì 〔명〕 일 | **为什么** wèi shénme 〔대〕 왜, 어째서 | **眼睛** yǎnjing 〔명〕 눈 | **不舒服** bù shūfu 불편하다, (몸이) 아프다 | **想** xiǎng 〔조동〕 ~하고 싶다 | **上班** shàngbān 〔동〕 출근하다

17　B　[吃饱 배부르게 먹다 ≒ 多吃 많이 먹다]　지문에서 '점심밥은 배부르게 먹어야 한다(午饭要吃饱)'고 했으므로, 지문과 일치하는 보기는 '점심밥을 많이 먹어야 한다(午饭要多吃)'고 한 B이다.

中国人常说：早饭要吃好，午饭要吃饱，
　　　　　자주 말하다　　　잘 먹다　　　배부르게 먹다
晚饭要吃少。

★ 根据这句话，可以知道：
　A　早饭要少吃
　B　午饭要多吃
　C　晚饭要吃好

중국인들은 '아침밥은 잘 먹어야 하고, 점심밥은 배부르게 먹어야 하고, 저녁밥은 적게 먹어야 한다'고 자주 말한다.

★ 이 글에 따르면 알 수 있는 것은?
　A　아침밥을 적게 먹어야 한다
　B　점심밥을 많이 먹어야 한다
　C　저녁밥을 잘 먹어야 한다

中国人 Zhōngguórén 고유 중국인 | **常** cháng 부 자주, 늘 | **说** shuō 동 말하다 | **早饭** zǎofàn 명 아침밥 | **要** yào 조동 ~해야 한다 | **午饭** wǔfàn 명 점심밥 | ★ **饱** bǎo 형 배부르다 | **晚饭** wǎnfàn 명 저녁밥 | **少** shǎo 형 적다 | ★ **根据** gēnjù 개 ~를 근거로 | **句** jù 양 마디, 편[언어·시문을 세는 단위] | **话** huà 명 말 | **可以** kěyǐ 조동 ~할 수 있다 | **知道** zhīdào 동 알다, 이해하다

18　A [**不热不冷** 덥지 않고 춥지 않다 ≒ **舒服** 편안하다] 지문에서 '베이징의 가을은 덥지도 않고 춥지도 않고, 비도 그다지 많이 오지 않는다'고 했다. 이런 날씨를 설명할 때 '舒服'라는 표현을 사용하므로 A가 정답이다. 관련 어휘를 통해 정답을 유추할 수 있다.

北京的秋天比较短，但是这是北京最好的
　　　　　　　　　　　　　　　　가장 좋은 계절
季节。北京的秋天不热也不冷，下雨的时间也
不太多，这时去北京旅游最好。北京的春天也
　　　　　　　　여행을 가다
特别漂亮，只是有的时候会经常刮大风。
특히 예쁘다　　　어떤 때에는　　바람이 세게 불다

★ 北京的秋天：
　A　很舒服
　B　特别热
　C　不刮风

베이징의 가을은 비교적 짧지만, 가을은 베이징의 가장 좋은 계절이다. 베이징의 가을은 덥지도 춥지도 않고, 비가 오는 때도 그다지 많지 않다. 이때 베이징으로 여행을 가는 것이 가장 좋다. 베이징의 봄도 특히 예쁘다. 다만 어떤 때에는 자주 바람이 세게 분다.

★ 베이징의 가을은?
　A　매우 편안하다
　B　매우 덥다
　C　바람이 불지 않다

北京 Běijīng 고유 베이징 | **秋天** qiūtiān 명 가을 | ★ **比较** bǐjiào 부 비교적 | ★ **短** duǎn 형 짧다 | **但是** dànshì 접 그러나, 그렇지만 | **最** zuì 부 가장, 아주 | ★ **季节** jìjié 명 계절 | **热** rè 형 덥다, 뜨겁다 | **也** yě 부 ~도 | **冷** lěng 형 춥다, 차다 | **下雨** xiàyǔ 동 비가 내리다 | **时间** shíjiān 명 시간 | **不太** bú tài 그다지 ~하지 않다 | **时** shí 명 때 | **旅游** lǚyóu 동 여행하다 | **春天** chūntiān 명 봄 | ★ **特别** tèbié 부 특히, 아주 | **漂亮** piàoliang 형 예쁘다 | **只是** zhǐshì 다만, 오직 | **有** yǒu 동 어떤, 어느 | **……的时候** …… de shíhou ~할 때 | **会** huì 조동 ~할 것이다 | ★ **经常** jīngcháng 부 자주, 늘 | **刮** guā 동 불다 | **风** fēng 명 바람 | ★ **舒服** shūfu 형 편안하다 | **特别** tèbié 부 매우, 아주

19　C [**还是** 여전히] 여자가 유쾌하고(快乐) 친절한(热情) 것은 예전과 같다고 했으므로, 보기 중에서 예전의 그녀에 대해 맞게 표현한 것은 C이다.

一年不见，没想到她的变化这么大，
　　　　　생각지도 못하다　　　변화가 크다
比以前高了很多，但是和以前一样的是，她
~보다　　　　　　　　　　~와 같다
还是那么快乐、热情、喜欢帮助别人。
여전히　　　　　　　　　　다른 사람을 돕다

1년 동안 보지 못했는데, 그녀가 이렇게 많이 변했을 거라고 생각지도 못했다. 예전보다 키가 많이 컸다. 하지만 예전과 같은 것은 그녀가 여전히 그렇게 유쾌하고, 친절하고, 다른 사람 돕는 것을 좋아한다는 것이다.

★ 她以前怎么样?
  A 又高又胖
  B 容易累
  C 热情、快乐

★ 그녀는 예전에 어떠했는가?
  A 키가 크고 뚱뚱했다
  B 쉽게 피곤해했다
  C 친절하고 유쾌했다

见 jiàn 图 보다 | 没想到 méi xiǎngdào 생각지도 못하다 | ★ 变化 biànhuà 몡 변화 | 这么 zhème 떼 이렇게 | 比 bǐ 꽤 ~보다, ~에 비해 | ★ 以前 yǐqián 몡 예전, 이전 | 高 gāo 톙 높다, 크다 | 和 hé 꽤 ~와 | ★ 一样 yíyàng 톙 똑같다 | ★ 还是 háishi 뷔 여전히 | 那么 nàme 떼 그렇게 | 快乐 kuàilè 톙 즐겁다, 행복하다 | ★ 热情 rèqíng 톙 친절하다 | 喜欢 xǐhuan 图 좋아하다 | 帮助 bāngzhù 图 돕다 | ★ 别人 biérén 떼 다른 사람 | 又A又B yòu A yòu B A하기도 하고 B하기도 한다 | 胖 pàng 톙 뚱뚱하다 | ★ 容易 róngyì 톙 쉽다 | 累 lèi 톙 지치다, 피곤하다

20 C [把 + A(사물) + 放在 + B(장소) A를 B에 놓다] 질문에서 여행용 가방(行李箱)이 어디에 있을지 물었으므로, 장소에 주의하며 지문을 읽는다. 화자는 '택시를 탈 때 여행용 가방을 차의 트렁크에 놓았고 내릴 때 챙기는 것을 잊었다(忘了拿行李箱)'고 했으므로, 가방은 C '택시 안(出租车上)'에 있을 가능성이 가장 크다.

下了飞机, 坐出租车时, 我把行李箱放在车箱里了。下车的时候, 我忘了拿行李箱, 里边有不少重要的东西。但我有出租车票, 我相信一定能找到我的行李箱。

★ 我的行李箱现在最可能在:
  A 银行
  B 家
  C 出租车上

비행기에서 내려서 택시를 탈 때 나는 여행용 가방을 차의 트렁크에 넣었다. 차에서 내릴 때 나는 여행용 가방을 챙기는 것을 잊었다. 그 안에는 중요한 물건이 많이 있다. 하지만 나는 택시 영수증이 있으니, 반드시 나의 여행용 가방을 찾을 수 있을 거라고 믿는다.

★ 나의 여행용 가방은 지금 어디에 있을 가능성이 가장 높은가?
  A 은행
  B 집
  C 택시 안

下 xià 图 내리다 | 飞机 fēijī 몡 비행기 | 坐 zuò 图 (교통수단을) 타다 | 出租车 chūzūchē 몡 택시 | ★ 把 bǎ 꽤 [목적어를 술어 앞으로 끌어내어 처치를 나타냄] | ★ 行李箱 xínglǐxiāng 몡 여행용 가방, 트렁크 | ★ 放 fàng 图 놓다 | 在 zài 꽤 ~에서 图 ~에 있다 | 车箱 chēxiāng 몡 트렁크 | 下车 xiàchē 图 (차에서) 내리다 | 忘 wàng 图 잊다 | ★ 拿 ná 图 (손으로) 가지다, 쥐다 | ★ 重要 zhòngyào 톙 중요하다 | 东西 dōngxi 몡 물건 | 但 dàn 젭 그러나 | 票 piào 몡 증명서, 표 | ★ 相信 xiāngxìn 图 믿다 | ★ 一定 yídìng 뷔 반드시, 필히 | 能 néng 조동 ~할 수 있다 | 找 zhǎo 图 찾다 | 现在 xiànzài 몡 지금 | 最 zuì 뷔 가장, 제일 | 可能 kěnéng 뷔 아마도 | ★ 银行 yínháng 몡 은행

독해 제3부분 02 주제 파악

본서 pp.162~163

● track yuedu 24

● Day 37   1 C   2 B   3 C   4 C   5 B

1 C [检查 검사하다] 질문에 '主要'가 있으므로, 이는 곧 주제를 찾는 문제임을 알 수 있다. 주제를 찾을 때는 '所以(그래서)' 뒤의 결론을 주목하자. 화자는 '그를 데리고 병원에 가서 다시 검사를 받고 싶다(我想带他去医院再检查一下)'고 했으므로, 정답은 C이다.

这个药几乎没什么作用，他的牙还在疼。他昨天没睡好觉，我很担心会影响他的学习，所以我想带他去医院再检查一下。	이 약은 거의 효과가 없고, 그의 이는 여전히 아프다. 그가 어제 잠을 잘 못 자서 나는 그의 학습에 영향을 끼칠까 봐 걱정된다. 그래서 그를 데리고 병원에 가서 다시 검사를 받고 싶다.
★ 说话人主要是什么意思？ 　A 发烧了 　B 没有选择 　C 要去看医生	★ 화자의 주된 의미는 무엇인가? 　A 열이 난다 　B 선택권이 없다 　C 진료를 받으러 가려고 한다

药 yào 명 약, 약물 | ★ 几乎 jīhū 부 거의 | 作用 zuòyòng 명 효과, 작용 | 牙 yá 명 이 | 还 hái 부 여전히, 아직 | 在 zài 부 ~하고 있는 중(이다) | ★ 疼 téng 형 아프다 | 昨天 zuótiān 명 어제 | 睡觉 shuìjiào 동 잠을 자다 | 好 hǎo 형 (동사 뒤에 결과보어로 쓰여) 다 잘 ~하다 | ★ 担心 dānxīn 동 걱정하다 | 会 huì 조동 ~일 것이다 | ★ 影响 yǐngxiǎng 동 영향을 주다 | 学习 xuéxí 동 학습하다, 공부하다 | 所以 suǒyǐ 접 그래서 | 想 xiǎng 조동 ~하고 싶다 | ★ 带 dài 동 데리다, 이끌다 | 医院 yīyuàn 명 병원 | 再 zài 부 다시, 더 | ★ 检查 jiǎnchá 동 검사하다 | 一下 yíxià 수량 (동사 뒤에 쓰여) 좀 ~하다 | 说话人 shuōhuàrén 명 화자 | ★ 主要 zhǔyào 형 주된, 주요한 | 意思 yìsi 명 의미, 뜻 | ★ 发烧 fāshāo 동 열이 나다 | ★ 选择 xuǎnzé 명 선택 | 要 yào 조동 ~하려고 하다 | 看医生 kàn yīshēng 진료를 받다, 치료를 받다

2 B [锻炼 단련하다] 지문에서 '외국으로 유학을 가면(去国外留学) 학생들의 능력이 향상되고, 젊은이들에게 일종의 단련(锻炼)이 된다'라고 했으므로 정답은 B이다.

出国留学可以提高学生们的能力，对很多年轻人来说是一种锻炼。因为一个人在国外生活，不但要照顾自己，而且还要学着解决自己以前从来没遇到过的问题。	외국으로 유학을 가면 학생들의 능력을 향상시킬 수 있고, 많은 젊은이들에게 있어서 일종의 단련이 된다. 혼자서 외국 생활을 하기 때문에, 자신을 돌봐야 할 뿐만 아니라, 게다가 예전에 여태껏 맞닥뜨리지 않았던 문제를 스스로 해결하는 것을 배워야 한다.
★ 这段话主要想告诉我们，去国外留学： 　A 没有问题 　B 能锻炼人 　C 需要别人帮忙	★ 이 글이 외국으로 유학 가는 것에 대해 우리에게 주로 알려 주고 싶은 것은? 　A 문제가 없다 　B 사람을 단련할 수 있다 　C 다른 사람을 도와줘야 한다

出国 chūguó 동 출국하다 | ★留学 liúxué 동 유학하다 | 可以 kěyǐ 조동 ~할 수 있다 | ★提高 tígāo 동 향상시키다 | 学生 xuésheng 명 학생 | 能力 nénglì 명 능력 | 对……来说 duì……láishuō ~에 대해 말하자면 | 年轻人 niánqīngrén 명 젊은이 | ★种 zhǒng 양 종, 종류 | ★锻炼 duànliàn 동 단련하다 | 因为 yīnwèi 접 때문에 | 在 zài 개 ~에서 | 国外 guówài 명 외국, 국외 | 生活 shēnghuó 명 생활 | ★不但A而且B búdàn A érqiě B A뿐만 아니라 게다가 B하다 | ★照顾 zhàogù 동 돌보다 | ★自己 zìjǐ 대 자신, 스스로 | 还 hái 부 또 | 要 yào 조동 ~해야 한다 | 学 xué 동 배우다 | 着 zhe ~하고 있다 | ★解决 jiějué 동 해결하다, 풀다 | ★以前 yǐqián 명 예전 | 从来 cónglái 부 여태껏, (과거부터) 지금까지 | ★遇到 yùdào 동 맞닥뜨리다, 만나다 | 过 guo 조 ~한 적이 있다 | 问题 wèntí 명 문제 | ★段 duàn 양 단락 | 话 huà 명 말 | 告诉 gàosu 동 알리다, 말하다 | 能 néng 조동 ~할 수 있다 | ★需要 xūyào 동 필요하다 | ★别人 biérén 대 다른 사람 | ★帮忙 bāngmáng 동 도움을 주다

3 **C** [饭前 식전 / 饭后 식후] 화자가 말하고자 하는 내용이 무엇인지 물었다. 지문에서 '이런 종류의 약은 식전에 먹어야 한다(这种药要饭前吃)'고 했으므로 정답은 C이다. 지문의 주제를 묻는 문제의 힌트는 일반적으로 지문의 앞부분이나 마지막에 있음을 알아 두자!

"你怎么又忘记了? 这种药要饭前吃, 不能饭后吃, 饭后吃会影响药的作用, 下次一定要记住。"

★ 说话人是什么意思?
A 吃饱了
B 没刷牙
C 要饭前吃药

"너는 왜 또 잊은 거야? 이런 종류의 약은 식전에 먹어야 하지, 식후에 먹으면 안 돼. 식후에 먹으면 약 효과에 영향을 줄 수 있어. 다음번에는 꼭 기억해."

★ 화자는 무슨 의미인가?
A 배부르게 먹었다
B 양치를 하지 않았다
C 식전에 약을 먹어야 한다

怎么 zěnme 대 왜, 어째서 | ★又 yòu 부 또, 다시 | ★忘记 wàngjì 동 잊다, 잊어버리다 | 饭 fàn 명 식사 | 前 qián 명 전, 앞 | 不能 bùnéng ~해서는 안 된다 | 后 hòu 명 후, 뒤 | 下次 xiàcì 명 다음번 | ★一定 yídìng 부 꼭, 반드시 | 记住 jìzhù 동 기억해 두다 | ★饱 bǎo 형 배부르다 | ★刷牙 shuāyá 동 양치질하다

4 **C** [不想…… ~하고 싶지 않다] 지문을 보면 '나는 내가 젊다고 생각하고, 그렇게 일찍 결혼하고 싶지 않다(不想那么早结婚)'고 했으므로 화자가 말하고자 하는 내용으로 알맞은 것은 C이다.

爸爸总是为我结婚的事情很着急, 但是我觉得自己很年轻, 不想那么早结婚。对我来说, 现在学习更重要。

★ 说话人是什么意思?
A 工作特别累
B 先照顾爸爸
C 还不想结婚

아버지는 항상 내가 결혼하는 일을 두고 조급해하시지만, 나는 내가 젊다고 생각하고, 그렇게 일찍 결혼하고 싶지 않다. 나에게 있어서 지금 공부하는 것이 더 중요하다.

★ 화자는 무슨 의미인가?
A 일이 아주 힘들다
B 우선 아버지를 돌본다
C 아직 결혼하고 싶지 않다

★总是 zǒngshì 부 항상, 늘 | ★为 wèi 개 ~때문에 | ★结婚 jiéhūn 동 결혼하다 | 事情 shìqing 명 일, 사건 | ★着急 zháojí 동 조급해하다 | 但是 dànshì 접 그러나 | 觉得 juéde 동 ~라고 생각하다 | ★年轻 niánqīng 형 젊다 | 那么 nàme 대 그렇게 | 早 zǎo 형 (때가) 빠르다, 이르다 | 现在 xiànzài 명 지금 | 更 gèng 부 더, 더욱 | 重要 zhòngyào 형 중요하다 | 工作 gōngzuò 명 일, 업무 | ★特别 tèbié 부 아주, 특히 | 累 lèi 형 지치다, 피곤하다 | ★先 xiān 부 우선, 먼저 | 还 hái 부 아직

5 B

[多么 얼마나 ~한지] 지문의 주제를 파악하는 문제이다. 첫 문장에 '많은 사람들은 젊었을 때 시간이 얼마나 중요한지 알지 못한다(不懂得时间有多么重要)'고 했으므로, 화자가 우리에게 알려 주고 싶은 것은 B '시간이 중요하다(时间很重要)'이다.

不少人年轻时不懂得时间有多么重要，年老的时候才明白时间是不等人的，但是他们再也没办法回到过去，做他们想做的事情了。

=很多 / 얼마나 중요한지 / 비로소 깨닫다 / 어떻게 해도 과거로 돌아갈 수 없다

★ 这段话告诉我们：
A 别担心变老
B 时间很重要
C 别害怕

많은 사람들은 젊었을 때 시간이 얼마나 중요한지 알지 못하고, 나이가 들어서야 비로소 시간은 사람을 기다려 주지 않는다는 것을 깨닫게 된다. 하지만 그들은 어떻게 해도 과거로 돌아가서 그들이 하고 싶은 일을 할 수는 없다.

★ 이 글이 우리에게 알려 주는 것은?
A 나이가 드는 것을 걱정하지 말라
B 시간이 매우 중요하다
C 두려워하지 말라

不少 bùshǎo 형 적지 않다, 많다 | 时 shí 명 때 | 懂 dǒng 동 알다, 이해하다 | 时间 shíjiān 명 시간 | ★ 多么 duōme 부 얼마나 | ★ 老 lǎo 형 늙다, 오래된 | ……的时候 …… de shíhou ~할 때 | ★ 才 cái 부 비로소 | ★ 明白 míngbai 동 이해하다, 알다 | 等 děng 동 기다리다 | 也 yě 부 ~도 | ★ 办法 bànfǎ 명 방법 | 回 huí 동 되돌아가다 | ★ 过去 guòqù 명 과거 | 别 bié 부 ~하지 마라 | ★ 担心 dānxīn 동 걱정하다 | 变 biàn 동 변화하다 | ★ 害怕 hàipà 동 무서워하다, 두려워하다

● track yuedu 25

● Day 38   6 C   7 A   8 B   9 C   10 B

6 C

[简单 간단하다 ≒ 容易 쉽다] 지문의 주제는 첫 문장이나 마지막 문장에 위치하는 경우가 많다. 첫 문장에서 '케이크를 만드는 것은 간단하다(简单)'고 했으므로, 보기 중 가장 비슷한 의미는 C '케이크를 만드는 것은 쉽다(容易)'이다. 보기에 지문과 동일한 단어가 아닌 유의어가 제시되는 경우도 종종 있으니 주의하자.

做蛋糕其实非常简单，如果你有兴趣，我可以教你。你愿意学吗？愿意学的话，我们要先准备水果、糖、鸡蛋、牛奶和面这些东西，然后就可以开始了。

흥미가 있다 / ~한다면 / 먼저 ~하고, (그다음) ~하다

★ 说话人认为：
A 面条儿便宜
B 米饭非常贵
C 做蛋糕很容易

케이크를 만드는 것은 사실 매우 간단해. 만약 네가 관심 있다면 나는 너에게 가르쳐 줄 수 있어. 배우고 싶니? 배우고 싶다면 우리는 먼저 과일, 설탕, 달걀, 우유 그리고 밀가루 이런 것들을 준비한 다음에 바로 시작할 수 있어.

★ 화자는 어떻다고 생각하는가?
A 국수가 싸다
B 밥이 매우 비싸다
C 케이크를 만드는 것은 쉽다

做 zuò 동 만들다 | ★ 蛋糕 dàngāo 명 케이크 | ★ 其实 qíshí 부 사실 | 非常 fēicháng 부 매우 | ★ 简单 jiǎndān 형 간단하다 | ★ 如果 rúguǒ 접 만약 | 兴趣 xìngqù 명 흥미, 취미 | 可以 kěyǐ 조동 ~할 수 있다 | ★ 教 jiāo 동 가르치다 | ★ 愿意 yuànyì 조동 ~하길 원하다 | 学 xué 동 배우다 | ……的话 …… dehuà 조 ~한다면 | 要 yào 조동 ~해야 한다 | 先A然后B xiān A ránhòu B 먼저 A하고, (그다음) B하다 | 准备 zhǔnbèi 동 준비하다 | 水果 shuǐguǒ 명 과일 | 糖 táng 명 설탕 | 鸡蛋 jīdàn 명 달걀 | 牛奶 niúnǎi 명 우유 | 和 hé 접 ~와 | 面 miàn 명 밀가루 | 些 xiē 양 조금, 약간 | 东西 dōngxi 명 (구체적·추상적인) 것, 물건 | 就 jiù 부 바로 | 开始 kāishǐ 동 시작하다 | 说话人 shuōhuàrén 명 화자 | ★ 认为 rènwéi 동 여기다 | 面条儿 miàntiáor 명 국수 | 便宜 piányi 형

(값이) 싸다 | **米饭** mǐfàn 몡 쌀밥 | **非常** fēicháng 閉 매우 | **贵** guì 톙 비싸다 | ★ **容易** róngyì 톙 쉽다

7 **A** [**生气** 화내다] 지문의 첫 문장에서 '자주 화를 내면 쉽게 늙는다(常生气容易让人变老)'고 했으므로, '화를 적게 낸다(少生气)'고 한 A가 정답이다.

常生气容易让人变老，所以如果遇到不高兴的事情，我总是会告诉自己："没关系，它们都会过去的，明天是新的一天。"	자주 화를 내면 쉽게 늙는다. 그래서 만약 기쁘지 않은 일을 만나게 되면, 나는 늘 스스로에게 말한다. "괜찮아, 그것들은 모두 지나갈 거야. 내일은 새로운 날이야."
★ 根据这段话，我们应该： A 少生气 B 少用铅笔 C 记住过去	★ 이 글에 따르면 우리가 해야 할 것은? A 화를 적게 낸다 B 연필을 적게 쓴다 C 과거를 기억해 둔다

常 cháng 閉 자주, 늘 | ★ **生气** shēngqì 통 화내다 | **让** ràng 통 ~하게 하다 | **变** biàn 통 변화하다 | ★ **老** lǎo 톙 늙다 | **所以** suǒyǐ 접 그래서 | ★ **遇到** yùdào 통 만나다, 맞닥뜨리다 | **高兴** gāoxìng 톙 기쁘다 | **事情** shìqing 몡 일, 사건 | ★ **总是** zǒngshì 閉 항상, 늘 | **会** huì 조동 ~할 것이다 | **告诉** gàosu 통 말하다, 알리다 | ★ **自己** zìjǐ 대 스스로, 혼자 | **没关系** méi guānxi 괜찮다 | **它** tā 대 그것 | **都** dōu 閉 모두 | ★ **过去** guòqù 통 지나가다 | **明天** míngtiān 몡 내일 | **新** xīn 톙 새로이, 갓 | **天** tiān 몡 날 | ★ **根据** gēnjù 개 ~를 근거로 하다 | ★ **段** duàn 양 단락 | **话** huà 몡 말 | ★ **应该** yīnggāi 조동 (마땅히) ~해야 한다 | **少** shǎo 톙 적다 | ★ **用** yòng 통 사용하다 | **铅笔** qiānbǐ 몡 연필 | **记住** jìzhù 통 기억해 두다

8 **B** [**有点儿 + 少** 조금 적다] 첫 문장에서 '我觉得……'라며 화자의 생각을 말하고 있다. 화자가 '종업원이 조금 적다(有点儿少)'고 했으므로, 정답은 B이다.

经理，我觉得店里的服务员还是有点儿少，最近来吃饭的客人越来越多，尤其是中午，大家经常忙不过来，您看要不要再找几个人？	사장님, 제 생각에 가게의 종업원이 여전히 좀 적은 것 같아요. 요즘에 와서 식사하는 손님이 점점 많아지고 있어요. 특히 점심 때는 모두들 항상 쉴 틈 없이 바빠요. 몇 명 더 사람을 구하는 게 어떨까요?
★ 说话人是什么意思？ A 工作太累了 B 服务员少 C 经理要求很高	★ 화자는 무슨 의미인가? A 일이 너무 힘들다 B 종업원이 적다 C 사장의 요구가 높다

★ **经理** jīnglǐ 몡 사장 | **觉得** juéde 통 ~라고 생각하다 | **店** diàn 몡 가게 | **服务员** fúwùyuán 몡 종업원 | ★ **还是** háishi 閉 여전히 | **有点儿** yǒudiǎnr 閉 조금, 약간 | ★ **最近** zuìjìn 몡 최근, 요즘 | **吃饭** chī fàn 통 밥을 먹다 | **客人** kèrén 몡 손님 | **越来越** yuèláiyuè 閉 갈수록, 더욱더 | ★ **尤其** yóuqí 閉 특히, 더욱이 | **中午** zhōngwǔ 몡 점심, 정오 | **大家** dàjiā 대 모두, 다들 | ★ **经常** jīngcháng 閉 항상, 자주, 늘 | **忙** máng 톙 바쁘다 | **过来** guòlái [동사 뒤에 쓰여 시간, 능력, 수량이 충분함을 나타냄] | **您** nín 대 당신, 선생님 | **看** kàn 통 보다 | **要** yào 조동 필요하다 | **再** zài 閉 더, 다시 | **找** zhǎo 통 구하다, 찾다 | **意思** yìsi 몡 의미, 뜻 | **工作** gōngzuò 몡 일, 업무 | **太** tài 閉 너무, 매우 | **累** lèi 톙 힘들다, 지치다 | ★ **要求** yāoqiú 몡 요구 | **高** gāo 톙 높다

9 **C** [**一步一步地走** 한 걸음 한 걸음 걷다] 지문에서 소개한 속담의 의미를 파악하는 문제이다. '不怕慢，只怕站'은 느리더라도 한 걸음 한 걸음 걸어가라는 의미이므로, C가 정답이다.

中国有句话叫"不怕慢，只怕站"。意思是走得慢没关系，就怕站着不走。只要一步一步地走下去，走得再慢也能走到想去的地方。

★ 这段话主要想告诉我们：
  A 走得快很重要
  B 要敢想敢做
  C 要不断地努力

중국에는 '느린 것을 두려워하지 말고, 멈춰 있는 것을 두려워하라.'라는 말이 있다. 늦게 걷는 것은 괜찮지만, 가지 않는 것을 두려워하라는 의미이다. 한 걸음 한 걸음 걸어가기만 한다면, 아무리 느리게 걸어도, 가고 싶은 곳까지 갈 수 있다.

★ 이 글은 주로 우리에게 무엇을 알려 주고자 하는가?
  A 빨리 가는 것이 중요하다
  B 과감하게 생각하고 과감하게 행동해야 한다
  C 계속해서 노력해야 한다

中国 Zhōngguó 고유 중국 | **句** jù 양 마디, 편[언어·시문을 세는 단위] | **叫** jiào 동 부르다 | **怕** pà 동 두려워하다, 무서워하다 | **慢** màn 형 느리다 | ★**只** zhǐ 부 오직 | ★**站** zhàn 동 서다 | **走** zǒu 동 걷다, 가다 | **得** de 조 ~하는 정도가 ~하다 | **就** jiù 곧, 즉시, 바로[사실을 강조] | **着** zhe 조 ~하고 있다 | **只要** zhǐyào 접 ~하기만 하면 | **一步** yíbù 명 한 걸음 | ★**地** de 조 ~하게, ~히 | **下去** xiàqu 동 내려가다 | **也** yě 부 ~도 | **能** néng 조동 ~할 수 있다 | **到** dào 개 ~까지 | **想** xiǎng 조동 ~하고 싶다 | ★**地方** dìfang 명 장소, 곳 | ★**主要** zhǔyào 형 주요한 | **快** kuài 형 빠르다 | ★**重要** zhòngyào 형 중요하다 | **要** yào 조동 ~해야 한다 | **敢** gǎn 조동 과감하게 ~하다 | **做** zuò 동 하다 | **不断** búduàn 부 계속해서, 끊임없이 | ★**努力** nǔlì 동 노력하다, 열심히 하다

---

10 **B** [**不要** ~하지 마라] 지문의 첫 문장에서 '자녀가 TV를 너무 좋아하게(孩子爱上电视) 하지 말라'고 했다. 이는 '오랜 시간 TV를 보게 하지 말라'는 의미이므로 정답은 B이다.

不要让你的孩子爱上电视。如果不看电视，他会做什么呢？他可能在读书、运动或者和其他孩子玩儿，这些都比长时间坐在电视前好得多。

★ 这段话主要想告诉我们，不应让孩子：
  A 玩儿
  B 长时间看电视
  C 坐着看书

당신의 자녀가 TV를 너무 좋아하게 하지 마라. 만약 TV를 안 본다면 그는 무엇을 할 것인가? 그는 아마도 책을 읽거나, 운동을 하거나 다른 아이와 놀 것이다. 이것들은 모두 오랜 시간 TV 앞에 앉아 있는 것보다 더 좋다.

★ 이 글에서 주로 우리에게 알려 주는 것으로, 자녀에게 시키지 말아야 할 것은?
  A 노는 것
  B 오랜 시간 TV를 보는 것
  C 앉아서 책을 보는 것

不要 búyào 부 ~하지 마라 | **让** ràng 동 ~하게 하다 | **孩子** háizi 명 아이, 자녀 | **爱** ài 동 ~하는 것을 좋아하다 | **电视** diànshì 명 TV, 텔레비전 | **可能** kěnéng 부 아마도 (~일지도 모른다) | **读书** dúshū 동 책을 읽다 | **运动** yùndòng 동 운동하다 | ★**或者** huòzhě 접 ~거나 또는 ~다 | **和** hé 개 ~와 | ★**其他** qítā 대 다른 사람 | **玩儿** wánr 동 놀다 | **比** bǐ 개 ~보다, ~에 비해 | **长** cháng 형 (시간이) 길다 | **时间** shíjiān 명 시간 | **坐** zuò 동 앉다 | **在** zài 개 ~에서 | **前** qián 명 앞

쓰기 제1부분 첫걸음 — 품사와 문장 성분

본서 p.173

● Day 01   정답은 아래 해설 참고

1
대사	부사	동사	명사
我	经常	去	公园。
주어	부사어	술어	목적어

나는 자주 공원에 간다.

★经常 jīngcháng 부 자주 | ★公园 gōngyuán 명 공원

2
대사	조사	명사	부사	형용사
我	的	手机	非常	大。
관형어	的	주어	부사어	술어

나의 핸드폰은 매우 크다.

手机 shǒujī 명 핸드폰 | 非常 fēicháng 부 매우

3
대사	동사	지시대사	양사	명사
我	认识	那	个	人。
주어	술어	관형어		목적어

나는 저 사람을 안다.

认识 rènshi 동 알다, 인식하다

4
대사	조동사	개사	대사	동사
我	想	跟	她	吃饭。
주어		부사어		술어

나는 그녀와 밥을 먹고 싶다.

想 xiǎng 조동 ~하고 싶다 | ★跟 gēn 개 ~와 | 吃饭 chī fàn 동 밥을 먹다

5
대사	동사	동사	수사	양사	명사	조사
我	看	完	两	本	书	了。
주어	술어	보어	관형어		목적어	了

나는 책 두 권을 다 봤다.

看 kàn 동 보다 | 完 wán 동 (동사 뒤에 보어로 쓰여) 다하다, 끝내다 | 两 liǎng 수 2, 둘 | 本 běn 양 권 [책을 세는 단위] | 书 shū 명 책

쓰기 제1부분 01 동사

본서 p.179

● Day 02
1 我忘了带钱包。
2 爸爸周末下午经常去游泳。
3 祝您身体健康。
4 周末我打算早点儿睡觉。
5 他想送女朋友一个礼物。

1 我 带 忘了 钱包 ──── [忘+행동 ~하는 것을 잊다 | 带+钱包 지갑을 챙기다]

대사	동사+조사	동사	명사
我	忘了	带	钱包。 나는 지갑 챙기는 것을 잊어버렸다.
주어	술어+了	목적어[술어+목적어]	

STEP 1 조사 '了'를 통해 이 문장의 술어가 '忘'임을 알 수 있고, 인칭대사 '我'는 문장 맨 앞에 위치해 주어가 된다.

STEP 2 술어 '忘' 뒤에는 잊어버린 행위가 올 수 있으므로 '带钱包'를 목적어로 취한다.

忘 wàng 동 잊다 | ★带 dài 동 (몸에) 지니다, 챙기다 | 钱包 qiánbāo 명 지갑

2 游泳 爸爸周末下午 去 经常 ──── [去(+장소)+술어(행동) (~로) ~하러 가다]

명사+명사+명사	부사	동사	동사
爸爸周末下午	经常	去	游泳。 아빠는 주말 오후에 자주 수영을 하러 간다.
주어	부사어	술어1	술어2

STEP 1 이 문장에서 유일한 사람 명사인 '爸爸'가 문장 맨 앞에 위치해 주어가 된다. 또한 문제에서 동사 2개가 있는데, 주어 하나에 동사가 연속으로 2개 이상 있는 문장을 '연동문'이라 한다. '来'나 '去'가 있는 연동문의 기본 어순은 '来/去(+장소)+동사(행동)'이므로, 동사 '去' 뒤에 동사 '游泳'이 온다.

STEP2 연동문에서 부사는 일반적으로 첫 번째 동사 앞에 온다. 따라서 '经常'은 첫 번째 동사 '去' 앞에 위치한다.

★周末 zhōumò 명 주말 | 下午 xiàwǔ 명 오후 | ★经常 jīngcháng 부 자주, 항상 | 游泳 yóuyǒng 동 수영하다

3 您 祝 健康 身体 ──── [祝+대상+축원하는 내용 ~하길 바라다]

동사	대사	명사	형용사
祝	您	身体	健康。 당신의 몸이 건강하기를 바랍니다.
술어	목적어[주어+술어]		

STEP 1 동사 '祝'는 보통 문장 맨 앞에 위치하여 문장 전체의 술어가 되며, 뒤에 축원하는 내용이 나온다.

STEP 2 동사 '祝'는 주술구를 목적어로 받을 수 있기 때문에 인칭대사 '您'과 명사 '身体'는 주술구의 주어, 형용사 '健康'은 술어가 되며, 이 주술구는 전체 문장의 술어 '祝'의 목적어가 된다.

祝 zhù 图 축하하다 | 您 nín 때 당신, 선생님 | 身体 shēntǐ 圆 몸, 건강 | ★健康 jiànkāng 圈 건강하다

> **tip** 동사 '祝'는 시험에 자주 등장하는 어휘이다. 어순을 외워 두면, 어순을 배열하는 '쓰기 제1부분'에서 많은 도움이 될 것이다.

4 睡觉 早点儿 周末我 打算 ─── [打算+미래 계획 ~할 계획이다]

명사+대사	동사	형용사+수량사	동사
周末我	打算	早点儿	睡觉。
부사어+주어	술어	목적어[부사어+술어]	

주말에 나는 좀 일찍 잘 계획이다.

STEP 1 일반적으로 동사 '打算'은 절을 목적어로 취하는 동사로 문장 전체의 술어가 되고, 이합동사 '睡觉'는 목적어를 취하지 않으므로 문장 맨 끝에 위치한다.

STEP 2 인칭대사 '我'는 주어가 되고, '早点儿'은 부사어로 '睡觉' 앞에 쓰여, '睡觉'와 함께 동사 '打算'의 목적어가 된다.

★打算 dǎsuàn 图 계획하다, ~할 예정이다 | 早 zǎo 圈 이르다 | 点儿 diǎnr 수량 좀, 약간 | 睡觉 shuìjiào 图 잠을 자다

5 送女朋友 一个 他想 礼物 ─── [送+A(사람)+B(사물) A에게 B를 주다]

대사+조동사	동사+명사	수사+양사	명사
他想	送女朋友	一个	礼物。
주어+부사어	술어+목적어1+관형어+목적어2		

그는 여자 친구에게 선물 하나를 주려고 한다.

STEP 1 이 문장에서 동사 '送'이 술어가 되는데, 술어 '送'은 사람 목적어와 사물 목적어를 함께 취할 수 있다. 따라서 명사 '礼物'가 두 번째 목적어 자리에 위치한다.

STEP 2 인칭대사와 조동사가 결합된 '他想'은 이 문장의 주어와 부사어로서 술어 앞에 위치하며, '수사+양사'가 결합한 '一个'는 명사 '礼物' 앞에서 관형어 역할을 한다.

想 xiǎng 图 ~하려고 하다 | 送 sòng 图 주다, 선물하다 | 女朋友 nǚpéngyou 圆 여자 친구 | ★礼物 lǐwù 圆 선물

쓰기 제1부분 02 형용사

본서 p.183

● Day 03
1 那家面包店非常有名。
2 这种水果真甜。
3 这条路有了很大的变化。
4 今天的考试一点儿也不简单。
5 这个季节很容易感冒。

---

1 面包店　有名　那家　非常 ──────── [정도부사(非常) + 형용사(有名) 매우 유명하다]

지시대사+양사	명사	정도부사	형용사	
那家	面包店	非常	有名。	저 빵집은 매우 유명하다.
관형어	주어	부사어	술어	

STEP 1 '有名'은 형용사로 문장의 술어가 되며, 정도부사 '非常'은 형용사를 수식한다.

STEP 2 명사 '面包店'은 문장의 주어가 되며, '지시대사+양사'인 '那家'는 주어 앞에 위치해 관형어 역할을 한다. 관형어는 '지시대사(+수사)+양사' 순서임을 기억하자!

家 jiā 양 [집·점포 등을 세는 단위] | 面包店 miànbāo diàn 명 빵집 | 非常 fēicháng 부 매우 | ★有名 yǒumíng 형 유명하다

---

2 水果　甜　真　这种 ──────── [정도부사(真) + 형용사(甜) 정말 달다]

지시대사+양사	명사	정도부사	형용사	
这种	水果	真	甜。	이 과일은 정말 달다.
관형어	주어	부사어	술어	

STEP 1 형용사 '甜'이 문장의 술어 역할을 하며, 정도부사 '真'의 수식을 받는다.

STEP 2 명사 '水果'는 문장의 주어가 되며, '这种'은 주어 앞에서 주어를 수식하는 관형어 역할을 한다.

★种 zhǒng 양 종, 종류 | 水果 shuǐguǒ 명 과일 | 真 zhēn 부 정말 | ★甜 tián 형 달다

---

3 的变化　这条路　大　有了　很 ──────── [A(장소) + 有 + B(추상 목적어) A에 B가 있다]

지시대사+양사+명사	동사+조사	정도부사	형용사	조사+명사	
这条路	有了	很	大	的变化。	이 길은 큰 변화가 있다.
관형어+주어	술어+了		관형어+的	목적어	

STEP 1 조사 '了'가 붙은 동사 '有'가 문장의 술어가 되며, 문장에 장소명사가 있는 것으로 보아 '존현문'이라는 것을 알 수 있다. 존현문의 기본 어순은 '주어(장소)+有+목적어(추상적 사물)'이므로, 장소를 나타내는 '这条路'가 문장 맨 앞에 위치해 주어가 된다.

STEP 2 명사인 '变化'가 문장 끝에 위치해 목적어가 되며, '很大'가 조사 '的' 앞에 위치해 관형어 역할을 한다.

★ **条** tiáo 양 줄기[가늘고 긴 것을 세는 단위] | **路** lù 명 길, 도로 | ★ **变化** biànhuà 명 변화

---

4 不 今天的 考试 简单 一点儿也 ──────────── [**不 + 형용사(简单)** (간단)하지 않다]

명사+조사	명사	수량사+부사	부정부사	형용사	
今天的	考试	一点儿也	不	简单。	오늘 시험은 조금도 간단하지 않다.
관형어+的	주어	부사어		술어	

STEP 1 형용사 '简单'이 술어 역할을 하며, 부정부사 '不'가 술어 앞에 위치해 부사어 역할을 한다. 또한 부정부사는 다른 부사와 함께 있을 때 일반적으로 다른 부사보다 뒤에 위치한다.

STEP 2 '今天'이 '的'와 함께 있는 것으로 보아 어떤 단어를 수식하는 것을 알 수 있으며, 구조조사 '的'는 명사를 수식하므로, 명사 '考试'가 문장의 주어가 되어 문장 앞에 위치한다.

今天 jīntiān 명 오늘 | **考试** kǎoshì 명 시험 | **一点儿** yìdiǎnr 수량 조금, 약간 | ★ **简单** jiǎndān 형 간단하다

---

5 很容易 季节 这个 感冒 ──────────── [**容易 + 동작/행동** 쉽게 ~하다]

지시대사+양사	명사	정도부사+형용사	동사	
这个	季节	很容易	感冒。	이 계절에는 쉽게 감기에 걸린다.
관형어	주어	부사어	술어	

STEP 1 형용사 '容易' 뒤에는 동작, 행동 관련 동사가 오며, '쉽게 ~한다'라는 뜻을 가진다. 따라서 술어는 동사 '感冒'가 되며, '정도부사(很)+형용사(容易)'는 술어 앞에 위치해 부사어 역할을 한다.

STEP 2 명사 '季节'는 주어가 되어 문장 앞에 위치하며, '这个'는 관형어로서 주어를 수식한다.

★ **季节** jìjié 명 계절 | ★ **容易** róngyì 형 쉽다 | ★ **感冒** gǎnmào 동 감기에 걸리다

> **tip** 쓰기 제1부분에는 '형용사 술어문'이 가장 자주 출제된다.

쓰기 제1부분 03 조동사

본서 p.189

● **Day 04**
1 父母应该关心孩子的健康。
2 医生说我明天就可以出院了。
3 我要早点儿完成工作。
4 你敢用冷水洗澡吗?
5 你有什么不懂的可以问老师。

---

1 关心　父母　孩子的　健康　应该 ─────────── [应该 + 동사 ~해야 한다]

명사	조동사	동사	명사+조사	명사
父母	应该	关心	孩子的	健康。
주어	부사어	술어	관형어+的	목적어

부모는 아이의 건강에 관심을 가져야 한다.

STEP 1 이 문장의 술어는 동사 '关心'이며, 조동사 '应该'는 술어 앞에 위치해 부사어 역할을 한다.

STEP 2 일반적으로 사람 명사가 주어가 되므로, 명사 '父母'가 문장 맨 앞에 위치한다. '孩子的'는 조사 '的'가 붙어 뒤에 수식하는 대상이 오는 것을 알 수 있고, 문맥상 명사 '健康'을 수식해 술어 뒤 목적어 자리에 온다.

父母 fùmǔ 명 부모 | ★应该 yīnggāi 조동 (마땅히) ~해야 한다 | ★关心 guānxīn 동 관심을 갖다 | 孩子 háizi 명 아이 | ★健康 jiànkāng 명 건강

---

2 可以　我明天就　出院了　医生说 ─────────── [可以 + 동사 ~해도 된다]

명사+동사	대사+명사+부사	조동사	동사+조사
医生说	我明天就	可以	出院了。
주어+술어	목적어[주어+부사어+술어+了]		

의사는 내가 내일 퇴원해도 된다고 말했다.

STEP 1 동사 '说'는 보통 문장 앞에 위치해, 문장 전체의 '술어'가 될 수 있으며, 뒤에 '말한 내용'이 '목적어'로 올 수 있다.

STEP 2 동사 '说'는 주술구를 목적어로 취할 수 있기 때문에 인칭대사가 포함된 '我明天就'가 주술구의 주어 자리에 위치하며, 동사 '出院'은 술어가 되고, 조동사 '可以'는 '出院' 앞에 위치한다. 이 주술구는 전체 문장의 술어 '说'의 목적어가 된다.

医生 yīshēng 명 의사 | 说 shuō 동 말하다 | 明天 míngtiān 명 내일 | 就 jiù 부 바로, 곧 | 可以 kěyǐ 조동 ~해도 된다 | 出院 chūyuàn 동 퇴원하다

---

3 要　工作　我　早点儿完成 ─────────── [要 + 동사 ~해야 한다]

대사	조동사	형용사+수량사+동사	명사
我	要	早点儿完成	工作。
주어	부사어	술어	목적어

나는 일을 좀 일찍 끝내야 한다.

110　쓰기 제1부분

STEP 1 동사 '完成'은 문장의 술어 역할을 하고, 문맥상 명사 '工作'를 목적어로 갖는다.

STEP 2 조동사는 '要'는 술어 '完成' 앞에 위치해 부사어 역할을 하고, 인칭대사 '我'는 문장 맨 앞에 위치해 주어가 된다.

要 yào 조동 ~해야 한다 | 早 zǎo 형 이르다 | 点儿 diǎnr 수량 좀, 약간 | ★完成 wánchéng 동 끝내다, 완성하다 | 工作 gōngzuò 명 일

---

4 用冷水　敢　吗　洗澡　你 ──────────────── [敢+동사 감히 ~할 수 있다]

대사	조동사	개사+명사	동사	조사	
你	敢	用冷水	洗澡	吗?	너는 감히 찬물로 목욕할 수 있니?
주어	부사어		술어	吗	

STEP 1 동사 '洗澡'는 문장의 술어가 되고, 행동 주체인 '你'는 주어가 된다.

STEP 2 부사어는 주어 뒤, 술어 앞에 위치하며 조동사나 개사구가 올 수 있다. '敢'은 조동사, '用冷水'은 개사구로 주어 '你' 뒤에 위치한다.

敢 gǎn 조동 감히 ~할 수 있다 | ★用 yòng 개 ~로 | 冷水 lěngshuǐ 명 찬물 | ★洗澡 xǐzǎo 동 목욕하다

---

5 不懂的　可以　你有什么　问老师 ──────────────── [可以+동사 ~해도 된다]

대사+동사+대사	부사+동사+조사	조동사	동사+명사	
你有什么	不懂的	可以	问老师。	너는 이해 안 되는 것이 있으면 선생님한테 물어봐도 된다.
주어+술어1+관형어	목적어1	부사어	술어2+목적어2	

STEP 1 '你有什么'의 '你'는 인칭대사로 주어가 된다. '不懂'은 조사 '的'와 함께 써서 명사화되어 목적어 역할을 하고, 관형어 '什么'의 수식을 받는다.

STEP 2 이 문장은 2개의 단문으로 만든 복문이므로 문장의 술어가 두 개이다. 조동사 '可以'는 동사인 술어 '问' 앞에 위치한다.

懂 dǒng 동 이해하다 | 可以 kěyǐ 조동 ~해도 된다 | 问 wèn 동 묻다, 질문하다 | 老师 lǎoshī 명 선생님

쓰기 제1부분 04 명사·대사

본서 p.196

● Day 05
1 坐在中间的这个人是谁?
2 他办公室的电话是多少?
3 爷爷的脚怎么了?
4 教室里怎么这么安静?
5 这条裙子没有什么特别的。

---

1 是 坐在中间的 谁 这个人 ——————— [사람+是谁? ~는 누구인가요?]

동사+개사+명사+조사	지시대사+양사+명사	동사	의문대사
坐在中间的	这个人	是	谁?
관형어	주어	술어	목적어

가운데 앉은 이 사람은 누구입니까?

STEP 1 이 문장의 동사는 '是'와 '坐'로 2개가 있지만, '坐' 뒤에는 조사 '的'가 있어서 관형어로 쓰였다는 것을 알 수 있다. 따라서 동사 '是'가 문장의 술어가 된다.

STEP 2 명사 '人'이 문장의 주어가 되며, 의문대사 '谁'는 사람을 가리키므로 목적어 자리에 위치한다. 관형어 '坐在中间的'가 주어를 수식해 문장 맨 앞에 온다.

坐 zuò 동 앉다 | 在 zài 개 ~에 | ★中间 zhōngjiān 명 중간

---

2 电话 多少 是 他办公室的 ——————— [대상+是多少? ~는 몇인가요?]

대사+명사+조사	명사	동사	의문대사
他办公室的	电话	是	多少?
관형어+的	주어	술어	목적어

그의 사무실 전화는 몇 번인가요?

STEP 1 명사 '电话'가 주어가 되고, 동사 '是'는 술어가 된다. 의문대사 '多少'는 술어 뒤에 위치해 의문문을 만든다.

STEP 2 '他办公室的'는 문장 맨 앞에 위치해 주어를 수식하는 관형어 역할을 한다.

★办公室 bàngōngshì 명 사무실 | 电话 diànhuà 명 전화 | 多少 duōshao 대 몇, 얼마

---

3 的 怎么了 脚 爷爷 ——————— [……怎么了? ~는 어떻게 된 거야?]

명사	조사	명사	의문대사+조사
爷爷	的	脚	怎么了?
관형어+的		주어	술어

할아버지의 다리는 어떻게 된 거야?

STEP 1   일반적으로 '怎么了'는 '어떻게 된 거야?'라는 의미로 문장 끝에 쓰여 의문문을 나타낸다.

STEP 2   문맥상 주어는 명사 '脚'이고, 명사 '爷爷'는 조사 '的'와 함께 주어 앞에 위치해 관형어 역할을 한다.

★爷爷 yéye 몡 할아버지 | ★脚 jiǎo 몡 발 | 怎么了 zěnme le 어떻게 된 거야

4   这么   教室里   安静   怎么   [怎么这么+형용사 왜 이렇게 ~하니?]

명사+명사	의문대사	지시대사	형용사	
教室里	怎么	这么	安静?	교실 안이 왜 이렇게 조용하니?
주어	부사어		술어	

STEP 1   형용사 '安静'이 술어인 문장이고, '教室里'가 주어이다.

STEP 2   의문을 나타내는 대사 '怎么+这么'가 술어 앞에서 부사어가 된다. '怎么这么'는 고정격식이므로 외우고 넘어가자.

教室 jiàoshì 몡 교실 | 怎么 zěnme 대 왜, 어떻게 | 这么 zhème 대 이렇게 | ★安静 ānjìng 형 조용하다

5   没有   什么   这条   特别的   裙子   [没有+대상 ~가 없다]

지시대사+양사	명사	부사+동사	의문대사	형용사+조사	
这条	裙子	没有	什么	特别的。	이 치마는 어떤 특별한 것이 없다.
관형어	주어	부사어+술어	관형어	목적어	

STEP 1   '没有'는 문장의 술어가 되며, 명사 '裙子'는 주어가 된다. 치마를 세는 양사 '条'는 대사 '这'와 함께 문장 맨 앞에 위치해 주어를 수식한다.

STEP 2   형용사인 '特别'는 뒤에 '的'를 써서 '特别的(특별한 것)'로 명사화되어 목적어 역할을 하고, 대사 '什么'는 목적어 앞에서 관형어 역할을 한다.

★条 tiáo 양 벌 [바지·치마를 세는 단위] | ★裙子 qúnzi 몡 치마 | ★特别 tèbié 형 특별하다, 특이하다

> **tip** 중국어의 기본 어순 '주+술+목'을 꼭 기억하자!
> 기본 문형을 완성하는 문제가 평균 3~4문제 출제된다. 기본만 알아도 합격은 문제없다!

쓰기 제1부분 05 — 부사(1) 종류와 위치

본서 p.200

● **Day 06**
1. 小李和她都喜欢吃面条儿。
2. 你的房间真干净!
3. 会议已经开始了。
4. 女儿经常给小狗洗澡。
5. 妈妈终于同意了。

---

1 都　吃面条儿　小李和她　喜欢 ──────────── [복수 명사/복수 대사+都 ~ 모두]

명사+접속사+대사	범위부사	동사	동사+명사
小李和她	都	喜欢	吃面条儿。
주어	부사어	술어1	목적어[술어+목적어]

샤오리[小李]와 그녀는 모두 국수 먹는 것을 좋아한다.

STEP 1 부사 '都'는 술어와 조동사와 개사구 앞에 위치해서 부사어 역할을 하며, 또한 '小李和他'와 같은 복수 어휘 뒤에 위치한다.

STEP 2 문장에서 술어가 될 수 있는 동사는 2개지만, 동사 '喜欢'이 문장 혹은 동사구를 목적어로 가질 수 있기 때문에 전체 문장의 술어가 되며, 동사구 '吃面条儿'은 목적어가 된다.

和 hé 접 ~와 | 都 dōu 부 모두 | 喜欢 xǐhuan 동 좋아하다 | 面条儿 miàntiáor 명 국수

---

2 你的　干净　真　房间 ──────────── [真+형용사(술어) 정말 ~하다]

대사+조사	명사	정도부사	형용사
你的	房间	真	干净!
관형어+的	주어	부사어	술어

너의 방은 정말 깨끗하다!

STEP 1 정도부사 '真'은 주로 형용사와 심리활동동사 앞에서 부사어 역할을 하므로, 뒤에 형용사 '干净'이 위치한다.

STEP 2 형용사는 목적어를 취하지 않기 때문에 명사 '房间'은 주어가 되며, '你的'는 문장 맨 앞에 위치해 술어를 수식한다.

房间 fángjiān 명 방 | 真 zhēn 부 정말 | ★干净 gānjìng 형 깨끗하다

---

3 已经　了　会议　开始 ──────────── [已经……了 이미 ~했다]

명사	시간부사	동사	조사
会议	已经	开始	了。
주어	부사어	술어	了

회의는 이미 시작했다.

STEP 1 '已经'은 행동이 이미 발생한 상황을 나타내는 부사로 술어 앞에 위치해 부사어의 역할을 하며, 보통 문장 끝에 조사 '了'와 함께 쓰인다.

STEP 2 명사 '会议'는 주어가 되며, 동사 '开始'는 술어가 되어 '已经……了' 사이에 위치한다.

★ 会议 huìyì 명 회의 | 已经……了 yǐjīng …… le 이미 ~했다 | 开始 kāishǐ 동 시작하다

---

4 给小狗　女儿　洗澡　经常 ────────── [A给B洗澡 A가 B를 씻겨 주다]

명사	빈도부사	개사+명사	동사
女儿	经常	给小狗	洗澡。 딸은 자주 강아지를 씻겨 준다.
주어	부사어		술어

STEP 1 동사 '洗澡'는 문장의 술어가 된다. '洗澡'는 이합동사로 목적어를 가질 수 없으므로 행위의 대상을 나타내는 개사구 '给小狗'가 술어 앞으로 오며, 명사 '女儿'은 문장 맨 앞에 위치해 주어가 된다.

STEP 2 '经常'은 동작의 반복을 나타내는 빈도부사로 술어 앞에서 부사어 역할을 한다. 부사어의 어순은 '부사(+조동사)+개사구'이므로, 부사 '经常'은 개사구 '给小狗' 앞에 위치한다.

女儿 nǚ'ér 명 딸 | ★ 经常 jīngcháng 부 자주, 늘 | 给 gěi 개 ~에게 | 小狗 xiǎogǒu 명 강아지 | ★ 洗澡 xǐzǎo 동 목욕하다

---

5 终于　妈妈　了　同意 ────────── [终于……了 마침내 ~했다]

명사	어기부사	동사	조사
妈妈	终于	同意	了。 엄마는 마침내 동의했다.
주어	부사어	술어	

STEP 1 '终于'는 오랫동안 바라던 일이 이루어짐을 나타내는 부사로, 술어 앞에 위치해 부사어 역할을 한다.

STEP 2 명사 '妈妈'는 주어가 되며, 동사 '同意'는 이 문장의 술어가 된다. 부사 '终于'는 술어 앞에 위치해 문장 맨 끝에 조사 '了'와 함께 상황·태도가 변함을 나타낸다.

★ 终于 zhōngyú 부 마침내, 결국 | ★ 同意 tóngyì 동 동의하다, 찬성하다

> **자주 헷갈리는 '부사'와 '부사어'**
> 많은 학습자들이 '부사'와 '부사어'를 자주 혼동한다. '부사'는 다른 단어의 의미를 도와주는 '품사'이다. '부사어'는 '문장 성분'으로 다른 성분을 꾸며 주는 역할을 한다.

쓰기 제1부분 06 부사(2) 정도부사

본서 p.204

● Day 07
1. 最近天气变化特别大。
2. 雨越下越大了。
3. 姐姐的房间不太干净。
4. 这张桌子有点儿矮。
5. 昨天买的蛋糕比较甜。

1. 最近天气 特别 大 变化
[特别+형용사 아주 ~하다]

명사+명사	명사	정도부사	형용사	
最近天气	变化	特别	大。	최근의 날씨 변화는 아주 크다.
부사어+관형어	주어	부사어	술어	

STEP 1 정도부사 '特别'는 형용사 앞에서 상태와 상황의 정도를 나타내므로, 술어가 되는 형용사 '大' 앞에 온다.

STEP 2 문맥상 명사 '变化'는 주어가 되며, 명사 '天气'는 주어 앞에 위치해 주어를 수식하는 관형어가 된다.

★ 最近 zuìjìn 명 최근, 요즘 | 天气 tiānqì 명 날씨 | 变化 biànhuà 명 변화 | ★ 特别 tèbié 부 아주, 특히

2. 越下 了 越大 雨
[越A越B A할수록 B하다]

명사	정도부사+동사	정도부사+형용사	조사	
雨	越下	越大	了。	비가 내리면 내릴수록 많이 내린다.
주어	부사어1+술어1	부사어2+술어2		

STEP 1 명사 '雨'는 문장의 주어가 되며, 부사 '越'는 보통 '越A越B' 형태로 사용해서 'A할수록 B하다'는 뜻을 갖는다.

STEP 2 시간의 흐름에 따라 '越下' 뒤에 '越大'를 놓고, 문장 맨 끝에 조사 '了'가 쓰여 상황과 상태의 변화를 나타낸다.

雨 yǔ 명 비 | ★ 越 yuè 부 ~할수록 | 下 xià 동 (비가) 내리다

3. 房间不 干净 姐姐的 太
[不太+형용사 그다지 ~하지 않다]

명사+조사	명사+부정부사	정도부사	형용사	
姐姐的	房间不	太	干净。	언니의 방은 그다지 깨끗하지 않다.
관형어+的	주어	부사어	술어	

STEP 1 형용사 '干净'은 문장의 술어가 되며, 형용사는 목적어와 함께 쓰이지 않기 때문에 명사 '房间'은 문장의 주어가 된다. '姐姐的'는 문장 맨 앞에 위치해 주어를 수식한다.

116 쓰기 제1부분

STEP 2 '房间' 뒤에 '不'는 정도부사 '太'와 함께 쓰여, 형용사 '干净'의 상태를 나타낸다.

姐姐 jiějie 명 언니, 누나 | 房间 fángjiān 명 방 | 不太 bú tài 그다지 ~하지 않다 | ★干净 gānjìng 형 깨끗하다

4 桌子　有点儿　这张　矮 ─────────────────── [有点儿 + 형용사 조금 ~하다]

지시대사+양사	명사	정도부사	형용사
这张	桌子	有点儿	矮。 이 책상은 조금 낮다.
관형어	주어	부사어	술어

STEP 1 정도부사 '有点儿'은 문장의 술어가 되는 형용사 '矮'를 수식해, 형용사의 정도를 나타낸다.

STEP 2 명사 '桌子'는 문장의 주어가 되며, '지시대사(这)+양사(张)'는 주어 앞에 위치해 관형어 역할을 한다.

★张 zhāng 양 장 [종이나 가죽 등을 세는 단위] | 桌子 zhuōzi 명 책상, 탁자 | 有点儿 yǒudiǎnr 부 조금, 약간 | ★矮 ǎi 형 (높이가) 낮다

5 比较　蛋糕　昨天买的　甜 ─────────────────── [比较 + 형용사 비교적 ~하다]

명사+동사+조사	명사	정도부사	형용사
昨天买的	蛋糕	比较	甜。 어제 산 케이크는 비교적 달다.
관형어+的	주어	부사어	술어

STEP 1 형용사 '甜'은 문장의 술어가 되며, 정도부사 '比较'는 술어 앞에 위치해 부사어 역할을 한다.

STEP 2 형용사는 목적어와 함께 쓰지 않기 때문에 명사 '蛋糕'는 주어가 되며, 조사 '的'가 있는 '昨天买的'는 주어 앞에 위치해 주어를 수식한다.

昨天 zuótiān 명 어제 | 买 mǎi 동 사다 | ★蛋糕 dàngāo 명 케이크 | ★比较 bǐjiào 부 비교적, 상대적으로 | ★甜 tián 형 달다

문장 구조를 빠르게 익히는 방법
평상시에 완전한 중국어 문장을 직접 손으로 써 보는 연습을 통해 중국어 어순과 한자를 정확하게 익히자!

07 부사(3) 시간부사

쓰기 제1부분

본서 p.208

● Day 08
1 你们先看菜单吧。
2 考试马上就开始了。
3 他现在正在办公室开会。
4 他总是吃甜的东西。
5 我最近一直没看见他。

1 菜单吧 先 你们 看 ───────────────── [先+행동 먼저 ~하다 / ~부터 하다]

대사	시간부사	동사	명사+조사	
你们	先	看	菜单吧。	너희들은 먼저 메뉴판을 봐 봐.
주어	부사어	술어	목적어+吧	

STEP 1 동사 '看'은 문장의 술어가 되며, 시간부사 '先'은 앞에서 술어를 수식해 부사어 역할을 한다.

STEP 2 조사 '吧'는 문장 맨 끝에 쓰여 상의·청유의 의미를 나타내므로, 명사 '菜单'은 목적어가 되며, '你们'은 문장 맨 앞에 위치해 주어가 된다.

★ 先 xiān 閉 먼저, 우선 | 看 kàn 图 보다 | ★菜单 càidān 囤 메뉴판, 메뉴 | 吧 ba 图 ~하자[상의·제의·청유·기대·명령 등의 어기를 나타냄]

2 马上 考试 开始了 就 ───────────────── [马上(就)……了 곧 ~하려고 한다]

명사	시간부사	부사	동사+조사	
考试	马上	就	开始了。	시험이 곧 시작되려고 한다.
주어	부사어		술어+了	

STEP 1 '马上'은 시간부사로 보통 뒤에 '就'를 수반하여 동작의 시간이 짧음을 나타낸다.

STEP 2 동사 '开始'는 문장의 술어가 되며, '马上就'는 부사어로 술어 앞에 위치하고, 조사 '了'는 문장 맨 끝에 쓰여 상황·상태의 변화를 나타낸다. 명사 '考试'는 주어가 된다.

考试 kǎoshì 閉 시험 | ★马上 mǎshàng 閉 곧, 즉시 | 就 jiù 閉 바로, 곧 | 开始 kāishǐ 图 시작하다

3 办公室 正在 他现在 开会 ───────────────── [正在+행동 ~하는 중이다]

대사+명사	시간부사+개사	명사	동사	
他现在	正在	办公室	开会。	그는 현재 사무실에서 회의를 하는 중이다.
주어	부사어		술어	

STEP 1 문장의 유일한 동사인 '开会'가 술어가 되며, 행동하는 대상 '他'는 주어이다.

STEP 2 동작의 진행을 나타내는 부사 '正'과 개사 '在'가 결합한 '正在'는 뒤에 장소명사 '办公室'와 함께 술어 '开会' 앞에서 부사어 역할을 한다.

现在 xiànzài 명 지금, 현재 | 正 zhèng 부 마침 | 在 zài 개 ~에서 | ★办公室 bàngōngshì 명 사무실 | 开会 kāihuì 동 회의를 하다

---

4 吃 他 甜的东西 总是 ─────────────── [总是+행동 항상 ~한다]

대사	시간부사	동사	형용사+조사+명사	
他	总是	吃	甜的东西。	그는 항상 단것을 먹는다.
주어	부사어	술어	관형어+的+목적어	

STEP 1 동사 '吃'는 술어로 부사 '总是' 뒤에 위치해 부사의 수식을 받는다.

STEP 2 행동을 하는 주체인 '他'는 문장의 주어가 되고, 명사 '东西'는 술어 뒤에 위치해 목적어가 된다.

★总是 zǒngshì 부 항상, 늘 | ★甜 tián 형 달다 | 东西 dōngxi 명 (구체·추상적인) 것, 물건

---

5 一直 我最近 看见他 没 ─────────────── [一直+没+행동 계속 ~하지 못했다]

대사+명사	시간부사	부정부사	동사+대사	
我最近	一直	没	看见他。	나는 최근에 계속 그를 보지 못했다.
주어	부사어		술어+목적어	

STEP 1 같은 부사들도 서로 위치가 있으며, 일반적으로 '시간부사+부정부사'의 순서로 쓰인다. 이 문장에서 시간부사 '一直'는 부정부사 '没' 앞에 쓰인다.

STEP 2 동사 '看见'은 술어가 되어 부사어 '一直没' 뒤에 위치하고, 인칭대사 '我'는 문장 맨 앞에 위치해 주어가 된다.

★最近 zuìjìn 명 최근, 요즘 | ★一直 yìzhí 부 계속, 줄곧 | 看见 kànjiàn 동 보(이)다

---

tip 부사의 위치를 잘 못 찾겠다면?
부사의 기본적인 위치는 주어 뒤, 술어 앞이 90% 이상을 차지한다.

쓰기 제1부분
08 부사(4) 부정·빈도부사

본서 p.213

● Day 09
1 我的朋友最近经常迟到。
2 比赛还没开始呢。
3 弟弟很不愿意离开韩国。
4 别忘记给他打电话。
5 他们已经很久没见面了。

---

1 迟到 我的 经常 朋友最近 ─────────── [经常 + 행동 자주 ~하다]

대사+조사	명사+명사	빈도부사	동사	
我的	朋友最近	经常	迟到。	내 친구는 요즘 자주 지각한다.
관형어+的	주어	부사어	술어	

STEP 1 동사 '迟到'는 문장의 술어가 되며, 빈도부사 '经常'은 술어 앞에 위치해 부사어가 된다.

STEP 2 명사 '朋友'는 주어가 되며, 조사 '的'와 함께 있는 인칭대사 '我'는 문장 맨 앞에 위치해 주어를 수식한다.

朋友 péngyou 명 친구 | ★最近 zuìjìn 명 요즘, 최근 | ★经常 jīngcháng 부 자주, 항상 | ★迟到 chídào 동 지각하다

---

2 开始 还 没 呢 比赛 ─────────── [还没A呢 아직 A하지 않았다]

명사	빈도부사	부정부사	동사	조사	
比赛	还	没	开始	呢。	경기는 아직 시작하지 않았다.
주어	부사어		술어	呢	

STEP 1 빈도부사와 부정부사가 있을 때 일반적으로 부정부사를 뒤에 쓴다. '没'는 부정부사로 빈도부사 '还' 뒤에 위치한다.

STEP 2 동사 '开始'가 문장의 술어가 되고, 명사 '比赛'는 주어가 되며, 조사 '呢'는 일반적으로 문장 끝에 위치한다.

★比赛 bǐsài 명 경기, 시합 | 还 hái 부 아직 | 开始 kāishǐ 동 시작하다 | 呢 ne 조 [사실 확인 및 과장된 어투를 나타냄]

---

3 很不 弟弟 韩国 愿意离开 ─────────── [不 + 행동 ~하지 않는다]

명사	정도부사+부정부사	조동사+동사	명사	
弟弟	很不	愿意离开	韩国。	남동생은 한국을 떠나는 것을 원하지 않는다.
주어	부사어	술어	목적어	

STEP 1 부사어는 '부사+조동사' 순서로 '정도부사+부정부사'인 '很不'가 조동사 '愿意' 앞에 위치한다.

120 쓰기 제1부분

STEP 2 행동의 주체인 '弟弟'가 주어가 되며, 장소명사 '韩国'는 목적어로 술어 '离开' 뒤에 위치한다.

弟弟 dìdi 명 남동생 | ★ 愿意 yuànyì 조동 ~하길 바라다 | 离开 líkāi 동 떠나다 | 韩国 Hánguó 고유 한국

4 别　打电话　给他　忘记 ────────────────── [别 + 행동 ~하지 마라]

부정부사	동사	개사+대사	동사+명사	
别	**忘记**	**给他**	**打电话**。	그에게 전화하는 것을 잊지 마라.
부사어	술어	목적어[부사어 + 술어 + 목적어]		

STEP 1 뒤에 행동을 목적어로 취할 수 있는 동사 '忘记'는 문장의 술어가 되고, 부사 '别'는 술어 앞에서 행동을 금지하는 것을 나타낸다.

STEP 2 '개사구(给他)+동사(打电话)'가 술어 '忘记'의 목적어가 된다.

别 bié 부 ~하지 마라 | ★ 忘记 wàngjì 동 잊다, 잊어버리다 | 给 gěi 개 ~에게 | 打电话 dǎ diànhuà 전화하다

5 了　见面　没　他们已经很久 ────────────────── [没 + 행동 ~하지 않았다]

대사+시간부사+정도부사+형용사	부정부사	동사	조사	
他们已经很久	**没**	**见面**	**了**。	그들은 이미 오랫동안 만나지 못했다.
주어	부사어	술어	了	

STEP 1 문장의 술어는 동사 '见面'으로, 부정부사 '没'는 술어 앞에 쓰여 행동의 부정을 나타낸다.

STEP 2 부사 '已经'과 동사 뒤에 쓰인 조사 '了'는 하나의 짝꿍 표현으로 행동이 이미 발생한 상황을 나타낸다.

已经……了 yǐjīng……le 이미 ~했다 | ★ 久 jiǔ 형 오래다, 시간이 길다 | ★ 见面 jiànmiàn 동 만나다

> **tip** 최근에 아래와 같은 부정부사가 있는 어순 배열 문제의 비중이 높아지고 있다.
> 别说了，我已经知道了。 말하지 마. 나는 이미 알고 있어.

쓰기 제1부분 09 부사(5) 범위·상태·어기부사

본서 p.217

● Day 10
1 这些蛋糕一共23块。
2 儿子突然发烧了。
3 爸爸和弟弟都喜欢看体育节目。
4 我的花终于开了。
5 每天中午我都和经理一起吃饭。

---

1 蛋糕　这些　23块　一共　　　　　　　　　　　　　　　[一共+수량사 모두 ~다]

지시대사+양사	명사	범위부사	수사+양사	
这些	蛋糕	一共	23块。	이 케이크들은 모두 23위안이다.
관형어	주어	부사어	술어	

STEP 1 '一共'은 범위를 나타내는 부사로 수량사 '23块' 앞에 위치한다. '一共+수량사'로 쓰일 때, 수량사는 술어 역할을 할 수 있다.

STEP 2 명사 '蛋糕'는 주어이고, '대사+양사'인 '这些'는 주어 앞에서 관형어 역할을 한다.

些 xiē 양 조금, 약간 | ★蛋糕 dàngāo 명 케이크 | ★一共 yígòng 부 모두, 전부 | 块 kuài 양 위안 [중국의 화폐 단위]

---

2 儿子　了　发烧　突然　　　　　　　　　　　　　　　　[突然……了 갑자기 ~했다]

명사	상태부사	동사	조사	
儿子	突然	发烧	了。	아들은 갑자기 열이 났다.
주어	부사어	술어		

STEP 1 동사 '发烧'는 문장의 술어가 되며, 부사 '突然'은 술어 앞에서 부사어 역할을 한다.

STEP 2 명사 '儿子'는 문장의 주어가 되어 문장 맨 앞에 쓰이며, 조사 '了'는 술어 뒤, 문장 끝에 쓰여 새로운 상황이 발생함을 나타낸다.

儿子 érzi 명 아들 | ★突然 tūrán 부 갑자기, 문득 | ★发烧 fāshāo 동 열이 나다

---

3 和弟弟　爸爸　看体育节目　喜欢　都　　　　　　　　　[복수 명사/복수 대사+都 ~ 모두]

명사	접속사+명사	범위부사	동사	동사+명사+명사	
爸爸	和弟弟	都	喜欢	看体育节目。	아빠와 남동생은 모두 스포츠 프로그램 보는 것을 좋아한다.
주어		부사어	술어1	목적어[술어+목적어]	

STEP 1 문장에서 술어가 될 수 있는 동사가 2개지만 동사 '喜欢'이 문장 혹은 동사구를 목적어로 가질 수 있기 때문에 전체 문장의 술어가 된다. 동사구 '看体育节目'가 '喜欢'의 목적어가 된다.

STEP 2 명사 '爸爸和弟弟'는 문장 맨 앞에 위치해 주어가 되며, 범위부사 '都'는 복수 어휘 뒤에 쓰이며, 술어 앞에 위치한다.

和 hé 접 ~와 | 弟弟 dìdi 명 남동생 | 都 dōu 부 모두 | 喜欢 xǐhuan 동 좋아하다 | 看 kàn 동 보다 | ★体育 tǐyù 명 스포츠, 체육 | ★节目 jiémù 명 프로그램

---

4 开　终于　了　我的花 ──────────── [终于……了 마침내 ~했다]

대사+조사+명사	어기부사	동사	조사	
我的花	终于	开	了。	나의 꽃이 마침내 피었다.
관형어+的+주어	부사어	술어	了	

STEP 1 동사 '开'는 문장의 술어가 되며, 오랫동안 바라고 노력했던 일이 이루어짐을 나타내는 부사 '终于'는 술어 '开' 앞에 위치한다.

STEP 2 명사 '花'는 문장의 주어가 되며, 조사 '了'는 술어 뒤에 위치한다.

★花 huā 명 꽃 | ★终于 zhōngyú 부 마침내, 결국 | 开 kāi 동 (꽃이) 피다

---

5 都和经理　每天中午我　吃饭　一起 ────── [和/跟+A(명사)+一起+B(동사) A와 함께 B하다]

명사+명사+대사	범위부사+개사+명사	범위부사	동사	
每天中午我	都和经理	一起	吃饭。	매일 점심에 나는 사장님과 함께 밥을 먹는다.
부사어1　주어	부사어2		술어	

STEP 1 동사 '吃饭'은 문장의 술어가 되며, 개사 '和'를 활용한 부사어는 술어 앞에 위치한다.

STEP 2 범위부사 '一起'는 앞에 개사 '和'와 함께 '和+A+一起+B'의 형태로 쓰여 술어의 부사어 역할을 한다. 인칭대사 '我'는 주어가 된다.

每天 měi tiān 명 매일 | 中午 zhōngwǔ 명 점심, 정오 | ★经理 jīnglǐ 명 사장 | 一起 yìqǐ 부 함께, 같이 | 吃饭 chī fàn 동 밥을 먹다

> **tip** 쓰기 제1부분에서 부사어의 어순 배열 문제는 거의 매회 출제된다. 부사어의 어순 문제는 '부사+조동사+개사구' 배열 순서를 묻는 문제가 가장 많이 출제되지만, 가끔 '和/跟……一起'도 예외적으로 출제된다.

쓰기 제1부분 10 접속사

본서 p.222

● Day 11
1 如果你有兴趣，我就教你。
2 你要喝啤酒还是葡萄酒？
3 虽然工作很忙，但是我每天都去锻炼身体。
4 这里不但空气新鲜，而且附近还有个公园。
5 因为有些人不喜欢吃甜的，所以他们不吃蛋糕。

---

1 我就 教你 你有兴趣 如果 ──────────── [如果A(的话), 就B 만약 A라면 B하다]

접속사	대사+동사+명사	대사+부사	동사+대사
如果	**你有兴趣,**	**我就**	**教你。** 만약 네가 흥미가 있다면, 내가 네게 가르쳐 줄게.
如果	주어1+술어1+목적어1	주어2+부사어	술어2+목적어2

STEP 1 앞 절에서 어떠한 상황을 가정하는 접속사 '如果' 뒤에 가정 상황인 '你有兴趣'가 위치한다.

STEP 2 앞 절에 따른 결과를 나타내는 '就' 뒤에 결과인 '教你'가 위치한다.

★ 如果 rúguǒ 접 만약 | 兴趣 xìngqù 명 흥미, 취미 | 就 jiù 부 바로 | ★ 教 jiāo 동 가르치다

---

2 还是 喝啤酒 葡萄酒 你要 ──────────── [A还是B? A인가, 아니면 B인가?]

대사+조동사	동사+명사	접속사	명사
你要	**喝啤酒**	**还是**	**葡萄酒？** 너는 맥주를 마실 거니, 아니면 포도주를 마실 거니?
주어+부사어	술어+목적어1	还是	목적어2

STEP 1 '还是'는 의문문에 쓰여, 두 개 이상의 단어나 구 또는 절을 나열하며 두 가지 이상의 선택을 나타내는 접속사이다.

STEP 2 문장 맨 앞에 주어 '你'가 위치하고, '要'는 조동사이므로 동사 '喝' 앞에 위치한다. '喝' 뒤에는 '啤酒'가 있으므로, '还是' 뒤에 선택 대상인 '葡萄酒'가 위치한다.

要 yào 조동 ~하려고 하다 | 喝 hē 동 마시다 | ★ 啤酒 píjiǔ 명 맥주 | ★ 还是 háishi 접 또는, 아니면 | 葡萄酒 pútáojiǔ 명 포도주

---

3 我每天都去 但是 锻炼身体 虽然工作很忙 ──────────── [虽然A, 但是B 비록 A하지만, B하다]

접속사+명사+부사+형용사	접속사	대사+명사+부사+동사	동사+명사
虽然工作很忙,	**但是**	**我每天都去**	**锻炼身体。**
虽然+주어1+부사어+술어1	但是	주어2+부사어+술어2	술어3+목적어2

비록 일이 바쁘지만, 나는 매일 몸을 단련하러 간다.

STEP 1 접속사 '虽然' 뒤에는 '工作很忙'이 위치하고, 이 내용과 상반되는 내용인 '锻炼身体'는 연결하는 접속사 '但是' 뒤에 위치한다.

STEP 2 연동문 형식으로 '去' 뒤에 행동을 나타내는 '锻炼身体'가 위치한다.

虽然 suīrán 접 비록 ~하지만 | **工作** gōngzuò 명 일, 업무 | **忙** máng 형 바쁘다 | **但是** dànshì 접 그러나, 그렇지만 | **每天** měi tiān 명 매일 | ★ **锻炼** duànliàn 동 단련하다 | **身体** shēntǐ 명 몸, 건강

---

4 空气新鲜　而且附近　还有个公园　这里不但 ——— [不但A，而且B A뿐만 아니라, 게다가 B하다]

지시대사+접속사	명사+형용사	접속사+명사	부사+동사+양사+명사
这里不但	空气新鲜，	而且附近	还有个公园。
주어1+不但	주어2+술어1	而且+주어3	부사어+술어2+관형어+목적어

여기는 공기가 좋을 뿐만 아니라, 게다가 근처에 공원도 있다.

STEP 1 '不但' 뒤에는 사실인 내용 '空气新鲜'이 위치하고, '而且' 뒤에는 심화 추가되는 내용인 '附近+还有个公园'이 위치한다.

STEP 2 문장 전체의 주어는 '这里'이다.

★ **不但** búdàn 접 ~뿐만 아니라 | **空气** kōngqì 명 공기 | ★ **新鲜** xīnxiān 형 신선하다 | ★ **而且** érqiě 접 게다가, ~뿐만 아니라 | ★ **附近** fùjìn 명 근처, 부근 | **还** hái 부 또 | ★ **公园** gōngyuán 명 공원

---

5 因为　所以他们不吃蛋糕　不喜欢吃甜的　有些人 ——— [因为A，所以B A 때문에, 그래서 B하다]

접속사	지시대사+명사	부사+동사+동사+형용사+조사	접속사+대사+부사+동사+명사
因为	有些人	不喜欢吃甜的，	所以他们不吃蛋糕。
因为	관형어+주어	부사어+술어1+목적어1[술어+목적어]	所以+주어+부사어+술어2+목적어2

어떤 사람들은 단것 먹기를 싫어해서, 그들은 케이크를 먹지 않는다.

STEP 1 접속사 '因为' 뒤에는 원인 '有些人+不喜欢吃甜的'가 위치하고, 접속사 '所以' 뒤에는 원인에 대한 결과 '他们不吃蛋糕'가 위치한다.

STEP 2 형용사 '甜'은 구조조사 '的'와 함께 쓰여 명사화되어 '단것'이라는 뜻을 나타낸다. 구조조사 '的'는 동사나 형용사 뒤에 쓰여 명사화할 수 있다.

因为 yīnwèi 접 때문에, 왜냐하면 | **有些** yǒuxiē 대 어떤 | **喜欢** xǐhuan 동 좋아하다 | ★ **甜** tián 형 달다 | **所以** suǒyǐ 접 그래서 | ★ **蛋糕** dàngāo 명 케이크

 쓰기 제1부분에서 '접속사'는 거의 출제되지 않는다. 하지만 듣기, 독해 영역에서는 접속사가 자주 출제되니, 해석 연습을 위주로 공부하자.

11 수사·양사

쓰기 제1부분

본서 p.229

● Day 12
1 你家有几只狗?
2 他们那儿少一双鞋。
3 阿姨花150块钱买了一条裙子。
4 这次会议下午3点举行。
5 请帮我拿一下筷子。

---

1 有 狗 你家 只 几 ——————————— [A(장소) + 有 + B(사물) A에 B가 있다]

대사+명사	동사	수사	양사	명사
你家	有	几	只	狗?
주어	술어	관형어		목적어

너희 집에는 개가 몇 마리 있니?

STEP 1 동사 '有'가 문장의 술어가 되며, 앞에 장소를 나타내는 '你家'가 위치한다.

STEP 2 양사 '只'는 동물을 세는 단위로, 수사와 함께 명사를 수식하는 관형어 역할을 하여 '수사(几)+양사(只)+명사(狗)'의 어순으로 쓴다.

★ 只 zhī 양 마리 [동물을 세는 단위] | 狗 gǒu 명 개

---

2 一双 他们那儿 少 鞋 ——————————— [一双 + 짝을 이루는 명사 한 쌍의 ~ / 한 켤레의 ~]

대사+지시대사	동사	수사+양사	명사
他们那儿	少	一双	鞋。
주어	술어	관형어	목적어

그들에게는 신발 한 켤레가 부족하다.

STEP 1 술어가 되는 동사 '少'를 먼저 찾고, 주어와 목적어를 찾는다. 사람을 나타내는 '他们'이 주어 자리에 온다.

STEP 2 수량사 '一双'은 관형어로, 짝을 이루는 목적어인 명사 '鞋' 앞에 위치한다.

少 shǎo 동 부족하다 | ★ 双 shuāng 양 켤레, 쌍 | 鞋 xié 명 신발

---

3 花 阿姨 一条 裙子 买了 150块钱 ——————————— [花 + 수사 + 양사 (얼마를) 쓰다]

명사	동사	수사+양사+명사	동사+조사	수사+양사	명사
阿姨	花	150块钱	买了	一条	裙子。
주어	술어1	관형어+목적어1	술어2+了	관형어	목적어2

이모는 150위안을 써서 치마 한 벌을 샀다.

STEP 1 동사 '花'는 '쓰다, 소비하다'라는 뜻으로 '钱'을 목적어로 갖는다.

126 쓰기 제1부분

STEP 2 '买'는 '一条裙子'를 목적어로 갖는다. 주어는 '阿姨'이다. 동사가 여러 개일 때는 행동하는 순서대로 쓰면 훨씬 쉽게 답을 적을 수 있다.

★ 阿姨 āyí 명 이모, 아주머니 | ★ 花 huā 동 (돈·시간을) 쓰다, 소비하다 | 块 kuài 양 위안 [중국의 화폐 단위] | 钱 qián 명 돈 | 买 mǎi 동 사다 | ★ 裙子 qúnzi 명 치마

---

4 下午3点 这 举行 会议 次 ─────────── [举行+会议 회의를 개최하다]

지시대사	양사	명사	명사+수사+양사	동사	
这	次	会议	下午3点	举行。	이번 회의는 오후 3시에 개최한다.
관형어		주어	부사어	술어	

STEP 1 동사 '举行'은 문장의 술어가 되며, '下午3点'은 부사어로, 술어 앞에 위치한다.

STEP 2 명사 '会议'가 문장의 주어가 되며, '这次'가 주어 앞에 쓰여 관형어 역할을 한다.

次 cì 양 번, 회 | ★ 会议 huìyì 명 회의 | 下午 xiàwǔ 명 오후 | 点 diǎn 양 시 | 举行 jǔxíng 동 개최하다, 거행하다

---

5 拿 请帮我 筷子 一下 ─────────── [帮+A(대상)+술어/내용 A를 도와 ~하다]

동사+동사+대사	동사	수량사	명사	
请帮我	拿	一下	筷子。	나를 도와서 젓가락 한 쌍을 가져다 주세요.
술어1+술어2+목적어1	술어3	보어	목적어2	

STEP 1 동사가 여러 개 있는 것으로 보아 '겸어문'이라는 것을 알 수 있다. 일반적으로 동사 '请'은 문장 맨 앞에 위치한다.

STEP 2 동사 '拿' 뒤에 보어로 '一下'가 위치하고, 목적어로 '筷子'를 취한다.

请 qǐng 동 ~해 주세요 | 帮 bāng 동 돕다 | ★ 拿 ná 동 (손으로) 가지다, 들다 | 一下 yíxià 수량 (동사 뒤에 쓰여) 좀 ~하다 | ★ 筷子 kuàizi 명 젓가락

> **tip** 최근에는 동사 '请'으로 시작되는 문장이 자주 출제된다. '请'이 있는 문장 구조를 반드시 파악해 두자.
>
> 请帮我拿一下菜单。 메뉴판 좀 가져다 주세요.

쓰기 제1부분 12 是자문·有자문

본서 p.234

● Day 13
1 起床后刷牙是好习惯。
2 盘子里有一块蛋糕。
3 秋天是韩国最美的季节。/ 韩国最美的季节是秋天。(회화)
4 我的成绩有了很大的提高。
5 帮助别人是一件快乐的事情。

---

1 起床后　好习惯　是　刷牙 ──────── [A(특정 어휘)+是+B(설명) A는 B이다]

동사+명사	동사	동사	형용사+명사	
起床后	刷牙	是	好习惯。	일어난 후에 양치하는 것은 좋은 습관이다.
주어		술어	관형어+목적어	

STEP 1 문장의 술어는 동사 '是'가 되고, 주어는 '起床后＋刷牙'로 시간의 흐름에 따라 배열한다.

STEP 2 명사 '习惯'은 술어 뒤에 위치해 문장의 목적어가 된다.

起床 qǐchuáng 동 일어나다 | 后 hòu 명 후, 뒤 | ★刷牙 shuāyá 동 양치질하다, 이를 닦다 | ★习惯 xíguàn 명 습관, 버릇

---

2 一块　有　蛋糕　盘子里 ──────── [A(장소/시간)+有+B(사람/사물) A에 B가 있다]

명사+명사	동사	수사+양사	명사	
盘子里	有	一块	蛋糕。	쟁반에 케이크 한 조각이 있다.
주어	술어	관형어	목적어	

STEP 1 존재를 나타내는 동사 '有'는 문장의 술어가 되고, 방위(명)사 '里'와 결합한 명사 '盘子'는 장소를 나타내는 주어가 된다.

STEP 2 명사 '蛋糕'는 목적어가 되며, 수량을 나타내는 관형어 '一块'의 수식을 받는다.

★盘子 pánzi 명 쟁반 | 块 kuài 양 조각 | ★蛋糕 dàngāo 명 케이크

---

3 韩国最美的　秋天　季节　是 ──────── [A(특정 어휘)+是+B(설명) A는 B이다]

명사	동사	명사+부사+형용사+조사	명사	
秋天	是	韩国最美的	季节。	가을은 한국에서 가장 아름다운 계절이다.
주어	술어	관형어+的	목적어	

STEP 1 술어가 되는 동사 '是'는 'A＋是＋B' 형태로 쓰여 A와 B는 동격임을 나타낸다. 어법상, 일반적으로 A는 특정 대상이 오기 때문에 '秋天'이, B는 불특정 대상이 오기 때문에 '季节'가 온다.

STEP 2 구조조사 '的'는 주어나 목적어를 꾸며 주는 역할을 하며, '韩国最美的'는 목적어 '季节' 앞에 위치해 목적어를 수식한다.(회화 상에서는 주어와 목적어를 바꿔서 많이 쓰기도 한다.)

秋天 qiūtiān 명 가을 | 韩国 Hánguó 고유 한국 | 最 zuì 부 가장 | 美 měi 형 아름답다, 예쁘다 | ★季节 jìjié 명 계절

4 有了   提高   我的成绩   很大的 ― [A(대상)＋有＋(了)＋(관형어)＋B(명사/동사) A는 ~하게 B되었다]

대사+조사+명사	동사+조사	부사+형용사+조사	동사	
我的成绩	有了	很大的	提高。	나의 성적은 크게 향상되었다.
관형어+的+주어	술어+了	관형어+的	목적어	

STEP 1 조사 '了'를 통해 문장의 술어가 '有'임을 알 수 있고, '我的成绩'는 문장 맨 앞에서 주어가 된다.

STEP 2 관형어 '很大'는 '的'와 함께 목적어 '提高'를 수식한다. 동사 '提高'는 '的' 뒤에 위치해 명사화되었다.

★ 成绩 chéngjì 명 성적 | ★ 提高 tígāo 동 향상시키다, 높이다

5 快乐的事情   帮助别人   一件   是 ― [A(특정 어휘)＋是＋B(설명) A는 B이다]

동사+대사	동사	수사+양사	형용사+조사+명사	
帮助别人	是	一件	快乐的事情。	다른 사람을 도와주는 것은 즐거운 일이다.
주어	술어	관형어+的	목적어	

STEP 1 동사 '是'는 문장의 술어가 되고, 동사구인 '帮助别人'은 문맥상 문장의 주어가 된다.

STEP 2 '快乐的事情'은 술어 뒤에서 목적어가 되며, '一件'은 목적어 앞에 위치해 관형어 역할을 한다.

帮助 bāngzhù 동 돕다 | ★ 别人 biérén 대 다른 사람, 남 | 件 jiàn 양 개, 건[일·사건 등을 세는 단위] | 快乐 kuàilè 형 즐겁다, 행복하다 | 事情 shìqing 명 일, 사건

쓰기 제1부분 **13** '是……的' 강조 구문

본서 p.237

● Day 14
1 这只鸟是我画的。
2 菜单上的字是用英语写的。
3 这个帽子是叔叔送给我的。
4 这件事是经理要求我们做的。
5 他是哭着说的。

1 的   鸟是   这只   我画 ― [A(주어)＋是＋B(행동 주체/강조 내용)＋的 A는 B이다]

지시대사+양사	명사+동사	대사+동사	조사	
这只	鸟是	我画	的。	이 새는 내가 그린 것이다.
관형어	주어+是	강조 내용	的	

STEP 1 명사 '鸟'가 문장의 주어가 되며, '这只'는 주어 앞에서 관형어 역할을 한다. '是'는 '的'와 함께 과거에 발생한 일의 방식·장소·시간 등을 강조한다.

STEP 2 강조 내용은 '是……的' 사이에 위치하며, 행동 주체인 '我'를 강조한 문장이다.

★ 只 zhī 양 마리 [동물을 세는 단위] | ★ 鸟 niǎo 명 새 | ★ 画 huà 동 (그림을) 그리다

2 用英语　菜单上的字　写　是　的 ────── [A(주어) + 是 + B(방식/강조 내용) + 的　A는 B이다]

명사+명사+조사+명사	동사	개사+명사	동사	조사
菜单上的字	是	用英语	写	的。
관형어+的+주어	是	강조 내용		的

메뉴판의 글자는 영어로 쓰여졌다.

STEP 1 '是'는 강조하고자 하는 구체적인 내용 '用英语(방식)' 앞에 위치하고, '的'는 문장 맨 끝인 동사 '写' 뒤에 위치한다.

STEP 2 관형어 '菜单上'은 '的'와 함께 주어 '字'를 수식한다.

★ 菜单 càidān 명 메뉴판 | 字 zì 명 글자 | ★ 用 yòng 개 ~로 | 英语 Yīngyǔ 고유 영어 | 写 xiě 동 쓰다

3 我的　叔叔　送给　这个帽子　是 ────── [A(주어) + 是 + B(대상/강조 내용) + 的　A는 B이다]

지시대사+양사+명사	동사	명사	동사+개사	대사+조사
这个帽子	是	叔叔	送给	我的。
관형어+주어	是	강조 내용		的

이 모자는 삼촌이 나에게 준 것이다.

STEP 1 관형어 '这个'는 주어 '帽子'를 수식하고, 주어는 '是' 앞에 위치한다.

STEP 2 강조하는 대상 '叔叔'가 나에게 모자를 줬으므로, '是……的' 사이에 위치한다.

★ 帽子 màozi 명 모자 | ★ 叔叔 shūshu 명 삼촌, 아저씨 | 送 sòng 동 주다, 선물하다 | 给 gěi 개 ~에게

4 经理要求我们　是　做的　这件事 ────── [A(주어) + 是 + B(행동 주체/강조 내용) + 的　A는 B이다]

지시대사+양사+명사	동사	명사+동사+대사	동사+조사
这件事	是	经理要求我们	做的。
관형어+주어	是	강조 내용	的

이 일은 사장님이 우리에게 하라고 요구하신 것이다.

STEP 1 '这件事'는 주어로 술어 '是' 앞에 위치한다.

STEP 2 '这件事'는 '经理'가 우리에게 하라고 요구한 것임을 강조하므로, '经理要求我们+做'는 '是……的' 사이에 위치한다.

件 jiàn 양 개, 건 [일·사건 등을 세는 단위] | 事 shì 명 일 | ★ 经理 jīnglǐ 명 사장, 책임자 | ★ 要求 yāoqiú 동 요구하다 | 做 zuò 동 하다

5 说 他是 的 哭着 ────────────── [A(주어)＋是＋B(방식/강조 내용)＋的 A는 B이다]

대사+동사	동사+조사	동사	조사	
他是	哭着	说	的。	그는 울면서 말했다.
주어+是	강조 내용		的	

STEP 1 '他'는 주어로 문장 맨 앞에 위치한다.

STEP 2 '着'는 '동사1＋着＋동사2' 순으로 쓰이고, '是……的' 사이에 '哭着说'로 위치한다.

★哭 kū 동 (소리 내어) 울다 | 着 zhe 조 ~하면서 | 说 shuō 동 말하다

쓰기 제1부분 14 구조조사

본서 p.241

● Day 15
1 弟弟难过地哭了。
2 韩国的夏天经常下大雨。
3 他慢慢地就习惯了。
4 他找到了解决问题的办法。
5 那个医院的环境变得越来越好了。

1 难过地 弟弟 了 哭 ────────────── [A(동사)＋地＋B(동사) A하게 B하다]

명사	형용사+구조조사	동사	조사	
弟弟	难过地	哭	了。	남동생은 슬프게 울었다.
주어	부사어+地	술어	了	

STEP 1 '难过地'의 '地'는 부사어와 술어를 연결하는 구조조사로 술어가 되는 동사 '哭' 앞에 위치한다.

STEP 2 명사 '弟弟'는 주어가 되고, 어기조사 '了'는 문장 맨 끝에 쓰여 과거의 동작 완료를 나타낸다.

弟弟 dìdi 명 남동생 | ★难过 nánguò 형 슬프다, 견디기 어렵다 | ★地 de 조 ~하게, ~히 | ★哭 kū 동 (소리 내어) 울다

2 的 夏天 韩国 经常 下大雨 ────────────── [A(명사)＋的＋B(명사) A의 B]

명사	구조조사	명사	부사	동사+형용사+명사	
韩国	的	夏天	经常	下大雨。	한국의 여름은 항상 비가 많이 내린다.
관형어+的		주어	부사어	술어+관형어+목적어	

STEP 1 구조조사 '的'는 관형어와 주어/목적어를 연결하므로, 의미상 '韩国' 뒤에 붙어 명사 '夏天'을 수식한다.

STEP 2 문장의 술어는 동사 '下'이고, 앞에 부사 '经常'이 온다.

韩国 Hánguó 고유 한국 | 夏天 xiàtiān 명 여름 | ★经常 jīngcháng 부 항상, 늘 | 下 xià 동 (비가) 내리다 | 雨 yǔ 명 비

3 习惯了　地　他慢慢　就 ────────────── [A(부사어)＋地＋B(동사/중심어) A하게 B하다]

대사＋형용사	구조조사	부사	동사＋조사	
他慢慢	**地**	**就**	**习惯了。**	그는 천천히 곧 익숙해질 것이다.
주어	부사어		술어＋了	

STEP 1　구조조사 '地'는 술어를 수식하는 부사어를 만들 때 사용한다. 형용사 '慢慢'은 '地'와 함께 동사 '习惯'을 수식한다.

STEP 2　인칭대사 '他'는 주어가 되고, 부사 '就'는 동작이 바로 진행됨을 나타내므로, 일반적으로 동사 바로 앞에 위치한다.

慢慢 mànmàn 천천히 | 就 jiù 🔤 곧, 바로 [사실을 강조] | ★ 习惯 xíguàn 🔤 익숙해지다, 적응하다

---

4 找到了　的办法　他　解决问题 ──────────── [A(관형어)＋的＋B(명사/대사/중심어) A의 B]

대사	동사＋동사＋조사	동사＋명사	구조조사＋명사	
他	**找到了**	**解决问题**	**的办法。**	그는 문제를 해결하는 방법을 찾았다.
주어	술어＋보어＋了	목적어[관형어＋的＋중심어]		

STEP 1　구조조사 '的'는 관형어 '解决问题' 뒤에 위치하여 명사 '办法'를 수식한다.

STEP 2　인칭대사 '他'는 주어이고, '找到了'는 술어이므로 순서대로 배열한다.

找 zhǎo 🔤 찾다, 구하다 | 到 dào 🔤 (동사 뒤에 쓰여) ~했다 | ★ 解决 jiějué 🔤 해결하다, 풀다 | 问题 wèntí 🔤 문제 | ★ 办法 bànfǎ 🔤 방법

> **tip** '술어＋了/着/过/각종 보어'를 익혀 두면 술어를 찾는 데 도움이 된다.

---

5 变得　那个医院的环境　了　越来越好 ──────────── [동사＋得＋정도보어 ~하게 ~하다]

지시대사＋양사＋명사＋구조조사＋명사	동사＋구조조사	부사＋형용사	조사	
那个医院的环境	**变得**	**越来越好**	**了。**	저 병원의 환경은 갈수록 좋게 바뀐다.
관형어＋的＋주어	술어＋得	정도보어	了	

STEP 1　구조조사 '得'와 '变'이 함께 사용된 '变得' 뒤에 정도를 나타내는 '越来越好'가 오고, 변화를 의미하는 어기조사 '了'가 문장 맨 끝에 온다.

STEP 2　관형어 '那个医院'은 '的'와 함께 주어가 되는 '环境'을 수식하며, 문장의 맨 앞에 위치한다.

医院 yīyuàn 🔤 병원 | ★ 环境 huánjìng 🔤 환경 | ★ 变 biàn 🔤 바뀌다, 변화하다 | 得 de 🔤 ~하는 정도가 ~하다 | 越来越 yuèláiyuè 🔤 갈수록, 더욱더

15 동태조사

쓰기 제1부분

본서 p.245

● Day 16
1 我以前去过北京。
2 姐姐终于打扫了自己的房间。
3 叔叔经常带着小狗去爬山。
4 他看过很多历史书。
5 他在地铁上站着睡觉。

1 北京 去 我以前 过 ─── [동사+过 ~해 본 적이 있다]

대사+명사	동사	동태조사	명사	
我以前	去	过	北京。	나는 예전에 베이징에 가 본 적이 있다.
주어+부사어	술어	过	목적어	

STEP 1 조사 '过'는 동사 뒤에 쓰여 동작의 경험을 나타내므로, 동사 '去' 뒤에 위치한다. 목적지 '北京'은 목적어로 '过' 뒤에 위치한다.

STEP 2 '我'는 주어로, 문장 맨 앞에 위치한다.

★ 以前 yǐqián 몡 예전, 이전 | 过 guo 조 ~한 적이 있다 | 北京 Běijīng 고유 베이징

2 自己的房间 姐姐 打扫 终于 了 ─── [동사+了 ~했다]

명사	부사	동사	동태조사	대사+조사+명사	
姐姐	终于	打扫	了	自己的房间。	언니는 마침내 자신의 방을 청소했다.
주어	부사어	술어	了	관형어+的+목적어	

STEP 1 조사 '了'는 동사 뒤에 쓰여 동작의 완료를 나타낸다. 동사 '打扫'는 문장의 술어가 되며 조사 '了' 앞에 위치한다. 목적어는 '自己的'의 수식을 받는 '房间'이다.

STEP 2 명사 '姐姐'는 주어가 되고, '终于'는 부사어로 술어 앞에 위치한다.

姐姐 jiějie 몡 언니, 누나 | ★ 终于 zhōngyú 뷔 마침내, 결국 | ★ 打扫 dǎsǎo 동 청소하다 | ★ 自己 zìjǐ 대 자신, 스스로 | 房间 fángjiān 몡 방

3 小狗 经常 叔叔 去爬山 带着 ─── [동사+着 ~하고 있다]

명사	부사	동사+동태조사	명사	동사+동사	
叔叔	经常	带着	小狗	去爬山。	삼촌은 자주 강아지를 데리고 등산을 간다.
주어	부사어	술어1+着	목적어1	술어2+술어3	

STEP 1 조사 '着'는 동사 '带' 뒤에 위치해 행동의 방식을 나타낸다. 이 문장은 하나의 주어에 동사가 연이어 쓰이는 연동문으로 첫 번째 술어는 '带'이고 두 번째 술어는 '去'이다.

STEP 2 연동문에서 부사 '经常'은 일반적으로 첫 번째 술어 앞에 온다. 행동 주체인 '叔叔'는 주어가 되고, 데리고 가는 대상 '小狗'는 목적어가 된다.

★叔叔 shūshu 몡 삼촌, 아저씨 | ★经常 jīngcháng 튀 자주, 항상 | ★带 dài 동 데리다, 챙기다 | 着 zhe 조 ~하면서 | 小狗 xiǎogǒu 몡 강아지 | ★爬山 páshān 동 등산하다

---

4 历史书　过　很多　他看 ────────────────── [동사+过 ~해 본 적이 있다]

대사+동사	동태조사	부사+형용사	명사+명사
他看	过	很多	历史书。
주어+술어	过	관형어	목적어

그는 많은 역사책을 본 적이 있다.

STEP 1 문장의 술어는 동사 '看'이며, 뒤에 동태조사 '过'가 위치하여 과거에 본 경험을 나타낸다.

STEP 2 주어는 '他'이고, 목적어는 '历史书'가 되고 '很多'는 목적어 앞에서 관형어 역할을 한다.

看 kàn 동 보다 | ★历史 lìshǐ 몡 역사 | 书 shū 몡 책

---

5 站着　在地铁上　他　睡觉 ───────── [A(동사1)+着+B(동사2) A하면서 B하다]

대사	개사+명사+명사	동사+동태조사	동사
他	在地铁上	站着	睡觉。
주어	부사어	술어1+着	술어2

그는 지하철에서 서서 잠을 잔다.

STEP 1 동태조사 '着'는 술어 뒤에 쓰여 동작이나 상태의 지속을 나타낸다. 앞뒤에 동사가 위치해 동작의 연속성을 나타낼 수 있으므로 '站着' 뒤에 동사 '睡觉'가 위치한다.

STEP 2 인칭대사 '他'는 주어가 되며, '在地铁上'은 부사어로 첫 번째 술어 '站着' 앞에 위치한다.

在……上 zài …… shang ~에서 | ★地铁 dìtiě 몡 지하철 | ★站 zhàn 동 서다 | 睡觉 shuìjiào 동 잠을 자다

쓰기 제1부분 16 어기조사

본서 p.249

● Day 21
1 这些水果真新鲜啊!
2 他应该是北京人吧。
3 飞机要起飞了。
4 我们还是等电梯吧。
4 你们别担心了。

---

1 水果 啊 新鲜 真 这些 ────────────────── [문장+啊 감탄을 나타냄]

지시대사+양사	명사	부사	형용사	어기조사	
这些	水果	真	新鲜	啊!	이 과일들은 정말 신선하다!
관형어	주어	부사어	술어	啊	

STEP 1 문장의 술어는 형용사 '新鲜'이 되고, 부사 '真'은 술어 앞에 위치해 부사어 역할을 한다.

STEP 2 명사 '水果'가 주어가 되며, '这些'는 문장 맨 앞에서 관형어 역할을 한다. 어기조사 '啊'는 문장 맨 끝에 쓰여 감탄을 나타낸다.

些 xiē 양 조금, 약간 | 水果 shuǐguǒ 명 과일 | 真 zhēn 부 정말 | ★新鲜 xīnxiān 형 신선하다 | ★啊 a 조 [문장 끝에 쓰여 감탄·찬탄을 나타냄]

---

2 吧 应该是 他 北京人 ────────────────── [문장+吧 추측·권유를 나타냄]

대사	조동사+동사	명사	어기조사	
他	应该是	北京人	吧。	그는 분명히 베이징 사람일 거야.
주어	부사어+술어	목적어	吧	

STEP 1 술어는 동사 '是'가 되며, 조사 '吧'는 문장 맨 끝에 쓰여 추측을 나타낸다.

STEP 2 인칭대사 '他'는 주어가 되고, '北京人'은 술어 뒤에 쓰여 목적어가 된다.

★应该 yīnggāi 조동 (분명히) ~일 것이다 | 北京 Běijīng 고유 베이징 | 吧 ba 조 ~지? [가능·추측의 어기를 나타냄]

---

3 要 了 飞机 起飞 ────────────────── [要……了 ~하려고 하다]

명사	조동사	동사	어기조사	
飞机	要	起飞	了。	비행기가 이륙하려고 한다.
주어	부사어	술어	了	

STEP 1 동사 '起飞'는 문장의 술어가 되며, '要'는 조동사로 술어 앞에서 부사어가 된다. 보통 '要……了'로 쓰여 장차 곧 일어날 것을 나타낸다. 여기서 '了'는 변화를 나타내는 어기조사이다.

STEP 2 명사 '飞机'가 주어가 되며, 문장 맨 앞에 위치한다.

飞机 fēijī 명 비행기 | 要 yào 조동 ~하려고 하다 | ★起飞 qǐfēi 동 이륙하다

16 어기조사 135

4 还是 我们 等 吧 电梯 ――――――――――――――――――――― [还是……吧 ~하는 편이 낫다]

대사	부사	동사	명사	어기조사	
我们	还是	等	电梯	吧。	우리는 엘리베이터를 기다리는 게 낫겠다.
주어	부사어	술어	목적어	吧	

STEP 1 동사 '等'이 문장의 술어가 되며, 부사 '还是'는 술어 앞에 위치한다. 어기조사 '吧'는 문장 맨 끝에 쓰여 권유와 청유를 나타내며, 일반적으로 '还是……吧'로 쓰인다.

STEP 2 '我们'은 주어로 문장 맨 앞에 위치하고, '电梯'는 목적어로 술어 뒤에 위치한다.

还是……吧 háishi …… ba ~하는 편이 낫다 | 等 děng 동 기다리다 | ★电梯 diàntī 명 엘리베이터

---

5 担心 别 了 你们 ――――――――――――――――――――――――― [别……了 ~하지 마라]

대사	부사	동사	어기조사	
你们	别	担心	了。	너희들은 걱정하지 마.
주어	부사어	술어	了	

STEP 1 동사 '担心'이 문장의 술어가 되며, 앞에 부사 '别'가 위치한다. '了'는 어기조사로 문장 맨 끝에 쓰여 재촉 또는 저지를 나타낸다.

STEP 2 인칭대사 '你们'이 주어로, 문장 맨 앞에 위치한다.

别 bié 부 ~하지 마라 | ★担心 dānxīn 동 걱정하다, 염려하다

쓰기 제1부분 17 어순

본서 p.255

● **Day 22** 정답은 아래 해설 참고

1

대사	명사	부사	동사	
我	每天	都	运动。	나는 매일 운동을 한다.
주어	부사어		술어	

每天 měi tiān 명 매일 | 都 dōu 부 모두, 다 | 运动 yùndòng 동 운동하다

2

명사+명사+조사	지시대사+양사+명사	동사	대사+명사	
笔记本上的	那个词	是	什么意思?	노트에 저 단어는 무슨 의미인가?
관형어+的	관형어+주어	술어	관형어+목적어	

★**笔记本** bǐjìběn 명 노트, 수첩 | **词** cí 명 단어 | **意思** yìsi 명 의미, 뜻

3

지시대사+양사+명사+조사	명사	부사+형용사	동사	
这个补习班的	学生	很努力	学习。	이 학원의 학생은 열심히 공부한다.
관형어+的	주어	부사어	술어	

补习班 bǔxíbān 명 학원 | **学生** xuésheng 명 학생 | ★**努力** nǔlì 형 열심히 하다 | **学习** xuéxí 동 공부하다, 배우다

4

대사	부사+부사	동사	대사+조사	명사	
我们	都没	明白	他的	意思。	우리는 모두 그의 의미를 이해하지 못했다.
주어	부사어	술어	관형어+的	목적어	

★**明白** míngbai 동 이해하다, 알다

5

대사	동사+동사+명사	동사	동사+수량사+명사	
你	吃完饭	记得	打扫一下房间。	너는 밥을 다 먹고 방 청소하는 것을 기억해라.
주어	술어1+보어+목적어1	술어2	목적어2[술어+보어+목적어]	

吃饭 chī fàn 동 밥을 먹다 | **完** wán 동 (동사 뒤에 보어로 쓰여) 다하다, 끝내다 | ★**记得** jìde 동 기억하다 | ★**打扫** dǎsǎo 동 청소하다 | **一下** yíxià 수량 (동사 뒤에 쓰여) 좀 ~하다 | **房间** fángjiān 명 방

---

18 보어(1) 위치와 종류

쓰기 제1부분

본서 p.259

● **Day 23**
1 房间已经打扫完了。
2 这家饭馆儿的菜好吃极了。
3 请把啤酒拿过来。
4 这本书可以借一个月。
5 我又找不到眼镜了。

1 已经 完 房间 了 打扫 ──────────── [술어+完 다 ~했다]

명사	부사	동사	동사	조사	
房间	已经	打扫	完	了。	방은 이미 청소가 다 되었다.
주어	부사어	술어	결과보어	了	

STEP 1 동사 '完'은 술어 뒤에 보어로 쓰여 동작이 진행된 후의 결과나 상태를 나타낸다. 동사 '打扫'가 문장의 술어가 된다.

STEP 2 명사 '房间'은 주어가 되고, 부사 '已经'은 술어 앞에서 부사어 역할을 하며, 보통 문장 끝에 조사 '了'와 함께 쓰인다.

房间 fángjiān 명 방 | 已经……了 yǐjīng …… le 이미 ~했다 | ★打扫 dǎsǎo 동 청소하다 | 完 wán 동 (동사 뒤에 보어로 쓰여) 다하다, 끝내다

2 好吃 菜 这家饭馆儿的 极了 ——————————— [술어+极了 아주 ~하다]

지시대사+양사+명사+조사	명사	형용사	부사+조사
这家饭馆儿的	菜	好吃	极了。
관형어+的	주어	술어	정도보어

이 식당의 요리는 아주 맛있다.

STEP 1 '极了'는 형용사 뒤에서 정도가 심함을 나타내는 정도보어로 쓰이며, 형용사 '好吃'가 문장의 술어가 된다.

STEP 2 명사 '菜'가 문장의 주어가 되며, '这家饭馆儿的'는 문장 맨 앞에서 주어를 수식한다.

家 jiā 양 [집·점포 등을 세는 단위] | 饭馆儿 fànguǎnr 명 식당 | 菜 cài 명 요리 | 好吃 hǎochī 형 맛있다 | ★极 jí 부 아주, 극히

3 拿 啤酒 过来 请把 ——————————————— [술어+过来 ~해 오다]

동사+개사	명사	동사	동사
请把	啤酒	拿	过来。
술어1	부사어	술어2	방향보어

맥주를 가지고 와 주세요.

STEP 1 복합방향보어 '过来'는 동작 동사 '拿' 뒤에 쓰여 동작이 진행되는 방향을 나타낸다.

STEP 2 개사 '把'는 '啤酒'를 목적어로 가지며, 동사 '拿' 앞에 위치한다.

请 qǐng 동 ~해 주세요 | ★把 bǎ 개 [목적어를 술어 앞으로 끌어내어 처치를 나타냄] | ★啤酒 píjiǔ 명 맥주 | ★拿 ná 동 (손으로) 가지다 | 过来 guòlái 동 오다

把자문

개사 '把'를 사용해 목적어를 술어 앞으로 도치시켜 변화·결과·영향 등을 강조하는 문장으로, 기본 어순은 '주어+把+목적어+술어+기타 성분'이다.

명사	개사+명사	동사+개사+조사+대사
妈妈	把手机	送给了我。
주어	부사어	술어+보어+了+목적어

엄마는 핸드폰을 나에게 줬다.

4 一个月　借　可以　这本书 ──────────────────── [借+시량보어 ~동안 빌리다]

지시대사+양사+명사	조동사	동사	수사+양사+명사	
这本书	可以	借	一个月。	이 책은 한 달 동안 빌릴 수 있다.
관형어+주어	부사어	술어	시량보어	

STEP 1　'一个月'는 '한 달'이라는 시간의 양을 나타내며, 술어가 되는 동사 '借' 뒤에서 동작이 행해지는 시간을 나타낸다.

STEP 2　명사 '书'는 주어가 되며, 조동사 '可以'는 술어 앞에서 부사어 역할을 한다.

本 běn 양 권 [책을 세는 단위] | 书 shū 명 책 | 可以 kěyǐ 조동 ~할 수 있다 | ★借 jiè 동 빌리다, 빌려주다 | 月 yuè 명 달, 월

5 找不到　了　又　眼镜　我 ──────────────────── [술어+不到 ~하지 못했다]

대사	부사	동사+부사+동사	명사	조사	
我	又	找不到	眼镜	了。	나는 또 안경을 찾을 수 없다.
주어	부사어	술어+가능보어	목적어	了	

STEP 1　문장의 술어는 '找'로, '找不到'는 '找'의 가능보어 부정형이다. 인칭대사 '我'는 주어, 명사 '眼镜'은 목적어 역할을 한다.

STEP 2　부사 '又'는 술어 앞에서 부사어가 되며, 조사 '了'는 문장 끝에 쓰여 상황·태도의 변화를 나타낸다.

★又 yòu 부 또, 다시 | 找 zhǎo 동 찾다 | 到 dào 동 (동사 뒤에 쓰여) ~했다 | 眼镜 yǎnjìng 명 안경

쓰기 제1부분 19　보어(2) 정도보어

본서 p.263

● Day 24
1　香山的秋天漂亮极了！
2　姐姐变得越来越漂亮了。
3　他说普通话说得非常好。
4　儿子的汉语水平提高得很快。
5　经理认为他回答得很好。

1 漂亮　秋天　极了　香山的 ──────────────────── [술어+极了 아주 ~하다]

명사+조사	명사	형용사	부사+조사	
香山的	秋天	漂亮	极了。	향산(香山)의 가을은 아주 아름답다!
관형어+的	주어	술어	정도보어	

STEP 1　형용사 '漂亮'이 술어가 되며, 정도보어 '极了'는 형용사 뒤에 쓰여 정도가 심함을 나타낸다.

19 보어(2) 정도보어　139

STEP 2 명사 '秋天'이 문장의 주어가 되며, 구조조사 '的'가 있는 '香山'은 '的'와 함께 주어 앞에서 관형어 역할을 한다.

香山 Xiāngshān 고유 향산 | 秋天 qiūtiān 명 가을 | 漂亮 piàoliang 형 예쁘다 | ★极 jí 부 아주, 극히

2 越来越 得 漂亮了 变 姐姐 ——— [A(술어)+得+越来越+B(형용사) 갈수록 B하게 A하다]

명사	동사	조사	부사	형용사+조사
姐姐	变	得	越来越	漂亮了。
주어	술어	得		정도보어 了

언니는 갈수록 예뻐졌다.

STEP 1 '得'는 정도보어에 쓰이는 구조조사로, 기본 어순은 '술어+得+정도보어(정도부사+형용사)'이다. '越来越'는 정도부사로 형용사 '漂亮'과 함께 '得' 뒤에 위치해 정도보어 역할을 한다.

STEP 2 '姐姐'는 주어이고, 동사 '变'이 술어 역할을 한다. 조사 '了'는 문장 맨 끝에 쓰여 상황이나 상태의 변화를 나타내며, 보통 '越来越+형용사+了'의 형태로 자주 쓰인다.

姐姐 jiějie 명 언니, 누나 | 变 biàn 동 변화하다 | 得 de 조 ~하는 정도가 ~하다 | 越来越 yuèláiyuè 부 갈수록, 더욱더

3 说 说得 普通话 好 他 非常 ——— [说+得+非常+형용사 말을 매우 ~하게 하다]

대사	동사	명사	동사+조사	부사	형용사
他	说	普通话	说得	非常	好。
주어	술어1	목적어	술어2+得		정도보어

그는 보통화를 매우 잘 말한다.

STEP 1 문장의 술어는 '说'이고, 목적어는 '普通话'이다. 정도보어 구문에서 목적어가 있는 경우 동사 '说'를 중복해서 쓰고 뒤에 조사 '得'와 '정도부사+형용사'인 '非常+好'를 써서, 동작의 상태나 정도를 나타낸다.

STEP 2 이때 목적어 앞의 술어 '说'는 생략할 수 있고, 이 문장의 주어는 '他'이다.

说 shuō 동 말하다 | 普通话 pǔtōnghuà 명 보통화, 현대 중국 표준어 | 非常 fēicháng 부 매우, 대단히

4 很快 汉语水平 提高 儿子的 得 ——— [提高+得+很+快/慢 빠르게/느리게 향상되다]

명사+조사	명사+명사	동사	조사	부사+형용사
儿子的	汉语水平	提高	得	很快。
관형어+的	주어	술어	得	정도보어

아들의 중국어 수준이 빠르게 향상되었다.

STEP 1 정도보어의 기본 어순은 '동사+得+정도부사+형용사'이므로, 동사 '提高'는 문장의 술어이고, '很快'는 정도보어 역할을 한다.

STEP 2 주어는 '汉语水平'이고, '儿子'는 '的'와 함께 문장 앞에서 관형어 역할을 한다.

儿子 érzi 명 아들 | 汉语 Hànyǔ 고유 중국어 | ★水平 shuǐpíng 명 수준 | ★提高 tígāo 동 향상시키다, 높이다 | 快 kuài 형 빠르다

5 他回答　经理　得　很好　认为 ────────────── [回答＋得＋很＋형용사 ~하게 대답하다]

명사	동사	대사+동사	조사	부사+형용사	
经理	认为	他回答	得	很好。	사장님은 그가 대답을 잘했다고 생각한다.
주어	술어	목적어[주어+술어+得+정도보어]			

STEP 1 '他回答' 뒤에 조사 '得'와 함께 정도보어 역할을 하는 '很好'를 써서 주술구가 된다.

STEP 2 주어는 '经理'이고, '认为'는 문장을 목적어로 가지는 동사이므로, 뒤에 '他回答得很好'가 위치한다.

★ 经理 jīnglǐ 명 사장, 책임자 │ ★ 认为 rènwéi 동 생각하다, 여기다 │ ★ 回答 huídá 동 대답하다

쓰기 제1부분 20 보어(3) 결과보어

본서 p.268

● Day 25
1 我马上就看完了。
2 这件事会解决好的。
3 我们会不会走错了？
4 我相信一定能找到新的工作。
5 我打算送给女朋友一双皮鞋。

---

1 看　马上就　了　完　我 ────────────── [看＋完 다 보다]

대사	부사+부사	동사	동사	조사	
我	马上就	看	完	了。	나는 곧 다 본다.
주어	부사어	술어	결과보어	了	

STEP 1 동사 '看'은 술어, '完'은 결과보어로 술어 뒤에 쓰여, 행동이 모두 완료되었음을 나타낸다.

STEP 2 부사 '马上就'는 술어 앞에서 부사어 역할을 하며, 문장 끝의 '了'와 함께 쓰여, 앞으로 곧 발생할 것을 나타낸다.

★ 马上 mǎshàng 부 곧, 즉시 │ ★ 就 jiù 부 곧, 즉시 │ 看 kàn 동 보다 │ 完 wán 동 (동사 뒤에 보어로 쓰여) 다하다, 끝내다

---

2 的　会解决　这件事　好 ────────────── [解决＋好 잘 해결하다]

지시대사+양사+명사	조동사+동사	형용사	조사	
这件事	会解决	好	的。	이 일은 잘 해결될 것이다.
관형어+주어	부사어+술어	결과보어	的	

STEP 1 '好'는 동사 '解决' 뒤에 쓰여, 완성과 만족스러운 정도에 이르렀음을 나타내는 결과보어 역할을 한다.

STEP 2 조동사 '会'는 동사 '解决' 앞에 위치한다. 주로 문장 끝의 '的'와 함께 쓰여, 미래에 상황이 발생할 것임을 나타낸다.

件 jiàn 양 개, 건 [일·사건 등을 세는 단위] | 事 shì 명 일 | 会……的 huì …… de ~할 것이다 | ★解决 jiějué 동 해결하다

3 了 会不会 错 我们 走 ――――――――――――――― [走+错 잘못 걸어가다]

대사	조동사+부사+조동사	동사	형용사	조사
我们	会不会	走	错	了?
주어	부사어	술어	결과보어	了

우리 잘못 가지는 않겠지?

STEP 1 '错'는 행동의 결과가 틀렸음을 나타내는 결과보어로 동사 '走' 뒤에 위치한다.

STEP 2 조동사 '会'는 부정부사 '不' 앞뒤에 반복해서 쓰여 정반의문문이 되므로 문장 끝에 물음표를 써야 한다. '了'는 문장 끝에서 상황이 변화되거나 새로운 상황이 발생함을 나타낸다.

会 huì 조동 ~일 것이다 | 走 zǒu 동 가다, 걷다 | 错 cuò 형 틀리다, 맞지 않다

4 找 能 新的工作 到 我相信 一定 ――――――――――――― [找+到 찾았다]

대사+동사	부사	조동사	동사	동사	형용사+조사+명사
我相信	一定	能	找	到	新的工作。
주어+술어	목적어[부사어+술어+결과보어+관형어+的+목적어]				

나는 새로운 일을 반드시 찾을 수 있다고 믿는다.

STEP 1 동사 '相信'은 문장을 목적어로 가질 수 있기 때문에 이 문장 전체의 술어가 된다.

STEP 2 목적이 달성되었음을 나타내는 '到'는 동사 '找' 뒤에 결과보어로 쓰이고, 부사 '一定'과 조동사 '能'은 순서대로 동사 앞에 위치한다. '找'의 목적어는 '新的工作'가 되고, 이 문장은 술어 '相信'의 목적어가 된다.

★相信 xiāngxìn 동 믿다 | 能 néng 조동 ~할 수 있다 | 找 zhǎo 동 찾다, 구하다 | 到 dào 동 (동사 뒤에 쓰여) ~했다 | 新 xīn 형 새롭다 | 工作 gōngzuò 명 일, 직업

5 女朋友 送给 我打算 一双皮鞋 ――――――――――――――― [送给+대상 ~에게 주다]

대사+동사	동사+개사	명사	수사+양사+명사
我打算	送给	女朋友	一双皮鞋。
주어+술어	목적어[술어+결과보어+목적어1+관형어+목적어2]		

나는 여자 친구에게 구두 한 켤레를 주려고 한다.

STEP 1 동사 '送' 뒤에 결과보어 '给'는 행동의 대상을 나타내며 주로 사람이 목적어로 쓰인다. 대상 '女朋友'에게 주는 것은 '一双皮鞋'이다.

STEP 2 동사 '打算' 뒤에 목적어 '送给女朋友一双皮鞋'가 위치한다.

★打算 dǎsuàn 동 ~하려고 하다, 계획하다 | 送 sòng 동 주다, 선물하다 | 给 gěi 개 ~에게 | 女朋友 nǚpéngyou 명 여자 친구 | ★双 shuāng 양 켤레, 쌍 | ★皮鞋 píxié 명 구두

쓰기 제1부분 21 보어(4) 방향보어

본서 p.274

● Day 26
1 欢迎你明年再到中国来。
2 不要让你的孩子爱上游戏。
3 那辆汽车从前边开了过来。
4 啤酒被姐姐放进冰箱里了。
5 姐姐突然难过地哭了起来。

---

1 明年再 欢迎你 到 中国来 ─────────── [到+장소 목적어+来 ~에 오다]

동사+대사	명사+부사	동사	명사+동사
欢迎你	明年再	到	中国来。

술어 목적어[주어+부사어+술어+목적어+방향보어]

네가 내년에 다시 중국에 오는 것을 환영한다.

STEP 1 '来'는 술어 뒤에 쓰여 방향보어 역할을 한다. 목적어가 장소를 나타내는 단어(中国)일 때, 목적어는 술어 '到'와 방향보어 '来' 사이에 위치한다.

STEP 2 '明年再'는 부사어로 술어 '到' 앞에 위치한다. 동사 '欢迎'은 문장을 목적어로 취하는 술어이다.

★ 欢迎 huānyíng 图 환영하다 | 明年 míngnián 图 내년 | 再 zài 图 다시, 더 | 到 dào 图 이르다, 도착하다 | 中国 Zhōngguó 고유 중국

---

2 游戏 让你的孩子 不要 爱上 ─────────── [행동+上 ~하게 되다]

부사	동사+대사+조사+명사	동사+동사	명사
不要	让你的孩子	爱上	游戏。
부사어	술어1+목적어1/의미상 주어	술어2+방향보어	목적어2

너의 자녀가 게임에 빠지게끔 하지 말아라.

STEP 1 '上'은 '시작되어 계속 진행됨'을 나타내는 방향보어로 술어 '爱' 뒤에 놓는다.

STEP 2 '让'은 겸어문에 쓰이는 동사로, 겸어문의 어순은 '술어1(让)+목적어1/의미상 주어(你的孩子)+술어2(爱)'이다. 부사어 '不要'는 보통 첫 번째 술어 앞에 쓰여 금지를 나타낸다.

不要 búyào 图 ~하지 마라 | 让 ràng 图 ~하게 하다 | 孩子 háizi 图 자녀, 아이 | 爱 ài 图 ~하는 것을 좋아하다 | ★游戏 yóuxì 图 게임

---

3 开了 汽车 从前边 过来 那辆 ─────────── [동사+过来 ~해 오다]

지시대사+양사	명사	개사+명사	동사+조사	동사
那辆	汽车	从前边	开了	过来。
관형어	주어	부사어	술어+了	방향보어

저 자동차는 앞쪽에서 운전해서 왔다.

21 보어(4) 방향보어 **143**

STEP 1 조사 '了'를 통해 동사 '开'가 술어임을 알 수 있고, 뒤에 복합방향보어 '过来'를 써서 다가오는 방향을 나타낸다.

STEP 2 개사구 '从前边'은 부사어로 술어 앞에 위치하며, 명사 '汽车'는 주어가 되며, '那辆'은 주어 앞에서 관형어 역할을 한다.

★辆 liàng 양 대, 량 [차량을 세는 단위] | 汽车 qìchē 명 자동차 | 从 cóng 개 ~에서, ~로부터 | 前边 qiánbian 명 앞, 앞쪽 | 开 kāi 동 운전하다 | 过来 guòlái 동 오다

---

4 冰箱里了　放进　被姐姐　啤酒 ──────────────── [동사+进 안으로 ~하다]

명사	개사+명사	동사+동사	명사+명사+조사
啤酒	被姐姐	放进	冰箱里了。
주어	부사어	술어+방향보어	목적어+了

맥주는 언니가 냉장고에 넣었다.

STEP 1 어떤 공간에 들어가는 것을 나타내는 방향보어 '进'과 함께 있는 동사 '放'이 문장의 술어가 되며, 목적어는 장소를 나타내는 명사 '冰箱里'이다.

STEP 2 명사 '啤酒'는 주어가 되며 '被姐姐'는 행동하는 주체를 이끄는 개사구로 주어 뒤, 술어 앞에 위치한다.

★啤酒 píjiǔ 명 맥주 | ★被 bèi 개 ~에게 ~를 당하다 | 姐姐 jiějie 명 언니, 누나 | ★放 fàng 동 놓다, 두다 | 进 jìn 동 (밖에서 안으로) 들다 | ★冰箱 bīngxiāng 명 냉장고

---

5 姐姐突然　起来　难过地　哭了 ──────────────── [동사+起来 ~하기 시작하다]

명사+부사	형용사+조사	동사+조사	동사
姐姐突然	难过地	哭了	起来。
주어	부사어 地	술어+了	방향보어

언니는 갑자기 슬프게 울기 시작했다.

STEP 1 구조조사 '了'와 함께 있는 동사 '哭'가 술어가 되며, '起来'는 동작이나 상태가 시작되어 지속됨을 나타내는 복합방향보어로 술어 뒤에 위치한다.

STEP 2 구조조사 '地'는 형용사 '难过'를 부사어 성분으로 만들어 술어 앞에 위치한다. 주어는 명사 '姐姐'이다.

★突然 tūrán 부 갑자기, 문득 | ★难过 nánguò 형 슬프다, 견디기 어렵다 | ★地 de 조 ~하게, ~히 | ★哭 kū 동 (소리 내어) 울다 | ★起来 qǐlai 동 [(동사 뒤에 쓰여) 동작이나 상태가 시작되어 지속됨을 나타냄]

> **tip** 술어를 찾기 어렵다면, '동태조사'를 찾자. 동태조사 '了' '着' '过' 앞에 있는 동사가 대부분 술어이다.

22 보어(5) 수량보어·가능보어

쓰기 제1부분

본서 p.280

● Day 27
1. 我的相机突然找不到了。
2. 他还要在医院再住两个星期。
3. 行李箱已经检查过两次了。
4. 那个地方我去年夏天去过一次。
5. 如果你看不完，可以再借一个星期。

---

1 突然 了 我的相机 找不到 ─────────────── [找不到 찾을 수 없다]

대사+조사+명사	부사	동사+부사+동사	조사
我的相机	突然	找不到	了。
관형어+的+주어	부사어	술어+가능보어	了

내 카메라는 갑자기 찾을 수가 없다.

STEP 1 요구나 수준에 도달할 수 없음을 나타내는 가능보어 '不到'와 함께 있는 동사 '找'가 문장의 술어가 된다.

STEP 2 부사 '突然'은 부사어로 술어 앞에 위치하고, '我的相机'는 주어가 된다. 조사 '了'는 문장 끝에 쓰여, 상황이나 상태의 변화를 나타낸다.

相机 xiàngjī 몡 카메라 | ★突然 tūrán 뷔 갑자기, 문득 | 找 zhǎo 동 찾다, 구하다 | 到 dào 동 (동사 뒤에 쓰여) ~했다

---

2 两个星期 在医院 再住 他还要 ─────────────── [동사+两个星期 2주 동안 ~하다]

대사+부사+조동사	개사+명사	부사+동사	수사+양사+명사
他还要	在医院	再住	两个星期。
주어	부사어	술어	시량보어

그는 아직 병원에 2주를 더 입원해야 한다.

STEP 1 동사 '住'가 문장의 술어가 되며, '两个星期'는 동작이 지속되는 시간을 나타내는 시량보어로 술어 뒤에 위치한다.

STEP 2 술어 앞 부사어는 보통 '부사(还)+조동사(要)+개사구(在医院)' 순으로 위치한다. 단 부사 '再'의 경우 조동사 뒤에 위치한다.

还 hái 뷔 아직, 여전히 | 要 yào 조동 ~해야 한다 | 在 zài 개 ~에서 | 医院 yīyuàn 몡 병원 | 再 zài 뷔 더, 다시 | 住 zhù 동 입원하다, 머물다 | 两 liǎng 주 2, 둘 | 星期 xīngqī 몡 주

---

3 已经 两次了 行李箱 检查过 ─────────────── [동사+过+两次 두 번 ~했다]

명사	부사	동사+조사	수사+양사+조사
行李箱	已经	检查过	两次了。
주어	부사어	술어+过	동량보어+了

트렁크는 이미 두 번 검사를 했다.

STEP 1 동태조사 '过'가 있는 동사 '检查'는 문장의 술어가 되며, 뒤에 행동이 진행되는 횟수를 나타내는 동량보

145

어 '两次'가 위치한다.

STEP 2 부사 '已经'은 부사어로 술어 '检查' 앞에 위치하고, 명사 '行李箱'이 주어이다.

★**行李箱** xínglǐxiāng 명 트렁크, 여행용 가방 | **已经……了** yǐjīng …… le 이미 ~했다 | ★**检查** jiǎnchá 동 검사하다, 점검하다 | **过** guo 조 ~한 적이 있다 | **次** cì 양 번, 회

---

4 去过　去年夏天　那个地方我　一次 ─────────── [동사＋过＋一次 한 번 ~했다]

지시대사+양사+명사	대사	명사+명사	동사+조사	수사+양사
那个地方	我	去年夏天	去过	一次。
관형어+주어		부사어	술어+过	동량보어

그곳은 내가 작년 여름에 한 번 가 봤다.

STEP 1 동사 '去'는 문장의 술어가 되며, '一次'는 동작이나 행동이 진행되는 횟수를 나타내는 동량보어로 술어 뒤에 위치한다.

STEP 2 인칭대사 '我'는 문장의 주어가 되며, 시간을 나타내는 '去年夏天'은 부사어로 술어 앞에 위치한다.

★**地方** dìfang 명 장소, 곳 | **去年** qùnián 명 작년 | **夏天** xiàtiān 명 여름

---

5 如果你　再借　可以　一个星期　看不完 ─────── [동사＋一个星期 일주일 동안 ~하다]

접속사+대사	동사+부사+동사	조동사	부사+동사	수사+양사+명사
如果你	看不完,	可以	再借	一个星期。
如果+주어	술어1+가능보어	부사어	술어2	시량보어

만약 네가 다 못 본다면, 일주일 동안 다시 빌릴 수 있다.

STEP 1 '如果'는 가설 관계를 나타내는 접속사로, '如果你' 뒤에는 가능보어 '完'과 결합한 술어 '看不完'이 위치한다.

STEP 2 동작이 지속되는 시간을 나타내는 시량보어 '一个星期'는 두 번째 술어 '借' 뒤에 위치하며, 조동사 '可以'는 부사 '再' 앞에 위치해 술어 '借'를 수식한다.

★**如果** rúguǒ 접 만약 | **看** kàn 동 보다 | **完** wán 동 (동사 뒤에 보어로 쓰여) 다하다, 끝내다 | **可以** kěyǐ 조동 ~할 수 있다 | ★**借** jiè 동 빌리다

쓰기 제1부분

23 개사(1) 역할·위치

본서 p.284

● Day 28
1 他常常给我写信。
2 我们应该往东走。
3 经常运动对身体好。
4 弟弟不习惯用筷子吃饭。
5 周末我会和妻子去爬山。

1 我 写信 给 他常常 ─────────────── [给 + A(대상) + B(행동) A에게 B하다]

대사+부사	개사	대사	동사+명사
他常常	给	我	写信。 그는 자주 나에게 편지를 쓴다.
주어	부사어		술어+목적어

STEP 1 동사 '写'는 문장의 술어가 되며, 부사 '常常'과 함께 있는 인칭대사 '他'가 술어 앞에 위치해 문장의 주어가 된다.

STEP 2 부사어는 보통 '부사(+조동사)+개사구'의 어순으로, 개사 '给'는 인칭대사 '我'와 함께 쓰여, 부사 '常常' 뒤에 위치한다.

常常 chángcháng 투 자주, 늘 | 给 gěi 개 ~에게 | 写 xiě 통 쓰다 | 信 xìn 명 편지

2 往 我们应该 走 东 ─────────────── [往 + (방향을 나타내는 명사) + 행동 (~쪽으로) ~하다]

대사+조동사	개사	명사	동사
我们应该	往	东	走。 우리는 동쪽으로 가야 한다.
주어	부사어		술어

STEP 1 동사 '走'는 문장의 술어가 되며, 방향을 나타내는 개사 '往'은 명사 '东'과 함께 개사구를 만들어 술어 앞에 위치한다.

STEP 2 인칭대사 '我们'은 문장 맨 앞에 위치해 주어가 된다. '부사+조동사+개사'의 부사어 어순을 알면 개사구 앞의 어순 배열은 쉽게 찾을 수 있다.

★应该 yīnggāi 조동 (반드시) ~해야 한다 | 往 wǎng 개 ~쪽으로 | ★东 dōng 명 동쪽 | 走 zǒu 통 가다, 걷다

3 身体 对 好 经常运动 ─────────────── [A + 对 + B A는 B에 대해]

부사+동사	개사	명사	형용사
经常运动	对	身体	好。 자주 운동하는 것은 몸에 좋다.
주어	부사어		술어

STEP 1 형용사 '好'가 문장의 술어가 되며, 형용사의 경우 대부분 목적어를 취하지 않기 때문에, 대상을 나타내는 개사 '对'가 명사 '身体'를 이끌어 술어 '好' 앞에 위치한다.

23 개사(1) 역할·위치 147

STEP 2 행동을 주어로 할 때 '经常运动'처럼 동사구가 주어가 되기도 한다.

★**经常** jīngcháng 뷔 자주, 항상 | **运动** yùndòng 통 운동하다 | **对** duì 캐 ~에 대해 | **身体** shēntǐ 몡 몸, 신체

---

4 不习惯 弟弟 吃饭 用筷子 ———————————— [用＋A(사물)＋B(행동) A로 B하다]

명사	부사+동사	개사+명사	동사	
弟弟	**不习惯**	**用筷子**	**吃饭**。	남동생은 젓가락으로 밥 먹는 것이 익숙하지 않다.
주어	부사어+술어	목적어[부사어+술어]		

STEP 1 부정부사 '不'와 함께 있는 동사 '习惯'이 문장의 술어가 되며, 명사 '弟弟'는 문장 맨 앞에서 주어가 된다.

STEP 2 동사 '习惯'은 문장을 목적어로 취할 수 있기 때문에 개사구 '用筷子'와 이합동사 '吃饭'은 술어 '习惯'의 목적어 역할을 한다. 이합동사는 일반적으로 뒤에 다른 동사가 위치할 수 없다.

弟弟 dìdi 몡 남동생 | ★**习惯** xíguàn 통 익숙해지다 | ★**用** yòng 캐 ~로 | **筷子** kuàizi 몡 젓가락 | **吃饭** chī fàn 통 밥을 먹다

---

5 去爬山 周末 和 我会 妻子 ———————————— [和＋A(대상)＋B(행동) A와 B하다]

명사	대사+조동사	개사	명사	동사+동사	
周末	**我会**	**和**	**妻子**	**去爬山**。	주말에 나는 아내와 등산을 하러 갈 것이다.
부사어1	주어	부사어2		술어1+술어2	

STEP 1 동사 '去爬山'은 문장의 술어가 되며, 개사 '和'는 동작을 행하는 대상 '妻子'와 함께 쓰여 부사어가 된다. 부사어는 술어 '去'를 수식한다.

STEP 2 주어는 '我'이고, 부사어는 술어 앞에 '(부사)+조동사(会)+개사(和)' 순으로 쓰였다. 시간명사 '周末'는 주어 앞에서 시간을 나타내는 부사어로 쓰였다.

★**周末** zhōumò 몡 주말 | **会** huì 조동 ~할 것이다 | **和** hé 캐 ~와 | **妻子** qīzi 몡 아내 | ★**爬山** páshān 통 등산하다

24 개사(2) 시간·장소

쓰기 제1부분 | 본서 p.288

- **Day 29**
  1. 孩子在海边玩儿。
  2. 我从昨天开始跑步。
  3. 他住的地方离我家比较远。
  4. 他已经从办公室出来了。
  5. 我的脚到现在还疼呢。

---

1 玩儿 海边 在 孩子 —— [在+A(장소)+B(행동) A에서 B하다]

명사	개사	명사	동사
孩子	在	海边	玩儿。
주어	부사어		술어

아이는 해변에서 논다.

STEP 1 장소를 나타내는 개사 '在'는 장소명사 '海边'과 함께 술어 앞에서 부사어 역할을 한다.

STEP 2 동사 '玩儿'은 개사구 '在+海边' 뒤에 위치해 술어가 되고, 명사 '孩子'는 문장 맨 앞에 위치해 주어가 된다.

孩子 háizi 몡 아이 | 在 zài 깨 ~에서 | 海边 hǎibiān 몡 해변 | 玩儿 wánr 동 놀다

---

2 昨天 开始 我从 跑步 —— [从A开始B A부터 B하기 시작하다]

대사+개사	명사	동사	동사
我从	昨天	开始	跑步。
주어	부사어	술어1	술어2

나는 어제부터 달리기를 시작했다.

STEP 1 장소와 시간을 나타내는 개사 '从'은 시간명사 '昨天'과 함께 술어 앞에서 문장의 부사어 역할을 한다.

STEP 2 술어가 될 수 있는 동사는 '开始'와 '跑步'가 있는데, 동사 '跑步'는 이합동사로 뒤에 다른 동사가 올 수 없기 때문에 문장 맨 끝에 위치한다.

从 cóng 깨 ~로부터, ~에서 | 昨天 zuótiān 몡 어제 | 开始 kāishǐ 동 시작하다 | 跑步 pǎobù 동 달리다

---

3 离我家 比较 他住的地方 远 —— [A+离+B+정도부사+형용사 A는 B로부터 ~하다]

대사+동사+조사+명사	개사+대사+명사	부사	형용사
他住的地方	离我家	比较	远。
관형어+的+주어	부사어		술어

그가 사는 곳은 우리 집에서 비교적 멀다.

STEP 1 장소를 나타내는 개사 '离'는 주어 뒤, 술어 앞에 위치한다. 이때 호응하는 술어는 거리를 나타내는 형용사 '远'이다.

STEP 2 형용사는 부사와 함께 쓰이므로 '远' 앞에 '比较'가 위치한다. 장소를 나타내는 명사 '地方'은 주어가 된다.

住 zhù 동 살다, 거주하다 | ★地方 dìfang 명 곳, 장소 | 离 lí 개 ~에서, ~로부터 | ★比较 bǐjiào 부 비교적 | 远 yuǎn 형 (거리가) 멀다

---

4 出来了 办公室 他已经 从 ─────────── [A从B出来 A가 B에서 나오다]

대사+부사	개사	명사	동사+조사
他已经	从	办公室	出来了。
주어	부사어		술어+了

그는 이미 회사에서 나왔다.

STEP 1 조사 '了'를 통해 문장의 술어가 '出来'임을 알 수 있고, 인칭대사 '他'가 문장 맨 앞에 위치해 주어가 된다.

STEP 2 장소를 나타내는 개사 '从'은 장소명사 '办公室'와 함께 개사구를 만들어 부사어의 어순에 따라 부사 '已经' 뒤에 위치한다.

已经……了 yǐjīng …… le 이미 ~했다 | ★办公室 bàngōngshì 명 사무실 | 出来 chūlái 동 나오다

---

5 还 现在 疼呢 我的脚到 ─────────── [到+A(시간)+B(내용) A까지 B하다]

대사+조사+명사+개사	명사	부사	형용사+조사
我的脚到	现在	还	疼呢。
관형어+的+주어		부사어	술어+呢

나의 다리는 지금까지 아직도 아프다.

STEP 1 '到'는 시간을 나타내는 명사 '现在'와 함께 쓰여 개사구를 만든다. 술어 앞에서 부사어 어순에 따라 '부사+조동사+개사구' 순서로 쓰이지만, 간혹 시간을 나타내는 개사구는 부사 '还' 앞에 쓰이기도 한다.

STEP 2 부사 '还' 뒤에 오는 형용사 '疼'이 문장의 술어가 되고, '呢'는 문장 맨 끝에 쓰여 동작의 지속을 나타낸다.

★脚 jiǎo 명 발 | 到 dào 개 ~까지 | 现在 xiànzài 명 지금, 현재 | 还 hái 부 아직도, 여전히 | ★疼 téng 형 아프다 | 呢 ne 조 [동작의 지속을 나타냄]

> **tip** '개사'는 단독으로 외우는 것보다, 자주 함께 쓰이는 어휘와 함께 '고정격식'으로 외우자.

쓰기 제1부분 25 개사(3) 대상

본서 p.293

● Day 30
1 这是为你准备的礼物。
2 我决定跟丈夫一起回家。
3 小金准备向经理请假。
4 客人对那家饭店非常满意。
5 妻子给他介绍了一个工作。

---

1 为你 礼物 这是 准备的 ─────────────── [为+대상 ~를 위해]

지시대사+동사	개사+대상	동사+조사	명사
这是	为你	准备的	礼物。
주어+술어	관형어+的		목적어

이것은 너를 위해 준비한 선물이다.

STEP 1 동사 '是'는 문장의 술어가 되며 개사 '为'는 뒤에 수혜를 받는 대상 '你'와 함께 부사어가 되어 술어 뒤에 위치한다.

STEP 2 명사 '礼物'는 문장의 목적어가 되며, 조사 '的'가 붙은 '准备的'는 문맥상 목적어 앞에 위치해 관형어 역할을 한다.

★ 为 wèi 〈개〉 ~를 위하여 | 准备 zhǔnbèi 〈동〉 준비하다 | ★ 礼物 lǐwù 〈명〉 선물

---

2 我决定 跟丈夫 回家 一起 ─── [A(대상1)+跟+B(대상2)+一起+행동 A는 B와 같이 ~하다]

대사	동사	개사+명사	부사	동사+명사
我	决定	跟丈夫	一起	回家。
주어	술어	목적어[부사어+술어+목적어]		

나는 남편과 함께 집에 가기로 결정했다.

STEP 1 개사 '跟' 뒤에 명사 '丈夫'가 함께 온 것으로 보아, 인칭대사 '我'가 문장 앞에 위치해 주어가 된다.

STEP 2 술어가 되는 동사 '决定'은 문장을 목적어로 가질 수 있는 단어이다. 개사구 '跟丈夫'가 부사 '一起'와 함께, 행동을 나타내는 '回家'를 수식해서 술어 '决定'의 목적어절을 이룬다.

★ 决定 juédìng 〈동〉 결정하다, 결심하다 | ★ 跟 gēn 〈개〉 ~와 | 丈夫 zhàngfu 〈명〉 남편 | 一起 yìqǐ 〈부〉 함께, 같이 | 回家 huí jiā 집으로 돌아가다

---

3 向 请假 小金 经理 准备 ─────── [向+A(대상)+B(행동) A에게 B하다]

명사	동사	개사	명사	동사
小金	准备	向	经理	请假。
주어	술어	목적어[부사어+술어]		

샤오진[小金]은 사장님께 휴가를 신청하려고 준비한다.

STEP 1 동사 '请假'는 이합동사로 뒤에 목적어를 가질 수 없으며, '准备'는 문장을 목적어로 가질 수 있다. 따라서 동사 '准备'가 문장의 전체 술어가 되며, 사람 명사 '小金'은 문장의 주어가 된다.

25 개사(3) 대상 151

STEP 2 개사 '向'은 행위를 받는 대상 '经理'를 이끌며 동사 '请假' 앞에 쓰이고, 이 술어구는 문장 전체의 목적어가 된다.

★ 向 xiàng 깨 ~에게, ~를 향하여 | ★ 经理 jīnglǐ 명 사장, 책임자 | ★ 请假 qǐngjià 동 휴가를 신청하다

4 满意 那家饭店 客人 对 非常 ──────────── [对A满意 A에 대해 만족하다]

명사	개사	지시대사+양사+명사	부사	형용사
客人	对	那家饭店	非常	满意。 손님은 그 음식점에 대해 매우 만족한다.
주어		부사어		술어

STEP 1 개사 '对' 뒤에 행위를 받는 대상이 오므로 문맥상 '那家饭店'이 와야 한다. 형용사 '满意'는 문장의 술어가 되므로 개사구 '对那家饭店' 뒤에 위치한다.

STEP 2 명사 '客人'은 문장의 주어가 되며, 부사 '非常'은 형용사 '满意' 앞에서 정도를 나타낸다.

★ 客人 kèrén 명 손님, 고객 | 对 duì 깨 ~에 대해, ~에게 | 家 jiā 양 [집·점포 등을 세는 단위] | 饭店 fàndiàn 명 식당 | 非常 fēicháng 부 매우 | ★ 满意 mǎnyì 형 만족하다

5 一个工作 给他 妻子 介绍了 ──────────── [给A介绍B A에게 B를 소개하다]

명사	개사+대사	동사+조사	수사+양사+명사
妻子	给他	介绍了	一个工作。 아내는 그에게 일을 하나 소개했다.
주어	부사어	술어+了	관형어+목적어

STEP 1 어기조사 '了'와 같이 있는 동사 '介绍'가 문장의 술어가 되며, 개사구 '给他'가 술어 앞에 위치해 부사어 역할을 한다.

STEP 2 문맥상 명사 '妻子'가 주어가 되고, '一个工作'는 술어 뒤에 위치해 목적어 역할을 한다.

妻子 qīzi 명 아내 | 给 gěi 깨 ~에게 | 介绍 jièshào 동 소개하다 | 工作 gōngzuò 명 일, 업무

단기간에 실력이 향상되는 방법
쓰기 영역의 경우, 단기간에 실력이 늘지 않아 힘들어하는 학습자가 많다. 쓰기 영역은 문장에서 중요한 포인트 구문, 짝꿍 어휘를 체크해서 외우고, 그날 학습한 어휘를 최대한 빠른 시간 내에 복습하는 것이 중요하다. 또한 시험에 자주 출제되는 포인트 구문은 목적어만 바뀔 뿐, 구문 그대로 출제되니 포인트 구문을 꼭 외워 두자!

쓰기 제1부분 26. 개사(4) 그 외 개사

본서 p.297

● Day 31
1. 妈妈常常为姐姐担心。
2. 他喜欢用铅笔画画儿。
3. 请根据我们的要求改一下。
4. 我们应该从这儿向东走。
5. 她因为丈夫很生气。

1. 常常　妈妈　担心　为姐姐 ────── [为A担心 A 때문에 걱정하다]

명사	부사	개사+명사	동사
妈妈	常常	为姐姐	担心。
주어	부사어		술어

엄마는 자주 누나 때문에 걱정한다.

STEP 1 동사 '担心'은 문장의 술어가 되며, 개사구 '为姐姐'는 술어 앞에서 부사어 역할을 한다.

STEP 2 명사 '妈妈'는 문장의 주어가 되고, '부사+개사구+동사'의 어순에 따라 부사 '常常'은 개사구 '为姐姐' 앞에 위치한다.

常常 chángcháng 🗐 자주, 늘 | ★为 wèi 🗐 ~때문에 | 姐姐 jiějie 🗐 누나, 언니 | ★担心 dānxīn 🗐 걱정하다, 염려하다

2. 用　喜欢　画画儿　铅笔　他 ────── [用+A(방식/도구)+B(행동) A로 B하다]

대사	동사	개사	명사	동사+명사
他	喜欢	用	铅笔	画画儿。
주어	술어	목적어[부사어+술어+목적어]		

그는 연필로 그림 그리는 것을 좋아한다.

STEP 1 동사 '喜欢'은 문장을 목적어로 취하는 동사로 문장 전체의 술어가 되며, 인칭대사 '他'는 문장의 주어가 된다.

STEP 2 행동의 방식 또는 도구를 나타내는 개사 '用'은 도구 '铅笔'와 함께 동사 '画' 앞에 위치하며, 이 술목구는 동사 '喜欢'의 목적어를 이룬다.

喜欢 xǐhuan 🗐 좋아하다 | ★用 yòng 🗐 ~로 | 铅笔 qiānbǐ 🗐 연필 | ★画 huà 🗐 (그림을) 그리다 | 画儿 huàr 🗐 그림

3. 我们的　请根据　改一下　要求 ────── [根据+대상 ~에 근거하여]

동사+개사	대사+조사	명사	동사+수량사
请根据	我们的	要求	改一下。
술어1	부사어		술어2+보어

우리의 요구에 근거해서 고쳐 주세요.

STEP 1 구조조사 '的'가 있는 '我们的'는 명사 '要求'를 수식하고, 개사 '根据' 뒤에 위치해 부사어가 되어, 술어가 되는 동사 '改' 앞에 위치한다.

26 개사(4) 그 외 개사　153

STEP 2 '请'은 문장 맨 앞에 위치해 요청과 부탁을 나타내는 겸어문으로 쓰이고, '请+대상+부탁하는 내용'으로 자주 쓰인다.

请 qǐng 동 ~해 주세요 | ★**根据** gēnjù 개 ~에 근거하여 | ★**要求** yāoqiú 명 요구 | **改** gǎi 동 고치다 | **一下** yíxià 수량 (동사 뒤에 쓰여) 좀~하다

4 从这儿 向 东走 应该 我们 ────── [从A向B A에서 B로]

대사	조동사	개사+지시대사	개사	명사+동사	
我们	应该	从这儿	向	东走。	우리는 여기에서 동쪽으로 가야 한다.
주어		부사어+술어			

STEP 1 개사 '向'은 방향을 나타내는 '东'과 함께 쓰여 부사어 역할을 하며, 술어 '走' 앞에 위치한다. 출발점을 나타내는 개사 '从'은 '这儿'과 함께 '向' 앞에 위치한다.

STEP 2 조동사 '应该'는 개사 '从' 앞에 위치하며, 주어는 '我们'이다.

★**应该** yīnggāi 조동 (반드시) ~해야 한다 | **从** cóng 개 ~에서, ~로부터 | ★**向** xiàng 개 ~로, ~를 향하여 | ★**东** dōng 명 동쪽 | **走** zǒu 동 가다, 걷다

5 丈夫 很 她因为 生气 ────── [因为+원인 ~ 때문에]

대사+개사	명사	부사	동사	
她因为	丈夫	很	生气。	그녀는 남편 때문에 화가 났다.
주어	부사어		술어	

STEP 1 개사 '因为'는 명사 '丈夫'와 함께 개사구가 되어 부사어 역할을 한다.

STEP 2 부사어는 일반적으로 술어 앞에 위치하므로, 심리활동동사 '生气'는 정도부사 '很'의 수식을 받는다.

因为 yīnwèi 개 ~때문에 | **丈夫** zhàngfu 명 남편 | ★**生气** shēngqì 동 화내다, 성나다

쓰기 제1부분

27 존현문

본서 p.301

● **Day 32**
1. 学校旁边有一个公园。
2. 冰箱里没有水果。
3. 手机在我的包里。
4. 这儿附近有中国银行吗?
5. 那条街上有一家饭馆儿。

---

1 旁边 一个公园 有 学校 ────── [A(장소/시간) + 有 + B(사람/사물) A에 B가 있다]

명사	방위(명)사	동사	수사+양사+명사	
学校	旁边	有	一个公园。	학교 옆에 공원이 하나 있다.
주어		술어	관형어+목적어	

STEP 1 동사 '有'는 문장의 술어가 된다. 명사 '学校'에 방위(명)사 '旁边'을 붙여 장소를 나타내며, 문장 맨 앞에 위치해 주어가 된다.

STEP 2 명사 '公园'은 술어 뒤에서 목적어가 된다.

学校 xuéxiào 명 학교 | 旁边 pángbiān 명 옆 | ★公园 gōngyuán 명 공원

---

2 里 水果 冰箱 没有 ────── [A(장소) + 没有 + B(사람/사물) A에 B가 없다]

명사	방위(명)사	부사+동사	명사	
冰箱	里	没有	水果。	냉장고에는 과일이 없다.
주어		부사어+술어	목적어	

STEP 1 동사 '有'는 문장의 술어가 된다.

STEP 2 명사 '冰箱' 뒤에 방위(명)사 '里'가 쓰여 장소를 나타내며, 문장의 주어가 된다. 명사 '水果'는 술어 뒤에서 목적어가 된다.

★冰箱 bīngxiāng 명 냉장고 | 水果 shuǐguǒ 명 과일

---

3 在 里 我的包 手机 ────── [A(사람/사물) + 在 + B(장소) A는 B에 있다]

명사	동사	대사+조사+명사	방위(명)사	
手机	在	我的包	里。	핸드폰은 내 가방 안에 있다.
주어	술어	관형어+的	목적어	

STEP 1 '在'는 개사로 '~에서'라는 뜻도 있지만, 여기에서 '在'는 동사로 '~에 있다'라는 뜻의 술어로 쓰였다.

STEP 2 사물인 '手机'가 주어이고, 명사 '包' 뒤에 방위(명)사 '里'를 붙이면 장소를 나타내므로 '包里'는 목적어가 된다.

手机 shǒujī 명 핸드폰 | 在 zài 동 ~에 있다 | ★包 bāo 명 가방

4 中国 银行吗 有 这儿附近 ───── [A(장소)+有+B(사람/사물)+吗? A에 B가 있니?]

지시대사+명사	동사	명사	명사+조사
这儿附近	有	中国 银行吗?	여기 근처에 중국은행이 있나요?
관형어+주어	술어	목적어	吗

STEP 1 동사 '有'는 문장의 술어가 되고, 장소를 나타내는 '这儿+附近'은 문장 맨 앞 주어 자리에 위치한다.

STEP 2 명사 '中国银行'은 목적어가 되고, 문장 맨 끝에 '吗'를 사용하여 의문문을 만든다.

★附近 fùjìn 명 근처, 부근 | 中国银行 Zhōngguó Yínháng 고유 중국은행

5 有 饭馆儿 那条街 一家 上 ───── [A(장소/시간)+有+B(사람/사물) A에 B가 있다]

지시대사+양사+명사	방위(명)사	동사	수사+양사	명사
那条街	上	有	一家	饭馆儿。 저 거리에는 식당 하나가 있다.
관형어	주어	술어	관형어	목적어

STEP 1 술어는 동사 '有'가 되며, 명사 '街'와 방위(명)사 '上'이 결합한 '街上'이 문장의 주어가 된다.

STEP 2 명사 '饭馆儿'이 문장의 목적어가 되며, '수사+양사'인 '一家'가 목적어 앞에 위치해 관형어 역할을 한다.

★条 tiáo 양 [가늘고 긴 것을 세는 단위] | ★街 jiē 명 거리 | 家 jiā 양 [집·점포 등을 세는 단위] | 饭馆儿 fànguǎnr 명 식당

쓰기 제1부분 28 연동문

본서 p.305

● Day 33
1 爸爸要去火车站送妈妈。
2 我想明年去上海玩儿。
3 妈妈要带孩子去动物园。
4 他经常去体育馆踢足球。
5 爸爸没带他去医院看病。

1 送妈妈 爸爸 去 要 火车站 ───── [去+A(장소)+送+B(사람) A에 가서 B를 배웅하다]

명사	조동사	동사	명사	동사+명사
爸爸	要	去	火车站	送妈妈。 아빠는 기차역에 가서 엄마를 배웅하려 한다.
주어	부사어	술어1	목적어1	술어2+목적어2

STEP 1 동사 '来'나 '去'가 있고, 다른 동사가 있으면, 연동문일 확률이 크다. 연동문의 어순은 '술어1(来/去)+목적어1(장소)+술어2+목적어2'이다. 따라서 첫 번째 술어는 '去'가 되고, 목적어는 장소를 나타내는 명사 '火车站'이다.

STEP 2 두 번째 술어는 동사 '送'이며, 주어는 명사 '爸爸'이다. 조동사 '要'는 일반적으로 첫 번째 술어 앞에 위치하므로 '去' 앞에 놓는다.

要 yào [조동] ~하려고 하다 | 火车站 huǒchēzhàn [명] 기차역 | 送 sòng [동] 배웅하다

---

2 上海　我想　玩儿　明年去 ────────── [去 + 장소 + 玩儿 ~에 가서 놀다]

대사+조동사	명사+동사	명사	동사
我想	明年去	上海	玩儿。
주어	부사어	술어1 목적어	술어2

나는 내년에 상하이(上海)로 놀러 가고 싶다.

STEP 1 첫 번째 술어 '去'는 목적어로 장소를 나타내는 명사 '上海'를 취한다.

STEP 2 두 번째 술어는 '玩儿'이 되고, 주어는 인칭대사 '我'가 된다.

想 xiǎng [조동] ~하고 싶다 | 明年 míngnián [명] 내년 | 上海 Shànghǎi [고유] 상하이 | 玩儿 wánr [동] 놀다

---

3 去动物园　带孩子　妈妈　要 ────────── [带 + A(사람/사물) + B(행동) A를 데리고 B하다]

명사	조동사	동사+명사	동사+명사
妈妈	要	带孩子	去动物园。
주어	부사어	술어1+목적어1	술어2+목적어2

엄마는 아이를 데리고 동물원에 가려 한다.

STEP 1 첫 번째 술어가 '带'인 연동문의 어순은 '술어1(带)+사람/사물+술어2(행동)'이다. 따라서 '带'의 목적어는 사람 '孩子'이고, 두 번째 술어 '去'의 목적어는 장소 '动物园'이다.

STEP 2 주어는 행동 주체인 명사 '妈妈'이며, 조동사 '要'는 일반적으로 첫 번째 술어 앞에 위치한다.

★ 带 dài [동] 데리다, 이끌다 | 孩子 háizi [명] 아이, 자녀 | 动物园 dòngwùyuán [명] 동물원

---

4 经常　他　踢足球　体育馆　去 ────────── [去 + A(장소) + B(행동) A에 가서 B하다]

대사	부사	동사	명사	동사+명사
他	经常	去	体育馆	踢足球。
주어	부사어	술어1	목적어1	술어2+목적어2

그는 자주 체육관에 가서 축구를 한다.

STEP 1 동사 '去' 뒤에 장소를 나타내는 목적어 '体育馆'이 위치하고, 행동을 나타내는 동사 '踢'가 두 번째 술어 자리에 온다.

STEP 2 행동 주체인 '他'는 주어가 되며, 연동문에서 부사, 조동사는 일반적으로 첫 번째 술어 앞에 온다. 따라서 '经常'은 첫 번째 술어 '去' 앞에 위치한다.

★ **经常** jīngcháng 뛰 자주, 늘 | ★ **体育馆** tǐyùguǎn 명 체육관 | **踢** tī 동 차다 | **足球** zúqiú 명 축구

5 看病 爸爸 带他 没 去医院 ─── [带+A(사람/사물)+去+B(장소)+C(행동) A를 데리고 B에 가서 C를 하다]

명사	부사	동사+대사	동사+명사	동사3	
爸爸	**没**	**带他**	**去医院**	**看病**。	아빠는 그를 데리고 병원에 가서 진찰받지 않았다.
주어	부사어	술어1+목적어1	술어2+목적어2	술어3	

STEP 1 연동문에서 술어의 순서를 잘 모르겠다면, 행동의 순서대로 배열하면 된다. 첫 번째 술어는 '带'가 되며, 시간 및 행동의 흐름에 따라 두 번째 술어로 동사 '去'가 위치한다.

STEP 2 연동문에서 부사는 첫 번째 술어 앞에 위치하며, 주어는 인칭대사 '他'가 된다. 동사 '看病'은 맨 마지막에 위치한다.

医院 yīyuàn 명 병원 | **看病** kànbìng 동 진찰하다, 진료하다

쓰기 제1부분 **29** 겸어문

본서 p.309

● **Day 34**
1 笑一笑会让人更年轻。
2 不要总是让别人帮忙。
3 请大家先回教室。
4 手机让我们的生活更方便。
5 我让司机开车送你去吧。

1 让人 更年轻 会 笑一笑 ─── [A+让+B(목적어/의미상 주어)+年轻 A는 B를 젊어지게 하다]

동사+수사+동사	조동사	동사+명사	부사+형용사	
笑一笑	**会**	**让人**	**更年轻**。	웃는 것은 사람을 더 젊어지게 할 것이다.
주어	부사어	술어1+목적어1/ 의미상 주어	부사어+술어2	

STEP 1 '人'은 첫 번째 술어 '让'의 목적어이면서, 두 번째 술어 '年轻'의 의미상 주어 역할을 한다.

STEP 2 조동사 '会'는 첫 번째 술어 '让' 앞에 위치한다. 행동 '笑一笑'가 주어 역할을 하는데, 행동이 주어가 될 경우 동사구도 주어 자리에 올 수 있다.

笑 xiào 동 웃다 | **会** huì 조동 ~할 것이다 | **让** ràng 동 ~하게 하다 | ★ **更** gèng 뛰 더, 더욱 | ★ **年轻** niánqīng 형 젊다, 어리다

2 让别人　总是　不要　帮忙 ───── [让 + A(목적어/의미상 주어) + 帮忙 A에게 도와달라고 하다]

부사	부사	동사+대사	동사	
不要	**总是**	**让别人**	**帮忙**。	항상 다른 사람에게 도와달라고 하지 마라.
부사어		술어1 + 목적어1/ 의미상 주어	술어2	

STEP 1　술어 '让'은 대사 '别人'을 목적어로 취하고, '别人'은 두 번째 술어 '帮忙'의 의미상 주어 역할을 한다.

STEP 2　부사 '总是'는 첫 번째 술어 '让' 앞에 위치하고, '不要'는 '~하지 마라'는 뜻으로 문장 맨 앞에 쓰여, 명령의 의미를 나타낸다. 명령문에서는 일반적으로 주어가 생략된다.

不要 búyào 퇸 ~하지 마라 | ★ **总是** zǒngshì 퇸 항상, 늘 | ★ **别人** biérén 때 다른 사람, 남 | ★ **帮忙** bāngmáng 통 돕다

---

3 先回　大家　教室　请 ───── [请 + A(목적어/의미상 주어) + 回 + B(장소) A는 B로 돌아가 주세요]

동사	대사	부사+동사	명사	
请	**大家**	**先回**	**教室**。	모두들 먼저 교실로 돌아가 주세요.
술어1	목적어1/ 의미상 주어	부사어+술어2	목적어2	

STEP 1　동사 '请'은 첫 번째 술어 역할을 하며 문장의 맨 앞에 위치한다. '回'는 두 번째 술어이다.

STEP 2　'请'은 뒤에 목적어 '大家'를 취하고, '回' 뒤에는 장소 목적어 '教室'가 위치한다.

请 qǐng 통 ~해 주세요 | **大家** dàjiā 때 모두, 다들 | ★ **先** xiān 퇸 먼저, 우선 | **回** huí 통 되돌아가다 | **教室** jiàoshì 몡 교실

---

4 我们的生活　手机　更方便　让 ───── [A + 让 + B(목적어/의미상 주어) + 方便 A는 B를 편리하게 한다]

명사	동사	대사+조사+명사	부사+형용사	
手机	**让**	**我们的生活**	**更方便**。	핸드폰은 우리의 생활을 더 편리하게 한다.
주어	술어1	관형어+的+목적어1/ 의미상 주어	부사어+술어2	

STEP 1　'我们的生活'는 첫 번째 술어 '让'의 목적어이면서, 두 번째 술어 '方便'의 의미상 주어이다.

STEP 2　명사 '手机'는 문장 전체의 주어 역할을 하며 문장 맨 앞에 위치한다.

手机 shǒujī 몡 핸드폰 | **生活** shēnghuó 몡 생활 | ★ **方便** fāngbiàn 혱 편리하다

---

5 开车　我　送你去吧　让司机 ───── [A + 让 + B(목적어/의미상 주어) + 开车 A는 B를 운전하게 하다]

대사	동사+명사	동사	동사+대사+동사+조사	
我	**让司机**	**开车**	**送你去吧**。	내가 기사님에게 운전해서 너를 데려다 주라고 할게.
주어	술어1+목적어1/ 의미상 주어	술어2	술어3+목적어+吧	

29 겸어문

STEP 1 첫 번째 술어 '让'은 '~하도록 하다'라는 뜻으로, 뒤에 '司机'를 목적어로 취한다. '司机'는 첫 번째 술어의 목적어이면서 두 번째 술어 '开车'의 의미상 주어이다.

STEP 2 문맥상 '送'은 세 번째 술어가 되고, '我'는 문장 전체의 주어이다.

★**司机** sījī 명 기사, 운전사 | **开车** kāichē 동 운전을 하다 | **送** sòng 동 데려다 주다 | **吧** ba 조 ~하자[상의·제의·청유·기대·명령 등의 어기를 나타냄]

쓰기 제1부분 30 비교문

본서 p.314

● Day 35
1 他的办法比我的更好。
2 他画的猫跟真的一样。
3 他没有你说的那么聪明。
4 这次的问题跟上次的一样难。
5 时间比什么都重要。

1 更　比我的　好　他的办法 ────────── [A+比+B+更+술어 A는 B보다 더 ~하다]

대사+조사+명사	개사+대사+조사	부사	형용사
他的办法	比我的	更	好。
A	比+B	更	술어

그의 방법은 내 것보다 더 좋다.

STEP 1 '比'는 비교 대상을 이끄는 개사로 'A+比+B+更+술어' 형태의 비교문을 만든다.

STEP 2 A는 '他的办法'이고, B는 '我的'이다. A, B에 같은 명사(办法)가 중복되어 있을 때, B의 명사는 보통 생략한다. 술어는 형용사 '好'이다.

★**办法** bànfǎ 명 방법 | **比** bǐ 개 ~보다, ~에 비해 | ★**更** gèng 부 더, 더욱

---

2 一样　真的　跟　他画的猫 ────────── [A+跟+B+一样 A는 B와 같다]

대사+동사+조사+명사	개사	부사+조사	형용사
他画的猫	跟	真的	一样。
A	跟	B	一样

그가 그린 고양이는 진짜 같다.

STEP 1 '跟'은 'A+跟+B+一样' 형태로 A와 B가 같음을 나타낸다.

STEP 2 A는 '他画的猫'이고, B는 '真的'이므로 A와 B가 같은 명사(猫)일 때, B의 명사는 생략할 수 있다.

★**画** huà 동 (그림을) 그리다 | **猫** māo 명 고양이 | ★**跟** gēn 개 ~와 | **真** zhēn 부 정말 | ★**一样** yíyàng 형 똑같다, 동일하다

3 那么   他没有   聪明   你说的 ────────── [A+没有+B+那么+술어 A는 B보다 그렇게 ~하지 않다]

대사+동사	대사+동사+조사	대사	형용사	
他没有	你说的	那么	聪明。	그는 네가 말한 것보다 그렇게 똑똑하지 않다.
A+没有	B	那么	술어	

STEP 1 비교문 '比'의 부정은 '没有'이므로, 'A+没有+B+술어' 형태로 쓴다.

STEP 2 A는 '他'이고, B는 '你说的'이다. 형용사 '聪明'이 술어가 되며, '那么'는 부사어로 술어 '聪明' 앞에 위치한다.

没有 méiyǒu 동 (비교문에 쓰여) ~만 못하다 | 说 shuō 동 말하다 | 那么 nàme 대 그렇게, 저렇게 | ★聪明 cōngming 형 똑똑하다

---

4 一样   跟上次的   难   这次的问题 ────────── [A+跟+B+一样+술어 A는 B처럼 ~하다]

지시대사+양사+조사+명사	개사+명사+조사	형용사	형용사	
这次的问题	跟上次的	一样	难。	이번 문제는 지난번과 같이 어렵다.
A	跟+B	一样	술어	

STEP 1 여기서 개사 '跟'은 'A+跟+B+一样' 형태로 쓰이고 '一样' 뒤에는 형용사 술어가 쓰인다.

STEP 2 A는 '这次的问题'이고, B는 '上次的'로, A와 B가 같은 명사(问题)일 때, B의 명사는 보통 생략한다.

次 cì 양 번, 회 | 问题 wèntí 명 문제 | ★跟 gēn 개 ~와 | 上次 shàngcì 명 지난번 | ★难 nán 형 어렵다, 힘들다

---

5 时间   重要   比什么   都 ────────── [A+比+B+都+형용사 A는 B보다도 ~하다]

명사	개사+대사	부사	형용사	
时间	比什么	都	重要。	시간은 어떤 것보다도 중요하다.
A	比+B	都	술어	

STEP 1 비교문 '比'가 쓰이는 최상급 표현의 어순은 'A+比+B(의문대사)+都+형용사'이다.

STEP 2 A는 '时间'이고, B는 의문대사 '什么'다. 술어가 되는 형용사 '重要'는 부사 '都' 뒤에 위치한다.

时间 shíjiān 명 시간 | 都 dōu 부 모두 | ★重要 zhòngyào 형 중요하다

> **tip** 비교문의 출제 비율이 높아지고 있다. 간단한 어순만 익혀도 좋은 점수를 받을 수 있는 비교문을 포기하지 말자!

把자문

쓰기 제1부분 31

본서 p.319

● **Day 36**
1. 我把作业写完了。
2. 他把手机忘在洗手间了。
3. 请把电视的声音关小点儿。
4. 姐姐决定把这条裙子送给朋友。
5. 年轻人应该把时间用在学习上。

---

1 把 写完了 作业 我 ──────────── [把+목적어+完了 ~를 다했다]

대사	개사	명사	동사+동사+조사
我	把	作业	写完了。
주어	부사어	술어+보어+了	

나는 숙제를 다했다.

STEP 1 개사 '把' 뒤에 목적어인 명사 '作业'가 오면서 개사구를 만든다.

STEP 2 동사 '写'가 문장의 술어가 되며, 개사구 '把作业' 뒤에 위치한다. 주어는 행동의 주체인 '我'이다.

★ **把** bǎ [개] [목적어를 술어 앞으로 끌어내어 처치를 나타냄] | ★ **作业** zuòyè [명] 숙제, 과제 | **写** xiě [동] 쓰다 | **完** wán [동] (동사 뒤에 보어로 쓰여) 다하다, 끝내다

---

2 手机 洗手间了 他把 忘在 ──────────── [把+A(목적어)+忘在+B A를 깜빡하고 B에 두다]

대사+개사	명사	동사+개사	명사+조사
他把	手机	忘在	洗手间了。
주어	부사어	술어	보어 了

그는 핸드폰을 깜빡하고 화장실에 두었다.

STEP 1 문장의 술어는 동사 '忘'이며, 술어 뒤에 '在'는 개사로, 장소명사 '洗手间'과 함께 개사구를 이루어 보어 역할을 한다.

STEP 2 개사 '把'는 목적어인 명사 '手机'를 술어 '忘' 앞으로 도치시킨다.

手机 shǒujī [명] 핸드폰 | **忘** wàng [동] 잊다 | **在** zài [개] ~에서 | ★ **洗手间** xǐshǒujiān [명] 화장실

---

3 关 电视的声音 请 小点儿 把 ──────────── [把+A(목적어)+B(술어)+기타 성분 A를 B하다]

동사1	개사	명사+조사+명사	동사2	형용사+수량사
请	把	电视的声音	关	小点儿。
술어1	부사어		술어2	보어

TV 소리를 좀 작게 줄여 주세요.

STEP 1 동사 '请'은 문장 맨 앞에서 술어로 쓰이며, 부탁의 의미를 나타낸다. 개사 '把'는 목적어 '电视的声音'을 술어 '关' 앞으로 도치시킨다.

162 쓰기 제1부분

STEP 2 '小点儿'은 술어 '关' 뒤에서 보어로 쓰였다.

请 qǐng 동 ~해 주세요 | 电视 diànshì 명 TV, 텔레비전 | ★声音 shēngyīn 명 소리 | ★关 guān 동 끄다, 닫다 | 点儿 diǎnr 수량 좀, 약간

4 送给朋友　决定　姐姐　把　这条裙子 ─── [把+A(목적어)+送给+B A를 B에게 주다]

명사	동사	개사+지시대사+양사+명사	동사+개사+명사	
姐姐	**决定**	**把这条裙子**	**送给朋友**。	언니는 이 치마를 친구에게 주기로 결정했다.
주어	술어	목적어[부사어+술어+보어]		

STEP 1 동사 '决定'은 술어로 문장을 목적어로 갖는다. 把자문은 목적어를 술어 앞으로 도치시키므로 '把这条裙子'가 술어 '送' 앞에 위치하며, 문장 전체의 술어인 '决定'의 목적어가 된다.

STEP 2 '送' 뒤에 '给朋友'는 보어로 쓰였고, 행동 주체인 '姐姐'는 주어가 된다.

姐姐 jiějie 명 언니, 누나 | ★决定 juédìng 동 결정하다, 결심하다 | ★条 tiáo 양 벌[바지·치마를 세는 단위] | ★裙子 qúnzi 명 치마 | 送 sòng 동 주다, 선물하다 | 给 gěi 개 ~에게 | 朋友 péngyou 명 친구

5 应该　用在学习上　把时间　年轻人 ─── [把+A(목적어)+用在+B B에 A를 쓰다]

명사	조동사	개사+명사	동사+개사+동사+명사	
年轻人	**应该**	**把时间**	**用在学习上**。	젊은이들은 반드시 시간을 배우는 데 써야 한다.
주어		부사어	술어+보어	

STEP 1 把자문에서 조동사는 '把' 바로 앞에 위치하므로, '把时间' 앞에 조동사 '应该'가 위치한다.

STEP 2 '应该把时间'은 부사어로, 술어가 되는 동사 '用' 앞에 위치한다. 행동 주체인 '年经人'은 주어가 된다.

年轻人 niánqīngrén 명 젊은이 | ★应该 yīnggāi 조동 (반드시) ~해야 한다 | 时间 shíjiān 명 시간 | ★用 yòng 동 쓰다, 사용하다 | 在……上 zài …… shang ~에서 | 学习 xuéxí 동 배우다, 공부하다

被자문

쓰기 제1부분 **32**

본서 p.323

● Day 37
1. 我的词典被他拿走了。
2. 盘子里的香蕉被她吃了。
3. 冰箱里的果汁被弟弟喝完了。
4. 那辆自行车被她借走了。
5. 我的生日被他忘得干干净净的。

---

1 被　拿走了　我的词典　他 ——— [A(행동 대상) + 被 + B(행동 주체) + 拿走了　A는 B가 가져갔다]

대사+조사+명사	개사	대사	동사+동사+조사
我的词典	被	他	拿走了。
관형어+的+주어	부사어		술어+보어+了

내 사전은 그가 가져갔다.

STEP 1 '被'는 행동 주체를 이끄는 개사로, 뒤에 행동 주체인 '他'가 위치한다.

STEP 2 동사 '拿'는 술어 역할을 하고, 뒤에 '走'가 기타 성분으로 보어 역할을 한다. 명사 '词典'은 주어가 된다.

★ 词典 cídiǎn 명 사전 | ★ 被 bèi 개 ~에게 ~를 당하다 | ★ 拿 ná 동 (손으로) 가지다, 쥐다 | 走 zǒu 동 걷다, 가다

---

2 吃了　香蕉　被　盘子里的　她 ——— [A(행동 대상) + 被 + B(행동 주체) + 吃了　A는 B가 먹었다]

명사+명사+조사	명사	개사	대사	동사+조사
盘子里的	香蕉	被	她	吃了。
관형어+的	주어	부사어		술어+了

쟁반의 바나나는 그녀가 먹었다.

STEP 1 행동 주체를 이끄는 개사 '被' 뒤에 행동 주체인 '她'가 오고, 개사구 '被她'는 부사어로 술어 앞에 위치한다.

STEP 2 被자문은 술어 뒤에 기타 성분이 와야 하므로, 술어 '吃' 뒤에 동태조사 '了'가 그 역할을 한다. 명사 '香蕉'는 주어가 되며, '盘子里的'는 주어 앞에서 관형어 역할을 한다.

★ 盘子 pánzi 명 쟁반 | ★ 香蕉 xiāngjiāo 명 바나나

---

3 冰箱里的　完了　被弟弟　喝　果汁 — [A(행동 대상) + 被 + B(행동 주체) + 喝完了　A는 B가 다 마셨다]

명사+명사+조사	명사	개사+명사	동사	동사+조사
冰箱里的	果汁	被弟弟	喝	完了。
관형어+的	주어	부사어	술어	보어+了

냉장고 안의 과일주스는 동생이 다 마셨다.

STEP 1 동사 '喝'는 문장의 술어가 되고, 동사 '完'은 술어 뒤에서 보어 역할을 한다. 개사 '被' 뒤에는 행동주체 '弟弟'가 오며, 술어 앞에 위치한다.

STEP 2 명사 '果汁'는 주어가 되며, '冰箱里'는 '的'와 함께 문장 맨 앞에서 주어를 수식한다.

★冰箱 bīngxiāng 명 냉장고 | 果汁 guǒzhī 명 과일주스 | 弟弟 dìdi 명 남동생 | 喝 hē 동 마시다 | 完 wán 동 (동사 뒤에 보어로 쓰여) 다하다, 끝내다

4 被　那辆自行车　她　了　借走 ——— [A(행동 대상)+被+B(행동 주체)+借走了 A는 B가 빌려갔다]

지시대사+양사+명사	개사	대사	동사+동사	조사
那辆自行车	被	她	借走	了。
관형어+주어	부사어		술어+보어	了

그 자전거는 그녀가 빌려갔다.

STEP 1 행동 주체를 이끄는 개사 '被' 뒤에 행동 주체인 '她'가 오고, 개사구 '被她'는 부사어로, 술어 앞에 위치한다.

STEP 2 동사 '走'는 술어 뒤에서 보어 역할을 하며, 문장 끝의 조사 '了'와 함께 피자문에 필요한 기타 성분 역할을 한다. 사물 '自行车'는 행동을 받는 주어가 된다.

★辆 liàng 양 대, 량 [차량을 세는 단위] | ★自行车 zìxíngchē 명 자전거 | ★借 jiè 동 빌리다

5 我的生日　他　干干净净的　忘得　被 ——— [A+被+B+忘得干干净净的 A는 B가 깨끗이 잊어버렸다]

대사+조사+명사	개사	명사	동사+조사	형용사+조사
我的生日	被	他	忘得	干干净净的。
관형어+的+주어	부사어		술어+得	보어+的

내 생일은 그가 깨끗이 잊어버렸다.

STEP 1 개사 '被' 뒤에는 행동 주체 '他'가 오며, 개사구를 만들어 술어 앞에 위치한다.

STEP 2 구조조사 '得'가 있는 것으로 보아 동사 '忘'이 문장의 술어가 되며, 문장 맨 끝에 기타 성분으로 보어 '干干净净的'가 위치한다. '我的生日'는 문장 맨 앞에서 주어가 된다.

生日 shēngrì 명 생일 | 忘 wàng 동 잊다 | 得 de 조 ~하는 정도가 ~하다 | ★干净 gānjìng 형 깨끗하다

쓰기 제2부분 01 모양 구분에 주의해야 하는 한자

본서 p.335

● Day 17 　1 太　2 开　3 元　4 见　5 门

1 太 [太+형용사+了 너무 ~하다]　괄호 앞에 '眼睛'은 주어이고, 뒤에는 술어 '大'가 있으므로, 괄호는 부사 자리이다. 정답은 부사 중 'tài'로 발음되는 '太'이다. '太'는 쓸 때, '大' 아래에 점(丶)을 찍어야 한다는 것에 주의하자! 일부 한자들은 한, 두 획 정도의 미묘한 차이가 있으므로 주의해야 한다.

| 你的眼睛（ **太**[tài] ）大了，像葡萄一样。 | 너의 눈은 몹시 커. 마치 포도 같아. |

眼睛 yǎnjing 몡 눈 | **太** tài 뷔 너무, 몹시 | ★ **像** xiàng 동 ~와 같다 | **葡萄** pútáo 몡 포도 | ★ **一样** yíyàng 혱 똑같다, 동일하다

2 开 [시간+开始 ~에 시작하다]　괄호 앞에 '八点一刻'는 시간을 나타내는 부사어로 뒤에 술어를 필요로 한다. 'kāi'로 발음되는 '开'는 괄호 뒤에 있는 '始'와 함께 '시작하다'라는 의미를 가진 동사 '开始'가 된다. 한자를 적을 때 모양이 비슷한 '关 guān'과 혼동하지 않도록 주의하자!

| 比赛八点一刻（ **开**[kāi] ）始。 | 경기는 8시 15분에 시작한다. |

★ **比赛** bǐsài 몡 경기, 시합 | **点** diǎn 양 시 | ★ **刻** kè 양 15분 | **开始** kāishǐ 동 시작하다

3 元 [分 편 / 角 자오]　'分'은 중국의 가장 작은 화폐 단위로 0.01위안이다. '一分'이 10개면 '一角'이고, '0.1元'이다. '一角'가 10개면 'yuán'으로 발음되는 화폐 단위 '元'이 되는 것이다. 한자를 적을 때 모양이 비슷한 '云 yún'과 혼동하지 않도록 주의하자!

| 10个一分是一角，10个一角是一（ **元**[yuán] ）。 | 1펀이 10개면 1자오이고, 1자오가 10개면 1위안이다. |

★ **分** fēn 양 펀 [0.01위안] | ★ **角** jiǎo 양 자오 [0.1위안] | ★ **元** yuán 양 위안 [중국의 화폐 단위]

4 见 [常+술어+吗? 자주 ~하나요?]　부사 '常'을 통해 괄호가 동사 자리임을 알 수 있다. 'jiàn'으로 발음되는 동사 '见'을 써서 '씨에'라는 성은 중국에서 자주 볼 수 있는지 묻는다. 한자를 적을 때 '贝 bèi'와 혼동하지 않도록 주의하자!

| "谢[Xiè]"这个姓在中国常（ **见**[jiàn] ）吗? | '씨에[谢]'라는 이 성은 중국에서 자주 볼 수 있나요? |

姓 xìng 몡 성, 성씨 | **在** zài 개 ~에서 | **中国** Zhōngguó 고유 중국 | **常** cháng 뷔 자주, 늘 | **见** jiàn 동 보다

5 门 [出门 외출하다] 'mén'으로 발음되는 '门'을 쓰면 괄호 앞에 있는 '出'와 나란히 쓰여 '외출하다'라는 의미를 가진 동사 '出门'이 된다. 한자를 적을 때 부수가 같은 '问'이나 '间'을 쓰지 않도록 주의하자! 쓰기 제2부분에서는 필수 어휘 600개 중, 비교적 쉬운 어휘들이 출제되므로 부담 갖지 말자.

| 妈妈早上出（ 门^{mén} ）的时候忘记拿钱包了。 | 엄마는 아침에 외출할 때 지갑 가져가는 것을 잊어버렸다. |

早上 zǎoshang 몡 아침 | **出门** chūmén 동 외출하다 | **……的时候** …… de shíhou ~할 때 | ★**忘记** wàngjì 동 잊다, 잊어버리다 | ★**拿** ná 동 (손으로) 가지다, 쥐다 | **钱包** qiánbāo 몡 지갑

쓰기 제2부분 02 발음 구분에 주의해야 하는 한자

본서 p.341

● Day 18   1 只   2 长   3 几   4 做   5 花

---

1 只 [只 마리(동물을 세는 단위)] 괄호 앞은 숫자 '5'이고 뒤는 명사 '鸟'이므로, 괄호가 양사 자리라는 것을 알 수 있다. 'zhī'로 발음되는 동물을 세는 단위 '只'를 쓴다. '只'는 두 가지 이상의 발음을 가지는 다음자로, 'zhī'라고 발음할 때는 양사로 쓰며, 'zhǐ'라고 발음할 때는 부사로 '오직, 단지'의 뜻을 나타내므로 발음에 주의하자!

| 她不喜欢狗，也不喜欢猫，但是她家有5（ 只^{zhī} ）鸟。 | 그녀는 개를 좋아하지 않고, 고양이도 좋아하지 않는다. 그러나 그녀의 집에는 새 다섯 마리가 있다. |

喜欢 xǐhuan 동 좋아하다 | **狗** gǒu 몡 개 | **也** yě 부 ~도 | **猫** māo 몡 고양이 | **但是** dànshì 접 그러나 | ★**只** zhī 양 마리 [동물을 세는 단위] | ★**鸟** niǎo 몡 새

---

2 长 [院长 원장] 괄호 뒤에 시간을 나타내는 부사어 '每天'이 쓰였으므로, 앞이 주어 자리임을 알 수 있다. 괄호 앞에 '院'은 'zhǎng'으로 발음되는 '长'과 나란히 쓰여 '원장'이라는 뜻을 가진다. '长'은 두 가지 이상의 발음을 가지는 다음자로 'zhǎng'으로 발음할 때는 '(조직 집단의) 장, 자라다'라는 뜻을 나타내며, 'cháng'으로 발음할 때는 '(길이가) 길다'의 뜻을 나타내므로 발음에 주의하자!

| 院（ 长^{zhǎng} ）每天坐公共汽车去上班。 | 원장님은 매일 버스를 타고 출근한다. |

院长 yuànzhǎng 몡 원장 | **每天** měi tiān 몡 매일 | **坐** zuò 동 (교통수단을) 타다 | **公共汽车** gōnggòng qìchē 몡 버스 | **上班** shàngbān 동 출근하다

3 几 [几 몇(10 이하의 불특정한 수량을 나타냄)] 괄호 뒤에 양사 '斤'이 있으므로, 괄호는 수사 자리임을 알 수 있다. 'jǐ'로 발음되는 수사는 '几'로, 불특정한 수량을 나타낸다. '几'는 두 가지 이상의 발음을 가지는 다음자로 'jǐ'로 발음할 때는 수사, 'jī'로 발음할 때는 부사로 '거의'라는 뜻을 나타낸다.

| 妈妈在超市买了（ 几^{jǐ} ）斤菜。 | 엄마는 슈퍼마켓에서 채소 몇 근을 샀다. |

在 zài 개 ~에서 | ★超市 chāoshì 명 슈퍼마켓 | 买 mǎi 동 사다 | 斤 jīn 양 근, 500g | 菜 cài 명 채소

4 做 [做作业 숙제를 하다] 괄호 뒤에 '作业'가 있으므로, 'zuò'로 발음되는 한자 '做'를 적는다. 발음과 성조가 같은 '坐 zuò' 또는 '作 zuò'와 혼동하지 않도록 주의하자! 발음이 비슷해서 혼동하기 쉬운 한자들은 자주 쓰이는 짝꿍 어휘와 함께 외우면 기억에 남는다.

| 我弟弟最不喜欢的事情就是（ 做^{zuò} ）作业。 | 내 남동생이 가장 좋아하지 않는 일은 바로 숙제를 하는 것이다. |

弟弟 dìdi 명 남동생 | 最 zuì 부 가장, 제일 | 事情 shìqing 명 일, 사건 | 就 jiù 부 바로[사실을 강조] | 做 zuò 동 하다 | ★作业 zuòyè 명 숙제, 과제

5 花 [开花 꽃이 피다] 괄호는 관형어 '很多'의 수식을 받는 명사 자리이며, '피다'라는 뜻을 나타내는 동사 '开'를 통해 'huā'로 발음되는 명사가 '花'임을 알 수 있다. 한자를 적을 때 '化 huà'와 혼동되지 않도록 주의하자!

| 我家附近的公园里开了很多（ 花^{huā} ）。 | 우리 집 근처 공원에 꽃들이 많이 피어 있다. |

★附近 fùjìn 명 근처, 부근 | ★公园 gōngyuán 명 공원 | 开 kāi 동 (꽃이) 피다 | ★花 huā 명 꽃

쓰기 제2부분 03 단어나 어구로 구분하는 한자

본서 p.344

● Day 38　1 心　2 中　3 才　4 从　5 米

1 心 [放心 안심하다, 마음을 놓다] 괄호 앞에 '放'은 '놓다'라는 뜻으로, 뒤에 'xīn'으로 발음되는 '心'을 써서 '동사+명사'의 구조로 이루어진 이합동사 '放心'이 된다. 자주 출제되는 단어이므로 꼭 외워 두자!

| 妈妈您放（ 心^{xīn} ）吧，他会照顾好自己的。 | 엄마 안심하세요. 그는 스스로 자신을 잘 돌볼 거예요. |

您 nín 때 당신, 선생님 | ★放心 fàngxīn 통 안심하다, 마음을 놓다 | 吧 ba 조 ~하자 [상의·제의·청유·기대·명령 등의 어기를 나타냄] | 会……的 huì …… de ~할 것이다 | ★照顾 zhàogù 통 돌보다, 보살피다 | 好 hǎo 형 (동사 뒤에 결과보어로 쓰여) 다 잘 ~하다 | ★自己 zìjǐ 때 자신, 자기

2 中 [中间 중간]
'zhōng'으로 발음되는 '中'이 괄호 뒤의 '间'과 함께 쓰여 '중간'을 의미하는 명사가 된다. 역시 자주 출제되는 단어이므로 외워 두자!

站在（ 中^{zhōng} ）间的那个人是谁?	중간에 서 있는 그 사람은 누구니?

站 zhàn 통 서다 | 在 zài 개 ~에서 | ★中间 zhōngjiān 명 중간

3 才 [才+숫자 겨우 ~이다]
인터넷에서 셔츠를 200위안에 샀다는 문장에서 200위안 앞에 괄호가 있다. 문맥을 통해 'cái'로 발음되고 '겨우, 고작'이라는 뜻의 부사 '才'가 쓰임을 알 수 있다.

我在网上买了件衬衫，（ 才^{cái} ）两百多块钱。	나는 인터넷에서 셔츠 한 벌을 샀는데, 겨우 200위안 정도이다.

★网上 wǎngshàng 명 인터넷 | 买 mǎi 통 사다 | 件 jiàn 양 벌 [옷 등을 세는 단위] | ★衬衫 chènshān 명 셔츠, 블라우스 | ★才 cái 부 겨우, 고작 | 两 liǎng 주 2, 둘 | 百 bǎi 주 100, 백 | 多 duō 수 (수량사 뒤에 쓰여) 정도, ~쯤 | 块 kuài 양 위안 [중국의 화폐 단위] | 钱 qián 명 돈

4 从 [从A开始 A부터 시작하다]
괄호 뒤에 '어제저녁부터 시작했다'라는 말을 통해, 괄호에 들어갈 말은 'cóng'으로 발음되고 '~로부터'라는 뜻을 가진 개사 '从'이 들어가야 함을 알 수 있다. '从A开始'와 같은 고정격식을 외워 두면 괄호 안의 답을 쉽게 찾을 수 있다.

（ 从^{Cóng} ）昨天晚上开始，外面就一直在下雪。	어제저녁부터 시작해서 밖에 계속 눈이 내리고 있다.

从 cóng 개 ~에서, ~로부터 | 昨天 zuótiān 명 어제 | 晚上 wǎnshang 명 저녁, 밤 | 开始 kāishǐ 통 시작하다 | 外面 wàimiàn 명 밖, 바깥 | 就 jiù 부 곧, 즉시, 바로 | ★一直 yìzhí 부 계속, 줄곧 | 在 zài 부 ~하고 있는 중(이다) | 下雪 xiàxuě 통 눈이 내리다

5 米 [米饭 쌀밥]
'mǐ'로 발음되는 '米'는 괄호 뒤의 '饭'과 함께 쓰여 '쌀밥'을 의미하는 명사가 된다. 한자를 적을 때 '半 bàn'과 혼동하지 않도록 주의하자!

除了（ 米^{mǐ} ）饭，还有面条儿。	쌀밥 외에, 국수도 있다.

★除了 chúle 개 ~외에도, ~를 제외하고 | 米饭 mǐfàn 명 쌀밥 | 还 hái 부 또, 더 | 面条儿 miàntiáor 명 국수

Mini 모의고사 1

본서 p. 346~352

● Day 19~20

○ track mini test 01

听力 | 듣기

| 1 B | 2 C | 3 D | 4 A | 5 F | 6 ✗ | 7 ✓ | 8 ✗ | 9 ✗ | 10 ✓ |
| 11 A | 12 C | 13 A | 14 A | 15 C | 16 B | 17 B | 18 C | 19 B | 20 A |

阅读 | 독해

| 21 F | 22 D | 23 A | 24 C | 25 B | 26 B | 27 D | 28 C | 29 A | 30 F |
| 31 C | 32 A | 33 B | 34 C | 35 C | | | | | |

书写 | 쓰기

36 你应该了解他们的文化。
37 我把那个故事讲完了。
38 这件衬衫的颜色跟那件一样。
39 小王和女朋友准备明年结婚。
40 弟弟的英语水平提高得特别快。

1

B '왜 계단(楼梯)으로 오니'라는 남자의 말에 여자는 엘리베이터가 고장 나서 '걸어 올라올 수밖에 없었다(只能走上来了)'고 했으므로, 계단을 오르고 있는 사진 B가 정답이다. 녹음을 듣기 전에 사진을 보고 어떤 내용이 나올지 생각해 두면 문제를 좀 더 쉽게 풀 수 있다.

| 男：你为什么走楼梯? | 남: 너는 왜 계단으로 오니? |
| 女：没办法, 刚才电梯坏了, 只能走上来了。 | 여: 방법이 없어. 방금 엘리베이터가 고장 나서 걸어 올라올 수밖에 없었어. |

为什么 wèi shénme 때 왜, 어째서 | 走 zǒu 통 가다, 걷다 | 楼梯 lóutī 명 계단 | ★办法 bànfǎ 명 방법 | ★刚才 gāngcái 명 방금 | 电梯 diàntī 명 엘리베이터 | ★坏 huài 통 고장 나다 | 只能 zhǐnéng ~할 수밖에 없다 | 上来 shànglai 통 올라오다

2

C 정확한 사물의 이름은 나오지 않았지만 '条'는 치마나 바지를 세는 단위이므로, '이 빨간색(这条红色)' 사물은 치마 C임을 유추해 낼 수 있다. 사진에 어떤 사물이 나왔다면 녹음을 들을 때 '명사'에 집중해서 들으면 정답을 쉽게 찾을 수 있다.

| 女：你看, 这条红色的怎么样? | 여: 봐 봐. 이 빨간색 것 어때? |
| 男：很好, 我觉得比那条白色的好看。 | 남: 좋아. 내 생각에는 그 흰색 것보다 예쁜 것 같아. |

看 kàn 통 보다 | ★条 tiáo 양 벌 [바지·치마를 세는 단위] | 红色 hóngsè 명 빨간색 | 怎么样 zěnmeyàng 때 어떻다 | 觉得 juéde 통 ~라고 생각하다 | 比 bǐ 개 ~보다 | 白色 báisè 명 흰색 | 好看 hǎokàn 형 예쁘다, 보기 좋다

3  **D** 남녀가 '사전(词典)'에 대해 이야기하고 있으므로, 책상 위에 사전이 있는 사진 D가 정답임을 알 수 있다. 문제를 듣기 전에 사진을 보고 사물을 미리 체크하자! 녹음에서 들리는 어휘가 그대로 정답일 가능성이 높다.

男: 桌子上的这本词典是你的吗? 女: 不是，你看看上面写没写名字。	남: 책상 위의 이 사전은 네 것이니? 여: 아니야. 위에 이름이 쓰여 있는지, 안 쓰여 있는지 좀 봐 봐.

桌子 zhuōzi 명 책상, 탁자 | **本** běn 양 권 [책을 세는 단위] | **词典** cídiǎn 명 사전 | **上面** shàngmiàn 명 위 | **写** xiě 동 쓰다 | **名字** míngzi 명 이름

4  **A** 여자가 남자에게 '너는 계속 손목시계(手表)를 보는데 무슨 급한 일이 있냐'고 묻고 있으므로, 남자가 손목시계를 보고 있는 사진 A가 정답임을 알 수 있다.

女: 你一直看手表，有什么着急的事情吗? 男: 我八点前必须回办公室，王[Wáng]经理找我，明天见。	여: 너는 계속 손목시계를 보는데, 무슨 급한 일이 있니? 남: 나는 8시 전에 반드시 사무실로 돌아가야 해. 왕[王] 사장님이 나를 찾으셔. 내일 보자.

★**一直** yìzhí 부 계속 | **手表** shǒubiǎo 명 손목시계 | ★**着急** zháojí 동 조급해하다 | **事情** shìqing 명 일 | **点** diǎn 양 시 | **前** qián 명 이전 | ★**必须** bìxū 부 반드시 (~해야 한다) | **回** huí 동 돌아가다 | ★**办公室** bàngōngshì 명 사무실 | **王** Wáng 고유 왕 [성씨] | ★**经理** jīnglǐ 명 사장 | **找** zhǎo 동 찾다 | **明天** míngtiān 명 내일 | **见** jiàn 동 보다

5 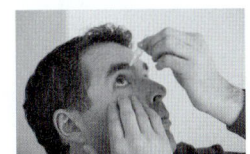 **F** 여자가 남자에게 '안약(眼药水)'에 대해 질문하고 있으므로, 눈에 안약을 넣고 있는 사진 F와 관련된 내용임을 알 수 있다.

女: 你用眼药水吗? 有作用吗? 男: 我觉得有，现在眼睛已经不疼了。	여: 너는 안약을 쓰니? 효과가 있어? 남: 내가 느끼기에는 효과가 있는 것 같아. 지금은 눈이 이미 아프지 않아.

★**用** yòng 동 사용하다 | **眼药水** yǎn yàoshuǐ 명 안약 | **作用** zuòyòng 명 효과, 작용 | **觉得** juéde 동 ~라고 느끼다 | **现在** xiànzài 명 지금, 현재 | **眼睛** yǎnjing 명 눈 | **已经……了** yǐjīng……le 이미 ~했다 | ★**疼** téng 형 아프다

6 ✗ 녹음에서 남자는 '아침으로 우유 한 잔(一杯牛奶), 빵 한 조각(一块儿面包), 달걀 두 개(两个鸡蛋) 또는 과일주스 한 잔(一杯果汁)을 마신다'고 했는데, 제시문은 '겨우 사과 한 개(一个苹果)만 먹는다'고 하였으므로 내용이 일치하지 않는다.

他早饭吃得非常简单，一般只喝一杯牛奶，吃一块儿面包，两个鸡蛋，有时候还会喝一杯果汁。	그는 아침밥을 매우 간단히 먹는다. 보통 겨우 우유 한 잔을 마시고, 빵 한 조각, 달걀 두 개만 먹고, 어떤 때는 또 과일주스 한 잔을 마시기도 한다.
★ 他早上只吃一个苹果。（ ✗ ）	★ 그는 아침에 겨우 사과 한 개를 먹는다.(✗)

早饭 zǎofàn 몡 아침밥 | 得 de 조 ~하는 정도가 ~하다 | 非常 fēicháng 児 매우 | ★简单 jiǎndān 톙 간단하다 | ★一般 yìbān 톙 보통이다, 일반적이다 | ★只 zhǐ 児 겨우, 단지 | 喝 hē 됭 마시다 | 杯 bēi 양 잔, 컵 | 牛奶 niúnǎi 몡 우유 | 块儿 kuàir 양 조각 | ★面包 miànbāo 몡 빵 | 两 liǎng 주 2, 둘 | 鸡蛋 jīdàn 몡 달걀 | 有时候 yǒu shíhou 어떤 때 | 还 hái 児 또 | 会 huì 조동 ~할 것이다 | 果汁 guǒzhī 몡 과일주스 | 早上 zǎoshang 몡 아침 | 苹果 píngguǒ 몡 사과

7 ✓ 어렸을 때 '할아버지께서 자주 나에게 역사 이야기를 해 주셨다(爷爷经常给我讲历史故事)'라는 녹음의 내용은 제시문의 '많은(不少) 역사 이야기를 들은 적이 있다(听过)'와 일치한다.

小时候，爷爷经常给我讲历史故事。我到现在，还记得那些历史故事。	어렸을 때 할아버지께서는 자주 나에게 역사 이야기를 해 주셨다. 나는 지금까지도 그 역사 이야기들을 기억하고 있다.
★ 他听过不少历史故事。（ ✓ ）	★ 그는 많은 역사 이야기를 들은 적이 있다. (✓)

小时候 xiǎo shíhou 어렸을 때 | ★爷爷 yéye 몡 할아버지 | ★经常 jīngcháng 児 자주 | 给 gěi 개 ~에게 | ★讲 jiǎng 됭 말하다 | ★历史 lìshǐ 몡 역사 | ★故事 gùshi 몡 이야기 | 到 dào 개 ~까지 | 还 hái 児 여전히, 아직도 | ★记得 jìde 됭 기억하고 있다 | 些 xiē 양 몇, 조금 | 听 tīng 됭 듣다 | 过 guo 조 ~한 적이 있다 | 不少 bùshǎo 톙 많다, 적지 않다

8 ✗ 녹음에서 '내일은 아마도 비가 올 것(明天可能有雨)'이라 했는데, 제시문은 '맑다(晴天)'고 했으므로 내용이 일치하지 않는다. 제시문에 '날씨'가 언급되었으므로 녹음을 들을 때 '날씨'에 집중해야 한다.

下班的时候王[Wáng]经理告诉我们，明天可能有雨，别忘了带雨伞。	퇴근할 때 왕[王] 사장님은 우리에게 내일은 아마도 비가 올 수 있으니 우산 챙기는 것을 잊지 말라고 알려주었다.
★ 明天是晴天。（ ✗ ）	★ 내일은 맑다. (✗)

下班 xiàbān 됭 퇴근하다 | ……的时候 …… de shíhou ~할 때 | 告诉 gàosu 됭 알리다 | 可能 kěnéng 児 아마도 (~일지도 모른다) | 雨 yǔ 몡 비 | 别 bié 児 ~하지 마라 | ★忘 wàng 됭 잊다 | ★带 dài 됭 챙기다, 지니다 | 雨伞 yǔsǎn 몡 우산 | 晴天 qíngtiān 몡 맑은 날

9 **X** 제시문에서 '그는 키가 크다(他长得很高)'고 했고, 녹음에서는 '비록 나는 160㎝(虽然我只有一米六)'라고 했으므로 두 내용이 일치하지 않는다.

虽然我只有一米六，但我还是非常爱打篮球，而且打得特别好。	비록 나는 160㎝이지만 여전히 농구 하는 것을 매우 좋아할 뿐만 아니라 농구를 매우 잘한다.
★ 他长得很高。（ X ）	★ 그는 키가 크다.（ X ）

虽然A, 但B suīrán A, dàn B 비록 A이지만, B하다 | ★**米** mǐ 양 미터(m) | ★**还是** háishi 부 여전히, 변함없이 | **爱** ài 동 ~하는 것을 좋아하다 | **打篮球** dǎ lánqiú 농구를 하다 | ★**而且** érqiě 접 ~뿐만 아니라, 게다가 | **打** dǎ 동 (놀이·운동을) 하다 | ★**特别** tèbié 부 매우, 특히 | ★**长** zhǎng 동 생기다, 자라다 | **高** gāo 형 (키가) 크다

10 ✓ 녹음에서 여자가 눈이 불편해 병원에 가고 싶은데 상대방에게 '시간이 있냐(有时间吗)'고 묻는 것을 통해, 혼자 병원에 가고 싶어 하지 않는 것을 알 수 있다.

最近我眼睛很不舒服，想去医院检查检查。下午你有时间吗？和我一起去，好吗？	요즘 나는 눈이 불편해서 병원에 가서 검사를 좀 하고 싶어. 오후에 너는 시간이 있니? 나랑 같이 가자. 어때?
★ 她不想一个人去医院。（ ✓ ）	★ 그녀는 혼자서 병원에 가고 싶지 않다.（ ✓ ）

★**最近** zuìjìn 명 요즘 | **不舒服** bù shūfu 불편하다, (몸이) 아프다 | **想** xiǎng 조동 ~하고 싶다 | **医院** yīyuàn 명 병원 | ★**检查** jiǎnchá 동 검사하다 | **下午** xiàwǔ 명 오후 | **时间** shíjiān 명 시간 | **和** hé 개 ~와 | **一起** yìqǐ 부 같이

11 **A** 여자가 남자의 신발을 챙겨 주면서 '다음에 또 오세요(欢迎下次再来)'라고 말하는 것에서 그들은 '상점(商店)'에 있음을 알 수 있다.

女：先生，这是您的鞋，请您拿好，欢迎下次再来。 男：谢谢你，再见。	여：선생님, 이것이 선생님의 신발입니다. 잘 챙기세요. 다음에 또 오세요. 남：고맙습니다. 또 뵙겠습니다.
问：他们现在最可能在哪儿？ **A** 商店　　B 图书馆　　C 饭店	질문：그들은 현재 어디에 있을 가능성이 가장 높은가？ **A** 상점　　B 도서관　　C 호텔

先生 xiānsheng 명 (성인 남자) 선생님, 씨 | **您** nín 대 당신, 선생님 | **鞋** xié 명 신발 | **请** qǐng 동 ~해 주세요 | ★**拿** ná 동 (손으로) 가지다 | **好** hǎo 형 (동사 뒤에 결과보어로 쓰여) 다 잘 ~하다 | ★**欢迎** huānyíng 동 환영하다 | **下次** xiàcì 명 다음번 | **再** zài 부 다시 | **谢谢** xièxie 동 고맙습니다 | **再见** zàijiàn 동 또 뵙겠습니다 | **最** zuì 부 가장 | **在** zài 동 ~에 있다 | **哪儿** nǎr 대 어디 | **商店** shāngdiàn 명 상점 | ★**图书馆** túshūguǎn 명 도서관 | **饭店** fàndiàn 명 호텔

> **tip** 놓친 문제는 과감히 버리자!
> 듣기 영역에서는 순간적으로 방심하면 핵심 키워드를 놓칠 수 있다. 하지만 지나간 문제를 절대 아쉬워하지 말고, 앞으로 풀 문제에 집중하자!

12 C 여자가 남자에게 '우리 잠깐 쉴까(我们休息一会儿吧)'라고 제안했으므로, 여자가 잠시 쉬고 싶다는 것을 알 수 있다.

女：累吗？我们休息一会儿吧？ 男：好的，你口渴吗？要不要喝水？	여: 피곤하니? 우리 잠시 쉴까? 남: 좋아. 너는 목마르니? 물 마실래?
问：女的希望怎么样？ A 关空调　　B 去运动　　**C 休息会儿**	질문: 여자는 어떻게 하기를 바라는가? A 에어컨 끄기　　B 운동 가기　　**C 잠시 쉬기**

累 lèi 형 피곤하다, 지치다 | **休息** xiūxi 동 쉬다, 휴식하다 | ★ **(一)会儿** (yí)huìr 수량 잠시 | **吧** ba 조 ~하자[상의·제의·청유·기대·명령 등의 어기를 나타냄] | ★ **口** kǒu 명 입 | **渴** kě 형 목마르다 | **要** yào 조동 ~하려고 하다 | **希望** xīwàng 동 바라다, 희망하다 | ★ **关** guān 동 끄다 | ★ **空调** kōngtiáo 명 에어컨 | **运动** yùndòng 명 운동

13 A '몸은 좀 나아졌냐'는 남자의 질문에 여자는 '내일 퇴원할 수 있으니 걱정하지 말라(放心吧)'고 '남자'에게 말하고 있다. 남녀 대화 문제는 남녀를 구분해서 들어야 한다.

男：怎么样，身体好些了没？ 女：医生说我明天就可以出院了，放心吧。	남: 어때? 몸은 좀 나아졌어? 여: 의사가 나는 내일 바로 퇴원할 수 있다고 했어. 걱정 마.
问：女的说让谁放心？ **A 男的**　　B 同事们　　C 叔叔和阿姨	질문: 여자는 누구에게 걱정하지 말라고 말하는가? **A 남자**　　B 동료들　　C 삼촌과 이모

身体 shēntǐ 명 몸, 건강 | **好** hǎo 형 (병이) 다 낫다, 좋아지다 | **医生** yīshēng 명 의사 | **说** shuō 동 말하다 | **就** jiù 부 바로 | **可以** kěyǐ 조동 ~할 수 있다 | **出院** chūyuàn 동 퇴원하다 | ★ **放心** fàngxīn 동 안심하다 | **让** ràng 동 ~하게 하다 | ★ **同事** tóngshì 명 동료 | ★ **叔叔** shūshu 명 삼촌, 아저씨 | ★ **阿姨** āyí 명 이모, 아주머니

14 A 여자가 전화상에서 '크게 말해 달라'고 하자 남자는 '엘리베이터 안(电梯里)'이라고 대답하므로 현재 엘리베이터 안에 있음을 알 수 있다.

女：喂？你的声音太小了，我听不清楚，能大点儿声吗？ 男：我现在在电梯里，一会儿再打给你吧。	여: 여보세요? 네 목소리가 너무 작아서 잘 안 들려. 좀 큰 소리로 말할 수 있니? 남: 나는 지금 엘리베이터 안에 있어. 잠시 후에 다시 전화할게.
问：男的现在在哪儿？ **A 电梯里**　　B 银行里　　C 书店里	질문: 남자는 현재 어디에 있는가? **A 엘리베이터 안**　　B 은행 안　　C 서점 안

喂 wéi 감 (전화상에서) 여보세요 | ★ **声(音)** shēng(yīn) 명 소리 | **太** tài 부 너무, 매우 | ★ **清楚** qīngchu 형 분명하다 | **能** néng 조동 ~할 수 있다 | **点儿** diǎnr 수량 좀, 약간 | **再** zài 부 다시 | **打** dǎ 동 (전화를) 걸다 | ★ **银行** yínháng 명 은행 | **书店** shūdiàn 명 서점

15 C '버스를 타고 출근하냐'는 여자의 물음에 남자는 '보통 자전거를 타고 출근한다(一般骑自行车上班)'고 대답하므로, 남자가 '일을 한다(工作)'는 것을 알 수 있다.

女：你坐公共汽车上班吗？ 男：不是，我一般骑自行车上班，下雨的时候，才坐公共汽车。	여: 너는 버스를 타고 출근하니? 남: 아니, 나는 보통 자전거를 타고 출근해. 비가 올 때만 버스를 타.
问：关于男的，可以知道什么？ A 最近特别忙 B 打算坐地铁 **C 参加工作了**	질문: 남자에 대하여 무엇을 알 수 있는가? A 요즘 특히 바쁘다 B 지하철을 탈 예정이다 **C 일을 한다**

坐 zuò 동 (교통수단을) 타다 | 公共汽车 gōnggòng qìchē 명 버스 | 上班 shàngbān 동 출근하다 | ★ 骑 qí 동 (동물·자전거 등에) 타다 | ★ 自行车 zìxíngchē 명 자전거 | 下雨 xiàyǔ 동 비가 내리다 | ★ 才 cái 부 비로소 | ★ 关于 guānyú 개 ~에 대해 | 知道 zhīdào 동 알다 | ★ 最近 zuìjìn 명 요즘 | 忙 máng 형 바쁘다 | ★ 打算 dǎsuàn 동 ~할 예정이다 | 地铁 dìtiě 명 지하철 | ★ 参加 cānjiā 동 참여하다, 참가하다 | 工作 gōngzuò 동 일하다

16 B 남자가 여자에게 '엄마(妈)'라고 불렀으므로, 여자와 남자의 관계는 '엄마와 아들(妈妈和儿子)'임을 알 수 있다.

女：你准备了几双筷子？ 男：两双啊。 女：再拿两双吧，奶奶爷爷一会儿就过来，我们一起吃饭。 男：好的，妈，盘子在哪儿呢？	여: 너는 젓가락을 몇 쌍 준비했니? 남: 두 쌍 준비했어요. 여: 두 쌍 더 챙겨. 할머니, 할아버지께서 잠시 후에 바로 오셔. 우리는 같이 밥을 먹을 거야. 남: 알겠어요. 엄마, 쟁반은 어디에 있어요?
问：说话人最可能是什么关系？ A 校长和学生 **B 妈妈和儿子** C 奶奶和孙子	질문: 화자는 무슨 관계일 가능성이 가장 높은가? A 교장과 학생 **B 엄마와 아들** C 할머니와 손자

准备 zhǔnbèi 동 준비하다 | ★ 双 shuāng 양 쌍, 켤레 | ★ 筷子 kuàizi 명 젓가락 | ★ 啊 a 조 [문장 끝에 쓰여 긍정을 나타냄] | 再 zài 부 더 | 奶奶 nǎinai 명 할머니 | 过来 guòlai 동 오다 | 吃饭 chī fàn 동 밥을 먹다 | 妈 mā 명 엄마 | ★ 盘子 pánzi 명 쟁반 | 说话人 shuōhuàrén 명 화자 | ★ 关系 guānxi 명 관계 | ★ 校长 xiàozhǎng 명 교장 선생님 | 学生 xuésheng 명 학생 | 儿子 érzi 명 아들 | 孙子 sūnzi 명 손자

17 B 여자가 사진 속 인물에 대해 묻고 있으므로, 남자와 여자는 '사진(照片)'을 보고 있는 중임을 알 수 있다.

女: 这张照片上的人哪个是小林[Xiǎo Lín]啊?	여: 이 사진에서 누가 샤오린[小林]이야?
男: 最左边那个人就是。	남: 가장 왼쪽에 있는 저 사람이야.
女: 你们的关系很不错吧?	여: 너희 사이가 좋지?
男: 是的，我们两家以前住得特别近，就像一家人一样。	남: 그렇지. 우리 두 집은 예전에 아주 가까이 살았어. 마치 한 식구 같아.
问: 他们在看什么?	질문: 그들은 무엇을 보고 있는가?
A 信　　**B 照片**　　C 汉语书	A 편지　　**B 사진**　　C 중국어 책

★张 zhāng 양 장 [종이나 가죽 등을 세는 단위] | ★照片 zhàopiàn 명 사진 | 哪 nǎ 대 어떤, 어느 | ★啊 a 조 [문장 끝에 쓰여 의문을 나타냄] | 左边 zuǒbian 명 왼쪽 | 不错 búcuò 형 좋다 | 吧 ba 조 ~지? [가능·추측의 어기를 나타냄] | ★以前 yǐqián 명 예전 | 住 zhù 동 살다 | 近 jìn 형 (거리가) 가깝다 | ★像 xiàng 동 ~와 같다 | 一家人 yìjiārén 명 한 식구 | ★一样 yíyàng 형 같다, 동일하다 | 在 zài 부 ~하고 있는 중(이다) | 信 xìn 명 편지 | 汉语 Hànyǔ 고유 중국어 | 书 shū 명 책

18 C '어제 영화가 어땠냐'는 남자의 질문에 여자는 '재미있었다(很有意思)'고 대답했다.

男: 昨天看的电影怎么样?	남: 어제 본 영화는 어땠어?
女: 我觉得很有意思。	여: 내 생각에는 재미있었어.
男: 是吗? 有时间我也去看看。	남: 그래? 시간 되면 나도 가서 좀 봐야지.
女: 我听老李[Lǎo Lǐ]说，明天他们去看，你跟他们一起去吧。	여: 라오리[老李]의 말을 들어 보니 내일 그들이 보러 간대. 너도 그들이랑 같이 가.
问: 女的觉得那个电影怎么样?	질문: 여자는 그 영화가 어떻다고 생각하는가?
A 故事简单 B 让人难过 **C 很有意思**	A 이야기가 단순하다 B 슬프다 **C 재미있다**

昨天 zuótiān 명 어제 | 电影 diànyǐng 명 영화 | 有意思 yǒu yìsi 재미있다 | 也 yě 부 ~도 | 听说 tīngshuō 동 들어 보니 | ★跟 gēn 개 ~와 | 简单 jiǎndān 형 간단하다 | ★难过 nánguò 형 슬프다, 견디기 어렵다

19 B 남자가 여자에게 '바지(裤子)'에 대해 묻자 여자는 '새로 개업한 가게를 지나가다가 괜찮아서 샀다'고 말했으므로, 여자는 바지가 '꽤 괜찮다(还不错)'고 생각하는 것을 알 수 있다.

男: 你那条裤子是什么时候买的?	남: 저 바지는 언제 산 거야?
女: 晚上刚买的。	여: 저녁에 막 샀어.
男: 在哪儿买的?	남: 어디서 샀어?
女: 下班后经过一家新开的店，进去看了一下，觉得很不错，就买了。	여: 퇴근 후에 새로 개업한 가게를 지나가다가 들어가서 봤는데 괜찮아서 바로 샀어.

问：女的觉得那条裤子怎么样?	질문: 여자는 바지가 어떻다고 생각하는가?
A 非常普通	A 매우 평범하다
B 还不错	**B 꽤 괜찮다**
C 跟过去的不一样	C 과거와 다르다

★ 裤子 kùzi 명 바지 | 什么时候 shénme shíhou 언제 | 买 mǎi 동 사다, 구매하다 | 晚上 wǎnshang 명 저녁 | 刚 gāng 부 방금 | 下班 xiàbān 동 퇴근하다 | 后 hòu 명 뒤 | ★ 经过 jīngguò 동 지나가다 | 家 jiā 양 [집·점포 등을 세는 단위] | 新 xīn 명 새롭다 | 开 kāi 동 개업하다 | 店 diàn 명 상점 | 进去 jìnqù 동 들어가다 | 一下 yíxià 수량 (동사 뒤에 쓰여) 좀 ~하다 | 普通 pǔtōng 명 평범하다, 보통이다 | 还 hái 부 꽤 | ★ 过去 guòqù 명 과거

20 A '피곤하지(你累了吧)'라고 묻는 남자의 질문에 여자는 '맞다(是)'고 대답했으므로 '피곤한(累)' 상태임을 알 수 있다. 첫 마디에 답이 나오는 경우도 많으므로 도입부를 잘 들어야 한다.

男：你累了吧?	남: 피곤하지?
女：是啊。洗手间和厨房我都打扫完了，就差我的衣服还没洗呢。	여: 맞아. 화장실과 주방은 내가 다 청소했어. 내 옷만 빼고 아직 빨지 못했어.
男：你休息一会儿吧，衣服我来洗。	남: 너는 잠시 쉬어. 옷은 내가 세탁할게.
女：真的? 那就太谢谢你了。	여: 정말? 그럼 정말 고맙지.

问：女的怎么了?	질문: 여자는 어떠한가?
A 累了	**A 피곤하다**
B 脸黑了	B 얼굴이 까매졌다
C 太饱了	C 너무 배가 부르다

★ 洗手间 xǐshǒujiān 명 화장실 | 厨房 chúfáng 명 주방 | 都 dōu 부 다, 모두 | ★ 打扫 dǎsǎo 동 청소하다 | 完 wán 동 (동사 뒤에 보어로 쓰여) 다하다, 끝내다 | ★ 差 chà 동 빼먹다, 빠지다 | 衣服 yīfu 명 옷 | 还 hái 부 아직 | 洗 xǐ 동 빨다, 씻다 | 来 lái 동 [다른 동사 앞에 쓰여 어떠한 일을 하려는 것을 나타냄] | 真 zhēn 부 정말, 진짜 | 那 nà 접 그러면 | 怎么 zěnme 대 어떻게, 왜 | ★ 脸 liǎn 명 얼굴 | 黑 hēi 형 어둡다, 검다 | ★ 饱 bǎo 형 배부르다

A 大家都去外面上体育课了，你怎么没去呢？ 모두들 밖에 가서 체육 수업을 하는데, 너는 왜 안 갔니?
B 电影院在5层，我们还是走楼梯吧，锻炼一下身体。
    영화관은 5층에 있어. 우리는 걸어가는 게 낫겠어. 몸 단련 좀 하자.
C 这儿的冬天就是这样，你慢慢就会习惯的。 여기의 겨울은 이래. 너는 곧 천천히 적응할 거야.
D 你没看见我那条裙子吗？就是我放在床上的那条。 너는 내 그 치마를 못 봤어? 내가 침대 위에 그것을 두었는데.
E 当然。我们先坐公共汽车，然后换地铁。 당연하지. 우리는 먼저 버스를 탄 다음에, 지하철로 갈아 탈 거야.
F 这位就是我的女朋友。 이 사람은 내 여자 친구야.

21 F [给A介绍 A에게 소개하다] '우리에게 소개 좀 해 달라(给我们介绍介绍)'는 물음에 이어질 말로 제일 적절한 것은 사람을 소개하는 F '이 사람은 내 여자 친구야(这位就是我的女朋友)'이다. 여자 친구를 지칭하는 대사 '她'로도 답을 찾는 힌트가 될 수 있다.

A: 方便给我们介绍介绍吗？她是谁啊？	A: 편하게 우리에게 소개 좀 해 줄래? 그녀는 누구야?
B: (**F** 这位就是我的女朋友。)	B: (**F** 이 사람은 내 여자 친구야.)

★ **方便** fāngbiàn 형 편하다 | **介绍** jièshào 동 소개하다 | ★ **位** wèi 양 분, 명 [공경의 뜻을 내포함] | **女朋友** nǚpéngyou 명 여자 친구

22 D [穿裙子 치마를 입다] '방금 내가 그것(它)을 빨았어'라며 '다른 것을 입어(穿)'라는 말에 힌트가 있다. 입을 수 있는 사물은 보기 중 '치마(裙子)'이므로, 정답은 D이다. 짝꿍 어휘를 외우자!

A: (**D** 你没看见我那条裙子吗？就是我放在床上的那条。)	A: (**D** 너는 내 그 치마를 못 봤어? 내가 침대 위에 그것을 두었는데.)
B: 刚才我把它洗了。你穿别的吧。	B: 방금 내가 그것을 빨았어. 너는 다른 것을 입어.

看见 kànjiàn 동 보(이)다 | ★ **裙子** qúnzi 명 치마 | ★ **放** fàng 동 두다, 놓다 | **床** chuáng 명 침대 | ★ **把** bǎ 개 [목적어를 술어 앞으로 끌어내어 처치를 나타냄] | **穿** chuān 동 (옷·신발·양말 등을) 입다, 신다 | **别的** biéde 대 다른 것

23 A [怎么A呢? 왜 A하니?] '나는 조금 아파(我有点儿不舒服)'라는 말은 모두들 밖에 가서 체육 수업을 하는데, '너는 왜 안 갔니(你怎么没去呢)'라는 물음에 대한 답으로 가장 적절하므로, 정답은 A이다.

A: (**A** 大家都去外面上体育课了，你怎么没去呢？)	A: (**A** 모두들 밖에 가서 체육 수업을 하는데, 너는 왜 안 갔니?)
B: 我有点儿不舒服，所以先回家了。	B: 나는 조금 아파. 그래서 먼저 집에 갔어.

大家 dàjiā 대 모두, 다들 | **外面** wàimiàn 명 밖, 바깥 | **上课** shàngkè 동 수업을 하다 | ★ **体育** tǐyù 명 체육 | **有点儿** yǒudiǎnr 부 조금, 약간 | **所以** suǒyǐ 접 그래서, 그러므로 | ★ **先** xiān 부 먼저, 우선 | **回家** huí jiā 집으로 돌아가다

24 C [刮风刮得很大 바람이 세게 불다 → 冬天就是这样 겨울은 이래] '밖에 바람이 세게 불어(外面刮风刮得很大)'라는 말 뒤에 이어질 내용으로 '여기의 겨울은 이래(这儿的冬天就是这样)'라고 날씨에 대해 말하는 C가 가장 적절하다.

A: 外面刮风刮得很大！	A: 밖에 바람이 세게 불어!
B: (**C** 这儿的冬天就是这样，你慢慢就会习惯的。)	B: (**C** 여기의 겨울은 이래. 너는 곧 천천히 적응할 거야.)

★ 刮风 guāfēng 동 바람이 불다 | 刮 guā 동 불다 | 大 dà 형 (힘·강도 등이) 세다 | 冬天 dōngtiān 명 겨울 | 这样 zhèyàng 대 이렇다, 이런 방식으로 | 慢慢 mànmàn 천천히 | 会 huì 조동 ~일 것이다 | ★ 习惯 xíguàn 동 적응하다, 익숙해지다

25 **B** [还是A吧 A하는 게 낫겠다] '엘리베이터를 타러(坐电梯) 가자'는 제안에 대한 답으로 가장 적절한 것은 걸어가는 게 낫겠다(走楼梯)는 B이다.

A: 我们去坐电梯，怎么样?	A: 우리 엘리베이터를 타러 가자. 어때?
B: (**B** 电影院在5层，我们还是走楼梯吧，锻炼一下身体。)	B: (**B** 영화관은 5층에 있어. 우리는 걸어가는 게 낫겠어. 몸 단련 좀 하자.)

电影院 diànyǐngyuàn 명 영화관 | ★ 层 céng 양 층 | 还是……吧 háishi…… ba ~하는 편이 낫다 | ★ 锻炼 duànliàn 동 단련하다

A 解决 jiějué 동 해결하다, 풀다	B 提高 tígāo 동 향상시키다, 높이다
C 世界 shìjiè 명 세계	D 难过 nánguò 형 괴롭다, 슬프다
E 声音 shēngyīn 명 소리	F 必须 bìxū 부 반드시(~해야 한다)

26 **B** [提高水平 수준을 향상시키다] 빈칸 앞에 조동사 '会'이므로, 빈칸이 동사 자리임을 알 수 있다. '중국어 수준(汉语水平)'에 대해 말하므로 제시된 단어 중 빈칸에 들어갈 동사로 알맞은 것은 B '提高'이다.

在你的帮助下，他的汉语水平一定会（ **B** 提高）的。	너의 도움 아래 그의 중국어 수준이 반드시 (**B** 향상)될 것이다.

在……下 zài …… xià ~아래에 | 帮助 bāngzhù 동 돕다 | ★ 水平 shuǐpíng 명 수준 | ★ 一定 yídìng 부 반드시, 필히 | ★ 提高 tígāo 동 향상시키다, 높이다

27 **D** [为A难过 A 때문에 슬프다] 문장 전체를 보면 문장의 뼈대인 술어가 없으므로, 빈칸이 술어 자리임을 알 수 있다. '어제의 일 때문에 ~하지 마라'는 말로, 빈칸은 D '难过'이다. 고정격식을 알면 문제를 좀 더 쉽고 정확하게 풀 수 있다.

你别再为昨天的事（ **D** 难过）了。	너는 어제의 일 때문에 더 이상 (**D** 슬퍼하지) 마라.

★ 为 wèi 개 ~때문에, ~를 위하여 | 事 shì 명 일

28 C [世界地图 세계 지도] 빈칸 앞에 술어 '有'가 있고, 빈칸 뒤에 목적어 '地图'가 있는 완벽한 문장이다. 명사 '地图' 앞에 들어갈 수 있는 단어로 가장 적절한 것은 '地图'와 함께 쓰여 '세계 지도'라는 뜻을 만드는 C '世界'이다.

你有（ **C 世界** ）地图吗？借我用一下。	너는 (**C 세계**) 지도가 있니? 내가 좀 쓰게 빌려줘.

★ 世界 shìjiè 명 세계 | ★ 地图 dìtú 명 지도 | ★ 借 jiè 동 빌려주다, 빌리다

29 A [解决问题 문제를 해결하다] 빈칸 앞에 조동사 '会'가 있으므로 빈칸이 동사 자리임을 알 수 있다. 문제(问题)에 대해 말하므로 보기 단어 중 빈칸에 들어갈 동사로 가장 적절한 것은 A '解决'이다.

你放心吧，问题很快就会（ **A 解决** ）的。	안심해. 문제는 곧 빠르게 (**A 해결**)될 거야.

问题 wèntí 명 문제 | 快 kuài 형 빠르다 | ★ 解决 jiějué 동 해결하다, 풀다

30 F [必须 반드시 (~해야 한다)] 빈칸 앞은 주어 '数学考试'이고, 빈칸 뒤에는 개사 '用'이 있으므로, 빈칸은 동사를 꾸며 주는 부사 자리임을 알 수 있다. 수학 시험에 연필로 문제를 풀어야 하는지 묻고 있으므로, 제시된 단어 중 빈칸에 들어갈 것으로 가장 적절한 것은 부사 F '必须'이다.

老师，这次数学考试（ **F 必须** ）用铅笔答题吗？	선생님, 이번 수학 시험에 (**F 반드시**) 연필로 문제를 풀어야 하나요?

老师 lǎoshī 명 선생님 | 次 cì 양 번, 회 | ★ 数学 shùxué 명 수학 | 考试 kǎoshì 명 시험 | 用 yòng 개 ~로 | 铅笔 qiānbǐ 명 연필 | 答题 dátí 동 문제를 풀다

31 C [声音+小 소리가 작다] '그 사람의 목소리'에 대한 내용을 답으로 골라야 하므로, 지문에서 '목소리'에 주의하며 읽는다. '너의 목소리가 너무 작아서(你的声音太小)'라고 직접적으로 언급했으므로, 정답은 C이다.

喂？刚才你的声音太小，我没听清楚。你能大声点儿吗？	여보세요? 방금 너의 목소리가 너무 작아서 내가 잘 못 들었어. 조금 크게 말할 수 있어?
★ 那个人的声音： A 好听 B 太大 **C 太小**	★ 그 사람의 목소리는? A 듣기 좋다 B 너무 크다 **C 너무 작다**

★ 声(音) shēng(yīn) 명 소리 | 太 tài 부 너무, 몹시 | 好听 hǎotīng 형 듣기 좋다

32 A [洗车 세차하다] '나의 언니는 택시 기사이고, 매일 아침 나가기 전에 세차를 한다'고 했으므로, 언니에 대해 알 수 있는 것은 '자주 세차한다(经常洗车)'이므로 정답은 A이다.

我姐姐是一名出租车司机，她每天早上出去前都会洗车。她经常说，车就像她的衣服一样，车洗干净了，她开着很高兴，客人坐着也很舒服。	나의 언니는 택시 기사이다. 그녀는 매일 아침 나가기 전에 세차를 한다. 그녀는 늘 차는 그녀의 옷과 같아서 깨끗이 닦아야지 그녀도 기쁘게 운전을 하고 손님도 편하게 탄다고 말한다.
★ 关于她姐姐，可以知道： **A 经常洗车** B 买了一辆新车 C 认识附近的街道	★ 그녀의 언니에 대해 알 수 있는 것은? **A 자주 세차한다** B 새 차를 한 대 샀다 C 근처의 거리를 안다

姐姐 jiějie 몡 언니, 누나 | **名** míng 양 [사람을 세는 단위] | **出租车** chūzūchē 몡 택시 | ★**司机** sījī 몡 기사, 운전사 | **每天** měitiān 몡 매일 | **出去** chūqù 동 나가다 | **洗车** xǐchē 동 세차하다 | **车** chē 몡 자동차 | ★**干净** gānjìng 혱 깨끗하다 | **开** kāi 동 운전하다 | **着** zhe 조 ~하고 있다 | **高兴** gāoxìng 혱 기쁘다 | ★**客人** kèrén 몡 손님, 고객 | ★**舒服** shūfu 혱 편안하다 | **辆** liàng 양 대, 량 [차량을 세는 단위] | **认识** rènshi 동 알다, 인식하다 | ★**附近** fùjìn 몡 근처, 부근 | ★**街道** jiēdào 몡 거리, 대로

33 B [表示 표시하다] 빨간색 표시의 일에 대해 물었으므로, 지문과 대조하면 '빨간색은 그 일이 매우 중요하고, 매우 급하고(非常急), 곧 끝내야 하는 것(得马上完成)을 나타낸다'이라고 했으므로, B '빨리 다해야 한다(要快点儿做完)'가 정답이다.

每天工作以前，林[Lín]先生都会用不同颜色的笔写出一天要做的事。蓝色的表示一般的事，红色的表示那件事非常重要、非常急，得马上完成。	매일 일하기 전에 린[林] 선생님은 다른 색의 펜으로 하루에 해야 할 일을 적는다. 파란색은 일반적인 일임을 나타내고, 빨간색은 그 일이 매우 중요하고 매우 급하며, 곧 끝내야 하는 것임을 나타낸다.
★ 根据这段话，红色表示事情： A 非常难办 **B 要快点儿做完** C 需要老师的帮助	★ 이 글에 따르면, 빨간색이 나타내는 일은? A 매우 처리하기 어렵다 **B 빨리 다 해야 한다** C 선생님의 도움이 필요하다

林 Lín 고유 린 [성씨] | **不同** bùtóng 혱 다르다 | **颜色** yánsè 몡 색, 색깔 | **笔** bǐ 몡 펜 | **出** chū 동 나오다 | **一天** yìtiān 수량 하루 | **要** yào 조동 ~해야 한다 | **做** zuò 동 하다 | **蓝色** lánsè 몡 파란색 | **表示** biǎoshì 동 표시하다, 의미하다 | **件** jiàn 양 개, 건 [일·사건 등을 세는 단위] | ★**重要** zhòngyào 혱 중요하다 | **急** jí 혱 조급해하다 | **得** děi 조동 ~해야 한다 | ★**马上** mǎshàng 부 곧, 즉시 | ★**完成** wánchéng 동 끝내다, 완성하다 | ★**根据** gēnjù 개 ~에 근거하여 | ★**段** duàn 양 단락 | **话** huà 몡 말 | ★**难** nán 혱 어렵다 | **办** bàn 동 (일을) 처리하다 | ★**需要** xūyào 동 필요하다 | **帮助** bāngzhù 몡 도움

34 C [一A就B A하자마자 B하다]
글의 주제를 묻는 문제로 지문에서 '어떤 때는 기회가 사람을 기다리지 않는다'며, '확실하게 생각이 들면 바로 가서 해야 한다(一想清楚就马上去做)'고 했으므로, 정답은 C이다.

有人说做决定前一定要认真想一下，不要着急下决定。但有时你会发现机会不等人，所以一想清楚就马上去做，不要以为机会会一直在那儿等你。

어떤 사람은 결정을 하기 전에 반드시 진지하게 생각해 보고 급하게 결정을 내리지 않아야 한다고 말한다. 하지만 어떤 때는 기회가 사람을 기다리지 않는다는 것을 발견할 것이다. 그래서 확실하게 생각이 들면 바로 가서 해야 한다. 기회가 계속 그곳에서 당신을 기다릴 것이라고 생각하지 말라.

★ 根据这段话，我们应该：
A 交更多朋友
B 照顾别人
C 想好了就去做

★ 이 글에 따르면 우리가 해야할 것은?
A 더 많은 친구를 사귀어야 한다
B 다른 사람을 돌봐야 한다
C 잘 생각하고 바로 가서 해야 한다

★ 决定 juédìng 명 결정 | ★ 认真 rènzhēn 형 진지하다 | 想 xiǎng 동 생각하다 | 不要 búyào 부 ~하지 마라 | 下 xià 동 (결정을) 내리다 | 但 dàn 접 그러나 | 时 shí 명 때 | ★ 发现 fāxiàn 동 발견하다 | ★ 机会 jīhuì 명 기회 | 等 děng 동 기다리다 | 一A就B yī A jiù B A하자마자 B하다 | 以为 yǐwéi 동 여기다, 생각하다 [주로 주관적인 판단이나 예상이 실제와 부합하지 않는 경우에 쓰임] | ★ 应该 yīnggāi 조동 (반드시) ~해야 한다 | 交 jiāo 동 사귀다 | ★ 更 gèng 부 더 | 朋友 péngyou 명 친구 | ★ 照顾 zhàogù 동 돌보다 | ★ 别人 biérén 대 다른 사람

35 C [拿着花和礼物 꽃과 선물을 들고 있다]
보기와 제시문을 대조해 보면, '그녀가 마침 퇴근하려고 할 때, 갑자기 남자 친구가 회사 앞에서 꽃과 선물을 들고 서 있는 것(男朋友拿着花和礼物站在公司前)'을 보았다고 했으므로 남자 친구가 그녀에게 꽃을 주려고 하는 것임을 알 수 있다. 정답은 C이다.

2月14号晚上，她正要下班的时候，突然看到男朋友拿着花和礼物站在公司前。她这才想起了今天是"情人节"。

2월 14일 밤, 그녀가 마침 퇴근하려고 할 때, 갑자기 남자 친구가 회사 앞에서 꽃과 선물을 들고 서 있는 것을 보았다. 그녀는 그제야 오늘이 '밸런타인데이'라는 것이 생각났다.

★ 根据这段话，可以知道：
A 她那天没去上班
B 男朋友很生气
C 男朋友要送她花

★ 이 글에 따르면, 무엇을 알 수 있는가?
A 그녀는 그날 출근하지 않았다
B 남자 친구는 화났다
C 남자 친구는 그녀에게 꽃을 주려고 한다

号 hào 명 일 [날짜를 가리킴] | 正 zhèng 부 마침 | 要 yào 조동 ~하려고 하다 | ★ 突然 tūrán 부 갑자기 | 看到 kàndào 동 보(이)다 | 男朋友 nánpéngyou 명 남자 친구 | ★ 花 huā 명 꽃 | ★ 礼物 lǐwù 명 선물 | ★ 站 zhàn 동 서다 | 公司 gōngsī 명 회사 | 想起 xiǎng qǐ 생각해 내다 | 今天 jīntiān 명 오늘 | 情人节 Qíngrénjié 밸런타인데이 | ★ 生气 shēngqì 동 화내다, 성나다

36 文化　应该　你　他们的　了解　　　　　　　　　　　　　　　[了解+文化 문화를 이해하다]

대사	조동사	동사	대사+조사	명사	
你	应该	了解	他们的	文化。	너는 그들의 문화를 이해해야 한다.
주어	부사어	술어	관형어+的	목적어	

STEP 1 동사 '了解'가 문장의 술어가 되고, 조동사 '应该'는 술어 앞에서 부사어 역할을 한다. 명사 '文化'는 술어 '了解'와 자주 쓰이는 단어로, 목적어 자리에 온다.

STEP 2 행동 주체인 '你'가 문장의 주어가 되고, 인칭대사 '他们'이 조사 '的'와 결합하여 목적어 '文化'를 수식한다.

★ 了解 liǎojiě 동 이해하다, 알다 ｜ ★ 文化 wénhuà 명 문화

37 那个故事　讲完了　我　把　　　　　　　　　　　　　　　[把+목적어+讲完了 ~를 다 말했다]

대사	개사	지시대사+양사+명사	동사+동사+조사	
我	把	那个故事	讲完了。	나는 그 이야기를 다 말했다.
주어	부사어		술어+보어+了	

STEP 1 제시어 중 개사 '把'가 보인다면, 把자문의 기본 공식 '주어+把+목적어+술어+기타 성분'을 기억하자!

STEP 2 행동의 주체인 '我'는 주어가 되며, 조사 '了'와 함께 있는 '讲'은 술어가 된다. 행동의 대상인 '那个故事'는 '把'와 함께 술어 앞에 위치해 부사어가 된다.

> **tip** 제시된 단어 중 '把'가 있다면, 99% '把자문'의 어순을 묻는 문제이다.

38 跟那件　颜色　一样　这件衬衫的　　　　　　　　　　　　　[A跟B一样 A는 B와 같다]

지시대사+양사+명사+조사	명사	개사+지시대사+양사	형용사	
这件衬衫的	颜色	跟那件	一样。	이 셔츠의 색은 그것과 같다.
A		跟B	一样	

STEP 1 제시된 어휘 중 'A跟B一样'은 자주 출제되는 고정격식이니 반드시 기억하자.

STEP 2 A에는 특정한 대상 '这件衬衫的颜色'가 와야 하고, B에는 생략된 표현이 들어갈 수 있다.

★ 衬衫 chènshān 명 셔츠, 블라우스

39 和女朋友　小王　明年结婚　准备 ───────── [准备＋절/동사(구) ~할 계획이다]

명사	개사+명사	동사	명사+동사	
小王	和女朋友	准备	明年结婚。	샤오왕[小王]은 여자 친구와 내년에 결혼을 할 계획이다.
주어	부사어	술어	목적어[부사어+술어]	

STEP 1 일반적으로 '准备'와 다른 동사가 함께 나오면, 구를 목적어로 취하는 '准备'가 술어가 된다.

STEP 2 술어 뒤에 구를 이룬 '明年结婚'이 목적어가 되고, 부사어 '和女朋友'는 술어 앞에 온다.

准备 zhǔnbèi 동 ~할 계획이다 ǀ 明年 míngnián 명 내년 ǀ ★结婚 jiéhūn 동 결혼하다

40 特别快　得　弟弟的英语水平　提高 ───────── [提高＋得＋特别＋快 아주 빠르게 향상되다]

명사+조사+명사+명사	동사	조사	부사+형용사	
弟弟的英语水平	提高	得	特别快。	남동생의 영어 수준은 아주 빠르게 향상되었다.
관형어+的+주어	술어	得	정도보어	

STEP 1 구조조사 '得'가 있고, '정도부사＋형용사'가 있는 것으로 보아 술어 뒤에 위치해 정도보어의 역할을 한다는 것을 알 수 있다. 정도보어의 기본 어순은 '술어＋得＋정도보어[정도부사＋형용사]'이므로 반드시 기억하도록 하자.

STEP 2 동사 '提高'는 술어가 되고, '弟弟的英语水平'이 주어 자리에 위치한다.

弟弟 dìdi 명 남동생 ǀ 英语 Yīngyǔ 고유 영어

> **tip** 제시된 단어 중 '得'가 있다면, '得'를 활용한 정도보어 문제일 가능성이 99%이다.

Mini 모의고사 2

본서 p. 353~359

● Day 39~40　　　　　　　　　　　　　　　　　　○ track mini test 02

听力 | 듣기

1 B　2 D　3 A　4 F　5 C　6 ✓　7 ✗　8 ✗　9 ✓　10 ✓
11 C　12 A　13 C　14 B　15 A　16 C　17 B　18 B　19 A　20 C

阅读 | 독해

21 B　22 A　23 A　24 D　25 F　26 D　27 A　28 C　29 F　30 B
31 C　32 B　33 A　34 B　35 A

书写 | 쓰기

36 出　37 人　38 门　39 生　40 女

1 　　　B '길이가 괜찮냐'는 남자의 질문에 여자는 '좀 더 짧게 해달라(再短一点儿吧)'고 대답했으므로, 머리를 자르고 있는 사진 B가 정답이다. 들리는 것이 곧 답인 문제도 있지만, 녹음 내용을 통해 유추, 추론하는 문제도 나온다.

| 男: 小姐，您看这么长可以吗? | 남: 아가씨, 당신이 보기에 이 정도 길이면 괜찮겠어요? |
| 女: 再短一点儿吧。夏天到了，头发还是短一些更好。 | 여: 좀 더 짧게 해 주세요. 여름이 왔으니 머리가 아무래도 좀 짧은 게 더 좋으니까요. |

小姐 xiǎojiě 명 아가씨 | 您 nín 때 당신, 선생님 | 看 kàn 동 보다 | 这么 zhème 때 이렇게 | 长 cháng 형 길다 | 可以 kěyǐ 형 괜찮다, 좋다 | 再 zài 부 더 | ★短 duǎn 형 짧다 | 一点儿 yìdiǎnr 수량 좀, 약간 | 吧 ba 조 ~하자 [상의·제의·청유·기대·명령 등의 어기를 나타냄] | 夏天 xiàtiān 명 여름 | 到 dào 동 이르다, 도착하다 | ★头发 tóufa 명 머리카락 | ★还是 háishi 부 ~하는 편이 낫다 | 短 duǎn 형 짧다 | 一些 yìxiē 수량 조금, 약간 | ★更 gèng 부 더

2  D 남자가 여자에게 '어디서 공부하냐'고 묻자, 여자는 '도서관(图书馆)'에서 공부한다고 했으므로, 사진 D와 관련된 내용임을 알 수 있다.

| 男: 要汉语考试了，最近你在哪儿学习呢? | 남: 곧 중국어 시험이야. 요즘 너는 어디에서 공부하니? |
| 女: 在图书馆，那里非常安静，有空调，也非常舒服，所以我喜欢去那儿学习。 | 여: 도서관에서 해. 그곳은 매우 조용하고, 에어컨이 있고 아주 편안해. 그래서 나는 그곳에 가서 공부하는 걸 좋아해. |

要……了 yào…… le 곧 ~하려고 한다 | 汉语 Hànyǔ 고유 중국어 | 考试 kǎoshì 명 시험 | ★最近 zuìjìn 명 요즘 | 在 zài 개 ~에서 | 哪儿 nǎr 대 어디 | 学习 xuéxí 동 공부하다 | ★图书馆 túshūguǎn 명 도서관 | 那里 nàli 대 그곳 | 非常 fēicháng 부 매우 | ★安静 ānjìng 형 조용하다 | ★空调 kōngtiáo 명 에어컨 | 也 yě 부 ~도 | ★舒服 shūfu 형 편안하다 | 所以 suǒyǐ 접 그래서 | 喜欢 xǐhuan 동 좋아하다

Mini 모의고사 2　185

3    A 남자가 여자에게 '이 신발을 신고 있으면 편하냐(这双鞋穿着舒服吗)'고 물었으므로, 여자가 신발을 신어 보는 사진 A가 정답임을 알 수 있다.

男: 这双鞋穿着舒服吗? 女: 还可以，就是太高了，走起路来还不太习惯。	남: 이 신발을 신고 있으면 편해? 여: 그런대로 괜찮아. 단지 너무 높아서 걸을 때 아직 그다지 익숙하지 않아.

★ **双** shuāng 양 켤레, 쌍 | **鞋** xié 명 신발 | **穿** chuān 동 (옷·신발 등을) 신다, 입다 | **着** zhe 조 ~하고 있다 | **还** hái 부 그런대로, 꽤 | **就是** jiùshì 접 단지, 다만 | **太** tài 부 너무, 매우 | **高** gāo 형 (높이가) 높다 | **走路** zǒulù 동 걷다 | **还** hái 부 아직 | **不太** bú tài 그다지 ~하지 않다 | ★ **习惯** xíguàn 동 익숙해지다

4    F 남자가 여자에게 '국수(面条儿)를 다 만들었다'며 아들에게 전화하라고 하자, 여자는 '전화를 하고(打) 있다'고 말했다. 남녀의 대화를 통해 남자가 국수를 삶고 여자가 전화를 하는 사진 F가 정답임을 알 수 있다.

男: 面条儿做好了，你给儿子打个电话，让他回家吃饭吧。 女: 我在打呢，但是没有人接。	남: 국수를 다 만들었어요. 당신은 아들에게 전화해서 집에 와서 식사하라고 해요. 여: 전화하고 있는데 받지 않아요.

面条儿 miàntiáor 명 국수 | **做** zuò 동 만들다 | **好** hǎo 형 (동사 뒤에 결과보어로 쓰여) 다 잘 ~하다 | **给** gěi 개 ~에게 | **儿子** érzi 명 아들 | **打电话** dǎ diànhuà 전화하다 | **让** ràng 동 ~하게 하다 | **回家** huí jiā 집으로 돌아가다 | **吃饭** chī fàn 동 밥을 먹다 | **在** zài 부 ~하고 있는 중(이다) | **呢** ne 조 [동작의 지속을 나타냄] | **打** dǎ 동 (전화를) 걸다 | **但是** dànshì 접 그러나 | ★ **接** jiē 동 연결하다, 받다

5    C 남자가 여자에게 자신의 회사에 도착했으니 '내리자(下车)'라고 말했으므로, 여자가 차에서 내리고 있는 사진 C가 정답이다.

男: 我们到了，下车吧。这儿就是我的公司。 女: 已经到了? 这么快! 我还以为很远呢。	남: 우리는 도착했어, 내리자. 여기가 내 회사야. 여: 이미 도착했어? 이렇게 빨리! 나는 아직 멀었다고 생각했어.

下车 xiàchē 동 (차에서) 내리다 | **就** jiù 부 바로 | **公司** gōngsī 명 회사 | **已经……了** yǐjīng …… le 이미 ~했다 | **快** kuài 형 빠르다 | **以为** yǐwéi 동 생각하다, 여기다 | **远** yuǎn 형 (거리가) 멀다 | **呢** ne 조 [사실 확인 및 과장된 어투를 나타냄]

6 ✓ '마[马] 아주머니(阿姨)는 농구를 잘한다(篮球打得很好)'는 녹음의 내용은 제시문의 '농구를 할 줄 안다(会打篮球)'와 일치한다.

马[Mǎ]阿姨和她先生有相同的爱好，那就是打篮球。他们是打篮球的时候认识的，马阿姨只有一米六，虽然很矮，但她的篮球打得很好。	마[马] 아주머니는 그녀의 남편과 같은 취미가 있다. 그것은 바로 농구이다. 그들은 농구를 할 때 알게 된 것이다. 마 아주머니는 160cm 밖에 되지 않는다. 키가 매우 작지만, 그녀는 농구를 잘한다.
★ 马阿姨会打篮球。 (✓)	★ 마 아주머니는 농구를 할 줄 안다. (✓)

马 Mǎ 고유 마[성씨] | ★阿姨 āyí 명 아주머니, 이모 | 和 hé 개 ~와 | 先生 xiānsheng 명 [남편의 존칭] | 相同 xiāngtóng 형 서로 같다 | ★爱好 àihào 명 취미 | 打篮球 dǎ lánqiú 농구를 하다 | ……的时候 …… de shíhou ~할 때 | 认识 rènshi 동 알다 | ★只有 zhǐyǒu 부 단지 | ★米 mǐ 양 미터(m) | 虽然A, 但B suīrán A, dàn B 비록 A이지만, B하다 | ★矮 ǎi 형 (키가) 작다 | ★篮球 lánqiú 명 농구 | ★打 dǎ 동 치다, 때리다 | 得 de 조 ~하는 정도가 ~하다 | 会 huì 조동 ~할 줄 알다

---

7 ✗ 녹음에서 '문제에 직면했을 때 혼자서 방법을 생각해 봐야 한다(要自己想方法)'고 했는데, 제시문은 '도와줄 사람을 찾아야 한다(必须找人帮忙)'고 했으므로 두 내용이 일치하지 않는다.

遇到问题的时候要自己想办法，不能总是让朋友帮忙解决问题。	문제에 직면했을 때 혼자서 방법을 생각해 봐야지, 항상 친구가 도와서 문제를 해결하게 해서는 안 된다.
★ 出现问题必须找人帮忙。 (✗)	★ 문제가 나타났을 때 반드시 도와줄 사람을 찾아야 한다. (✗)

★遇到 yùdào 동 만나다, 맞닥뜨리다 | 问题 wèntí 명 문제 | 要 yào 조동 ~해야 한다 | ★自己 zìjǐ 대 혼자, 스스로 | 想 xiǎng 동 생각하다 | 办法 bànfǎ 명 방법 | 不能 bùnéng ~해서는 안 된다 | 总是 zǒngshì 부 항상, 늘 | 朋友 péngyou 명 친구 | ★帮忙 bāngmáng 동 도와주다 | ★解决 jiějué 동 해결하다 | 出现 chūxiàn 동 나타나다 | ★必须 bìxū 부 반드시 (~해야 한다) | 找 zhǎo 동 찾다

---

8 ✗ 녹음에서 '이 계절의 바나나는 '1kg(一公斤)'에 '20위안' 정도라고 했고, 제시문에서는 현재 바나나는 '한근(一斤)'에 '1위안'이라고 했으므로 일치하지 않는다. 제시문에 가격과 단위가 나와있으므로 숫자에 유의하여 듣자!

这个季节的香蕉真贵，一公斤要二十多块钱，还是夏天好，几块钱就可以买一斤。	이 계절의 바나나는 정말 비싸다. 1kg에 20위안 정도이다. 아무래도 여름이 좋다. 몇 위안이면 한 근을 살 수 있으니 말이다.
★ 现在香蕉一块钱一斤。 (✗)	★ 현재 바나나는 한 근에 1위안이다. (✗)

★季节 jìjié 명 계절 | ★香蕉 xiāngjiāo 명 바나나 | 真 zhēn 부 정말 | 贵 guì 형 비싸다 | ★公斤 gōngjīn 양 킬로그램(kg) | 要 yào 동 필요로 하다 | 多 duō 수 (수량사 뒤에 쓰여) 정도 | 块 kuài 양 위안 [중국의 화폐 단위] | 钱 qián 명 돈 | ★还是 háishi 부 아무래도, 그래도 | 可以 kěyǐ 조동 ~할 수 있다 | 买 mǎi 동 사다 | 斤 jīn 양 근, 500g | 现在 xiànzài 명 현재, 지금

9 ✓ 녹음에서 선생님의 말씀을 '열심히 들어야(认真听) 한다'고 했으므로, 제시문의 내용과 일치한다. 3급은 들리는 단어가 답일 경우가 많다.

老师说话时，你一定要认真听。别总是 "一个耳朵进，一个耳朵出"。	선생님께서 말씀하실 때, 반드시 열심히 들어야 한다. 항상 '한 귀로 듣고 한 귀로 흘려서'는 안 된다.
★ 要认真听老师说的话。（ ✓ ）	★ 선생님의 말씀을 잘 들어야 한다. (✓)

老师 lǎoshī 몡 선생님 | **说话** shuōhuà 동 말하다 | **时** shí 몡 때 | ★**一定** yídìng 뷔 반드시 | ★**认真** rènzhēn 형 열심히 하다, 성실하다 | **听** tīng 동 듣다 | **别** bié 뷔 ~하지 마라 | **一个耳朵进，一个耳朵出** yí ge ěrduo jìn, yí ge ěrduo chū 한쪽 귀로 듣고 한쪽 귀로 흘려버린다

10 ✓ '핸드폰(手机)'의 등장이 사람들에게 편리함을 주기 때문에 이제는 '거의 모든 사람들이 핸드폰과 떨어질 수가 없다(每个人都离不开它)'고 했으므로, 제시문의 내용과 일치한다.

手机的出现，让人们的学习、工作都变得更方便了。人们可以用它打电话，也可以用它照相，写电子邮件和上网看新闻，几乎每个人都离不开它。	핸드폰의 등장은 사람들의 학습과 업무를 모두 더 편리하게 만들었다. 사람들은 핸드폰으로 전화를 할 수 있고, 또한 그것으로 사진을 찍고, 이메일을 쓰고 인터넷으로 뉴스를 볼 수 있다. 거의 모든 사람들이 핸드폰과 떨어질 수 없다.
★ 手机对人们影响非常大。（ ✓ ）	★ 핸드폰이 사람들에게 주는 영향은 매우 크다. (✓)

手机 shǒujī 몡 핸드폰 | **工作** gōngzuò 몡 업무, 일 | **都** dōu 뷔 모두 | **变** biàn 동 변화하다 | ★**方便** fāngbiàn 형 편리하다 | ★**用** yòng 동 사용하다 | **照相** zhàoxiàng 동 사진을 찍다 | **写** xiě 동 쓰다 | ★**电子邮件** diànzǐ yóujiàn 몡 이메일 | ★**上网** shàngwǎng 동 인터넷을 하다 | ★**新闻** xīnwén 몡 뉴스 | ★**几乎** jīhū 뷔 거의 | **每** měi 대 모두, 매 | ★**离开** líkāi 동 떠나다, 헤어지다 | ★**对A影响** duì A yǐngxiǎng A에게 영향을 주다

11 C '왜 아직도 다 먹지 않았냐'는 여자의 질문에 남자는 '방금 밥을 많이 먹었어(刚才吃了很多饭)'라고 대답했으므로, 현재 배부른(吃饱了) 상태인 것을 알 수 있다.

女：冰箱里的蛋糕怎么还没吃完，不好吃吗？ 男：不是不好吃，是我刚才吃了很多饭。	여: 냉장고의 케이크를 왜 아직도 다 먹지 않은 거야? 맛이 없어? 남: 맛없는 게 아니라, 방금 밥을 많이 먹었어.
问：男的是什么意思？ A 不爱吃蔬菜 B 想吃水果 **C 吃饱了**	질문: 남자는 무슨 의미인가? A 채소 먹는 것을 좋아하지 않는다 B 과일을 먹고 싶다 **C 배부르다**

★**冰箱** bīngxiāng 몡 냉장고 | ★**蛋糕** dàngāo 몡 케이크 | **怎么** zěnme 대 왜 | **完** wán 동 (동사 뒤에 보어로 쓰여) 다하다, 끝내다 | **好吃** hǎochī 형 맛있다 | ★**刚才** gāngcái 몡 방금 | **意思** yìsi 몡 의미, 뜻 | **爱** ài 동 ~하는 것을 좋아하다 | **蔬菜** shūcài 몡 채소 | **想** xiǎng 조동 ~하고 싶다 | **水果** shuǐguǒ 몡 과일 | ★**饱** bǎo 형 배부르다

12 A 남자가 여자에게 데려다주겠다며 '어디에 가냐(去哪儿)'고 묻자, 여자는 '학교 도서관(学校图书馆)'에 간다고 대답했으므로, 여자가 가려고 하는 곳은 도서관(图书馆)이다.

男：你现在要去哪儿？我开车送你去吧。 女：不用，谢谢。我去学校图书馆，走着去就行。	남：지금 어디에 가려고? 내가 차로 데려다줄게. 여：괜찮아, 고마워. 나는 학교 도서관에 가려고. 걸어서 가면 돼.
问：女的要去哪儿？ **A 图书馆** B 银行 C 公园	질문: 여자는 어디에 가려고 하는가? **A 도서관** B 은행 C 공원

要 yào 조동 ~하려고 하다 | 开车 kāichē 동 운전을 하다 | 送 sòng 동 데려다주다 | 不用 búyòng 부 ~할 필요가 없다 | 谢谢 xièxie 동 고맙습니다 | 学校 xuéxiào 명 학교 | ★图书馆 túshūguǎn 명 도서관 | ★银行 yínháng 명 은행 | ★公园 gōngyuán 명 공원

13 C 남자가 자기가 묵고 있는 방의 '에어컨이 고장 났다(空调坏了)'고 말하자 여자가 '바로 사람을 보내겠다(就找人来)'고 하는 것으로 보아, 그들의 관계는 '손님과 종업원(客人和服务员)'임을 알 수 있다.

男：您好，我住五零二，我房间里的空调坏了，您能来看一下吗？ 女：好的，先生，对不起，我现在就找人来。	남：안녕하세요. 저는 502호에 묵고 있는데요. 제 방 안의 에어컨이 고장 났어요. 와서 한번 봐 주실 수 있나요? 여：알겠습니다. 선생님, 죄송합니다. 지금 바로 사람을 보내겠습니다.
问：他们最可能是什么关系？ A 老师和学生 B 医生和病人 **C 客人和服务员**	질문: 그들은 무슨 관계일 가능성이 가장 큰가? A 선생님과 학생 B 의사와 환자 **C 손님과 종업원**

住 zhù 동 머물다, 체류하다 | 零 líng 수 0, 영 | 房间 fángjiān 명 방 | ★坏 huài 동 고장 나다 | 一下 yíxià 수량 (동사 뒤에 쓰여) 좀 ~하다 | 对不起 duìbuqǐ 동 죄송합니다, 미안합니다 | 最 zuì 부 가장 | 可能 kěnéng 부 아마도 (~일지도 모른다) | ★关系 guānxi 명 관계 | 学生 xuésheng 명 학생 | 医生 yīshēng 명 의사 | 病人 bìngrén 명 환자 | ★客人 kèrén 명 손님 | 服务员 fúwùyuán 명 종업원

14 B '포도(葡萄)를 사자'는 여자의 말에 남자는 '마치 오랫동안 놔둔 것 같다(好像放了很长时间了)'고 말하므로, 남자는 포도가 '신선하지 않다(不新鲜)'고 생각하는 것임을 알 수 있다.

女：你等等，我们买点儿葡萄吧。 男：还是买别的吧，这些葡萄好像放了很长时间了。	여：기다려. 우리 포도를 좀 사자. 남：그냥 다른 것을 사자. 이 포도는 마치 오랫동안 놔둔 것 같아.

问：男的觉得葡萄怎么样？	질문: 남자는 포도가 어떻다고 생각하는가?
A 太贵了 **B 不新鲜** C 比商店便宜	A 너무 비싸다 **B 신선하지 않다** C 상점보다 저렴하다

等 děng 동 기다리다 | 点儿 diǎnr 수량 좀, 약간 | 葡萄 pútáo 명 포도 | 别的 biéde 대 다른 것 | 些 xiē 양 약간 | 好像 hǎoxiàng 부 마치 ~와 같다 | ★放 fàng 동 놓다 | 长时间 cháng shíjiān 오랫동안, 장시간 | 觉得 juéde 동 ~라고 생각하다 | 贵 guì 형 비싸다 | ★新鲜 xīnxiān 형 신선하다 | 比 bǐ 개 ~보다, ~에 비해 | 商店 shāngdiàn 명 상점 | 便宜 piányi 형 (값이) 싸다

15 A 남자가 '비행기에서 내렸다(下飞机)'고 하자 여자는 '나도 곧 공항에 도착하니까, 우리 1번 게이트에서 보자 (我马上就到机场了，我们在一号门口见)'고 말했으므로 여자가 남자를 마중 가려 하는 것을 알 수 있다.

男：喂？我下飞机了，现在要去拿行李箱。 女：好，你别着急，我马上就到机场了，我们在一号门口见。	남: 여보세요? 나 비행기에서 내렸어. 지금 트렁크를 가지러 가려고. 여: 좋아. 서두르지 마. 나도 곧 공항에 도착하니까, 우리 1번 게이트에서 보자.
问：关于女的，可以知道什么？	질문: 여자에 관해 무엇을 알 수 있는가?
A 要去接男人 B 忘带钱包了 C 要去拿伞	**A 남자를 마중 가려고 한다** B 지갑 챙기는 것을 잊었다 C 우산을 가지러 가려고 한다

喂 wéi 감 (전화상에서) 여보세요 | 下飞机 xià fēijī 비행기에서 내리다 | ★拿 ná 동 (손으로) 가지다 | ★行李箱 xínglǐxiāng 명 트렁크, 여행용 가방 | ★着急 zháojí 동 조급해하다 | ★马上 mǎshàng 부 곧, 즉시 | 机场 jīchǎng 명 공항 | 号 hào 명 (차례·순번을 표시하는) 번 | 门口 ménkǒu 명 입구 | 见 jiàn 동 보다 | ★关于 guānyú 개 ~에 관해 | 知道 zhīdào 동 알다 | ★接 jiē 동 마중하다 | 忘 wàng 동 잊다 | ★带 dài 동 챙기다 | ★钱包 qiánbāo 명 지갑 | ★伞 sǎn 명 우산

16 C 여자는 남자의 다리가 어떤지 물으면서 '다음 주 수요일 시합(下周三的比赛)'에는 지장이 없는지 걱정하고 있으므로, 시합이 다음 주라는 것을 알 수 있다.

女：你的腿怎么样了？ 男：快要好了，谢谢你的关心。 女：会影响你参加下周三的比赛吗？ 男：医生说没事。	여: 네 다리는 어때? 남: 거의 다 나았어. 관심 가져 줘서 고마워. 여: 다음 주 수요일에 시합을 참가하는 데 지장이 있을까? 남: 의사가 괜찮다고 했어.
问：比赛什么时候举行？	질문: 시합은 언제 열리는가?
A 明天下午 B 后天早上 **C 下个星期**	A 내일 오후 B 모레 아침 **C 다음 주**

★腿 tuǐ 명 다리 | 怎么样 zěnmeyàng 대 어떻다 | 快要A了 kuàiyào A le 곧 A하다 | 好 hǎo 형 (병이) 다 낫다 | ★关心 guānxīn 동 관심을 갖다 | 会 huì 조동 ~할 것이다 | ★影响 yǐngxiǎng 동 영향을 주다 | 参加 cānjiā 동 참가하다 | 下 xià 명 다음, 나중 | 周三 zhōusān 명 수요일 | ★比赛 bǐsài 명 경기 | 说 shuō 동 말하다 | 没事 méishì 동 괜찮다 | 什么时候 shénme shíhou 언제

举行 jǔxíng 동 개최하다, 거행하다 | 明天 míngtiān 명 내일 | 下午 xiàwǔ 명 오후 | 后天 hòutiān 명 모레 | 早上 zǎoshang 명 아침 | 星期 xīngqī 명 주

17 B 약을 먹은 후에 건강에 주의하고(吃了药以后，注意身体) 특정 음식들을 먹지 말라고 당부하는 말은 병원(医院)에서 들을 수 있는 말이다. 장소 파악 유형의 문제가 많이 나오므로 테마별로 어휘를 외워 두자!

男：你吃了药以后，这段时间注意身体，别太累。 女：好的，我会注意的。 男：还有，不要喝咖啡和啤酒，少吃羊肉和鱼。 女：好，谢谢您。	남：약을 먹은 후에, 한동안은 건강에 주의하세요. 너무 피곤하게 하지 마세요. 여：네, 주의하겠습니다. 남：그리고 커피와 맥주를 마시지 말고, 양고기와 생선도 적게 드세요. 여：네, 감사합니다.
问：他们在哪儿? A 饭馆 **B 医院** C 商店	질문：그들은 어디에 있는가? A 식당 **B 병원** C 상점

吃药 chī yào 동 약을 먹다 | 以后 yǐhòu 명 이후 | ★段 duàn 양 동안, 기간 | 时间 shíjiān 명 시간 | ★注意 zhùyì 동 주의하다 | 身体 shēntǐ 명 몸, 신체 | 太 tài 부 너무 | 累 lèi 형 피곤하다 | 还有 háiyǒu 접 그리고 | 不要 búyào 부 ~하지 마라 | 喝 hē 동 마시다 | 咖啡 kāfēi 명 커피 | ★啤酒 píjiǔ 명 맥주 | 少 shǎo 형 적다 | 羊肉 yángròu 명 양고기 | 鱼 yú 명 생선, 물고기 | 饭馆 fànguǎn 명 식당 | 医院 yīyuàn 명 병원

18 B 여자는 '내일 어떤 옷을 입으면 좋을까?(明天穿什么衣服好呢?)'라고 남자에게 물었으므로, 그들은 옷을 고르는(选衣服) 중인 것을 알 수 있다.

女：我明天穿什么衣服好呢? 你帮我看看。 男：你想穿裙子还是裤子? 女：我想穿裙子，这条白色的怎么样? 男：不错。那穿哪双鞋呢?	여：나는 내일 어떤 옷을 입으면 좋을까? 나를 도와서 좀 봐 줘. 남：치마를 입고 싶니, 아니면 바지를 입고 싶니? 여：나는 치마를 입고 싶어. 이 흰색 어때? 남：좋네. 그러면 어떤 신발을 신으려고?
问：他们在做什么? A 选帽子 **B 选衣服** C 买衣服	질문：그들은 무엇을 하는 중인가? A 모자를 고른다 **B 옷을 고른다** C 옷을 산다

衣服 yīfu 명 옷 | 帮 bāng 동 돕다 | 看看 kànkan 좀 살펴보다 | ★裙子 qúnzi 명 치마 | ★还是 háishi 접 아니면 | ★裤子 kùzi 명 바지 | ★条 tiáo 양 벌 [바지·치마를 세는 단위] | 白色 báisè 명 흰색 | 不错 búcuò 형 좋다 | 那 nà 접 그러면 | 哪 nǎ 대 어떤 | 选 xuǎn 동 고르다, 선택하다 | ★帽子 màozi 명 모자

19 A 여자가 남자에게 '남자의 누나는 일을 찾았는지(找到工作)' 물어보자 '아직 못 찾았다(还没呢)'고 대답했으므로, '그의 누나는 최근에 일이 없다(最近没工作)'는 것을 알 수 있다.

女: 你姐姐找到工作了吗?	여: 너의 누나는 일을 찾았니?
男: 还没呢。这段时间她正在准备。	남: 아직 못 찾았어요. 요즘 한창 준비하는 중이에요.
女: 如果她愿意，欢迎她来我的公司工作。	여: 만약 그녀가 원한다면, 우리 회사에 와서 일하는 것을 환영해.
男: 谢谢你! 我回去就告诉她。	남: 고맙습니다. 돌아가서 누나에게 알려 줄게요.
问: 关于他姐姐，可以知道什么?	질문: 그의 누나에 대해 알 수 있는 것은 무엇인가?
A 最近没工作	**A 최근에 일이 없다**
B 写了很多信	B 편지를 많이 썼다
C 开了公司	C 회사를 개업했다

姐姐 jiějie 명 누나, 언니 | 找 zhǎo 동 찾다 | 到 dào 동 (동사 뒤에 쓰여) ~했다 | 还 hái 부 아직 | 正在 zhèngzài 부 지금 ~하고 있다 | 准备 zhǔnbèi 동 준비하다 | ★如果 rúguǒ 접 만약 | ★愿意 yuànyì 조동 ~하길 원하다 | ★欢迎 huānyíng 동 환영하다, 기쁘게 맞이하다 | 回去 huíqù 동 돌아가다 | 告诉 gàosu 동 알리다 | 信 xìn 명 편지 | 开 kāi 동 개업하다

20 C 남자의 역사 성적(历史成绩)이 좋지 않은(不好) 이유에 대해 여자는 '남자가 역사에 흥미가 없기(对历史没兴趣) 때문'이라고 말했다.

女: 别难过了，这次的考试不是最重要的。	여: 슬퍼하지 마. 이번 시험은 제일 중요한 게 아니야.
男: 但我的分数太低了。	남: 하지만 내 점수는 너무 낮아.
女: 我觉得你的问题是你对历史没兴趣。	여: 내 생각에 너의 문제는 네가 역사에 흥미가 없는 거야.
男: 是，如果我喜欢历史跟我喜欢音乐一样该多好啊!	남: 응, 만약 내가 역사를 음악 좋아하는 것처럼 좋아한다면 얼마나 좋을까!
问: 他的历史成绩为什么不好?	질문: 그의 역사 성적은 왜 안 좋은가?
A 不努力	A 노력하지 않아서
B 迟到了	B 지각해서
C 没兴趣	**C 흥미가 없어서**

★难过 nánguò 형 슬프다 | 次 cì 양 번, 회 | ★重要 zhòngyào 형 중요하다 | ★分数 fēnshù 명 점수 | 低 dī 형 낮다 | 对 duì 개 ~에 대해 | ★历史 lìshǐ 명 역사 | 兴趣 xìngqù 명 흥미 | ★跟 gēn 개 ~와 | ★音乐 yīnyuè 명 음악 | ★一样 yíyàng 형 같다 | 该 gāi 얼마나, 정말로 | 多 duō 대 얼마나 | ★啊 a 조 [문장 끝에 쓰여 감탄·찬탄을 나타냄] | ★成绩 chéngjì 명 성적 | 为什么 wèi shénme 대 왜 | ★努力 nǔlì 동 노력하다, 열심히 하다 | ★迟到 chídào 동 지각하다

A 没关系，马上就到公司了。 괜찮아. 곧 회사에 도착해.
B 马上就睡，这个节目还有五分钟就结束了。 곧 잘 거야. 이 프로그램은 5분 이따가 끝나.
C 不好意思，我也不清楚，你还是问问别人吧。
　죄송합니다. 저도 분명하지 않아요. 다른 사람에게 물어보는 게 낫겠어요.
D 没问题，你放心吧。 문제없어. 걱정 마.
E 当然。我们先坐公共汽车，然后换地铁。 당연하지. 우리는 먼저 버스를 탄 다음에, 지하철로 갈아 탈 거야.
F 去洗一下手，准备吃饭了，你爸爸呢？ 가서 손 씻고 밥 먹을 준비를 함. 아버지는?

21 B [电视 TV → 节目 프로그램] '빨리 자는 게(睡觉) 낫겠어. TV 보지 마(别看电视了)'라는 말에 대한 대답으로 가장 적절한 것은 '곧 잘 거야(马上就睡). 이 프로그램은 5분 이따가 끝나(这个节目还有五分钟就结束了)'라고 말하는 B가 정답이다.

A: 忙了半天，还是早点儿睡觉吧，别看电视了。
　　　　　　　~하는 게 낫겠다
B:（B 马上就睡，这个节目还有五分钟就结束了。）

A: 한참 바빴어. 빨리 자는 게 낫겠어. TV 보지 마.
B:（B 곧 잘 거야. 이 프로그램은 5분 이따가 끝나.）

忙 máng 형 바쁘다 | **半天** bàntiān 수량 한참, 한나절 | **早** zǎo 형 빠르다, 이르다 | **睡觉** shuìjiào 동 잠을 자다 | **电视** diànshì 명 TV, 텔레비전 | **睡** shuì 동 잠을 자다 | ★**节目** jiémù 명 프로그램 | **还** hái 부 아직 | **分钟** fēnzhōng 명 분 | **就……了** jiù …… le 곧 ~하려 하다 | ★**结束** jiéshù 동 끝나다, 마치다

22 C [请问 말씀 좀 여쭙겠습니다 → 问问别人 다른 사람에게 물어보다] '말씀 좀 여쭙겠다(请问)'며, '근처에 병원이 있냐'는 질문에 '분명하지 않다(不清楚)', '다른 사람에게 물어보는 게 낫겠다(还是问问别人吧)'고 대답하는 C가 정답이다.

A: 请问，这儿附近有医院吗？
B:（C 不好意思，我也不清楚，你还是问问别人吧。）
　　　　　　　　　　　　　　　~하는 게 낫겠다

A: 말씀 좀 여쭙겠습니다. 여기 근처에 병원이 있나요?
B:（C 죄송합니다. 저도 분명하지 않아요. 다른 사람에게 물어보는 게 낫겠어요.）

请问 qǐngwèn 동 말씀 좀 여쭙겠습니다 | ★**附近** fùjìn 명 근처, 부근 | **不好意思** bù hǎoyìsi 미안합니다 | ★**清楚** qīngchu 형 분명하다 | **问** wèn 동 묻다, 질문하다 | ★**别人** biérén 대 다른 사람, 남

23 A [没关系 괜찮다] '발 아파?(脚疼吗?)'라고 물으며, '여기에 좀 앉자(在这里坐一会儿吧)'고 제안하는 말에 가장 적절한 답은 '곧 회사에 도착하니까 괜찮다(没关系)'고 대답하는 A이다.

A: 脚疼吗？我们在这里坐一会儿吧。
B:（A 没关系，马上就到公司了。）
　　　　　　　　　곧 ~하려 하다

A: 발 아파? 우리 여기에 좀 앉자.
B:（A 괜찮아. 곧 회사에 도착해.）

★**脚** jiǎo 명 발 | ★**疼** téng 형 아프다 | **坐** zuò 동 앉다 | ★**一会儿** yíhuìr 수량 잠시, 짧은 시간 | **没关系** méi guānxi 괜찮다, 상관없다

24 D [能帮我A吗? 나를 도와 A할 수 있니? → 没问题 문제없다] '나를 도와 강아지를 좀 돌봐 줄 수 있니?(能请你帮我照顾一下小狗吗?)'라는 질문에 대한 답으로 가장 적절한 것은 '문제없다(没问题)'고 대답하는 D이다.

A: 这两天我不在家，能请你帮我照顾一下小狗吗? B: (D 没问题，你放心吧。)	A: 요 며칠 내가 집에 없어. 나를 도와 강아지를 좀 돌봐 줄 수 있니? B: (D 문제없어. 걱정 마.)

这两天 zhè liǎngtiān 요 며칠 | 在 zài 통 ~에 있다 | 能 néng 조동 ~할 수 있다 | 请 qǐng 통 ~해 주세요 | ★ 照顾 zhàogù 통 돌보다, 보살피다 | 小狗 xiǎogǒu 명 강아지 | 没问题 méi wèntí 문제없다 | ★ 放心 fàngxīn 통 안심하다, 마음을 놓다

25 F [A呢? A는?] 제시된 문장 속에 '아빠(爸爸)는 TV를 보고 계세요', '제가 가서 부를게요(我去叫他)'라는 말은 F의 '아버지는?(你爸爸呢?)'이라고 묻는 질문에 대한 답으로 가장 적절하다.

A: (F 去洗一下手，准备吃饭了，你爸爸呢?) B: 爸爸在看电视，我去叫他。	A: (F 가서 손 씻고, 밥 먹을 준비를 하렴. 아버지는?) B: 아빠는 TV를 보고 계세요. 제가 가서 부를게요.

洗 xǐ 통 씻다, 빨다 | 手 shǒu 명 손 | 叫 jiào 통 부르다, 외치다

A 满意 mǎnyì 형 만족하다, 만족스럽다	B 清楚 qīngchu 형 분명하다
C 照顾 zhàogù 통 돌보다, 보살피다	D 刻 kè 양 15분
E 声音 shēngyīn 명 소리	F 菜单 càidān 명 메뉴, 메뉴판

26 D [一刻钟 15분] 빈칸은 수사(一)와 명사(钟) 사이에 있으므로, '양사' 자리임을 알 수 있다. 지금 '1시'냐는 질문에 지금은 '1시 15분'이라며 당신의 손목시계가 '늦다'고 말하므로, 시간을 세는 양사 D '刻'가 정답이다. '一刻钟'은 15분을 나타낸다.

A: 你好，现在是一点吗? B: 现在一点十五了，您的手表慢了一(D 刻)钟。	A: 안녕하세요, 지금 1시예요? B: 지금 1시 15분이에요. 당신의 손목시계가 (D 15분) 늦어요.

点 diǎn 양 시 | 手表 shǒubiǎo 명 손목시계 | 慢 màn 형 느리다 | 一刻钟 yí kè zhōng 15분

27 A [对A满意 A에 대해 만족하다] 빈칸 앞뒤에 술어가 없으므로, 빈칸이 술어 자리임을 알 수 있다. 대화 내용상 '나는 매우 좋다(我非常喜欢)'고 대답하고 있으므로, 제시된 보기 중 빈칸에 들어갈 술어로 가장 적절한 것은 형용사 A '满意'이다.

A: 怎么样，你对这个礼物（ A 满意 ）吗？ 　　　　　　　~에 대해 만족하다 B: 我非常喜欢，但我担心你花钱花得太多。 　　　　　　　　　　　　　돈을 쓰다	A: 어때, 너는 이 선물에 대해 (A 만족)해? B: 나는 매우 좋아. 하지만 나는 네가 돈을 너무 많이 쓸까 봐 걱정돼.

★礼物 lǐwù 명 선물 | ★满意 mǎnyì 형 만족하다, 만족스럽다 | ★担心 dānxīn 동 걱정하다, 염려하다 | ★花 huā 동 (돈·시간을) 쓰다, 소비하다

28 C [照顾自己 자신을 돌보다]　빈칸 앞에 조동사 '会'가 있고, 빈칸 뒤에 목적어 '自己'가 있으므로, 빈칸이 술어 자리임을 알 수 있다. '조심해(小心)'라는 말에 '안심하세요(放心)'라고 했으므로, 빈칸에 들어갈 가장 적절한 술어는 '돌보다'라는 뜻을 가진 C '照顾'이다.

A: 路上小心，到了中国给家里打个电话。 　　　　　　　　　　~에게 전화를 하다 B: 好的，您就放心吧，我会（ C 照顾 ）好自己的。 　　　　　　　　　　　　자신을 돌보다	A: 길에서 조심해. 중국에 도착하면 집에 전화해. B: 알겠어요. 안심하세요. 저는 제 자신을 잘 (C 돌볼) 거예요.

路上 lùshang 명 길 | ★小心 xiǎoxīn 동 조심하다, 주의하다 | 中国 Zhōngguó 고유 중국 | 打电话 dǎ diànhuà 전화하다 | 放心 fàngxīn 동 안심하다 | 好 hǎo 형 (동사 뒤에 결과보어로 쓰여) 다 잘 ~하다

29 F [菜单 메뉴]　빈칸 앞에 동사 '看'이 있으므로 빈칸이 목적어 자리임을 알 수 있다. '몇 분이세요(您几位)'라고 물었다. 대화의 문맥상 식당에서 나눌 수 있는 대화이므로 빈칸에 들어갈 목적어로 가장 적절한 것은 '메뉴판'이라는 뜻의 F '菜单'이다.

A: 先生您好，请问您几位? B: 五位，请给我们看一下（ F 菜单 ），谢谢。	A: 선생님 안녕하세요. 말씀 좀 여쭐게요. 몇 분이세요? B: 다섯 명이요. 우리에게 (F 메뉴판) 좀 보여 주세요. 고마워요.

★位 wèi 양 분, 명 [공경의 뜻을 내포함] | ★菜单 càidān 명 메뉴판, 메뉴

30 B [清楚 분명하다]　빈칸 앞에 동사 '说'가 있고, 불가능을 나타내는 '不'가 있으므로 빈칸은 가능보어 자리임을 알 수 있다. '전화로 말하기에 ~하다'고 했으므로, 제시된 보기 단어 중 빈칸에 들어갈 것은 분명하다는 뜻을 가진 B '清楚'이다.

A: 这件事电话里说不（ B 清楚 ），我们一会儿见面再说吧。 B: 好的，下了班我开车去接你。	A: 이 일은 전화로 말하기엔 (B 분명하지) 않아. 우리 잠시 만나서 다시 이야기하자. B: 그래. 퇴근하면 내가 운전해서 널 데리러 갈게.

件 jiàn 양 개, 건[일·사건 등을 세는 단위] | 事 shì 명 일 | ★电话 diànhuà 명 전화 | ★见面 jiànmiàn 동 만나다 | 再 zài 부 다시 |
下班 xiàbān 동 퇴근하다

31 C [除了A还B A를 제외하고 B하다]   찻집에 대해 물었다. 지문과 대조해 보면 '차 말고도 먹을 것도 많이 준다 (除了茶，还送很多吃的)'고 했으므로, 정답은 C이다.

下班以后我们一起去喝茶吧。地铁站旁边新开了一家茶馆儿，25元一位，除了茶，还送很多吃的。对了，小张[Xiǎo Zhāng]喜欢喝茶，把她也叫上吧！	퇴근 후에 우리 같이 차 마시자. 지하철역 옆에 새로 찻집이 개업했어. 한 명당 25위안이야. 차 말고도 먹을 것도 많이 줘. 아참, 샤오장[小张]은 차 마시는 것을 좋아하니, 그녀도 부르자!
★ 那个茶馆儿怎么样？ A 桌子很高 B 在公司里 **C 送吃的东西**	★ 그 찻집은 어떠한가? A 책상이 높다 B 회사 안에 있다 **C 먹을 음식을 준다**

以后 yǐhòu 명 이후 | 一起 yìqǐ 부 같이, 함께 | 茶 chá 명 차 | 地铁站 dìtiězhàn 명 지하철역 | 旁边 pángbiān 명 옆, 곁, 근처 |
新 xīn 형 새롭다 | 家 jiā 양 집·점포 등을 세는 단위 | 茶馆儿 cháguǎnr 명 찻집 | ★元 yuán 양 위안[중국의 화폐 단위] | ★除了A
还B chúle A hái B A를 제외하고 B하다 | 对了 duì le 감 아참[잊을 뻔했던 어떤 일이 문득 떠올랐을 때 하는 말] | ★把 bǎ 개 [목적어를
술어 앞으로 끌어내어 처치를 나타냄] | 桌子 zhuōzi 명 책상, 탁자 | 东西 dōngxi 명 (구체·추상적인) 것, 물건

32 B [记得 기억하다]   지문에서 다른 사람에게 물건을 빌렸다는 내용이 있고, '다 쓴 이후에 바로 돌려줘야 한다 (用完以后就要还回去)'고 했으므로, B '돌려주는 것을 기억해야 한다(要记得还)'가 정답임을 알 수 있다.

中国有句话，叫"有借有还，再借不难"，说的是向其他人借的东西，用完以后就要还回去，这样才能让其他人相信你，下次才会再借给你。	중국에 '빌리고 잘 돌려주면 다시 빌리기 어렵지 않다'는 말이 있다. 그 말은 다른 사람에게 물건을 빌리면, 다 쓴 이후에 바로 돌려줘야 한다는 것이다. 이렇게 해야 다른 사람에게 신뢰를 얻을 수 있고, 다음번에 다시 당신에게 빌려줄 것이다.
★ 借了别人的东西： A 要小心 **B 要记得还** C 别用很长时间	★ 다른 사람의 물건을 빌렸다면? A 조심해야 한다 **B 돌려주는 것을 기억해야 한다** C 오랜 시간 사용하지 말아야 한다

句 jù 양 마디, 편[언어·시문을 세는 단위] | 话 huà 명 말 | ★借 jiè 동 빌리다, 빌려주다 | ★还 huán 동 돌려주다, 갚다 | ★难 nán 형
어렵다, 힘들다 | ★向 xiàng 개 ~를 향하여, ~로 | 其他 qítā 대 다른 사람, 기타, 그 외 | 完 wán 동 (동사 뒤에 보어로 쓰여) 다하다, 끝
내다 | 以后 yǐhòu 명 이후 | 这样 zhèyàng 대 이렇게 하면, 이런 방식으로 | ★才 cái 부 ~해야만 비로소 | ★相信 xiāngxìn 동 신뢰
하다, 믿다 | 下次 xiàcì 명 다음번 | ★记得 jìde 동 기억하다, 기억하고 있다

33 A [经过 지나가다]

지문에서 10호 지하철에 대해 보면, '10호 지하철은 우리 집 근처를 지나간다(10号地铁经过我家附近)'고 했으므로, A '그의 집에서 멀지 않다(离他家不远)'가 정답이다.

刚才看新闻了吗？我很快就能坐10号地铁了。10号地铁经过我家附近。以后，我上学就方便多了，从我家到学校只要花15分钟，比坐公共汽车快得多。

방금 뉴스 봤어? 나는 곧 10호 지하철을 탈 수 있게 되었어. 10호 지하철은 우리 집 근처를 지나가. 이후에 나는 학교를 갈 때 매우 편리해질 거야. 우리 집에서 학교까지 15분이 걸리면, 버스를 타는 것보다 훨씬 빨라.

★ 10号地铁：
A 离他家不远
B 车站没有电梯
C 旁边有公园

★ 10호 지하철은?
A 그의 집에서 멀지 않다
B 정류장에 엘리베이터가 없다
C 옆에 공원이 있다

快 kuài 🎵 곧, 머지않아 | ★**地铁** dìtiě 🎵 지하철 | **经过** jīngguò 🎵 지나가다, 통과하다 | **上学** shàngxué 🎵 학교에 가다, 학교에 다니다 | **从** cóng 🎵 ~에서 | **到** dào 🎵 ~까지 | **只要** zhǐyào 🎵 ~하기만 하면 | **公共汽车** gōnggòng qìchē 🎵 버스 | **离** lí 🎵 ~에서, ~로부터 | ★**车站** chēzhàn 🎵 정류장 | ★**电梯** diàntī 🎵 엘리베이터

34 B [两层 2층]

질문에서 자동차에 대해 물어보았고, 지문에서 '이 자동차는 위 아래 두 층으로 되어 있다(这辆车有上下两层)'고 했으므로, B '모두 2층이다(一共有两层)'가 정답임을 알 수 있다.

这辆车有上下两层，人们都喜欢坐上边那层。因为坐得高，看得更远，所以经过的地方，你都能看得特别清楚。

이 자동차는 위 아래 두 층으로 되어 있어요. 사람들은 모두 위층에 앉는 것을 좋아해요. 왜냐하면 높게 앉으면, 더 멀리 보고, 그래서 지나가는 곳을 아주 분명하게 볼 수 있어서죠.

★ 关于这辆车，可以知道：
A 司机非常热情
B 一共有两层
C 上层不能坐人

★ 이 자동차에 대해 알 수 있는 것은?
A 기사는 매우 친절하다
B 모두 2층이다
C 위층에는 사람이 앉을 수 없다

★**辆** liàng 🎵 대, 량[차량을 세는 단위] | **两** liǎng 🎵 2, 둘 | ★**层** céng 🎵 층 | **上边** shàngbian 🎵 위쪽, 위 | **因为** yīnwèi 🎵 왜냐하면, 때문에 | ★**地方** dìfang 🎵 장소 | **特别** tèbié 🎵 아주, 특히 | ★**司机** sījī 🎵 기사, 운전 기사 | ★**热情** rèqíng 🎵 친절하다 | ★**一共** yígòng 🎵 모두

35 A [没有 ~만 못하다]

지문에서 '돈이 있더라도 건강보다 중요하지 못하다(再有钱也没有一个好身体重要)'고 했으므로, 정답은 A이다.

很多人年轻的时候只想着工作，不常运动。老了才发现，再有钱也没有一个好身体重要，所以工作再忙也应该好好儿照顾自己。

많은 사람들은 젊었을 때 오직 일만 생각하고, 자주 운동하지 않는다. 늙어서야 돈이 있더라도 건강보다 중요하지 못하다는 것을 알아차린다. 그러니 일이 아무리 바쁘더라도 반드시 자신을 잘 돌봐야 한다.

★ 这段话主要想告诉我们：
A 健康很重要
B 要认真工作
C 要多关心父母

★ 이 글은 주로 우리에게 무엇을 알려 주고자 하는가?
A 건강이 더 중요하다
B 열심히 일해야 한다
C 부모에게 관심을 많이 가져야 한다

★**年轻** niánqīng 형 젊다, 어리다 | **着** zhe 조 ~하고 있다 | **常** cháng 부 자주, 늘 | **运动** yùndòng 동 운동하다 | ★**老** lǎo 형 늙다, 오래된 | ★**发现** fāxiàn 동 발견하다 | **没有** méiyǒu 동 (비교문에 쓰여) ~만 못하다 | **身体** shēntǐ 명 건강, 몸 | **好好儿** hǎohāor 부 잘, 정성껏 | ★**段** duàn 양 단락 | ★**主要** zhǔyào 형 주요한, 주된 | ★**健康** jiànkāng 명 건강 | **父母** fùmǔ 명 부모

36 出 [**出租车** 택시] 'chū'로 발음되는 '出'는 빈칸 뒤의 '租车'와 함께 '택시'를 의미하는 명사를 이룬다. 빈칸 앞에 '坐'는 '타다'라는 의미가 있으므로 뒤에 교통수단이 올 것임을 알 수 있다. '出租车'는 자주 출제되는 어휘이므로 꼭 외워 두자!

图书馆离这儿比较远，我们还是坐（ 出 ）租车去吧。	도서관은 여기에서 비교적 멀어. 우리는 택시를 타고 가는 게 낫겠어.

★**比较** bǐjiào 부 비교적 | **出租车** chūzūchē 명 택시

37 人 [**别人** 다른 사람] 'rén'으로 발음되는 '人'은 빈칸 앞에 '别'와 함께 '다른 사람'을 의미하는 대사를 이룬다.

妹妹一直都很喜欢帮助别（ 人 ）。	여동생은 줄곧 다른 사람을 도와주는 것을 좋아한다.

妹妹 mèimei 명 여동생 | ★**一直** yìzhí 부 줄곧, 계속 | **帮助** bāngzhù 동 돕다

38 门 [**出门** 외출하다] 'mén'으로 발음되는 '门'은 빈칸 앞에 '出'와 함께 '외출하다'라는 의미를 가진 동사이다. 한자를 적을 때 모양이 비슷한 '问 wèn'과 혼동하지 않도록 주의하자. 시험에 자주 나오는 어휘이기 때문에 꼭 외워 두자!

他下午出（ 门 ）的时候忘记关灯了。	그는 오후에 외출할 때 불 끄는 것을 잊어버렸다.

出门 chūmén 동 외출하다 | ★**忘记** wàngjì 동 잊어버리다, 잊다 | ★**关** guān 동 끄다, 닫다 | ★**灯** dēng 명 등

39 生 [**生病** 병이 나다] 'shēng'으로 발음되는 '生'은 빈칸 뒤의 '病'과 함께 쓰여 '병이 나다'라는 뜻의 동사가 된다.

| 他（**生**^{shēng}）病了，这两天没来上班。 | 그는 병이 나서, 이틀 동안 출근하지 못했어. |

生病 shēngbìng 동 병이 나다 | **上班** shàngbān 동 출근하다

40 女 [**女儿** 딸] 'nǚ'로 발음되는 '女'는 빈칸 뒤의 '儿'과 함께 '딸'을 의미하는 명사가 된다. 자주 출제되는 단어이므로 꼭 외워 두자. IBT로 시험을 칠 때 'nǚ'는 'nv'로 입력해야 해당 글자가 나온다.

| 我（**女**^{nǚ}）儿喜欢学习英语，但是她不喜欢历史。 | 내 딸은 영어 공부하는 것을 좋아한다. 그러나 그녀는 역사를 좋아하지 않는다. |

女儿 nǚ'ér 명 딸 | **英语** Yīngyǔ 고유 영어

다락원 홈페이지에서
▶ MP3 파일 다운로드 및 실시간 재생
▶ 받아쓰기 PDF 다운로드

3rd Edition
HSK 3급 해설서
한권으로 끝내기

지은이 남미숙
펴낸이 정규도
펴낸곳 (주)다락원

편집장 이상윤
편집 김보경, 김혜민
디자인 김나경, 김예지, 정규옥
사진 Shutterstock
성우 曹红梅, 朴龙君, 허강원

다락원 경기도 파주시 문발로 211
전화 (02)736-2031(내선 250~252/내선 430, 560)
팩스 (02)732-2037
출판등록 1977년 9월 16일 제406-2008-000007호

Copyright ⓒ 2025, 남미숙

저자 및 출판사의 허락 없이 이 책의 일부 또는 전부를 무단 복제·전재·발췌할 수 없습니다. 구입 후 철회는 회사 내규에 부합하는 경우에 가능하므로 구입처에 문의하시기 바랍니다. 분실·파손 등에 따른 소비자 피해에 대해서는 공정거래위원회에서 고시한 소비자 분쟁 해결 기준에 따라 보상 가능합니다. 잘못된 책은 바꿔 드립니다.

ISBN 978-89-277-2352-3 14720
     978-89-277-2341-7 (set)

www.darakwon.co.kr

다락원 홈페이지를 방문하시면 상세한 출판 정보와 함께 동영상 강좌, MP3 자료 등 다양한 어학 정보를 얻으실 수 있습니다.

3rd Edition

HSK 3급
한권으로 끝내기

 본서 · 해설서 · 모의고사
단번에 고득점 합격을 위한 풀패키지

필수단어장 · 핵심요약집
합격 비법만 쏙! 시험 직전 필수템 핸디북

 MP3 파일
듣기 영역은 물론 독해 영역까지 바로 듣기

받아쓰기 PDF
듣기 영역 점수가 쑥쑥 올라가는 받아쓰기 특훈

 유형 파악하기 예제 풀이 강의
예제 풀이로 유형별 공략법 확인

HSK 어법 강의
전문 강사가 알려 주는 주요 어법 포인트

영역별 저자 특강
출제 경향, 실전 문제 풀이 비법 공개

정가 **30,000**원

14720

ISBN 978-89-277-2352-3
978-89-277-2341-7(set)

#중국어 #남미숙HSK #HSK기출경향

3rd Edition
HSK 한권으로 끝내기
3급 · 4급 · 5급 · 6급

www.darakwon.co.kr
다락원 홈페이지를 방문하시면 상세한 출판 정보와 함께 동영상 강좌, MP3 자료 등 다양한 어학 정보를 얻으실 수 있습니다.
다락원 TEL.(02)736-2031 FAX.(02)732-2037

3rd Edition

HSK 3급
한권으로 끝내기

 본서 · 해설서 · 모의고사
단번에 고득점 합격을 위한 풀패키지

필수단어장 · 핵심요약집
합격 비법만 쏙! 시험 직전 필수템 핸디북

 MP3 파일
듣기 영역은 물론 독해 영역까지 바로 듣기

받아쓰기 PDF
듣기 영역 점수가 쑥쑥 올라가는 받아쓰기 특훈

 유형 파악하기 예제 풀이 강의
예제 풀이로 유형별 공략법 확인

HSK 어법 강의
전문 강사가 알려 주는 주요 어법 포인트

영역별 저자 특강
출제 경향, 실전 문제 풀이 비법 공개

정가 **30,000**원

ISBN 978-89-277-2352-3
978-89-277-2341-7(set)

중국어 말하기 시험
HSKK 한권으로 끝내기
남미숙 저

중국어 말하기 시험
**HSKK 초급
한권으로 끝내기**

중국어 말하기 시험
**HSKK 중급
한권으로 끝내기**

중국어 말하기 시험
**HSKK 고급
한권으로 끝내기**

www.darakwon.co.kr
다락원 홈페이지를 방문하시면 상세한 출판 정보와 함께 동영상 강좌,
MP3 자료 등 다양한 어학 정보를 얻으실 수 있습니다.
다락원 TEL.(02)736-2031 FAX.(02)732-2037

3rd Edition

HSK 3급
남미숙 저
한권으로 끝내기

핵심요약집

다락원

차례

- 빈출 어휘 ······ 3
- 빈출 표현 ······ 8
- 어법 마스터 ······ 12
- 틀리기 쉬운 한자 바로 알기 ······ 22
- PBT 답안 작성법 ······ 28
- IBT 시험 소개 ······ 29
- IBT 응시 요령 ······ 30

(1) 테마 어휘

track Final 01

가족 구성원	妈妈 māma 명 엄마	爸爸 bàba 명 아빠	孩子 háizi 명 아이	奶奶 nǎinai 명 할머니	爷爷 yéye 명 할아버지	儿子 érzi 명 아들	妻子 qīzi 명 아내	丈夫 zhàngfu 명 남편	女儿 nǚ'ér 명 딸	姐姐 jiějie 명 언니, 누나	哥哥 gēge 명 형, 오빠	妹妹 mèimei 명 여동생	弟弟 dìdi 명 남동생	阿姨 āyí 명 이모, 아주머니	叔叔 shūshu 명 삼촌, 아저씨
명절	春节 Chūnjié 고유 춘절 [음력 1월 1일]	中秋节 Zhōngqiūjié 고유 중추절 [음력 8월 15일]
일상생활 및 가정	睡觉 shuìjiào 동 잠을 자다	起床 qǐchuáng 동 (잠자리에서) 일어나다	刷牙 shuāyá 동 양치질하다	洗澡 xǐzǎo 동 목욕하다	打扫 dǎsǎo 동 청소하다	洗碗 xǐ wǎn 설거지하다	洗衣服 xǐ yīfu 옷을 빨다, 세탁하다	吃饭 chī fàn 동 밥을 먹다	做饭 zuò fàn 동 밥을 하다	做菜 zuò cài 동 요리를 하다	照顾 zhàogù 동 돌보다	搬家 bānjiā 동 이사하다	结婚 jiéhūn 동 결혼하다
용품	电视 diànshì 명 TV, 텔레비전	空调 kōngtiáo 명 에어컨	手机 shǒujī 명 핸드폰	电脑 diànnǎo 명 컴퓨터	笔记本 bǐjìběn 명 노트	词典 cídiǎn 명 사전	铅笔 qiānbǐ 명 연필	灯 dēng 명 등	床 chuáng 명 침대	桌子 zhuōzi 명 탁자	椅子 yǐzi 명 의자	箱子 xiāngzi 명 상자	房间 fángjiān 명 방	照片 zhàopiàn 명 사진	房子 fángzi 명 집	报纸 bàozhǐ 명 신문	雨伞 yǔsǎn 명 우산	东西 dōngxi 명 물건
의복	衣服 yīfu 명 옷	裙子 qúnzi 명 치마	裤子 kùzi 명 바지	帽子 màozi 명 모자	衬衫 chènshān 명 셔츠, 블라우스	鞋 xié 명 신발	包 bāo 명 가방	手表 shǒubiǎo 명 손목시계
색상	颜色 yánsè 명 색깔	蓝色 lánsè 명 파란색	黄色 huángsè 명 노란색	红色 hóngsè 명 빨간색	白色 báisè 명 흰색	黑色 hēisè 명 검은색	绿色 lǜsè 명 초록색
학교	学校 xuéxiào 명 학교	学习 xuéxí 동 배우다, 공부하다	教室 jiàoshì 명 교실	复习 fùxí 동 복습하다	黑板 hēibǎn 명 칠판	上课 shàngkè 동 수업을 하다	下课 xiàkè 동 수업이 끝나다	校长 xiàozhǎng 명 교장 선생님	老师 lǎoshī 명 선생님	考试 kǎoshì 동 시험을 보다 명 시험	学生 xuésheng 명 학생	成绩 chéngjì 명 성적	同学 tóngxué 명 학우	做题 zuò tí 문제를 풀다
회사	公司 gōngsī 명 회사	办公室 bàngōngshì 명 사무실	上班 shàngbān 동 출근하다	下班 xiàbān 동 퇴근하다	会议 huìyì 명 회의	开会 kāihuì 동 회의를 하다	经理 jīnglǐ 명 사장, 책임자	同事 tóngshì 명 회사 동료	工作 gōngzuò 동 일하다 명 일, 직업	发 fā 동 보내다	电子邮件 diànzǐ yóujiàn 명 이메일	解决 jiějué 동 해결하다	检查 jiǎnchá 동 검사하다	请假 qǐngjià 동 휴가를 신청하다
음식	菜 cài 명 요리	米饭 mǐfàn 명 밥	羊肉 yángròu 명 양고기	面条儿 miàntiáor 명 국수	鸡蛋 jīdàn 명 달걀, 계란	面包 miànbāo 명 빵	蛋糕 dàngāo 명 케이크	水果 shuǐguǒ 명 과일	苹果 píngguǒ 명 사과	香蕉 xiāngjiāo 명 바나나	西瓜 xīguā 명 수박	葡萄 pútáo 명 포도	果汁 guǒzhī 명 과일주스	啤酒 píjiǔ 명 맥주	牛奶 niúnǎi 명 우유	咖啡 kāfēi 명 커피	茶 chá 명 차	绿茶 lǜchá 명 녹차
식기	冰箱 bīngxiāng 명 냉장고	碗 wǎn 명 그릇, 사발	盘子 pánzi 명 쟁반	杯子 bēizi 명 컵, 잔	瓶子 píngzi 명 병	筷子 kuàizi 명 젓가락
식당	饭馆儿 fànguǎnr 명 식당	饭店 fàndiàn 명 식당, 호텔	服务员 fúwùyuán 명 종업원	点菜 diǎncài 동 주문하다	菜单 càidān 명 메뉴판	客人 kèrén 명 손님

여행 및 교통수단	机场 jīchǎng 몡 공항 | 护照 hùzhào 몡 여권 | 行李箱 xínglǐxiāng 몡 트렁크, 여행용 가방 | 地图 dìtú 몡 지도 | 坐 zuò 동 (교통수단을) 타다 | 飞机 fēijī 몡 비행기 | 公共汽车 gōnggòng qìchē 몡 버스 | 地铁 dìtiě 몡 지하철 | 火车 huǒchē 몡 기차 | 出租车 chūzūchē 몡 택시 | 骑 qí 동 (동물·자전거 등에) 타다 | 自行车 zìxíngchē 몡 자전거 | 司机 sījī 몡 운전기사 | 车站 chēzhàn 몡 정류장 | 到 dào 동 도착하다 | 等 děng 동 기다리다 | 路 lù 몡 길, 도로 | 街道 jiēdào 몡 거리, 대로
취미 및 여가	照照片 zhào zhàopiàn 사진을 찍다 | 照相 zhàoxiàng 사진을 찍다 | 画画儿 huà huàr 그림을 그리다 | 看电影 kàn diànyǐng 영화를 보다 | 玩游戏 wán yóuxì 게임을 하다 | 看电视节目 kàn diànshì jiémù TV 프로그램을 보다 | 听音乐 tīng yīnyuè 음악을 듣다 | 看新闻 kàn xīnwén 뉴스를 보다 | 上网 shàngwǎng 동 인터넷을 하다 | 唱歌 chàng gē 동 노래 부르다 | 读书 dúshū 동 책을 읽다 | 跳舞 tiàowǔ 동 춤을 추다 | 跑步 pǎobù 동 달리다 | 运动 yùndòng 몡 운동 | 踢足球 tī zúqiú 축구를 하다 | 锻炼 duànliàn 동 단련하다 | 游泳 yóuyǒng 동 수영하다 | 打篮球 dǎ lánqiú 농구를 하다
감정 및 축하	高兴 gāoxìng 형 기쁘다 | 难过 nánguò 형 슬프다 | 笑 xiào 동 웃다 | 哭 kū 동 울다 | 满意 mǎnyì 형 만족하다 | 害怕 hàipà 동 두려워하다 | 快乐 kuàilè 형 즐겁다 | 放心 fàngxīn 동 안심하다 | 祝 zhù 동 축하하다 | 生气 shēngqì 동 화내다 | 担心 dānxīn 동 걱정하다 | 礼物 lǐwù 몡 선물
병원 및 건강	医院 yīyuàn 몡 병원 | 医生 yīshēng 몡 의사 | 病人 bìngrén 몡 환자 | 生病 shēngbìng 동 병이 나다 | 疼 téng 형 아프다 | 不舒服 bù shūfu (몸이) 불편하다, 아프다 | 感冒 gǎnmào 동 감기에 걸리다 | 发烧 fāshāo 동 열이 나다 | 住院 zhùyuàn 동 입원하다 | 出院 chūyuàn 동 퇴원하다 | 开药 kāi yào 동 처방전을 쓰다 | 看病 kànbìng 동 진찰하다, 진료하다 | 看医生 kàn yīshēng 진료를 받다 | 检查 jiǎnchá 동 검사하다 | 休息 xiūxi 동 휴식하다 | 吃药 chī yào 동 약을 먹다 | 脸 liǎn 몡 얼굴 | 鼻子 bízi 몡 코 | 牙 yá 몡 이, 치아 | 腿 tuǐ 몡 다리 | 脚 jiǎo 몡 발
동물·식물	动物 dòngwù 몡 동물 | 猫 māo 몡 고양이 | 狗 gǒu 몡 개 | 马 mǎ 몡 말 | 鸟 niǎo 몡 새 | 熊猫 xióngmāo 몡 판다 | 树 shù 몡 나무 | 花 huā 몡 꽃 | 草 cǎo 몡 풀
날씨	天气 tiānqì 몡 날씨 | 热 rè 형 덥다 | 冷 lěng 형 춥다 | 下雨 xiàyǔ 동 비가 내리다 | 下雪 xiàxuě 동 눈이 내리다 | 刮风 guā fēng 동 바람이 불다 | 晴天 qíngtiān 몡 맑은 날 | 阴天 yīntiān 몡 흐린 날

(2) 숫자 관련 어휘

● track Final 02

❶ 빈출 양사

시간	时候 shíhou 몡 때 | 时间 shíjiān 몡 시간 | 点 diǎn 양 시 | 分 fēn 양 분 | 刻 kè 양 15분 | 小时 xiǎoshí 양 시간 | 分钟 fēnzhōng 몡 분
년도	年 nián 몡 년 | 去年 qùnián 몡 작년 | 今年 jīnnián 몡 올해 | 明年 míngnián 몡 내년 | 一九八八年 yī jiǔ bā bā nián 1988년 | 二零零三年 èr líng líng sān nián 2003년 | 二零一九年 èr líng yī jiǔ nián 2019년 | 二零二五年 èr líng èr wǔ nián 2025년 | 一年 yì nián 1년 | 两年 liǎng nián 2년 | 五年 wǔ nián 5년 | 十年 shí nián 10년

월	月 yuè 명 월 | 上个月 shàng ge yuè 지난달 | 这个月 zhège yuè 이번 달 | 下个月 xià ge yuè 다음 달 一月 yī yuè 1월 | 二月 èr yuè 2월 | 十月 shí yuè 10월 | 十一月 shíyī yuè 11월 一个月 yí ge yuè 1개월 | 两个月 liǎng ge yuè 2개월 | 五个月 wǔ ge yuè 5개월
요일	星期 xīngqī [=周 zhōu] 명 요일 | 上个星期 shàng ge xīngqī 지난주 | 这个星期 zhège xīngqī 이번 주 | 下个星期 xià ge xīngqī 다음 주 星期一 xīngqīyī 명 월요일 | 星期二 xīngqī'èr 명 화요일 | 星期三 xīngqīsān 명 수요일 | 星期四 xīngqīsì 명 목요일 | 星期五 xīngqīwǔ 명 금요일 | 星期六 xīngqīliù 명 토요일 | 星期天 xīngqītiān [=周日 zhōurì =星期日 xīngqīrì] 명 일요일 一个星期 yí ge xīngqī 1주 | 两个星期 liǎng ge xīngqī 2주
일	号 hào 명 일 | 天 tiān 명 하루 | 昨天 zuótiān 명 어제 | 今天 jīntiān 명 오늘 | 明天 míngtiān 명 내일 一号 yī hào 1일 | 二号 èr hào 2일 | 十号 shí hào 10일 | 二十号 èrshí hào 20일 一天 yì tiān 하루 | 两天 liǎng tiān 이틀 | 十五天 shíwǔ tiān 15일 | 周末 zhōumò 명 주말

❷ 기타 시간·날짜 관련 표현

계절	季节 jìjié 명 계절 | 春天 chūntiān 명 봄 | 夏天 xiàtiān 명 여름 | 秋天 qiūtiān 명 가을 | 冬天 dōngtiān 명 겨울
명절·기념일	节日 jiérì 명 명절, 기념일 | 春节 Chūnjié 춘절 [음력 1월 1일] | 中秋节 Zhōngqiūjié 중추절 [음력 8월 15일] | 生日 shēngrì 명 생일
기타 표현	早上 zǎoshang 명 아침 | 晚上 wǎnshang 명 저녁 | 上午 shàngwǔ 명 오전 | 中午 zhōngwǔ 명 정오 | 下午 xiàwǔ 명 오후 (以)前 (yǐ)qián 명 ~(이)전 | 现在 xiànzài 명 현재 | (以)后 (yǐ)hòu 명 ~(이)후

❸ 숫자 관련 표현

나이	岁 suì 명 살, 세 | 小 xiǎo 형 (나이가) 적다 [↔ 大 dà 형 (나이가) 많다]
길이	米 mǐ 명 미터(m) | 长 cháng 형 길다 [↔ 短 duǎn 형 짧다]
무게	公斤 gōngjīn 명 킬로그램(kg) | 轻 qīng 형 가볍다 [↔ 重 zhòng 형 무겁다]
서수	第 dì 수 (수사 앞에 쓰여) 제
어림수	多 duō 수 (수량사 뒤에 쓰여) ~남짓, ~여

❹ 양사

位 wèi	분, 명 [사회적 지위가 있거나 존경하는 사람에 쓰임]	这位老师 선생님 한 분 一位老人 노인 한 분
本 běn	권 [서적 등을 셀 때 쓰임]	一本书 책 한 권 那本词典 저 사전

张 zhāng	장, 개 [종이, 책상, 침대 등 넓은 표면이 있는 것을 셀 때 쓰임]	一张地图 지도 한 장 这张桌子 이 탁자
件 jiàn	벌 [옷의 상의를 세거나 사건을 셀 때 쓰임]	一件衣服 옷 한 벌 一件事 하나의 사건
些 xiē	들 [불특정한 복수를 나타냄]	那些人 저 사람들 这些东西 이 물건들
种 zhǒng	종, 종류 [종류를 구분하여 셀 때 쓰임]	那种颜色 그 종류의 색 这种鸟 이 종류의 새
只 zhī	마리 [동물 등을 셀 때 쓰임]	一只狗 개 한 마리 一只猫 고양이 한 마리
家 jiā	집, 점포 [가게, 기업 등을 셀 때 쓰임]	这家商店 이 상점 一家公司 한 회사
双 shuāng	쌍, 켤레 [원래 쌍을 이루고 있는 것을 셀 때 쓰임]	一双鞋 신발 한 켤레 一双筷子 젓가락 한 쌍
把 bǎ	개 [손잡이가 있거나 손잡이 모양의 사물을 셀 때 쓰임]	一把伞 우산 한 개 这把椅子 이 의자
次 cì	번, 회 [동작의 횟수를 셀 때 쓰임]	去过一次 한 번 가 본 적이 있다 来过一次 한 번 와 본 적이 있다
条 tiáo	벌, 개 [길고 가는 것 등을 셀 때 쓰임]	一条裤子 바지 한 벌 这条裙子 이 치마 一条鱼 물고기 한 마리 这条路 이 길 一条河 강 한 줄기

(3) 유의어 및 반의어

● track Final 03

❶ 유의어

好 hǎo 형 좋다	不错 búcuò 형 좋다, 꽤 괜찮다	小 xiǎo 형 어리다	年轻 niánqīng 형 젊다
漂亮 piàoliang 형 예쁘다	好看 hǎokàn 형 보기 좋다, 예쁘다	努力 nǔlì 형 열심히 하다	认真 rènzhēn 형 열심히 하다
很多 hěn duō 많다	不少 bùshǎo 형 적지 않다	有兴趣 yǒu xìngqù 흥미가 있다	感兴趣 gǎn xìngqù 흥미를 느끼다
有意思 yǒu yìsi 재미있다	好看 hǎokàn 형 (내용이) 재미있다	经常 jīngcháng 부 자주	常常 chángcháng 부 자주
容易 róngyì 형 쉽다	简单 jiǎndān 형 간단하다, 쉽다	看书 kàn shū 책을 보다	读书 dúshū 동 책을 읽다
打算 dǎsuàn 동 ~할 예정이다	准备 zhǔnbèi 동 ~하려고 하다	觉得 juéde 동 ~라고 생각하다	认为 rènwéi 동 여기다, 생각하다

❷ 반의어

好 hǎo 형 좋다	坏 huài 형 나쁘다	大 dà 형 (크기가) 크다, (정도가) 세다	小 xiǎo 형 (크기가) 작다, (정도가) 약하다
高 gāo 형 (키가) 크다, (높이가) 높다	矮 ǎi 형 (키가) 작다 低 dī 형 (높이가) 낮다	多 duō 형 (수량이) 많다	少 shǎo 형 (수량이) 적다
远 yuǎn 형 (거리가) 멀다	近 jìn 형 (거리가) 가깝다	久 jiǔ 형 (시간이) 오래다	短 duǎn 형 (시간이) 짧다
长 cháng 형 (길이가) 길다	短 duǎn 형 (길이가) 짧다	对 duì 형 맞다	错 cuò 동 틀리다, 맞지 않다
热 rè 형 덥다, 뜨겁다	冷 lěng 형 춥다, 차다	胖 pàng 형 (몸이) 뚱뚱하다	瘦 shòu 형 (몸이) 마르다
老 lǎo 형 늙다	年轻 niánqīng 형 젊다, 어리다	快 kuài 형 빠르다	慢 màn 형 느리다
贵 guì 형 (값이) 비싸다	便宜 piányi 형 (값이) 싸다	高兴 gāoxìng 형 기쁘다, 즐겁다	难过 nánguò 형 슬프다, 괴롭다
放心 fàngxīn 동 안심하다, 마음을 놓다	担心 dānxīn 동 걱정하다, 염려하다	笑 xiào 동 웃다	哭 kū 동 울다
借 jiè 동 빌리다, 빌려주다, 대여하다	还 huán 동 돌려주다, 갚다, 반납하다	开 kāi 동 (문, 상점 등을) 열다, (기기 등을) 켜다, (꽃이) 피다	关 guān 동 (문, 상점 등을) 닫다, (기기 등을) 끄다
送 sòng 동 배웅하다	接 jiē 동 마중하다	开始 kāishǐ 동 시작하다, 개시하다	结束 jiéshù 동 끝나다, 마치다

(1) 짝꿍표현

❶ 술어＋목적어

做作业 zuò zuòyè 숙제를 하다
写信 xiě xìn 편지를 쓰다
听音乐 tīng yīnyuè 음악을 듣다
看电影 kàn diànyǐng 영화를 보다
花时间 huā shíjiān 시간을 쓰다
花钱 huā qián 돈을 쓰다
了解文化 liǎojiě wénhuà 문화를 이해하다
关门 guān mén 문을 닫다
提高水平 tígāo shuǐpíng 수준을 향상시키다
骑马 qí mǎ 말을 타다
讲故事 jiǎng gùshi 이야기를 들려 주다
打扫房间 dǎsǎo fángjiān 방을 청소하다
洗衣服 xǐ yīfu 옷을 빨다
检查身体 jiǎnchá shēntǐ 신체를 검사하다
帮助别人 bāngzhù biérén 다른 사람을 돕다
发电子邮件 fā diànzǐ yóujiàn 이메일을 보내다

搬家 bānjiā 집을 이사하다
送礼物 sòng lǐwù 선물을 주다
玩儿游戏 wánr yóuxì 게임을 하다
锻炼身体 duànliàn shēntǐ 몸을 단련하다
参加会议 cānjiā huìyì 회의에 참가하다
借钱 jiè qián 돈을 빌리다
想办法 xiǎng bànfǎ 방법을 생각하다
开门 kāi mén 문을 열다
提高成绩 tígāo chéngjì 성적을 높이다
回答问题 huídá wèntí 문제에 대답하다
遇到问题 yùdào wèntí 문제에 맞닥뜨리다
解决问题 jiějué wèntí 문제를 해결하다
检查行李 jiǎnchá xíngli 짐을 검사하다
注意身体 zhùyì shēntǐ 건강에 유의하다
相信别人 xiāngxìn biérén 다른 사람을 믿다

track Final 04

❷ 명사＋형용사, 형용사＋동사

身体健康 shēntǐ jiànkāng 몸이 건강하다
头疼 tóu téng 머리가 아프다
水果新鲜 shuǐguǒ xīnxiān 과일이 신선하다
空气新鲜 kōngqì xīnxiān 공기가 신선하다

身体不舒服 shēntǐ bù shūfu 몸이 불편하다
口渴 kǒu kě 목마르다
认真学习 rènzhēn xuéxí 열심히 공부하다
容易感冒 róngyì gǎnmào 쉽게 감기에 걸리다

❸ 술어＋보어

站在中间 zhàn zài zhōngjiān 중간에 서다
放在包里 fàng zài bāo li 가방 안에 넣다
发给他 fā gěi tā 그에게 보내다

打扫干净 dǎsǎo gānjìng 깨끗하게 청소하다
吃饱了 chībǎo le 먹고 배부르다
变胖 biànpàng 뚱뚱해지다

(2) 고정격식

track Final 05

太……了 tài …… le	너무 ~하다	这件衣服太漂亮了。 이 옷은 너무 예쁘다.
真……啊 zhēn …… a	정말 ~하다	这把椅子真便宜啊！ 이 의자는 정말 싸구나!

多(么)……啊 duō(me) …… a	얼마나 ~한가	妈妈做的菜多么好吃啊! 엄마가 만든 요리는 얼마나 맛있는가!
又A又B yòu A yòu B	A하기도 하고 B하기도 하다	她又聪明又可爱。 그녀는 똑똑하고 귀엽다.
越A越B yuè A yuè B	A할수록 B하다	雨越下越大。 비가 내릴수록 세진다.
越来越…… yuèláiyuè ……	갈수록 ~하다	天气越来越热了。 날씨가 갈수록 더워졌다.
不A也不B bù A yě bù B	A하지도 않고 B하지도 않다	这里的天气不冷也不热。 여기 날씨는 춥지도 않고 덥지도 않다.
一A也不B yì A yě bù B	하나 A도 B하지 않다	妈妈说的一个也不能少。 엄마가 말씀하신 것은 하나도 빠뜨려서는 안 된다.
一点儿也不…… yìdiǎnr yě bù ……	조금도 ~하지 않다	你们一点儿也不像。 너희는 조금도 닮지 않았다.
往……走 wǎng …… zǒu	~로 걷다	你在这个路口再往南走一点儿就到了。 너는 이 골목에서 남쪽으로 조금 걸어가면 도착한다.
A给/向B介绍(C) A gěi/xiàng B jièshào (C)	A가 B에게 (C를) 소개하다	我给你们介绍一下这家公司。 제가 여러분께 이 회사를 좀 소개해 드릴게요.
A给B带来C A gěi B dàilái C	A가 B에게 C를 가져다주다	电脑给人们带来了很大的方便。 컴퓨터는 사람들에게 큰 편리함을 가져다줬다.
A离B远/近 A lí B yuǎn/jìn	A는 B에서 멀다/가깝다	洗手间离这儿很远。 화장실은 여기에서 멀다.
A对B满意 A duì B mǎnyì	A가 B에 만족하다	她对儿子的成绩很满意。 그녀는 아들의 성적에 만족한다.
A为B高兴 A wèi B gāoxìng	A가 B 때문에 기쁘다	爸爸为女儿高兴。 아빠는 딸 덕분에 기쁘다.
A为B难过 A wèi B nánguò	A가 B 때문에 괴롭다	妈妈为昨天的事难过。 엄마는 어제의 일 때문에 괴롭다.
A跟B有关系 A gēn B yǒu guānxi	A는 B와 관계가 있다	这件事跟他有关系。 이 일은 그와 관계가 있다.
A跟B结婚 A gēn B jiéhūn	A가 B와 결혼하다	他决定跟她结婚。 그는 그녀와 결혼하기로 결정했다.
对……来说 duì …… láishuō	~에게는 (있어서)	对他来说，现在工作更重要。 그에게는 현재 일이 더 중요하다.
拿……来说 ná …… láishuō	~로 말하자면	拿香蕉来说，天气太热时，会很容易变坏。 바나나로 말하자면, 날씨가 매우 더울 때 쉽게 변질될 수 있다.

(3) 접속사 구문

	점층 관계	
不但A，而且B búdàn A, érqiě B	A일 뿐만 아니라, 게다가 B하다 他**不但**个子高，**而且**有钱。 그는 키가 클 뿐 아니라, 게다가 돈도 있다.	
不但A，还B búdàn A, hái B	A일 뿐만 아니라, B하기도 하다 今天天气**不但**很冷，**还**刮风。 오늘 날씨는 추울 뿐 아니라, 바람도 분다.	
除了A以外，都B chúle A yǐwài, dōu B	A를 빼고, B하다 (제외) **除了**你**以外**，别人**都**到了。 너 빼고 다른 사람은 모두 도착했다.	
除了A以外，还B chúle A yǐwài, hái B	A외에 또 B하다 (포함) **除了**面包**以外**，我**还**要买一瓶牛奶。 빵 외에, 나는 우유를 한 병 더 사야 한다.	
	전환 관계	
虽然A，但(是)B suīrán A, dàn(shì) B	비록 A하지만, B하다 她**虽然**工作很忙，**但**还是每天给孩子做饭。 그녀는 비록 일이 바쁘지만, 여전히 매일 아이에게 밥을 해 준다.	
	가설 관계	
如果A，就B rúguǒ A, jiù B	만약 A하다면 B하다 **如果**你喜欢，我**就**给你买。 만약 네가 좋아하면, 내가 너에게 사 줄게.	
	인과 관계	
因为A，所以B yīnwèi A, suǒyǐ B	A하기 때문에, (그래서) B하다 **因为**没有时间，**所以**我不能去见你。 시간이 없기 때문에, 나는 너를 만나러 갈 수 없다.	
	선택 관계	
A或者B A huòzhě B	A 또는 B (평서문) 我一般喝茶**或者**果汁。 나는 보통 차 아니면 과일주스를 마셔.	
A还是B A háishi B	A 아니면 B (의문문) 你想穿裤子**还是**裙子？ 너는 바지를 입고 싶니 아니면 치마를 입고 싶니?	
	조건 관계	
只要A，就B zhǐyào A, jiù B	A하기만 하면 B하다 **只要**努力学习，**就**一定能取得好成绩。 열심히 공부하기만 하면, 반드시 좋은 성적을 얻을 수 있다.	

只有A，才B zhǐyǒu A, cái B	A해야만 비로소 B하다 只有自己爱自己，别人才会爱你。 자기가 자신을 사랑해야만 다른 사람이 비로소 당신을 사랑할 것이다.
선후 관계	
先A，然后(再)B xiān A, ránhòu (zài) B	먼저 A하고 다음에 B하다 我们先吃饭，然后(再)去看电影吧。 우리 먼저 밥을 먹고 그 다음에 영화를 보러 가자.
一A，就B yì A, jiù B	A하자마자 바로 B하다 我在门口等你，你一出来就能看见我。 나는 입구에서 널 기다리고 있어. 너는 나오자마자 바로 나를 볼 수 있어.
병렬 관계	
一边A，一边B yìbiān A, yìbiān B	A하면서 B하다(동시 동작) 姐姐总是一边听音乐一边看书。 언니는 항상 음악을 들으면서 책을 본다.
목적 관계	
为了A(목적)，B(행위) wèile A, B	A하기 위해서 B하다 为了这次比赛，妹妹准备了一个多月。 이번 경기를 위해 여동생은 한 달 넘게 준비했다.

(4) 관용어 및 속담

○ track Final 07

太阳从西边出来了。 Tàiyáng cóng xībian chūlai le.	해가 서쪽에서 뜬다. (믿지 못할 일이다)
说走就走。 Shuō zǒu jiù zǒu.	간다면 간다. (가고 싶을 때 갈 수 있다)
笑一笑，十年少。 Xiào yí xiào, shí nián shào.	웃으면 10년 젊어진다.
不怕慢，只怕站。 Bú pà màn, zhǐ pà zhàn.	느린 것을 두려워하지 말고, 멈추는 것을 두려워해라. (꾸준히 하면 무엇이든 이룰 수 있다)
说起来容易，做起来难。 Shuō qǐlái róngyì zuò qǐlái nán.	말하는 것은 쉽지만 실천하기는 어렵다.

01 동사술어문

관련 내용 본서 **p. 177**

동사가 술어 역할을 하여 주어의 동작, 존재, 감정, 판단, 변화 등을 나타내는 문장

대표 빈출 문장 **他买了很多衣服。** 그는 많은 옷을 샀다.

❶ 기본 어순

주어[명사/대사] + 동사 술어[동사] + 목적어[명사/대사]

대사	동사 + 조사	부사 + 형용사	명사
他	买了	很多	衣服。
주어	술어 + 了	관형어	목적어

❷ 동사의 시제: 동사 + 동태조사[了/着/过] ✦
- 동사 + 了(~했다) [완료]
- 동사 + 着(~하고 있다) [지속]
- 동사 + 过(~해 봤다, ~한 적 있다) [경험]

说了 말했다
说着 말하고 있다
说过 말해 봤다, 말한 적이 있다

❸ 부정형: 부정부사[不/没] + 동사 ✦
- 현재/미래/주관적 의지 부정할 때는 부정부사 '不'를 사용
- 과거/객관적 사실 부정할 때는 부정부사 '没'를 사용

나는 내일 안 간다.
我明天不去。(O)
我明天没去。(×)

나는 어제 오지 않았다.
我昨天没来。(O)
我昨天不来。(×)

❹ 부사어의 수식
- 부사어 기본 어순: 부사어[부사/조동사/개사구] + 술어[동사] ✦
- 정도부사 + 일반동사 (×)
- 정도부사 + 심리활동동사 (O)

我没能给他打电话。
나는 그에게 전화할 수 없었다.
很买 (×)
很喜欢 (O) 매우 좋아한다

❺ 동사술어문의 목적어
- 동사(구)/문장/명사(구)/형용사(구)
- 동사 + 목적어1 + 목적어2
- 목적어를 갖지 않는 동사(이합동사)

觉得这件衣服很漂亮
이 옷이 예쁘다고 생각한다
问老师一个问题
선생님께 문제 하나를 물어보다

고난이도 빈출 문장 **我最喜欢吃羊肉。** 나는 양고기 먹는 것을 가장 좋아한다.

买 mǎi 명 사다 | 衣服 yīfu 명 옷 | 说 shuō 동 말하다 | 着 zhe 조 ~하고 있다 | 过 guo 조 ~한 적이 있다 | 明天 míngtiān 명 내일 | 昨天 zuótiān 명 어제 | 能 néng 조동 ~할 수 있다 | 给 gěi 개 ~에게 | 打电话 dǎ diànhuà 전화하다 | 喜欢 xǐhuan 동 좋아하다 | 觉得 juéde 동 ~라고 생각하다 | 件 jiàn 양 벌 [옷 등을 세는 단위] | 漂亮 piàoliang 형 예쁘다 | 问 wèn 동 묻다 | 老师 lǎoshī 명 선생님 | 问题 wèntí 명 문제 | 最 zuì 부 가장 | 羊肉 yángròu 명 양고기

02 존현문

관련 내용 본서 **p. 299**

사람이나 사물의 존재, 출현, 소실을 나타내는 문장

대표 빈출 문장 房间里有一张桌子。 방 안에 탁자 하나가 있다.

❶ 기본 어순

장소 + 有 + (불특정한) 사물/사람 ✦

(~에 ~가 있다)

명사 + 명사	동사	수사 + 양사	명사
房间里	有	一张	桌子。
주어	술어	관형어	목적어

❷ '有' 존현문의 주어

- 장소명사 또는 일반명사 + 방위사
- 주어에 개사 사용 불가능, 방위사 사용 가능
- 목적어에 수량사 사용 가능, 지시대사 사용 불가능

탁자 위에 물 한 컵이 있다.
桌子上有一杯水。(○)
桌子有一杯水。(×)

在房间里有一张桌子。(×)
房间里有这张桌子。(×)

고난이도 빈출 문장 公园里一共有五百只鸟。 공원 안에 모두 500마리의 새가 있다.

房间 fángjiān 명 방 | ★**张** zhāng 양 [종이나 가죽 등을 세는 단위] | **桌子** zhuōzi 명 탁자, 테이블 | **杯** bēi 양 컵, 잔 | ★**公园** gōngyuán 명 공원 | ★**一共** yígòng 부 모두 | **百** bǎi 수 100, 백 | ★**只** zhī 양 마리 [동물을 세는 단위] | ★**鸟** niǎo 명 새

03 연동문

관련 내용 본서 **p. 304**

하나의 주어가 두 개 이상의 동사를 술어로 가지는 문장

대표 빈출 문장 我要去医院看病。 나는 병원에 진료를 받으러 가려고 한다.

❶ 기본 어순

주어 + **술어1** + (목적어1) + **술어2** + (목적어2)

대사	조동사	동사 + 명사	동사
我	要	去医院	看病。
주어	부사어	술어1 + 목적어1	술어2

❷ 연동문의 쓰임

- 연속: 동사1 + 동사2 (~하고 ~하다)
- 목적: 동사1(去) + 장소 + 동사2 (~하러 ~에 가다)
- 방식: 동사1(坐) + 사물 + 동사2(去) (~를 타고 ~에 가다)
  동사1(带) + 사람 + 동사2(去) (~를 데리고 ~에 가다)

吃完饭做作业
밥을 다 먹고 숙제를 한다 [연속]

去商店买东西
상점에 물건을 사러 간다 [목적]

坐飞机去北京
비행기를 타고 베이징에 간다 [방식]

带他去医院
그를 데리고 병원에 간다 [방식]

❸ 연동문 속 부사어

- 부사어[일반부사 + 부정부사 + 조동사] + 술어1 + 술어2

经常去公园运动
자주 공원에 가서 운동을 한다

❹ 연동문 속 부사어

- 술어1 + 술어2 + 了/过
- 술어1 + 着 + 술어2 (~하면서 ~하다)

去书店买了一本书
서점에 가서 책을 한 권 샀다

看着说
보면서 말한다

고난이도 빈출 문장 他经常去公园跑步。 그는 자주 공원에 가서 달리기를 한다.

要 yào 조동 ~하려고 하다 | 医院 yīyuàn 명 병원 | 看病 kànbìng 동 진료하다, 진찰하다 | 完 wán 동 (동사 뒤에 보어로 쓰여) 다하다, 끝내다 | 饭 fàn 명 밥 | 做 zuò 동 하다 | ★作业 zuòyè 명 숙제 | 商店 shāngdiàn 명 상점 | 东西 dōngxi 명 물건 | 坐 zuò 동 (교통수단을) 타다 | 飞机 fēijī 명 비행기 | 北京 Běijīng 고유 베이징 | ★带 dài 동 데리다, 챙기다 | ★经常 jīngcháng 부 자주 | 运动 yùndòng 동 운동하다 | 书店 shūdiàn 명 서점 | 本 běn 양 권 [책을 세는 단위] | 书 shū 명 책 | 写 xiě 동 쓰다 | 跑步 pǎobù 동 달리다

04 겸어문

관련 내용 본서 **p. 308**

한 문장에 두 개 이상의 동사가 있고, 앞 동사의 목적어가 뒤 동사의 주어 역할을 겸하는 문장

대표 빈출 문장 看书让人更聪明。 독서는 사람을 더 똑똑하게 만든다.

❶ 기본 어순

주어1 + 술어1 + [목적어1/의미상 주어2] + 술어2
+ (목적어2) ✦

(~에 ~가 있다)

동사	동사	명사	정도부사 + 형용사
看书	让	人	更聪明。
주어1	술어1	목적어/ 의미상 주어2	부사어 + 술어2

❷ 겸어문의 쓰임

- 사역, 명령 등의 의미
- 요청, 부탁 등의 의미

妈妈让我洗手。
엄마는 나에게 손을 씻으라고 하셨다.

请你等我一下。
당신은 저를 좀 기다려 주세요.

❸ 겸어문 속 동태조사

- 술어1(让/请) + 술어2 + 了/过 (O)
- 술어1(让/请) + 了/过 + 술어2 (X)

그에게 밥을 대접한 적이 있다.
请他吃过饭。(O)
请过他吃饭。(X)

❹ 겸어문 속 부사어

- 부사어[일반부사/부정부사/조동사] + 술어1 + 술어2

나에게 밥을 먹지 못하게 했다.
不让我吃饭。(O)
让我不吃饭。(X)

고난이도 빈출 문장 运动能让人更年轻 운동은 사람을 더 젊게 만든다.

看书 kàn shū 통 책을 보다 | 让 ràng 통 ~하게 하다 | ★更 gèng 부 더, 더욱 | ★聪明 cōngming 형 똑똑하다 |
洗 xǐ 통 씻다 | 手 shǒu 명 손 | 请 qǐng 통 ~해 주세요 | 等 děng 통 기다리다 | 一下 yíxià 수량 (동사 뒤에 쓰여)
좀 ~하다 | 吃饭 chī fàn 통 밥을 먹다 | ★年轻 niánqīng 형 젊다

05 형용사술어문

관련 내용 본서 **p. 181**

사람이나 사물의 성질, 상태 등을 서술하는 문장

[대표 빈출 문장] 面条儿很好吃。 국수는 맛있다.

❶ 기본 어순

주어 + 부사어[정도부사] + **형용사술어**

面条儿	很	好吃
명사	정도부사	형용사
주어	부사어	술어

❷ 정도부사와 형용사술어 ✦
- 정도부사 + 형용사술어

他很聪明。 그는 똑똑하다.

❸ 형용사술어와 목적어 ✦
- 형용사 + 목적어 (✗)

老师满意他。(✗)
老师对他很满意。(○)
선생님은 그에게 만족해 하신다.

❹ 형용사술어의 부정형
- 不 + 형용사

不好 좋지 않다
不漂亮 예쁘지 않다

[고난이도 빈출 문장] 教室里真安静。 교실 안은 정말 조용하다.

面条儿 miàntiáor 명 국수 | **好吃** hǎochī 형 맛있다 | ★**满意** mǎnyì 형 만족하다 | **教室** jiàoshì 명 교실 | **真** zhēn 부 정말, 진짜 | ★**安静** ānjìng 형 조용하다

06 정도보어

관련 내용 본서 **p. 261**

동사 뒤에서 동작이나 상태를 묘사하거나 평가를 나타내는 보어

대표 빈출 문장 他的汉字写得很好。 그는 한자를 잘 썼다.

❶ 기본 어순

주어 + 술어 + 得 + 정도보어[정도부사 + 형용사] ✦

(~에 ~가 있다)

대사 + 조사 + 명사	동사 + 조사	정도부사 + 형용사
他的汉字	写得	很好。
관형어 + 的 + 주어	술어 + 得	정도보어

❷ 정도보어의 형태

- 동사 + 得 + 정도부사 + 형용사
- 형용사 + 极了

说得很好 말을 잘 한다
漂亮极了 엄청 예쁘다

❸ 정도보어의 부정형

- 주어 + 술어 + 得 + 不 + 형용사

做得不好吃。 맛없게 만들다.

❹ 정도보어의 의문문

- '吗'의문문: 동사 + 得 + 형용사 + 吗?
- 정반의문문: 동사 + 得 + 형용사 + 不 + 형용사?
- 의문사의문문: 동사 + 得 + 怎么样?

他的汉字写得好吗?
그는 한자를 잘 썼어?
他的汉字写得好不好?
그는 한자를 잘 썼어, 못 썼어?
他的汉字写得怎么样?
그는 한자를 쓴 게 어때?

고난이도 빈출 문장 儿子的成绩提高得很快。 아들의 성적은 향상이 빠르다.

汉字 Hànzì 고유 한자 | 得 de 조 ~하는 정도가 ~하다 | ★极 jí 부 아주, 극히 | 儿子 érzi 명 아들 | ★成绩 chéngjì 명 성적 | ★提高 tígāo 동 향상시키다 | 快 kuài 형 빠르다

07 把자문

관련 내용 본서 **p. 316**

목적어를 술어 앞으로 끌어내어, 술어의 변화나 결과, 영향 등을 강조하는 문장

대표 빈출 문장 他昨天没能把数学作业做完。
그는 어제 수학 숙제를 다 할 수 없었다.

❶ 기본 어순

주어 + 부사어 + 把 + 목적어 + 술어 + 기타 성분 ✦

대사	명사	부사	조동사	개사	명사 + 명사	동사 + 동사
他	昨天	没	能	把	数学作业	做完。
주어		부사어		把	관형어 + 목적어	술어 + 기타 성분

❷ 把자문의 목적어

- 把의 목적어는 '특정한 대상'이어야 한다.

那本书(O) / 一本书(×)
그 책

❸ 把자문의 기타 성분

- 일반적으로 기타 성분은 생략할 수 없음
- 가능한 기타 성분 형태: 조사 了·着, 보어(가능보어 제외), 동사중첩
- 불가능한 기타 성분 형태: 조사 过, 가능보어

把门关了(O) / 把门关(×)
문을 닫았다

고난이도 빈출 문장 他准备把这些花送给女朋友。
그는 이 꽃들을 여자 친구에게 선물하려고 한다.

★**把** bǎ 개 [목적어를 술어 앞으로 끌어내어 처치를 나타냄] | ★**数学** shùxué 명 수학 | **门** mén 명 문 | **关** guān 동 닫다 | **准备** zhǔnbèi 동 ~하려고 하다 | **些** xiē 양 조금, 약간 | ★**花** huā 명 꽃 | **送** sòng 동 선물하다, 주다 | **给** gěi 개 ~에게 | **女朋友** nǚpéngyou 명 여자 친구

08 被자문

관련 내용 본서 **p. 321**

주어가 '被' 뒤의 목적어[행위자/가해자]에 의해 '~를 당하다'라는 피동의 의미를 나타냄

대표 빈출 문장 我从来没*被*奶奶批评过。
나는 여태껏 할머니께 야단맞은 적이 없다.

❶ 기본 어순

주어 + 부사어 + 被 + 목적어 + 술어 + 기타 성분 ◆

대사	시간부사	부정부사	개사	명사	동사	조사
我	从来	没	被	奶奶	批评	过。
주어	부사어		被	목적어	술어	기타 성분

❷ 被자문의 목적어

- 被의 목적어는 특정적
- 청자와 화자 모두 알고 있거나 강조할 필요가 없을 경우 생략 가능

他的妈妈 (O) / 一个妈妈 (X)
被打了 (O) 맞았다

❸ 被자문의 기타 성분

- 일반적으로 기타 성분은 생략할 수 없음
- 가능한 기타 성분 형태: 조사 了·过, 보어(가능보어 제외)
- 불가능한 기타 성분 형태: 조사 着, 가능보어, 동사중첩

모두에게 알려졌다.
被大家知道了。(O)
被大家知道。(X)

고난이도 빈출 문장 我的钱包*被*妈妈拿走了。 내 지갑은 엄마가 가져가버렸다.

从来 cónglái 튀 여태껏, 지금까지 | ★被 bèi 깨 ~에게 ~를 당하다 | ★奶奶 nǎinai 몡 할머니 | 批评 pīpíng 동 혼내다 | 打 dǎ 동 때리다 | 大家 dàjiā 대 모두 | 知道 zhīdào 동 알다 | 钱包 qiánbāo 몡 지갑 | ★拿 ná 동 들다, (손으로) 가지다 | 走 zǒu 동 가다, 걷다

09 비교문

관련 내용 본서 **p. 311**

둘 이상의 사물이나 사람을 서로 비교하는 형태의 문장

대표 빈출 문장 今天**比**昨天更冷。 오늘은 어제보다 더 춥다.

❶ **기본 어순**

A + 比 + B + (更) + 술어 ✦

今天	比昨天	更	冷。
명사	개사 + 명사	정도부사	형용사
주어	부사어		술어

❷ **비교문의 강조**
- 更, 还만 사용 가능
- 그 외 일반 정도부사(很/非常)는 사용 불가능

他比我**很**高 (✗)

❸ **비교문의 부정**

A + 没有 + B + (这么/那么) + 술어
(A는 B만큼 (이렇게/그렇게) ~하지 않다)

妹妹**没有**我**这么**漂亮。
여동생은 나처럼 이렇게 예쁘지 않다.

❹ **비교문의 활용 형식**
- 동급 비교: 비교한 결과가 같을 경우에 쓰임
  A + 和/跟 + B + 一样 (A는 B와 같다)
  → A + 和/跟 + B + 不一样 (A는 B와 다르다)
  A + 像 + B + 一样 (A는 마치 B와 같다)

现在**跟**以前**一样**。
지금은 예전과 같다.
现在**跟**以前**不一样**。
지금은 예전과 다르다.
他**像**孩子**一样**。
그는 마치 아이 같다.

고난이도 빈출 문장 这里的天气**比**北京更热。 여기의 날씨는 베이징보다 더 덥다.

今天 jīntiān 명 오늘 | 比 bǐ 개 ~보다, ~에 비해 | 冷 lěng 형 춥다 | 高 gāo 형 (키가) 크다 | 妹妹 mèimei 명 여동생 | 这么 zhème 대 이렇게 | 现在 xiànzài 명 지금, 현재 | ★跟 gēn 개 ~와 | ★以前 yǐqián 명 예전, 이전 | ★一样 yíyàng 형 같다 | 和 hé 개 ~와 | 像 xiàng 동 ~와 같다 | 孩子 háizi 명 아이 | 天气 tiānqì 명 날씨 | 北京 Běijīng 고유 베이징 | 热 rè 형 덥다

10 '是……的' 강조 구문

관련 내용 본서 p. 236

이미 발생한 사실의 시간, 장소, 방식, 목적, 대상, 행위자 등을 강조하는 문장

대표 빈출 문장 他是从北京来的。 그는 베이징에서 왔다.

❶ 기본 어순

주어 + 是 + 강조 내용[육하원칙 + 술어] + 的 ✦

(~에 ~가 있다)

대사	동사	개사	명사	동사	조사
他	是	从	北京	来	的。
주어	是		강조 내용		的

❷ '是……的' 강조 용법

- '是……的' 사이에는 강조하는 육하원칙의 내용과 술어가 들어감
- '是'는 생략 가능/'的'는 생략 불가능
- 과거의 일을 강조할 때 '了'는 함께 쓰이지 않음

他从北京来的。(○)
他是从北京来了的。(×)

고난이도 빈출 문장 这个蛋糕是朋友送给我的。 이 케이크는 친구가 나에게 선물해 준 것이다.

从 cóng 개 ~에서 | ★蛋糕 dàngāo 명 케이크 | 朋友 péngyou 명 친구

(1) 모양이 헷갈리는 한자

小 xiǎo	少 shǎo
小狗 xiǎo gǒu 강아지	很少 hěn shǎo 적다

牛 niú	午 wǔ
牛奶 niúnǎi 우유	下午 xiàwǔ 오후

大 dà	太 tài
大家 dàjiā 모두	太长了 tài cháng le 너무 길다

吧 ba	把 bǎ
好吧 hǎo ba 좋다	把门关了 bǎ mén guān le 문을 닫다

车 chē	东 dōng
汽车 qìchē 자동차	东西 dōngxi 물건

千 qiān	干 gān
一千 yì qiān 1000, 천	干净 gānjìng 깨끗하다

马 mǎ	鸟 niǎo
骑马 qí mǎ 말을 타다	小鸟 xiǎo niǎo 작은 새

困 kùn	因 yīn
很困 hěn kùn 졸리다	因为 yīnwèi 왜냐하면

我 wǒ	找 zhǎo
我们 wǒmen 우리	找到 zhǎodào 찾았다

但 dàn	担 dān
但是 dànshì 그러나	担心 dānxīn 걱정하다

要 yào	票 piào
需要 xūyào 필요하다	电影票 diànyǐng piào 영화 표

活 huó	话 huà
生活 shēnghuó 생활	说话 shuōhuà 말하다

云 yún	元 yuán
白云 bái yún 흰 구름	一元 yì yuán 1위안

直 zhí	真 zhēn
一直 yìzhí 줄곧	认真 rènzhēn 진지하다

米 mǐ	半 bàn
米饭 mǐfàn 밥	一半 yí bàn 절반

喝 hē	渴 kě
喝水 hē shuǐ 물을 마시다	口渴 kǒu kě 목마르다

门 mén	问 wèn
出门 chūmén 외출하다	问题 wèntí 문제

间 jiān	同 tóng
房间 fángjiān 방	同意 tóngyì 동의하다

请	清	情	晴
qǐng	qīng	qíng	qíng
请假 qǐngjià 휴가를 신청하다	清楚 qīngchu 분명하다	热情 rèqíng 열정적이다	晴天 qíngtiān 맑은 날
已	己	见	贝
yǐ	jǐ	jiàn	bèi
已经 yǐjīng 이미	自己 zìjǐ 자신	见面 jiànmiàn 만나다	宝贝 bǎobèi 보배
天	夫	开	关
tiān	fū	kāi	guān
夏天 xiàtiān 여름	夫妻 fūqī 부부	开始 kāishǐ 시작하다	关系 guānxi 관계
日	目	白	百
rì	mù	bái	bǎi
节日 jiérì 기념일	节目 jiémù 프로그램	白色 báisè 흰색	一百 yì bǎi 100, 백

(2) 발음이 여러 개인 한자 [=다음자(多音字)]

了	
le	liǎo
조사	동사
[동작의 완료]	명백하다, 알다
吃了 먹었다	了解 알다, 이해하다

着	
zhe	zháo
조사	동사
[동작의 진행]	(어떤 상태에) 들다
看着 보고 있다	着急 조급해하다

过	
guo	guò
조사	동사
[동작의 경험]	(지점을) 지나다
去过 갔었다	过去 과거

地	
dì	de
명사	조사
땅	[술어를 수식]
地图 지도	很快地 빠르게

为	
wéi	wèi
동사	개사
~로 삼다	~때문에
认为 여기다	为他 그 때문에

个	
gè	ge
명사	양사
키	개
个子 키	一个月 한 달

和	
hé	huo
개사	형용사
~와	따스하다
和别人 다른 사람과	暖和 따뜻하다

空	
kōng	kòng
명사	명사
하늘, 공중	짬, 틈
空气 공기	有空儿 짬이 있다

还	
hái	huán
부사	동사
여전히	돌려주다
还是 아직도	还书 책을 돌려주다

好

hǎo	hào
형용사	동사
좋다	좋아하다
好吃 맛있다	爱好 취미

要

yào		yāo
조동사	형용사	동사/명사
~해야 한다	중요하다	요구하다
要学习 공부해야 한다	重要 중요하다	要求 요구하다

行

háng	xíng
명사	동사
상점, 점포	걷다, 가다
银行 은행	自行车 자전거

觉

jué	jiào
동사	명사
느끼다	잠
觉得 ~라고 생각하다	睡觉 잠을 자다

乐

lè	yuè
형용사	명사
기쁘다	음악
快乐 즐겁다	音乐 음악

只

zhī	zhǐ
양사	부사
마리, 쪽, 짝	단지, 오직
一只狗 개 한 마리	只是 단지 ~이다

发

fā	fà, fa
동사	명사
발견하다	머리카락
发现 발견하다	头发 머리카락

少

shǎo		shào
형용사	多少(얼마)의 구성자	형용사
적다		어리다
很少 적다	多少 얼마	十年少 10년 젊다

便

biàn	pián
형용사	便宜(싸다)의 구성자
편리하다	
方便 편리하다	便宜 싸다

几	
jǐ	jī
수사	부사
몇	거의
几个人 몇 사람	几乎 거의

长	
cháng	zhǎng
형용사	명사
길다	(조직, 집단의) 장
长头发 긴 머리	校长 교장

白	
bái	bai
형용사	형용사
희다	명백하다
白色 흰색	明白 이해하다

教	
jiāo	jiào
동사	[단독으로 쓰이지 않음]
가르치다	
教学生 학생을 가르치다	教室 교실

得		
de	dé	děi
조사	동사	조동사
[보어를 이끔]	얻다	~해야 한다
说得好 말을 잘 한다	得到了 얻었다	得去 가야 한다

HSK PBT 답안 작성법

汉语水平考试 HSK (三级) 答题卡

——— 请填写考点信息 ———   ——— 请填写考点信息 ———

按照考试证件上的姓名填写: 수험표상의 이름을 기재하세요.

| 姓名 이름 | 朴昭亭 PARK SOJEONG |

考点代码	[0] [1] [2] [3] [4] [5] [6] [7] [8] [9]
	[0] [1] [2] [3] [4] [5] [6] [7] [8] [9]
	[0] [1] [2] [3] [4] [5] [6] [7] [8] [9]
	[0] [1] [2] [3] [4] [5] [6] [7] [8] [9]
	[0] [1] [2] [3] [4] [5] [6] [7] [8] [9]
	[0] [1] [2] [3] [4] [5] [6] [7] [8] [9]

고시장 고유번호 기재 후 마킹하세요.

如果有中文姓名, 请填写: 수험표상의 중문 이름을 기재하세요.

| 中文姓名 중문 이름 | 朴昭亭 |

国籍 (한국인: 523)	5	[0] [1] [2] [3] [4] [**5**] [6] [7] [8] [9]
	2	[0] [1] [**2**] [3] [4] [5] [6] [7] [8] [9]
	3	[0] [1] [2] [**3**] [4] [5] [6] [7] [8] [9]

국적번호 기재 후 마킹하세요.

수험번호	考生序号	[0] [1] [2] [3] [4] [5] [6] [7] [8] [9]
		[0] [1] [2] [3] [4] [5] [6] [7] [8] [9]
		[0] [1] [2] [3] [4] [5] [6] [7] [8] [9]
		[0] [1] [2] [3] [4] [5] [6] [7] [8] [9]
		[0] [1] [2] [3] [4] [5] [6] [7] [8] [9]

수험번호 기재 후 마킹하세요.

| 年龄 | [0] [1] [2] [3] [4] [5] [6] [7] [8] [9] |
| | [0] [1] [2] [3] [4] [5] [6] [7] [8] [9] |

나이를 만 나이로 기재 후 마킹하세요.

| 性别 | 男 [1]   女 [2] |

해당 성별에 마킹하세요.

注意   请用2B铅笔这样写: ■   2B 연필로 마킹하세요.

一、听力 듣기 답안란

1. [**A**] [B] [C] [D] [E] [F]
2. [A] [**C**] [D] [E] [F]
3. [A] [B] [**D**] [E] [F]
4. [**B**] [C] [D] [E] [F]
5. [A] [B] [C] [D] [**F**]

답안 표기 방향 →

6. [A] [B] [C] [D] [E] [F]
7. [A] [B] [C] [D] [E] [F]
8. [A] [B] [C] [D] [E] [F]
9. [A] [B] [C] [D] [E] [F]
10. [A] [B] [C] [D] [E] [F]

11. [✓] [✗]
12. [✓] [✗]
13. [✓] [✗]
14. [✓] [✗]
15. [✓] [✗]

16. [✓] [✗]
17. [✓] [✗]
18. [✓] [✗]
19. [✓] [✗]
20. [✓] [✗]

21. [A] [B] [C]
22. [A] [B] [C]
23. [A] [B] [C]
24. [A] [B] [C]
25. [A] [B] [C]

26. [A] [B] [C]
27. [A] [B] [C]
28. [A] [B] [C]
29. [A] [B] [C]
30. [A] [B] [C]

31. [A] [B] [C]
32. [A] [B] [C]
33. [A] [B] [C]
34. [A] [B] [C]
35. [A] [B] [C]

36. [A] [B] [C]
37. [A] [B] [C]
38. [A] [B] [C]
39. [A] [B] [C]
40. [A] [B] [C]

二、阅读 독해 답안란

41. [A] [B] [C] [D] [E] [F]
42. [A] [B] [C] [D] [E] [F]
43. [A] [B] [C] [D] [E] [F]
44. [A] [B] [C] [D] [E] [F]
45. [A] [B] [C] [D] [E] [F]

46. [A] [B] [C] [D] [E] [F]
47. [A] [B] [C] [D] [E] [F]
48. [A] [B] [C] [D] [E] [F]
49. [A] [B] [C] [D] [E] [F]
50. [A] [B] [C] [D] [E] [F]

51. [A] [B] [C] [D] [E] [F]
52. [A] [B] [C] [D] [E] [F]
53. [A] [B] [C] [D] [E] [F]
54. [A] [B] [C] [D] [E] [F]
55. [A] [B] [C] [D] [E] [F]

56. [A] [B] [C] [D] [E] [F]
57. [A] [B] [C] [D] [E] [F]
58. [A] [B] [C] [D] [E] [F]
59. [A] [B] [C] [D] [E] [F]
60. [A] [B] [C] [D] [E] [F]

61. [A] [B] [C]
62. [A] [B] [C]
63. [A] [B] [C]
64. [A] [B] [C]
65. [A] [B] [C]

66. [A] [B] [C]
67. [A] [B] [C]
68. [A] [B] [C]
69. [A] [B] [C]
70. [A] [B] [C]

三、书写 쓰기 답안란

71. 你应该了解他们的文化。

72. _____

73. _____

74. _____

75. _____

76. 他   77. ___   78. ___   79. ___   80. ___

HSK IBT 소개

시험 순서

❶ **고사장 및 좌석표 확인**   수험표 번호로 고사장 확인 후, 고사장 입구에서 좌석 확인.

❷ **시험 안내**   감독관이 응시자 본인 확인 및 유의사항 안내 → 답안지 작성 및 시험 설명.

❸ **로그인**   감독관의 지시에 따라 프로그램 로그인(각 좌석 모니터에 응시자의 수험표 번호, 패스워드 부착).

❹ **응시자 정보 확인**   응시자 본인 정보 확인

❺ **헤드폰 음향 체크**   음원이 잘 들리는지, 볼륨 크기는 적당한지 반드시 체크! ★★★
   시험 도중에 음원이 안 들릴 수도 있고, 시험 도중에 볼륨 크기를 조정하다 보면 문제를 놓칠 수 있어요.

❻ **시험 문제 다운로드**   `다운로드` 버튼 클릭 후 대기. 시험 시작 시간이 되면 자동으로 시험 프로그램이 작동.

❼ **시험 진행**   PBT와 마찬가지로 '듣기 → 독해 → 쓰기' 순서로 진행됨.

❽ **제출**   쓰기 시험까지 끝나면 자동으로 답안 제출됨.

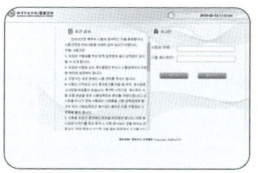
❸ 로그인

❹ 응시자 정보 확인

❺ 헤드폰 음향 체크

❻ 시험 문제 다운로드

장점&단점

장점	★ 음원을 스피커가 아닌 헤드폰으로 듣기 때문에 소음 없이 음원을 선명하게 들을 수 있음. ★ 한어병음 입력기를 통해 키보드로 한자를 입력하므로, 한어병음만 알아도 한자 입력 가능. ★ 2주만에 성적이 발표됨. (PBT는 4주만에 성적이 발표됨)
단점	★ 지문 및 보기를 읽으며 메모를 할 수 없음. ★ 모든 문제를 모니터로 확인해야 하므로 지문 가독성이 떨어짐.

유의 사항

★ 수험 도중 메모 불가.

★ 혹시라도 헤드폰에서 음원 소리가 안 난다면 조용히 손을 들어 감독관에게 알리기.

★ 영역 간 이동이 불가. 각 영역에 주어진 수험 시간이 지난 뒤에는 앞 영역으로 돌아갈 수 없음.

★ `시험지 제출` 버튼을 누르면 시험이 종료됨. 전 영역 답안 체크 완료 후, 시험을 끝내려는 때에 클릭!

HSK IBT 응시 요령

[답안지 제출] 버튼 클릭하면 시험 종료되니
전 영역 모든 문항을 풀기 전에는 절대 클릭 금지

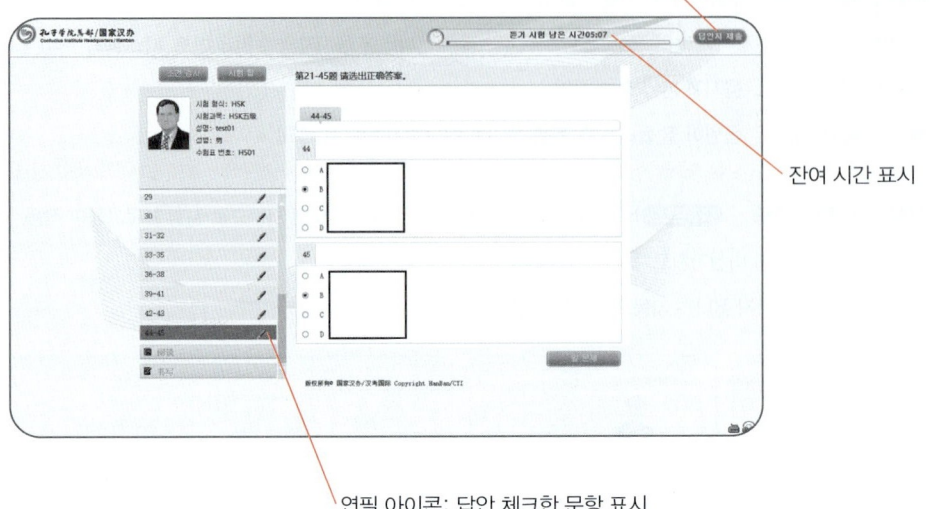

잔여 시간 표시

연필 아이콘: 답안 체크한 문항 표시

한 페이지에 여러 문제가 나오는 경우,
모든 답안을 체크해야 연필 아이콘이 뜸

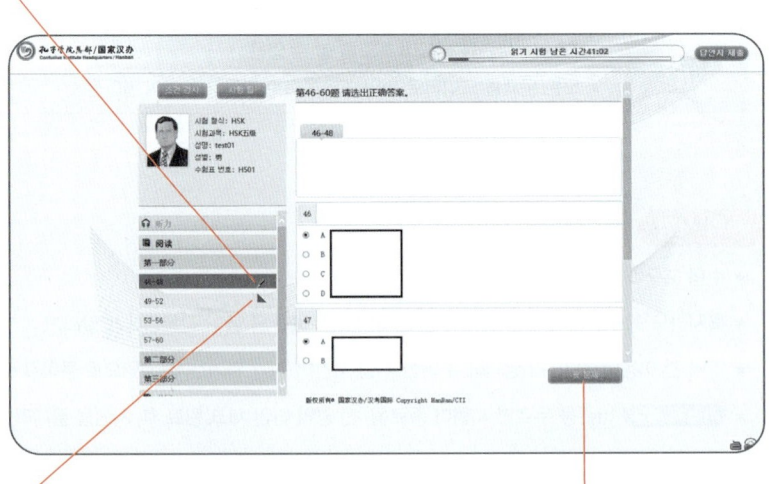

깃발 아이콘: 답안 재검토 필요한 문항은
연필 아이콘 클릭하여 깃발 아이콘 표시

독해 문제는 버튼 클릭하여 화면 전환

마지막 문제까지 다 풀었을 때 클릭하여 답안지 제출!
(시험 시간이 종료되어도 자동 제출)

▲ 중국어 작문 답안 입력 방법: 타이핑하여 입력

화면 캡처: HSK 공식시행처 제공

중국어 입력 팁

✔ (일반적으로) `Alt` + `Shift` 키를 누르면 중국어 자판으로 변경됨. 마우스로 직접 변경도 가능

✔ 'ü' 발음의 중국어를 입력할 때는 알파벳 'v'를 입력! 예 女儿 nǚ'ér, 旅行 lǚxíng 등

✔ 상용 중국어는 입력기 초반에 표시됨. 내가 입력하려던 글자가 맞는지 체크 후 입력

다락원 홈페이지에서
▶ MP3 파일 다운로드 및 실시간 재생
▶ 받아쓰기 PDF 다운로드

지은이 남미숙
펴낸이 정규도
펴낸곳 (주)다락원

편집장 이상윤
편집 김보경, 김혜민
디자인 김나경, 김예지, 정규옥
일러스트 안다연
성우 曹红梅, 朴龙君, 허강원

🖉**다락원** 경기도 파주시 문발로 211
전화 (02)736-2031(내선 250~252/내선 430, 560)
팩스 (02)732-2037
출판등록 1977년 9월 16일 제406-2008-000007호

Copyright ⓒ 2025, 남미숙

저자 및 출판사의 허락 없이 이 책의 일부 또는 전부를 무단 복제·전재·발췌할 수 없습니다. 구입 후 철회는 회사 내규에 부합하는 경우에 가능하므로 구입처에 문의하시기 바랍니다. 분실·파손 등에 따른 소비자 피해에 대해서는 공정거래위원회에서 고시한 소비자 분쟁 해결 기준에 따라 보상 가능합니다. 잘못된 책은 바꿔 드립니다.

ISBN 978-89-277-2352-3 14720
      978-89-277-2341-7 (set)

www.darakwon.co.kr
다락원 홈페이지를 방문하시면 상세한 출판 정보와 함께 동영상 강좌, MP3 자료 등 다양한 어학 정보를 얻으실 수 있습니다.

HSK 3급 한권으로 끝내기

3rd Edition